H

Herders Lexikon des

Buddhismus

Grundbegriffe, Traditionen, Praxis in 1200 Stichwörtern von A–Z

Klaus-Josef Notz

HOHE

Klaus-Josef Notz: Herders Lexikon des Buddhismus. Grundbegriffe, Traditionen, Praxis in 1200 Stichwörtern von A–Z

Lizenzausgabe für Verlag HOHE GmbH, Erftstadt

Die Verlag HOHE GmbH ist ein Gemeinschaftsunternehmen
der Herder GmbH & Co. KG, Freiburg, und
BMH Buch Medien Handel GmbH, Erftstadt.

Einbandgestaltung: sowiesodesign.de
Einbandabbildung: Tim Hall/Photodisc
Redigitalisierung: Bernhard Heun, Rüssingen

Gesamtherstellung: Verlag HOHE GmbH, Erftstadt
Printed in Czech Republic 2007

ISBN 978-3-86756-043-6

Inhalt

Vorwort

Ein Lexikon über den Buddhismus vorzulegen bedeutet – nicht nur angesichts seiner geographischen Weite und kulturellen Vielfältigkeit, sondern auch angesichts seiner historischen Tiefe mit allen Verzweigungen und Verästelungen – immer ein Wagnis. Ein solches Unterfangen scheint dazu verurteilt, in jedem Falle Lücken aufzuweisen und Wünsche offenzulassen. Auch im vorliegenden Werk konnten bestimmte Bereiche gar nicht oder nur sehr knapp berücksichtigt werden (z. B. Kunst).

Zielsetzung des hier vorgelegten Werks ist es, in knapper, übersichtlicher Form grundlegende Informationen über Entstehung, Ausbreitungsgeschichte, Schulen, Lehrtraditionen, Praxis wie auch über die allerwichtigsten nationalen Ausprägungen des Buddhismus zu bieten. Die Berücksichtigung religionsphänomenologischer und religionssoziologischer sowie einzelner theologischer Stichworte soll der Nutzbarkeit des Werks für das Gespräch zwischen Buddhisten und Christen dienen. In dieser Absicht wendet es sich an alle, die am Buddhismus ein größeres Interesse gewinnen, an den religionswissenschaftlichen Laien, aber auch an Studenten, die einen ersten soliden Zugang zum Buddhismus gewinnen wollen. Große Sorgfalt wurde daher auf die Erstellung weiterführender Literaturverweise zu den wichtigen Stichwörtern gelegt, in denen auch ältere Literatur berücksichtigt ist, sowie auf eine auf Überblick angelegte Gesamtbibliographie, in der allerdings – von wenigen Ausnahmen abgesehen – nur deutsche, englische und französische Titel Aufnahme fanden. Ein ausführliches Register erschließt dem Benutzer auch Querverbindungen. In einem kurzen Anhang haben wir fundamentale Lehrtexte aus der Pāli-Tradition aufgenommen, die die lexikalischen Informationstexte veranschaulichen und vertiefen, aber auch zum Weiterlesen anregen mögen. Die Übersicht über die Mudrās mag eine Hilfe sein bei der Identifizierung der verschiedenen Buddha-Typen.

Zu danken habe ich zuerst den Autoren für ihre engagierte Mitarbeit, die gelegentlich ihre Geduld überstrapazierte, besonders aber danke ich Karl Hubertus Eckert, dem wir die Idee zu diesem Werk verdanken und der grundlegende konzeptionelle Überlegungen einbrachte. Zu danken habe ich ihm für redaktionelle Hilfe „hinter den Kulissen“, für die umfängliche Aktualisierung der Literaturverweise und für die Erstellung der Gesamtbibliographie.
Seitens des Verlages wurden wir gut betreut durch Herrn Dr. Rudolf Walter mit seinem Team und durch Frau Leonie Höhren-Seeber. Herzlichen Dank.

Juli 1998 *Klaus-Josef Notz*

Die Autoren

Bastian, Pierre, studierte Ostasienkunde. Lebt in München. **(ba)**

Bochinger, Christoph, Prof., Dr., Jg. 1959. Studium der evangelischen Theologie u. der Religionswissenschaft an der Universität München. 1997 Professur für religiöse Sozialisation und Erwachsenenbildung an der Universität Bayreuth. Zahlreiche Veröffentlichungen. **(bo)**

Eckert, Karl Hubertus, Dr. phil., Publikationen zum Buddhismus in Europa, gründete die Gesellschaft für europäisch-asiatische Kulturbeziehungen in München. **(ec)**

Everding, Karl-Heinz, Dr. phil., Jg. 1953, Studium der Tibetologie, Mongolistik u. Vergleichenden Religionswissenschaft an der Universität Bonn. 1985 Promotion in Zentralasiatischer Philologie. Studienreisen in die Himalaya-Länder, nach Tibet u. China. Veröffentlichungen zu Tibet und zum tibetischen Buddhismus. **(ev)**

Müller, Hans-Peter, Dr. theol., Jg. 1945. Studium der Germanistik, Philosophie, Religionswissenschaft u. evangelischen Theologie in München und Bangalore (Indien). Lehrbeauftragter am Institut für Religionswissenschaft der Universität München. **(mü)**

Notz, Klaus-Josef, Dr. theol., Dipl.-Theol./PAS Rom, Dipl.-Soziologe, Jg. 1942; Studium der Theologie, Soziologie u. Religionswissenschaft in Benediktbeuren u. in München. Seit 1984 an der Münchner Volkshochschule programmverantwortlich u. a. für den Fachbereich Religions- u. Kulturwissenschaft. Seit 1996 Lehrbeauftragter am Institut für Religionswissenschaft der Universität München. Publikationen zum Buddhismus in Deutschland und zu buddhistischen Themen. **(no)**

Schmidt-Leukel, Perry, Dr. theol. habil., M. A., Jg. 1954; Studien der Theologie, Religionsphilosophie u. Pädagogik in München. Wissenschaftlicher Assistent am Institut für Fundamentaltheologie u. Ökumenische Theologie der katholisch-theologischen Fakultät der Universität München. Forschungsschwerpunkte: Christlich-Buddhistischer Dialog, Theologie der Religionen. Dazu zahlreiche Buchveröffentlichungen. **(sl)**

Soeder, Renate, Dr. phil., M. A., Jg. 1957, Studium der Sinologie, Philosophie und der Allgemeinen Sprachwissenschaft. **(so)**

Zentren und bedeutende Kulturdenkmäler des Buddhismus

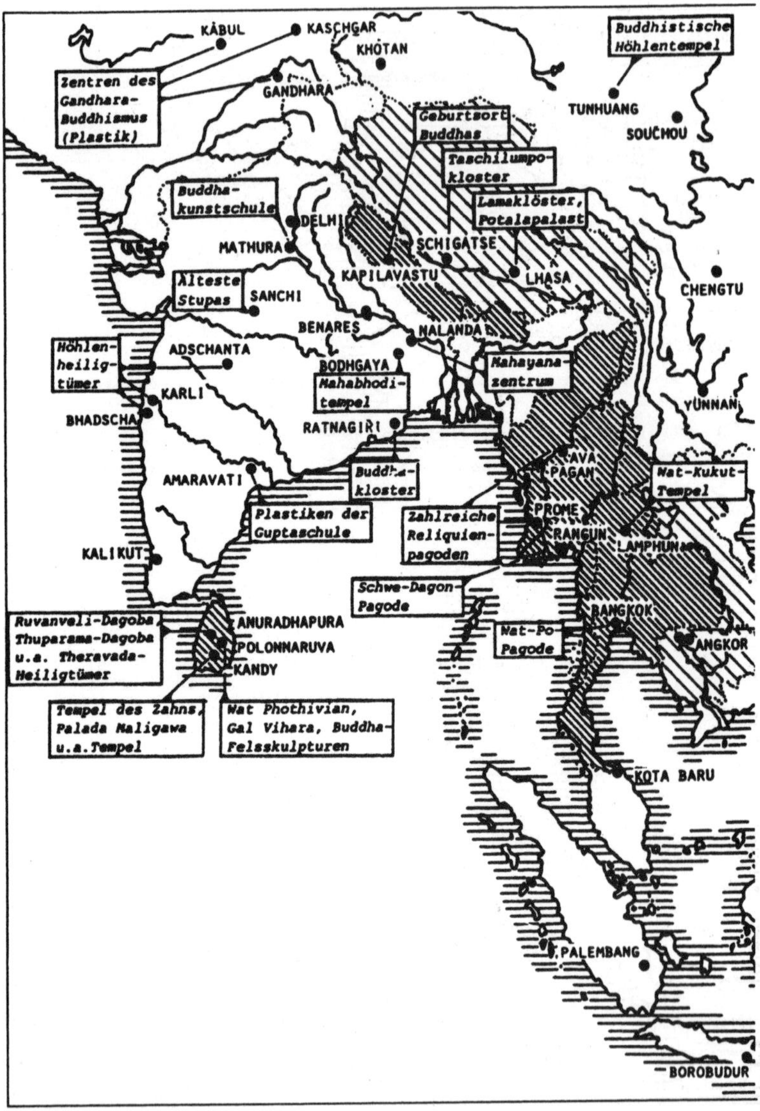

Aus: K. Hartmann, Atlas-Tafel-Werk zur Geschichte der Weltreligionen I, © Quell Verlag Stuttgart 1987.

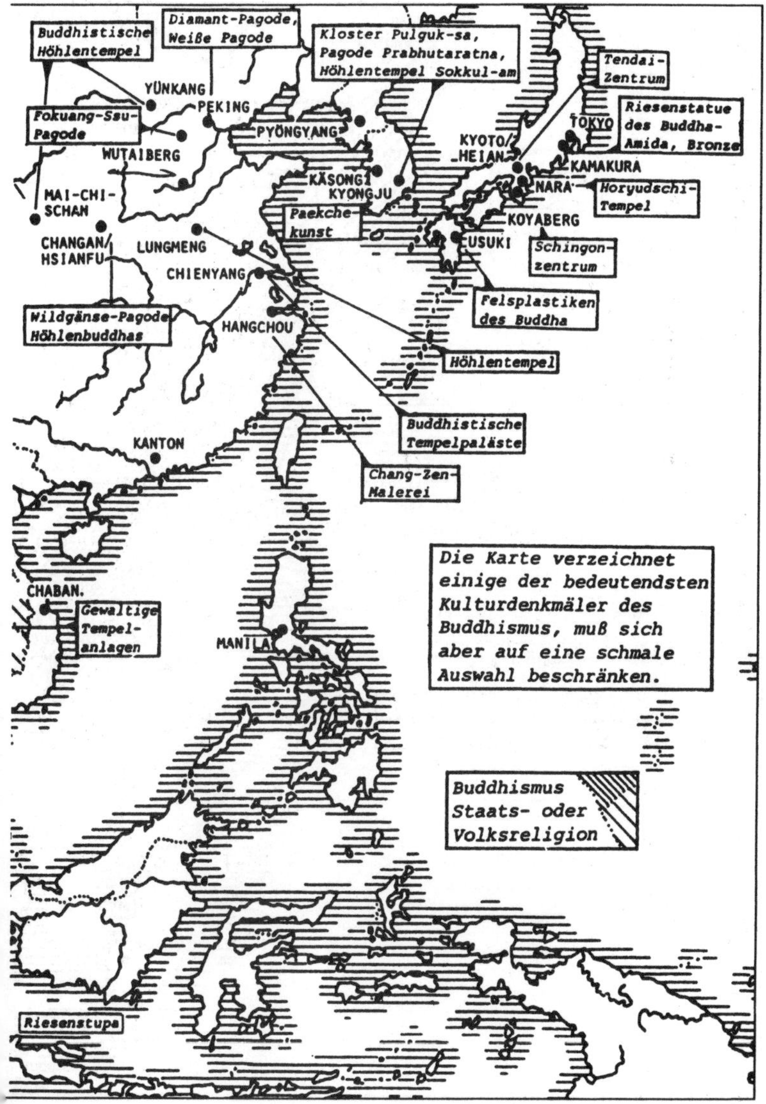
Buddhistische Höhlentempel
Diamant-Pagode, Weiße Pagode
Kloster Pulguk-sa, Pagode Prabhutaratna, Höhlentempel Sokkul-am
Tendai-Zentrum
Riesenstatue des Buddha-Amida, Bronze
YÜNKANG
PEKING
Fokuang-Ssu-Pagode
PYÖNGYANG
KYOTO/HEIAN
TOKYO
WUTAIBERG
KAMAKURA
KÄSONG
KYONGJU
NARA
Horyudschi-Tempel
MAI-CHI-SCHAN
Paekche-kunst
KOYABERG
CHANGAN/HSIANFU
LUNGMENG
USUKI
Schingon-zentrum
CHIENYANG
Felsplastiken des Buddha
Wildgänse-Pagode Höhlenbuddhas
HANGCHOU
Höhlentempel
Buddhistische Tempelpaläste
KANTON
Chang-Zen-Malerei
Die Karte verzeichnet einige der bedeutendsten Kulturdenkmäler des Buddhismus, muß sich aber auf eine schmale Auswahl beschränken.
CHABAN.
Gewaltige Tempel-anlagen
MANILA
Buddhismus Staats- oder Volksreligion
Riesenstupa

Ausbreitung des Buddhismus nach Osten

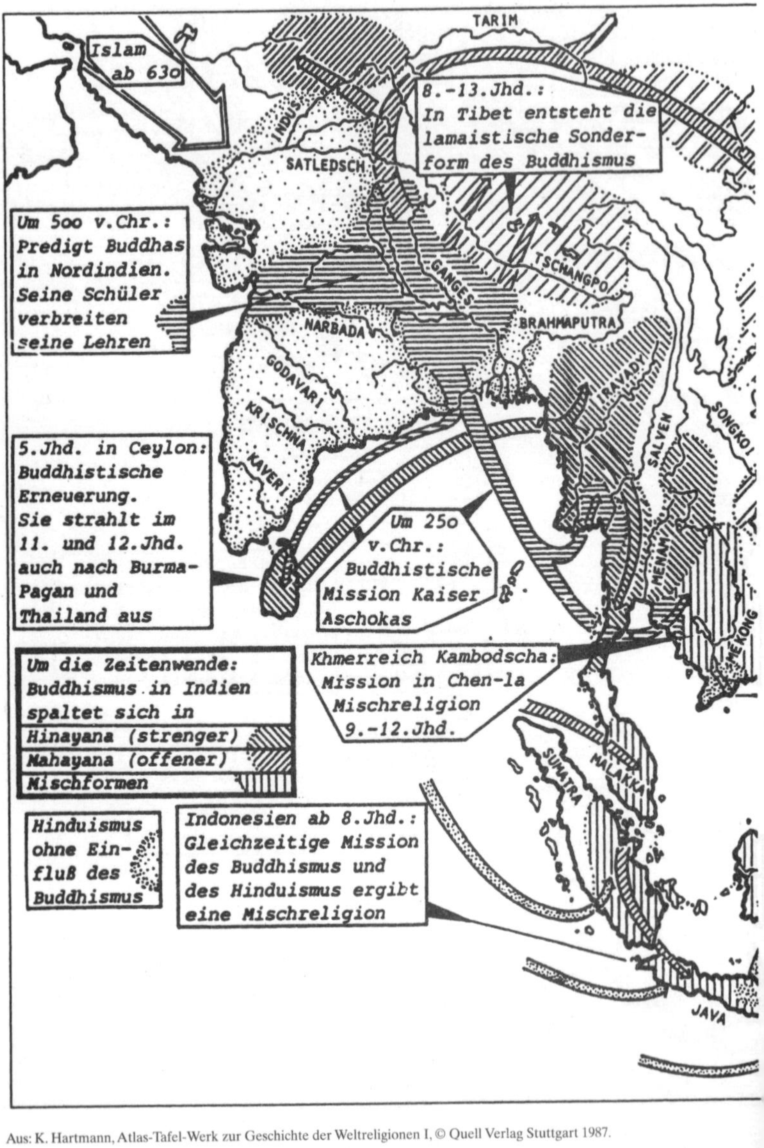

Aus: K. Hartmann, Atlas-Tafel-Werk zur Geschichte der Weltreligionen I, © Quell Verlag Stuttgart 1987.

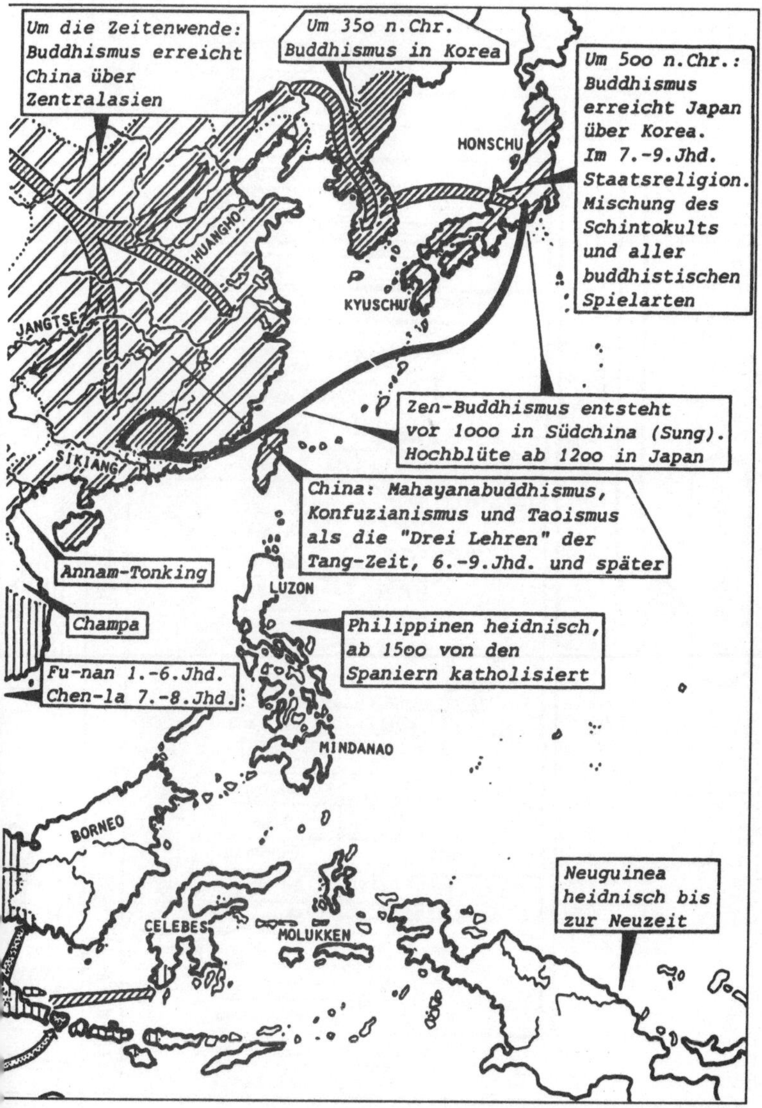
Um die Zeitenwende: Buddhismus erreicht China über Zentralasien
Um 350 n.Chr. Buddhismus in Korea
Um 500 n.Chr.: Buddhismus erreicht Japan über Korea. Im 7.-9.Jhd. Staatsreligion. Mischung des Schintokults und aller buddhistischen Spielarten
HONSCHU
HUANGHO
KYUSCHU
JANGTSE
SIKIANG
Zen-Buddhismus entsteht vor 1000 in Südchina (Sung). Hochblüte ab 1200 in Japan
China: Mahayanabuddhismus, Konfuzianismus und Taoismus als die "Drei Lehren" der Tang-Zeit, 6.-9.Jhd. und später
Annam-Tonking
LUZON
Champa
Philippinen heidnisch, ab 1500 von den Spaniern katholisiert
Fu-nan 1.-6.Jhd.
Chen-la 7.-8.Jhd.
MINDANAO
BORNEO
Neuguinea heidnisch bis zur Neuzeit
CELEBES
MOLUKKEN

Stammbaum der Schulen und Richtungen

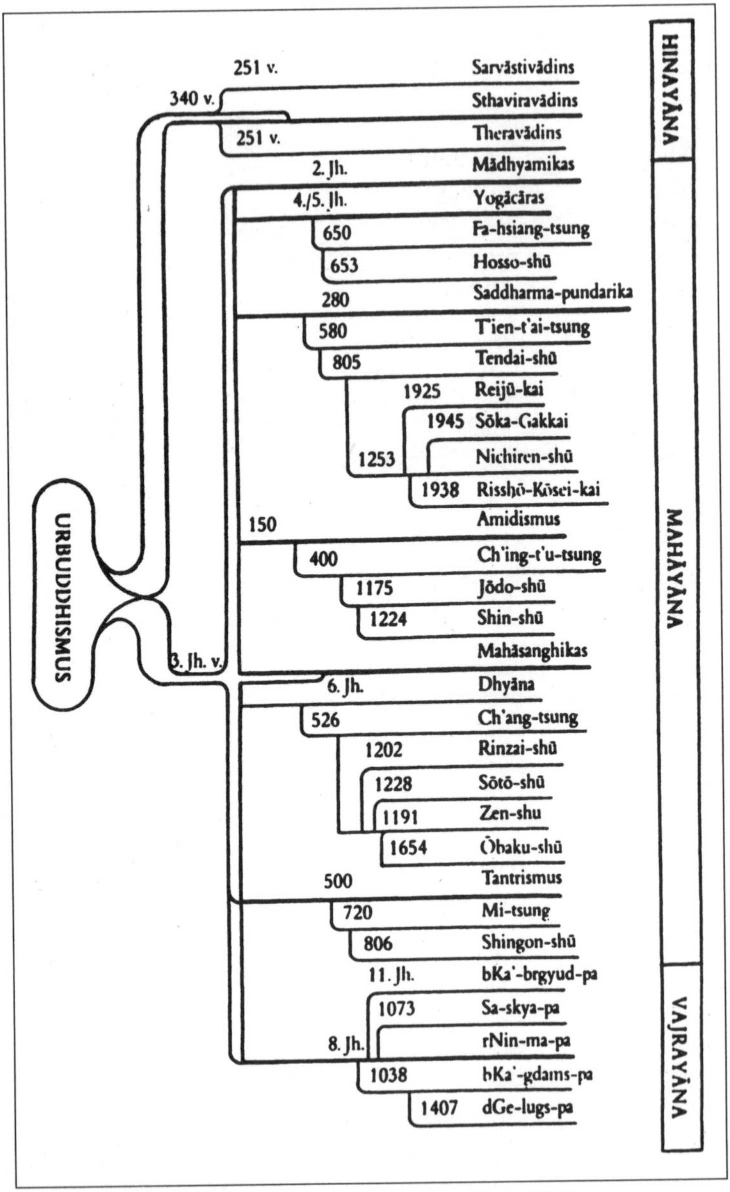

Aus: Gerhard J. Bellinger: Knaurs Großer Religionsführer. Droemer Knaur, München 1986, 70.

Abkürzungen in den Artikeln

Abschn.	Abschnitt
Adj.	Adjektiv
arab.	arabisch
asiat.	asiatisch
Aufl.	Auflage
Bd./Bde.	Band/Bände
brit.	britisch
Buddh./buddh.	Buddhismus/buddhistisch
bzgl.	bezüglich
bzw.	beziehungsweise
ca.	circa
chin.	chinesisch
d. Gr.	der Große
d. h.	das heißt
dt.	deutsch
ebd.	ebenda
engl.	englisch
ersch.	erschienen
europ.	europäisch
evtl.	eventuell
fem.	Femininum
f ff	folgende
franz.	französisch
Fs.	Festschrift
geb.	geboren
gen.	genannt
Ges. Werke	gesammelte Werke
gest.	gestorben
griech.	griechisch

hebr.	hebräisch
Hg./hg.	Herausgeber/herausgegeben
i.e.S.	im engeren Sinne
i.J.	im Jahre
ind.	indisch
i.S.	im Sinne
i.w.S.	im weiteren Sinne
jap.	japanisch
Jh.	Jahrhundert
Jt.	Jahrtausend
Kap.	Kapitel
Komm./komm.	Kommentar/kommentiert
korean.	koreanisch
lat.	lateinisch
Lit./lit.	Literatur/literarisch
MA	Mittelalter
m.a.W.	mit anderen Worten
max.	maximal
MS	Manuskript
N	Nord/Norden
Nachdr.	Nachdruck
n.Chr.	nach Christi Geburt
nördl.	nördlich
O	Ost/Osten
o.ä.	oder ähnlich
östl.	östlich
o.g.	oben genannt
P	Pāli
Prof.	Professor
reg.	regierte
Rel.gesch.	Religionsgeschichte
rel.hist.	religionshistorisch
rel.soz.	religionssoziologisch
Rel.trad.	Religionstradition

rel.typ.	religionstypologisch
rel.wiss.	religionswissenschaftlich
röm.-kath.	römisch-katholisch
S	Süd/Süden
Skt	Sanskrit
sog.	sogenannt
Sonderdr.	Sonderdruck
südl.	südlich
tib.	tibetisch
u.	und
u. a.	und andere/unter anderem
u. ä.	und ähnlich
u. a. a. O. m.	und an anderen Orten mehr
u. a. m.	und andere/s mehr
ü. d. M.	über dem Meer
Übers./übers.	Übersetzer/übersetzt
umben.	umbenannt
usw.	usw.
v. a.	vor allem
v. Chr.	vor Christi Geburt
Verf./verf.	Verfasser/verfaßt
versch.	verschieden
vgl.	vergleiche
VR	Volksrepublik
W	West/Westen
W.	Werke
westl.	westlich
z. B.	zum Beispiel
Zs.	Zeitschrift
z. T.	zum Teil
z. Z.	zur Zeit

Abkürzungen in den Artikel-Bibliographien und der Gesamtbibliographie

(soweit sie nicht aus dem sprachlichen Kontext unmittelbar verständlich sind)

A	Aṅguttara-Nikāya
A.	Ausgabe(n)
AAWG	Abhandlungen der Akademie der Wissenschaften in Göttingen, Phil.-Hist. Kl.
AAWL	Abhandlungen der Akademie der Wissenschaften und der Literatur, Mainz, Geistes- und Sozialwissenschaftliche Klasse
ABAW	Abhandlungen der (Kgl.) Bayerischen Akademie der Wissenschaften, München
Abh.	Abhandlung
Abt.	Abteilung
A.D.	Anno Domini (nach Chr.)
a.d.	aus dem
ADAW	Abhandlungen der Deutschen Akademie der Wissenschaften zu Berlin, Klasse, für Sprachen, Literatur und Kunst (bis Jg. 1949: Phil.-Hist. Klasse)
AdW	Akademie der Wissenschaften
AKM	Abhandlungen für die Kunde des Morgenlandes
am.	amerikanisch
AMG	Annales du Musée Guimet, Paris
Anm.	Anmerkung
ann.	annotated
Arch.	Archiv
AsF	Asiatische Forschungen, Göttingen, Wiesbaden
Ausg.	Ausgabe
ausgew.	ausgewählt
Avt	Avataṃsakasūtra
BBhS	Bauddha Bharati Series, Varanasi

BBu	Bibliotheca Buddhica, St. Petersburg (Petrograd, Leningrad, Moskau)
B.C.	Before Christ (vor Chr.)
Bd., Bde.	Band, Bände
BEFEO	Bulletin de l'Ecole Française d'Extrême Orient, Paris
BGI	Beiträge zur Geistesgeschichte Indiens, Festschrift für Erich Frauwallner, Wien 1968 (WZKSO 12–13)
Beih.	Beiheft
Bibl.	Bibliothek
Bibliogr./ bibliograph.	Bibliographie/bibliographisch
BM	Bibliothèque du Muséon, Louvain
BST	Buddhist Sanskrit Texts, Darbhanga
chin.	chinesisch
CII	Corpus Inscriptionum Indicarum, Calcutta 1877 ff.
comm.	commented, commentary, commenté
comp.	compiled [by]
corr.	corrections
CSCRS	Calcutta Sanskrit College Research Series
Cv	Cullavagga
D	Dīgha Nikāya
ders.	derselbe
Dhp	Dhammapada
dies.	dieselbe
Diss.	Dissertation
Dpv	(= Dv)
dt.	deutsch
durchges.	durchgesehen
Dv	Dīpavaṃsa
EB	The Eastern Buddhist, Kyoto
ed./eds.	edited [by], edition/editions
éd.	édité [par], édition
EFEO	Ecole Française d'Extrême Orient, Hanoi, Saigon, Paris

Einf.	Einführung
eingel. v.	eingeleitet von
Einl.	Einleitung
ERE	Hasting's Encyclopaedia of Religion and Ethics, Edinburgh
Erl./erl.	Erläuterung/erläutert
erw.	erweitert
et al.	und andere
EZW	Ev. Zentralstelle für Weltanschauungsfragen, Stuttgart, Berlin
fasc., Fasz.	Faszikel
Fs.	Festschrift für
GindPH	Grundriß der indo-arischen Philologie und Altertumskunde, ed. G. Bühler u. a., Strassburg 1896–1920
GOS	Gaekwad's Oriental Series, Baroda
H.	Heft
Habil.-Schr.	Habilitationsschrift
Hdb.	Handbuch
Hg./hg.	Herausgeber/herausgegeben von
HIL	A History of Indian Literature, ed. J. Gonda, Wiesbaden 1973ff
HJAS	Harvard Journal of Oriental Studies, Cambridge, Mass.
HOS	Harvard Oriental Series, Cambridge, Mass.
HR	History of Religions, Chicago
IAF	Internationales Asienforum, München, Köln
IBK	Indogaku Bukkyōgaku Konkyū. Journal of Indian and Buddhist Studies, Tokyo
i.e.	id est (d.h.)
IHQ	Indian Historical Quarterly, Calcutta
IIJ	Indo-Iranian Journal, Den Haag, Dordrecht
Illustr./illustr.	Illustrationen/illustriert von
Int./int.	international
Itv	Itivuttaka

JA	Journal Asiatique, Paris
JAS	Journal of Asian Studies, Ann Arbor
JASB	Journal of the Asiatic Society of Bengal, Calcutta
Jb.	Jahrbuch
JBRS	Journal of The Burma Research Society, Rangoon
Jg.	Jahrgang
JIH	Journal of Indian History
JORM	Journal of Oriental Research, Madras
JPTS	Journal of the Pāli Text Society, London
JRAS	Journal of the Royal Asiatic Society of Great Britain and Ireland, London
K.	Kommentare
Kl. Schr.	Kleine Schriften
KNLL	Kindlers Neues Literatur-Lexikon
Komm./komm.	Kommentar/kommentiert
krit. (A.)	kritische (Ausgabe)
KST	Kleinere Sanskrit-Texte, ed. H. Lüders, Leipzig
L.	(Sekundär-)Literatur
LOS	London Oriental Series
LalVist	Lalita Vistara
M	Majjhima-Nikāya
m.	mit
MCB	Mélanges chinois et bouddhiques, Bruxelles
MD	Materialdienst
Mhv	Mahāvagga
MKB	Materialien zur Kunde des Buddhismus, Heidelberg
MPNS	(= MPS)
MPS	Mahāparinibbānasutta
MSS	Münchener Studien zur Sprachwissenschaft
Mv	Mahāvastu

Nachw.	Nachwort
NAWG	Nachrichten der Akademie der Wissenschaften in Göttingen, Phil.-Hist. Klasse
Neuaufl.	Neuauflage
Neuausg.	Neuausgabe
N.F.	Neue Folge
NGGW	Nachrichten der Königlichen Gesellschaft der Wissenschaften zu Göttingen
NGNVO	Nachrichten der Gesellschaft für Natur- und Völkerkunde Ostasiens, Hamburg
no., nos.	numbers
Nr.	Nummer
N.S.	nova series, New Series
o. J.	ohne Jahr
o. O.	ohne Ort(sangabe)
P	Pāli
PEFEO	Publications de l'Ecole Française d'Extrême Orient, Paris
PIFI	Publications de l'Institut Français d'Indologie, Pondichéry
PIOL	Publications de l'Institut Orientaliste du Louvain
pref., préf.	preface, préface (Vorwort)
pt./pts.	part/parts
PTS	Pāli Text Society, London
PTSTS	Pāli Text Society Translation Series, London
Publ., publ.	Publisher/published
R.	Reihe
repr.	reprinted, Reprint
rev.	revidiert, revised
RGG	Religion in Geschichte und Gegenwart
RHR	Revue de l'Histoire des Religions, Paris
RL	Religionsgeschichtliches Lesebuch, hg. v. A. Bertholet
RM	Religionen der Menschheit, Stuttgart

RO	Rocznik Orjentalistyczny, Kraków, Lwów, Warszawa
S	Saṃyutta-Nikāya
SAWW	Sitzungsberichte der Akademie der Wissenschaften in Wien, Phil.-hist. Klasse
SBB	Sacred Books of the Buddhists Series, London
SBE	Sacred Books of the East, Oxford
Sdps	Saddharmapuṇḍarīkasūtra
SIS	Sino-Indian Studies, Santiniketan
Skt	Sanskrit
Slg.	Sammlung
Sn	(= Snip)
Snip	Suttanipāta
SOR	Serie Orientale Roma
SPAW	Sitzungsberichte der Preußischen Akademie der Wissenschaften zu Berlin
StII	Studien zur Indologie und Iranistik
STT	Sanskrittexte aus den Turfan-Funden, Teil 1–9, Berlin 1955–68, Teil 10ff, Göttingen 1965ff
SÜBS	Systematische Übersicht über die buddhistische Sanskrit-Literatur, im Auftrag der Akademie der Wissenschaften in Göttingen, Teil 1ff, Wiesbaden 1979ff
Suppl.	Supplement(e), supplements, suppléments
s.v.	sub voce (unter dem Stichwort)
SWTF	Sanskrit-Wörterbuch der buddhistischen Texte aus den Turfan-Funden, begonnen von E. Waldschmidt, ed. H. Bechert, Göttingen 1973ff
T.	Textausgabe(n)
t.	tome (Band)
Tab.	Tabelle
Taf.	Tafel
Thag	Theragāthā
Thig	Therīgāthā
Tl./Tle.	Teil/Teile

TP	T'oung Pao, Leiden
tr.	translated, traduit
Tr./Trs.	translator (Übersetzer)
TSWS	Tibetan Sanskrit Works Series, Patna
Ud	Udāna
u. d. T.	unter dem Titel
Ü.	Übersetzung(en) bei Stichw.
übers.	übersetzt
Unters.	Untersuchung
Veröff./veröff.	Veröffentlichung/veröffentlicht
Verz.	Verzeichnis
vgl.	vergleiche
Vin	Vinaya-Piṭaka
Vis	Visuddhimagga
VKSKS(O)	Veröffentlichungen der Kommission für Sprachen und Kulturen Süd- (und Ost)-Asiens, Wien
VOH od. VOHD	Verzeichnis der orientalischen Handschriften in Deutschland, begründet v. W. Vogt, Wiesbaden, Stuttgart
Vol./vol./vols.	volume, volumes
Vorw.	Vorwort
VSIB	Veröffentlichungen des Seminars für Indologie und Buddhismuskunde der Universität Göttingen
W.	Werke
WSTB	Wiener Studien zur Tibetologie und Buddhismuskunde
WZKM	Wiener Zeitschrift für die Kunde des Morgenlandes
WZKS	Wiener Zeitschrift für die Kunde Südasiens
WZKSO	Wiener Zeitschrift für die Kunde Süd- und Ostasiens
ZB	Zeitschrift für Buddhismus und verwandte Gebiete, München – Neubiberg

ZDMG	Zeitschrift der Deutschen Morgenländischen Gesellschaft, Leipzig, später Wiesbaden
ZMR	Zeitschrift für Missionswissenschaft und Religionswissenschaft, Münster, St. Ottilien
ZRGG	Zeitschrift für Religions- und Geistesgeschichte
zusätzl.	zusätzlich
Zs.	Zeitschrift

Aussprachereglen für Pāli- und Sanskritwörter

Man unterscheidet im Pāli wie in Sanskrit kurze und lange Vokale. Von Natur aus lang sind e und o, die übrigen langen Vokale sind mit einem diakritischen Zeichen versehen, also: ā, ī, ū. Die Betonung liegt auf der **vorletzten Silbe,** wenn diese einen **langen Vokal** enthält. Ein kurzer Vokal wird lang, wenn auf ihn zwei Konsonanten folgen wie z. B. in sañcicca. Ist die vorletzte Silbe kurz, rückt die Betonung auf die drittletzte Silbe wie in saraṇa.

Abweichend vom Deutschen spricht man aus:

c	wie tsch (wie in Tschechien)
j	wie dsch (stimmhaft) (wie engl. joy)
ñ	wie nj (etwa in ei**n j**eder)
y	wie j (Jäger)
v	wie w (Wagen)
s	stimmlos scharf wie ß (Kuß)
r	etwa wie engl. r (road)
h	wie h (Haus)

h vor Konsonant wird scharf aspiriert ausgesprochen (brahmana wie brachmana, Brachmane).
gh, kh, dh, th, ph, bh werden aspiriert ausgesprochen (wie Le**gh**enne, Bac**kh**aus, stan**dh**aft usw., ph wird nie wie f gesprochen, sondern p-h.

Die Aussprache von ṭ, ḍ, ṭh, ḍh, ṇ, ḷ, kann man vernachlässigen; korrekt wäre der Laut zu bilden, indem man die Zunge an den Gaumen preßt.

ṅ	wie ng (Klang)

ṃ oder ṁ wird nasaliert wie ng ausgesprochen

Im Sanskrit wird ḷ wie li, ṛ wie ri und ṝ wie rih ausgesprochen.

Im Sanskrit kommen zusätzlich noch folgende Konsonanten vor:

ṣ	sch
ś	sch

Artikel
A – Z

A

Abhayagiri ist eines der 3 Klöster, aus denen sich die 3 ältesten Ordenszweige des buddh. ↗saṅgha (↗nikāya) in ↗Sri Lanka entwickelten. Der nikāya des A.-Klosters ist der Dhammarucika. Das Kloster A. wurde von König Vaṭṭagāmaṇī Abhaya (89–77 v. Chr.) an der Stelle eines von ihm zerstörten Jaina-Klosters (↗Jainismus) errichtet (Mhv 33. 79). (no)

Abhängiges Entstehen ↗pratītyasamutpāda

Abhidhamma-Piṭaka (P, Skt abhidharma-p.), „Korb der vertieften Lehre" (↗abhidharma), 3. Abteilung des ↗Pāli-Kanons, deren Schriften deutlich Einfluß der buddh. ↗Scholastik zeigen. Das A.-P. ist damit der jüngste Teil der kanonischen Pāli-Lit. Das A.-P. der Theravādins (↗Theravāda) beinhaltet 7 Schriften: 1. ↗Dhammasaṅgaṇi, 2. ↗Vibhaṅga, 3. ↗Kathāvatthu, 4. ↗Puggalapaññatti, 5. ↗Dhātukathā, 6. ↗Yamaka, 7. ↗Paṭṭhāna. In tib. u. chin. Übers. erhalten sind Texte aus einem abhidharma-p. der ↗Sarvāstivādins, davon allein im chin. Kanon 7 sarvāstivādische Texte. Mit einiger Wahrscheinlichkeit gab es noch andere Schulen, die ein a.-p. besessen haben oder wenigstens eine dem abhidharma entsprechende Tradition.

A.: T., K., Ü.; alle PTS, London, soweit nicht anders angegeben) (T., K.) Puggalapaññatti, ed. R. Morris, 1883, [2]1979 (in 1 Bd. m. P Comm., ed. G. Landsberg and C.A.F. Rhys Davids, JPTS 1914); (Ü.) A Designation of Human Types, tr. B.C. Law, 1922 (repr. 1992); (Ü.) Das Buch der Charaktere, übers. v. Bhikkhu Nyanatiloka (A. Gueth), Breslau 1910; – (T., K.) Dhātukathā with comm., ed. E.R. Gooneratne, 1892 (repr. with corr. 1987); (Ü.) Discourse on Elements, tr. Ven. U. Narada (of Rangoon), 1962 (repr. 1977); – (T.) Dhammasaṅgaṇi, ed. E. Müller, 1885 (Nachdr. 1978); Index, by Tabata et al., 1987; (Ü.) Buddhist Psychological Ethics, tr. C.A.F. Rhys Davids, 1900, [3]1993; (K.) Aṭṭhasālinī, ed. E. Müller, 1897 (reviewed repr. with indexes 1979); (Ü.) Aṭṭasalini, The Expositor, tr. Pe Maung Tin, 2 Bde., 1920–21 (repr. in 1 Bd. 1976); – (T.) Vibhaṅga, ed. C.A.F. Rhys Davids, 1904; (Ü.) The Book of Analysis, tr. Ven. U Thittila, 1969 (repr. 1988); (K.) V. Comm., ed. Ven. A. P. Buddhadatta, 1923 (repr. 1980); (Ü.) Dispeller of Delusion, 2 Bde., 1987–91; – (T., K.) Tīka-paṭṭhāna and Comm., ed. C.A.F. Rhys Davids, 3 Bde., 1921–23 (repr. in 1 Bd. 1988); (Ü.) Conditional Relations, tr.

Ven. U Narada (of Rangoon), 2 Bde., 1969–81 (repr. 1992–93); – (T.) Yamaka, ed. C.A.F. Rhys Davids, 2 Bde., 1911–13 (repr. 1994); (K.) Y. Comm., ed. C.A.F. Rhys Davids, JPTS 1912; – (T.) Kathāvatthu, ed. A.C. Taylor, 2 Bde., 1894–97 (repr. 1979); Indexbd., Satoshi Nonome et al., 1982; (Ü.) Points of Controversy, tr. S.Z. Aung and C.A.F. Rhys Davids, 1915 (repr. 1993); (K.) K. Comm., ed. N.A. Jayawickrama, 1979; (Ü.) The Debates Comm., tr. B. C. Law, 1940 (repr. 1989). – L.: Nyanatiloka: Guide through the A., 1938, Kandy ³1971; Ch. Akanuma: The Comparative Catalogue of Chinese Āgamas and Pāli Nikāyas, Tokyo 1958. (no)

Abhidhammattha-saṅgaha (P) eines der wichtigsten Werke der theravādischen Scholastik (↗Theravāda), wurde im 12. Jh. von dem Mönch Anuruddha verfaßt.

A.: Shwe Zan Aung (Übers.) C.A.F. Rhys Davids (Hg.): Compendium of Philosophy, being a Translation of the Abdhidhammattha-Saṅgaha. PTSTS, II, London 1910; Nārada Mahāthera: A Manual of Abhidhamma. Abhidhammattha Saṅgaha, 2 Bde., Colombo 1956/57; Brahmacari Govinda (i. e. E. L. Hoffmann): Abhidhammatta-Saṅgaha, ein Kompendium buddh. Philosophie u. Psychologie, übers. u. erl. v. B. G., München 1931. (no)

abhidharma (Skt, P abhidhamma), wörtlich: „über den ↗dharma/die Lehre“, „vertiefte Lehre“. Bezeichnet wird damit eine Epoche des buddh. Kanonbildungsprozesses (↗Kanon, ↗Pāli-Kanon) bzw. dessen Ergebnis. Im a. wird die ↗Lehre des ↗Buddha reflektiert u. systematisiert. Seine Gegenstände u. Themenbereiche ordnet man stärker der buddh. Philosophie u. Psychologie zu. Niederschlag fand der a. im ↗abhidhammapiṭaka des Pāli-Kanons u. im Kanon der ↗Sarvāstivādins. Vermutlich besaßen aber auch alle anderen frühen Schulen des Buddh. eine dem a. vergleichbare Tradition. Einen Übergang von ↗Suttapiṭaka zum a. sind die beiden Sammlungen A und S, die 1. Systematisierungsversuche darstellen (in den Skt-Kanones Ekottara- u. Saṃyukta-āgama), sowie frühe doktrinäre Begriffsreihen (Skt mātṛkā) im Suttapiṭaka. Vielleicht ist der a. überhaupt aus den mātṛkās entstanden. Ihren Abschluß findet die Entwicklung des a. in nachkanonischer Zeit durch den ↗Abhidharmakośa des ↗Vasubandhu im 5. Jh.

L.: E. Frauwallner: Abhidharma-Studien I–V; I.: WZKSO 7 (1963) 20–36; II: WZKSO 8 (1964), 59–99; III: WZKS 15 (1971), 69–102; IV, ibid., 103–121: WZKS 16 (1972), 95–152; V: WZKS 17 (1973), 97–121; ders.: Die Entstehung der buddh. Systeme, 1971; ders.: Geschichte der ind. Philosophie, Bd. 1, 1953; H.V. Guenther: Philosophy and psychology in the Abhidharma, Delhi [2]1974; J. Kashyap: The Abhidhamma philosophy or the psycho-ethical philosophy of early Buddhism, 2 in 1 Bd. Delhi [2]1982; Nyanaponika: Abhidharma Studies, Colombo 1949; Govinda: Die psychologische Haltung der frühbuddh. Philosophie, 1962; K.N. Jayatilleke: Early Buddhist theory of knowledge, London 1963. (no)

Abhidharmakośa (Skt), wörtlich „Schatz des ↗abhidharma“; häufig kommentiertes Hauptwerk des (jüngeren) ↗Vasubandhu. In zwei Teilen (karikā: Kurzfassung in Versform; bhāṣya: Prosa-Kommentar zur karikā) bietet der A. eine umfassende buddh. Dogmatik i. S. der ↗Sarvāstivāda-Schule, erlangte aber eine weit anerkannte ↗Autorität.

A.: Vasubandhu: A., tr. et annoté par L. de La Vallée Poussin, 6 Bde., Paris 1923–31; A. and Bhāṣya of Acarya Vasubandhu with Sphuṭārthā Commentary of Acarya Yasomitra, pts. 1–4, ed. Swami D. Shastri, Varānasi 1970–73 (BBhS 5, 6, 7, 9); A. Hirakawa: Index to the Abhidharmakośabhāṣya, pts. 1–3, Tokyo 1973–78. – L.: Bhikkhu Pasadika: Kanonische Zitate im Abhidharmakośabhāṣya des Vasubandhu, 1989 (SWTF, Beih. 1). (sl)

abhiṣeka ↗Initiation

abhijñā (Skt, P. abhiññā), 6 bes. Geisteskräfte: 1. magische Fähigkeiten [↗iddhi], 2. „himmlisches Ohr“, 3. das Innere anderer Wesen erkennen, 4. Erinnerung an die Geburtenfährte, 5. „himmlisches ↗Auge“, 6. Versiegung der ↗āsrava (4.–6. = Inhalt von ↗Buddhas Erleuchtungserfahrung; 6. a. nur in der ↗Erleuchtung erreichbar).

L.: L. de La Vallée Poussin: Le Bouddha et les abhijñas, Muséon 1931, 335–342. (sl)

Absolute, das. Aus der abendländischen Religionsphilosophie stammender (v. a. bei Hegel thematisierter) Begriff (hier meist auf den personalen ↗Gott oder das impersonale Göttliche bezogen) zur Bezeichnung einer nicht-relativen, nicht-bedingten u. unhintergehbaren Größe, die in religiöser Perspektive zugleich als der höchste zu erstrebende Wert erscheint. Neben der Frage seiner Existenz liegt das zentrale Problem bei der philosophischen Erörterung des A. in der Bestimmung seines Verhältnisses zum Nicht-A., dem Relativen. Im Zuge der Auseinandersetzung mit der westl. Philosophie u. dem Christentum (↗Christentum und Buddhismus) wurde in der ↗Kyōto-

Schule diskutiert, inwieweit sich die Kategorie des A. im Rahmen des Buddh. anwenden läßt. Ansatzpunkte hierfür bieten sich vor allem in der Bestimmung des ↗nirvāṇa als der Welttranszendenten Heilswirklichkeit (vgl. z.B. Ud 8) u. in dem mahāyānischen Verständnis von ↗śūnyatā, das auf eine höchste, unsagbare Wirklichkeit (tattva) verweist (darüber hinaus kommen auch die mahāyānischen Konzepte: ↗tathatā, ↗Buddhanatur, ↗dharmakāya und ↗ādibuddha in Frage). Sofern im Buddh. ein A. angenommen wird, werden zugleich jedoch alle Versuche, dieses zu beschreiben u. begrifflich zu bestimmen, mit größter Zurückhaltung betrachtet u. häufig negiert. Im Zusammenhang mit den log. Erörterungen ↗Nāgārjunas hat sich im ↗Mahāyāna die Überzeugung verbreitet, daß die a. Wirklichkeit des nirvāṇa nur paradox, nämlich als vom ↗saṃsāra, dem Relativen, ununterscheidbar, bestimmt werden kann, da sonst das nirvāṇa als das Gegenteil des saṃsāra in einer relativen Abhängigkeit von diesem u. damit nicht als das wahrhaft A. gedacht würde. Auch die paradoxe Identifikation von nirvāṇa u. saṃsāra versucht somit gegen Monismus und Nihilismus den Charakter des nirvāṇa i.S. einer Negation (als „absolutes Nichts“) zu wahren, die zugleich die deskriptive Gültigkeit aller Begriffe u. Kategorien relativiert.

L.: W. Cramer: Das A. (Hdb. philosophischer Grundbegriffe, Bd. 1) 1973; A. Bareau: L’Absolu en philosophie bouddhique, Thèse, Paris 1951; ders.: L’Absolu dans le bouddhisme, Pondichéry 1956; H. Waldenfels: Absolutes Nichts, 1976; J. Laube: Dialektik der absoluten Vermittlung, 1984; J. Hick: An Interpretation of Religion, London 1989. (sl)

ācārya (Skt, P ācariya), „Lehrer“. Im buddh. ↗saṅgha ist der ā. der ältere Mönch, der den Novizen (sāmaṇera P) in die 10 Mönchsregeln (sīla; ↗Ethik) einführt. (no)

Achtfacher Pfad, Hoher (Skt ārya-aṣṭāṅgika-mārga, P ariya-aṭṭhaṅgika-magga), auch „edler achtgliedriger Weg“. Der A.P. ist das zentrale Lehrstück buddh. ↗Ethik u. gehört zum Grundbestand der ↗Lehre des ↗Buddha u. damit zur doktrinären Gemeinsamkeit aller buddh. Schulen. Die 8 Glieder des A.P. verstehen sich als Anleitung zum Gewinn der ↗Erlösung, d.h. als der Weg, der zum Erlöschen des Leidens führt (Skt duḥkha-nirodhagāminī pratipad); der A.P. begreift damit in sich die

↗Vier edlen Wahrheiten (Skt catvāri āryasatyāni, P cattāri ariyasaccāni). Die 8 Glieder (aṅga) verstehen sich indes nicht als Etappen auf dem Heilsweg, sondern sind unter sich verschränkt. Jedes Glied ist durch den Zusatz „recht“ (Skt samyak, P sammā) besonders qualifiziert: 1. rechte Erkenntnis (Skt samyak dṛṣṭi, P sammā-diṭṭhi), 2. r. Gesinnung (Skt s.- saṃkalpa, P s.- saṃkappa), 3. r. Rede (Skt s.-vāc, P s.-vācā), 4. r. Handeln (Skt s.-karmānta, P s.-kammanta), 5. r. Lebenserwerb/r. Lebensführung (Skt/P s.-ājīva), 6. r. Anstrengung (Skt s.- vyāyāma, P s.- vāyāma), 7. r. Achtsamkeit (Skt s. ↗smṛti, P s.- sati), 8. r. Vereinheitlichung/r. Konzentration (Skt/P s.-samādhi). – Rechte Erkenntnis, das 1. Glied des A. P., ist die Voraussetzung für alle anderen Glieder. Sie beinhaltet immer auch die fundamentale Erlösungserkenntnis der 4 edlen Wahrheiten. Verkehrte Erkenntnis bedingt verkehrte Gesinnung, verkehrtes Reden u. Handeln, läßt jede Anstrengung u. Achtsamkeit in die verkehrte Richtung u. damit ins Ergebnislose laufen. Ferner bilden die Glieder 1 bis 5 die Voraussetzung für das 6. Glied „r. Anstrengung“; u. dieses Bemühen, wenn es recht ist, ist begleitet von der „r. Achtsamkeit“, das ist das 7. Glied des A. P. Aus der r. Erkenntnis entsteht die „r. Gesinnung“, die sinnliche Begierde, Übelwollen u. Gewalttat ausschließt u. den Geist festigt. In ihr gründet die „r. Rede“, gemeint: das Abstehen von Lüge, Verleumdung, verletzender Ausdrucksweise u. unnützem Geplapper. „R. Handeln“ schließt Töten, Stehlen u. sexuelle Ausschweifung aus. Die grundsätzliche Friedfertigkeit buddh. Ethik konkretisiert sich im 5. Glied des A. P., im „r. Lebenserwerb“, der alle Formen der Lebensführung ausschließt, durch die Wesen (also nicht nur Menschen) geschädigt, gepeinigt u. getötet werden (so die Berufe des Schlachters, Jägers, Fischers, Fallenstellers, Henkers, Viehhändlers usw.). Im Grunde explizieren die ersten 7 Glieder nur, wie das 8. Glied „r. Vereinheitlichung“ zu erreichen ist. – Auch die hinduistische Yoga-Tradition (↗Hinduismus, ↗Yoga) kennt einen A. P., der im 8. Glied sogar namentlich, nicht jedoch inhaltlich mit dem buddh. A. P. übereinstimmt. (no)

Achtsamkeit ↗satipaṭṭhāna

Adhikaraṇa-Regeln (Skt adhikaraṇaśamatha, P adhikaraṇasamatha), zum 1. Hauptteil des Vinaya-piṭaka (↗saṅgha; ↗vinaya) gehörige 8. Abteilung der 250 Mönchsgesetze, die sich auf Entscheidungen in Rechtsfragen beziehen; insgesamt 7 Arten von Schlichtungen zur Beilegung von Rechtsstreitigkeiten u. strittigen Auslegungen. (no)

Ādibuddha (Skt, tib. daṅ po'i saṅs rgyas), „Ur-Buddha", vor allem im ↗Kālacakra beheimatete Bezeichnung des buddh. ↗Tantrismus für ein absolutes Prinzip, das dem ↗dharmakāya verwandt ist, jedoch stärker personale Züge trägt u. als Urgrund der ↗Dhyāni-Buddhas sowie des gesamten Kosmos (z. T. mit dem hinduistischen „Iśvara"-Konzept vermischt) vorgestellt wird. (sl)
Im ↗Vajrayāna ist der ā. der mystische Schöpfer der ↗Fünf Tathāgatas. Er bildet den bildlichen Ausdruck des ↗Buddha-Prinzips an sich, den Ursprung u. Urgrund allen Seins. Die Konzeption des ā. geht bis etwa ins 9. Jh. zurück. Obwohl als ↗vajra u. ↗ghaṇṭhā vor der Brust kreuzender Buddha von dunkelblauer Körperfarbe oder attributslos unbekleidet in ↗Yab-Yum mit seiner weißen ↗prajñā dargestellt, entzieht er sich wesensmäßig als Verkörperung des gestaltlosen ↗dharmakāya eigentlich seiner ikonographischen Darstellung. Aus didaktischen Gründen u. meditativer Praxis halber wird er jedoch häufig wie beschrieben dargestellt bzw. visualisiert. Im ↗Lamaismus wird er bei den ↗Gelugpa u. ↗Kagyüpa als ↗Vajradhara, bei den ↗Nyingmapa als ↗Samantabhadra bezeichnet. Auch ↗Mañjuśrī, Kālicakra u. a. Gottheiten können als ā. fungieren. Zahlreiche esoterische Lehren u. ↗Tantras galten als von ā. verkündet.

L.: K.L. Hazra: The Ā., Delhi 1986. (ev)

Afghanistan ↗Zentralasien

āgama (Skt „Überlieferungen") ist die in buddh. Skt-Texten u. in der mahāyānischen Tradition geläufige Bezeichnung für die ↗nikāyas, die Sūtren-Sammlungen des ↗Suttapiṭaka. Von den Skt-Versionen der ā. sind nur noch Fragmente erhalten; jedoch existieren chin. u. tib. Übertragungen (↗nikāya, ↗sūtra).

L.: Akanuma Chizen: The Comparative Catalogue of Chinese Āgamas and

Pāli Nikāyas, Tokyo [2]1958; Thich Minh Chan: The Chinese Madhyama Āgama and the Pāli Majjhima Nikāya, Saigon 1964. (sl)

ahiṃsā (Skt, P) wörtlich: „Nicht-Verletzen" (P avihiṃsā = Schonung), ethisches Verhaltensprinzip im ↗Hinduismus u. Jinismus. Im ↗Buddh. neben Freigebigkeit (dāna; ↗Almosen) 2. Säule der Mönchs- u. Laienethik (1. śīla/sīla). (no)

Ajanta (Ajaṇṭā), buddh., kösterliche Felsentempel in insgesamt 28 Höhlen im nördl. Hügelland von Dekhan/Indien, im heutigen Maharashtra, zwischen dem 2. Jh. v. Chr. u. 7. Jh. n. Chr. in eine Felsenwand entlang der Biegung des Waghora-Flusses eingegraben u. außerordentlich eindrücklich mit Skulpturen u. Wandmalereien dekoriert. Die Anlage zeigt in der Mehrzahl ↗vihāras (Klöster) mit Zellen für Mönche (Skt bhikṣu-gṛha), die um eine zentrale Säulenhalle (Skt maṇḍapa) für die Feier von Zeremonien u. Kapitelversammlungen des ↗saṅgha angelegt sind. Daneben gibt es auch Heiligtümer (Skt caitya-gṛha), angelegt als ein aus dem Felsen gehauener ↗Stūpa. Beim Eindringen des Islam nach Indien wurden die Höhlen aufgegeben u. vergessen u. erst 1817 wiederentdeckt.

L.: D. Schlingloff: Studies in the A. Paintings, Delhi 1988; W. E. Begley: The Chronology of Mahāyāna Buddhist Architecture and Painting at A., Ann Arbor 1974; R. S. Gupte and B. D. Mahajan: A., Ellora and Aurangabad Caves, Bombay 1962; G. Yazdani: A., 8 Bde., London 1930–1955; M. Singh: The Cave Paintings of A., London 1965; B. Rowland: The A. Caves, New York 1963; J. Griffiths: The paintings … of A., 2 Bde., London 1896–1897 (repr. Delhi 1983); H. u. I. Plaeschke: Ind. Felsentempel u. Höhlenklöster, A. u. Elura, Wien 1983; S. L. Weiner: A., its place in Buddhist art, Berkeley 1977. (no)

Ājīvika, Ājīvaka (Skt/P), Vertreter einer deterministisch-fatalistischen Lehre in ↗Indien z. Z. des ↗Buddha. Die ā. lebten in ordensähnlichen Verbänden organisiert, wie z. B. aus D 16,6 hervorgeht. Ihr Name leitet sich von Ājīva (Skt/P) für „Lebensweise, Lebensunterhalt" her, wobei damit der Lebenserwerb durch Almosensammeln (wie die buddh. Mönche) gemeint war. Buddh. Texte nennen 2 Vertreter der Ā.: ↗Makkali Gosāla u. Puraṇa Kassapa (D 2,17; S 2,3,10; 22,60). Nach ihrer Auffassung gewinne sittliches Verhalten keinerlei Einfluß auf das Erlangen der ↗Erlösung. Vielmehr geschehe alles aufgrund zwingender Notwendigkeit. Damit war die sittliche Weltordnung, ja die Grundlage jeglicher Moralität aus buddh. Sicht geleugnet: „... Grund- u. ursachelos sind sie (die Wesen), sündhaft oder rein. Es gibt nicht eigenes Handeln, nicht fremdes Handeln" (D 2,20). Der Buddha, der mehrfach Vertretern dieser Gruppe begegnete, grenzte sich von den Anschauungen der Ā. deutlich ab (M 26, M 85, Mv 1,6). Heute existieren keine Gemeinden mehr in Indien.

L.: A.L. Basham: History and doctrines of the Ā., a vanished Indian religion. With a foreword by L. D. Basnett, London [2]1981. (no)

ākāśa (Skt, P ākāsa), Begriff aus der hinduistischen (↗Hinduismus) u. buddh. Kosmologie; wörtlich: „Raum", wobei man Körperlichkeit als „begrenzten" Raum vom „unbegrenzten" Raum, das ist der Weltenraum, unterscheidet. (no)

Akkommodation, der geplante u. gesteuerte Vermittlungsprozeß einer religiösen Tradition oder überhaupt kultureller Praktiken an eine andere als die Herkunftskultur bzw. -gesellschaft, im Falle des Buddh. die Methode, die ↗Lehre des Buddha planvoll zu verbreiten (↗upāya, upāyakauśalya, wörtlich: Fähigkeit der Anwendung des geeigneten Mittels). Dabei berücksichtigt der Buddh. immer die Religiosität der angetroffenen Ethnien u. ihrer Kulturen, soweit diese nicht in fundamentalen Fragen der buddh. Lehre u. Ethik widersprechen. Dadurch bildeten sich regelmäßig nationale (chin., jap., tib., usw.) „Buddhismen" aus. Diese blieben selbst im Rahmen eines vorherrschenden Schulentyps bzw. ↗Fahrzeugs trennscharf voneinander unterscheidbar wie z.B. der chin. (↗China) vom jap. Buddh. (↗Japan). Lehrmäßig ausformuliert findet sich der upāya im ↗Lotus-Sūtra (Saddharmapuṇḍarīka-sūtra). Der upāyakauśalya ist die 7. der 10 ↗pāramitā. (no)

Akṣobhya (Skt, tib. mi bskyod pa; mi `khrugs pa), der „Unerschütterliche", unter den ↗Fünf Tathāgatas entsprechend der ↗Guhyasamāja-Tantra-Tradition der ↗Buddha des Zentrums, von tiefblauer Körperfarbe, in seinen Händen ↗vajra und ↗gaṇṭha haltend, in ↗Yab-Yum mit seiner ↗prajñā namens Locanā (Skt, tib. saṅs rgyas spyan ma). Nach anderen tantrischen Systemen hält er lediglich einen vajra, sein Hauptsymbol, in der Rechten u. die Linke im dhyānimudrā. Seine Keimsilbe ist „hūṃ", sein Element der Äther; er verkörpert die Weisheit der universellen Gesetzlichkeit, das unwandelbare Wesen des vajra. In anderen tantrischen Lehrsystemen werden A. teils erheblich differierende Charakteristika beigelegt. Häufig wird er auch durch ↗Vajrasattva vertreten oder erscheint, z. B. im ↗Bardo Thödol, in der „Mischform", Vajrasattva-A. Seine bekannteste Emanation ist ↗Vajrapāṇi. (ev)

Aktivität. Die 3 Bereiche karmischen Wirkens (↗karma) markieren den Gesamtbereich der A., wobei die Qualität der geistigen A. über den Charakter von Rede u. Tat entscheidet (vgl. Dhp 1f). A. gilt als sinnvoll, wenn sie dem Ziel der Leidbeseitigung (subjektiv, intersubjektiv u. kollektiv) eingeordnet ist. „Willensstarke Tatkraft" (P viriya) ist eine der 5 geistigen Kräfte u. Fähigkeiten (↗bala, ↗indriya), wohingegen Passivität in geistiger Hinsicht eine der 5 „Hemmungen" (↗nivaraṇa) ist. Gegen den Vorwurf des Passivismus erklärt sich ↗Buddha in A VIII, 12 explizit als „Lehrer der Tätigkeit". (sl)

akusala ↗kusala

Āḷāra Kālāma, (P, Skt Ārāḍa K.), Schuloberhaupt in ↗Vaiśālī, der vermutlich eine Form des ↗Yoga lehrte u. praktizierte. Der nachmalige ↗Buddha schloß sich nach seinem Auszug in die Hauslosigkeit A. K. an u. erlangt die Fähigkeit, meditativ in den „Bereich des Nichts" (Skt ākiñcanyāyatana, P ākiñcaññāyatana) zu gelangen. Aus der Vergänglichkeit dieser Erfahrung erkennt er, daß sie nicht die von ihm gesuchte ↗Erlösung ist, u. trennt sich von A. K. – Die Tradition nach M 26 u. 36, die vom Eintritt ↗Siddhārthas in die Schule des A. K. unmittelbar nach seiner ↗pabbajjā (Auszug in die Hauslosigkeit) berichtet, ist nicht mit anderen Traditionen zu harmonisieren, die einen anderen Verlauf der Vita geben (z. B. die ↗Nidānakathā). Indes bleibt diese Differenz für die historische Rekonstruktion unerheblich. – Ein weiterer Schüler des A. K., der Malla Putkasa (P Pukkusa), begegnet im MPNS (D 16, IV, 26–34). (no)

ālayavijñāna (Skt) „Speicher-Bewußtsein"; Terminus der ↗Yogācāra-Schule für ein unbewußtes, sämtlichen Bewußtseinseindrücken zugrundeliegendes, karmisch geformtes Substrat, das sich als fortgesetzter, dualistische Erkenntnisbilder hervorbringender Strom aktualisiert u. in die Erleuchtung zur echten Erkenntnis umgestaltet.
L.: L. Schmitthausen: Ā., 2 Bde., Tokyo 1987 (engl.). (sl)

Alkohol. Abstinenz von berauschenden Getränken ist eine der 5 Sittenregeln (↗pañcaśīla), die für Mönche wie Laien gelten. Vom ↗Buddha wurde sie eingeführt, nachdem der bikkhu Sāgata in Kosambī betrunken von gespendetem Palmwein aufgefunden worden war. Mv 1,60 verbietet die Ordination (↗upasampadā) von A.abhängigen. Das A.verbot hat sich in den Ländern des ↗Theravāda z.T. bis heute gehalten u. auch die nicht-buddh. Bevölkerung geprägt. In ↗Sri Lanka fand A. im 19. Jh. durch die engl. Kolonialherren Eingang, was ihnen von einheimischen Buddhisten bittere Vorwürfe eintrug. (bo)

Almosen (Skt/P dāna). Zu den wichtigsten Vorschriften des ↗vinaya gehört es, daß Mönche sich nur von freiwilligen Gaben ernähren, die sie auf dem morgendlichen A.gang von Laien erbitten. Erweist sich ein Laie als unwürdig, verweigern die bhikkhus die Annahme der Gabe, indem sie den A.topf umdrehen. In der Institution dāna zeigt sich die gegenseitige Bezogenheit von Mönchen u. Laien: das A. tritt an die Stelle der früheren Tier- u. sonstigen Opfer u. gilt als das karmisch segensreichste Tun der Laien, die dadurch am Weg der Mönche beteiligt sind. Im ↗Mahāyāna ist dāna die 1. (u. am einfachsten von jedermann anzugehende) Stufe der Vollkommenheit (↗pāramitā). (bo)

Almosenschale (P patta), einer der 7 Gegenstände, die nach dem ↗vinaya ein buddh. ↗Mönch (↗saṅgha) in seinem ständigen Gebrauch haben darf. Ursprünglich diente die A. beim täglichen Bettelgang dem Erwerb der Nahrung. Der zeremonielle Akt, bei dem Mönche die Bettelschalen umdrehen, kennzeichnet die förmlich erklärte Unwürdigkeit des Spenders. (no)

Altbuddhistische Gemeinde (ABG, Sitz: Utting/Ammersee), 1921 von Georg Grimm (1868–1945) u. Karl ↗Seidenstücker (1876–1936) als buddh. Laiengemeinschaft gegründet. Mit dem Namen ABG (seit 1935; ursprünglich „Buddh. Gemeinde für Deutschland") will man sich auf den alten Buddh. vor dessen Teilung in verschiedene Schulen beziehen. Daher fußt die ABG zwar auf dem ↗Pāli-Kanon, versteht sich aber ausdrücklich nicht zum ↗Hīnayāna bzw. ↗Theravāda gehörig. Sie vertritt in der Frage der anattā-Lehre (↗anātman) eine von der theravādischen Position abweichende Interpretation, die sich eher an die der ↗Puggalavādins annähert: neben dem aus den 5 Gruppen (Körper, Wahrnehmung, Empfindung, willentliche Bildekräfte u. Bewußtsein) bestehenden empirischen, vergänglichen Ich nimmt die AGB – aus Gründen der inneren Widerspruchslosigkeit der Lehre besonders hinsichtlich des Erlösten u. mit Verweis auf Itv 43 – ein unerkennbares, ewiges Selbst an, dessen Existenz der ↗Buddha nicht geleugnet habe. Diese Interpretation wurde von den dt. Buddhisten in ihrer Mehrheit, besonders von Paul ↗Dahlke (1865–1928), vehement bestritten. Die ABG ist Mitglied der ↗„Dt. Buddh. Union". Organ der ABG ist die Zs. „Yāna". (no)

Alter und Tod (P jarā-maraṇa), 12. Glied des ↗pratītyasamutpāda, oft erweitert um Charakteristika der Leiderfahrung wie Kummer, Schmerz usw. A. u. T. sind neben Krankheit (vgl. ↗deva-dūta) die deutlichsten existentiellen Erscheinungsformen der Vergänglichkeit (↗Tod) u. als solche wesentlich für die buddh. Analyse von ↗duḥkha. (sl)

Amarapura-Nikāya, 1802/03 aus birmanischer Tradition entstandener Reformzweig des theravādischen (↗Theravāda) ↗saṅgha in ↗Sri Lanka, so benannt nach der ehemaligen Hauptstadt Birmas Amarapura bei Mandalay. Der A.-N., inzwischen in 26 nikāyas unterteilt, bildet zusammen mit dem ↗Syāma- u. dem Rāmañña-Nikāya „die 3 nikāyas", die neuzeitliche Grundstruktur des singhalesischen saṅgha. (no)

Amarāvatī, ind. Stadt im heutigen Bundesstaat Andra-Pradesh, im 2./3. Jh. bedeutendes buddh. Kunstzentrum, dessen stilistische Eigenart den Übergang zur ↗gandhāra-Kunst prägt. Bei A. befand sich auch das Zentrum der ↗Mahāsāṅghika-Schule.

L.: M. Bonisti u. P. Stern: Evolution du style indien d'A., Paris 1961. (no)

Ambedkar, Bhimrao Ramji, 14. 4. 1893 Mhow – 6. 12. 1956 Delhi, ind. Politiker u. Begründer einer neobuddh. Massenbewegung; stammte aus der als unberührbar geltenden Mahār-Kaste, 1912–16 Ökonomie- u. Jura-Studium mit Promotion an der Columbia-University in New York, dort Prägung durch John Dewey (1859–1952) u. seine Philosophie des Pragmatismus, 1920–23 in London, Promotion zum Dr. rer. nat. u. Ausbildung zum Rechtsanwalt; nach Indien zurückgekehrt, wurde A. zum politischen u. geistigen Führer der Kaste der Unberührbaren; 1947 Justizminister im ersten Kabinett Nehru, Vorsitzender des Verfassungskomitees, 1951 Rücktritt. Den bereits 1950 bekanntgegebenen Entschluß, sich zum Buddh. zu bekehren, vollzog A. in einer öffentlichen Weihezeremonie am 14. 10. 1956 in Nagpur. Seinem Beispiel sind bis heute über 5,5 Mio. gefolgt, besonders Angehörige niederer Kasten. – Im Buddh. sah A., der als ↗Bodhisattva verehrt wird, eine vernunftgeleitete Religion mit einer auf den Prinzipien der Gleichheit, Freiheit u. Güte ruhenden Ethik. Seine Anliegen werden u. a. durch die von ihm gegründete „Gesellschaft zur Volkserziehung" mit zahlreichen Bildungsinstitutionen u. die „Buddh. Gesellschaft von Indien" fortgeführt.

W.: The Buddha and His Dhamma, Bombay 1957 (postum), 1974[2]; Le Buddha et l'Avenir du Bouddhisme, in: R. de Berval (ed.): Présence du Bouddhisme, Paris 1987, 395–404. – L.: W.N. Kuber: B.R. Ambedkar, New Delhi 1978; A.M. Fiske: Buddh. Bewegungen in Indien, Saeculum 20 (1969), 236–252. (mü)

Amida (andere Namen: ↗Amitābha, ↗Amitāyus) ist im ↗Mahāyāna allgemein einer der 5 ↗Dhyāni-Buddhas, aber die zentrale Heilsgestalt des ↗A.-Buddhismus. Als ↗Bodhisattva Dharmākara gelobte A. die Errettung aller Wesen durch die Ermöglichung ihrer Hingeburt in das von ihm erschaffene ↗Reine Land. Die einzige Voraussetzung dazu ist die vertrauende Verehrung seines Namens durch das ↗namu-Amida-butsu. Im Reinen Land verwirklichen die Wesen mühelos das ↗nirvāṇa.

Durch die Erfüllung seiner Bodhisattva-Gelübde (↗praṇidhāna) wurde Dharmākara zu A. In der mahāyānischen Volksfrömmigkeit ist A. wegen des von ihm bereitgestellten einfachen Weges zur Erlösung außerordentlich populär. Die philosophische Tradition des A.-Buddhismus hat in A. einen Ausdruck der Verbindung von universalem ↗Mitleid u. transzendenter ↗Weisheit (↗prajñā) gesehen, den beiden Seiten der Heilswirklichkeit. Besonders stark entfaltet ist dieser Gedanke bei ↗Shinran. Shinran unterscheidet im Anschluß an die Tradition 2 Aspekte des ↗dharmakāya, den „dharmakāya als Soheit“ (jap. hosshō hoshin), die unbeschreibbare transzendente Wirklichkeit (↗tathatā), u. den „dharmakāya als ‚geschicktes Mittel‘“ (jap. hōben hosshin), die Zugänglichkeit dieser Wirklichkeit durch die verschiedenen Hilfsmittel u. Wege (↗upayākauśalya, ↗Wahrheit, doppelte). A. ist für ihn die Urgestalt des „hōben hosshin“ u. insofern ein Medium zur Verwirklichung der transzendenten Heilswirklichkeit (hosshō hoshin). Dies geschieht im Vertrauen (shinjin) auf ↗tariki, worin die Ich-Verhaftung durch Weisheit u. unbegrenzte Liebe, den Geist A. ersetzt wird. Daher ist A. Ausdruck der jeden Dualismus u. alle Hindernisse überwindenden Dynamik der ↗Erleuchtung.

L.: H. de Lubac: A., Paris 1955; Ch. Langer-Kaneko: Das Reine Land, Leiden 1986; V. Zotz: Der Buddha im Reinen Land, 1991; P. Schmidt-Leukel: „Den Löwen brüllen hören“, 1992. (sl)

Amida-Buddhismus (auch: Amidismus, Reines-Land-Buddhismus, Bezeichnung für jenen Teil der buddh. Tradition, in deren Mittelpunkt Verehrung u. doktrinäre Interpretation des ↗Amida-Buddha stehen. Der A. ist Teil des ↗Mahāyāna (keine Erwähnung Amidas im ↗Pāli-Kanon). Seine Wurzeln liegen im Dunkeln, doch läßt sich aus dem z.T: hohen Alter chin. Übers. von Texten des A. schließen, daß die Verehrung Amidas bereits im 1.–2. Jh. n.Chr. in ↗Indien einsetzt. Die wichtigsten Sūtren des A. sind das längere u. das kleinere (auch ↗Amida-Sūtra genannt) ↗Sukhāvatīvyūha-Sūtra, sowie das ↗Amitāyur-dhyāna-Sūtra (ind. Ursprung des letzteren umstritten). Im A. treten die devotionalen Aspekte des Mahāyāna besonders deutlich hervor, in seinen Lehren sind die mahāyānische Buddhologie (↗Buddha), das ↗Bodhisattva-Ideal u. die Vorstellung einer

Verdienstübertragung von zentraler Bedeutung, in seiner Ausbreitung ist er vornehmlich von Laien getragen. Zumeist blühte der A., wenn eine apokalyptische Stimmung das Motiv des Verfalls des ↗dharma aktualisierte (mappō). Zu einem eigenständigen, dominanten Teil der buddh. Tradition wird der A. in ↗China u. ↗Japan. In seiner chin. Form (auch als ↗Ching-t'u bezeichnet) erfährt der A. eine stark doktrinäre Systematisierung durch ↗T'an-luan (476–542), ↗Tao-ch'o (562–645) u. ↗Shan-tao (613–681). T'an-luan begreift die Amida-Frömmigkeit im Unterschied zu anderen buddh. Formen des Heilsweges als den „einfachen Weg", der den Menschen des Verfallszeitalters angemessen ist. Unter Tao-ch'o u. Shan-tao wird der Wert der Praxis des ↗nembutsu immer mehr über alle anderen buddh. Praktiken hinausgehoben. Im 8. Jh. erreicht der A. seine chin. Blütezeit. Es kommt zu Amalgamationen mit dem chin. ↗Zen (↗Ch'an), ↗T'ien-t'ai u. anderen Schulen. Themen aus dem Bereich des A. werden zu beliebten Gegenständen der chin. Ikonographie. Texte u. Bilder aus dem Umfeld des A. ordnen dem Amida-Buddha häufig die ↗Bodhisattvas ↗Avalokiteśvara (chin. ↗Kuan-yin) u. ↗Mahāsthamaprāpta als Versinnbildlichung der von Amida verkörperten Einheit von ↗Mitleid u. ↗Weisheit zu, so daß im Zuge der Ausbreitung des A. auch die Verehrung Kuan-yins zunimmt. Eine organisatorische Form findet der A. in China mit Ausnahme der Gesellschaft vom Weißen Lotus (gegründet 1133) jedoch nicht. Anders dagegen in Japan, wohin der A. schon frühzeitig über ↗Korea gelangt. Unter den zahlreichen buddh. Schulen Japans, die dem A. zuzurechnen sind, besitzen die sich auf die Lehren ↗Hōnens (1133–1212) berufende ↗Jōdo-Shū u. die sich auf ↗Shinran (1173–1261) stützende ↗Jōdo-Shinshū besondere Bedeutung. Mit Shinran erreicht die philosophische Interpretation des A. ihre Vollendung.

L.: Engl. Übers. der 3 wichtigsten Sutren des A. in SBE Bd. 49; A. Bloom: Shinran's Gospel of Pure Grace, Tucson 1965; K. Ch'en: Buddhism in China, repr. Princeton 1972; P.O. Ingram: The Dharma of Faith, New York 1977; Chr. Langer-Kaneko: Das Reine Land, Leiden 1986; K.K. Tanaka: The Dawn of Chinese Pure Land Buddhist Doctrine, New York 1990; V. Zotz: Der Buddha im Reinen Land, 1991; P. Schmidt-Leukel: „Den Löwen brüllen hören", 1992. (sl)

Amida-Sūtra (jap. Amida kyō), anderer Name für das kleinere ↗Sukhāvatīvyūha-Sūtra. Die ursprüngliche Skt-Fassung ist erhalten; der Text wurde vermutlich 402 n.Chr. von ↗Kumārajīva ins Chinesische übersetzt. Im A. beschreibt ↗Śākyamuni das ↗„Reine Land“ (↗Sukhāvatī) des ↗Amida. Es gilt als einer der 3 Grundtexte des ↗Amida-Buddhismus.

A.: F. Müller u. B. Nanjio: Sanskrit text of the smaller Sukhāvatīvyūha, Oxford 1983. – Ü.: Buddhabhāṣita-amitāyuh-sūtra (the smaller Sukhāvatīvyūha, tr. from the Chinese version of Kumārajīva by Nishu Utsuki, Kyoto 1924; Le Sūtra d'Amida. Selon la version chinoise de Kumārajīva. Préface, tr. et notes par J. Eracle, Genève 1922; O. Usami: Budhas Reden über Amitayus, Berlin 1925, 15–26. (sl)

Amitābha (Skt, tib. `od dpag med; snaṅ ba mta'yas). I. „Unermeßliches Licht“, neben ↗Amitāyus Skt-Name für den ↗Dhyāni-Buddha ↗Amida (jap.). Beide Namen erscheinen im ↗Sukhāvatīvyūha-Sūtra, ↗Amitābha-Sūtra u. im ↗Amitāyurdhyāna-Sūtra, finden aber auch im Sdps Erwähnung. Die Lichtsymbolik bezeichnet zumeist die transzendente ↗Weisheit. (sl)
II. Im ↗Vajrayāna gehört A. unter die ↗Fünf Tathāgatas entsprechend der ↗Guhyasamāja-Tantra-Tradition. Unter diesen ist er der rote ↗Buddha im W. des ↗Maṇḍala. Er verkörpert die Weisheit der essentiellen Gleichheit. Sein Symbol ist der Lotus, sein Element das Feuer, seine Keimsilbe „hrīm“. A. ist der Herrscher des himmlischen Bereichs Sukhāvatī. Sein populärer sambhogakāya-Aspekt ist der ↗Bodhisattva ↗Avalokiteśvara. Nach der ↗Terma-Tradition der ↗Nyingmapa ist A. die Verkörperung des ↗dharmakāya.

L.: S.P. Mukhopadhyay: A. and his Family, Delhi 1985; H. de Lubac: Amida, Paris 1955; J. Eracle: La terre heureuse du Buddha A., in: Asiat. Studien, Bd. 20 (1966), 41–71f. (ev)

Amitāyur-dhyāna-Sūtra (Skt, jap. Kan murvōju kvō), auch „Meditations-Sūtra“ genannt. Ind. Ursprung umstritten, älteste chin. Fassung von Kālayaśas (vermutlich 424 n.Chr.). Einer der 3 Grundtexte des ↗Amida-Buddhismus. Im A. unterrichtet ↗Śākyamuni die von ihrem Sohn arrestierte Königin ↗Vaidehī in der Meditation über ↗Sukhāvatī.

Ü.: (engl.) J. Takahusu, in: Buddhist Mahayana Texts, Oxford 1894 (SBE, 49), repr. Delhi – Varanasi – Patna 1965. (sl)

Amitāyus (Skt). I. Wörtlich: „Unermeßliches Leben", wie ↗Amitābha Skt-Name des Buddha ↗Amida. Das Motiv der unermeßlichen Lebensdauer des transzendenten ↗Buddha ist eines der zentralen Themen des ↗Saddharmapuṇḍarīkasūtra u. bildet einen der Grundzüge mahāyānischer Buddhologie. (sl) II. Im ↗Vajrayāna ist A., ikonographisch in ↗sambhogakāya-Form u. in roter Körperfarbe dargestellt, die Vase mit dem Unsterblichkeitstrank amrita im Gestus der Meditation (dhyānimudrā) haltend. (ev)

Amitodana Gautama, einer der Brüder des ↗Śuddhodana Gautama, des Vaters des ↗Buddha, u. damit Onkel des Erwachten u. Vater der Mönche ↗Ānanda, des Dienermönchs des Buddha, Mahānāma u. Anuruddha. (no)

Amoghasiddhi (Skt, tib. don yod grub pa), „fehlerlose Vollendung", unter den ↗Fünf Tathāgatas entspricht der ↗Guhyasamāja-Tantra-Tradition der grüne, im N thronende ↗Buddha, der die alle Werke vollendende Weisheit verkörpert. Sein Symbol ist das Kreuzvajra, sein Element die Luft, seine Keimsilbe „khaṃ". Seine rechte Hand zeigt die Geste der Furchtlosigkeit (Skt abhayamudrā), seine ↗prajñā ist ↗Tārā. (ev)

Amoghavajra (chin. Pu-k'ung Chin-kang), ↗Chen-yen, einer der wichtigsten Vertreter des ↗Tantrismus in China; 705–774. Von ind.-sogdischer Abkunft kam A. als Kind nach China u. wurde völlig sinisiert. Ab 719 wird er Schüler von ↗Vajrabodhi. Auf einer Reise nach Indien u. Ceylon 741 sammelt er tantrische Texte. Nach seiner Rückkehr nach China 746 trat er in Kontakt mit dem kaiserlichen Hof u. bleibt mit diesem bis zu seinem Tod in enger Verbindung. Dort ist er als Zauberer geschätzt. Den Kaiser betrachtet er als Vertreter des ↗Buddha (↗Huang-ti p'u-sa). Nach seinem Tod läßt ihm der Kaiser einen Gedächtnisstūpa errichten. Als wichtigste Leistung von A. gilt die Verbreitung des Kultes von ↗Wen-shu. Vermutlich führte er auch das „Fest der hungrigen Geister" (Ullambana) in China ein. Von ihm stammen auch zahlreiche Übers. buddh.-tantrischer Texte. (so)

anāgāmin (Skt/P, auch anāgāmī), der „Nichtwiederkehrer", 3. Stufe des Heilsgewinns. Der a. wird nach seinem Tod nicht mehr in eine irdische Existenz zurückkehren (↗saṃsāra), sondern aus einer himmlischen Existenz ↗nirvāṇa erreichen. Diese u. andere vergleichbare Vorstellungen spiegeln spätere scholastische Spekulation wider (↗Scholastik). Zentral für die Idee des a. ist im abhidhamma die Schrift ↗Puggalapaññatti (1,41): „Da erscheint ein Mensch nach Vernichtung der 5 niederen Fesseln unter den geistgeborenen Wesen wieder u. dort erlischt er vom Wahn, kehrt nicht mehr zurück von jener Welt ... Diesen Menschen bezeichnet man als a.". ↗abhidharma, ↗Abhidhamma-Piṭaka. (no)

anagārika (Skt/P), wörtlich: „Hausloser", ursprüngliche Bezeichnung für buddh. Mönche, später für Laienasketen, die wie Mönche leben, ohne indes ordiniert zu sein. 1941 entstand in ↗Ceylon eine saṅgha-kritische Bewegung „Vinayavardhana-Samiti" (Gesellschaft zur Förderung des ↗vinaya), die die Gültigkeit der Ordination im ↗saṅgha bestreitet; die Mönche dieser Richtung heißen a. (no)

Ānanda (Skt/P), Vetter des ↗Buddha väterlicherseits, diente dem Buddha über 20 Jahre als Dienermönch (P upatthāka). Die Tradition schreibt ihm die Überlieferung der Lehrreden des Buddha (P suttapiṭaka) auf dem 1. Konzil von ↗Rājagṛha zu, das in der auf des Buddha Tod folgenden Regenzeit (483 v. Chr.) stattfand. Im MPNS (D 16) wird deutlich Kritik an ā. laut. Er hatte sich wohl den Zorn einer rigoristischen Fraktion im ↗saṅgha um ↗Mahākāśyapa zugezogen. Vor allem wurde ihm seine Vermittlerrolle bei der Gründung des Nonnenordens zum Vorwurf gemacht (Vin II, 284–293). Die Ch'an- bzw. Zen-Tradition (↗Ch'an, ↗Zen-Buddhismus) sieht in Ā. ihren ↗Patriarchen.

L.: A. Bareau: Les Disciples, in: R. de Berval (ed.): Présence du Bouddhisme, Paris 1987, 245–266; G.P. Malalasekera: Dictionary of Pāli. Proper Names, 2 Bde., London 1937–1938, Bd. 1, 249–268. (no)

Ānanda Metteyya, bürgerlich Allan Bennet McGregor; 1872–1923; buddh. Mönch (ordiniert am 25. 05. 1902 in Akyab/Birma als 1. Europäer) u. Autor buddh. apologetischer Schriften u. Aufsätze. Er trug entscheidend zur Gründung des Buddhasasana Samagama/International Buddh. Society als 1. internationale Dachorganisation der Buddhisten 1903 in Rangun bei. 1907 war er an der Gründung der „Buddhist Society of England" beteiligt. 1909 wurde er Ehrenmitglied der im gleichen Jahr gegründeten, jedoch sehr kurzlebigen „Dt. Pāli-Gesellschaft".

A.: Rechte Erkenntnis. Übers. v. Dr. K. Seidenstücker. Buddh. Volksbibl. Nr. 22, München – Neubiberg 1915; Die drei Merkmale – Alte u. neue Kritik des Buddh., Buddh. Volksbibl., München – Neubiberg o. J.; Die Religion v. Burma, München 1909. (no)

anātman (Skt, P anattā), wörtlich: „Nicht-Selbst", buddh. Auffassung über das Selbst u. das Subjekt der ↗Erlösung, in der gerade die Existenz eines ewigen, unveränderlichen, durch die Existenzen des ↗saṃsāra wandernden Selbst bestritten wird. a. bedeutet damit die Absatzbewegung der buddh. Lehre von der upanischadischen (↗Upanischaden) Verhältnissetzung von Allgöttlichem (↗brahman) u. Mensch (↗ātman), nach der Erlösung die Rückführung des ewigen ātman ins brahman bedeutet. Eben dies bestreitet der ↗Buddha. Er analysiert das Selbst u. benennt als dessen Konstituenten die „5 Gruppen des Ergreifens" (pañca upādānaskandhāḥ): Körper, Wahrnehmung, Empfindung, willentliche Bildekräfte u. Bewußtsein. Jeder dieser 5 Faktoren erweist sich selbst als veränderlich u. vergänglich; daraus folgert der Buddha, daß das Ergebnis des Zusammenwirkens dieser 5 Gruppen, das Selbst oder der ātman, nicht unveränderlich u. ewig sein könne. Damit ist die Ewigkeit des ātman bestritten, der ātman ist der transzendenten Ebene enthoben, so daß man nur von einer empirischen Person (Skt pudgala, P puggala) sprechen kann. In scharfem Widerspruch zur upanischadischen ātman-brahman-Spekulation reden Buddhisten daher von einem a. M. a. W. in dieser Welt lasse sich nach Auffassung des Buddha nirgendwo ein unveränderliches, ewiges, wesentliches u. eigentliches Selbst entdecken. Zu fragen ist freilich, ob die Lehre vom a. beim historischen Buddha dieselbe theoretische Bedeutung besaß, die man später, besonders im ↗Theravāda, der a.-Lehre zugewiesen hat. Als ethische Kategorie „Selbstlosigkeit" ist möglicherweise die die Praxis betonende Intention des Buddha plausibler getroffen als die Annahme eines Theorems, zumal der Buddha selbst aller Theorie abhold u. ein Gegner von Spekulation u. von Erörterungen metaphysischer Fragestellungen war. Die Textbefundlage im ↗Pāli-Kanon ist indes so dicht, daß vermutet werden kann, der Buddha habe tatsächlich eine a.-Lehre vorgetragen, die allerdings erst in der ↗Scholastik u. in späten außerkanonischen Schriften wie z. B. im ↗Milindapañha argumentativ noch einmal geschärft u. doktrinär zugespitzt worden ist. Vor der Lehre von ↗karma u. ↗saṃsāra stellt sich scharf die Frage nach dem Täter u. Eigner der Taten (des karma bzw. ob und, wenn ja, in welcher Weise Täter u. Erduldender überhaupt identisch sind) u. was denn im Geburtenprozeß des Wanderns durch die Existenzen überhaupt von einer Existenz zur anderen weitergehe. Die theravādische Tradition beantwortet dies mit dem Verweis auf den individuellen Daseinsdurst u. auf das karma, welche im Prozeß des saṃsāra das steuernde Element darstellen. Gleichwohl wurde in späterer Zeit durch die Schulen der ↗Vatsīputrīyas u. ↗Pudgalavādins solche Fragen wieder näher bei der alten upanischadischen ātman-Theorie beantwortet: man kam zur Konstruktion eines ewigen, aber unerkennbaren ātman, der nun Erbe und Eigner seiner Taten war u. als das Subjekt der Erlösung galt. Diese Variante nimmt im abendländischen Buddhismus die ↗Altbuddh. Gemeinde, 1921 durch Georg Grimm gegr., auf, so daß die Interpretation der a.-Lehre den Buddh. in Deutschland lange in 2 Fraktionen spaltete. – In den späteren Schulen des Buddh. bieten sich unterschiedliche Interpretationen des a. an. So ist im ↗Mahāyāna a. grundsätzlich die Ausdrucksform der Merkmallosigkeit (↗śūnyatā) u. der wirklichkeitsgerechten, nicht-dualistischen (advaitā) Sicht an der Welt verstanden, der ātman ist also „leer". (Text im Anhang, S. 549–553.)

L.: A. Bareau: Les sectes bouddhiques du Petit Véhicule, Saigon 1955; É. Lamotte: Histoire du bouddhisme indien, dès origines à l'ère Śaka, Löwen 1958 (Nachdr. 1976); K. Bhattacharya: L'Ātman – Brahman dans le Bouddhisme Ancien, Paris 1973 (PEFEO 90); S. Collins: Selfless Persons, Cambridge 1982; C. Oetke: „Ich" und das Ich. Analytische Untersuchungen zur buddh.-brahmanischen Ātman-Kontroverse, Stuttgart 1988 (ANIST 33); J. Pérez-Rémon: Self and non-self in Early Buddhism, The Hague 1980; L.A. de Silva: The Problem of the self in Buddhism and Christianity, London ²1979; M. Hulin: Le Principe de l'ego dans la pensée indienne classique et la notion d'Ahamkara, Paris 1978. (no)

anattā (P) ↗anātman

aṅga (Skt/P), wörtlich: Glied. Der Begriff dient zur Einteilung des ↗Kanons nach literarischen Kriterien, nämlich in 9 a.: sutta (↗sūtra, Lehrrede), geyya (Prosa mit Poesie), veyyākaraṇa (Auslegung), gāthā (Strophen), ↗udāna (feierliche Aussprüche des Buddha), ↗itivuttaka (Meisterworte), ↗jātaka (Wiedergeburtsgeschichten), vedalla (unsichere Bedeutung), abhutadhamma (Wundergeschichten), in der Folge um 3 a. erweitert zu 12 a. der Lehrweisen des ↗Buddha. Diese Systematisierung nach literarischen Genera bietet keinen Ansatz für eine moderne literar-kritische Behandlung der Texte. – a. werden auch die 8 Teile des ↗Achtfachen Pfades (Skt mārgāṅga, P maggaṅga, d. h. in Übereinstimmung mit dem Achtfachen Pfad als Definition von „recht" zur Qualifizierung der einzelnen Glieder) genannt. (no)

Angkor-Wat, ausgedehnte Tempelanlage in Zentralkambodscha (↗Kambodscha), ursprünglich als hinduistisches Heiligtum (↗Hinduismus) begonnen, erbaut zwischen 1110 u. 1150 u. in der Folge buddhaisiert. Das 1282 entstandene Khmer-Reich von Angkor wurde zu Beginn des 14. Jh. durch die Thai zerstört; A.-W. geriet in Vergessenheit u. wurde erst im 19. Jh. durch Henry Mouhot wiederentdeckt.

L.: L. Finot et al.: Le Temple d'Angkor Vat, 7 Bde., Paris 1924–1932; H. Marchal: Les temples d'Ankor, Paris ³1955; K.M. Srivastava: A.W., New Delhi 1987. (no)

Aṅgulimāla (P), wörtlich: Fingerkranz, war der Räuber- u. dann der Mönchsname des Räuberhauptmanns Hinsaka (Ahinsaka) nach einer Kette aus menschlichen Fingergliedern seiner Opfer, die er um den Hals getragen habe. M 86 berichtet von einem Gespräch des A. mit dem ↗Buddha, in dessen Verlauf er sich bekehrt u. um Aufnahme in den Orden (↗saṅgha) gebeten habe. Ein sūtra, das seinen Namen trägt (A.-sūtra), gehört zu einer Gruppe mahāyānischer Schriften aus der Zeit zwischen 350 u. 400 n.Chr. (no)

Aṅguttara-Nikāya (P), wörtlich: „angereihte Sammlung", das ist die 4. Sammlung im ↗Suttapiṭaka des ↗Pāli-Kanons. Dem A.-N. entspricht weitgehend ein Skt-Ekottarāgama, das sich nicht eindeutig einer Schule zuordnen läßt. Während man die Redaktion des A.-N. ins 1. Jh. v. Chr. verlegt, kann der Skt-Text des in chin. Übers. erhaltenen Ekottarāgama nur später entstanden sein, wohl nicht vor dem 2./3. Jh. n. Chr. Formales Prinzip dieser Sammlung ist es, Lehrgegenstände zu Zahlengruppen zusammenzuordnen, insgesamt 11 Gruppen in 11 Büchern: Einer-, Zweierbuch … usw. Dieses Ordnungsbedürfnis, das sich im A.-N. wie auch im S anmeldet, zeigt ein wachsendes Interesse an systematischer Behandlung u. Darstellung der ↗Lehre des ↗Buddha u. weist auf die Ausbildung der abhidharma-Lit. (↗abhidharma, ↗Abhidhamma-Piṭaka) voraus.

A.: R. Morris (Hg.): A.-N., 6 Bde., PTS; Bd. 1, 1885 (2. rev. Ausg. v. A.K. Warder, 1961), Bd. 2, 1888; E. Hardy, Bde. 3–5, 1897, 1899, 1900; M. Hunt, Bd. 6 (Indices), 1910; – F.L. Woodward: The Gradual Sayings, PTS, Bd. 1, 1931; Bd. 2, 1933; Bd. 5, 1936; E.M. Hare, Bd. 3, 1934; Bd. 4, 1935. – Ü.: (dt.) Nyanatiloka: Die Lehrreden des Buddha a.d. Angereihten Slg., 5 Bde., Braunschweig ^{5}1993. (no)

Anhaften oder Ergreifen (Skt/P upādāna) sind Neigungen, die Wiedergeburt u. damit Existenz in der saṃsārischen Welt (↗saṃsāra) begünstigen u. fördern. Vor allem in 3 Ausdrucksformen zeigt sich A. als heftiges Begehren (Skt ↗tṛṣṇā, P taṇhā): bedingt durch 1. sinnliches Begehren (Skt kāma-tṛṣṇā, P kāma-taṇhā), 2. durch Begierde nach Werden (Skt bhava-tṛṣṇā, P bhava-taṇhā) u. 3. durch Begierde nach Vernichtung (vibhava-t.). Abgekürzt gesagt: Erlösung bedeutet das Ende des A. Spätere Pāli-Scholastik spricht nach Vis XVII von 4 Formen des A.: 1. sinnliches A. (kāmupādāna), 2. A. an Glaubenssätzen (diṭṭhupādāna), 3. an religiösen Riten u. moralischen Regeln (sīlabbatupādāna) u. 4. A. an dem falschen Glauben an ein ewiges, überdauerndes Selbst im Menschen (attavādupādāna; vgl. ↗anātman). – Andererseits konstituiert sich nach buddh. Auffassung das empirische Ich durch die Gruppen des A. (Skt upādānaskandhāḥ bzw. pañca u., P u. kkhandha): Körperlichkeit, Sinneswahrnehmung, Empfindung, geistige Bildekräfte u. Bewußtsein. Selbstlosigkeit als grundsätzlich ethische u. fundamental-existentiale Einstellung bezeichnet in besonderer Weise das Ende des unheilvollen A. (no)

anitya (Skt, P anicca), wörtlich: nicht-ewig, unbeständig, ist eines der ↗Drei Merkmale (Skt trilakṣāna, P tilakkhaṇa), die sich aus buddh. Sicht als Ergebnis einer Analyse der (Welt-) Wirklichkeit ergeben. Alles Gestaltete (oder Gewordene) der (saṃsārischen) Welt (↗saṃsāra) ist vergänglich, nicht-ewig u. daher nicht beständig. a. meint aber auch die begrenzte Dauer glückhafter, befriedigender Zustände. Die Flüchtigkeit aller glückhaften Erfahrungen u. die definitiv endliche Dauer alles Gestalthaften verdeutlicht die Relativität allen in der Welt vorfindlichen Seins, wie im 12-gliedrigen Satz des bedingten Entstehens formuliert ist (Skt ↗pratītyasamutpāda, P paticcasamuppāda). Veränderlichkeit u. Vergänglichkeit (Skt anityatā, P aniccitā) sind der Grund für den fundamentalen Leidenscharakter saṃsārischer Existenz, dem 2. Merkmal buddh. Wirklichkeitsanalyse (↗Leiden). (no)

Anurādhapura in ↗Sri Lanka war zeitweilig die Hauptstadt Ceylons, seit sie der buddh. König Dutugemuni (161–137 v. Chr.) erobert hatte. Um 150 v. Chr. findet dort das ↗Konzil von A. statt, auf dem sich die strengere Theravāda-Richtung (↗Theravāda), die Mahāvihāra-Fraktion des saṅgha, durchsetzte. 371 n. Chr. kam die Zahnreliquie, der Tradition nach ein Zahn aus dem Leichenbrand des ↗Buddha u. bis heute die bedeutendste Reliquie Sri Lankas, von Dantapura in Kalinga/Indien nach A. (seit 1603 in Kandy). A. ist noch heute mit einer Reihe bedeutender Dāgobas (↗Dāgoba, ↗Stūpa), u. a. die Ruvanveli- u. Thuparama-Dāgoba, ein wichtiger Wallfahrtsort in Sri Lanka.

L.: J. G. Smither: Architectural Remains, A., Ceylon, London 1884; S. Bandaranayake: Sinhalese Monastic Architecture, The Viharas of A., Leiden 1974; H. Mode: Die buddh. Plastik auf Ceylon, Leipzig 1963; W. D. M. Fernando: Ancient City of A., Colombo 1965. (no)

Anuruddha (P, Skt Aniruddha), 1. Vetter des ↗Buddha u. Halbbruder des ↗Ānanda u. buddh. Mönch. Im MPNS (VI, 11) ist die Bedeutung A. unterstrichen, wo dieser unmittelbar nach dem Tod des Buddha, bis zum Eintreffen ↗Mahākāśyapas, der Mönchsversammlung vorsteht u. die notwendigen Anordnungen trifft. Neben Mahākāśyapa bleibt A. eine der beiden herausragenden Führungsgestalten. – 2. A., theravādischer Mönch in Ceylon vermutlich im 12. Jh. (↗Theravāda) u. Verf. des ↗„Abhidhammattha-Saṃgaha“ (Sammlung der Bedeutungen der vertieften Lehre), einer Systematik des Theravāda. Die Tradition schreibt ihm – vermutlich fälschlich – eine Hymnensammlung in Skt zu (Anuruddha-śataka). – 3. A. (Anawrahta), König v. ↗Birma (1044–1077), unter dem der ↗Theravāda in Birma eingeführt wurde. (no)

anusaya (P, Skt anuśaya), wörtlich: Neigung; Gruppe von 7 Leidenschaften (D 33; A VII, 11, 12 .a.), nämlich: sinnliches Begehren (P kāma-rāga), Widerstreben (P paṭigha), Ansicht (P diṭṭhī), Zweifelsucht (P vicikicchā), Dünkel (P māna), Daseinstrieb (P bhavānusaya), Unwissenheit (P avijjā). Sie gelten als Bedingungen für das Entstehen neuer Sinnengier (Vis XII, C). (no)

Anuttarayoga-Tantra (Skt, tib. rnal `byor bla na med pa'i rgyud), „Unübertreffliches Tantra“, Bezeichnung der höchsten 4 ↗Tantra-Klassen, deren Lehren ihrerseits wieder entsprechend ihrer Betonung von „Mittel“ (Skt ↗upāya) oder „Weisheit“ (Skt ↗prajñā) in Vater- (tib. pha rgyud) u. Mutter-Tantras (tib. ma rgyud) klassifiziert werden. Die A.-T gelten als das effektivste Mittel zur Erlangung der unübertrefflichen, höchsten Erkenntnis. Als den A.-T.-Texten gleichrangige Lehre gelten den ↗Nyingmapa die Tantras der Klassen mahāyoga, anuyoga und atiyoga. Letztere sind auch als rDzogs chen-Lehren (↗Dzogchen-Lehren) bekannt. (ev)

Apadāna (Skt/P), Schrift, zum ↗Khuddaka-Nikāya des ↗Pāli-Kanon gehörig, in der Legenden über Vorgeburten von Arhats (↗arhat) u. beispielhaften Mitgliedern des ↗saṅgha berichtet werden. Vermutlich gingen in diese Schrift Teile eines Skt-Textes der Sarvāstivādins (↗Sarvāstivāda), die Anavataptagāthā, ein.

A.: A., ed. E. Lilley, 2 Bde., PTS, 1924–27. – L.: H. Bechert: Über das Apadānabuch, in: WZKSO u. Arch. f. ind. Philosophie, Bd. 2, 1958, 1–21; ders.: Bruchstücke buddh. Versammlungen, I. Die Anavataptagāthā u. die Sthaviragāthā, Berlin 1961. (no)

Arbeit. Der ↗Buddha hat den Mönchen keine A.-ethik gelehrt. Das Leben u. alle Kraft soll nicht auf Lebenserwerb u. Gestaltung der Welt, sondern auf das Ziel der inneren Befreiung von ihr gerichtet sein u. daher der Übung des Geistes dienen. Anders als im westl. Mönchtum („ora et labora") spielt in der buddh. Mönchsdisziplin körperliche A. als kontemplative Übung keine Rolle, auch nicht in den Klosterhainen der Frühzeit, die allein von den Stiftern gepflegt wurden. In der Tradition des ↗Ch'an (↗China) bzw. ↗Zen (↗Japan) entwickeln sich Überlegungen des Typs: „Wer nicht arbeitet, soll auch nicht essen" (z.B. bei Hyakujo). Der Soto-Mönch Suzuki Shosan (1579–1655) lehrt, daß jede A. zur buddh. Übung werden könne u. nennt u.a. die Berufe des Kaufmanns, Bauern, Kriegers, Schmieds u. Schreiners. Auch ↗Shinran Shonin mißt aller beruflichen A. gleichermaßen einen positiven Wert zu, sofern sie im Vertrauen zu ↗Amida ausgeübt wird. Die buddh. Laienethik erlaubt prinzipiell alle Arten des rechtmäßigen Lebenserwerbs (↗Achtfacher Pfad), sofern sie nicht den 5 Grundregeln (pañcaśīla) zuwiderlaufen. Ausgeschlossen sind daher u.a. die Tätigkeit der Metzgerei, der Tierzucht (für Schlachttiere) sowie des Sklaven-, Tier-, Waffen- u. Gifthandels, da hierbei Konflikte mit dem buddh. Ethos unvermeidlich wären.

L.: G. Mensching: Soziologie der großen Religionen, 1966; H. Dumoulin (Hg.): Buddh. der Gegenwart, 1970. (bo)

arhat (Skt, P araha), wörtlich: „Würdiger" i. S. von Vollendeter, „Heiliger" als Bezeichnung für einen, der die ↗Erlösung (↗nirvāṇa) erlangt hat, allerdings nicht aus sich selbst wie ein ↗Buddha, sondern in der Nachfolge der verkündeten Lehre eines Buddha. Im älteren Buddh. galt diese Stufe vermutlich nur dem ↗Mönch erreichbar. In späterer Zeit u. besonders auch bei nördl. buddh. Schulen rechnete man mit Laien-a. Das 3. Konzil von ↗Pāṭaliputra präzisiert die a.-Qualifikation durch 5 Thesen, die allerdings die erlangte Erlösung als Kriterium der Arhatschaft relativierte. Damit beginnt das mönchisch-elitäre Heilsziel des sog. ↗Hīnayāna umzuschlagen in die Berücksichtigung der Heilsbedürfnisse der „Vielen". Im Verlauf der weiteren Entwicklung zum ↗Mahāyāna wird dieses Ideal durch das des ↗Bodhisattva abgelöst.

L.: N. Katz: Buddhist images of human perfection, The Arahant of the Sutta-Piṭaka compared with the Bodhisattva and the Mahāsiddha, Delhi 1982; I.B. Horner: The Early Buddhist Theory of Man Perfected, London 1936. (no)

Armut umschreibt die mönchische Lebensweise ohne Besitz privaten Eigentums u. ohne Verfügungsgewalt über materielle Subsistenzmittel (↗Mönch, ↗saṅgha). Nach der ursprünglichen Regel (↗vinaya, ↗Vinayapiṭaka) erwirbt der buddh. Mönch seine tägliche Nahrung durch den Bettelgang. Im 10. śīla ist ihm verboten, Geld (Gold oder Silber) anzunehmen. Seine Kleidung erhält er von Laienanhängern. Gestattet sind ihm neben seiner Mönchsrobe (Hüfttuch, Schulterrobe u. Mantelrobe) ein Almosengefäß (Bettelschale), Rasiermesser, Filter (um Wasser zu filtrieren) und Nähnadel. Die A. als Lebensform will die Anhänglichkeit u. Fessel an die Welt, die jede Art von Besitz darstellt, auflösen. Der Entschluß zur A. wird förmlich in der pabbajjā (P Auszug in die Hauslosigkeit, das ist der Eintritt in den saṅgha als Novize; ↗śrāmaṇera) vollzogen. (no)

artaravāsaka (Skt), Untergewand der dreiteiligen Kleidung buddh. Mönche (Skt tricīvara, P ticīvara; ↗Mönch, ↗Armut). Die Robe wird dem Mönch von Laien geschenkt oder er sucht sie sich aus Lumpen zusammen. (no)

arūpa-loka (Skt/P), „formlose Welt"; nach der buddh.-kosmologischen Einteilung der Welt in 3 Bereiche (↗triloka) ist a. der höchste Bereich, der in der „unkörperlichen Versenkung" (P arūpajjhāna; ↗Meditation) erfahren u. von formlosen, rein geistigen ↗Göttern belebt ist, die in den nämlichen Zuständen verweilen. (sl)

ārya (Skt, P ariya), wörtlich: edel, fromm, gut. Selbstbezeichnung der Stämme, die nach 2000 v. Chr., vermehrt zwischen 1500 u. 1200 v. Chr., in ↗Indien einwanderten. Im buddh. Sprachgebrauch wird der Begriff des volksunterscheidenden

Charakters entkleidet u. auf den edlen Jünger des ↗Buddha (Skt āryaśrāvaka, P ariyasāvaka) u. auf den Buddha-Weg (Skt ārya-mārga, P ariya-magga) angewendet. (no)

ārya-aṣṭāṅgika-mārga (Skt, P ariya-aṭṭhaṅgika-magga) ↗Achtfacher Pfad, Hoher

Āryadeva, vermutlich 3. Jh., der Trad. nach geb. in ↗Sri Lanka, unmittelbarer Schüler ↗Nāgārjunas, des Begründers der ↗Mādhyamika-Schule. Ā. kommentierte Nāgārjunas Werke u. setzte sich mit den nicht-buddh. Systemen auseinander. Er ist zu unterscheiden von dem Tantriker Ā., der nach dem 7. Jh, lebte.

A.: V. Bhattacharya (Hg.): The Catuḥśataka of Ā., pt. II, Calcutta 1931; J. May: Ā. et Candrakīrti sur la permanence, in: Indianisme et Bouddhisme: Mélanges offerts à Msgr. E. Lamotte, Louvain 1980, 215–232; BEFEO 69 (1981), 75–96; Asiat. Studien, XXXV,2 (1981), 47–76; P.L. Vaidya: Etudes sur Ā., Paris 1923 (Skt-Text u. tib. Version u. franz. Übers. der Kap. 8–16 des Catuḥśataka. (sl)

Ārya-dharma (Skt, P ariya-dhamma), wörtlich: die edle Lehre; für die ↗Lehre des ↗Buddha gebraucht oder überhaupt für den Buddh. (no)

Ārya Maitreya Maṇḍala (AMM) ist eine von Lama Anagārika ↗Govinda (E.L. Hoffmann, 1898–1985) am 14.10.1933 in Indien gegründete buddh. Gemeinschaft, die das Ziel verfolgt, den Buddh. in modernen Gesellschaften heimisch zu machen (↗Akkommodation). Die Idee für diese Gründung schreibt Lama Govinda seinem Lehrer aus der tib. „Tugendschule“ (↗Gelugpa), dem Abt Lama Ngawang Kalzang (Tomo Geshe Rimpoché, 1864–1936), zu. Seit 1952 existiert in Deutschland ein westl. Zweig des AMM. Wiewohl aus tib. Tradition stammend, lehnt sich die Gemeinschaft des AMM an keine buddh. Schule an, sondern fordert von seinen Vollmitgliedern vertiefte Kenntnisse der Lehren aller buddh. Haupttraditionen. Dennoch versteht sich das AMM als moderner vajrayānischer Orden (↗Vajrayāna, ↗Lamaismus). Dabei verzichtet das AMM auf die bloße Übernahme fremdländischer Riten, Sitten u. Lehren, sondern sucht Anknüpfungspunkte in den Kulturen der angetroffenen Gesellschaften. In der religiösen Praxis betont das AMM neben meditativen Übungen aus dem Vajrayāna (↗Meditation) besonders auch liturgische Formen. In seiner Bezugnahme auf den ↗Bodhisattva ↗Maitreya, den Buddha der Zukunft, drückt sich die erklärte Zukunftsgerichtetheit des AMM aus. Der Orden besteht aus einem äußeren Förderkreis u. dem inneren Kreis aus Kandidaten u. Ordinierten. Der Tradition nach gilt Tomo Geshe Rimpoché als 1. Patriarch des Ordens, dem Lama Govinda als 2. Patriarch folgte. Nachfolger Govindas wurde der upācārya des westl. Zweigs, Karl-Heinz Gottmann (Überlingen). Neben dem asiat. (seit 1933) u. dem westeurop. Zweig besteht seit 1952 in Vietnam ein ostasiat. u. seit 1956 ein osteurop. Zweig (Zentrum Budapest). Die einzelnen Zweige gliedern sich in nationale Bruderschaften. Der AMM gibt die Zs. „Der Kreis" heraus.

L.: Lama Anagārika Govinda: Lebendiger Buddh. im Abendland, Wien 1986; ders.: Ursprung u. Ziele des Ordens AMM, Dinapani [2]1975; AMM (Hg.): Verfassung u. Regel des Ordens AMM, Almora [2]1978. (no)

ārya-mārga (Skt, P ariya-magga), wörtlich: der „edle Weg". Bezeichnung Lehre u. Lebensordnung des ↗Buddha, also allgemein für ↗dharma/dhamma, wobei der Begriff mārga (Weg) stärker die praktische als die doktrinäre Seite assoziiert; speziell auch abgekürzt für ārya aṣṭāṅgika-mārga, den Hohen ↗Achtfachen Pfad. (no)

ārya-pudgala (Skt, P ariya-puggala), wörtlich: die „edle (fromme, gute) Person", gleichbedeutend gebraucht wie ārya-śrāvaka (P ariya-sāvaka), der edle Jünger, Bekenner der Buddha-Lehre. (no)

āsana (Skt), wörtlich: „Sitz", bezeichnet im ↗Yoga verschiedene Körperhaltungen, die zum Zweck der besseren ↗Meditation oder zur introspektiven Erfahrung der psychosomatischen Verfassung eingenommen werden. Im Buddh. erhielt vor allem padmāsana, der „Lotus-Sitz", als typische Meditationshaltung besondere Bedeutung. (sl)

Āsaṅga (4. Jh. n.Chr.) ist neben ↗Maitreyanātha (mit dem er eventuell identisch ist) u. ↗Vasubandhu (als dessen Bruder er gilt) der Begründer der ↗Yogācāra-Schule. Zahlreiche Schriften, in denen zentrale Themen des Yogācāra, wie die Lehre über das ↗ālayavijñāna, die unterschiedlichen Ebenen der Natur der Wesen (↗tri-svabhāva) u. die „Umgestaltung der Grundlage“ (āśraya-parāvritti), sowie Systematisierungen des ↗Bodhisattva-Weges (↗bhūmi, ↗pāramitās) behandelt werden, sind bald ihm, bald Maitreyanātha zugeschrieben. Unter diesen sind die wichtigsten: Abhidharmasamuccaya, Mahāyānasaṃgraha u. Āryadeśanāvikhyāpana (Kurzfassung des Yogācārabhūmiśāstra).

A.: Yogācārabhūmiśāstra, ed. by V. Bhattacharya, T. 1, Calcutta 1957; Abhidharmasamuccaya, ed. P. Pradhan, Sāntiniketan 1950. – Ü.: E. Lamotte: La Somme du Grand Véhicule d’Asaṅga, 2 Bde., Louvain 1938–39 (Mahāyānasaṃgraha); J.D. Willis: On Knowing Reality – The Tattvārtha Chapter of Asaṅga’s Bodhisattvabhūmi, New York 1979; W. Rahula (Übers.): Le Compendium de la-super-Doctrine (Abhidharmasamuccaya) d’Asanga, Paris 1979 (repr. 1980); P.J. Griffiths et al. (Trs.): The Realm of Awakening, A Translation and Study of the Tenth Chapter of A.’s Mahāyānasaṃgraha, New York 1989. (sl)

Askese. Zwar ist die Vielfalt der als A. (wörtlich: „Übung“) bezeichneten Praktiken u. ihrer jeweiligen Kontexte so groß, daß sich eine strenge Definition verbietet, doch läßt sich feststellen, daß A. fast immer auf irgendeine Form von Verzichtleistung u. Selbstkontrolle zwecks Verwirklichung höherer (aber durchaus recht unterschiedlich gedachter) Ziele u. Werte bezogen ist. Im engeren Sinn wird A. oft als religiös motivierte Einschränkung körperlicher Bedürfnisbefriedigung (Sexual-, Nahrungs-, Schlaf-A.) gefaßt, die bis hin zu extremen Formen der körperlichen Kasteiung u. Peinigung – auch „Schmerzens-A.“ genannt – reichen kann. Formen der letzteren waren z. Z. ↗Buddhas weit verbreitet, wurden von ihm vor seiner ↗Erleuchtung selbst geübt, dann jedoch als nicht zur ↗Erlösung führend abgelehnt u. als Ausdruck des „Durstes nach Vernichtung“ (Skt vibhavatriṣṇā; der ↗triṣṇā) interpretiert. Gemäßigte Formen von A., wie z. B. Reduktion der Essens- u. Schlafzeiten, sexuelle Enthaltsamkeit u. Verzicht auf Bequemlichkeiten, haben dagegen ihren festen, von der Ordensregel bestimmten Platz im monastischen Leben des Buddh. Ihr Sinn darf speziell in der Abwehr der Zerstreuung u. somit in der Beförderung einer für ↗Meditation günstigen Haltung, sowie allgemein in der Einübung, Praxis u. Prüfung der Freiheit vom ↗Anhaften gesehen werden. Es kommt daher nicht primär auf den Vollzug der jeweiligen asketischen Praxis selbst, sondern auf die mit ihr verbundene u. durch sie intendierte geistige Haltung an, an der sich Sinn oder Unsinn einer asketischen Praxis für den Adepten bemessen läßt. Dies zeigt sich z. B. deutlich an den entsprechenden Erläuterungen u. einschränkenden Klauseln, mit denen Vis II u. ↗Milindapañha VI die über das normale monastische Maß hinausgehenden, aber noch zugelassenen asketischen Praktiken (↗dhūtāṇga) behandeln.

L.: J.-U. Hartmann: Der Buddha über die vier Arten von Asketen. Ein Beitrag zum Text des Mahāparinirvāṇasūtra, in: Indologica et Tibetica, 22, 1993, 131–150. (sl)

Asketen. Zur Zeit des ↗Buddha gab es in ↗Indien zahlreiche, teilweise in Orden organisierte Asketen, die entweder als Waldeinsiedler oder wandernde Bettelmönche (saṃnyāsin) lebten. Ihre Kennzeichen sind: einfaches Gewand, geschorenes Haar, Stab, Wasserkrug, Bettelnapf, Pflanzennahrung; ihr Lebensideal: Lebensschonung (ahiṃsā), Wahrheitsliebe, Respekt vor fremdem Eigentum, Keuschheit, Freigebigkeit, Begierdelosigkeit. (bo)

Aśoka Maurya (Skt, P Asoka Moriya), 3. König der ↗Maurya-Dynastie, der etwa 268–232 v. Chr. über ein ind. Großreich herrschte; als Laienanhänger Förderer des Buddh. u. seiner Mission. Nach dem blutigen Feldzug um 261 gegen Kalinga (heute Orissa) verzichtete A. auf weitere kriegerische Eroberungen u. bemühte sich, Tugend u. Recht (↗dharma) zum Sieg zu verhelfen. In zahlreichen auf Felswänden u. Steinsäulen eingravierten Edikten rief er seine Untertanen zu ↗Gewaltlosigkeit, Freigebigkeit, ↗Mitleid, Selbstzähmung, Gehorsam, Dankbarkeit u. Toleranz auf. In der Hauptstadt Pāṭaliputra verbot er das Tieropfer u. schränkte am Hof den Fleischgenuß ein. Die öffentliche Wohlfahrt förderte er durch den Bau von medizinischen Einrichtungen, Brunnen, Rasthäusern sowie die Anpflanzung von Heilkräutern u. von Bäumen an den Straßen. A. Politik gilt als beispielhafter Versuch, Machtinteressen mit den Anforderungen einer hohen Moral auszugleichen.

L.: U. Schneider: Die großen Felsen-Edikte Aśokas, 1978; J. Bloch: Les inscriptions d'A., tr. et comm., Paris 1950; E. Hultzsch: The Inscriptions of A., Oxford 1925 (CJJ, I); J.S. Strong: The Legend of King Aśoka, Princeton 1983; R. Thapar: Aśoka and the Decline of the Mauryas, Oxford 1961. (mü)

āsrava (Skt, P āsava), „Befleckungen" oder „Einströmungen"; Bezeichnung für unheilsame „Triebe" i. S. von existentiellen Tendenzen, die das Wesen an den ↗saṃsāra fesseln u. in der Erleuchtung vollständig überwunden werden (vgl. z. B. M 2). Meist sind genannt: 1. Sinnlichkeitstrieb (P kāmāsava), 2. Daseinstrieb (P bhavāsava), 3. Unwissenheitstrieb (P avijjāsava) u. seltener 4. Ansichtstrieb (P diṭṭhāsava). (sl)

Assaji (P, Skt Aśvajit). 2 Mönche dieses Namens sind im ↗Kanon erwähnt: 1. einer der 5 ersten Mönche des ↗saṅgha, zuvor schon Gefährte des samaṇa Gotama (↗Buddha) während dessen Leidensaskese vor der ↗Erleuchtung. A. wurde im Anschluß an die Benarespredigt ordiniert (Mv 1,6,33–37). Durch A. kam auch ↗Śāriputra zum saṅgha (Mv 1,6,47). Berühmt ist die sog. A.-Strophe, eine Kurzfassung der Buddha-Lehre, mit der A. Śāriputras Frage nach der ↗Lehre des Buddha beantwortet hat (Mv 1,23,5). – 2. A., der „Opportunist"; Mitglied des Mönchskapitels von Kīṭāgiri. A. spaltete die örtliche Mönchsgemeinde u. entzog sich der verhängten Disziplinarstrafe durch den Austritt aus dem Orden (M 38). (no)

Aṣṭasāhasrikā-Prajñāpāramitā-Sūtra (Skt), vermutlich das älteste unter den ↗Prajñāpāramitā-Sūtren, das bereits um 150 n. Chr. erstmals ins Chin. übersetzt wurde. In Gestalt von Dialogen des ↗Buddha ↗Śākyamuni mit ↗Śāriputra, Pūrna, Maitrāyanīputra u. zumeist ↗Subhūti behandelt das A. wie auch die anderen Texte der Prajñāpāramitā-Gruppe die ↗śūnyatā-Lehre, welche als Erkenntnis höchster bzw. transzendenter ↗Weisheit (↗prajñā) vorgestellt wird. Die lehrhafte Terminologie des Buddh. wird in diesem Text wie jegliche Begrifflichkeit in ihrer Gültigkeit erst im Durchgang durch eine absolute Negation bestätigt, womit auf den metabegrifflichen Charakter höchster Erkenntnis verwiesen ist.

A.: Aṣṭasāhasrikā Prajñāpāramitā. Tr. E. Conze, Calcutta: The Asiatic Society, 1958 (Bibl. Indica, 284, Issue no. 1578), Nachdr. 1970. – Ü.: The Perfection of wisdom in Eight Thousand Lines and Its Verse Summary, Tr. E. Conze, Boliana/Cal.: The Four Seasons Foundation, 1973 (Wheel Series, 1), Nachdr. m. Komm. 1975. (sl)

Astronomie und Astrologie (tib. rtsis) werden mit der Entwicklung der ↗Kālacakra-Lehren von besonderer Bedeutung für den ↗Vajrayāna-Buddh. u. führen im ↗Lamaismus zur Ausbildung einer Kalenderrechnung in 60-Jahr-Zyklen (tib. rab byuṅ), deren 1. Zyklus i. J. 1027 beginnt. Auf der Grundlage chin. Divinationskalkulation (tib. nag rtsis) sowie der Kalenderrechnung, Astronomie u. Astrologie der Kālacakra-Periode (tib. dkar rtsis) werden im ↗Lamaismus Berechnungen besonders der scheinbaren Sonnenbahn sowie der Bahnen von Mond, Merkur, Venus, Mars, Jupiter u. Saturn, 2. der Jahreseinteilung in 12 Monate unter gelegentlicher Eingliederung von Schaltmonaten, 3. von Sonnen- u. Mondfinsternissen sowie 4. der Lebenszeit des ↗Buddha Śākyamuni durchgeführt. Zur Ermittlung vergangener oder zukünftiger Existenzformen sowie astrologischer Gestirneinflüsse auf alle wichtigen Ereignisse des Lebensablaufs werden spezielle Gestirnberechnungen durchgeführt. Populärer ist im lamaistischen Kulturraum jedoch die Benutzung divinatorischer Diagramme, besonders chin. Schildkrötendiagramme, deren Aussagen als Ergebnisse kosmischer Synchronizität angesehen werden.

L.: E. Schlagintweit: Buddh. in Tibet, London [2]1968; D. Schuh: Unters. zur Geschichte der tib. Kalenderrechnung, 1973 (VOHD, Suppl.-Bd. 16); W. Petri: Indotibetische Astronomie (Habil.-Schr.), 1966. (ev)

asura (Skt/P), Dämon, aggressiver Geist bzw. abgesunkener Gott; eine der 6 Wiedergeburtsmöglichkeiten (↗saṃsāra, ↗karma), zu den 4 absteigenden Fährten gehörig (P apāya). Der alte Buddh. kannte nur 5 Formen der Wiedergeburt, nämlich die des a. gerade nicht. (no)

Aśvaghoṣa, ein zum Buddh. bekehrter Brahmane aus Sāketa (1. Jh. n.Chr.), der zu den bedeutendsten Kunstdichtern des klassischen ↗Indien gehört. Zu seinen epischen Gedichten zählen das berühmte ↗Buddhacarita, eine Fassung der Buddha-Legende, u. der Saunda-rananda-kāvaya („Epos vom schönen Nanda“), in dessen Zentrum die dichterische Ausgestaltung einer Perikope aus Ud 3,2 steht. A. zeichnete sich auch als Dramatiker von hohem Rang aus. Das aus seiner Feder stammende Drama Śāriputra-Prakaraṇa („Das Schauspiel von ↗Śāriputra") ist jedoch nur mehr fragmentarisch erhalten. Seine Werke dienten, wie ihr Inhalt klar zeigt, A. als ein Mittel zur Verkündigung der buddh. Lehre.

L.: W. Siegling: Buddhacarita. Ein Glossar zu A.s B., m. einer biograph. Einl. v. E. Waldschmidt, 1985 (USIB, 3). (sl)

atakkāvacara (P), wörtlich: „dem Schlußfolgern nicht (zugänglicher) Bereich", d. h. nicht auf den Begriff zu bringen. Als a. – also logisch u. deduktiv nicht erklärbar – werden genannt: der Zustand des Erlösten im u. nach dem Erwachen (M 26, vgl. auch 72, S VI, 1, 1,–3, Itv 43), das ist das ↗nirvāna, u. die Erkenntnis des Erlösten über seinen Zustand. (no)

Atembetrachtung. Das achtsame (↗sati) Beobachten des Atemflusses wird bei den verschiedensten Formen der ↗Meditation häufig zur beruhigenden Einstimmung benutzt (so z. B. auch bei der ↗Satipaṭṭhāna-Übung). Der ↗Pāli-Kanon bezeugt die A. jedoch auch als eine eigenständige Übung (z. B. M 62 u. 118). Im Unterschied zu den Prāṇāyāma-Übungen des ↗Yoga geht es bei der A. nicht um eine Regulation des Atems, sondern allein um seine konstante aufrecht zu haltende Beobachtung. Sie dient der Entwicklung von sati, sowie der gleichmütigen Gewahrnis des Vergehens aller Dinge (↗anitya), für das der Atemfluß ein Grundmuster bildet, u. damit letztlich der Freiheit vom ↗Anhaften. (sl)

Atiśa, Atīsa (tib. a ti`sa) ↗Dīpaṃkaraśrījñana.

ātman (Skt, P attā) ↗anātman

attāvāda (P, Skt ātmanvāda), von ↗Buddha u. in der Folge vom Buddh. zurückgewiesene Anschauung, nach der ein ewiges u. unzerstörbares Selbst von einer Existenz zur anderen übergeht. Eine attāvādische Position in etwa nahm die Schule des ↗Vatsīputrīya (Pudgalavāda) um ca. 240 v. Chr. ein, indem sie ein Subjekt des ↗saṃsāra postulierte. ↗anātman. (no)

Atthakatha ↗Kommentarliteratur

Attribute, ikonographische. Als Ausdruck ihrer spezifischen Qualitäten werden den ↗Gottheiten des buddh. Pantheons, speziell im ↗Vajrayāna u. ↗Lamaismus, verschiedene i. A. zugeordnet, die eine genau festgelegte – mitunter ambivalente ↗Symbolbedeutung besitzen. Zu den gebräuchlichsten A. gehören ↗vajra u. ghaṇṭā, der Ritualdolch, das triratna als Symbol für die 3 Stützen der buddh. Religion, der Lotus (Skt padma, tib. padma) als Symbol der Reinheit, das Buch (Skt pustaka, tib. dpe cha) als Symbol der Weisheit, das Schwert (Skt khaḍga, tib. ral gri) als Symbol des Verstandes, die Vase (Skt kalaśa, tib. bum pa) mit dem Unsterblichkeitstrank amrita (tib. bdud rtsi) als Symbol für langes Leben, die Manguste (Skt nakula, tib. ne'u le) als Symbol des Reichtums, die Almosenschale (Skt pātra, tib. lhuṇ bzed) als Symbol der Besitzlosigkeit, das rechtsgedrehte Hakenkreuz (Skt svastika, tib. g.yuṅ druṅ) als Symbol für Festigkeit u. Beständigkeit, der Spiegel (Skt ādarśa; tib. me loṅ) als Symbol der absoluten Wahrheit, das Kreuzvajra (Skt viśvavajra, tib. rdo rje rgya gram) als Symbol der Unveränderbarkeit, die Schenkeltrompete (tib. rkaṅ gliṅ) als Symbol der Vergänglichkeit irdischen Daseins, die aus 2 Schädelschalen bestehende Doppeltrommel (Skt ḍamaru, tib. caṅ te'u) als Symbol der absoluten u. relativen Wahrheit, deren Einheit durch das gleichzeitige Anschlagen der Trommelfelle versinnbildlicht wird, Sonne (Skt sūrya, tib. ñi ma) u. Mond (Skt candra, tib. zla ba) als Symbole der Polarität. Weitere A. besonders friedvoller Gottheiten sind ↗Rad, ↗stūpa, Gebetsschnur (Skt mālā, tib. `phreṅ ba), Pfeil (Skt śara, tib. mda`) u. Bogen (Skt cāpa, tib. gźu). Zornvolle Gottheiten u. ↗dharmapālas tragen als Symbole der Beseitigung innerer u. äußerer Widerstände verschiedene Waffen u. Kriegsinstrumente wie Stock, khatvāṅga (Skt), Opfermesser, Keule, Axt, Dolch, Elefantenhaken u. Fangschlinge, sowie aus Knochen gefertigte Symbole der Vergänglichkeit irdischer Existenz wie die mit Blut, Eingeweiden u. Sinnesorganen gefüllte Schädelschale oder die Gebetsschnur mit Totenköpfen.

L.: ↗Pantheon oder ↗Gottheiten. (ev)

Auge, das himmlische (Skt divyacakṣus, P dibbha-cakkhu) = 5. ↗abhijñā. Als h. A. wird die Fähigkeit bezeichnet, die Fährten der ↗Wiedergeburt aller Wesen u. das darin wirksame ↗Karma-Prinzip zu erkennen. ↗Buddha erlangte das h. A. in der zweiten Nachtwache seiner ↗Erleuchtung. (sl)

aupaniṣada (Skt, in den Upanischaden enthalten), Bezeichnung eines Anhängers der in den ↗Upanischaden überlieferten Lehren bzw. des ↗Vedānta. (mü)

Autorität. Seit seinen Anfängen durchzieht den Buddh. eine Spannung von Autonomie u. Heteronomie, wobei der Schwerpunkt jedoch eindeutig auf ersterem liegt. Greifbar wird diese Spannung z. B. in der Weisung Buddhas im MPNS, Zuflucht nur in sich selbst u. in der Lehre zu suchen (D 16,2,26). Nach dem Kālāma-Sutta (A 3,66, Anhang: Lehrrede an die Kālāma) sollen sich die Anhänger Buddhas weder nach der A. heiliger Schriften, noch nach der eines Meisters, sondern nach eigener Erkenntnis u. Erfahrung richten, sofern sie mit dem Wort der „Verständigen" übereinstimmt. Damit stehen jedoch Lehre u. Meister wieder als A. neben der eigenen Erkenntnis. D 16,4,7 ff u. A 4,180 nennen als Kriterium für die A. einer Überlieferung deren Übereinstimmung mit dem ↗Kanon, die Garantie für die Authentizität eines Buddha-Wortes sei – also ebenfalls Schrift u. Meister. Die genannte Spannung gründet in der soteriologischen Bedeutung der ↗Erkenntnis. Nur durch eigene Erkenntnis ist die Befreiung vom ↗Anhaften zu erreichen, da blinde A.-Gläubigkeit nur neues Anhaften bedeuten würde. Doch wird die volle Erkenntnis erst mit der ↗Erleuchtung erreicht. Der Unerleuchtete ist mit ↗Unwissenheit belastet, so daß er dem Erleuchteten vertrauen muß (↗śraddhā), allerdings in Übereinstimmung mit der bisher erreichten eigenen Erkenntnis. Ziel ist letztlich die Aufhebung der Spannung in der Erleuchtung, die Erkenntnis des ↗dharma in sich selbst („Weise finden ihn in sich selbst" lautet hierzu die Standardformel, z. B. D 16, 2,9). Der Erleuchtete ist mit dem dharma identisch (vgl. z. B. Itv 92). Zugleich ist die Lehre für sein eigenes, nun erreichtes Heil überflüssig geworden (vgl. M 22 u. 38). Er selbst ist nun A. u. verkündet die Lehre an andere – in einer Weise, die, nach dem Vorbild Buddhas (vgl. M 38), diese zu autonomer Erkenntnis hinführt. (sl)

avacara (P), Begriff der buddh. Kosmologie zur Bezeichnung der 3 Gebiete oder Sphären: Sinnengebiet, feinkörperliches Gebiet u. Gebiet der Unkörperlichkeit (kāma-, rūpa-, arūpāvacara; ↗auch triloka/tiloka). (no)

Avadāna-Kalpalatā (Skt „Wunsch-Liane von Heldenwerken") ist eine im 11. Jh. von dem kaschmirischen (↗Kaschmir) Autor Kṣemendra verfaßte dichterische Bearbeitung von größtenteils älteren 108 Avadāna-Erzählungen (↗Avadāna-Literatur), die besonders in ihrer tib. Übers. Verbreitung u. Anerkennung fand.

A.: S.C. Das, Pandit H.M. Vidyabhusana: A., 2 Bde., Calcutta 1888–1913; Kśemendra: A., ed. P.L. Vaidya, 2 Bde., Darbhanga 1959 (BST 22, 23). – Ü.: Legends and miracles of Buddha, tr. N.C. Das, Calcutta 1895 (Teilübers.). (sl)

Avadāna-Literatur, buddh. Textsammlungen, die (ähnlich wie die ↗Jātakas) von den Avadānas (P ↗Apadānas), den „Großtaten" bzw. „Heldentaten" ↗Buddhas u. buddh. Heiliger berichten. Sie dienen zumeist der Illustration buddh. ↗Ethik u. der Wirkweise des ↗karma (↗Avadāna-Kalpalatā, ↗Avadāna-Śataka, ↗Divyāvadāna). (sl)

Avadāna-Śataka (Skt „Hundert Heldentaten") gehört zu den bekanntesten Sammlungen der ↗Avadāna-Lit. Gegliedert in 10 Teile enthält das A. 100 Erzählungen, die z.T. auch aus anderen Quellen bekannt sind. Entstehung vermutlich im 2. Jh. n. Chr. in der ↗Sarvāstivāda- oder der ↗Mūlasarvāstivāda-Schule. (sl)

Avalokiteśvara (Skt, tib. spyan ras gzigs), von den Tibetern Chenresi genannt, gilt als die Verkörperung universellen Mitleids, das in seiner im lamaistischen Kulturraum populären 1000-armigen, 11-gesichtigen Form durch 993 sich allen Lebewesen hilfreich entgegenstreckende Arme zum Ausdruck kommt, unter seinen vielfältigen Erscheinungsformen ist der Lotus u. Rosenkranz in Händen haltende Vierarmige A. seine bekannteste Form. Er gilt als die Nationalgottheit ↗Tibets sowie als Emanator des ↗Padmasambhava, des tib. Königs ↗Songtsen Gampo, der ↗Dalai Lamas u. ↗Karmapas. Als seine zornvolle Erscheinungsformen werden ↗Mahākāla oder Hayagrīva angesehen.

L.: M.-Th. de Mallmann: Introduction à l'étude d'A., Paris ²1967. (ev)

Avataṃsaka-Sūtren („Blütenkranz-Sūtra", auch: Buddhāvataṃsaka, chin. ↗Hua-yen, jap. Kegon) sind ind. Ursprungs (Skt-Fragmente, chin. u. tib. Übers.) u. eine der 3 mahāyānischen ↗Vaipulya-Sūtra-Sammlungen. Ihre Lehren waren vor allem im sino-jap. Buddh. äußerst einflußreich.

Ü.: Das Kegon-Sutra. Aus dem Chin. übers. v. Torakazu Doi, 3 Tle., Tokyo 1978–1982. (sl)

avatāra (Skt Herabstieg), in der ind. Mythologie die selbstgewählte Herabkunft der Gottheit aus der himmlischen Sphäre in tierischer oder menschlicher Gestalt bzw. eines Heilsverkünders. Als eigenständige Lehre wurde die a.-Vorstellung besonders in der Viṣṇu-Tradition des Hinduismus gepflegt, die auch ↗Buddha als a. des transzendenten Gottes Viṣṇu vereinnahmte: Ihm fiel danach die Aufgabe zu, mit seiner „Irrlehre" die den ↗Veda u. die ↗Brahmanen verachtenden Dämonen in den Untergang zu führen u. so die kosmische Ordnung (↗dharma) wiederherzustellen. (mü)

avidyā (Skt, P avijjā) ↗Unwissenheit

āyatana (Skt/P), wörtlich: Gebiet. 1. Bezeichung für die 4 Stufen der Versenkung (↗Meditation); 2. die 12 Grundlagen geistiger Prozesse: die 5 Sinnesorgane u. das Denken, dazu die 6 Objekte der Sinnestätigkeit, nämlich Sehobjekt, Hörobjekt ... Denkobjekt. (no)

Ayudhya, Hauptstadt des Königreichs von A., 1350–1767 in Siam (↗Thailand). Buddh. Kultur blühte, von Ceylon stilistisch beeinflußt, bes. unter König Dhammaraja II. (1733–58). Davon zeugen heute noch die glockenförmigen Stupas in A. In dieser Zeit knüpfte Ceylons saṅgha an die Ordinationssukzession von Siam an (↗Syāma-Nikāya). (no)

B

Bagh, buddh. Felsenkloster im Hochland von Dekhan/NW-Indien aus der Guptazeit (135–647). (no)

bala (P/Skt). Als b. („[geistige] Kräfte") gelten meist folgende 5 Fähigkeiten (↗indriya): 1. Vertrauen (Skt ↗śraddhā, P saddhā), 2. willensstarke Tatkraft (Skt ↗vīrya, P viriya), 3. Achtsamkeit (Skt ↗smṛti, P sati), 4. Sammlung (P, Skt ↗samādhi), 5. ↗Weisheit (Skt ↗prajñā, P paññā). (sl)

Bāmiyān, Tal im Hindukusch (heute Afghanistan), ehemaliges buddh. Zentrum, von dem aus ↗Zentralasien für die ↗Lehre des ↗Buddha gewonnen wurde. Zwischen 3. u. 5. Jh. n. Chr. entstanden dort Höhlenklöster, Tempel u. neben anderen Monumenten 2 Kolossalstatuen des Buddha an den beiden Taleingängen. Das Tal wurde 1222 durch Dschingis Khan verheert u. die Bauten zerstört. (no)

Bangla Desh (bengali, „Land der Bengalen"), VR im NO des ind. Subkontinents. 1947 wurde bei der Teilung Brit.-Indiens das damalige mehrheitlich islamische O-Bengalen Pakistan angegliedert, von dem es 1971–74 mit militärischer Hilfe Indiens die Unabhängigkeit errang. Etwa 86 % der Bevölkerung sind Muslime, 12 % Hindus, 0,6 % Buddhisten, 0,3 % Christen. Die Buddhisten sind Anhänger des ↗Theravāda birmanesischer Tradition u. zu einem großen Teil Angehörige von Völkern tib.-mongolischer Herkunft. Sie leben überwiegend in den Distrikten Chittagong u. Chittagong Hill Tracts. Dank einer von dem aus Arakan (Birma) stammenden Mönch Sāramedha (1801–82) mit Unterstützung der Königin des Chakma-Stammes Kālindī durchgesetzten Ordensreform entstand um 1856 neben dem traditionellen Mahāstāvir Nikāya der Sangarāj Nikāya, von dem bedeutende Impulse zur religiösen Erneuerung u. aktiven Beteiligung der Laien mittels moderner Bildungsinstitutionen ausgingen. – Im Altertum erlebten buddh. Kunst u. Gelehrsamkeit ihre Blüte z. Z. der Pāla-Dynastie (um 750–1161), deren Herrschaft sich über das heutige Bihar u. Bengalen erstreckte. Von den durch die Pāla-Könige neu gegründeten Klosteruniversitäten lag der Somapura-Mahāvihāra (nahe Paharpur) auf dem Boden des heutigen B. Im Pāla-Reich gelangte der ↗Tantrismus zu zentraler Bedeutung. Von hier aus verbreitete er sich neben dem Mahāyāna in die Länder SO- u. Zentralasiens. Die Eroberung des östl. Indien durch türkisch-islamische Heere um 1200, die zahlreiche Klöster zerstörten, führte zum Niedergang des Buddh.

L.: H. Bechert: Zur Geschichte des Theravāda-Buddhismus in Ostbengalen (Beiträge zur Indienforschung. Veröff. des Museums für Ind. Kunst Berlin 4), 1977, 45–66; S. Chaudhuri: Contemporary Buddhism in Bangladesh, Calcutta 1982; G.S. Majumdar: Buddhism in Ancient Bengal, Calcutta 1983. (mü)

Bankei Yōtaku (Eitaku), 1622–1693, Vertreter des ↗Zen-Buddh./↗Rinzai-Schule; lehrte das „Zen des Nicht-Entstehens" (Fushōzen). Die Erkenntnis dieses Fundamentalprinzips führt zum Erwachen, sittliches Bemühen ist sekundär.

A.: Sayings of Master Bankei, in: Sayings of Various Zen Schools, Chikuma Series of Japanese Thought, Vol. X, hg. v. Karaki, Tokyo 1969. (no)

Bardo (tib. bar do), „Zustand) zwischen 2 (Extremen)", „Zwischenzustand". Der ↗Lamaismus unterscheidet 6 verschiedene B. Am bekanntesten sind die 3 im ↗Bardo Thödol beschriebenen B. der Nachtodwelt. (ev)

Bardo Thödol, (tib. bar do thos grol), „die Befreiung durch Hören im Zwischenzustand (↗Bardo) (14. Jh.), das als „Tibetisches Totenbuch" bekannt gewordene Apokryphon (↗Terma) der tib. ↗Nyingmapa-Schule. Ziel der Verlesung des B. T. ist es, den Verstorbenen über die eigentliche Natur der von ihm in der 49-tägigen Nachtodwelt erfahrenen Wirklichkeiten zu unterrichten u. ihn zu der Erkenntnis zu führen, daß sämtliche Erscheinungen dieses „Zwischenzustandes" einzig das Resultat seiner karmisch bedingten Projektionen sind. Befreiung ist in dem Augenblick dieser Erkenntnis gegeben. Der B. T. gliedert die Nachtoderfahrungen in 3 Phasen, ↗Bardos, die mit der ↗trikāya-Lehre korrespondieren: 1. Im Bardo des Todesaugenblicks manifestiert sich die gestaltlose Wahre Natur der Wirklichkeit vor dem geistigen Auge des Verstorbenen in Form eines gleißenden, weißen Lichtes (↗dharmakāya). 2. Im Bardo des allem zugrunde liegenden Gesetzes (Skt dharmatā) offenbart sich dem Verstorbenen die Natur der Wirklichkeit a) in der friedvollen Form der ↗Fünf Tathāgatas samt ihrem Gefolge sowie b) in der schreckenserregenden Form der 5 Herukas (↗sambogakāya) und 3. im Bardo des Werdens tritt der Verstorbene, falls er noch keine Befreiung erlangte, dem Totenrichter ↗Yama gegenüber u. wählt sodann – getrieben von seinen karmischen Bildekräften (↗karma) – selbst seine künftige Wiedergeburt in einem der 6 Existenzbereiche (↗nirmāṇakāya). Von den ↗Gelugpa wird der B.T. nicht als authentisch-buddh. Werk anerkannt.

L.: W.Y. Evans-Wentz: Das Tibetanische Totenbuch, [10]1971; D.I. Lauf: Geheimlehren tib. Totenbücher, 1975; E. Dargyay u. Geshe Lobsang Dargyay (Hg.): Das tib. Buch der Toten, [3]1980; K. Sagaster: Grundgedanken des tib. Totenbuchs (in: Tod und Jenseits im Glauben der Völker, hg. v. H.-J. Klimkeit, 1978); D.M. Back: Eine buddh. Jenseitsreise, 1979 (Freiburger Beiträge zur Indologie, 13); ders.: Rig pa ṅo sprod…, Die Erkenntnislehre des B.T., 1987 (Freiburger Beiträge zur Indologie 18); Sogyal Rinpoche: Das tib. Buch vom Leben u. vom Sterben, 1993. (ev)

Baso Dō tsu (jap.) ↗Ma-tsu Tao-i

bedingtes Entstehen ↗pratītyasamutpāda

Begierde besitzt in buddh. Ethik je nach Zielsetzung unterschiedliche Qualitäten, die aber alle insgesamt unheilsam sind u. der Erlösung nicht dienen. 1. Grundsätzlichster Ausdruck der B. ist die ↗tṛṣṇā (P tanhā), der „Durst“ oder die B. nach Existenz. B. ist damit die Hauptursache leidvoller Existenz im Kreislauf der Wanderungen durch die Existenzen (↗saṃsāra). Sie kann in 3facher Qualität auftreten: als sinnliche B., als Daseins-B. u. als Vernichtungs-B. 2. rāga beinhaltet stärker die Komponente der sinnlichen, insbesondere auch der erotischen B. 3. lobha bezeichnet eine der 3 Wurzeln (Skt/P mūla) unheilvoller Existenz. Unter diesem Aspekt der Ursache des Wanderns durch die Existenzen bezeichnet B. das Haben- u. Besitzenwollen als Strategie der Absicherung des eigenen dünkelhaften Selbst (asmi-māna = Ich-Dünkel) bzw. der derzeitigen saṃsārischen Existenz, die in Verblendung u. Unwissen (↗avijjā) sich selbst u. die Welt absolut setzt. (no)

Beichte, Bekenntnis der ↗Schuld. Nach A 4,159 gilt es in buddh. Praxis „als ein Fortschritt, wenn man seine Schuld als Schuld bekennt". Der primäre Grund für die positive Bewertung der B. im Buddh. dürfte in der ihm charakteristischen, engen Verbindung von Erkenntnis- u. Sittlichkeitsprinzip zu sehen sein. Für den Entschluß, das Fehlverhalten zu überwinden (d.h. für die „rechte Anstrengung"; ↗Achtfacher Pfad) ist es wichtig, dieses als solches zu erkennen (vgl. z.B. Dhp 317ff; ↗Milindapañha 3. Teil, 4,8); beides, Erkenntnis des Fehlverhaltens u. Entschluß zu seiner Überwindung, manifestieren sich in der B. Im Buddh. beinhaltet die B. also keine Bitte um Vergebung der Schuld durch ↗Gott (↗Sünde), doch kann im zwischenmenschlichen Bereich das Bekenntnis der Schuld durchaus auch mit der Bitte um Vergebung verbunden sein (vgl. z.B. A 9,11). Darüber hinaus dient die B., wie es ausdrücklich die Einleitung des ↗prātimokṣa sagt, der Erleichterung des Gewissens, was wohl daraus zu erklären ist, daß Gewissensunruhe eines der fünf Hemmnisse (↗nivaraṇa) der ↗Meditation ist. Eine institutionalisierte Form hat die B. in den monastischen ↗Uposatha-Feiern gefunden, bei denen die Mitglieder des Ordens unter Verlesung des ↗prātimokṣa zum Bekennen ihrer Verstöße gegen die Ordensregel aufgefordert werden. Faktisch dient die Uposatha-Feier jedoch weniger als B., sondern vielmehr dem Bekenntnis der Reinheit (parisuddhi) des Ordens (↗saṃgha). Die eigentliche B. hatte vor der Feier stattzufinden. Als der genuine Ort der B. ist daher das Gespräch mit dem frei gewählten geistlichen Berater (P upajjhāya) oder einem anderen Mönch bzw. einer Nonne des Vertrauens anzusehen. (sl)

beide Ordnungen (tib. lugs gñis, mongolisch qoyar yosun), eine im ↗Lamaismus entstandene Staatsauffassung, der zufolge das Verhältnis von lamaistischer „Kirche" u. Staat als das von Opferort (tib. mchod gnas) u. Gabenherr (tib. yon bdag) definiert wird. Der Herrscher oder Landesherr hat seinen Herrscherauftrag durch die Ausübung „rechter" Herrschaft zu erfüllen, indem er für den äußeren, von Frieden und Wohlergehen gekennzeichneten Lebensrahmen des Einzelnen u. für die Stiftung religiöser Einrichtungen Sorge trägt. Auftrag des Lama ist es hingegen, durch religiöse Unterweisung u. Praxis der Heilsverwirklichung der Menschen zu dienen. Die erforderliche materielle Grundlage verschafft er sich, indem er dem Herrscher (u. auch opferfreudigen Gläubigen) gegenüber als „Opferort" auftritt, d. h., ihnen als Objekt für Opferungen (Übereignung von Grund u. Boden, Finanzierung von Ritualen, Bau von Klöstern, Errichtung religiöser Objekte, Spende von Mehl u. Butter) dient, die diese ihm stellvertretend für das Numinose entgegenbringen, um durch die Praxis der Freigebigkeit (Skt dāna; ↗pāramitā) religiöse Verdienste zu erwerben.

L.: K. Sagaster: Die Weiße Geschichte ..., Eine mongologische Quelle zu den Beiden Ordnungen, 1967 (AsF 41). (ev)

Benares (Vārāṇasī) ist nicht nur ein wichtiges Wallfahrtszentrum des ↗Hinduismus, sondern auch mit der Lebensgeschichte des ↗Buddha verbunden. In Sārnāth bei B. hat der Tradition nach die 1. Predigt des Buddha stattgefunden, die im Dharmacakrapravartanasūtra (P Dhammacakkappavattanasutta in M 26; Predigt vom Drehen des Rades der Lehre) wiedergegeben ist mit den beiden thematischen Schwerpunkten: den ↗Vier edlen Wahrheiten vom Leiden u. anātman. Sārnāth war bis zur Zerstörung durch die Muslime 1194 einer der großen buddh. Wallfahrtsorte mit zahlreichen u. ausgedehnten Klosteranlagen. Allein 2 Klöster gehen auf die Zeit des Buddha selbst zurück. ↗Aśoka ließ um 250 v. Chr. weitere Klöster u. Stūpas errichten. Von ihm stammt auch die 10 m hohe Säule mit dem berühmten Löwenkapitell, das sich heute im ind. Staatswappen wiederfindet.

L.: D. K. Barua: Viharas in ancient India. A survey of Buddhist monasteries, Calcutta 1969; S. Dutt: Buddhist monks and monsteries in India, London 1962; D. Mitra: Buddhist Monuments, Calcutta 1971; D. Valisinha: Buddhist Shrines in India, Colombo 1948. (no)

Bengalen ↗Bangla Desh

Beruf ↗Erwerbsleben

Beschützer der drei Familien (tib. rigs gsum mgon po), ↗Mañjuśri (Tathāgata-Familie), der vierarmige ↗Avalokiteśvara (Lotus-Familie) u. ↗Vajrapāṇi (Vajra-Familie), die zugleich als Emanatoren der Oberhäupter ↗Tibets (↗Dalai Lamas), ↗Chinas u. der ↗Mongolei galten. (ev)

Bewußtheit ↗satipaṭṭhāna

Bewußtsein (Skt vijñāna, P viññāna), in buddh. Anthropologie gleichbedeutend mit Erkennen, gehört als 5. Glied zu den 5 Gruppen des Ergreifens (Skt pañca upādānaskandhāḥ, P p. upādānakkhandha), d.h. zu den 5 Konstituenten des Selbst (↗anattā), u. als 3. Glied zu ↗pratītyasamutpāda. Das B. läßt die Außenwelt erkennen u. damit auch die eigene Existenz. Zugleich liegt hier nach buddh. Verständnis die Gefahr des populären Mißverständnisses von B. als ewige u. überdauernde „Seele" (ātman), dem einige buddh. Schulen nicht entgangen sind. In der Argumentation des ↗Buddha, der anattā-Lehre, ist B. wie alle anderen Konstituenten des Selbst unbeständig u. vergänglich u. daher dem ↗saṃsāra zugehörig. Im ↗Mahāyāna ist der Begriff des B. neu qualifiziert (vi-jñā bzw. pra-jñā) als die Erkenntnis, die ↗Erlösung realisiert u. daher mit Erlösung schlechthin identisch ist (↗prajñā, ↗prajñāpāramitā). – In der B.-betrachtung (P cittānupassanā) wird das B. zum Gegenstand der Achtsamkeitsübung (↗satipaṭṭhāna) gemacht. Hierbei gilt es, die Qualität der B.-zustände zu erkennen, ob sie von Gier, Haß u. Verblendung hervorgebracht sind, um sie u. dann alle B.- u. Geistestätigkeit überhaupt durch ↗Meditation zum Erlöschen zu bringen (nirodha, P nirodha-samāpatti = Erlöschungszustand). (no)

Bhaddakaccānā (P), einer der Namen der Gattin des ↗Siddhārtha ↗Gautama, des späteren ↗Buddha (überliefert sind ferner die Namen Bimbadevī, im Mvu ↗Yasodharā, im Lalita Vistara Gopā). Sie war eine Nichte der Mutter des Buddha, ↗Māyā, u. Tochter des Buddha-Onkels Suppabuddha (oder Daṇḍapāni) u. Schwester des ↗Devadatta. B. war die Mutter des Buddha-Sohnes ↗Rāhula. (no)

Bhaddiya, Namen zweier Mönche des buddh. ↗saṅgha: 1. einer der 5 Asketen, die mit ↗Siddhārtha Gautama, dem späteren ↗Buddha, vor dessen Erleuchtung die Schmerzensaskese (M 36 u. 12) teilten u. der im Anschluß an die Predigt von ↗Benares einer der ersten 5 Mönche des buddh. Ordens wurde (M 26). – 2. Sohn der Kāḷigodhā aus angesehenem Śākya-Adel (↗Śākya), den der Buddha anläßlich seines Besuchs in ↗Kapilavastu in den saṅgha aufgenommen hat. (no)

Bhaiṣajyaguru (Skt Medizin-Lehrer), ursprünglich wohl ein mahāyānischer ↗Bodhisattva (↗Mahāyāna), entwickelte sich zu einem der Buddhas (↗Buddha), in westl. Sprachen „Medizinbuddha" genannt. Der B. entstammt zwar dem späteren ind. Buddh., spielt aber vor allem in chin. u. tib. Traditionen eine Rolle.

L.: S. Hummel: Der Medizin-Buddha und seine Begleiter im lamaistischen Pantheon, in: Sinologica, Bd. 2 (1950), 81–104. (no)

Bhājā (Bhaja), Felsenheiligtum u. Kloster an der westind. Küste (W-Ghats) aus dem frühen 2. Jh. v. Chr. Der Hauptstūpa steht in einer riesigen in den Felsen gehauenen Schreinhalle. Die Außenseite der Felswand zeigt aneinandergereihte Stūpas. Wie die übrigen großen Felsenklöster wies B. großen Reichtum an Malerei, Skulpturen u. architektonischen Formen auf. (no)

bhakti (Skt), die liebende Hingabe an Gott, abgeleitet von bhāj, „teilhaben, teilgeben". Als heilsrelevante Daseinshaltung, die allen Menschen unabhängig von Geburt, Stand, Geschlecht u. Bildung möglich ist, wird sie in der Śvetāśvatara-Upaniṣad u. besonders in der Bhagavadgītā (2. Jh. v. Chr.) empfohlen. In der Folgezeit bestimmt sie als stetes Gedenken u. Lobpreisen der Gottheit oder als rituelle Verehrung ihrer Bilder weite Kreise der Hindubevölkerung. – Im Buddh. taucht eine ausgeprägte Buddha-b. in den Übergangstexten vom Hīnayāna zum Mahāyāna auf (↗Mahāvastu, ↗Lalita Vistara, ↗Divyāvadāna). Sie richtet sich dann auf die mythologischen ↗Bodhisattva-Gestalten u. besonders – wie im ↗Saddharmapuṇḍarīkasūtra und ↗Sukhāvatīvyūha – auf ↗Amitābha. Die Entwicklung der figürlichen Darstellung des Buddha in

↗Gandhāra u. Mathurā sowie seiner auch rituellen Bilderverehrung (↗pūjā) sind zeitlich auffällige Parallelerscheinungen. (mü)

Bhaktiśataka (Skt). Im 15. Jh. in ↗Sri Lanka verfaßtes Werk des Bengalen Rāmacandra Bhāratin, das trotz mahāyānischer Tendenzen des Autors Anerkennung im ↗Theravāda fand. Das in Versform gehaltene B. gibt mit seiner glühenden, personal gefärbten Buddha-Verehrung Zeugnis für den Einfluß der ↗bhakti. (sl)

Bhante kontrahiert aus bhaddante, dem Vokativ von bhadanta/bhaddanta (Skt/P), Ehrwürdiger. B. ist die höfliche Anrede von Laien an Mönche bzw. von an Ordensjahren jüngeren Mönchen an ältere. (no)

Bhārhut, Klosteranlage u. Stūpa aus dem 2./3. Jh. v. Chr. im heutigen Distrikt Baghelkhand/Zentralindien, die in Resten erhalten sind. Der Stūpa zeigt an seiner steinernen Umfassung 22 Szenen aus dem Leben des ↗Buddha, darunter 18 aus den Jātakas (↗Jātaka). Die Darstellungen gehören zu den frühen u. schönsten Beispielen budd. Kunst überhaupt u. zeigen u. a. mit der Empfängnis des ↗Bodhisattva in seiner Mutter ↗Māyā auch seltenere Motive. Aus Inschriften wird ersichtlich, daß auch Mönche als Bildhauer (ein Buddharakṣita) u. Architekten/Poliere (ein Ṛṣipālita) an den Bauten beteiligt waren.

L.: D.L. Snellgrove: The image of the Buddha, London 1978 (Bibliogr.); P.H. Pott: Some Scenes from the Buddha's Life in Stone, in: Adyar Library Bulletin, publ. by Adyar Library and Research Centre, Adyar, Madras/India, Vol. XX, 310–317; A.K. Coomaraswamy: La sculpture de B., Paris 1956; ders.: The Stūpa of B., Varanasi 1962; A. Cunningham: The Stūpa of B., Varanasi 1962. (no)

bhava (P/Skt), „Existenz", ↗„Werden" (Wz. bhū = Werden, Entstehen). Als ein nicht-statischer Seins-Begriff impliziert b. schon vom Wortsinn her die Vergänglichkeit aller Dinge (↗anitya). So bezeichnet b. vornehmlich die Existenz der Wesen im ↗saṃsāra. Wenn daher in den ↗Vier edlen Wahrheiten als eine der Modalitäten des ↗Leiden erzeugenden Durstes der „Durst nach Dasein" (Skt bhava-triṣṇā) genannt wird u. im ↗pratītyasamutpāda b. als 10. Glied auf die Unheilsfaktoren Durst u. ↗Anhaften (upādāna) folgt, so ist hiermit keine nihilistische Ablehnung des (univok gedachten) Seins angezeigt (vgl. Itv 49), sondern der unheilvollen Existenz abseits des ↗nirvāṇa. (sl)

bhava-cakra (Skt) ↗Rad

bhāvanā (Skt/P) (wörtlich: „Hervorbringung", „Erzeugung", „Entfaltung), bezeichnet im ind. Buddh. allgemein alle Formen der ↗Meditation. Geläufig ist die speziellere Grundunterscheidung der meditativen Praktiken in 1. samatha-bhāvanā (= „Entfaltung geistiger Ruhe"; auch: samādhi-bhāvanā = „Entfaltung der Sammlung") u. 2. vipassanā-bhāvanā (= „Entfaltung des Klarblicks"; auch: paññā-bhāvanā = „Entfaltung der Weisheit"). Während es bei den Übungen der 1. Gruppe um das Erlangen der verschiedenen Grade der Versenkung (Skt dhyāna P jhāna) geht, besteht das Ziel der Übungen der 2. Gruppe vor allem in der Erkenntnis der 3 Daseinsmerkmale (trilakṣana). ↗Drei Merkmale. (sl)

Bhāvaviveka (Bhavya), 490–570 n.Chr., Vertreter der späten Mādhymika-Schule (↗Mahāyāna, ↗Nāgārjuna) u. Gründer der ↗Svātantrika-Schule. B. werden verschiedene Schriften zugeschrieben, darunter ein Komm. zu Nāgārjunas Madhyamakakārikā (Prajñāpradīpa) u. eine Widerlegung des ↗Yogācāra (↗Karatalaratna, in chin. Übersetzung Chang-chen-lun). Etliche seiner Schriften sind nur noch in Chin. u. Tib. erhalten. Andere Schriften – wie der Madhyamaka-ratna-pradīpa – sind B. fälschlich zugeschrieben. Von größerer historischer Wichtigkeit sind B. Notizen über die verschiedenen buddh. Schulen (in der Tarkajvālā bzw. Kāyabhedavibhaṅga-vyākhyā). – B. sieht es als Aufgabe der Vernunft an, die Schriften richtig zu verstehen. Ihre vernunftgemäße Begründung hält er indes für ausgeschlossen, zumal das Buddhawort selber sich rationaler Begründung grundsätzlich entzieht. (no)

bhikṣu (Skt, P bhikkhu), wörtlich: Bettler, Almosensammler; Bezeichnung für den buddh. Mönch, d. h. das vollordinierte Mitglied des ↗saṅgha im Unterschied zum Mönchsanwärter oder Novizen (śrāmaṇera) u. zum Laienanhänger (upāsaka). (no)

bhikṣunī (Skt, P bhikkhunī), wörtlich: Bettlerin, Begriff für die buddh. Nonne, die allerdings dem Mönch immer untergeordnet ist. Sie durfte erst im Alter von 20 Jahren in den ↗saṅgha eintreten u. mußte die Aufnahmezeremonien sowohl von einem Nonnen- wie von einem Mönchskapitel vornehmen lassen. Dazu kamen eine Reihe weiterer einschränkender Bestimmungen. Die Ordinationssukzession ist im theravādischen Nonnenorden im 12. Jh. abgebrochen, so daß heutige Nonnen nur „de-facto-Nonnen" (dasa-sīla-upasikā), d. h. Laienanhängerinnen sind, die die Ordensregel ohne Ordination übernehmen (ayya, fem. von ariya, Ehrwürdige). (no)

bhūmi (Skt), spirituelle „Länder bzw. Bereiche", die ein ↗Bodhisattva in seiner Entwicklung zu durchlaufen hat. Am meisten verbreitet ist die im Daśabhūmika-Sūtra gegebene Reihe von 10 b., die mit der erweiterten Fassung der ↗pāramitās parallelisiert sind. (sl)

Bhutan, selbständiges Königreich an den Südhängen des östl. Himalaya, im N an ↗Tibet, im O u. S an ↗Indien sowie im W an ↗Sikkim grenzend, besitzt etwa 900 000 Einwohner zumeist lamaistischer Glaubenszugehörigkeit, eine Größe von ca. 47 000 km^2 u. aufgrund seiner Höhenlagen von ca. 100 bis über 7000 m ein sehr variationsreiches Klima, das von subtropischen Temperaturen in den südl. gelegenen sog. Duars bis zur eisigen Kälte der Himalayariesen im Norden des Landes reicht. Hauptstadt ist Thimphu mit etwa 30 000 Einwohnern. Über B. Frühzeit ist nur wenig bekannt. ↗Padmasambhava soll hier bereits im 8. Jh. im Felsenkloster „Tigernest" (tib. stag tshaṅ) in Form des auf einem Tiger reitenden Dorjedrolö (tib. rdo rje gro lod) erschienen sein u. das Vajrakīla-Tantra gelehrt haben. Bis ins 16. Jh. in zahlreiche kleinere Herrschaftsgebilde ohne zentrale Staatsmacht zerfallen, wird das Land dann zu Anfang des 17. Jh. durch den der tib. ↗Drugpa-Kagyü-Schule angehörenden Lama Zhabdrung Ngawang Namgyal (tib. źabs druṅ ṅag dbaṅ rnam rgyal) mit Hilfe des ↗Lamaismus geeint

u. fortan entsprechend der Schulrichtung des Zhabdrung von den Einheimischen „Drugyül“ (tib. ‘brug yul) „Drachenland“ genannt. Schon bald erfolgt die Errichtung zahlreicher Burgen, der sog. ↗Dzongs von Paro (1646), Punakha (1637), Tongsa (1648) u. Tashigang (1656). Nahezu 300 Jahre liegen nun weltliche u. religiöse Macht in den Händen der lamaistischen Geistlichkeit, bis sich zu Anfang des 20. Jh. – nicht ohne Hilfe der Briten –, eine absolute Monarchie etabliert, die 1968 nach einer Phase innenpolitischer Instabilität in eine konstitutionelle Monarchie abgewandelt wird u. B. fortan im Verbund mit einer repräsentativen Demokratie regiert. An ihrer Spitze steht z. Z. der 4. bhutanische König Jigme Sengge Wangchuk. Der ↗Lamaismus genießt weiterhin den Rang einer Staatsreligion, wurde jedoch im Zuge der verschiedenen politischen Umwälzungen in den Möglichkeiten seiner politischen Einflußnahme sehr beschnitten.

L.: A. Haab: B., 1961; D. I. Lauf: Vorl. Ber. über die Geschichte u. Kunst einiger lamaistischer Tempel … in B., 2 Teile, in: Ethnologische Zs. Zürich, II, 1972; II, 1973; G. N. Mehra: B., Delhi 1974; L. E. Rose: The Politics of B., London 1977; M. Aris: B., Warminster 1980; ders.: Sources for the History of B., 1986 (WSTB 14); B. Olschak: Ancient B., 1979; B. Chakravarti: Cultural History of B., 2 Bde., Chittaranjan 1979 u. 1980; B. J. Hasrat: History of B., Timphu 1980; G. van Strydonck u. a.: B., 1984; G. Olesen: The Case of B., Kopenhagen 1985; P. Collister: B. and the British, 1987. (ev)

bīja (Skt, tib. sa bon), „Keimsilben“; ↗Mantras

Bimbadevī, einer der Namen, unter denen die Kusine u. Gattin des ↗Buddha in Pāli-Texten erscheint; gewöhnlich ↗Bhaddakaccānā genannt. (no)

Bimbisāra. Seniya B., König von Magadha u. 1. der Haryaṅka-Herrscher war Zeitgenosse des Buddha und wurde nach seiner Konversion zur Buddha-Lehre zum großen Förderer u. Protektor des ↗saṅgha. Snip 3,1 berichtet, der Buddha sei dem König bereits vor seinem Erwachen begegnet. Nach einem Attentatsversuch seines Sohnes Ajātasattu verzichtete er ca. 492 v. Chr. zugunsten dessen auf die Herrschaft (Cv 7, 3, 4–5), wurde aber inhaftiert u. zum Verhungern verurteilt. Er starb vermutlich 491 v. Chr. (no)

Bindusāra, Maurya-Herrscher, Vorgänger u. Vater Kaiser ↗Aśokas u. Sohn Candraguptas. Nach Dv 5,100 u. Mhv 5,18 hätte B. 28 Jahre, 297–269 v. Chr., nach bereinigter Chronologie zwischen 300 u. 272 v. Chr. regiert. (no)

Birma, Burma (Pyee-Daung-Su Myamna-Nainggan-Daw), Staat in Hinterindien, 1886 Brit.-Indien angegliedert, seit 1948 unabhängig. 87,3 % der Bevölkerung sind Buddhisten, fast ausschließlich dem ↗Theravāda zugehörig, die restliche Bevölkerung ist christlich (ca. 4 %) oder muslimisch (ca. 4 %). – Der Sage nach regierten um 600 v. Chr., also in der Lebenszeit des ↗Buddha, Verwandte der Familie ↗Gautama das Reich Pagan im heutigen B. Gebiete am oberen u. unteren Irrawaddy sollen früh buddh. beeinflußt gewesen sein. Indes scheint es erst durch ↗Aśoka zu einer planvollen Ausbreitung des Buddh. im Gebiet des heutigen B. (Suvaṇṇabhūmi = Goldland) gekommen zu sein. Gleichwohl liegt die endgültige Bekehrung B. zum Buddh. etliche Zeit nach Aśoka. Der Theravāda-Buddh. kam noch vor der Einwanderung der Birmanen (ab dem 3. Jh. n. Chr.) nach B. Gleichwohl setzten sich im zentralbirmanischen Reich Pyu u. im Königreich Arakan mahāyānische (↗Mahāyāna) u. tantrische (↗Tantrismus, ↗Tantra) Formen des Buddh. durch. Auch sarvāstivādische (↗Sarvāstivāda) Einflüsse sind in dieser Zeit für B. nachgewiesen. Im Reich Mranmā mit der Hauptstadt Pagan führte der zunächst tantrisch orientierte König Anawratha (Anuruddha, 1044–1077) im 11. Jh. den Theravāda erneut ein u. verhalf ihm endgültig zum Sieg. Damit wurde Pāli in B. zur Kult- u. Bildungssprache. In der Folge wurde der saṅgha in B. mehrmals von ↗Ceylon aus reformiert, wie auch umgekehrt Reformzweige des ceylonesischen saṅgha in birmanischer Tradition wurzeln (nikāya). Die Könige wachten über dem saṅgha, dem ein vom König ernannter ↗saṅgharāja vorstand. Ihm stand ein Mönchsgremium aus 8 bis 12 Räten zur Seite. In jeder Provinz koordinierte ein eigens bestallter Mönch, der Gainggyok, die geistliche Verwaltung mit der weltlichen Administration. Der Brauch, daß jeder Birmane mindestens einmal in seinem Leben für eine gewisse Zeit in einer klösterlichen Gemeinschaft als Novize lebt, verbindet Mönche u. Laien in besonderem Maße. – Die Eingliederung des Königreichs B. in das brit. Kolonialreich beseitigte weitgehend die bisherigen geistlichen mit den politischen Strukturen; das Amt des saṅgharāja bestand allerdings formal bis 1938 weiter. In der Situation des allgemein organisatorischen Niedergangs kam es zur Gründung von Reformzweigen im birmanesischen saṅgha. Im Kampf gegen die brit. Kolonialmacht um die nationale Unabhängigkeit kam dem Buddh. eine ziel- u. identitätsgebende, ideenleitende Funktion zu: Aufstände gegen die Briten waren häufig bestimmt durch die Erwartung des künftigen Buddha ↗Maitreya bzw. durch das buddh. geprägte Bild vom idealen Herrscher (↗cakravartin). Sammelbecken u. Organisation des nationalen Widerstandes wurde die „Young Men's Buddhist Association" (YMBA), eine 1906 nach ceylonesischem Vorbild gegründete Laienorganisation. An der antibrit., antikolonialistischen Erhebung waren auch zahlreiche Mönche beteiligt; einer der Führer des religiösen Widerstandes, der Mönch U Ottama, starb 1939 in brit. Haft. Mit der 1948 erlangten Unabhängigkeit begann unter dem Ministerpräsidenten U Nu (geb. 1907) das Experiment des birmanischen „buddh.-marxistischen Synkretismus". Nach dieser Doktrin stehen sich Buddh. u. Marxismus nicht unversöhnlich gegenüber, sondern ergänzen einander sinnvoll. Korrektiv am Marxismus bleibt indes die Forderung, daß er, um für birmanische politische Verhältnisse gültig zu sein, den ethischen Prinzipien des Buddh. nicht widersprechen dürfe. U Nu selber war außerordentlich um die Erneuerung des Buddh. in B. bemüht. 1954–56 fand in Rangun aus Anlaß der (nach theravādischer Chronologie) 2500. Wiederkehr des ↗Mahāparinirvāṇa des Buddha das 6. Buddh. Konzil statt. Bewußt knüpfte man dabei an das durch den vorletzten birmanischen König Mindon (1853–78) einberufene 5. Buddh. Konzil an, dessen Kanon-Revision auf 729 Marmortafeln graviert in der Kuthodaw-Pagode in Mandalay aufbewahrt ist. Der Versuch U Nus, 1961 durch Verfassungsänderung den Buddh. zur Staatsreligion zu machen, scheiterte. 1962 wurde U Nu durch General Ne Win gestürzt u. U Nus buddh.-sozialistische Doktrin durch das Programm der „Socialist Programme Party" abgelöst, die einen Ausgleich zwischen Sozialismus u. buddh.-nationaler birmanischer Tradition anstrebt. – Der birmanische Buddh. zeigt in seiner volksreligiösen Ausprägung deutliche Bezüge zu vorbuddh. Kulten. Charakteristisch dafür sind die Nat-Kulte in B., d.h. die Verehrung von Naturgeistern u. -göttern. Erscheinungsbildlich ist der birmanische Buddh. auch stärker vom Reliquienkult geprägt, dem die herrlichsten Stūpas u. Pagoden dienen. Die bedeutendsten dieser Heiligtümer sind die Shwedagon-Pagode in Rangun, die Ānanda-Pagode in Pagan u. die Mahāmuni-Pagode in Mandalay.

L.: N. Ray: An introduction to the study of Theravāda Buddhism in B., Calcutta 1946, Nachdr. 1975; E.M. Mendelson: Sangha and state in B., Ithaca/New York 1975; D.E. Smith: Religion and politics in B., Princeton/New York 1965; H. Bechert: Buddh., Staat u. Gesellschaft in den Ländern des Theravāda-Buddhismus, Bd. 2: Birma, Kambodscha, Laos, Thailand, Wiesbaden 1967; ders.: Das Lieblingsvolk Buddhas, in: H. Bechert u. R. Gombrich (Hg.): Die Welt des Buddh., München 1984, 147–158; Maung Htin Aung: Folk elements in Burmese Buddhism, London 1962, Nachdr. 1978; M.H. Bode: The Pāli Literature of Burma, London 1909 (repr. Rangoon 1965); H.L. Gordon: Old Burma – Early Pagan, 3 Bde., New York 1969–70 (Artibus Asiae, Suppl. 25); H. Bechert (Hg.): Burmese Manuscripts, vol. 1ff, Wiesbaden 1979ff (VOHD 23); H. Bechert, H. Braun (Hg.): Pāli Nīti Texts of Burma, London 1981 (PTS, Text Series, 171); H. Bechert: Neue buddhistische Orthodoxie, Bemerkungen zur Gliederung und zur Reform des Saṅgha in Birma, Numen 35 (1988), 24–56; ders.: The Recent Attempt at a Reform of the Buddhist Saṅgha in Burma and Its Implications, IAF 20 (1989), 303–323. (no)

Blaue Annalen (tib. deb ther sṅon po), umfangreiches, bedeutendes, von Gö Lotsawa (tib ’gos lo tsā ba) 1476–78 verfaßtes Werk der tib. ↗Historiographie, das die Biographien der herausragenden, in der Lehrüberlieferung stehenden buddh. Heiligen enthält u. über die Entwicklung der verschiedenen tib. Schulrichtungen, besonders ausführlich über die ↗Kagyüpa-Schule, berichtet.

Ü.: G.N. Roerich: The Blue Annals, 2 Vol., Calcutta 1949. (ev)

Blavatsky, Helena Petrowna, geb. Hahn v. Rottenstern, 1831–1891, gründete zusammen mit Henry Steel ↗Olcott 1875 in New York die Theosophische Gesellschaft. Anläßlich eines Besuchs in ↗Ceylon trat sie zusammen mit Olcott 1880 zum Buddh. über. Die damit gegebenen Verbindungen zwischen Theosophie u. Buddh. wirkten zunächst in der Ausbreitungsgeschichte des Buddh. im W noch eine Zeitlang weiter (in

Deutschland u. besonders in Großbritannien). B. ging es indes nicht um den historischen Buddh., sondern sie propagierte einen fiktiven „Esoterischen Buddh.“, den sie im Kern mit der Theosophie gleichsetzte. (no)

Bo-Baum ↗Bodhi-Baum

Bodh-Gayā (Gayā), das alte Uruvelā (P, Skt Uruvilvā/Urubilvā) des buddh. Kanons (↗Kanon, ↗Pāli-Kanon), z. Z. des ↗Buddha im Königreich Magadha (heute S-Bihar in Indien) gelegen, wo ↗Siddhārtha ↗Gautama seine ↗Erleuchtung erlebte und ein ↗Buddha wurde. Nahe der Stelle, wo der Buddha unter dem ↗Bodhi-Baum erleuchtet wurde, erhebt sich heute der Mahābodhi-Tempel (aus dem 12., vermutlich sogar in Teilen aus dem 6. Jh. n. Chr., im 19. Jh. umfänglich wiederhergestellt). Kaiser ↗Aśoka ließ sich die Einrichtung u. Pflege einer Wallfahrt am Ort der Erleuchtung des Buddha angelegen sein, zu deren Betreuung er Mönche in Klöstern in B.-G. ansiedelte. Von diesen Klöstern blieb keines erhalten, auch nicht die steinerne Eingrenzung, durch die er den Bodhi-Baum umzäunen ließ. Im 7. Jh. wurden die buddh. Heiligtümer in B.-G. erstmals durch die Bengalen, zu Beginn des 13. Jh. durch die Muslime zerstört. Der beklagenswerte Zustand der alten Wallfahrtsstätten u. deren erschwerte Zugänglichkeit für buddh. Pilger veranlaßte Anagārika ↗Dharmapāla 1891 anläßlich eines Besuchs zur Gründung der B.-G.-Mahābodhi-Society mit dem Ziel, die heilige Stätte zugänglich zu machen u. zu restaurieren.

L.: U. Schneider: Die Großen Felsen-Edikte Aśokas. Krit. Ausgabe, 1978. (no)

bodhi (Skt/P) ↗Erleuchtung

Bodhi-Baum, auch Bō-Baum (von singhalesisch Bō für Skt/P bodhi, Erwachen, ↗Erleuchtung), „Baum der Erleuchtung“ jener Baum, unter dem der ↗Buddha die Erleuchtung erfuhr u. ein Buddha wurde. Dabei handelt es sich um einen Pippalbaum (ficus religiosa), der bis heute das buddh. Symbol für die Erleuchtung ist u. zu den frühesten Darstellungen des Buddha u. seiner Erleuchtung gehört. Ein Sprößling des B.-B. sei durch

Sanghamittā, die Tochter Kaiser ↗Aśokas, nach ↗Ceylon gebracht worden. Ein Abkömmling des Sprosses wird heute noch in ↗Anurādhapura/Sri Lanka als B.-B. verehrt. Der ursprüngliche B.-B. in ↗Bodh Gayā ging gegen Ende der Regierungszeit des Aśoka ein. Eine Nachpflanzung des Baumes aus einem Schößling des B.-B. wurde zu Beginn des 7. Jh. n. Chr. durch den Bengalen-König Saśāṅka, einen Feind des Buddh., gefällt. Die nachfolgende Pflanzung durch den letzten Herrscher aus der Dynastie Aśokas, König Pūrṇavarma, wurde Ende des 19. Jh. durch einen Sturm gefällt. Auch dieser Baum wurde durch einen Sproß des B.-B. aus Anurādhapura ersetzt. (no)

Bodhicaryāvatāra (Skt, tib. byaṅ chub sems dpa'i spyod pa la 'jug pa), „Eintritt in den Wandel zur Erleuchtung", ist eines der herausragenden Werke des ↗Mādhyamaka, neben dem ↗Śikṣāsamuccaya das bedeutende Werk des Śāntideva (8. Jh.). In 10 Kap. eingeteilt stellt es die Exposition der 6 pāramitās als Grundlage des Bodhisattva-Weges dar. Das Werk findet seinen Höhepunkt in der Darlegung der „Vollendung der Weisheit" (Skt Prajñāpāramitā), die zu den Glanzstücken der ↗Mahāyāna-Lit. gehört.

A.: B., ed. I. Minayeff, St. Petersburg 1890. – A./Ü.: P. Sharma (Hg.): Sāntideva's B., 2 Bde., New Delhi 1990. – Ü.: R. Schmidt: Der Eintritt in den Wandel in Erleuchtung (B.), Paderborn 1923; L. de la Vallée Poussin: B., Paris 1907; St. Batchelor: A Guide to the Bodhisattva's Way of Life, Dharamsala 1979; E. Steinkellner: Sāntideva. Eintritt in das Leben zur Erleuchtung, 1981. – L.: F. Weller: Tib.-Skt Index zum B., Berlin 1952–1955. (ev)

bodhicitta (Skt), „Erleuchtungs-Geist" oder „auf die Erleuchtung gerichtetes Denken"; der Begriff des b. ist eng mit dem mahāyānischen ↗Bodhisattva-Ideal verbunden. Das Erwachen des altruistischen b. führt zur Bodhisattva-Verpflichtung (↗praṇidhāna) u. begleitet die Entwicklung des Bodhisattvas bis zur ↗Erleuchtung. (sl)

bodhicitta-Erzeugung (Skt, tib. byaṅ chub sems bskyed), die tägliche Erneuerung der b.-E., des Vorsatzes, spirituelle Vervollkommnung zum Wohle aller Lebewesen zu suchen, bildet eine der ↗Vorbereitenden Übungen des ↗Lamaismus. (ev)

Bodhidharma, auch als (chin.) „Ta-mo“ u. (jap.) „Daruma“ bekannt, gilt als der 28. oder 29. ind. u. der 1. chin. ↗Patriarch des ↗Ch'an bzw. ↗Zen-Buddh., der nach der Tradition des Ch'an im 6. Jh. den wahren Geist des ↗Buddh. nach China überliefert haben soll. Ob sich hinter B. eine historische Persönlichkeit verbirgt, ist fraglich, zumindest ist über ihn nichts historisch Gesichertes bekannt. Sein von der Tradition gezeichnetes Bild trägt stark legendäre Züge u. schreibt ihm all jenes zu, was für das Selbstverständnis des Zen charakteristisch ist: intensive Praxis der ↗Meditation, eine souveräne Persönlichkeit, Distanz zur bloßen Schriftgelehrsamkeit.

L.: H. Dumoulin: B. u. die Anfänge des Ch'an-Buddh., Monumenta Nipponica 7 (1951), 67–83. (sl)

Bodhipathapradīpa (Skt, tib., byaṅ chub lam gyi sgron me), „Lampe auf dem Weg zur Erleuchtung“ (1041/42), von ↗Atiśa verfaßtes Werk, das in konziser Form die ↗Kadampa-Lehrauslegung wiedergibt u. zu den bedeutendsten Werken des tib. ↗Vajrayāna zählt.

L.: H. Eimer: B., 1978 (AsF 59). (ev)

Bodhiruci (chin. P'u-t'i-liu-chih), wirkte 508–535; Begründer der ↗Ti-lun-Schule, gleichzeitig war er auch Anhänger der ↗Ching-t'u-Schule. Mit B. Ankunft in Lo-yang beginnt in China das ↗Mahāyāna. Er übers. 53 Schriften, u. a. 508 zusammen mit Ratnamati das Daśabhūmikaśāstra, den Haupttext der Tilun-Schule (↗San-lun). Um 530 bekehrte B. ↗T'an-luan zum Buddh. (so)

Bodhisattva (Skt, P Bodhisatta) wörtlich: „Erleuchtungs-Wesen“; im älteren Buddh. bezeichnet B. jene Wesen, die einst zu einem ↗Buddha werden, wobei der B. der historische Buddha Śākyamuni vor seiner Erleuchtung ist. Nicht als B. gelten jene, die angestoßen von der Lehre Budhdas zur ↗Erleuchtung gelangen bzw. ↗arhats werden. Galt zunächst, daß zwischen der Erleuchtung eines Buddhas u. eines arhats kein qualitativer Unterschied besteht, so wurde im Zuge der späteren Entwicklung (z. B. bei den ↗Mahāsāṃghika) die Erleuchtung des arhat als geringer angesehen. Von den eigentlichen Buddhas wurden zunehmend auch ↗Pratyekabuddhas unterschieden, die in der

Regel als Einsiedler leben u. nicht wie der Buddha durch Verkündigung u. Gemeindegründung in der Welt wirken. Auf dem Hintergrund dieser Entwicklung betont das ↗Mahāyāna den B.-Weg als den eigentlichen buddh. Heilsweg, d. h., jeder kann u. soll nach der höchsten Erleuchtung (Buddhaschaft) streben, um nach dem Vorbild Buddhas die Lehre zum Heil aller Wesen zu verkünden. So wird das B.-Ideal zu einer reformatorischen Zentralidee des Mahāyāna. Eine besondere Verstärkung erfährt dabei der ↗Mitleids-Gedanke, der als das eigentliche Charakteristikum des B. schon in den ↗Jātakas akzentuiert ist. Der B. erstrebt (↗bodhicitta) die Erleuchtung nicht nur zu seinem eigenen Heil, sondern um den Wesen als Erleuchteter besser helfen zu können. So verbleibt der B. auch als Erleuchteter freiwillig im ↗saṃsāra, um alle Wesen zur Erlösung zu führen. Zu diesem Ziel verpflichtet er sich im B.-Gelübde (↗praṇidhāna). Das grenzenlose Mitleid des B. ist untrennbar verbunden mit der höchsten ↗Weisheit (↗prajñā), der Einsicht in die Inadäquatheit aller begrifflichen Unterscheidungen (↗śūnyatā), die er durch seine nicht-differenzierende ↗Güte auch in ethisch-praktischer Hinsicht umsetzt. Wegen ihrer helfenden Gegenwart im saṃsāra werden die B. so auch zum Gegenstand religiöser Verehrung u. vertrauender Anrufung.

L.: H. Dayal: The Bodhisattva Doctrine in Buddhist Sanskrit Lit., London ²1975; D.S. Lopez, S.C. Rockefeller (eds.): The Christ and the Bodhisattva, New York 1987; N. Katz: Buddhist images of human perfection. The Arahant of the Sutta-Piṭaka compared with the Bodhisattva and the Mahāsiddha, Delhi 1982. (sl)

Bodhnāth-Stūpa (Nepalesisch-Skt, tib. bya ruṅ kha śor). Eines der bedeutenden buddh. Heiligtümer ↗Nepals, etwa 10 km von Kathmandu gelegen. Umgeben von mehr als 10 großen lamaistischen Klöstern der Exiltibeter, bildet er heute das tib.-buddh. Zentrum Nepals. Seine Erbauung wird dem Licchavi-König Manadeva I. (464–505) zugeschrieben. Auf einer dreiterrassigen Sockelanlage stehend, erhebt sich über seiner großen, weiß getünchten Halbkugel ein turmartiger Kubus samt einer Stufenpyramide. Unverwechselbares Kennzeichen dieser ↗Stūpa-Art sind – hier wie beim ↗Swayambhunāth-Stūpa – die auf dem Kubus auf allen 4 Seiten angebrachten „Allessehenden Augen Buddhas“. (ev)

Bön-Religion (tib. bon), die vorbuddh. Religion ↗Tibets, ursprünglich eine schamanistische, animistische Naturreligion mit mündlicher Überlieferung, deren Vertreter, die Bönpos, die Himmelsgestirne, Berge u. Bäume verehrten, für die angemessene rituelle Bestattung des Königs Sorge trugen, zur Abwendung von Unheil usw. blutige, teils sogar Menschen-Opfer darbrachten u. verschiedene Arten von Divination praktizierten. Das Zentrum der B.-R. bildete das im westtib. Raum gelegene Königreich Zhang-Zhung (tib. źaṅ źuṅ), das im 7./8. Jh. dem tib. Großreich einverleibt u. damit ausgelöscht wurde. Als ursprüngliche Gegenspielerin zum Buddh. nahm die vom tib. Adelsstand geförderte B.-R. z.Z. der ↗Frühen Bekehrung Tibets zum Buddh. (7.–9. Jh.) zunehmend Züge einer von manichäischem, persischem u. buddh. Gedankengut beeinflußten synkretistischen Religion an, entwickelte ein eigenes systematisiertes Pantheon, ein eigenständiges Schrifttum u. eigene kosmologische Vorstellungen, denen zufolge die Welt aus einem Ei entstanden war. Inhaltlich lehnte sie sich im Laufe der Zeit immer stärker an den seinerseits auch von der B.-R. beeinflußten Buddhismus tib. Prägung an, bewahrte jedoch bis zuletzt eine weitgehend eigenständige philosophische Terminologie. Diese synkretistische Form der B.-R. galt nun als von Schenrab Mibo (tib. gśen rab mi bo), einem in seinem ganzen Auftreten dem ↗Buddha Śākyamuni nachempfundenen, vermutlich mythologischen Heiligen, gestiftet u. lehnte sich später in der Entwicklung ihres scholastischen Lehrgebäudes eng an die Lehrauslegung der tib. ↗Nyingmapa-Schule an, mit der sie in verschiedenen Gegenden Osttibets nach ihrer endgültigen Absage an unbuddh. blutige Opfer sogar Synthesen einging. Im Gegensatz zum buddh. Prinzip der Rechtsläufigkeit, werden heilige Bönpo-Stätten gegen den Uhrzeigersinn umrundet, ihr Hauptsymbol, das Hakenkreuz, ist linksläufig ausgerichtet. Ähnlich den ↗Nyingmapa wird ihre Doktrin in 9 Fahrzeugen gelehrt, ihr Schrifttum besteht aus einem 140-bändigen ↗Kanjur – hier nicht als die autoritativen Lehren des ↗Buddha, sondern des Schenrab zu verstehen – sowie einem 160-bändigen Tenjur (tib. brten `gyur; nicht: ↗Tanjur), „den [auf den Stifterworten] basierenden Übersetzungen [späterer Bön po-Lehrer]“.

L.: H. Hoffmann: Quellen zur Geschichte der B.-R., 1950 (AAWG); ders.: Symbolik der tib. Religionen, 1967 (Symbolik der Religionen, 12); ders.: Tibet. A Handbook, Bloomington o. J.; D. Snellgrove: The Nine Ways of B., London 1967; P. Kvaerne: Tibet B.-R., Leiden 1985 (Iconogr. of Religions 13) (Lit.). (ev)

bojjhanga (P, Skt bodhyaṅga). Die 7 (oder 37) Erleuchtungsglieder, die als Mittel zur Erlangung der ↗Erleuchtung (bodhi) gelten, sind: ↗Achtsamkeit (satisambojjhanga), Ergründung der Lehre (dhammavicaya), Willenskraft (viriya), Verzückung (pīti), Gestilltheit (der Leidenschaften; passaddhi), Sammlung (↗samādhi) u. ↗Gleichmut (upekkhā); vgl. S XLVI,5; A X,102. (no)

Borobudur, auf Java/Indonesien, ist eine riesige Stūpa-Anlage in Gestalt eines ↗Maṇḍala aus dem 9. Jh., die von der einstmaligen beeindruckenden buddh. Kultur in Indonesien u. auf Java zeugt. Erbaut wurde der B. durch eine mitteljavanische Seitenlinie des Königshauses des Reiches Sri Vijaya. Das Bauwerk symbolisiert den 10-stufigen Bodhisattva-Weg (↗Bodhisattva, ↗Mahāyāna, 10 ↗bhūmi). Der zentrale Stūpa krönt die Spitze der Anlage über 3 kreisförmigen Ebenen, die ihrerseits auf 5 quadratischen Terrassen ruhen. Die unterste Terrasse weist eine Seitenlänge von 123 m auf. Die Höhe des Heiligtums beträgt 33 m. Insgesamt zeigt die Anlage 72 Stūpas. Die Aufgänge sind reich mit Sandsteinplastiken geziert.

L.: J. Dumarçay: Histoire architecturale du B., Paris 1977; L. Gomez (Hg.): Barabuḍur, Berkeley 1973; H. Haas: Die Buddha-Legende Boro-Budur, Leipzig 1923; J. D. Wickert: B., Jakarta [2]1977; P. Mus: B., Hanoi 1935; N. J. Krom: The Life of the Buddha on the Stūpa of Barabudur. According to the Lalitavistara, Den Haag 1924; H. Zimmer: Kunstform u. Yoga im indischen Kultbild, 1987, 139–147: Der B., ein Mandala. (no)

Bosatsu, jap. für ↗Bodhisattva

Brahmā, im ↗Hinduismus der Schöpfergott mit nur geringen Spuren einer kultischen Verehrung. Der ↗Pāli-Kanon nennt mehrere B.-Götter, u. a. B. ↗Sahampati, B. Sanaṃkumāra („stets Jüngling", D 18,17 ff), B. Baka (M 49). Sie alle werden als Verehrer u. Zuhörer des ihnen an Wissen u. Macht überlegenen ↗Buddha vorgestellt. – In B. den Weltschöpfer zu sehen, beruht nach D 1,2,1 ff auf einem Irrtum. Ebenso wie die himmlische B.-Welt, über die der „Große B." (mahāb.) herrscht, unterliegt auch B. selbst dem Prozeß des Werdens u. Vergehens. Wenn sein karmischer Verdienst erschöpft ist, wird er in anderen Daseinsformen wiedergeboren. Nach A 7,58,2 ist Buddha in einer früheren Existenz selbst einmal der „Große B." gewesen.

L.: T.B. Bhattacharya: Brahmā-Cult and Buddhism, in: JBRS 42 (1956), 91–115. (mü)

brahmacarya (Skt, P brahmacariya), der „Brahma gleiche Wandel" oder „Reinheitswandel"; bezeichnet im engeren Sinn die Lebensform freiwillig gewählter sexueller Enthaltsamkeit (↗Zölibat, ↗Mönch, ↗Nonne), kann aber auch als für die Gesamtheit aller Aspekte eines an der ↗Lehre des Buddha ausgerichteten Lebens stehen. (sl)

brahma-loka (Skt/P), wörtlich: Brahma-Welt, als 2., feinkörperliche Region zum kosmologischen Drei-Welt-Konzept des Buddh. gehörige Region der Form (rūpadhātu, ↗Kosmologie). Diese Region gilt als der ↗Meditation zugänglich. Sie ist nach den 4 Dhyāna-Stufen unterteilt u. gilt als Wohnsitz bestimmter Götterklassen. (no)

brahman (Skt), ursprünglich die im Wort des ↗Veda gegenwärtige heilige Macht, die wirkkräftige Wahrheitsformulierung; seit den ↗Upanischaden Chiffre für das ↗Absolute, den Seinsgrund. Die Identifikation des b. mit dem wahren Selbst (ātman) des Menschen erfährt in den Schulen des ↗Vedānta verschiedene Deutungen. (mü)

Brahmane, Angehöriger des Priester- u. Gelehrtenstandes in der hinduistischen Ordnung der ↗Kasten. (mü)

Brahmanismus, i.w.S. Bezeichnung jener Strömung im ↗Hinduismus, für die der ↗Veda sowie die von den Brahmanen in ↗Sanskrit überlieferten rituellen u. sozialen Ordnungskonzeptionen bis in die Gegenwart die maßgebliche Richtschnur des Denkens u. Handelns darstellen; i.e.S. Bezeichnung der spätvedischen Periode der ind. Rel.-Gesch. (etwa 1000–400 v. Chr.), als die Arier ins mittlere Gangesbecken vorgedrungen waren. In dieser Zeit, die besonders in den Brāhmaṇas u. Vedāngas (↗Veda) sowie in den Āraṇyakas u. ↗Upanischaden bezeugt ist, entwickelte die priesterliche Elite eine hochdifferenzierte Ritualwissenschaft, die auf der Theorie von den okkulten Entsprechungen zwischen dem Opfer, den kosmischen Phänomenen u. dem Körper des Menschen aufbaut u. den Anspruch erhebt, daß das Geschehen im Universum ebenso wie das Ergehen des einzelnen vom rechten Vollzug der Riten abhängen. In dieser vom Ritual gelenkten Welt sind auch die Götter (↗deva) als bloße Funktionsträger entmächtigt. Geleitet vom Interesse an einer stabilen Ordnung, faßten die Brahmanen ferner normative Regeln über das rechte Verhalten je nach Stand (↗Kasten), Geschlecht u. Lebensstufe (āśrama) zusammen. Die rituelle u. soziale Pflichterfüllung war ausgerichtet auf den Lohn diesseitigen Wohlseins u. jenseitiger, himmlischer Freuden. In Spannung zu diesem Ideal der Werkfrömmigkeit traten die Lehren von Asketen. Z. T. unter Berufung auf die neu aufkommenden Vorstellungen von den Tatenfolgen (↗karma) sowie dem wiederholten Sterben u. Geborenwerden (↗saṃsāra) vermittelten sie Wege zur Emanzipation von der Triebgebundenheit mit Hilfe von Erkenntnis u. Meditation – z. T. als Verinnerlichung des Rituals – sowie asketischer u. ekstatischer Praktiken zur Erringung eines Zustands des friedvollen Gleichmuts, der Wonne u. des Unsterblichkeitsbewußtseins. Hiermit verbanden sich unterschiedliche Ansätze zu einer metaphysischen Rekonstruktion der Einheit der Wirklichkeit. – Der Buddh., der östl. vom Kernland des B. im Kontext einer vom Handel u. Gewerbe bestimmten urbanen Kultur entstand, behauptete seine Eigenständigkeit in vielfältiger geistiger Auseinandersetzung mit dem B. Als zentrale Anliegen traten hervor: die uneingeschränkte Anerkennung eines rational geführten sittlichen Lebenswandels sowie die Konzentration auf eine die Leidhaftigkeit u. Vergänglichkeit des Daseins überwindende Heilserfahrung, die metaphysischen Spekulationen mit Skepsis begegnete. Der Autorität des Veda setzte der Buddh. das dreifache Wissen (tissa vijjā) entgegen (A 3,59): die Erinnerung der früheren Existenzen, das die

Tatenfolgen (karma) durchschauende himmlische Auge u. die Vier edlen Wahrheiten. Prinzipieller Art ist die Forderung nach einer Erfahrungsgrundlage als Bedingung gültiger Erkenntnis (D 13). Auf die Wissenschaft vom Ritual u. Opferkult hat er sich nicht eingelassen. Seine kritische Haltung äußert sich in den heilsorientierten u. sittlichen Kriterien zu ihrer Bewertung, ob sie sich als förderlich erweisen auf dem Weg zur Loslösung von Gier, Haß u. Verblendung sowie für ein friedfertiges Zusammenleben aller Wesen (D 5). Auf Ablehnung stößt das Tieropfer. Hinsichtlich der ↗Kasten gilt nicht die Geburt, sondern der Lebenswandel als maßgeblich für die Rangstufung. Mit dem Ordenseintritt sind die Kastenbestimmungen aufgehoben (A 8,19), was analog für die Lebensform des Weltentsagers (saṃnyāsin) im B. zutrifft. Die Betonung des Gemeinsamen aller Menschen (Sn 600ff) wirkt sich auch in den Normen über das rechte Verhalten (↗sīla) aus, die zwar gestufte Anforderungen an Laien u. Ordensmitglieder kennen, aber im Prinzip weder standes- noch geschlechtsorientiert sind, sondern universaler Natur. In der Lehre von der Wiedergeburt schließt der Buddh. im Gegensatz zum B. eine solche im Pflanzenreich aus u. lehnt die Vorstellung einer Seelenwanderung ab (↗anattā). Die Deutung der Wiedergeburt erfolgt mit der Formel vom „Entstehen in Abhängigkeit" (↗pratītyasamutpāda). Die Gründung von Klöstern u. Orden, die auch Regeln für ein Gemeinschaftsleben vorsehen, ist im B. noch nicht belegt. Als Neuerung erweist sich ferner die Einrichtung eines Nonnenordens, wie sie ebenfalls im ↗Jainismus erfolgte.

L.: J. Gonda: Die Religionen Indiens, Bd. 1, [2]1978; L.M. Joshi: Discerning the Buddha. A Study of Buddhism and of the Brahmanical Hindu Attitude to it, New Delhi 1983. (mü)

brahma-vihāra (Skt/P), die 4 „himmlischen"/„göttlichen" oder „erhabenen Verweilzustände" sind Meditationsübungen (↗Meditation), in denen die 4 hohen Tugenden des Buddh.: Güte (Skt maitrī, P mettā), Mitleid (Skt/P karuṇā), Mitfreude (Skt/P muditā) u. Gleichmut (nicht Gleichgültigkeit!; Skt upekṣā, P upekkhā) erweckt u. allen Wesen in den 4 Himmelsrichtungen zugestrahlt werden (D II,186 u. III 223/4). – Im ↗Mahāyāna gehören die 4 b.-v. zu den ↗pāramitā (Tugendvollkommenheiten), die einen ↗Bodhisattva befähigen, die irrenden Wesen zu erlösen. (no)

Buddha (Skt/P). 1. Wörtlich: „Erwachter", von der Skt-Wurzel budh abgeleiteter Würdetitel für den Erlösten (↗Erlösung), ursprünglich gewiß nicht nur für den historischen ↗Siddhārtha Gautama u. für den Buddh. reserviert. Nach buddh. Auffassung ist der B. keine singuläre u. einzigartige Erscheinung. Man benannte schon früh eine Reihe von Vorläufern des historischen B. und erwartete andererseits einen neuen B. am Ende des gegenwärtigen Weltzeitalters, ↗Maitreya. Ein B. ist ein Mensch, dem im Erwachen (bodhi) die „richtige" (Skt samyak, P sammā) Perspektive auf die Welt u. ihre Wirklichkeit aufgegangen ist: die Wanderung durch die Existenzen (↗saṃsāra), die Einsicht in das Wesen der Tatvergeltung als Unheilszusammenhang (↗karma) u. schließlich die 4-fache Wahrheit vom Leiden: von der Unausweichlichkeit des Leidens in welthafter Existenz (wozu nach buddh. Vorstellung auch die göttliche Existenz gehört), von der Ursache des Leidens im Begehren (vor allem nach Existenz), die Erkenntnis der Aufhebung dieser Ursache des Leidens als Ende des Leidens u. schließlich der Weg, der zur Aufhebung der Ursache des Leidens führt (der Hohe ↗Achtfache Pfad). Den B. unterscheidet von anderen Erlösten (↗arhat), daß er selbst diese Lehre gefunden hat (↗Lehre des B.) u. nicht durch Belehrung oder Predigt mitgeteilt erhielt. In der Aneignung der erlösenden Erkenntnis in der bodhi gewinnt der Strebende die Sicherheit, die Erlösung erlangt, saṃsāra vollendet u. karma genichtet, den nirvāṇa-Zustand realisiert zu haben u. ein B. geworden zu sein. In der von der bodhi ausgehenden Wirkungsgeschichte unterscheiden sich in buddh. Tradition 2 Typen von B.: der „Einzel-Erwachte" (Skt ↗pratyeka-b.), der die erlösende Erkenntnis nicht weitergibt, u. der „Vollerwachte" (P sammāsaṃ-b.), der die Lehre (↗dharma) auch verkündet. Da der Erlöste nicht mehr zur Welt des saṃsāra gehört, ist er in welthafter Sprache begrifflich nicht mehr zu erfassen (P atakkāvacara); über sein Wesen kann nichts Definitives ausgesagt werden außer dem Umstand, daß er erlöst ist. – 2. Der historische B. Siddhārtha Gautama lebte nach verbreiteter Auffassung ca. 560–480 v. Chr. Daneben gibt es 2 weitere

Datierungsversuche: Nach E. Lamotte (1958) setzen die Buddhisten Sri Lankas, Siams, Birmas und Kambodschas das nirvāṇa des B. auf das Jahr 543 v. Chr. an. Diese Datierung wird jedoch von der Mehrheit der Buddh.-Forscher Europas u. Indiens verworfen. Das Jahr des nirvāṇa wird mit dem Datum der Salbung Aśokas (um 268–267 v. Chr.) in Verbindung gebracht. In den alten Texten sind zwei Chronologien bezeugt, eine „lange", die das nirvāṇa 218 Jahre vor der Salbung Aśokas auf ca. 486 v. Chr., und eine „kurze", die das Ereignis 100 Jahre vor der Salbung auf ca. 368 v. Chr. ansetzt. Die „lange Chronologie" wird im allgemeinen von der singhalesischen Tradition anerkannt u. bezeugt, die „kurze" ist fast ausnahmslos in den Skt- u. chin. Quellen. Als Arbeitshypothese nehmen Lamotte u. andere Forscher das Jahr 486 v. Chr. als Zeitpunkt des nirvāṇa an. Endgültige Forschungsergebnisse sind auf diesem Gebiet noch nicht verfügbar. Die neuesten Erkenntnisse hat H. Bechert 1986 u. 1991 vorgelegt. Der B. entstammte dem NO-ind. Geschlecht der Śākyas (↗Śākya), weswegen er auch der Śākyamuni, der Weise aus dem Śākaya-Stamm, genannt wird. Geb. wurde er der Tradition nach bei dem Weiler Lumbinī (heute Rummindei in Nepal) in der Nähe von ↗Kapilavastu. Gest. ist der B. in ↗Kuśinagara (P Kusināra). Sein Vater Śuddhodana (P Suddhodana) ↗Gautama stand dem Adelsrat in Kapilavastu, der Haupstadt der Śākya-Adelsrepublik, vor. Seine Mutter ↗Māyā soll wenige Tage nach seiner Geburt gestorben sein. Die Vita des B. wurde schon früh legendär überformt. So setzt die südbuddh. Überlieferung (Pāli-Tradition) mit der letzten Vorexistenz des nachmaligen B. im ↗Tuṣita-Himmel ein. Von dort steigt er als weißer Elefant in seine Mutter Māyā hinab, die ihn in einem Hain bei Lumbinī auf außernatürlichem Weg – aus der Achselhöhle – gebiert. Der Neugeborene zeigt sofort übermenschliche Fähigkeiten, indem er seine ersten Schritte in die Welt hinein macht u. sich zur Spitze der Welt erklärt. Anläßlich der Geburt des Prinzen ruft Śuddhodana ein Kollegium aus Brahmanen u. Weisen herbei, um dem Neugeborenen die Zukunft zu deuten. Einer davon, Asita, prophezeit, der Knabe werde später entweder ein großer Weltenherrscher oder ein Erwachter. Die Überlieferung berichtet vom Luxus, in dem der ↗Bodhisattva aufwuchs, eine lit. Figur, die dessen Auszug aus seiner Familie u. aus dem Weltleben unterstreichen soll. Die Geschichte von den 4 Ausfahrten des Bodhisattva, ursprünglich vom B. über einen anderen Bodhisattva namens Vipassi erzählt, stellt heilsdramatisch das Leiden an der Unbeständigkeit u. Vergänglichkeit der Existenz am Beispiel von Alter, Krankheit u. Tod als Motivationsfigur für den Auszug des nachmaligen B. aus dem Weltleben vor u. in der Begegnung mit einem Asketen den Hinweis auf den Ausweg aus dem grundlegenden Dilemma menschlicher Existenz (D 14, Mahapadana-Suttanta). Die Hauslosigkeit, das Asketen-Dasein des Bodhisattva, wird als Lehr- u. Wanderjahre geschildert: Anschluß an die Schulen der Lehrer ↗Āḷāra Kālāma (P; Skt Ārāḍa K.) u. Uddaka Rāmaputta (P; Skt Udraka Rāmaputra) u. anschließend die Schmerzensaskese, durch die sich Sidhhārtha auf den Übungsweg ind. sadhus u. Asketen begibt, ein Weg, den er schließlich nicht als zur Erlösung führend erkennt. Das Erwachen (bodhi) vollzieht sich nach der Abwendung vom asketischen Rigorismus. Sie wird als in höchster ↗Meditation realisiert beschrieben. Die Tradition nennt als Ort der bodhi das heutige Bodh-Gayā, das alte ↗Uruvelā (P; Skt Urublivā). Auch das Erwachen, das ein historisches Ereignis reflektiert, aber aus den Texten nur unzureichend religionspsychologisch rekonstruiert u. qualifiziert werden kann, ist legendarisch überformt: durch zweimalige Versuchungen des ↗Māra, ferner durch außerordentliche Zeichen (Erdbeben, Aufblühen; der Schlangenkönig Mucalinda beschützt den B. vor einem Unwetter). Nach dem Erwachen wandte sich der B. nach Benares, wo er im Gazellenhain mit seiner 1. Predigt seine Verkündigung beginnt u. mit 5 śramaṇas aus der Zeit seiner Schmerzensaskese den buddh. Orden gründet. Zentral ist seiner 1. Predigt die Botschaft: Todlosigkeit ist gefunden. In den folgenden 40 Jahren wandert der B. durch das Gebiet des heutigen NO-Indien u. W-Nepal, verkündigte auf Aufforderung hin seine religiöse Botschaft von der Befreiung u. den Weg dorthin. Seine Anhängerschaft gruppiert sich in Mönche (Skt ↗bhikṣu, P bhikkhu wörtlich: Bettler, Mendikant) u. ↗Laienanhänger (Skt/P männlich: ↗upāsaka, weiblich: upāsikā), wozu schließlich auf Betreiben der Tante u. Pflegemutter des B. Mahāprajāpatī Gautamī (Skt; P Mahāpajāpatī Gotamī) noch die Nonnen

(Skt bhikṣuṇī, P bhikkhunī) kamen. Der Tod ereilte den B. auf einer Wanderschaft, die nach MPNS (D 16) in ↗Rājagṛha beginnt u. deren Ziel nicht mehr bestimmbar ist (vielleicht ↗Kapilavastu oder ↗Śrāvastī) in Kuśinagara. Auch das Sterben des B. ist legendär verklärt. Vor seinem Tod trifft der B. keine Nachfolgeregelung, was den ursprünglich egalitären u. unhierarchischen Charakter des buddh. Ordens unterstreicht. Die Pāli-Texte stellen den B. als einen vorbildlichen Lehrer dar, der ausgesprochen wenig Interesse an der metaphysischen Spekulation seiner Zeit nimmt u. diese sogar zurückweist. Der authentische Lehrbestand des historischen B. ist zu finden: in den ↗Vier edlen Wahrheiten, in den ↗Drei Merkmalen der Wirklichkeitsanalyse, im ↗Achtfachen Pfad, in einigen Gliedern des Satzes vom bedingten Entstehen (↗pratītyasamutpāda), in der Lehre vom ↗anātman, der Leugnung eines positiv faßbaren Selbst im Menschen u. in etlichen Anordnungen des ↗vinaya.
3. Eines der frühesten geschichtlichen Zeugnisse für den B. ist eine Speckstein-Urne aus einem Stūpa bei ↗Piprāvā (Neu-Kapilavastu) mit einer Aufschrift in Brāhmī, vermutlich aus dem Ende des 3. Jh. v. Chr.: „Dies ist das Behältnis mit Überresten des B., des Erhabenen, (gestiftet) von dem Śakyer Sukiti u. seinen Brüdern, Schwestern, Söhnen u. Frauen." Für eine historisch valide Rekonstruktion des Lebens des B. nutzbar sind vornehmlich 3 Quellenbereiche. (1) die Überlieferung vom Lebensende des B. im MPNS des Pāli-Kanons (↗Pāli-Kanon), eigentlich ein Lehrtext über den vinaya; daneben auch ein Bericht mit Informationen über den B.; (2) die Überlieferungen vom 1. Lebensabschnitt des B. bis zur ↗Predigt von Benares, ein Überlieferungsstrang, der, wenn er überhaupt einheitlich zu beurteilen ist, stark legendarisch überformt wurde, so daß er für eine historisch-kritische Rekonstruktion wenig auswirft. Historische Fakten dieser Überlieferung sind: der Auszug in die Hauslosigkeit, die Asketenjahre, das historisch nicht näher eruierbare Begebnis der bodhi u. die Grundzüge der Benarespredigt; (3) Lehrtexte in großer Zahl, die biographische Nachrichten über die Zeit zwischen Benares-Predigt u. Beginn der letzten Wanderung nach Kuśinagara bieten, die aber in sich selbstverständlich aus der Sicht einer historisch-kritischen Rekonstruktion der Vita unterschiedlich zu beurtei-

len sind. Gerade die Einleitungsformel der Lehrtexte des ↗Sutta-piṭaka „So habe ich gehört" (P evaṃ me suttaṃ) erhebt förmlich Anspruch auf Historizität; sie gilt als Entscheidungskriterium für die Kanonizität eines Textes (↗Kanon) i. S. der Anerkennung als authentische B.-Wort (b. vacana). Tatsächlich aber erweist eine kritische Sicht auf die Traditionsgeschichte wie auf die Textgestalt der Lehrreden, daß keinesfalls alle als B.-Wort überlieferten Texte von ihm selbst stammen können (im Pāli-Kanon gelegentlich aufgrund philologischer Kriterien durch den Nachweis der Verwendung eines jüngeren Pāli als späterer Einschub im Textgefüge erkennbar). Umgekehrt aber darf auch nicht alles in den sūtras Überlieferte von vorneherein u. ausschließlich als das Werk späterer Generationen nach dem B. beurteilt werden. É. Lamotte (1958) unterscheidet 5 Quellenbereiche: (1) sūtra nämlich 4 Pāli-Texte aus M (4, 19, 26 u. 36) mit Entsprechungen in der Skt-Lit. (vornehmlich in chin. Übers. erhalten); (2) vinaya des ↗Mūlasarvāstivāda: bietet eine vollständige Biographie der Lehrtätigkeit des B., in ein chronologisches Ablaufschema eingeordnet, faktisch aber eine Kompilation aus dem 4./5. Jh. n.Chr.; dazu kommen andere vinaya-Überlieferungen (Dharmaguptakas u. Mahīśāsakas) mit ausführlichen legendären Biographien; (3) der ↗Lalita Vistara (Skt), zum ↗Sarvāstivāda gehörig, das ↗Mahāvastu (des ↗Mahāsaṃghika), die Nidānakathā aus der Pāli-Kommentarlit. (Während im Mahāvastu der B. als wunderwirkender Heros dargestellt wird, treibt der Lalita Vistara die Idealisierung des B. weiter u. stellt das Leben des historischen B. als ein Täuschungsspiel – „lalita, lila" – zum Heil der Menschen dar. Insofern kennzeichnet dieses Werk die Grenze zwischen Hīnayāna u. Mahāyāna [Schumann] 1973). Diese Linie setzt sich im Saddharmapuṇḍarīkasūtra fort.) (4) 3 B.-Viten von ↗Aśvaghosa, von einem Autor namens Saṃgharakṣa u. von einem anderen unbekannten Autor, dessen Werk nur in chin. Übers. erhalten ist; (5) Texte des Pāli-Kanons: 3 Suttas aus dem Snip biographischen Inhalts u. der B.-vaṃsa. Wie die Quellenbereiche zusammenhängen u. die weitere Ausformung der B.-Geschichte beeinflußt haben, bedarf im einzelnen noch eingehender Klärung; die eigentliche historisch-kritische Bearbeitung steht noch aus. – 4. Die Entwicklung der Buddhologie im ↗Mahāyāna lief auf eine Doketisierung des historischen B. hinaus dergestalt, daß sich die Menschlichkeit des B. – vor allem in der ↗trikāya-Lehre – zum puren Schein auflöste. Die eigentliche u. wirkliche B.-Existenz verlagerte sich in die „Transzendenz", in jenen Bereich der Wirklichkeit, der nicht als ↗māyā (Trug, Täuschung, Illusion) charakterisiert ist. – An der Historizität des B. ist mehrfach gezweifelt worden, insbesondere im Anschluß an Sénart u. Kern (A.K. Coomaraswamu), die in der Gestalt des B. einen Mythos erblicken wollten. Über diese u. verwandte Hypothesen wird bis heute diskutiert, ohne daß sie sich durchsetzen konnten.

L.: H. Oldenberg: B., sein Leben, seine Lehre, seine Gemeinde, 1881, [13]1959 (m. Nachw. hg. v. H. v. Glasenapp); E. Sénart: Essai sur la légende du B., Paris [2]1882; W.W. Rockhill: The Life of the Buddha and the Early History of his Order, Derived from Tibetan Works in the bKah-hgyur and bs'Tanhgyur, London 1884; P. Bigandet: The Life or Legend of Gaudama the B. of the Burmese, 2 Bde., London [4]1911; J. Dutoit: Das Leben des B. Eine Zusammenstellung aller Berichte a.d. kanonischen Schriften der südl. Buddhisten, Berlin [2]1921 (Nachdr. v. [1]1906: Capelle/Niederlande 1995); E. Waldschmidt: Die Legende vom Leben des B., Berlin 1929 (verm. u. verb. Neudr. 1982); ders.: Die Überlieferung vom Lebensende des B., 2 Bde., Göttingen 1944–48; ders.: Das MPNS, Text in Skt u. Tib., 3 Tle., Berlin 1950–51; ders.: Das Catuṣpariṣatsūtra. Eine kanonische Lehrschrift über die Begründung der buddh. Gemeinde, 3 Tle., Berlin 1952–62 (ADAW 1952, 2; 1956, 1; 1960, 1); ders.: Das Mahāvadānasūtra. Ein kanonischer Text über die 7 letzten Buddhas, 2 Tle., Berlin 1953–56 (ADAW 1952, 8; 1954, 8); ders.: Die Erleuchtung des Buddha, Indogermanica (Fs. f. W. Krause), Heidelberg 1960, 214–229; A. Foucher: La vie du Bouddha d'après les textes et les monuments de l'Inde, Paris 1949; A. Bareau: La date du Nirvāna, JA 241 (1953), 27–62; ders.: Recherches sur la biographie du B. dans les Sūtrapiṭaka et les Vinayapiṭaka anciens, 2 in 3 Bdn., Paris 1963–71 (PEFEO 53; 77, 1–2); A. Foucher, J. Auboyer: Les Vies antérieures du Bouddha d'après les textes et les monuments de l'Inde, Paris 1955; E. Lamotte: Histoire du bouddhisme indien, dès origines à l'ère Śaka, Louvain 1958 (Nachdr. 1976); E.J. Thomas: The life of the B. as legend and history, London [6]1960; F.E. Reynolds: The Many Lifes of B., A Study of Sacred Biography and Theravāda Tradition, in: F.E. Reynolds, D. Capps (Hg.): The Biographical Process, Den Haag 1976, 37–61; K.R. Norman: The Dialects in which the B. Preached, in: H. Bechert (Hg.): Die Sprache der ältesten buddh. Überlieferung, Göttingen 1980, 61–77; H.W. Schumann: Der historische B., Köln 1982; H. Bechert: Die Lebenszeit des B., das älteste feststehende Datum d. ind. Geschichte?, NAWG 4, Göttingen 1986; ders.: Remarks on the Date of the Historical Buddha, Buddhist Studies (Bukkyō Kenkyū) 17 (1988), 97–117; ders.: The Problem of the Determination of the Date of the Historical Buddha, WZKS 33 (1989), 93–120; ders. (Hg.): The Dating of the Historical B., 3 Tle., Göttingen 1991 ff (Symposien zur Buddhismus-Forschung, IV; Tle. 1–2: AAWG 189, 194); H.-J. Klimkeit: Der B., Stuttgart 1990. (no/ec)

Buddhabhadra (chin. Fo-t'o-pa-t'o-lo), ↗Sarvāstivādin, 359–429. Der Meditationsmeister studierte in Kaschmir. Um 408 kam er nach China, nach Ch'ang-an. Im Konflikt mit ↗Kumārajīva, der sowohl doktrinär wie persönlich begründet war, mußte B. 410 die Hauptstadt verlassen; er ging zu ↗Hui-yüan auf den Lu-shan. 412–429 wirkte er in Chien-k'ang. Neben Kumārajīva gilt B. als der wichtigste Übers. in der 2. Phase des chin. Buddh. Wichtig wurde seine 1. Übers. des Haupttextes der ↗Hua-yen-Schule: „Hua-yen-ching". B. galt auch als Wundertäter. Seine doktrinäre Position ordnet man zwischen ↗Hīnayāna u. ↗Mahāyāna ein. (so)

Buddhacarita (Skt), wörtlich: „Wandel (Lebensgang) des Buddha", ursprünglich vermutlich genereller Titel für Berichte über das Leben des ↗Buddha (so beihaltet der ↗vinaya der ↗Mulasarvāstivādins ein B.), dann aber Titel des unvollständig erhaltenen epischen Werks über den Lebensgang des Buddha von ↗Aśvaghosa (2. Jh. n. Chr.) in Skt. Im B. zeigt sich die Tendenz, die Gestalt des Buddha zu überhöhen, die Fortentwicklung der Auffassungen über den Buddha hin zum ↗Mahāyāna. Eine chin. Übers. aus dem 5. u. eine tib. aus dem 7./8. Jh. n. Chr. enthalten 28 Gesänge, während vom Skt-Werk nur mehr 17 Gesänge erhalten sind.

A.: The B., ed. E. B. Cowell, Oxford 1893 (repr. 1970); The B. ,ed. E. H. Johnston, Calcutta 1935 (repr. 1972; m. engl. Übers.). – Ü.: B., tr. E. B. Cowell, Oxford 1894 (SBE 49); Buddhas Leben, Aśvaghoṣas B., ins Dt. übertr. v. R. Schmidt, Hannover 1923; F. Weller, Das Leben des Buddha von Aśvaghoṣa, tib. u. dt., 2 Bde., Leipzig 1926–28. – L.: H. Bechert et al. (Hg.): Wilhelm Siegling, Ein Glossar zu Aśvaghoṣas B., Göttingen 1985 (VSIB 3). (no)

Buddhadeva, Vertreter der ↗Sarvāstivadins vor 200 v. Chr. Er ist im Mahāvibhāṣāśāstra erwähnt. (no)

buddha-dharma (Skt, P B.-dhamma), wörtlich: Buddha-Lehre, eine der 3 Kostbarkeiten, zu denen Buddhisten ihre ↗Zuflucht nehmen. Der B. gilt als eine von ↗Buddha unabhängige Größe, die von jedem Buddha neu gefunden wird; ↗Lehre des Buddha. (no)

Buddhaghosa (5. Jh. n. Chr.) ist der bedeutendste Kommentator des traditionellen ↗Theravāda. Über sein Leben ist wenig historisch Gesichertes bekannt. Er stammt vermutlich aus ↗Indien (genaue Herkunft umstritten), lebte u. wirkte jedoch hauptsächlich in ↗Sri Lanka. Im Rückgriff auf ältere Komm.-Lit. zum ↗Pāli-Kanon (↗Kanon) verfaßte er Komm. zum Vin („Sāmantapāsādikā"), zum D („Sumaṅgalavilāsinī"), zum M („Papañcasūdanī"), zum S („Sāratthappakāsinī") u. zum A („Manorathapūraṇī"). Weiterhin werden ihm Komm. zu einigen Schriften des Khuddaka-Nikāya, des Adp u. zu ↗prātimokṣa zugeschrieben. Als sein systematisches Hauptwerk gilt der ↗Visuddhimagga.

L.: B.C. Law: The Life and Works of B., Calcutta 1923. (sl)

Buddhanatur. Nahm bereits der ältere Buddh. an, daß jedes Wesen potentiell eine ↗Erleuchtung von gleicher Qualität wie der des ↗Buddha erreichen kann, so entfaltet das ↗Mahāyāna diese Vorstellung zur Konzeption der allgemeinen B., d. h. einer verborgenen Partizipation aller Wesen (später in einigen Schulen sogar: aller Dinge) am Wesen Buddhas. Die B., auch ↗Buddhatā, Buddhasvabhāva oder Tathāgatagarbha („Schoß der ↗Tathāgatas") genannt, wird innerhalb der ↗Trikāya-Lehre mit dem ↗dharmakāya identifiziert. In der Lehre von der B. drückt sich nicht nur der umfassende Heilsoptimismus des Buddh. aus, sondern auch eine philosophische Verbindung von Immanenz u. Transzendenz.

L.: D. Seyfort Ruegg: La Théorie du Tathāgatagarbha et du Gotra, Paris 1969 (EFEC 70); ders.: Traité du Tathāgatagarbha de Bu-ston, Paris 1973 (EFEO 88); M. Abe: Dōgen ou Buddha-Nature, in: ders.: Zen and Western Thought, Honolulu 1989, 25–68; S.B. King: Buddha Nature, New York 1991. (sl)

Buddhapālita ist neben ↗Bhāvaviveka der wichtigste Vertreter der späteren ↗Mādhyamika-Schule, ca. 470–540 n. Chr. Ihm wird ein Komm. zur Madhyamakakārikā (Mūlamadhyamakavṛtti) zugeschrieben, der nur in tib. Übers. erhalten ist. Von B. leitet sich auch die ↗Prāsaṅgika-Schule her. (no)

buddharūpa (Skt/P), Buddhabild, -statue. Das B. erinnert den Buddhisten an den ↗Buddha in seiner Pfadweiserfunktion, wobei der Bilderkult im ↗Mahāyāna markanter ausgebildet ist als im ↗Theravāda. Von einer Anbetung des Buddha kann indes nirgendwo die Rede sein. (no)

Buddhaschaft. Die B. wird nach buddh. Tradition durch eigenes Bemühen erlangt, wie dies exemplarisch in der Vita des ↗Gautama-↗Buddha vorgestellt wird, aber auch als Frucht karmischer Disposition aus früheren Existenzen (↗karma, ↗saṃsāra). Sie realisiert sich in der bodhi (↗Erleuchtung), in der unmittelbaren Erkenntnis, daß der Kreislauf der Wiedergeburten beendet ist.

L.: A. J. Prince: The Conception of Buddhahood in earlier and later Buddhism, in: Journal of the Oriental Society of Australia, 7 (1970), 87–118. (no)

Buddhatā (Skt), „Buddhaheit"; andere Bezeichnung für den ↗dharmakāya (↗trikāya, ↗Buddha, Buddhologie) i. S. der allgemeinen ↗Buddhanatur (auch „Buddhasvabhāva" genannt). (sl)

Buddhavaṃsa. Der B. ist die vorletzte Schrift des ↗Khuddaka-Nikāya des ↗Pāli-Kanons u. dürfte vermutlich zu dessen jüngerem Bestand gehören. In Versform erzählt der B. die Lebensgeschichte des historischen ↗Buddha u. von 24 diesem vorangegangenen Buddhas, wobei auch ↗Maitreya als zukünftiger Buddha Erwähnung findet.

A.: B. and Cariyāpiṭaka, ed. R. Morris, PTS 1882; dito: ed. N.A., Jayawickrama, PTS, 1974. (sl)

Buddhismus, ursprünglich rel.-wiss. von dem Verf. des 1. wiss. Werkes über den B., É. Burnouf, 1844 eingeführter Ordnungsbegriff zur Bezeichnung aller Lehren, Schulen u. Gemeinschaftsbildungen (Orden, ↗saṅgha), die sich aus der ↗Lehre des ↗Buddha herleiten u. in einem Grundkonsens von Lehre u. Praxis übereinstimmen. Der Religionscharakter des B. ist heute weitgehend unbestritten. Typologisch versteht sich der B. als eine nicht-theistische Religion (↗Gott) – der Begriff „atheistische Religion" ist unbrauchbar –; als gestiftete Religion, da er im Buddha seinen historischen Stifter hat; als universale Religion, indem er sich mit seiner Botschaft an alle Menschen aller Zeiten u. geographisch kulturellen Räume wendet; schließlich als „buchbesitzende Rel.", da Lehre u. ethische Normen schriftlich kodifiziert sind (↗Kanon), wenngleich diese kanonischen Schriften ausdrücklich nicht als ↗Offenbarung Gottes verstanden sind, sondern als die Entdeckung der der Welt zugrunde liegenden Prinzipien u. Gesetze, deren Erkenntnis dem menschlichen „Ich-Dünkel" (p asimāna; ↗anātman) u. der alltäglichen falschen Weltsicht (avidyā/avijjā) grundsätzlich verborgen bleiben. – Die Bekenntnisgruppe der Buddhisten nannte den inzwischen (vor allem in seiner engl. Version „Buddhism") auch in Asien übernommenen Begriff. B. ursprünglich ↗dharma u. saddharma (gute Lehre), auch Buddha-marga (Buddha-Weg, entsprechend in Ostasien chin. beeinflußt tao/dao u. do) oder auch ↗yāna: Buddha-yāna u. bezogen auf besonders schulmäßige Zuspitzungen: Mahā-, Tantra-, Mantra- usw. yāna. Tatsächlich bietet die historische Entwicklung u. Ausbreitungsgeschichte des B. einigen Anhalt dafür, den B. in 3 Großgruppen, die auch historische Verlaufsstadien darstellen, zu typisieren, in ↗Hīnayāna, ↗Mahāyāna u. ↗Vajrayāna mit je unterschiedlichen Idealen des vollendeten Menschen (↗arhat, ↗Bodhisattva, ↗siddha). Die vitale Kraft des B. zeigt sich vor allem auch in modernen Ausformungen vor allem in ↗Japan u. ↗Tibet bzw. in tib. beeinflußten neuen Bildungen (z. B. Chögyam ↗Trungpa, ↗Arya Maitreya Maṇḍala) u. in der Ausbreitung des B. im W (↗B. im Westen) wie auch im ↗Neu-B. u. im buddh. Modernismus.

L.: E. Lamotte: Histoire du bouddhisme indien, dès origines à l'ère Śaka, Louvain 1958 (Nachdr. 1976); A. Bareau: Die Religionen Indiens, Bd. 3, 1964; H. Dumoulin (Hg.): Buddh. der Gegenwart, 1970; R. H. Robinson: The Buddhist religion, Belmont/Cal. 1970; H.W. Schumann: B., Stifter, Schulen u. Systeme, 1976; B. Rothermund: B. für die moderne Welt. Die Religionsphilosophie K.N. Jayatillekes, 1979; A.K. Warder: Indian Buddhism, Delhi ²1980; H. Bechert: B., Staat und Gesellschaft in den Ländern des Theravāda-B., Bd. 1, ²1988; H. Bechert, R. Gombrich (Hg.): Die Welt des Buddhismus, 1984; dass.: Textausg. ohne Illustr., 1986; dies.: Der B., Geschichte u. Gegenwart, 1989; E. Conze: Eine kurze Geschichte des B., übers. v. F. Wilhelm, 1986; ders.: Der B., ⁹1994; J.M. Kitagawa, M. S. Cummings (Hg.): Buddhism and Asian History, New York 1989; E. Frauwallner: Die Philosophie des B., ⁴1994. (no)

Buddhismus im Westen. Kontakte zwischen Asien u. dem Abendland über den Seidenhandel u. entlang der Seidenstraße seit der chin. Han-Dynastie (206 v.–9 n. Chr.; ↗China) u. vermehrt nach dem Indienzug Alexanders d.Gr. 327–325 v. Chr. vermittelten auch fragmentarische Informationen über den Buddh. in den W. ↗Aśoka (272–231 v. Chr.) hatte, wenn man seinem 11. Felsenedikt Glauben schenken darf, diplomatische Kontakte mit hellenistischen Diadochenreichen (Syrien, Ägypten, Makedonien, Griechenland u. a.) auch in der Absicht unterhalten, die ↗Lehre des ↗Buddha im Westen bekannt zu machen. Reflexe dieser Kenntnisnahme finden sich bei Clemens Alexandrinus (Stromata I, XV; III, 7) u. bei Hieronymus (Lib. ad. Jov. I, 42). Eine diffuse Notiz findet sich auch in den edessisch-syrischen „Acta Disputationis Archelei et Manetis" (um 320). Undeutlich bleibt bisher die Brückenfunktion des Manichäismus zwischen O u. W: Mani (216–277 n. Chr.) figurierte in buddh. Ländern der manichäischen Mission als Buddha ↗Maitreya. Mögliche buddh. Einflüsse aus der griech. Philosophie, in die Gnosis u. auf einzelne religiöse Gestalten des Hellenismus bleiben bislang hypothetisch. Übernahmen aus dem Buddh. ins Christentum werden nur in einzelnen wenigen Legenden sichtbar (Barlaam u. ↗Josaphat u. in der Eustathius-/Eustachius- oder Hubertus-Legende, die ein Motiv aus dem Nigrodhamigajātaka wiedergibt; ↗Jātaka). Der Islam unterbrach im 7. Jh. diesen Kulturaustausch. Erst mit Marco Polo dringen im 13. Jh. wieder Informationen über den Buddh. in den W, ab dem 17. Jh. vermehrt durch Weltreisende u. Gesandte wie auch durch christliche Missionare (R. Knox, S. de la Loubère, Paulinus a S. Bartholomaeo, G. Turnour, B. H. Hodgson, A. Csoma Körösi u. a.). Eine Rolle spielte auch die Revitalisierung des Buddh. in asiat. Ländern, angestoßen durch einzelne westl. Personen wie Helena Petrowna ↗Blavatsky u. Henry St. ↗Olcott, durch christliche Mission (vor allem im organisatorischen u. sozial-karitativen Bereich) u. durch den Kampf um nationale Unabhängigkeit auch im Rückgriff auf das eigene kulturell-religiöse Erbe. – Im W erfolgte die Auseinandersetzung mit dem Buddh. u. seine Rezeption länderspezifischer, so in Großbritannien früher u. offener als auf dem europ. Kontinent. Beispiele dafür sind: J. Estlin (The Obligations of the New Testament to Buddhism, 1880), Ch. Harevick (Christ and the other Masters, 1886) u. a., vor allem aber die Schriften des Gelehrten-Ehepaares Caroline Auguste Foley u. Thomas William Rhys Davids u. die Gründung der Pāli Text Society 1881 in London. Letztere beeinflußten nachhaltig das Interesse am Buddh. auf dem Kontinent. Als 1. Europäer trat der Brite A.B. McGregor 1901 unter dem Mönchsnamen Ānanda Metteyya in ein burmesisches Kloster ein (Ordination 1902). Der von ihm mitbegründeten 1. brit. buddh. Gesellschaft, der Buddhist Society of Great Britain and Ireland, blieb eine größere Wirkung versagt. Erst die 1924 gegründete buddh. „Loge" innerhalb der Theosophischen Gesellschaft (gegründet durch den 1983 verst. Ch. Humphreys) war nach deren Trennung von den Theosophen nachhaltigere Wirkung beschieden. In die USA gelangte der Buddh. durch asiat. Einwanderer, besonders aus ↗Japan u. China. Deren Gemeinden waren aber zunächst strikt traditionell orientiert. Für Nichtasiaten eröffnete vor allem die 1875 durch H. P. ↗Blavatsky u. H.St. ↗Olcott in New York gegründete Theosophische Gesellschaft Zugang zu einem freilich theosophisch interpretierten Buddh. („Esoterischer Buddh."). Inzwischen sind in den USA nahezu alle lebenden Formen des Buddh. beheimatet. Auch das „Weltparlament der Religionen" 1893 in Chicago hat die Wahrnehmung des Buddh. im W gefördert. – In Deutschland sind die Bezugnahmen auf den Buddh. vor A. Schopenhauer (1788–1860) meist unscharf (etwa bei Kant, Herder, Schelling, Hegel u. Görres). Auch die mehr oder minder genaue Kenntnis des Buddh. bei Schopenhauer, der sich selbst einen „Buddhaisten" nannte, wird heute noch kontrovers diskutiert. Sein Werk entfaltete freilich eine eminente Wirkungsgeschichte in der Rezeption des B. i.W., vor allem im dt.-sprachigen Raum. Die buddh. Bewegung in Deutschland beginnt sich erst zu formieren mit der Gründung des „Buddh. Missionsvereins" 1903 in Halle durch den Indologen Karl ↗Seidenstücker (1876–1936), ab 1906 umben. in „Buddh. Gesellschaft für Deutschland", Weitere Gründungen folgten: 1909 die „Dt. Pāli-Gesellschaft", 1911 der „Dt. Zweig der Mahābodhi Society", 1891 in Colombo/ Ceylon durch den Singhalesen Anagārika ↗Dharmapāla als übernationale Dachorganisation zur Vertretung der Interessen des Buddh. gegründet, 1912 der „Bund für buddh. Leben", dessen Mitgliedschaft das Bekenntnis zum Buddh. einforderte. – Gleichzeitig mit der Gründung der 1. buddh. Gesellschaft in Deutschland war der dt. Musiker Anton W. F. Gueth (1878–1957) unter dem Mönchsnamen ↗Nyānatiloka in Burma in ein buddh. Kloster eingetreten, wo er 1904 ordiniert wurde (↗bhikṣu, ↗saṅgha). Ihm gesellten sich bald andere Europäer zu. Er gründete 1911, nachdem der Versuch einer buddh. Klostergründung in Europa gescheitert war, in S-Ceylon bei Galle das Kloster „Island Hermitage", das lange fast ausschließlich von europ. Mönchen besiedelt war. Eintritte von Europäern in den saṅgha erfolgten in 3 Wellen: 1903–1914, 1926–1939 u. wieder ab 1953. Heute freilich ist diese Bewegung deutlich rezessiv. Von der 2. Generation europ. Mönche, die z. T. Schüler Nyānatilokas waren, lebte bis zu seinem Tod 1994 ↗Nyānaponika Mahāthera (geb. 1901, bürgerlich S. Feniger) bei Kandy in Sri Lanka. Wie sein Lehrer war er durch sein lit. Werk hochgeachtet. Insgesamt lebten wenigstens zeitweilig über 150 Europäer als Mönche oder Novizen (sāmaṇera) in asiat. Klöstern. – Diese 1. Sammlungsbewegung dt. Buddhisten wurde durch den 1. Weltkrieg unterbrochen. Nach 1918 beginnt eine deutliche Phase der Profilierung der Buddh.-Rezeption in Deutschland. In München sammelte sich 1921 um die Hg. des „Buddh. Weltspiegels", G. Grimm (1868–1945) u. K. ↗Seidenstücker (1876–1936), eine Gruppe, aus der die „Buddh. Gemeinde für Deutschland" (seit 1935 ↗„Altbuddh. Gemeinde", heute mit Sitz in Utting a. Ammersee) hervorgegangen ist. 1924 gruppierte sich in Berlin um den Arzt P. ↗Dahlke (1864–1928) eine „neubuddh. Gemeinde". Jenseits deutlichen Dissens in Fragen der Interpretation einzelner Lehrinhalte stimmen beide Richtungen darin überein, den Buddh. in Europa heimisch zu machen (↗Akkommodation). Tatsächlich aber polarisierten beide Positionen die dt. buddh. Bewegung, bis der Machtantritt der Nationalsozialisten nahezu alles buddh. Leben zum Erliegen brachte. In der Phase des Neubeginns nach 1945 ging es darum, die aufgelösten Gemeinschaften wiederzubegründen. Seit den 50er Jahren strebte man einen nationalen Zusammenschluß der dt. Buddhisten an, der 1955 mit der Gründung der „Dt. Buddh. Union" (DBU) erreicht wurde. Die fast ausschließlich theravādische Orientierung (↗Theravāda) des Buddh. in Deutschland änderte sich, als sich 1952 der ursprünglich aus tib. Tradition stammende ↗„Arya Maitreya Maṇḍala" in Deutschland ansässig machte. Gegründet wurde diese Vereinigung 1931 in Indien durch den dt. Mönch Lama Angārika ↗Govinda (E. L. Hoffmann, 1898–1985). Die Exilsituation der Tibeter (↗Tibet) seit 1959 förderte auch die Ausbreitung des tib. Buddh. (↗Lamaismus). Besuche des Oberhauptes der Karma-kagyü-Linie (↗Karma-kagyü), des 16. Gyalwa ↗Karmapa (1924–1981), u. Vortragsreisenden einzelner Vertreter dieser Schule (Kalu Rimpoché, H. u. O. Nydahl u. a.) förderten das Entstehen von Karmakagyü- u. Kagüpa-Zentren in Deutschland u. im benachbarten Ausland. Aus der Karmakagyü-Linie kommt auch Tschögyam ↗Trungpa, 11. Tulku seiner Inkarnationsreihe. Er gründete mit Dharmadhatu (früher Vajradhatu) eine neue vajrayānische Gemeinde (↗Vajrayāna), die ohne Aneignung des spezifisch Tibetischen u. tib. Kultur westl. Menschen unmittelbar Zugang zum Vajrayāna eröffnen will. Auch die ehemals in Tibet staatstragende „Tugendschule" (↗Gelugpa), deren Oberhaupt der ↗Dalai Lama ist, hat sich in Deutschland und besonders in der Schweiz (Rikon b. Zürich, auf dem Mont Pellerin b. Vevey) u. in Österreich (Feldkirch/Vorarlberg) angesiedelt. Dabei verhalfen verschiedentliche Besuche des XIV. Dalai Lama in europ. Ländern zu größerem öffentlichen Interesse. Andere tib. Schulen wie die ↗Nyingmapa u. ↗Sakyapa scheinen bisher im Westen eine marginale Präsenz zu besitzen. Als Meditationsmethode fand der jap. ↗Zen-Buddhismus durch christliche Missionare zunächst größere Verbreitung, vor allem durch P. E. Enomiya-Lassalle SJ (1898–1990). Erste Versuche in den 20er Jahren, den Zen-Buddh. – etwa durch D. Ohasama u. A. Faust (1925) – bekanntzumachen, schlugen zunächst fehl. Erst E. Herrigel (gest. 1955) gewann mit seinem Büchlein „Zen in der Kunst des Bogenschießens" (1948) breiteres Interesse. Unter den Buddhisten im dt.-sprachigen Raum verbreitete als 1. F. Hungerleider (1920–1998) ab 1962 den Zen-Buddh. Inzwischen sind eine Vielzahl von Zen-Zentren entstanden, z. T. als Gründungen westl. Lehrer (F. A. Viallet, Ph. Kapleau). 1956 gründete H. Pieper (1907–1978) in Berlin die „Buddh. Gemeinschaft ↗Jodo Shin Shu", eine andere Jodo-Shin-Gemeinde besteht in Salzburg u. Bad Reichenhall. Die jap.-neubuddh. Laiengemeinschaft ↗Soka Gakkai versucht seit den ausgehenden 80er Jahren, sich in Deutschland anzusiedeln. Die DBU ist Mitglied der Buddh. Europ. Union (1975 gegründet) u. seit 1961 der internationalen Organisation „World Fellowship of Buddhists" (WFB, 1950 gegründet). Die 1985 gegründete Buddh. Religionsgemeinschaft in Deutschland (BRG) hat sich 1988 mit der ↗Dt. Buddh. Union (DBU) zusammengeschlossen. In Österreich existiert eine staatlich anerkannte, mit den christlichen Kirchen, Israeliten u. Muslimen gleichgestellte Österreichische Buddh. Religionsgesellschaft seit 1983. – Eine Integration des B. in die westl. Kultur streben auch die „Freunde des westl. buddh. Ordens" an, gegründet 1967 in London von Sangharakshita, deutsche Sektion mit Sitz in Essen, sowie „Sanghamitta-Buddh. im Westen", gegründet von Claudia Braun-Rom, Sitz in Wien.

L.: P. Slepčević: B. in der deutschen Literatur, 1920; R. Schwab: La Renaissance orientale, Paris 1950; H. de Lubac: La rencontre du bouddhisme et de l'occident, Paris 1952; H. v. Glasenapp: Das Indienbild deutscher Denker, 1960; E. Waldschmidt: The Influence of Buddhism on German Philosophy and Poetry, University of Chicago Review, vol. XXI, no. 1, 1963, 1–13; C. Humphreys: Sixty Years of Buddhism in England, London 1968; E. Benz: Buddhas Wiederkehr u. die Zukunft Asiens, 1963; ders.: B. in der westl. Welt, in: H. Dumoulin (Hg.): B. der Gegenwart, 1970, 191–204; L. Hunter: Buddhism in Hawaii, Honolulu 1971; H. Hecker: Deutsche buddh. Zs. 1905–1970 (Bibliographie), in: H. Bechert: B., Staat u. Gesellschaft in den Ländern des Theravāda-B., Bd. 3, 1973, 325–333; ders.: Chronik des B. in Deutschland, hg. v. d. Dt. Buddh. Union, ³1985; W. Peiris: The Western Contribution to Buddhism, Delhi 1973; H.W. Schumann: B. und Buddh.-Forschung in Deutschland, 1974; V. Ganeshan: Das Indienbild deutscher Dichter um 1900, 1975; E.M. Layman: Buddhism in America, Chicago 1976; I. P. Oliver: Buddhism in Britain, London 1979; C. S. Prebish: American Buddhism, North Scituate/Mass. 1979; H. Bechert: Flucht in den Orient?, 62. Schopenhauer-Jb. für das Jahr 1981, ed. A. Hübscher, 1980, 55–66; ders.: Die Erneuerung des asiat. u. die Entstehung des abendländ. B., in: H. Bechert, R. Gombrich (Hg.): Die Welt des B., 1984, 275–284; W. Halbfass: Indien und Europa, 1981 (erw. engl. Ausg., „India and Europe", Albany 1988); N. Katz (Hg.): Buddhist and Western Philosophy, New Delhi 1981; K.-J. Notz: Der B. in Deutschland in seinen Selbstdarstellungen, Frankfurt/M. – Bern – New York 1984; V. Zotz: Zur Rezeption, Interpretation u. Kritik des B. im dt. Sprachraum vom Fin-de-siècle bis 1930, Wien 1986; J.W. de Jong: A Brief History of Buddhist Studies in Europe and America, Delhi 1987; P. Mus: Bouddhisme et monde occidental. Pour une nouvelle méthode, in: R. de Berval (ed.), Présence du Bouddhisme, Paris 1987, 51–67; E. McCloy Laymann: Buddhism in America, Santa Fé 1988; P.C. Almond: The British Discovery of Buddhism, Cambridge 1988; M. Abe: Zen and Western Thought, Honolulu 1989; W. Halbfass: Early Indian References to the Greeks and the First Western References to Buddhism, in: H. Bechert (Hg.): The Dating of the Historical Buddha, pt. 1, 1991, 197–208; M. Baumann: Deutsche Buddhisten, 1993; ders.: Der B. im Abendland, in: Religio Revue pro Religionistiku, III, 1, Brno 1995, 17–41. (no)

Buddhistische Gemeinde am Niederrhein. Die B. G. a. N. mit Sitz in Moers wurde 1948 von Wilhelm Müller (gest. 1990) gegründet. Sie betont Tierschutz, Vegetarismus u. bekämpft Drogensucht. Die Gemeinde steht der ↗Altbuddh. Gemeinde nahe, gehörte zeitweilig auch zum ↗Arya Maitreya Maṇḍala. In ihren Anfängen reicht sie in die Zeit vor dem 2. Weltkrieg zurück. 1957/58 u. 1970ff erschien in unregelmäßigen Abständen eine Zs., „Der Pfad“. (no)

Buddhistische Religionsgemeinschaft in Deutschland (BRG), die am 7.9.1985 in Hamburg gegründete dt. buddh. Bekenntnisgemeinschaft, die auch Mitgliedschaft einzelner Personen zuließ. Vorbereitet wurde die Gründung auf der 29. Jahreskonferenz der ↗DBU im Frühjahr 1985 in Schloß Wachendorf bei Euskirchen in der Eifel durch den Entwurf eines gemeinsamen Bekenntnisses aller ↗Fahrzeuge u. Schulen des Buddh. Zweck der Gründung war es, Kommunikation u. Kooperation zwischen den buddh. Schulen in Deutschland zu verbessern, Sammelbecken für alle bekennenden dt. Buddhisten zu sein, dic sich formell keiner Gesellschaft oder Gemeinde angeschlossen hatten, aber auch die Bedingungen zu schaffen, um als Religionsgemeinschaft in Deutschland staatlich anerkannt u. analog den christlichen Kirchen (Art. 137 V Weimarer Reichsverfassung/Art. 140 GG der Bundesrepublik Deutschland) als „Körperschaft des öffentlichen Rechtes“ zu gelten. Die BRG ist seit 1988 mit der DBU zu „Dt. Buddh. Union e.V. Buddh. Religionsgemeinschaft“ vereinigt. Die Gemeinschaft vertritt (Stand 1996) 37 Organisationen u. ca. 20 000 dt. Buddhisten. Die Integration von schätzungsweise 40 000 asiat. Buddhisten in Deutschland in die DBU/BRG scheint noch nicht befriedigend gelöst.

Zs.: „Lotusblätter. Zs. für Buddh." (1991ff). – L.: DBU (Hg.): Verfassung der BRG, Plochingen 1986; M. Baumann: Dt. Buddhisten. Geschichte u. Gemeinschaft, 1993, 196ff u. 254–260. (no)

Buddhistische Weltkonferenzen sind Instrumente der internationalen, fahrzeugs- (↗Fahrzeug) u. schulenübergreifenden Zusammenarbeit der Buddhisten in aller Welt. Daher dienen sie der regelmäßigen (2-jährigen) Zusammenkunft des ↗„World Fellowship of Buddhists" (WFB). Entstanden sind sie aus höchst pragmatischen Gründen, etwa um die Rechte der Buddhisten zu vertreten u. zu schützen (Zugänglichkeit der heiligen Stätten in ↗Bodh Gayā, Sārnāth bei ↗Benares) u. zur Herstellung der Einheitlichkeit nach außen gegenüber der nichtbuddh. Welt. 1891, im Gründungsjahr der Maha Bodhi Society, berief Henry Steel ↗Olcott die 1. buddh. Konferenz nach Adyar bei Madras/Indien ein. Sie war von Ceylon, Birma, China, Japan u. O-Bengalen beschickt. 1909 folgten buddh. Delegierte aus asiat. Ländern der Einladung der „Buddhist Shrine Renovation Society" zu einer internationalen buddh. Konferenz nach Calcutta. In der Folge wurde aus unterschiedlichen (darunter auch politisch hegemonialen) Gründen von Japan aus der Gedanke der asienweiten Zusammenarbeit aller Buddhisten lebhaft gefördert. Vor diesem Hintergrund wurde 1903 „The International Buddhist Young Men's Association" gegründet. Die internationale buddh. Jugendbewegung hielt mehrere große internationale Konferenzen ab (1930 Hawai, 1934 in Tokyo u. Kyoto/Japan). Auf der b.W. in Colombo u. Kandy 1950 wurde der WFB gegründet. Neben den theravādischen Ländern (↗Theravāda) Ceylon, Birma, Thailand, Kambodscha u. Indien waren auch Japan, China, Sikkim, Vietnam, Nepal u. Vertreter der nationalen buddh. Gesellschaften in den USA, in Großbritannien, Frankreich u. Deutschland vertreten. Auf dieser b.W. wurden u.a. eine einheitliche Zeitrechnung (ausgehend vom Tod des ↗Buddha), die allgemeine Übernahme des ↗Vesakh-Festes u. die Abschaffung der Benennung ↗„Hīnayāna" beschlossen. Die folgenden b.W. fanden 1952 in Japan, 1954 in Rangun/Birma (in Verbindung mit der Eröffnung des 6. buddh. Konzils) statt u. weiterhin in regelmäßiger 2-jähriger Folge. Dabei liegen die Probleme dieser b.W. heute nicht mehr in der verzerrten gegenseitigen Wahrnehmung der einzelnen buddh. Traditionen u. nicht auf dem unaufgebbaren Anspruch divergierender historischer u. doktrinärer Wahrheit, sondern in den Einflüssen auf die b.W. durch Probleme u. Auseinandersetzungen der internationalen Politik in Asien (Spannungen zwischen Nationalchina/Taiwan u. der VR China; seit 1950 bzw. 1958/59 der chin.-tib. Konflikt u. a.m.). Andererseits nützten diese Konferenzen, zu denen auch regelmäßig dt. Buddhisten entsandt werden (die ↗DBU ist seit 1961 Mitglied im WFB), ihre Stimme u. Einflußnahme im Dienste des Weltfriedens (in den 60er Jahren erklärtermaßen gegen atomare Bewaffnung u. gegen Atomtests). Die 1. b.W., die in einem westl. Land stattfand, tagte 1988 in Los Angeles/USA.

L.: H. Bechert: Buddhismus, Staat u. Gesellschaft in den Ländern des Theravāda-Buddh., 3 Bde., 1966–1973; N. Dutt: The Maha Bodhi Society, his History and Influence, in: Maha Bodhi Society (Calcutta) 1951, 72ff; (Konferenzbericht) World Fellowship of Buddhists. Report of the Inaugural Conference, Colombo 1950. (no)

Buddhistischer Missionsverein für Deutschland. Erste buddh. Organisation in Deutschland, 1903 durch Karl ↗Seidenstücker (1876–1936) in Leipzig gegründet; 1906 umbenannt in „Buddh. Gesellschaft für Deutschland“. Die Gesellschaft gab die Zs. „Der Buddhist“ (umben.: „Die buddhistische Warte“, dann „Mahabodhiblätter“) heraus, eine der 1. buddh. Zs., die in westl. Ländern erschien. Der B.M.f.D. ging 1910 in den dt. Zweig der ↗Mahabodhigesellschaft ein. (no)

Buddhologie, die wissenschaftliche Disziplin zur Erforschung des ↗Buddh., d.h. seiner Geschichte, seiner Schulen u. Lit. ist ein verhältnismäßig junges Fach. Dabei waren kursorische Nachrichten über den Buddh. durch den Handel mit dem Fernen Osten (die Handelswege überlieferten Isidor von Charax, Plinius d. Ä. u. die Peutingersche Welttafel) im Westen bekannt, in dichterer Form seit Alexanders d.Gr. Indienexpedition (327–325 v.Chr.), fragmentarisch erhalten bei Flavius Arrianus (100–180 n.Chr.), fast 500 Jahre nach Alexander d.Gr. Vor allem bietet der christliche Schriftsteller Titus F. Clemens von Alexandrien (ca. 160–215 n.Chr.) in seinem Werk „Stromata“ (I. XV, 71b; III.VII, 60, 3–4) eine Reihe von Notizen über den Buddh. Weitere kursorische Hinweise finden sich bei Hieronymus (349–420 n.Chr.), in den anonymen „Acta Disputationis Archelei et Manetis“ aus 320 u. in manichäischen Schriften (z.B: im Shābuhragān). Die Eroberungen des Islam im Vorderen Orient im 7./8. Jh. unterbanden diese Kenntnisnahme. Erst im 13. Jh. brachten Marco Polo (1254–1324) u. einige wenige andere (wie z.B. der Franziskaner Wilhelm v. Rubruk, der 1252–1255 asiat. Länder bereiste) wieder Informationen über den Buddh. in den Westen. In nachfolgenden Jh. vermehrten sich diese Informationen durch Weltreisende, Gesandte u. Missionare. Gleichwohl wußte man im Abendland lange nahezu nichts u. allenfalls Ungenaues über den Buddh., wie H. v. Glasenapp (1960) nachwies. – Doch bezog ab dem 17. Jh. die historische u. lit. Sammlerleidenschaft auch buddh. Texte ein. Simon de la Loubère übers. Zitate aus dem ↗Tipiṭaka, während er als franz. Gesandter 1687–88 am siamesischen Hof weilte. Der Ungar Alexander Csoma von Körös hatte in Kalkutta Texte aus dem tib. Kanon entdeckt; seine Studien dazu erschienen 1836 u. 1839. George Turnour, ab 1818 in brit. Kolonialdienst, gab einen ersten Überblick über den ↗Pāli-Kanon. Ein weiterer brit. Kolonialbeamter, Brian Houghton Hodgson, sammelte in Nepal über 400 Skt-Handschriften. – Das Fach Indologie, aus dem sich die B. entwickelte, gibt es in Deutschland erst seit 1818; 1. Lehrstuhlinhaber an der Universität Bonn war A.W. v. Schlegel (1767–1845). Mit „Über den gegenwärtigen Stand der ind. Philologie“ (1819) u. der Zs. „Ind. Bibliothek“ (1820–30) begründete er das Fach in Deutschland überhaupt erst. Im eigentlichen setzte die B. in Frankreich mit dem bahnbrechenden Werk „Introduction à l’histoire du Buddhisme Indien“ (1844), Bd. II (postum) Le lotus de la bonne loi (1852, Neudr. Paris 1973) von E. Burnouf (1801–52) ein. Noch keiner der im 19. Jh. entstehenden buddhologischen Schulen zuzuordnen ist C. F. Köppen mit seinem zweibd. Werk „Die Religion des Buddha“ (1857/59, Neudr. Osnabrück 1973). Vor allem findet sich dort nicht die Engführung der dt. B. auf den südl. oder theravādischen Buddh. (↗Theravāda), den man als die reinste u. urtümlichste Form der ↗Lehre des ↗Buddha überschätzte. Diese Position zeichnet in der folgenden Zeit die dt.-engl. Schule der B. aus, die vom Begründer der brit. „Pāli-Text Society“ (1881 in London gegründet), T.W. Rhys Davids (1843–1922), angeführt wird. Aus dieser Schule kommt H. Oldenberg (1854–1920), der mit seinem Werk „Buddha, sein Leben, seine Lehre, seine Gemeinde“ (1881) das dt. Standardwerk bis in die 50er Jahre des 20. Jh. (13. Aufl. 1959) vorgelegt hat. Dessen Mängel, die bereits genannte Überschätzung des südl. Buddh. u. des ↗Pāli-Kanons wie auch gelegentlich eine westl. christlich induzierte Interpretation, sind inzwischen durch den Fortgang der Forschung korrigiert. Das große Verdienst Oldenbergs ist es, gegen E. Sénart (Essai sur la Légende du Bouddha, 1873–75) u. H. Kern (Geschiedenis van het Boeddhisme in Indie, 2 Bde., 1882–84; dt. Der Buddh. u. seine Geschichte in Indien, 1882/4) die Historizität des Buddha schlüssig nachgewiesen haben. E. Windisch (1844–1918) u. R. Pischel (1849–1908) setzten Oldenbergs Zielrichtung fort. R. Pischel stellte die Buddha-Vita (1921) indes nach dem LalVist dar (↗Lalita Vistara). Eigenständiger ist H. Beckhs (1875–1937) zweibd. Werk (1916; ^{5}1980); er versucht, den Buddha u. seine Lehre stärker in die ind. Rel.-Geschichte einzubinden. Etwa in derselben Richtung, jedoch in den Konsequenzen viel zu weitgehend, bewegt sich der Versuch von H. Jacobi (1850–1937), den Buddh. aus der Philosophie des Sāṃkhya u. aus dem Yoga zu erklären. W. Geigers (1856–1943) überragende Leistung liegt auf dem Gebiet der Pāli-Forschung mit seinem Standardwerk von 1916. Geiger übersetzte auch große Teile des S. Wie Geiger ist auch W. Stede (1882–1958) stärker philologisch orientiert. Er betreute das Pāli-English Dictionary (1921–1925) der PTS. Ein weiteres Pāli-Wörterbuch, das „Critical Pāli Dictionary“ wird in Kopenhagen herausgegeben. – Zu den frühen Buddh.-Forschern gehört auch K. ↗Seidenstücker, der selbst bekennender Buddhist war. Er ist vor allem als Übers. von Texten aus dem ↗Khuddaka-Nikāya, durch ein „Handbuch der Pāli-Sprache“ (1916) u. durch eine Monographie über den Pāli-Buddh. hervorgetreten. Gleichfalls durch seine Übers. aus dem Pāli-Kanon ist K. E. Neumann (1865–1915) bekannt (D, M, Dhp, Snip, Theg, Thag). Seine sprachlich elegante, manche Künstler u. Schriftsteller begeisternde Übersetzung wurde von Fachwissenschaftlern allerdings als zu frei u. ungenau kritisiert. Der größte Gegner Neumanns, R. O. Franke (1862–1928), legte 1913 selbst eine

Übers. des D vor, die tatsächlich neue Kriterienstandards zu setzen vermochte. Julius Dutoit (1872–1958) legte eine siebenbd. Übers. der ↗Jātakas (1908–21) vor (zu weiteren Übers. vgl. „Gesamtbibliographie"). Darstellungen des ↗Mahāyāna kamen aus der franz. Schule, von S. Lévi, L. de La Vallée-Poussin, E. Lamotte. Lamotte behandelt in seinem grundlegenden Werk (1958) die Entwicklung des Buddh. bis ins 1. nachchristliche Jh. Herausragend ist auch der Beitrag von J. Filliozat und P. Demiéville „Le bouddhisme" (das 11. Kap. in: L'Inde classique, II. Manuel des études indiennes par L. Renou et J. Filliozat, Paris/Hanoi 1953) wie auch die Buddha-Biographie von A. Foucher (1949). Bedeutendere Beiträge zur B. leisteten auch Vertreter der sog. Leningrader Schule: O. Rosenberg, Th. Stcherbatsky u. E. Obermiller. Die Russen bezogen wie die Franzosen auch außerind. Quellen, tib. u. chin. Texte, in ihre Forschung ein. –

Die neuere Schule der B. behandelt die einzelnen buddh. Traditionen als gleichwertig. Die abwertende u. abweisende Attitüde gegenüber der buddh. Scholastik im Theravāda (↗Abhidharma u. Komm.-Lit.) ist überwunden. Die Schule, die im übrigen wesentlich weniger scharf umrissen ist, knüpft dabei an Forschungs- u. methodologische Traditionen der Franzosen an. Die frühen Vertreter dieser Richtung waren M. Winternitz (1863–1937), E. Frauwallner, dessen Arbeitsgebiet die ind. u. besonders die buddh. Philosophie u. Lit. war, E. Abegg (1885–1962), C. Regamey u. M. Walleser (1874–1954). A. v. Le Coq (1860–1930) u. A. Grünwedel (1856–1935) sicherten in 3 Expeditionen Funde aus der chin.-turkestanischen Oase Turfan, unter denen sich Teile des Kanons der ↗Sarvāstivādins befanden. Diese Funde wurden von H. Lüders (1869–1943) u. E. Waldschmidt bearbeitet u. ediert. Lüders lieferte auch einen wertvollen Beitrag zur Klärung der Frage nach der Sprache des Urkanons, der posthum 1954 hg. wurde. Stärker rel.-wiss. ausgerichtet war H. v. Glasenapp. Zu der neueren Schule der B. zählen auch H.-W. Schumann u. D. Schlingloff. Letzterer stellt stärker den Religionscharakter des Buddh. als weltflüchtige Mönchsreligion u. dann als weltzugewandte Laienreligion dar (1962). Schumann (1972) bietet einen Überblick über die Entwicklung der buddh. Lehre u. die Schulenbildung. Grundlegend ist auch A. Bareaus Werk „Der ind. Buddh.“, in: Die Religionen Indiens, III (1964). – Auf dem Feld des ↗Tantrismus bzw. des ↗Vajrayāna u. des tib. Buddh. arbeiteten neben A. Grünwedel (der 1., der den ↗Lamaismus dargestellt hat, war F.C. Köppen, 1859) G. Tucci (1970 zusammen mit W. Heissig), A. Foucher, H. Hoffmann (1956 u. 1967) u. H. V. Guenther. Die großen Lehrergestalten, die die dt. u. dt.sprachige B. prägen, sind H. Bechert (Göttingen), U. Schneider (vormals Freiburg/Br.), L. Schmithausen (Hamburg) u. E. Steinkellner. U. Schneider arbeitete an der Sicherung der authentischen Lehr- u. Textgestalt des alten (Pāli-)Buddh. u. an einer historisch-kritischen Rekonstruktion der Buddha-Vita. L. Schmithausens Arbeitsschwerpunkt liegt in der mahāyānischen Philosophie. H. Bechert setzt an seinem Göttinger Lehrstuhl für Indologie u. Buddh.-Kunde die Göttinger Tradition von Oldenberg u. Waldschmidt fort. In seinem breiten wissenschaftlichen Werk stellte Bechert u. a. die jüngste Geschichte des Buddh. in den theravādischen Ländern dar u. leistete damit einen notwendigen Beitrag zur Rel.-Soz. des asiat. Buddh. F.J. Bernhard, der 1966–71 den 1. Lehrstuhl für Buddh. Studien in Deutschland an der Universität Hamburg innehatte, bearbeitete kanonische Skt-Texte u. betrieb Feldforschung in ↗Mustang. Einen buddh.kundlichen u. tibetologischen Lehrstuhl hat E. Steinkellner in Wien inne. In Leiden lehrt Tilmann Vetter, ein Schüler E. Frauwallners. – Bedeutende buddhologische Leistungen werden auch in Asien erbracht, in erster Linie in Japan, aber auch in Sri Lanka, Birma, Thailand u. Indien. Für die große Anzahl jap. Buddh.-Forscher sei stellvertretend Hajime Nakamura genannt, für Indien L. Chandra, R. Vīra u. B. Bhattacharya. Schließlich sind auch die buddhologischen Leistungen einzelner Buddhisten zu würdigen, die ohne formale wissenschaftliche Qualifikation mit Übers. u. Komm. zur B. beigetragen haben: die beiden dt. Mönche ↗Nyānatiloka Mahāthera (A.W.F. Gueth) u. ↗Nyānaponika Mahāthera (S. Feniger) an erster Stelle. Nyānatiloka übers. den Vis (1952), den A in 5 Bd. (1922–23), den Milindapañha (1918/19) u. andere Texte, Nyānaponika das Dhammasaṅgani (1950), Snip (1955) u. Teile des S (1967). Der dt. Buddhist K. Schmidt, ein Jurist, hat den M ins Dt. übersetzt (zuletzt ersch. 1978).

Vgl.: Gesamtbibliographie sowie die Art. Buddha, Buddhismus, Kanon, Pāli-Kanon, Sanskrit-Kanon; I. B. Horner: The present state of Pali studies in the West, in: Religion. A Journal of Religion and Religions I/1, 1971 ff; J. W. de Jong: A brief History of Buddhist Studies in Europe and America, Delhi [2]1987; H.W. Schumann: Buddhismus u. Buddhismusforschung in Deutschland, Wien 1974; H. de Lubac: La rencontre du Bouddhisme et de l'Occident, Paris 1952. (no)

Bund für buddhistisches Leben, dt. buddh. Laiengesellschaft, 1912 in Halle gegründet. Der B. f. b. L. verstand sich von Anfang an als bekenntnisorientierte Sammlungsbewegung für dt. Buddhisten. Als Organisation bestand der B. f. b. L. bis zum Ende der 20er Jahre des 20. Jh.

L.: H. Hecker: Chronik des Buddh. in Deutschland, hg. v. der DBU, Plochingen [3]1985; K.-J. Notz: Der Buddh. in Deutschland in seinen Selbstdarstellungen, Frankfurt/M. 1984; M. Baumann: Dt. Buddhisten, Marburg 1993. (no)

Buppō (jap.) für Buddha-dharma, ↗Lehre des ↗Buddha

Butsu, Butsuda (jap.) für ↗Buddha

Butsu-dō (jap.), wörtlich: Weg des ↗Buddha, analog zu Shintō, „Weg der Götter (Kami)“; jap. Begriff für Buddh. (no)

C

caitya-Halle (von Skt caitiya, P cetiya = Heiligtum, gleichbedeutend mit Skt ↗Stūpa) werden klösterliche Versammlungs- oder Schreinhallen genannt. Sie dienen vornehmlich der Sūtrenrezitation u. anderen kultischen Belangen.

L.: V.R. Ramchandra Dikshitar: Origin and Early History of caityas, IHQ 14 (1938), 440–451. (no)

cakra (Skt, P cakka), Rad; im Buddh. ein polyvalentes Symbol: für a) die ↗Lehre des ↗Buddha (dharma-c.), b) den Buddha (besonders in der frühen anikonischen Kunst), c) den ↗cakravartin, d) den ↗saṃsāra (als „Rad der Geburten"). Es gehört zu den 32 Merkmalen (Skt upalakṣaṇa) eines Buddha bzw. cakravartin u. zu den 7 „Herrschaftsjuwelen". (sl)

cakrasaṃvara (Skt, tib. `khor lo sdom pa), ↗Saṃvara

cakravartin (Skt, P cakkavatin), „der das Rad in Bewegung setzt"; nach alter ind. Vorstellung ist der c. das Ideal eines guten u. gerechten Weltenherrschers (das „Rad" verweist zunächst auf den Sonnenmythos, später auf den ↗dharma). Der Buddh. griff das Ideal des c. entschieden auf u. parallelisierte den c. mit ↗Buddha: beide sind „große Wesen" (↗mahāpuruṣa). Der c. soll die Regierung an den ethischen u. religiösen Prinzipien des dharma ausrichten, für Frieden u. Rechtssicherheit sorgen u. die Armut als die Wurzel sozialen Unfriedens bekämpfen (vgl. D 5; 17, 26), worin sich die auf Verminderung sozialen ↗Leidens zielenden, politischen Grundvorstellungen des Buddh. äußern.

L.: J. Przyluski: La ville du C., RO 5 (1927), 165–185; K.V. Soundara Rajan: The Chakravartin Concept and the Chakra (wheel), JORM 27 (1962), 85–90. (sl)

Candragupta (Skt, Candagutta P), ind. König, Begründer der ↗Maurya-Dynastie. C. stürzte um 322 v. Chr. die Nanda-Dynastie von ↗Magadha u. schuf durch kriegerische Eroberungen das 1. ind. Großreich. Im Frieden mit dem Diadochen Seleukos I. Nikator (um 305) fielen ihm die Gebiete westl. des Indus bis Kabul zu. Berichte des Megasthenes, griech. Gesandter in der Hauptstadt Pāṭaliputra, zeigen einen zentralistisch verwalteten Staat. C. soll im Alter dem Thron entsagt haben, um als Jaina-Mönch nach S-Indien zu ziehen u. in Śravaṇabeḷgoḷa den Fastentod zu suchen (um 298). (mü)

Candrakīrti, 6. Jh., geb. in S-Indien, bedeutendster Vertreter der ↗Prāsaṅgika-Richtung innerhalb der ↗Mādhyamika-Schule. Die wichtigste seiner Schriften ist die in Skt erhaltene Prasannapadā, ein Komm. zur ↗Mūlamadhyamakakārikā des ↗Nāgārjuna. Seine übrigen Schriften sind nur in tib. Übers. erhalten.

A.: L. de La Vallée Poussin (Hg.): „Madhyamakvṛttiḥ, Mūlamadhyamakakārikās (Madhyamikasūtras) de Nāgārjuna avec la Prasannapadā commentaire des Candrakīrti, St.-Pétersbourg 1903–13 (BBu 4). – Ü.: Madhyamakāvatārabhāṣya, tr. tibétaine publiée par L. de La Vallée Poussin, St.-Pétersbourg 1907–12 (BBu 9); Candrakirti: Prasannapadā Madhyamakavṛtti, Douze chapitres tr. du sanskrit et du tibétain par J. May, Paris 1959; ders.: Kant et le M., IIJ 2 (1959), 102–111. (sl)

Cariyāpiṭaka. Das C., eine Sammlung von 35 ↗Jātakas in Versen, gehört zum ↗Khuddaka-Nikāya u. vermutlich zu den jüngsten Texten des ↗Suttapiṭaka.

A.: The C., ed. in Devanāgari with an introduction in English by B. C. Law, 2. rev. ed., Poona 1949. (no)

Caryā-tantra (Skt, tib. spyod rgyud), die mittlere der 3 äußeren ↗Tantra-Klassen. Ihr Ziel ist es, die äußeren Handlungen gemäß der ↗Kriyā-Tantra-Klasse durchzuführen u. meditativ Vorstellungen von Gottheiten zu erzeugen, die als „Brüder“ oder „Freunde“ anzusehen sind. (ev)

cetanā (P), willentliche Impulse. Sie gehören zu den mit Bewußtsein verbundenen 7 Geistesfaktoren. Die karmische (↗karma) Valenz des Willens ist in A VI, 63 betont: „Den Willen (c.), ihr Mönche, nenne ich das Wirken (kamma = karma); denn ist der Wille aufgestiegen, so wirkt man die Tat, in Werken, Worten oder Gedanken.“ (no)

ceto-vimutti (P), „Gemütserlösung". Sie gilt als Frucht der Arhatschaft (↗arhat), die im „durchdringenden Hellblick" (↗vipassana) begründet liegt. Man unterscheidet unterschiedliche Stufen: die „unbeschränkte Gemütserlösung" (appamāṇā c.), das sind die 4 ↗brahma-vihāras, „die von Anhängseln freie G." (āhiñcañña c.) u. die „von Daseinsbedingungen freie G." (animittā c.). (no)

Ceylon ↗Sri Lanka

Cham-Tänze (tib. `cham), häufig auch Tscham-Tänze geschrieben, Bezeichnung lamaistischer ritueller Zeremonientänze, legendenhafter u. historischer Begebenheiten, die zumeist mit der Einführung des Buddh. in Tibet zusammenhängen u. die Wandlung heilswidriger in heilswirksame Kräfte zum Gegenstand haben. Bei den ↗Nyingmapa u. ↗Kagyüpa vorwiegend mit den Legenden um ↗Padmasambhava verknüpft, der am 10. Tag des 10. Monats geboren worden sein soll, werden sie gemäß lokaler Tradition jeweils am 10. Tage in verschiedenen Monaten abgehalten u. deshalb auch Tshecu, „[Fest des] 10. Tages", genannt. (ev)

Ch'an (chin), wörtlich: „Meditation bzw. Versenkung" (Skt dhyāna, P jhāna, jap. Zen); chin. Form des ↗Zen-Buddhismus. Die Tradition des C. führt sich auf die geheimnisvolle Gestalt des ↗Bodhidharma zurück, der als ihr 1. chin. ↗Patriarch im 6. Jh. den wahren Geist des Buddh. von ↗Indien nach ↗China gebracht haben soll. Die Geschichte der C.-Meister in der Folgezeit läßt sich nur undeutlich rekonstruieren. Doch scheint für ihre Lehre u. Praxis das ↗Laṅkāvatāra-Sūtra von besonderer Bedeutung gewesen zu sein. Im Zusammenhang mit dem Streit um den legitimen Nachfolger des 5. Patriarchen ↗Hung-jen (601–674) etablieren sich die Nördl. u. die ↗Südl. Zen-Schule. Während erstere ↗Shen-hsiu (605?–706) als 6. Patriarchen anerkannte, sah letztere diesen in ↗Hui-neng (638–713). Im 8. Jh. formierte sich die C.-Bewegung zu einer einheitlicheren Gestalt, indem Hui-neng zur allgemeinen Integrationsfigur wird. Die mit diesem verbundene Lehre von der „plötzlichen Erleuchtung" wird Allgemeingut des C., die ↗Prajñāpāramitā-

Sūtren überflügeln das ↗Laṅkāvatāra-Sūtra an Bedeutung. Die herausragendsten Gestalten werden ↗Shih-t'ou Hsi-ch'ien (700–790) u. ↗Ma-tsu Tao-i (709–790). Im 9. Jh. ist C. neben dem ↗Amida-Buddh. die dominante Richtung des chin. Buddh., seine vitalen Zentren sind die sog. ↗Fünf Häuser. Aus diesen gehen in der Sung-Zeit (960–1279) die Lin-chi (jap. ↗Rinzai) u. die Ts'ao-tung-Schule (jap. ↗Sōtō) hervor. Der gesellschaftliche u. kulturelle Einfluß erreicht seinen Höhepunkt. Es entstehen die berühmten ↗Kōan-Sammlungen. Nach der Sung-Zeit absorbiert die Lin-chi-Schule alle anderen Richtungen des C. Gleichzeitig verliert dieser jedoch zunehmend an Eigenständigkeit u. allmählich auch seine Vitalität.

L.: T. S. Nagashima: Truth and Fabrications in Religion. An investigation from the documents of the Zen (Ch'an) Sect, London 1978; W. Lai, R. Lancaster: Early Chan in China and Tibet, Berkeley 1983; H. Dumoulin: Geschichte des Zen-Buddhismus, Bd. I, 1985; B. Faure: Le Traité de Bodhidharma. Première anthologie du bouddhisme chan (trad. et comm.), Paris 1986; R. Gimello and P.N. Gregory (eds.): Studies in Ch'an and Hua-yen, Honolulu 1983; C.-Y. Chang: Original Teachings of C. Buddhism, New York 1969; Lu K'uan-yü: Ch'an and Zen Teachings, 2 Bde., London 1960–1961. (sl)

Channa 1. Mönch Buddhas, der nach M 144 als ↗arhat durch ↗Selbsttötung aus seinem von unheilbarer, schmerzhafter Krankheit gezeichnetem Leben schied, ohne dafür von ↗Buddha getadelt zu werden. 2. Offensichtlich andere Personen gleichen Namens sind in S 22, 90 u. D 16, 6 erwähnt. (sl)

Chao-chou Ts'ung-shen (jap. Jōshū Jūshin), chin. Vertreter der ↗Ch'an-Schule (↗Nan-ch'üan), 778–897. Sein Lehrer war Nan-ch'üan. Nach dessen Tod besuchte C. Ch'an-Meister in ganz China. Schließlich galt er selbst als einer der wichtigsten Meister. In der Schulung verzichtete er auf alle harten Methoden (Schläge, Schreien). Sein kung-an (koan) vom „Nicht“ (wu) bildet heute noch den Beginn der Ch'an-/Zen-Ausbildung. Ihm wird auch das Koan zugeschrieben: „Wenn alle Dinge auf das Eine zurückgeführt werden sollen, worauf ist dann das Eine zurückzuführen?“ (so)

Ch'en-kuan (Ch'ing-ling), Chin. u. Vertreter von ↗Hua-yen; 738 oder 737–838 oder 820; 4. Patriarch der Schule. Auf Reisen durch China zu allen buddh. Zentren studierte er die wichtigsten Schriften unter verschiedenen Meistern u. erlernte ind. Sprachen. Er galt als einer der bedeutendsten Gelehrten seiner Zeit. 14 seiner W. sind erhalten, darunter der Komm. zum Avataṃsaka-sūtra, das er auch übersetzt hat (Hua-yen-ching). Mit C. bahnt sich die Verbindung zwischen Hua-yen u. ↗Ch'an an (↗Tsung-mi). C. Lehre von den 4 dharma-Bereichen (fa-chieh) ist Voraussetzung für die Lehre des ↗wu-wei der Ch'an-Schule. Er selbst betont die Ähnlichkeit seiner Philosophie mit dem „Buch der Wandlungen". C. wird auch als Ch'an-Patriarch angesehen. Der große Einfluß der Hua-yen-Schule in jener Epoche war C. Wirken zuzuschreiben. Spätere Anhänger der Hua-yen-Schule erblickten in ihm eine Inkarnation ↗Mañjuśrīs u. nannten ihn Hua-yen-Bodhisattva. (so)

Ch'eng-shih (Skt Satyasiddhi, jap. Jōjitsu), chin. buddh. Schule der „Vollendung der Wahrheit". Ihre bedeutendsten Vertreter sind Seng-tao u. Seng-sung, beide Schüler von ↗Kumārajīva. Grundlegender Lehrtext der Schule ist Satyasiddhiśāstra, ein zum ↗Hīnayāna gehöriges Werk von ↗Harivarman (3. Jh. n. Chr.), das Kumārajīva 411–412 ins Chin. übersetzte. Das Original ist verloren. Die Schule vertritt die Lehre von der doppelten Wahrheit, die Merkmalslosigkeit der Welt der Erscheinungen (śūnyatā). Anfang des 6. Jh. ist sie eine der wichtigsten Schulen überhaupt. Durch die Angriffe der ↗San-lun-Schule ist sie schließlich niedergegangen. (so)

Chenresi/Chenresig (tib. spyan ras gzigs), häufig auch Tschenresig[g] geschrieben, Transkription des tib. Namens des ↗Avalokiteśvara. (ev)

Chen-yen (jap. Shinghon), chin. buddh. Schule des „wahren Wortes", auch Michiao (Geheimlehre, jap. Mikkyō) genannt. Man bezeichnet die Schule auch als esoterischen Buddh. Die ältesten Texte der Schule verweisen ins 3. Jh. n. Chr. (dhāraṅī). Anfang des 8. Jh. wird die Schule in China durch 3 Vertreter verbreitet, die 2 Linien begründeten: ↗Śubhākarasiṁha u. seine Schüler ↗I-hsing, ↗Vajrabodhi u. ↗Amoghavajra. Die C.-Schule beeinflußte auch andere Schulen, besonders ↗Hua-yen

u. ↗T'ien-t'ai. Ihre Blütezeit erlebt die Schule zu Beginn des 9. Jh. Sie war in der Oberschicht beliebt. Nach Japan wurde sie durch Saichō u. Kūkai gebracht. In der Buddhistenverfolgung von 845 ging sie nieder, wurde indes in der Sung-Zeit durch ind. Missionare wiederbelebt u. prägte fortan den buddh. Volksglauben. Eine 2. Blütezeit erlebte die Schule in der Yüan-Zeit (1206–1368). In ihrer Lehre ist sie tantrisch orientiert (↗Tantrismus). (so)

Chih-i (T'ien-t'ai Chih-i, Chih-k'ai), chin., 538–97, Gründer der ↗T'ien-t'ai-Schule; Schüler von Hui-ssu (515–577); wirkte auf dem T'ien-t'ai-shan (↗Heilige Berge), vom Kaiser unterstützt. C. schuf das 1. chin. System der buddh. Schriften (p'an-chiao, „Aufteilung in Perioden von Lehren"). W.: „Fa-hua hsüan-i" (Komm. zu Sdps), „Mo-ho chih-kuan".

L.: L. Hurvitz: C., Mélanges chinois et bouddhiques, 12 (1962). (so)

Chih Tun (Chih Tao-lin), chin. buddh. Mönch, 314–366, der berühmteste Gentry-Mönch seiner Zeit, einer buddh. Familie entstammend. 338 zum Mönch ordiniert, wirkte er zunächst in der Hauptstadt Chien-k'ang u. hatte viele prominente Anhänger. Bei der 1. Kontroverse um das Verhältnis von ↗saṅgha u. Staat 340 konnte sein wichtigster Laienanhänger die Unabhängigkeit des saṅgha durchsetzen. Von 340 bis 362 wirkte er in K'uai-chi. C. stellt einen neuen Typus des chin. Denkers dar, den gebildeten Geistlichen. Er verbindet die prajñña-Lehre mit dem ↗Taoismus. Er beschäftigte sich auch mit der Lehre des „Reinen Landes" (↗Ching-t'u) wegen deren Ähnlichkeit mit dem Taoismus. W.: Komm. zu „Hsiao-yao-yu" von Chuang-tzu, von dem allerdings nur einige Zitate erhalten sind. (so)

Chih-yen (Yün-hua), chin. buddh. Mönch, Vertreter der ↗Hua-yen-Schule u. deren 2. Patriarch; 602–668. C. war Schüler von ↗Fa-shun. Er studierte Avt, Mahāyānasaṃgraha, ↗Vinaya, ↗Abhidharma, Satyasiddhi, Daśabhūmikaśāstra u. MPN (Skt). Seine vorzügliche Leistung war eine 1. Systematisierung der Lehre der Hua-yen-Schule, in der er Intellektualität mit Meditation zu verbinden wußte. Sein Schüler ist ↗Fa-tsang. Von C. stammen mehrere Kommentare zum Avt. (so)

China. Der Buddh. trug Wichtiges zu allen Gebieten der Kultur bei (Philosophie, Kunst, wirtschaftliche u. politische Institutionen, Ethik, Sprache); er war von allen Gesellschaftsschichten anerkannt u. manchmal fast Staatsreligion, aber China war nie ein buddh. Land. Periodisierung: 1. Vorbereitung (65–317), 2. Anpassung (317–589), 3. unabhängige Entwicklung (589–900), 4. Auflösung (900–1900). Ad 1. Der Buddh. drang im 1. Jh. n. Chr. über die Seidenstraße ein; einer bekannten Legende nach ließ der Han-Kaiser Ming wegen eines Traumes die ersten Missionare u. Sūtren holen. Die 1. belegte Verehrung des Buddha fand 65 statt (↗Huang-lao). Der Buddh. galt zunächst als im Westen veränderter ↗Taoismus u. breitete sich als Kult beim Volk aus; nur wenige Gelehrte um ausländische Missionare kannten die Lehre u. beschäftigten sich mit der Metaphysik u. Meditation. Ende der Han-Zeit (–220) gab es schon über 400 Übers. u. Zentren in Lo-yang, P'eng-ch'eng u. K'uai-chi. Ad 2. Nach dem Verlust von N-China an nichtchin. Völker u. der Massenflucht nach S bis zur Wiedervereinigung durch die Sui-Dynastie 589 war die Entwicklung in N u. S unterschiedlich. Im N diente der Buddh. der Fremdherrschaft als Ideologie in bewußtem Gegensatz zum einheimischen Konfuzianismus, u. es gab viele ind. u. zentralasiat. Missionare. Im S wandten sich die Gebildeten, vom ↗Konfuzianismus enttäuscht, dem ↗Neotaoismus u. Buddh. zu. Anfangs gab es dort keine Missionare, u. der Buddh. wurde in chin. Begriffen interpretiert; am Ende der Phase wurde der Buddh. eigenständig, u. Versuche, die uneinheitlichen Quellen zu ordnen, führten einerseits zu völliger Ablehnung der Schrifttradition (↗Ch'an), andererseits zur Systematisierung als verschiedene Stufen der Lehre im Leben von Buddha (p'an-chiao). Dabei entstand auch eine Eschatologie (↗San-chieh-chiao): Vorstellung einer Endzeit (mo-fa) u. Verehrung von Buddha Maitreya (Mi-le-fo). Die Blütezeit der nächsten Periode wurde eingeleitet durch die Förderung seitens der Herrscher, besonders Kaiser Wu der Liang-Dynastie (↗Huang-ti p'u-sa), der Herausbildung einer eigenen Terminologie, den Bauten von ↗Yün-kang u. ↗Lung-men u. dem 1. Höhepunkt der Übers.; wichtige Mönche waren ↗Tao-an, ↗Kumārajīva, ↗Hui-yüan u. ↗Tao-sheng. Ad 3. Der Buddh. war die Ideologie des von der Sui-Dynastie (589–

618) wiedervereinigten Staates, u. die kosmopolitische Atmosphäre der T'ang-Dynastie (618–906) begünstigte fremde Religionen. Der Buddh., vor allem der ↗Tantrismus, wurde von den T'ang-Kaisern, besonders Kaiserin Wu Tse-t'ien (reg. 684–705), trotz ihrer grundsätzlich taoistischen Einstellung gefördert, aber auch überwacht. Es bildeten sich Schulen, deren Lehren teilweise ganz anders als die ind. waren: ↗Chü-she, ↗Nieh-p'an, ↗Ti-lun, ↗She-lun, ↗San-lun, ↗T'ien-t'ai, ↗Hua-yen, ↗Ch'eng-shih, ↗Ching-t'u, ↗Ch'an (Zen), ↗Lü u. ↗Chen-yen. Eine Fülle von Übers. (↗Hsüan-tsang) u. der Kanon (↗San-tsang) entstanden. Es gab Laienverbände, u. die buddh. Feste wurden überall gefeiert. Nach dem Aufstand von An Lu-shan 755 griff man den Buddh. heftig an, besonders wegen der wirtschaftlichen Übermacht der Klöster, u. besann sich auf die eigene Kulturtradition (↗Neokonfuzianismus); die große Verfolgung 845 beendete den politischen Einfluß u. die meisten Schulen. Ad 4. In der Sung-Zeit (960–1279) entstand eine von Ching-t'u u. Ch'an geprägte Form (↗Yung-min); es gab wieder Missionare, neue Übers. u. Geschichtswerke (↗Patriarchen, ↗Seng-yu), aber die einzige Schule, die sich fortentwickelte, war Ch'an (↗Lin-chi, ↗Ts'ao-tung). Der Buddh. spaltete sich in 2 Ebenen: Volksfrömmigkeit u. Einfluß auf die neokonfuzianischen Philosophen. Die Herrscher der mongolischen Yüan-Dynastie (1279–1368) förderten den tantrischen Buddh. von Tibet (Lamaismus) u. China (↗Chen-yen). In der Ming-Dynastie (1368–1644), zunächst einer Zeit von wirtschaftlicher u. kultureller Blüte, verstärkte sich die Tendenz zu Laienbewegung u. zum Synkretismus (↗Chu-hung) zwischen verschiedenen buddh. Schulen u. zwischen den 3 Lehren Konfuzianismus, Taoismus u. Buddh. bzgl. Philosophie u. Religion. Der Einfluß des Buddh. auf die Philosophie wurde durch die staatlich anerkannten Lehren von Wang Yang-ming noch größer als in der Sung-Zeit. Die volkstümlichen Sekten erstarkten u. organisierten sich oft als Geheimgesellschaften mit messianischen Inhalten u. politischen Absichten; sie wurden daher unterdrückt, bestehen aber außerhalb der VR China bis heute. In der mandschurischen Ch'ing-Zeit (1644–1911) hing der Hof wieder dem Lamaismus an. Der Tiefpunkt des Niedergangs des Buddh. wurde erreicht: viele Priester von Dorftempeln waren Anal-

phabeten u. kannten oft nicht einmal die Bedeutung der Statuen; die meisten Tempel waren eine Mischung aus Buddh., Taoismus u. Lokalkulten u. die Feste zeigten ebensolche Züge. Eine Renaissance des Buddh. trat erst Ende des 19. Jh. ein; seit Gründung der Republik 1911 wurde er wieder gefördert, z. B. durch Lehranstalten, Bereitstellung von Gebäuden, Herausgabe von Schriften u. einen nationalen Verband (↗T'ai-hsü, ↗San-tsang). (↗Konfuzianismus u. Buddh., ↗Taoismus u. Buddh.).

A.: Maßgebl. Ausg. d. chin. Kanons: Taishō shinshū daizōkyō: The Tripitaka in Chinese, ed. J. Takakusu u. K. Watanabe, Tokyo 1924–32 (Nachdr. 1960–64), enthält 3053 Werke in 85 Textbd., Bd. 1–55 d. ind. Werke u. d. Werke d. chin. Mönche, Bd. 56–84 d. Werke jap. Mönche, Bd. 85 Vermischtes; zusätzlich 12 Bde. Bildteil, 1932–34; – Angaben auch zu anderen Ausg. bei G. Grönbold: Der buddh. Kanon, Wiesbaden 1984, 23–26. – Ü.: Auszüge bei L. Wieger: Bouddhisme chinois, 2 Bde., Paris 1910–13 (Nachdr. Paris – Leiden 1951); E. Chavannes: Cinq cent contes et apologues extraits du Tripiṭaka chinois et tr. en francais, 4 Bde., Paris 1910–34 (Nachdr. Paris 1962). – L.: B. Nanji: A Catalogue of the Chinese Translation of the Buddhist Tripiṭaka, the Sacred Canon of the Buddhists in China and Japan, Oxford 1883; P.C. Bagchi: Le canon bouddhique en Chine, 2 Bde., Paris 1927–38 (Sino-Indica 1,4); Hackmann, H.: Erklärendes Wörterbuch zum chin. Buddh., Leiden 1951 ff; W.E. Soothill, L. Hodous: A Dictionary of Chinese Buddhist Terms (with Skt and English equivalents and a Skt-Pāli Index), London 1937 (Nachdr. Delhi 1987); Wang-tsit Chan: Religious trends in modern China, New York 1953; C.K. Yang: Religion in Chinese society, Berkeley 1961; K. Ch'en: Buddhism in China, Princeton/N.J. 1964 (Nachdr. 1972); ders.: The Chinese transformation of Buddhism, Princeton/N.J. 1973; H. Welch: The Practice of Chinese Buddhism 1900–1950, Cambridge/Mass. 1967; ders.: The Buddhist Revival in China, Cambridge/Mass. 1968; A.F. Wright: Buddhism in Chinese History, Stanford ³1970; E. Zürcher: The Buddhist Conquest of China, 2 Bde., Leiden ²1972; P. Demiéville: Hôbôgirin, Dictionnaire encyclopédique du bouddhisme d'après les sources chinoises et japoinaises, Toyko – Paris 1929–1979; ders.: Le Concile de Lhasa, Paris 1952; ders.: H. Dutt, A. Seidel: Répertoire du Canon bouddhique sino-japonais, Fascicule annexe du Hôbôgirin, Tokyo – Paris 1978; ders.: Le bouddhisme chinois, in: Encyclopédie de la Pléiade, Histoire des Religions, Bd. 1, Paris 1970, 1249–1319 (= Choix d'Etudes bouddhiques, Leiden 1973, 365–435); C. F. Yu: The Revival of Buddhism in China, New York 1980; H. Schmidt-Glintzer: Die Identität der buddh. Schulen u. die Kompilation buddh. Universalgeschichten in C., Wiesbaden 1982; ders.: Buddh. u. daoistische Texte, in: Geschichte der chin. Literatur, Bern – München 1990, 223–239; A. Migot: Le Bouddhisme en Chine, in: R. de Berval (Hg.): Présence du Bouddhisme, Paris 1987, 555–589; M. Pye: Religion and Modernisation in China, 1995. (so)

Ching-t'u (jap. Jōdo; ↗Jōdo-Shū, ↗Jōdo-shin-Shū), chin. buddh.

„Schule des Reinen Landes“ (↗Amida, ↗Amitāyus, ↗Amida-Buddhismus). Kennzeichnend für diese Schule ist als rettender u. erlösender Impuls das Vertrauen zum Buddha ↗Amitābha, wodurch ohne eigene Leistung die Wiedergeburt im „Reinen Land“, einer Art Paradies im W (Sukhāvatī) erlangt wird. Diese Form wurde in China sehr volkstümlich. Die Schule nimmt ihren Ausgang von Lo-yang vermutlich in der 2. Hälfte des 3. Jh. Nachweisbar ist die Amitābha-Verehrung ab 402 im Kloster des ↗Hui-yüan. Von dort verbreitet sie sich rasch. Unter den Texten sind die beiden wichtigsten Sukhāvatīvyuha (von 10 chin. Übers. sind noch 5 erhalten) u. „Kuan-wu-liang-shou-fo-ching“. Die Patriarchen der Schule sind: Hui-yüan, ↗T'an-luan, ↗Tao-ch'o, ↗Shan-tao, ↗Tz'u-min u. ↗Fa-chao. Nach 770 kommt die C. auch an den Kaiserhof. Der 1. Patriarch der Sung-Zeit ist ↗Yung-ming. Nach der Buddhistenverfolgung von 845 blieben von den buddh. Schulen nur C. u. ↗Ch'an. Diese beiden sind bis heute prägend für den chin. Buddh. (so)

Chi-tsang, Vertreter von ↗San-lun, 549–623. Er stammte von einem parthischen Vater u. einer chin. Mutter, wurde in China geb. u. chin. erzogen. Bereits mit 7 Jahren trat er in ein Kloster ein. Mit 21 Jahren erhielt er die Ordination. Sein Lehrer war Fa-lang (507–581). 600/606 begann er auf Einladung des Kaisers seine bedeutende Vortragstätigkeit in der Hauptstadt Ch'ang-an vornehmlich über die San-lun-Texte u. das Lotus-Sūtra. Von ihm stammen Komm. zu den 3 Hauptwerken der San-lun-Schule wie auch zu den wichtigsten mahāyānischen Sūtren. Der bekannteste Komm. (Chung-kuan-lun-su) bezieht sich auf das Mādhyamikaśāstra. C. zeichnet sich durch Nähe zum ind. Denken aus, durch Scharfsinn u. hohes lit. Vermögen. Mit ihm geht die San-lun-Schule zu Ende. (so)

Chörten (tib. mchod rten), häufig auch Tschörten transkribiert, „Objekt der Opferung“, die tib. Bezeichnung des ↗Stūpa. (ev)

Christentum und Buddhismus. 1. *Historisch:* In der rel.-gesch. Forschung wurde bis in die jüngste Zeit häufig die Frage nach buddh. Einflüssen auf das frühe Christentum einerseits u. christlichen Einflüssen auf den ↗Mahāyāna-Buddh. andererseits erörtert, ohne daß bislang mehr als periphere Einwirkungen (in beiden Richtungen) nachgewiesen werden konnten. Von einem etwas stärkeren, allerdings allgemein ind. Einfluß, ist evtl. – vermittelt durch den Neuplatonismus – allein bei der christlichen ↗Mystik auszugehen. Über die frühen Kontakte zwischen Christen (vor allem Nestorianern) u. Buddh. in Zentralasien, S-Indien u. später ↗China ist ingesamt nur wenig Gesichertes bekannt. Bis zum Beginn der Neuzeit trennte der Islam den christlichen W vom buddh. O, so daß nur spärliche u. wenig akurate Informationen über den Buddh. in den W gelangten. Zur ersten intensiveren Begegnung zwischen Buddh. u. Christentum kam es, als christliche Missionare in der Mitte des 16. Jh. nach ↗Japan gelangten. Sie verlief tragisch, da es ihre intolerante Religionstheologie den Missionaren verbot, die durchaus vorhandene Faszination durch den Buddh. fruchtbar zu machen. Christenverfolgung u. Abschließungspolitik setzten dieser Begegnung im 17. Jh. ein rasches Ende. Obwohl im Verlauf der frühen Japan-Mission u. der Kolonialisierung buddh. Länder vermehrte Informationen in den W gelangten, kam es zu einem wirklichen Durchbruch in der westl. Kenntnisnahme d. Buddh. erst, als in der 1. Hälfte des 19. Jh. buddh. Texte in den W übermittelt u. wissenschaftlich beachtet wurden. Die wissenschaftliche Rezeption buddh. Gedanken im W, ebenso wie die in der 2. Hälfte des 19. Jh. sich verstärkenden Unabhängigkeitsbewegungen in buddh. Ländern, nötigten auch die christliche Theologie zu einer deutlicheren Auseinandersetzung mit dem Buddh. Diese konnte jedoch erst wirkliche Fortschritte machen, als sich innerhalb des Christentums der Gedanke des Dialogs als des geeigneten Paradigmas interreligiöser Begegnung Bahn brach u. dadurch der freundschaftliche Kontakt zwischen Angehörigen beider Religionen die gedankliche Auseinandersetzung flankierte. Der Dialog hat sich auf breiter Basis jedoch erst nach dem 2. Weltkrieg entwickelt. Als seine vitalsten Zentren können gegenwärtig Hawaii (↗Vereinigte Staaten von Amerika), ↗Japan u. ↗Sri Lanka angesehen werden. Auf buddh. Seite zeigte sich das bislang größte Interesse im Dialog mit dem Christentum in Japan im Rahmen der besonders in der ↗Kyōto-Schule betriebenen Auseinandersetzung mit westl. Philosophie. Das Ziel einer weltweiten Intensivierung des christlich-buddh. Dialogs hat sich die 1987 von namhaften Christen u. Buddhisten gegründete „Society for Buddhist-Christian Studies“ gesetzt. – 2. *Systematisch:* Die ersten, von westl. Autoren durchgeführten, religionsvergleichenden Studien über Ch. u. B. interpretierten den Buddh. fast einheitlich als eine Form des Atheismus u. sahen ihn daher als Negativbild des Christentums, d. h. als Pessimismus, Materialismus u. Nihilismus, wobei das soteriologische Anliegen des Buddh. (christlich gedeutet) als Selbsterlösung u. das Christentum i. S.. der Gegenposition verstanden wurde. Diese Urteile kamen vor allem der christlichen Apologetik entgegen, von der sie kräftig befördert wurden, fanden aber auch Eingang in die buddh. Gegenapologetik. Inzwischen erweisen sie sich zunehmend als zu sehr von einer von vornherein auf Kontraste angelegten religionsvergleichenden Methodik u. besonders von einer zu einseitigen westl./christlichen Perspektive bestimmt, die den Buddh. nach Maßgabe abendländischer, im Umkreis des Christentums entstandener Philosophie sah u. dabei das Selbstverständnis des Buddh. verfehlen mußte, da dieser sich nicht als Gegenbewegung zum Christentum konstituiert hat. Dementsprechend läßt sich auf buddh. Seite gegenwärtig ein deutliches Interesse an einer Standortbestimmung gegenüber jenen philosophischen Richtungen vermerken, in deren Licht ihn die westl./christlichen Interpreten zunächst sahen. So liegt das bisher immer noch zentrale Problem des christlich-buddh. Dialogs in der Suche nach einer gemeinsamen Hermeneutik, die es den Angehörigen beider Religionen ermöglicht, a) die Lehren des jeweils anderen aus ihrem genuinen Sinnzusammenhang heraus zu verstehen u. sie b) dennoch in Korrelation zum Sinnzusammenhang des eigenen Systems zu setzen. Erst so wird eine echte Wahrnehmung des umfassenden Anspruchs beider i. S. fruchtbarer Herausforderung möglich. Besondere Beachtung verdient dabei die in jüngster Zeit im Rahmen der sog. „Pluralistischen Religionstheologie“ (W. C. Smith, J. Hick, P. Knitter, A. Pieris u. a.) entwickelte Hypothese, daß sich Christentum und Buddh. unterschiedlichen, aber letztlich gleichermaßen authentischen Erfahrungen mit derselben absoluten Wirklichkeit verdanken, so daß sich die personalen bzw. nonpersonalen Konzeptionen des ↗Absoluten von den verschiedenartigen Erfahrungskontexten als komplementär erweisen lassen.

L.: H. de Lubac: La Rencontre du Bouddh. et de L'Occident, Paris 1952; Buddhadasa: Christianity and Buddh., Bangkok 1967; G. Dharmasiri: A Buddhist Critique of the Christian Concept of God, Colombo 1974; L. de Silva: The Problem of the Self in Buddh. and Christ., Colombo 1975; H. Waldenfels: Absolutes Nichts, 1976: H. Dumoulin: Begegnung mit dem Buddh., 1978; J. Spae: Buddhist-Christian Empathy, Chicago 1980; W. C. Smith: Towards a World Theology, London 1981; J. Cobb: Beyond Dialogue, 1982; S. Yagi: Die Front-Struktur als Brücke vom buddhistischen zum christlichen Denken, 1988; P. O. Ingram: The Modern Buddhist-Christian Dialogue, Lewiston 1988; A Pieris: Weisheit u. Liebe, 1989; J. Hick: An Interpretation of Religion, London 1989 (dt. Ausg. „Religion", 1996); J. P. Keenan: The Meaning of Christ. A Mahayana Theology, New York 1989; P. Schmidt-Leukel: „Den Löwen brüllen hören", 1992; N. Smart: Buddhism and Christianity: Rivals and Allies, London 1993; L. D. Lefebure: The Buddha and the Christ, New York 1993; T. I. Tambyah: A comparative study of Hinduism, Buddhism and Christianity, London 1925 (repr. Delhi 1983); A. Bsteh (Hg.): Erlösung in Christentum und Buddh., Mödling 1982 (Beiträge zur Religionstheologie, 3); N. Klatt: Literarkritische Beiträge zum Problem christlich-buddh. Parallelen, Diss., Bonn 1982 (Arbeitsmaterialien zur Religionsgeschichte, 8); G.W. Houston (Hg.): The Cross and the Lotus, Christianity and Buddhism in Dialogue, Delhi 1985; M. v. Brück, Whalen Lai: Buddh. u. Christentum: Geschichte, Konfrontation, Dialog, 1997. – Zs.: Dialogue, N. S. (Colombo); Buddhist-Christian-Studies (Hawaii). (sl)

Chü-she (Skr Kośa, jap. Kusha), chin. Schule, weniger bedeutend; Grundlage: ↗Abidharmakośa, übers. von ↗Paramārtha, 563–567, u. ↗Hsüan-tsang, 651–654. C. entstand mit der 1. Übers., wurde „Realistische Schule des ↗Hīnayāna" genannt, da sie die Wirklichkeit der ↗dharmas vertrat; bestand nur kurz, nach 793 von der ↗Fa-hsiang-Schule aufgesogen. (so)

Chu-hung, chin., ↗Ching-t'u, 1535–1615; herausragender Mönch der Ming-Zeit; lernte bei berühmten Meistern der ↗T'ien-t'ai-, ↗Hua-yen- u. ↗Ch'an-Schulen; C. versuchte wie ↗Yung-ming, die verschiedenen Schulen, besonders Ch'an u. ↗Ching-t'un, zu vereinigen; war auch vom ↗Taoismus beeinflußt; förderte die Laienbewegung. W.: „Tzu-chih-lu" („Aufzeichnungen über die Selbsterkenntnis") mit einem Punkte-Schema zur Bewertung aller Handlungen bzgl. des karma, fand weite Verbreitung; Streitschrift „T'ien-shuo ssu-p'ien" gegen die Jesuiten, die bereits viel Einfluß bei Hof hatten u. nicht den ↗Konfuzianismus, sondern den Buddh. angriffen. (so)

citta (Skt/P), Geist, Bewußtsein, gemeint: was zur Körperlichkeit hinzutritt; häufig synonym gebraucht mit manas u. viññāna. Die c.-Spekulation setzt sich vom ↗Abhidharma über die Vibhajjavādins u. Vātsīputrīyas ins ↗Mahāyāna fort u. dort besonders bei den Yogācārins (↗Yogācāra). – Die Ausrichtung des Geistes auf einen Punkt beinhalten die ersten 7 Glieder des ↗Achtfachen Pfades, darunter besonders sammāsati (die rechte Achtsamkeit, ↗satipaṭṭhāna). Nach buddh. ↗Ethik hat Wirken (↗karma), heilsames wie unheilsames, 3 Formen: Tun (kāya, Körper), Reden (vāca) u. Denken (c.). Unheilsam wirkt das Denken durch Begehrlichkeit, Übelwollen u. falsche Ansichten, heilsam durch das Abstehen von diesen u. Praxis des Gegenteils. (no)

Cö-Lehren (tib. gcod), die Lehren vom „Abschneiden [des Denkprozesses]", das von ↗Phadampa Sanggye geprägte Lehr- u. Yogasystem des tib. ↗Vajrayāna. Vor allem bei den ↗Zhijepa u. ↗Kagyüpa mit Hilfe der Visualisation von zumeist zornvollen ↗Göttern praktiziert, zielt es darauf ab, diese Gottheiten einzig als Emanationen des eigenen Denkens zu erkennen u. somit alle Gedankenoperationen im leuchtenden, unterschiedslosen Bewußtsein aufzulösen, dessen Natur die Leerheit ist. Dadurch soll das Anhaften am „Ego" wie an der irrealen Erscheinungswelt, ↗saṃsāra, „abgeschnitten" werden.

L.: K. Kollmar-Paulenz: Der Schmuck der Befreiung, 1993 (AsF 125). (ev)

Cullaniddesa ↗Niddesa

Cunda, der Schmied; Laienanhänger des ↗Buddha in Pāpā (Skt, P: Pāvā), der den Buddha nach dem MPS (D 16,4,14–16) zum Mahl („Eberweich") einlädt. Durch diese Mahlzeit sei die gerade erst überwundene Darmerkrankung (2,23) erneut wiedergekehrt, die dem Buddha dann den Tod gebracht hat. Im MPS (4,43) wird C. jedoch ausdrücklich von aller Schuld freigesprochen.

L.: A. Bareau: La nourriture offerte au Buddha lors de son dernier repas, in: Melanges d'Indianisme, ed. L. Renou, Paris 1968, 61–71. (no)

D

Dahlke, Paul, 1865–1928, Arzt, Gründer der „neubuddhistischen Bewegung u. des „Buddh. Hauses“ in Berlin (1924). Ging aus rationaler Sicht an den Buddh. heran, den er in zahlreichen Büchern u. Aufsätzen behandelte u. mit den Grundlagen westl. Wissenschaft für vereinbar hielt. Seine Kontroverse mit G. Grimm prägte die Situation des Buddh. in Deutschland im 1. Drittel des 20. Jh. nachhaltig u. markierte zugleich das Ende der Orientierung am ↗Theravāda, der nach dem 2. Weltkrieg durch Mahāyāna u. besonders durch ↗Zen, vor allem durch das Interesse an ↗Tibet, fast völlig in den Hintergrund gedrängt wurde. – D. lieferte auch wertvolle Übers. aus dem ↗Pāli-Kanon, u.a. des ↗Dhammapada (1919), die bis heute nachgedruckt werden.

W. (in Auswahl): Die Bedeutung des Buddh. für unsere Zeit, 1912; Buddh. als Religion u. Moral, 1914; Neu-Buddh. Zs., 1918–1922; Buddh. als Wirklichkeitslehre u. Lebensweg, 1928; Biographie u. Bibliographie v. K. Fischer, in: Essays and Poems, Kandy 1965 (The Wheel Publication, 77/78). – L.: K. Fischer: Dr. P.D., in: Buddh. Leben u. Denken 1, H. 1, 1930, 12–18; H. Hecker: Lebensbilder dt. Buddhisten, Bd. 1, Konstanz 1990, 12–36; M. Baumann: Dt. Buddhisten, Marburg 1993. (ec)

dākinī (Skt, tib. mkha` `gro ma), „Himmelswandlerin“, übernatürliche, magische Kräfte besitzendes weibliches Wesen, das – besonders den ↗siddhas –, ↗Initationen in geheime tantrische Lehren gibt. Klassifiziert in d. mit grobstofflichem u. feinstofflichem Körper sowie körperlose d., werden sie nach weltlichen oder spirituellen Zielen dienliche d. unterschieden. Transzendente d. wie ↗Vajrayoginī o. ↗Vajravārāhī erscheinen zumeist in gemischt friedvoll-zornvoller Form, splitternackt, als bluttrinkende, mit Knochenschmuck u. Ketten aus Totenschädeln behangene Wesen u. stellen die Verkörperung des Wissens (Skt jñāna), der unverblümten Ansicht der Natur von ↗saṃsāra u. ↗śūnyatā dar u. können auch als ↗Yidam fungieren. d. mit menschlichem Körper treten häufig als alte, häßliche Frau, Branntweinverkäuferin, Hure, junges Mädchen o. ä. auf. Ihre

Funktion ist stets, den Praktizierenden auf höhere Stufen geistiger Vervollkommnung zu führen. Die männliche Entsprechung der d. sind die ḍāka oder vira (Skt, tib. dpa` bo).

L.: A. Hermann-Pfandt, Ḍākinīs. Zur Stellung u. Symb. des Weiblichen im Tantr. Buddha. 1992 (Indica et Tibetica 20); G. Kalsang Gyatso, Guide to the Dakini Land, London 1991. (ev)

Dalai Lama (mongolisch dalai blam-a), „Ozean-Lama", ein Titel, der dem tib. Gelugpa-Lama ↗Sönam Gyatsho (1543–88) vom mongolischen Großfürsten Altan Khan (1507–82) 1578 verliehen wurde und seinen sämtlichen Wiederverkörperungen eigen ist. Von der Zeit des 5. D.L. ↗Ngawang Losang Gyatsho (1617–82) an gilt der D. L., der seinen Hauptsitz im ↗Potala hat, als das politische und religiöse Oberhaupt aller Tibeter. Als Emanation des ↗Avalokiteśvara und höchster ↗Lama der ↗Gelugpa-Schule wird der D.L. von den Tibetern ehrfürchtig mit dem Namen „Juwel der Weisheit" (tib. ye śes nor bu) angesprochen. Der ebenfalls in einer Existenzenlinie auftretende ↗Panchen Lama – seiner geistlichen Stellung nach zwar höher stehend, doch politisch niemals von gleichwertiger Bedeutung –, ist der Lehrer des jeweiligen D. L. Der gegenwärtige XIV. D. L. ↗Tendzin Gyatsho residiert seit seiner Flucht 1959 in Indien. Der D.L. trat bisher in 14 Existenzen auf: 1. D. L. Gendün Drub (1391–1475), 2. D. L. Gendün Gyatsho (1475–1542), 3. D.L. Sönam Gyatsho (1542–88), 4. D.L. Yöntän Gyatsho (1589–1617), 5. D.L. ↗Ngawang Losang Gyatsho (1617–82), 6. D. L. Tshangyang Gyatsho (1683–1706), 7. D. L. Losang Kälsang Gyatsho (1708–57), 8. D. L. Jampäl Gyatsho (1758–1804), 9. D. L. Lungtog Gyatsho (1806–15), 10. D. L. Tshültrim Gyatsho (1816–37), 11. D.L. Khädrub Gyatsho (1838–56), 12. D.L. Tinlä Gyatsho (1856–75), 13. D.L. Thubtän Gyatsho (1876–1933), 14. D. L. ↗Tendzin Gyatsho (*1935).

L.: G. Schulemann: Geschichte der D.-L.s, Leipzig ²1958; K. Sagaster: Die Institution der D. L.s (in: Heil u. Macht, hg. v. J. F. Thiel, A. Doutreloux), 1980 (Stud. Instituti Anthropos 22); I. Malik: D. L.s of Tibet, Delhi 1984. (ev)

darśana (Skt, P dassana), „Betrachten, Einsicht, meditative Schau, Theorie"; im ↗Hinduismus als Fachbegriff Bezeichnung für die 6 orthodoxen philosophischen Systeme, die die Autorität des ↗Veda anerkennen: pūrvamīmāṃsā (Schwerpunkte: Auslegung der vedischen Ritualgebote, Sprach- u. Erkenntnistheorie), nyāya (Logik), vaiśeṣika (Naturphilosophie), ↗sāṃkhya, ↗yoga, ↗vedānta. Die zumeist in knappen Merkversen (sūtras) verfaßten Grundtexte der d. stammen aus dem 4. Jh. v. Chr. bis 4. Jh. n. Chr. – I. w. S. werden mit d. meditative Visualisierungen, die Betrachtung eines heilfördernden Gegenstandes sowie die Schau einer als heilig verehrten Person bezeichnet.

L.: E. Frauwallner: Gesch. der ind. Philosophie, 2 Bde., Salzburg 1953–1956; S. Dasgupta: A History of Indian Philosophy, 5 Bde., Cambridge 1922–1955. (mü)

daśabala (Skt, P dasabala), „zehn Kräfte“, die dem ↗Buddha zugeschrieben werden (M 12., 17.; A X. 21). Sie umfassen die Erkenntnis des Möglichen u. Unmöglichen (1), die Bilanz der Taten in Vergangenheit, Gegenwart u. Zukunft (2), des zum Heil führenden Pfades (3), des Wesens der Welt (4), der verschiedenartigen Neigungen der Wesen (5), der Fähigkeiten von anderen Wesen (6), der Erfahrungsebenen der Meditation (7), mancher früherer Daseinsformen (8), des Abscheidens u. Wiedererscheinens der Wesen (9) u. der Erlösung infolge Triebversiegung (10) (nach Nyānatiloka). (sl)

daśakāro vaśī (Skt, tib. rnam bcu dbaṅ ldan), „das Machtvolle Zehngestaltige“, bildet das bedeutendste Symbol der ↗Kālacakra-Lehren (10. Jh.) des ↗Vajrayāna-Buddhismus. Als ein Monogramm, das die umfassende ↗makro-mikrokosmische Analogie des Universums auf allen Daseinsebenen veranschaulicht, wurde es seinerzeit von dem Mönch Cilupa über dem Tor der Klosteruniversität von Nālandā, Magadha/Indien, angebracht. Aus 7 ineinander verschlungenen Zeichen der Rañja-Schrift, denen spezielle mystische Eigenschaften zugeschrieben wurden, sowie darüber schwebenden Mond, Sonne u. Flamme (Skt nāda) bestehend, dient es dem Vajrayānisten zur Erkenntnis der komplexen Zusammenhänge zwischen grob- u. feinstofflicher Welt, zur Verdeutlichung des Aufbaus der feinstofflichen Energiekanäle (Skt nāḍi) u. -zentren (Skt

cakra) im menschlichen Körper u. zur Erklärung medizinischer u. ↗astronomisch-astrologischer Gesetzmäßigkeiten.
L.: H. Grünwedel: Der Weg nach Śambhala, 1915. (ev)

Dengyō Daishi ↗Saichō

Denken (Skt/P citta; Skt manas, P mana) ist weitgehend synonym mit ↗vijñāna/viññāna; ↗Bewußtsein, ↗citta. (no)

Deutsche Buddhistische Union – Buddhistische Religionsgemeinschaft e.V. (DBU). Vereinigung von 37 buddh. Gemeinschaften u. Institutionen (Stand 1996); Sitz München. Auch die Mitgliedschaft von Einzelpersonen ist möglich. Ziele sind u.a. die Verbreitung des Buddh. in Deutschland u. bessere Integration in die europ. Kultur. Die DBU gibt die Zs. „Lotusblätter" u. eine Schriftenreihe heraus u. veranstaltet überregionale Konvente sowie regionale „Dharma-Tage". Ehrenpräsident: Max Glashoff, Sprecher: Alfred Will. – Die 1955 gegründete DBU schloß sich 1988 mit der 1985 in Hamburg gegründeten „Buddh. Religionsgemeinschaft in Deutschland" (BRG) zusammen u. schuf aus diesem Anlaß eine Sektion „Buddh. Gemeinschaft in der DBU" (BG) für Einzelmitglieder. (ec)

Deutsche Pāli-Gesellschaft (DPG), wurde 1909 durch K. ↗Seidenstücker (1876–1936) u. W. Markgraf nach dem Vorbild der brit. Pali Text Society gegründet zur wissenschaftlichen Erforschung des Buddh. u. zur Herausgabe buddh. Texte. 1911 zog Seidenstücker seine Mitarbeit zurück, 1913 kam die Gesellschaft zum Erliegen. Von 1909 an gab die DPG u.a. die ersten Bde. des von ↗Nyānatiloka übers. ↗Aṅguttara-Nikāya sowie eine Zs., „Die buddh. Welt. Dt. Monatszs. für Buddh.", heraus. Ehrenmitglieder waren u.a. T.W. Rhys Davids u. Ānanda Metteyya, der 1. europ. Mönch im ↗saṅgha. (no)

deva (Skt/P), „Gott, himmlisches Wesen"; abgeleitet von div, „leuchten". Nach dem ↗Pāli-Kanon sind die in glänzenden Palästen lebenden Götter, deren Namen z.T. dem Pantheon des ↗Veda entlehnt sind, für das Heilstreben des Menschen ohne Bedeutung. Sie sind mit außerordentlicher Macht, Lebensdauer u. Glücksfülle ausgestattet, unterliegen aber der Vergänglichkeit. Wenn ihr karmischer Verdienst erschöpft ist, gelangen sie in einer anderen Daseinssphäre zur Wiedergeburt. Oft werden sie als Zuhörer u. Verehrer des ihnen an Wissen überlegenen Buddha vorgestellt. Die hierarchischen Götterwelten (ursprünglich 7, später bis zu 24) werden u. a. in die „Region der Sinnenfreuden" (kāmadhātu), die „Region der Formen" (rūpadhātu) – beginnend mit der Welt ↗Brahmās – u. die „Region der Formlosigkeit" (arūpadhātu) gegliedert. Das Pantheon des ↗Vajrayāna weist auch Göttinnen auf.

L.: H. v. Glasenapp: Buddh. u. Gottesidee. Die buddh. Lehren von den überweltlichen Wesen u. Mächten, Wiesbaden 1954; J. R. Haldar: Characteristics of Buddhist gods in Pali literature, in: Journal of Ancient Indian History, Bd. 5 (1971–1972), 38–55. (mü)

Devadatta (Skt/P), ein Vetter des ↗Buddha mütterlicherseits u. vielleicht auch dessen Schwager, gilt in der buddh. Lit. als der klassische Bösewicht, der ein Schisma im ↗saṅgha verursacht haben soll. Die Tradition unterstellt, D. habe den Buddha in der Leitung der Mönchsgemeinde ablösen wollen, da er die Führungsfähigkeit des Buddha im Schwinden befürchtete. Nach Cv 7,2–3 wurde der Spaltungsversuch unter den Mönchen von ↗Vaiśālī (P Vesālī) als Reaktion auf des Buddha brüske Zurückweisung der Vorstellungen D. vereitelt u. D. aus dem saṅgha ausgeschlossen. Aus einer chin. Quelle erfahren wir noch im 5. Jh. n.Chr. (Fa-hsien) von der Existenz einer Mönchsgemeinschaft, die sich von D. herleitete. Der Cv berichtet von mehreren Attentatsversuchen gegen das Leben des Buddha, die D. angestiftet haben soll. Die historische Gewißheit dieser Berichte, deren Topik offensichtlich in der Warnung vor der Spaltung des saṅgha liegt, ist nicht zu erweisen. Historisch wahrscheinlich ist, daß D. das Haupt einer (vermutlich rigoristischen) Dissidentengruppe im saṅgha war, die ihre Forderung nach strengerer ↗Askese nicht durchzusetzen vermochte. Nach buddh. Quellen sei D. kurz nach dem Schisma (ca. 7 Jahre danach) gestorben.

L.: E. Waldschmidt: Reste von D.-Episoden, ZDMG 113 (1964), 552–558; Mukherjee, B.: Die Überlieferung von D., 1966 (MSS, Beiheft J). (no)

deva-dūta (Skt/P), „Götterboten". Nach A 3,36f u. M 130 fragt ↗Yama, der Herrscher der ↗Höllen, die nach einem unheilsamen Leben Verstorbenen, ob sie sich nicht durch die d. gemahnen ließen. Nach A 3,36 sind dies Alter, Krankheit u. ↗Tod (Mahner der Vergänglichkeit), denen ↗Buddha auf den 4 Ausfahrten begegnete. (sl)

Dhammapada (P, Skt Dharmapada), „Pfad der Lehre bzw. der Wahrheit", ist ein sehr alter Text aus dem ↗Khuddaka-Nikāya des ↗Pāli-Kanon. Das Werk ist unter Buddhisten sehr beliebt u. verbreitet. Der P-Text besteht aus 423 Versen, in 26 Kap. (vagga) eingeteilt, u. handelt die Hauptpunkte der ↗Lehre des ↗Buddha ab. Das D. besitzt in etwa eine Skt-Entsprechung im Udānavarga im Kanon der Sarvāstivādins (↗Sarvāstivāda). Diese Schrift ist kompiliert aus dem D., dem ↗Udāna u. etlichen Versen aus dem ↗Saṃyutta-Nikāya. Die Tradition schreibt diese Kompilation dem Dharmatrāta zu, einem Zeitgenossen von König Kaniṣka (↗Indien). Übers. des Udānavarga liegen vor im Chin. (Fa-tchü-ching u. Fa-chü-pi-yü-ching, 2 u. 4 Bde.) u. im Tib. Dabei lehnen sich die beiden chin. Texte enger an die P-Vorlage an. In Gandhārī ist ein (Skt-)Dharmapada erhalten. Ein zentralasiat. Text gleichen Titels in chin. Übers. ist dagegen unecht. – Der wichtigste Komm. zum D. wird ↗Buddhaghosa (die Dhammapadaṭṭhakathā) zugeschrieben u. bietet vornehmlich eine Zusammenstellung buddh. Legenden u. Erzählungen, die die einzelnen Verse des D. erklären sollen.

A.: The D. New edition, hg. v. Sūriyagoḍa Sumaṅgala Thera, PTS, London 1914; P.L. Vaidya: D. Text in Devanāgiri, Poona [2]1934; The Gāndhāri Dharmapada, ed. with an Introduction and Comm. by J. Brough (LOS 7), London 1962; Udānavarga, hg. v. F. Bernhard, 2 Bde., Skt-Texte a.d. Turfan-Funden X (AAWG 3, Folge 54), 1965; D. and Khuddakapāṭha, ed. and tr. C.A.F. Rhys Davids, PTS, 1931; D., ed. O. v. Hinüber and K.R. Norman, PTS, 1994; D., ed. S. Radhakrishnan, London [3]1968 (krit. Ausg. mit engl. Übers.). – Ü.: D. Aus dem Pāli in den Versmassen des Originals, übers. v. K.E. Neumann, [2]1921; Dhamma-Worte. D. des südbuddh. Kanons, verdeutscht v. R.O. Franke, Jena 1923; D. Die älteste buddh. Spruchsammlung, a.d. Pāli übers. v. P. Dahlke (Nachdruck) 1970; J.R. Carter/M. Palihawadana: The D., New York – Oxford 1987 (Pāli/Engl. mit Erläut.). (no)

Dhammapāla, 5. Jh. n.Chr.; lebte in Badaratittha/SO-Indien.

Verf. bedeutender Komm. u. a. aus dem Khuddaka-Nikāya über Udāna, ↗Itivuttaka, Vimānavatthu, Petavatthu, Theragāthā, Therīgāthā u. Cariyāpiṭaka. D. ergänzt unter manchem Betracht ↗Buddhaghosa, mit dem er in allen wesentlichen Punkten hinsichtlich der Lehre übereinstimmt u. dessen Visuddhimagga er ebenfalls kommentiert. (ec)

Dhammasaṅgaṇī (P), 1. der 7 Schriften des Abhidhammapiṭaka (↗Abhidhamma, ↗Kanon). In ihrer Aufzählung der „Zustände“ (dhamma) wird sie häufig als „die buddh. Psychologie“ betrachtet. Die vermutliche Abfassungszeit dürfte noch vor der Mitte des 3. vorchristlichen Jh. liegen. Im Kanon der ↗Sarvāstivādins findet sich im Saṇgītisūtra ein vergleichbarer Text.

A.: D., ed. E. Müller, PTS, 1885 (repr. 1978). – Ü.: Buddhist Psychological Ethics, tr. C. A. F. Rhys Davids, 1900 (repr. 1993). (no)

dhāraṇī, auch dhāriṇī (Skt), kurze Texte, denen magische Wirkungen zugeschrieben werden, zumeist ↗Mantras. Sie werden gemurmelt oder meditiert u. sollen gegen Dämonen, Schlangenbisse usw. schützen (↗Vajrayāna; ↗paritta). Nach G. Grönbold wurden in einer späteren Phase manche d. als Göttinnen personifiziert.

L.: J. W. Hauer: Die D. im nördl. Buddh., 1927. (ec)

dharma, Skt (P dhamma), ist ein ungemein komplexer Begriff hindustisch-buddh. Terminologie; wörtlich: das „Zugrundeliegende, Tragende“ (Wurzel: dhar = tragen, halten, dauern); dann: Beschaffenheit, Eigenschaft, Erscheinung, Objekt; Recht, Gerechtigkeit, Gesetz, universales oder Weltgesetz; schließlich auch: Lehre u. Buddh. besonders für ↗„Lehre des Buddha“ (saddharma = das gute Gesetz, die gute Lehre), Wahrheit. Im Buddh. ersetzt d. die upanischadische Konzeption des ↗brahman (↗Upanischaden). – 1. Lehre des Buddha (Skt deśanā, P desanā): Der d. gilt als vom Buddha unabhängige, ewige (akālika) Größe. Er wird von jedem Buddha immer wieder neu u. selbst entdeckt. Daher stellt der d. mit dem Buddha u. dem ↗saṅgha die 3 heilsrelevanten „Kostbarkeiten“ (Skt ratna, P ratana) dar, zu denen der Buddhist seine „Zuflucht“

nimmt (Skt śaraṇa, P saraṇa), d.h. zu denen er sich bekehrt u. wo er Schutz sucht u. empfängt. Neben der Bedeutung „Lehre“ wird d. auch als virāga, als Freisein von Haß, verstanden. Die hohe Wertigkeit des d. zeigt sich in der Verfügung des Buddha vor seinem Tod, in der er seine (Lehrer-)Autorität auf den d. übertrug (MPNS VI,1; D 16), so daß die Lehre die einzige Autorität u. verbindliche Norm im Buddh. darstellt: Die Lehre ist Insel der Zuflucht, wie es im Vermächtnis des sterbenden Buddha heißt (D 16,2.26). Daher kommt auch der 1. Predigt, dem „In-Bewegung-Setzen des Rades der Lehre“, große Bedeutung zu (niedergelegt im Dharmacakrapravartana-sūtra, P Dhammacakkappavattana-sutta; Mv I6 = Vinyana I,10 ff; S 56,11). Diesem sehr alten Text zufolge ist der Grundbestand des d.: (1) das Meiden der beiden Extreme, bzw. die Lehre des Buddha als madhyamā pratipad (P majjhimā paṭipadā), als „Pfad in der Mitte, das ist (2) der Edle Achtgliedrige Weg (Skt ārya-aṣṭāṅgika-mārga, P ariya-aṭṭhaṅgika-magga); (3) die edle Wahrheit vom Leiden, seiner Entstehung, seiner Aufhebung u. vom zur Aufhebung des Leidens führenden Weg. Der Bewahrung des d. dienen die ↗Konzile, auf denen der Lehrbestand, der auch die Ordenszucht (↗vinaya) einschließt, durch gemeinsame Rezitation überprüft u. gebilligt wurde. In der theravādischen Tradition (↗Theravāda) wurde der dhamma zum tragenden religiösen Konzept, das den inneren Zusammenhang des Systems gewährleistete. Im Buddh. des „Reinen Landes“ wird der d. mit dem Buddha ↗Amitābha selbst identifiziert; der d. ist der Leib des Amitābha. – 2. d.-Kombinationen als Objekte bzw. als Daseinserscheinungen, die dem erkennenden Wesen (manas/mana oder citta) entgegentreten: Sie sind körperlicher oder geistiger, wirklicher oder nur potentieller Natur, wobei der ältere Buddh. an der Realität der d. festhält. Die d. werden dann in der von der abhidharma-Lit. ausgehenden scholastischen Spekulation fortentwickelt im Sinne einer atomistischen Theorie, vergleichbar den von Leukipp (Mitte des 5. Jh. v. Chr.) u. Demokrit (ca. 470–360 v. Chr.) in Griechenland gelehrten Theoremen, von den Grundbausteinen der Welt, aus deren Zusammenmischung u. Entmischung die Objekte entstehen, Gestalt u. Erscheinung gewinnen, sich verändern u. vergehen. Dabei tritt nach der buddh. d.-Lehre zur außersubjektiven

Realität der Wahrnehmungs- u. Erkenntnisvorgang des Subjekts notwendig hinzu, so daß die d.-Lehre von Anfang an changiert zwischen physikalischen u. psychischen Faktoren. Die Anzahl der d. unterschied sich in den verschiedenen Schulen (75 z.B. im Sarvāstivāda, über 100 bei den Theravādins). Die d. verstehen sich jedenfalls als die tragenden Elemente des Weltprozesses. – 3. Daher ist dieser Weltprozeß auch gleichbedeutend mit dem mehrdimensionalen Weltgesetz, das nicht nur alles kosmologische, sondern auch moralisch-sittliche Geschehen in der Welt umfaßt.

L.: J. R. Carta: Dhamma. Western Academic and Singhalese Buddhist Interpretation, Tokyo 1978; W. Geiger: Dhamma und Brahman, in: Zs. f. Buddh., 3. Jg., 1921, 73–83; M. u. W. Geiger: Pāli Dhamma, vornehmlich in der kanonischen Lit. ABAW, Philos. Klasse 51. Bd. 1, München 1920; H. v. Glasenapp: Zur Geschichte der buddh. Dharma-Theorie, in: ZDMG 92/1938, 383–420; ders.: Der Ursprung der buddh. D.-Theorie, WZKM 46 (1939), 248–266 (= Ausgew. Kl. Schr., hg. v. H. Bechert u. V. Moeller, 1980, 399–423); ders.: Die Philosophie der Inder, [4]1985; M. Walleser: Die philosophische Grundlage des älteren Buddh., [2]1925; E. Frauwallner: Die Philosophie des Buddh., [4]1994; Th. Stcherbatsky: The Central Conception of Buddhism and the Meaning of the Word Dharma, London 1923 (Nachdr. Delhi 1974); A. Willman-Grabowska: Evolution sémantique du mot „dharma“, RO 10 (1934), 38–50. (no)

dharmacakra (Skt, P dhammacakka), „Rad der ↗Lehre“, bezeichnet die Lehre des ↗Buddha schlechterdings. Mit seiner 1. Predigt (↗Predigt von Benares) habe nach buddh. Tradition der Buddha das Rad der Lehre in Bewegung gesetzt (S LVI,11; Mv I,6 = Vinaya I,10ff). Das Dhammacakkappavattana-sutta (P, Skt Dharmacakrapravartana-sūtra) beinhaltet mit hoher historischer Wahrscheinlichkeit den authentischen Bestand der ursprünglichen Buddha-Lehre. (no)

Dharmaguptaka (Skt, P Dhammagutta, auch D.-guttika), bedeutende hīnayānische Schule (↗Hīnayāna), im 3. Jh. v. Chr. in Indien entstanden. Erhalten ist ein D.-vinaya, in der sich die Buddhalegende ausführlich mit Vorgängern, Genealogien, Berichten von der Geburt bis zur ↗bodhi u. zur Bekehrung Sāriputtas findet, in chin. Übers. erhalten (Fo-pen-hsing-chi-ching). Die Schule ist auch mit der Entstehung des Mahāprajñāpāramitā-sūtra direkt oder indirekt verbunden. In chin. Version erhalten ist auch ein Dīrgha-āgama, zwischen 412 u. 413 von einem Buddhayaśas übers., das vermutlich der Schule der D. entstammt.

L.: A. Bareau: Les sectes bouddhiques du petit Véhicule, PEFEO 38, Saigon 1955. (no)

dharmakāya (Skt), „Dharma-Leib"; Bezeichnung für die höchste, begrifflicher Fassung entzogene Wirklichkeit ↗Buddhas im Rahmen der mahāyānischen (↗Mahāyāna) ↗Trikāya-Lehre. Im tiefsten Sinne ist hiernach das Wesen Buddhas mit der im ↗dharma ausgesagter Heilswirklichkeit identisch (↗Buddhanatur). (sl)

Dharmakīrti (Skt, wörtlich: „dessen Ruhm der ↗dharma ist") südind. Mönch u. maßgeblicher Logiker u. Erkenntnistheoretiker des späten ↗Mahāyāna, Mitte des 7. Jh. In ↗Tibet zählt D. zusammen mit ↗Nāgārjuna, ↗Āryadeva, ↗Asaṅga, ↗Vasubandhu u. ↗Dignāga zu den „6 Zierden der Lehre". Im südind. Trimalaya in brahmanischer Familie geboren u. klassisch ausgebildet, schloß sich D. zunächst als Laie dem Buddh. an. In N-Indien nahm ihn Dharmapāla von Nālandā in den ↗saṅgha auf u. als Schüler an. D. verfaßte (1) eine Einführung in die Logik u. Wissenschaftstheorie (Nyāyabindu), in Skt u. tib. Übers. erhalten, kommentiert u.a. von ↗Dharmottara u. ↗Kamalaśīla; (2) Pramāṇavārttika („die Erklärung der Argumente"), in Skt u. tib. Übers. erhalten. In diesem Werk wird die Lehre vom Pramāṇasamuccaya, einer Erkenntnistheorie, entfaltet. D. schließt sich der Wirklichkeitsauffassung der ↗Sautrantikas an, daß die Objekte der Wahrnehmung Mischungen aus kleinsten Teilen (↗dharmas) seien. Die Schrift Pramāṇaviniścaya („Entschluß zu den Argumenten") unterscheidet sich nicht von (2); es liegt nur in Tib. vor. Gleichfalls nur tib. erhalten sind die Texte (4) Hetubindu u. (5) Saṃbandhaparīkṣā (von letzterem existieren auch einige Skt-Fragmente). D. zugeschrieben werden ferner das Codanāprakaraṇa, das ist eine Abhandlung über die Kunst des Disputierens, (7) eine Widerlegung des monistischen Solipsismus (Santānāntarasiddhi), nur tib. erhalten, u. eine weitere Schrift, die nur auf Tib. vorliegt (Vadanyāna). Dazu rechnet man D. die Autorschaft von stotras, ↗Tantras u. Lyrik bzw. Hymnik zu. Keines seiner Werke wurde ins Chin. übersetzt, und so blieb seine Philosophie ohne Einfluß auf China. – D. steht der Autorität von Schriften u. dem Autoritätsbeweis ungemein skeptisch gegenüber, sieht jedoch andererseits im ↗Buddha die Quelle der Erkenntnis. Existenz ist für D. ständige Veränderung, die Annahme einer Kontinuität eine Kette von Augenblicken, die durch imaginatives u. unterscheidendes Denken hervorgebracht wird, also Illusion ist.

A.: D.: Hetubindu, ed. E. Steinkellner, Wien 1967 (VKSKSO 4.5). – L.: E. Frauwallner: Die Reihenfolge u. Entstehung der Werke D. s, Asiatica, Fs. F. Weller zum 65. Geb., 1954, 142–154; T. Vetter: Erkenntnisprobleme bei D., Wien 1964 (SAWW 245/2); ders.: Der Buddha u. seine Lehre in D.s Pramāṇavārttika, Wien 1984 (WSTB 12), E. Steinkellner (Hg.): Studies in the Buddhist Epistemological Tradition. Proceedings of the 2nd Int. D. Conference, Wien 1991 (Beiträge zur Kultur- u. Geistesgeschichte Asiens, 8). (no)

Dharmakṣema (chin. Fa-feng), wirkte 385–433; berühmter buddh. Mönch u. Übers. Als größte Leistung gilt seine Übers. des MPS, auf die die chin. Nirvāṇa-Schule ihre Lehren stützte. Er war Berater des König Chü-ch'ü Meng-hsün von Pei Liang in NW-China, der in ermorden ließ, als D. nach Zentralasien reisen wollte, um nach weiteren Versionen des MPS zu forschen. Übers.: 414–421 MPS (Skt) (Ta-pan nieh-p'an-ching, ↗Nieh-p'an), ↗Buddhacarita (Fo-so-hsing tsan). (so)

dharmanusārī (oder dharmanusārin Skt, P dhammanusāri), der „Wahrheitsergebene", das ist einer der 7 edlen Jünger (P ariyapuggala) des ↗Buddha, der geübt ist, die Gebilde als unpersönlich zu betrachten. Er befindet sich auf der untersten Stufe der spirituellen Reife, des „Stromeintritts". (no)

Dharmapāla (Skt, tib. chos skyoṅ), „Beschützer der Lehre", Bezeichnung ursprünglich nicht-buddh., schreckenerregender ↗Gottheiten, die von Heiligen wie ↗Padmasambhava dem Buddh. dienstbar gemacht wurden, um fortan ↗dharma, buddh. Patrone u. Gläubige vor allen Arten negativer Einflüsse zu schützen. Die D. sind eine Eigenart des ↗Lamaismus. Sie werden auf der untersten Stufe der heilswirksamen Gottheiten des lamaistischen ↗Pantheons angeordnet. Nach weltlichen u.

transzendenten D. unterschieden erscheinen sie, ähnlich den Gottheiten, in friedvoller, zornvoller o. gemischt friedvoll-zornvoller Form. Die bekannten 8 d. sind ↗Brahma, ↗Yama, Kuvera, ↗Mahākāla, Hayagrīva, ↗Yamāntaka (alle Skt), ↗Lhamo u. Begtse (tib.). Bedeutende D. sind auch die 4 Weltenhüter.

L.: R. de Nebesky-Wojkowitz: Oracles and Demons of Tibet, Graz ²1975; A. Getty: Gods of Northern Buddhism, Tokyo ³1962; D. i. Lauf: Das Erbe Tibets, Bern 1972. (ev)

Dharmapāla, Anagārika, bürgerlich David Hewavitarne, 1864–1933, führender Vertreter des modernen Buddh. in ↗Ceylon. D. lernte ↗Olcott kennen, als dieser 1880 ↗Ceylon besuchte u. damals zum Buddh. konvertierte, u. war in der Folge von diesem nachhaltig beeinflußt. 1891 gründete D. in Colombo/Ceylon die „Bodh-Gaya-Mahābodhi-Gesellschaft" (↗Mahābodhi-Society), mit der Zentrale ab 1892 in Calcutta/Indien. 1893 trat D. in Chicago als Sprecher des singhalesischen Buddh. auf dem „Weltparlament der Religionen" auf. Er verstand sich als brahmacarin (↗brahmacarya; Eheloser) u. zugleich als ↗Hausloser, d.h. als Laie, der weitgehend mönchische Lebensweise übernimmt, und hat somit das altbuddh. Institut des anagārika, das sehr früh abgegangen war, wiederbegründet. Sein Wirken u. die von ihm gegründete Gesellschaft haben die moderne Gestalt des Buddh. in Asien u. in Europa maßgeblich beeinflußt. Die Mahābodhi-Gesellschaft ist faktisch die Vorläuferin der Weltvereinigung der Buddhisten, „World Fellowship of Buddhists". (no)

Dharmarakṣa (chin. Fa-hu), um 230–313?, aus Tun-huang, chin. erzogen; sammelte in Zentralasien Schriften u. wirkte ab 266 in Ch'ang-an. Ihm wurden 154 Übers. zugeschrieben, u. a. des Lotus-Sūtra u. des Lalita Vistara. Seine religiösen Aktivitäten förderten die Verbreitung des Buddh. in N-China nachhaltig. (so)

Dharma-Theorie. Als D.-Th. wird in der westl. Buddh.-Forschung der in unterschiedlichen Formen bei der abhidharmischen Philosophie (↗Abdhidharma-piṭaka) der verschiedenen Schulen des ↗Hīnayāna anzutreffende Versuch einer systematischen Einteilung der Seinserscheinungen in irreduzierbare Gegebenheiten (↗dharmas) bezeichnet. Gemeinsam ist diesen Versuchen die Grundunterscheidung zwischen „bedingten" (Skt saṃskrita) und „nicht-bedingten" (Skt asaṃskrita) dharmas, wobei der ↗Theravāda als letzteres im Unterschied zu anderen Schulen nur ein dharma, das ↗nirvāṇa, akzeptierte. Innerhalb der Gruppe der bedingten dharmas variieren zwischen den Schulen sowohl die Angabe ihrer Zahl als auch die korrespondierenden Einteilungsprinzipien. Insgesamt werden die bedingten dharmas jedoch als nur augenblicklich entstehende u. sogleich wieder vergehende „Partikel" (allerdings keineswegs nur materieller Art) verstanden, die einander in lückenloser, kausaler Sukzession folgen u. so kontinuierliche Ströme bilden. Mit der D.-Th. versuchte man eine philosophisch befriedigende Erklärung der geistigen u. materiellen Wirklichkeit zu geben, die den beiden zentralen Ausgangsdaten des Buddh., der Allvergänglichkeit (↗anitya) u. der Abwesenheit eines „Ichs" (↗anātman), gerecht wurde. Ob die D.-Th. bereits den philosophischen Hintergrund dieser Annahmen des älteren Buddh. bildete u. die ↗Skandha-Lehre i. S. der D.-Th. zu interpretieren ist, ist in der Buddh.-Forschung allerdings strittig. Auf scharfe Ablehnung stieß die D-.Th. in der ↗Mādhyamika-Schule, die in ihr einen unheilsamen u. logisch unhaltbaren Rückfall in metaphysische Spekulation sah.

L.: Nyanatiloka: Guide through the Abhidhamma Pitaka, 3. erw. Aufl., Colombo 1957; O. Rosenberg: Problemy buddijskoj filosofii, Petrograd 1918; dt. Übers.: Probleme der buddh. Philosophie, 1924; Th. Stcherbatsky: The Central Conception of Buddhism and the Meaning of the Word „Dharma". London 1923, repr. Delhi 1970; H. v. Glasenapp: Zur Geschichte der buddh. D., ZDMG 92 (N. F. 17), 1938, 383–420; ders.: Der Ursprung der buddh. D., WZKM 46, 1939, 242–266 (= Ausgew. Kl. Schr., hg. v. H. Bechert u. V. Moeller, 1980, 399–423). (sl)

Dharmatrāta, legendärer Kompilator des sarvāstivādischen Udānavarga (↗Sarvāstivāda), aus den Pāli-Schriften ↗Dhammapada und ↗Udāna mit etlichen Versen des Sagātha-vagga aus dem S. D. soll ein Zeitgenosse des Königs Kaniṣka (2. Jh. n. Chr.) gewesen sein. (no)

Dharmottara, ca. 730–800 n.Chr. in Kaschmir; Vertreter des späteren ↗Mahāyāna, zur Schule der Vijñānavādins (↗Yogācāra) gehörig. Er kommentierte ↗Dharmakīrtis Werk Nyāyabindu in der Nyāyabinduṭīkā, zu der seit dem ausgehenden 8. bis ins 10. Jh. eine Reihe von Subkomm. entstanden sind, die die Wichtigkeit des D. unterstreichen. Von seinen eigenen Schriften ist die wichtigste Kṣaṇabhaṅgasiddhi. Durch sein Werk Apohaprakaraṇa gilt D. als Nachfolger ↗Dharmakīrtis. Er wird zu den späten Logikern des philosophischen Mahāyāna gezählt.

A.: E. Frauwallner: D.s Kṣaṇabhaṅgasiddhi, Text u. Übers., WZKM 42 (1935), 217–258; ders.: Beiträge zur Apohalehre, II, D., WZKM 44 (1937), 233–287. – L.: E. Steinkellner, in: WZKS 20 (1976). (no)

dhātu (Skt/P), wörtlich: Element oder Teil eines Ganzen; das, was ein Wesen trägt u. erhält. Mit d. kann Unterschiedliches gemeint sein: 1. die 6 Elemente Erde, Wasser, Feuer, Luft bzw. Wind, sowie Raum u. Bewußtsein (paṭhavī-, āpo-, tejo-, vāyo-, ākāśa-, vijñāna-d.); 2. die 18 Elemente geistiger Vorgänge, nämlich die Sinnesorgane, -objekte, -bewußtseinsformen u. schließlich das Geist-Element, -Objekt u. -bewußtseinselement. 3. Die 3 Weltelemente sind identisch mit den Regionen der Dreiwelt (↗tiloka); kāma–, rūpa u. arūpa-d. 4. bezeichnet d. in Verbindung mit einem anderen Wort eine Potentialität u./oder einen Zustand: Buddha-d., nirvāṇa-d. usw. (no)

Dhātukathā (P), Schrift aus dem ↗Abhidhammapiṭaka, wörtlich: „Diskurs über die Elemente“. Die D. hat ihre Entsprechung im (oder wenigstenws eine enge Verbindung zum) Abhidharma-jñānakāyapāda-śāstra der ↗Sarvāstivādins.

A.: D., with Comm., ed. E. R. Gooneratne, PTS, 1892, repr. with corr. 1987. – Ü.: Discourse on Elements, tr. Ven. U. Narada (of Rangoon), PTS, 1962, repr. 1977. (no)

dhūtāṅga (Skt, P dhutanga), 12 bzw. 13 strengere asketische Übungen – wie das Tragen eines Ordensgewandes aus Lumpen, der Aufenthalt in der Waldeinsamkeit oder auf Friedhöfen –, die im buddh. Orden (↗saṅgha) trotz dessen kritischer Einstellung zur strengen ↗Askese gestattet sind. Nach Vis gelten die d. als Läuterungsmittel, die von Mönchen für kürzere oder längere Zeit als Gelübde übernommen u. geübt werden dürfen. (no)

dhyāna ↗Meditation

Dhyāna-Schule ↗Ch'an, Zen

Dhyāni-Bodhisattvas, „Meditations-Bodhisattvas"; Bezeichnung für 5 herausragende ↗Bodhisattvas, die den ↗Dhyāni-Buddhas (nachfolgend in Klammern) zugeordnet sind: ↗Samantabhadra (↗Vairocana), ↗Vajrapāṇi (↗Akṣobhya), Ratnapāṇi (↗Ratnasaṃbhava), ↗Avalokiteśvara o. ↗Padmapāni (↗Amitābha), Viśvapāṇi (↗Amoghasiddhi). (sl)

Dhyāni-Buddhas, „Meditations-Buddhas"; Bezeichnung für die ↗Buddhas des ↗saṃbhogakāya, besonders für die Pañcatathāgatas des buddh. ↗Tantrismus. Letztere stellen eine in der Kosmologie u. Ikonographie des späten ↗Mahāyāna u. des Tantrismus bedeutsame Reihung von fünf Buddhas des samboghakāya dar, denen häufig eigene spirituelle Welten (Buddhaländer), irdische Buddhas (nachfolgend in Klammern), ↗Dhyāni-Bodhisattvas u. ↗Śaktis (weibl. Verkörperungen) zugeordnet sind: ↗Vairocana (↗Krakucchanda), ↗Akṣobhya (Kanakamuni), ↗Ratnasaṃbhava o. Ratnaketu (Kāśyapa), ↗Amitābha od. Lokeśvara (↗Śākyamuni), ↗Amoghasiddhi o. Amogavajra (↗Maitreya). (sl)

Diamant-Sūtra, Bezeichnung des Vajracchedikā-Prajñāpāramitā-Sūtra, eines recht alten u. enorm einflußreichen Textes aus der Gruppe der ↗Prajñāpāramitā-Sūtren. In diesem relativ kurzen Text erläutert ↗Buddha ↗Śākyamuni in Gestalt eines Dialoges mit Subhūti diesem die transzendente ↗Weisheit (↗prajñā) im Sinne der ↗śūnyatā-Lehre, wonach die Gültigkeit aller Begriffe des älteren Buddh. in paradoxer (↗Paradoxie) Form allein aus ihrer absoluten Negation abgeleitet wird. Das D. knüpft dabei explizit an das im Floßgleichnis (vgl. M 22 u. 38) artikulierte heilspragmatische Verständnis des ↗dharma an u. setzt es in Bezug zum ↗Bodhisattva-Ideal.

A.: M. Muller (ed.), in: Anecdota Oxomensia Aryan Series, 1 (1881), 19–46 (repr. 1972). – Ü.: F.M. Müller: Buddhist Mahāyāna Sūtras, SBE 49, Oxford 1894; E. Conze: The Short Prajñāpāramitā, Textslg., London 1974, 122–139; M. Wallner: Prajñāpāramitā. Die Vollkommenheit der Erkenntnis, 1914, 140–158. (sl)

Dīgha-Nikāya (P) wörtlich: „lange Sammlung" (Skt Dīrghāgama), stellt die 1. Sammlung der Lehrreden des ↗Buddha im ↗Suttapiṭaka des ↗Pāli-Kanons dar, in der die langen Lehrreden zusammengestellt sind, insgesamt 34 Texte. In chin. Übers. existiert eine vergleichbare, um einige Sūtras kürzere Sammlung. Das Skt-Original wurde ca. 250 Jahre nach des Buddha Tod – vermutlich in Kaschmir – zusammengestellt, vermutlich in der Schule der Dharmaguptas u. zwischen 412 u. 413 von einem Buddhayaśa ins Chin. übersetzt. Das Textcorpus beinhaltet 30 Sūtras, von denen sich 27 auch im Pāli-Kanon finden.

A.: The D.-N., 3 Bde., hg. v. T.W. Rhys Davids u. J. Estlin Carpenter, PTS, London 1889–1910 (Nachdr. 1982–1992). – Ü.: Dialogues of the Buddha, tr. T.W. u. C.A.F. Rhys Davids, 3 Bde., PTS, 1899–1921 (Nachdr. 1973–1991), (dt.) R.O. Franke: Dīghanikāya. Das Buch der langen Texte des buddh. Kanons, in Auswahl übers., 1913; K.E: Neumann: Die Reden Gotamo Buddho's, Bd. 2, Längere Sammlung Dīghanikāyo des Pāli-Kanons, 1907, (Neudr. Zürich 1957); (franz.) Jules Bloch, Jean Filliozat u. Louis Renou: Canon bouddhique pāli (Tipiṭaka). Texte et traduction. Suttapiṭaka, Dīghankāya, Bd. 1, Fasc. 1, Paris 1949; E. Waldschmidt: Bruchstücke buddh. Sutras, 1932; Ch. Akanuma: The Comparative Catalogue of Chinese Āgamas and Pāli Nikāyas, Tokyo 1958. (no)

Dīpaṅkara (Dīpaṃkara), einer der Buddhas der Vergangenheit, deren Anzahl in der buddh. Lit. schwankt. Der spätere ↗Buddha ↗Gautama soll einst D. gegenüber das Gelübde geleistet haben, nach der Buddhaschaft zu streben. ↗Amitābha. (no)

Dīpaṅkaraśrījñāna (Skt, tib. dpal mar me mdzad ye śes), auch ↗Atiśa, in Bengalen geb. Guru (982–1054), von den Tibetern ehrerbietig ↗Jobo genannt. 1040 reiste er auf Einladung des westtib. Königs Jangchub Ö (tib. byaṅ chub 'od) nach ↗Tibet u. gründete die ↗Kadampa-Schule. Sein bekanntestes Werk ist das ↗Bodhipathapradīpa. Seine letzten Jahre verbrachte er in Nyethang (tib. sñe thaṅ), 20 km südwestl. von ↗Lhasa.

L.: H. Eimer: Berichte über das Leben von Atiśa, 1977 (AsF 51); ders.: Rnam thar rgyas pa. Materialien zu einer Biographie des Atiśa, 2 Tle., 1979 (AsF 67); A. Chattopadhyaya: Atiśa and Tibet, Calcutta 1967; H. Eimer:

Bodhipathapradīpa. Ein Lehrgedicht des Atiśa (D.) in der tib. Überlieferung, 1978. (ev)

Dīpavaṃsa (P), nach dem ↗Mahāvaṃsa, dem es als Vorlage diente, das wichtigste unter den älteren singhalesischen Geschichtswerken. Der D. ist wie der Mahāvaṃsa in P verfaßt, bleibt jedoch im sprachlichen u. inhaltlichen Duktus an Qualität hinter diesem zurück. In den ersten Kap. wird eine Darstellung biographischer u. legendarischer Ereignisse (so dessen Besuch in ↗Sri Lanka) aus dem Leben Buddhas u. der ersten buddh. ↗Konzile gegeben. Im Anschluß a. d. Behandlung des Lebens ↗Aśokas geht der D. zur Darstellung der vorbuddh. u. buddh. Geschichte Sri Lankas über, die bis zum 4. Jh. geführt wird. Der D. dürfte im 5. Jh. verfaßt worden sein, sein Autor ist unbekannt.

A.: The D., ed. and tr. H. Oldenberg, London 1879. – L.: W. Geiger: D. und Mahāvaṃsa und die geschichtliche Überlieferung in Ceylon, 1905 (Nachdr. 1973); E. Frauwallner: Über den geschichtlichen Wert der alten ceylonesischen Chroniken, Nachgel. W. Bd. 1, hg. v. E. Steinkellner, 1984, 7–33 (SAWW 438). (sl)

diṭṭhi (P, Skt dṛṣṭi), wörtlich: Ansicht, Anschauung, Meinung; steht, wenn ohne den Zusatz „recht" (Skt samyak, P sammā) gebraucht, meist in einer negativen Bedeutung von falscher Ansicht. Als solche ist die d. die Voraussetzung falschen Redens u. Tuns in buddh. Ethik. Grundlegend ist unter den Formen von d. die Persönlichkeits- (sakkāya-d.) oder Ich-Anschauung (attā-d.); sie äußert sich als Annahme einer ewigen Fortexistenz des Selbst (Ewigkeitsglaube, sassata-d.) oder als Vernichtungsglaube (uccheda-d.) bezüglich des menschlichen Selbst (↗anattā). Weitere falsche Anschauungen, die der ↗Buddha zurückweist, sind der ↗Fatalismus, die Auffassung, daß es kein ↗karma gebe (akiriya-d.) u. der Nihilismus (natthika-d.). (no)

Divyāvadāna (Skt), gehört mit der Divyāvadānamālā zu den ↗Avadāna-Texten, die lit. gerade die Grenze zwischen ↗Hīna- u. ↗Mahāyāna bezeichnen. D. bedeutet wörtlich: „das himmlisch ruhmvolle Ereignis." Die Schrift, selber gewiß nicht der älteste Text der Avadāna-Lit., beinhaltet aber zweifelsfrei sehr alte Teile u. steht als ganzes dem ↗Hīnayāna nahe, wiewohl durch eine mahāyanische Oṃ-Verehrungsformel eingeleitet. Man wollte im D. schon ein Werk der ↗Mūlasarvāstivādins sehen.

A.: D., ed. E.B. Cowell, R.A. Neil, Cambridge 1886 (repr. 1969); D., ed. P.L. Vaidya, Darbhanga 1959 (BST 20). – Ü.: H. Zimmer: Karman. Ein buddh. Legendenkranz, 1925. (no)

Dölma (tib. sgrol ma), Transkription des tib. Namens der ↗Tārā. (ev)

Dōgen eigentlich: Dōgen Kigen (1200–1253) gehört gemeinsam mit ↗Hōnen, ↗Shinran u. ↗Nichiren zu den herausragenden Erneuerern des jap. Buddh. der Kamakura-Zeit. D., der bereits in zartem Alter seine Eltern verlor, wurde auf sein eigenes Betreiben hin im Alter von 13 Jahren als ↗Tendei-Mönch auf dem Berg ↗Hiei ordiniert. Doch nach wenigen Jahren verließ D., religiös unbefriedigt, den Hiei. Schon damals soll ihn besonders die Frage nach dem Verhältnis zwischen dem nondualen Verständnis der ↗Erleuchtung im Sinne der māhāyānischen ↗śūnyatā-Lehre einerseits u. ihrem Verständnis als eines durch Übung zu erlangenden Zieles anderseits beschäftigt haben, die später zum zentralen Thema seines Werkes wurde. 1223 reiste D. nach ↗China, wo er nach längerem Suchen ab 1225 im T'ien-t'ung-Kloster zum Schüler des Ju-ching (1164–1228) wurde, der ihn nach der nun bald erlangten Erleuchtung offiziell als seinen Nachfolger in der Sōtō-Linie beglaubigte. 1227 kehrte D. nach ↗Japan zurück. Dort wirkte er zunächst in Kyōto, zog sich jedoch 1243 mit seinen Anhängern angesichts wachsenden Gegendrucks in die Provinz Echizen zurück, wo er das Kloster Eiheiji gründete, dem er bis zu seinem Tod als Abt vorstand u. das bis in die Gegenwart ein Kristallisationspunkt des sich auf die Lehre D. berufenden jap. ↗Sōtō-Zen blieb. Das Hauptwerk D. ist das aus 92 Büchern bestehende (allerdings Fragment gebliebene) Shōbōgenzō. In ihm begründet D. seine Vorstellungen vom reinen, in karger Lebensweise auf die für ihn allein entscheidende Übung des ↗Zazen konzentrierten monastischen Lebens mit tiefgreifenden, besonders auf die Ununterscheidbarkeit von ↗saṃsāra u.

↗nirvāṇa gerichteten Reflexionen über den wahren Sinn des Buddh.

L.: H.-J. Kim, Dogen Kigen: Mystical Realist, Tucson 1975; H. Dumoulin, Geschichte des Zen-Buddh., Bd. II: Japan, 1986; E. Dogen, Shobogenzo Zuimonki. Unterweisungen zum wahren Buddha-Weg, 1991; H. Dumoulin: Die religiöse Metaphysik des jap. Zen-Meisters Dogen, Saeculum 12 (1961), 205–236; Abe, M.: D. on Buddha Nature, EB, Bd. 4, 1 (1971), 28–71; Yuho Yokoi: Master D., An Introduction with Selected Writings, Tokyo 1976. (sl)

Dogma, Dogmatismus (von griech. dokein = erscheinen, richtig erscheinen), bezeichnet die Schulmeinung einer erkenntnistheoretischen Richtung in der griech. Philosophie, dann die Festsetzung von Glaubenssätzen u. verbindlichen Lehraussagen in religiösen Traditionen. Dient die Diskussion im jüdischen Talmud stärker den Fragen der „Orthopraxie“, also wie Israel seinem Gott die Treue hält (als jurisdiktionelle Weisung in der Halacha u. als beispielhafte Erzählung in der Haggada), so daß im Judentum „Orthodoxie“ vor allem als „Orthopraxie“, als die richtige Lebensführung u. religiöse Praxis, erscheint, sichern im Christentum Synoden und Konzile u. speziell in der röm.-kath. Kirche die lehramtlichen Entscheidungen der Päpste den gültigen Glaubensbestand, grenzen ihn von konkurrierenden Lehrmeinungen ab u. verteidigen ihn. Damit dient hier das D. u. der dogmatische Prozeß der Einheit der Glaubenslehre. Eine vergleichbare Funktion üben im Islam die Entscheide der Rechtsgelehrten aus: ihre übereinstimmende Meinung (der Idjmā), der im Analogieverfahren hergestellte Entscheid (der Qiyās), das Gutachten (Fatwā), dem zwingende Gesetzeskraft zukommt. Dem Begriff des D. u. D.tismus haftet im alltäglichen Sprachgebrauch eine negative Färbung an im Sinne von „Ungeprüftheit“ der erklärten Position, Glaubenszwang u. Dezisionismus (Willkürlichkeit der Festsetzung). – In neuerer Zeit – vor allem beeinflußt durch die Sicht auf das kolonialistische Christentum in asiat. Ländern u. durch den buddh. Modernismus – lehnt der Buddh. strikt das D. u. den D.tismus ab. Dabei wird regelmäßig auf die Lehrrede des ↗Buddha an die Kalāmer (A III, 65) als geradezu antidogmatische Vorschrift verwiesen (Text im Anhang, S. 542 f). Richtig ist in jedem Fall, daß der Buddh. Einsicht u. Erfahrung höher schätzt als Glaube u. Autorität u. den blinden Glaubensgehorsam als unheilsam zurückweist. Tatsächlich ist aber in den Formen der Volksbuddhismen (in ↗Sri Lanka, ↗Burma, ↗China, ↗Japan, ↗Tibet u. anderswo) der unreflektierte, vertrauensvolle u. glaubensgeführte religiöse Vollzug selbstverständlich auch anzutreffen. Der Begriff „Glaubensbuddh." für bestimmte Schulen des reformierten jap. Buddh. (↗Jōdo Shin-Shū u. ↗Jōdo-Shū bzw. Jōdo-kyō als allgemeinere Bekenntnisorientierung; ↗Japan) ist in diesem Zusammenhang irreführend, weil das dem Glaubensbegriff häufig unterstellte „Glaubensopfer" (Glaubensgehorsam, sacrificium intellectus), also die ungeprüfte Glaubensannahme zugunsten des D. fehlt. ↗„tariki" (das ist die rettende Kraft des anderen, nämlich des ↗Amida-Buddha) gegenüber dem eigenen Bemühen (↗jiriki = eigene Kraft) bezieht sich weniger auf Glaube als auf Praxis, die unzureichend ist u. der helfenden Kraft bedarf. Glaube heißt hier nicht D., sondern Vertrauen (Skt śraddhā, P saddhā). Wie auch schon der alte Buddh. vor die eigene Prüfung der ↗Lehre des Buddha zunächst das Vertrauen als Erstimpuls für die Annäherung an den Buddha u. seine Predigt begriffen hat.

L.: W. Pannenberg: Was ist eine dogmatische Aussage?, in: ders.: Grundfragen systematischer Theologie I, 1967, 159–180; H. Bechert: Buddh., Staat u. Gesellschaft in den Ländern des Theravāda-Buddh., Bd. I: Grundlagen, Ceylon (1966) ²1988; K.-J. Notz: Der Buddhismus in Deutschland in seinen Selbstdarstellungen, 1984, 152–160; L. de La Vallée Poussin: Bouddhisme, Opinions sur l'histoire de la dogmatique, Paris ³1925; ders.: Le dogme et la philosophie du Bouddhisme, Paris 1930. (no)

Dorje (tib. rdo rje), tib. Bezeichnung für den ↗vajra. (ev)

Drei Gesetzeskönige Tibets (tib. chos rgyal rnam gsum), das sind die 3 buddhismusfreundlichen tib. Könige ↗Songtsen Gampo (reg. 620–49), ↗Tisong Detsen (reg. 755–97) u. Rälpacen (reg. 817–36). (ev)

Drei Gottheiten langen Lebens (tib. tshe lha rnam gsum), das ist die im lamaistischen Kulturraum sehr populäre Dreiergruppe ↗Amitāyus, ↗Tārā und ↗Uṣṇīṣavijayā. (ev)

Drei Merkmale (Skt trilakṣaṇa, P tilakkhaṇa). Die D. M. verstehen sich als Ergebnis der Wirklichkeitsanalyse in der ↗Lehre des ↗Buddha, nach der alle welthafte Existenz (1) vergänglich (Skt anitya, P anicca), (2) leidvoll (Skt duḥkha, P dukkha), (3) nicht das (überdauernde, ewige) Selbst (Skt ↗anātman, P anattā) sei. Zugleich sind die D.M. ein knappes Kompendium des Kerns der buddh. Lehre, wobei das 1. M. auf den „Satz vom bedingten Entstehen" (↗pratītyasamutpāda), das 2. M. auf die 4 Edlen Wahrheiten u. in der 4. Wahrheit vom Leiden auf den Hohen ↗Achtfachen Pfad u. das 3. M. auf das besondere buddh. Verständnis von Tatvergeltung (↗karma) u. Wiedergeburt (↗saṃsāra) verweisen. (Siehe Text im Anhang, S. 538.)

L.: D. de A. Wijesekera: The Three Signata, Kandy 1960. (no)

Drigung-Kagyüpa (tib. `bri guṅ bka` brgyud pa), Schulzweig der tib. ↗Kagyüpa-Schule, gegründet von Kyopa Jigten Gönpo (tib. skyobs pa `jig rten mgon po) (1143–1177), dem Schüler des Phamo Drupa Dorje Gyaltshen (tib. phag mo gru pa rdo rje rgyal mtshan) (*1110). Der Hauptsitz der D.-K. befindet sich im etwa 100 km nord-östl. von ↗Lhasa gelegenen Kloster Drigung. (ev)

Drölma (tib. sgrol ma), Transskription des tib. Namens der ↗Tārā. (ev)

Drugpa Kagyüpa (tib. `brug pa bka` brgyud pa), die „Drachen-Kagyüpa", nach der Vision eines Drachen durch Tsanga Gyares (tib. gtsaṅ pa rgya ras) (1161–1211) benannt, ein Schulzweig der tib. ↗Kagyüpa. Gegründet wurde die Schule von Phamo Drupas Schüler Lingrepa (tib. gliṅ ras pa) (1128–88) u. dessen Schüler Tsangpa Gyare. Nach der Errichtung vieler bedeutender Klöster in Tibet breitete sie sich im 17. Jh. auch in ↗Bhutan aus, wo ihre Doktrin zur „Staatsreligion" wurde. Die D.-K.-Schule ist berühmt für ihren Heiligentypus des ↗Heiligen Narren, deren bekanntester Repräsentant ↗Drugpa Künleg ist. (ev)

Drugpa Künleg (tib. `brug pa kun legs), der ↗Drugpa-Kagyüpa-Schule angehörender, bhutanesischer, wandernder Yogi (1455–1529), der zu den ↗Heiligen Narren zählt. (ev)

Dünkel (Skt/P māna), ist als grundsätzlich falsche Selbsteinschätzung eine der 10 Fesseln (↗saṃyojana), die an das Dasein ketten. Er verschwindet mit dem Eintritt in die vollkommene Heiligkeit (Arhatschaft). Man unterscheidet 3 Arten von D.: Gleichheitsd. („ebenso bin ich"), Überlegenheitsd. („besser bin ich") u. Minderwertigkeitsd. („schlechter bin ich"); vgl. A VI 49 u. S XXII, 49. (no)

Dukhang (tib. \`du khaṇ), „Versammlungshalle", ein Gebetsraum in lamaistischen Klöstern, der der regelmäßigen Zusammenkunft aller Mönche eines Klosters oder einer Fakultät zur gemeinsamen Opferzeremonie (Skt pūjā) dient. (ev)

Dzogchen-Lehren (tib. rdzogs chen), „Große Vollendung", die höchste Klasse der ↗Kama-Lehren der ↗Nyingmapa-Schule (= Atiyoga) u. zugleich das höchste Lehrsystem der ↗Bön-Religion. Ausgehend von einem in sich vollendeten, ohne Bedingtheit entstandenen Urgrund allen Seins (tib. gdod ma'i gźi), dessen Natur der rationalen Erkenntnis (tib. rtog pa) per se unzugänglich ist, jedoch gleichzeitig transzendentes Bewußtsein (tib. sems ñid) wie auch erzeugtes Bewußtsein (tib. sems) in seinen Aspekten von Erkenntnis u. Erkenntnisobjekt ist, ist es das Ziel der D.-L., die sich in allem spiegelnde, ständig gegebene, „ungeborene" Reinheit des Bewußtseins durch Nicht-Handeln (tib. brtsol med) zu realisieren.

L.: Namkhai Norbu: Dzog Chen and Zen, Oakland 1984; S.G. Karmay: The Great Perfection. A Philosophical and Meditative teaching of Tib. Buddhism, Leiden u. a. 1988; F.-K. Erhard: Flügelschläge des Garuda, ... eine Liedersammlung d. rDzogs-chen, 1990 (Tib. a. Indo-Tib. Studies 3). (ev)

Dzong (tib. rdzoṅ), „Festung", Bezeichnung für die an strategisch wichtigen Punkten erbauten befestigten Verwaltungssitze tib. Distriktgouverneure, die neben den verschiedenen Dienststellen oft auch über Gefängnis, Lagerräume u. Speicher sowie kleinere Tempel verfügen. Für ↗Bhutan werden sie aufgrund der zusätzlich integrierten großen Klöster populär als „Klosterburgen" bezeichnet. Im Falle kriegerischer Auseinandersetzungen bildeten sie – nahezu uneinnehmbar für Fuß- u. Reitertruppen – Schutzburgen für die Bevölkerung ganzer Regionen. (ev)

E

Ehe, Ehelosigkeit. Der mittlere Weg des ↗Buddha beinhaltet u. a. die Abwendung der Mönche (u. Nonnen) von irdischer Lust, weshalb diesen in den Geboten des ↗vinaya Ehelosigkeit vorgeschrieben ist. Mönche u. Nonnen wurden auch innerhalb des ↗saṅgha scharf getrennt, sollten generell keinen Kontakt mit dem anderen Geschlecht pflegen und sich um ihrer selbst willen aus Ehesachen heraushalten (z. B. nicht als Heiratsvermittler auftreten). Der ↗Zölibat gilt in den Theravāda-Ländern bis heute. Im ↗Mahāyāna-Buddh. hat sich das Eheverbot langsam gelockert. Seit ca. 500 n. Chr. gab es verheiratete Mönche in Kashmir. In ↗China und ↗Japan sind bzw. waren Tempelpriester oft verheiratet, nicht aber Nonnen, soweit sie in Klöstern leben. In ↗Tibet leben die Mönche der Gelbmützen-Sekte (Gelugpa) zölibatär. Für Laien galten zunächst, mit einigen Erleichterungen, die indischen Ehesitten weiter, d. h., die Väter besorgten die Verheiratung ihrer Töchter u. Söhne. Die Frauen mußten sich der Familie der Schwiegereltern ein- u. unterordnen. Gelegentlich ist in den Texten von Kinderheirat die Rede. Die Hochzeit fand als häusliches Fest ohne Priester u. religiösen Ritus statt. Nach D 3,190 schuldet der Mann seiner Frau Respekt, Höflichkeit, Treue, Schmuck-Geschenke u. die Anerkennung ihrer Vorherrschaft im Haushalt; die Frau schuldet ihrem Mann, ihre Pflichten gut zu erfüllen, gastfreundlich zu den Verwandten zu sein, Treue, auf seine Besitztümer zu achten u. Fleiß in allen Tun (Sigālovādasutta). Der Buddh. verhält sich lokalen Ehesitten gegenüber tolerant. In den ↗Jātakas ist gelegentlich von Polygynie die Rede. Umgekehrt gibt es bis heute in den Himalaya-Ländern polyandrische Ehestrukturen.

L.: G. Parrinder, Sex in the World's Religions, London 1980; E. Spiro, Kinship and Marriage in Burma, Berkeley 1977. (bo)

Eisai (Yōsai), 1141–1215, Begründer der jap. ↗Rinzai-Schule des ↗Zen-Buddh. E. war ursprünglich Mönch der ↗Tendai-Schule. 1168 hatte er anläßlich einer Studienreise nach China den ↗Ch'an-Buddh. in der Form der ↗Lin-Chi-Schule (jap. Rinzai) kennengelernt. 1187 war er nach China zurückgekehrt, um die Ch'an-Praxis zu üben. Nach seiner Rückkehr nach Japan verbreitete er gegen den erbitterten Widerstand der Tendai-Schule das Rinzai-Zen. In seinem Werk „Kōzen-gogoku-ron" (1198) stellte er der Regierung das Zen als Chance für die Gesundung von Staat u. Gesellschaft vor. Im Gegensatz zu ↗Dōgen u. zur ↗Sōtō-Schule lehrte E. die plötzlich eintretende, blitzartige ↗Erleuchtung. E. brachte aus China Tee mit nach Japan. Damit begründete er nicht nur die Tradition des „Tee-Weges" im Zen, sondern die jap. Teekultur überhaupt. (no)

ekayāna (Skt/P), das Lotus-Sūtra (↗Saddharmapuṇḍarīka-sūtra) lehrt nur ein ↗Fahrzeug (eka yāna), das buddhayāna, nach dem jedes Wesen ein ↗Buddha werden kann. Das e. ist deutlich mit dem Konzept der 3 Fahrzeuge kontrastiert, die – anders als in der rel. wiss. Begrifflichkeit – als Fahrzeug der Schüler, der Einzelbuddhas u. der ↗Bodhisattvas verstanden sind.

L.: S. Hanayama: Jap. Development of E. Thought, Religious Studies in Japan, Tokyo 1959, 371–382. (no)

Elemente, die vier. Unter den „Daseinsfaktoren" (↗skandhas) setzt sich die „Gruppe des Körperlichen" (Skt rūpa-skandha) aus den v. E. zusammen, die auch „Große Wesenheiten" (Skt, P mahābhūta) genannt werden. Als diese gelten: a) das Erd-Element (Skt prithivī-, P paṭhavī-dhātu), b) das Wasser-Element (Skt āpa-, P āpodhātu), c) das Feuer-Element (Skt teja-, P tejodhātu), d) das Wind-Element (Skt vāyu-, P vāyo-dhātu). Im Rahmen der ausgeprägten ↗Satipaṭṭhāna-Übung (vgl. M 10; 62 u. D 22) wird die analytische Betrachtung des ↗Körpers unter dem Aspekt seiner Zusammensetzung aus den v. E. geschildert, die in Vis XI,2 ausführlich erklärt ist. (sl)

Empfindung (auch in der Konnotation „Gefühl") gehört zu den 5 Daseinsgruppen (Skt ↗skandha, P khandha), an denen sich die Unbeständigkeit u. Leidhaftigkeit des Daseins zeigt (↗Leiden, ↗Drei Merkmale, ↗anātman). E. kann aus allen 6 Sinnen entstehen u. ist unspezifisch, insofern sie leidvoll, freudvoll oder neutral sein kann. (no)

Entsagung oder ↗Askese zielt auf Disziplinierung sowohl des Körperlichen wie des Geistigen durch Verzicht. Die Triebstruktur, die den Menschen in wichtigen Aspekten zur Sicherung seiner individuellen Existenz wie auch seiner Art „antreibt“, neigt dazu, sich zu verselbständigen. Wie die meisten Religionen will auch der ↗Buddha dazu anleiten, Triebwunsch u. -erfüllung in ein ausgewogenes Verhältnis zu bringen. E. versteht sich im Buddh. freilich prinzipieller als Strategie des Rückzugs aus der Welt. (no)

Entschluß, rechter, auch: „rechte Gesinnung“ oder „rechtes Denken“ (Skt samyak-saṃkalpa, P sammā-sankappa), 2. Glied des Edlen ↗Achtfachen Pfades. Die kanonischen Texte ergeben 2 unterschiedliche Bedeutungen: 1. Der Entschluß zum Auszug in die Hauslosigkeit aufgrund des Vertrauens in die Predigt ↗Buddhas. 2. In Verbindung mit den 3 Fährten des ↗Karmas (Denken, Reden, Handeln) wird der r. E. synonym zu vitakka (P) verstanden u. bedeutet dann eine sich vom ↗Anhaften abwendende, friedfertige Gesinnung, der eben solche Worte u. Taten entspringen (z. B. M 117). (sl)

Erkenntnis, rechte, wörtlich: „rechte Ansicht bzw. Anschauung“ (Skt samyag-driṣṭi, P sammā-diṭṭhi), 1. Glied des Edlen ↗Achtfachen Pfades. Nach A 10,121 ist sie die Morgenröte aller heilsamen Dinge. Zunächst bedeutet r. E. die Pflege ethisch motivierender (Welt-)Anschauungen u. hier insbesondere das Vertrauen auf die Richtigkeit der ↗Lehre ↗Buddhas. Sie soll sich aber durch die Entwicklung auf dem Heilsweg schließlich zu ↗prajñā, der eigenen höchsten E., vervollkommnen. (sl)

Erkenntnismittel. In der buddh. Philosophie führte Dignāga mit seiner Schrift Pramāṇasamuccaya die philosophische Untersuchung der E. (der Frage nach den gültigen zur Erkenntnis führenden Mitteln) ein, die besonders von ↗Dharmakīrti, der als E. letztlich nur Wahrnehmung u. Schlußfolgerung akzeptierte, weiterentwickelt wurde. (sl)

Erleuchtung (Skt/P bodhi; singhalesisch bō; jap. satori; bodhi ist eigentlich das „Erwachen“) ist im Buddh. die „erlösende Erkenntnis“ (U. Schneider), ein grundsätzlicher Perspektivenwechsel, der alle bisherigen Anschauungen über die Welt, das Selbst, das Heilsziel u. die ↗Erlösung u. die Wege dorthin als Illusion entlarvt. Das Begebnis der E., die sich nicht auf intellektueller oder auch nur kognitiver Ebene ereignet, verwandelt den Erleuchteten: die Wurzeln des Unheilsamen, Gier, Haß u. Verblendung, sind vernichtet, ↗karma ist ausgelöscht, der „Werdedurst“ (Skt tṛṣṇā, P tanhā) ist endgültig beseitigt, die Wanderung durch die Existenzen (↗saṃsāra) ist beendet: der Erleuchtete ist erlöst (↗nirvāṅa) (siehe Text im Anhang, S. 543–545). – Der Ort der E. des historischen ↗Buddha ↗Siddhārtha Gautama, der durch die bodhi zu einem Buddha wurde, ist der Tradition nach Uruvelā (P, Skt Urubilvā/Uruvilvā, ↗Heilige Stätten) am Flüßchen Nerañjarā (P, Skt Nairañjanā), das heutige Bodh-Gayā. Sie habe sich unter einem Pippalbaum (Skt aśvattha, P assattha; ficus religiosa) vollzogen. Bodh-Gayā wurde daher schon früh, spätestens seit ↗Aśoka (272–231 v. Chr.), Ziel buddh. Wallfahrt. Der heutige Mahābodhi-Tempel stammt allerdings aus dem 12. Jh. n. Chr. Die Erleuchtung habe sich in meditativer Versenkung vollzogen (↗Meditation; Skt dhyāna, P jhāna); die Berichte darüber sind in legendäre Rahmen (zwei Versuchungen durch ↗Māra, Schutz des Buddha durch den Schlangenkönig Mucilinanda u. a.) eingepaßt. Die erlösende Erkenntnis vollzieht sich während 3 Nachtwachen u. umfaßt das 3-fache Wissen: die Erkenntnis der Vorexistenzen (saṃsāra), des Karma-Gesetzes u. die Vernichtung der „Beilegungen“ (āsava) in den 4 Edlen Wahrheiten vom Leiden. Je nach Schulorientierung wird die E. unterschiedlich interpretiert: als plötzliches Geschehen (etwa in der südl. ↗Ch’an-Schule u. in ↗Zen-Traditionen), als „rational gelenkt“ (H.W. Schumann, 1982) in der Tradition des südl. Buddh. Diese letzte Interpretation stützt sich auf die 3malige Aussage: „Ich richtete meinen Geist auf die Erkenntnis von …“ im Bericht des M (36 I). Gleichwohl ist ausdrücklich die Rede nicht nur von „erkennen“, sondern auch von „schauen“, wobei eine andere Qualität als nur der rationale Denkvorgang angesprochen ist: „… Als ich so erkannte u. schaute, wurde mein Denken erlöst von den Einflüssen der Sinneslust, des Werdens u. Nichtwissens“ (ebd.). – Die Erinnerung an die E. des Buddha feiern die Buddhisten (des südl. Buddh. wie auch analog die Buddhisten anderer Schulrichtungen) am Vesakh-Fest, am Vollmond des Monats Vesākha (April/Mai), in welcher Nacht der Buddha der Tradition nach die E. erlangt habe. – In späterer Zeit unterscheidet man 3 Stufen der E.: den vollerwachten Buddha (Skt ↗samyak-sambuddha, P sammāsaṃ-buddha) als die höchste u. vollkommenste Stufe der E., der die erlösende Erkenntnis auch anderen weitergibt; den Einzelbuddha (Skt ↗pratyekabuddha, P paccekabuddha), der sein E.wissen für sich behält, u. der Heilige (Skt ↗arhat, P araha), der in der Nachfolge der Weisung eines Buddha die E. erlangt. – Die Auffassungen über die E. wandelten sich in der Geschichte des Buddh. In der Vorstellung des alten Buddh. wird in der E. das unheilvolle Nichtwissen (über das Heil u. den Heilsweg) genichtet, u. erlösendes Wissen entsteht (vgl. IV 112). Auch im ↗Sarvāstivāda versteht sich E. als Aufhebung des Nichtwissens (Skt avidyā, P avijjā), aber dieses Nichtwissen ist weder nur im Willen, noch nur im Verstand begründet. Vollends versteht man im ↗Mahāyāna, das von der Einheit u. Merkmalslosigkeit der Wirklichkeit ausgeht, saṃsāra, also Wiedergeburt, u. nirvāṅa, Erlösung, als eins. E. bedeutet das Innewerden der eigenen Natur sowie der Leerheit (↗śūnyatā) der Welt u. des Selbst. Nach wie vor gültig bleibt auch im Mahāyāna das Heilsziel der E., wenn auch nur dem als minder eingeschätzten ↗Fahrzeug der Jünger (Śrāvakayāna; ↗Hīnayāna) zugeordnet u. dem Großen oder Bodhisattva-Fahrzeug untergeordnet: strebt der arhat die Realisierung des nirvāṇa für sich an, will der Jünger des Großen Fahrzeugs, der ↗Bodhisattva, zum Heil aller Wesen wirken u. verwirklicht so die allerhöchste E. (Skt anuttara samyak-saṃbodhi). Aus Erbarmen mit den irrenden Wesen verzichtet er auf das nirvāṅa. In der Tradition der Schule des „Reinen Landes“ – im Daśabhūmi-vibhāṣā-śāstra – u. in den von dieser Tradition ausgehenden Schulen wird E. ausschließlich abhängig von der rettenden u. helfenden Zuwendung des Buddha ↗Amitābha.

L.: L. Schmithausen: On some Aspects of Descriptions of Theories of „Liberating Insight“ and „Enlightenment“ in Early Buddhism, in: Studien zum Jainismus u. Buddh., Gedenkschr. f. L. Alsdorf, 1981, 199–250; E. Waldschmidt: Die E. des Buddha, in: Indogermania, Fs. W. Krause, 1960, 214–229. (no)

Erlöschen (Skt/P nirodha), a) Synonym zu ↗nirvāṅa i. S. des E. des ↗Leidens (so in der 3. der ↗4 Edlen Wahrheiten oder des E. von Gier, Haß u. Verblendung (akusala); b) als „Erlöschungszustand“ (P nirodha-samapātti) Bezeichnung für den auf arūpajjhāna (↗Meditation) folgenden kataleptischen Zustand (vgl. M 44, Vis 23). (sl)

Erlösung bezieht sich als rel.wiss. Begriff auf eine menschliche Grunderfahrung des Nicht-Heilseins u. meint Befreiung aus diesem Unheilszustand, der sich meist aus der Gebrochenheit, fundamentaler Versehrtheit u. Versehrbarkeit menschlicher Existenz definiert. Dabei unterscheiden sich die einzelnen religiösen Traditionen in Bestimmung dessen, wodurch diese Heillosigkeit verursacht ist: durch Unkenntnis des Unheilszusammenhangs u. der Wege zur Herstellung von Heil (z. B. in den gnostischen Systemen u. im Buddh.), durch eine Ursünde (Judentum, Zarathustrismus, Christentum, Gnosis, Islam, auch in verschiedenen Anthropogonien naturvölkisch-religiöser Traditionen), in der Bosheit einer überweltlichen Macht bzw. eines bösen Gottes (Zarathustrismus, in manchen gnostischen Systemen wie beispielsweise bei den Paulikianern, Bogomilen, Katharern, tendenziell auch im Manichäismus), im „Neid der Götter“ (in der klassischen griech. Religion) usw. Dementsprechend variieren auch die E.konzepte in den Religionen. Diese lassen sich grob typisieren in Konzepte der „Fremd-E.“ u. der „Selbst-E.“. In den monotheistischen Religionen, die durchgängig auch dem Typ prophetischer Religion zuzuordnen sind, entstammt E. ausschließlich dem Heilswillen Gottes (↗Gott) u. fremder erlösender Kraft, manchmal konkretisiert in einem von Gott gesandten (göttlichen) Erlöser. Bestimmte religiöse Traditionen rechnen mit einer Mitwirkung des Menschen an der E., im Judentum durch Gehorsam der „Weisung Gottes“ (Thora) gegenüber, im Katholizismus, der daran festhält, daß der gefallene Mensch im Unheilszustand an sich in bedingter Weise sittlich gut handeln könne, außerhalb der jüdisch-christlichen Tradition in bestimmten religiösen Schulen des ↗Hinduismus (karma-marga, das ist der Weg der erlösenden Tat). Dieser Auffassung von einer beschränkten Mitwirkung des Menschen an der E. widersprechen Konzepte, die E. allein als rettende u. begnadende Tat Gottes verstehen: im protestantischen Christentum vor allem mit seinen Prädestinationslehren (göttliche Vorherbestimmung des Menschen zu Heil oder Unheil) wie auch im Islam. Konzepten der „Selbst-E." begegnen in der ind. Rel.-gesch. etwa seit 800 v. Chr. (↗Indien) in einer Protestbewegung gegen den Brahmanismus mit seiner ungemein elaborierten Ritualistik u. der Mittlerschaft der Brahmanen zwischen Göttern u. Menschen. Aus diesem Konzept, das die Umformulierung des Heilsziels u. der Heilswege einschließt, entstanden die ↗Upanischaden. In der Zurückweisung des Opfers u. des Götterdienstes entwickelte sich die Vorstellung von E., durch ↗Askese (Weltflucht) u. ↗Meditation (Verinnerlichung) den göttlichen Funken im Menschen (ātman) mit dem Göttlich-Alleinen (brahman) zu vereinen. Weiterhin gehören ↗karma u. ↗saṃsāra zu diesem Konzept. Dieser Bewegung entstammten auch der ↗Jainismus u. der Buddh. In der Frage der E. setzte der alte Buddh. auf die eigene Initiative u. Kraft des Individuums; fremde erlösende Hilfe – über die rechte Belehrung u. das Beispiel hinaus – etwa durch den ↗Buddha oder die arhats (↗arhat) ist ausdrücklich ausgeschlossen. Nach buddh. Auffassung bedeutet E. Befreiung (Skt vimukti, P ↗vimutti) aus dem Kreislauf des saṃsāra von Geburt, Tod u. erneuter Geburt u. von karma. E. ist damit Vernichtung des unheilsamen Nichtwissens oder der illusionären Sicht auf die Welt u. das Selbst u. den Gewinn des erlösenden Wissens (↗bodhi) oder in der Formulierung der 4 Leidenswahrheiten die Aufhebung des die Wiedergeburt erzeugenden „Durstes" (Skt ↗tṛṣṇā, P tanhā) nach Existenz. Nicht zuletzt die Frage der Heilssicherheit der Laien führte im ↗Mahāyāna zu einer Umwertung der E.: das höhere Ideal vor dem des arhat wurde nun die Bodhisattva-Karriere (↗Bodhisattva), die im Gelöbnis gipfelt, ins ↗nirvāṅa nicht einzugehen, sondern durch weitere Wiedergeburten den erlösungsbedürftigen Wesen zu helfen. Damit wurde Fremd-E. in den Buddh. eingeführt, u. daher verstand man das rettende „Floß" (yāna) der ↗Lehre des Buddha u. der religiösen Praxis als ein „Großes Fahrzeug" (Mahāyāna), das vielen Heilssuchern (durch die Hilfe der Bodhisattvas) Platz gewährt. nirvāṅa ist jetzt nicht mehr das absolute u. höchste Ziel der E. Das Motiv der E. durch fremde Kraft diversifizierte sich in der weiteren Geschichte des Buddh. u. findet eine letzte Radikalisierung in den Schulen des „Reinen Landes", in der chin. Schule Ching-t'u-tsung (402 von ↗Hui-yüan gegr.) u. in den jap. Varianten ↗Jōdo-shū (Ennin u. Hōnen). ↗Jōdo-shin-shū (Shinran), in denen E. überhaupt nur durch fremde Kraft, nämlich des ↗Amitābha-Buddha, möglich ist.

L.: H. Eimer: Skizzen des Erlösungsweges in buddh. Begriffsreihen, 1976. (no)

Erwerbsleben. Das Wort bikkhu bedeutet Bettelmönch; der ↗Buddha u. seine Mönche stehen in einer langen ind. Tradition. Um der Welt ganz zu entsagen, arbeiten sie nicht, sondern leben allein von dem, was ihnen freiwillig von Erwerbstätigen gegeben wird (↗Almosen, ↗Arbeit). Sie sollen keine Wertgegenstände besitzen u. nicht mit Geld umgehen. So ist der ↗saṅgha auf die Laienanhänger angewiesen, die ihrerseits der Lehre u. des Beispiels der auf ihrem Weg konsequenten Mönche bedürfen. Während die Mönche zur persönlichen Armut verpflichtet sind, haben die Klöster durch Schenkungen in vielen buddh. Gegenden reichen Besitz, v.a. Landbesitz erworben, von dessen Verpachtung (Zehnten-Abgabe) sie in späterer Zeit ihren Unterhalt bestreiten konnten. Daneben gab (bzw. gibt) es z.B. in ↗China u. ↗Japan weitere Einnahmequellen in Form von Gebühren oder Gaben für Riten, um deren Ausübung die Mönche von der Bevölkerung gebeten werden (v.a. Begräbnisriten). In der Laiengemeinschaft des ursprünglichen Buddh. haben Kaufleute (vaiśyas) eine wichtige Rolle gespielt, weil sie die nötigen finanziellen Möglichkeiten zur Unterstützung der Mönche hatten u. auf ihren Handelswegen viel zur Verbreitung des Buddhismus beigetragen haben.

L.: W. Bechert, R. Gombrich (Hg.): Der Buddhismus, 1984; H. Dumoulin (Hg.): Buddh. der Gegenwart, 1970. (bo)

Essen und Trinken. In Unterscheidung zur eigenen Erfahrung harter Fastenaskese vor seiner Erleuchtung lehrt der Buddha den „Mittleren Weg" auch in Bezug auf die Nahrung: die Mönche sollen eine Mahlzeit täglich einnehmen, die sie gemeinsam nach dem morgendlichen Bettelgang, aber vor der

Mittagszeit zu sich nehmen. Sie sollen sich ausschließlich von ↗Almosen ernähren. Wenn sie nichts bekommen, sollen sie sich ohne Nahrung zufriedengeben. Die Mönche nehmen nur zubereitete Speisen an, sie kochen selbst nicht, sie betteln bei Armen wie bei Reichen und achten nicht auf die Auswahl des Essens. Sie nehmen auch Fleisch entgegen, wenn es nicht speziell für sie geschlachtet worden ist (Mv 6,31,14). Bleibt nach der Mahlzeit etwas übrig, wird es für die Tiere ausgelegt. Das Getränk der Mönche ist Wasser oder Tee. Bettelnapf u. Wasserfilter gehören zu den erlaubten 8 Habseligkeiten jedes Mönchs. (bo)

Ethik des Buddhismus. Der Buddh. versteht sich selbst als Buddha-mārga (Skt, P B.-magga u. analog in ostasiat. Sprachen, z. B. jap. Butsu-do o. Butsuda-do) als „Weg des ↗Buddha“. Dieses Selbstverständnis kennzeichnet die Praxisorientierung des Buddh. E. als Reflexion über das richtige bzw. falsche Verhalten zielt im Buddh. auf das Ende des Leidens, das durch Anhänglichkeit an welthafte Existenz mit ihren Folgen besteht. Buddh. E. ist also der Weg zur ↗Erlösung. Dieser besteht in heilsamem Verhalten (Denken, Reden u. Tun) u. in der Vermeidung des für die Erlösung unheilsamen Verhaltens. Als Wurzeln des Unheilszusammenhangs erweisen sich 3 Triebfedern: Gier (als Bestreben, auf jeden Fall u. um jeden Preis zu existieren), Haß (als Selbstbehauptung eines illusionären Selbst den Mitwesen gegenüber) u. Verblendung (als grundlegend fehlende Einsicht in diesen Unheilszusammenhang). Die Vernichtung dieser Wurzeln des Unheilsamen, das Entrinnen aus dem Gesetz der Tatvergeltung (↗karma) u. der Wiedergeburt (↗saṃsāra), bedeutet das Ende des Leidens, das Ziel, das buddh. E. anstrebt. Den Weg zur Erlösung weist die 4. Leidenswahrheit, der Hohe ↗Achtfache Pfad. Dazu beobachten buddh. Laien die ersten 5 Sittenregeln (śīla) der Mönche. Insgesamt könnte man buddh. E. zusammenfassen im Begriff der Geistesläuterung, um den Geist, die Grundlage alles Verhaltens u. Denkens nach buddh. Auffassung, in den Dienst der Erlösung zu stellen. Vor dem Hintergrund der karma- u. saṃsāra-Lehre rechnet der Buddh. mit unterschiedlichen sittlichen Reifegraden der Menschen; insofern erweist sich buddh. E. als gradualistische E. Im besonderen versteht sich buddh. E. als Gesinnungs-E.: Normenbefolgung ohne Einsicht u. bloßer Gesetzesgehorsam verfehlen den Sinn buddh. Sittlichkeit im Verständnis des alten Buddh. (vgl. Lehrrede an die Kālāma, A III, 65 f (Text im Anhang, S. 542 f); vgl. Dhp vv 1–2, 13–14). Im alten Buddh., einer elitären Mönchsreligion, stellt sich Sittlichkeit als weltflüchtige Mönchs-E. dar. Helfende Gnade bleibt, auch im sog. ↗Hīnayāna, ausgeschlossen. Indes ist dieser weltflüchtige asketische Zug der frühen buddh. E. nicht zu überzeichnen. Denn über die buddh. „Kardinaltugenden" Güte, Mitfreude, Mitleid, die durch den Gleichmut gezügelt u. notfalls korrigiert werden, ist auch der buddh. Mönch seinen Mitwesen (nicht nur seinen Mitmenschen) verbunden. In seinem Streben nach Erlösung bleibt jedoch jeder auf sich gestellt. Dieses ethische Konzept der „Selbsterlösung" ohne rettende Hilfe anderer erscheint als das bestimmende Moment des eigentlich in abschätziger Weise so genannten „Kleinen Fahrzeugs" (Hīnayāna). Diese Form ist im wesentlichen noch im ↗Theravāda erhalten. Die Heilsunsicherheit der Laien war das treibende Motiv, das das Konzept der Selbsterlösung relativierte u. veränderte. In ihrer neuen Gestalt wird die E. des ↗Mahāyāna zur Mitleids-E., verbunden mit dem Gedanken, daß Erlösung auch durch fremde Hilfe zu erlangen sei u. nicht ausschließlich durch eigenes sittliches Vermögen. Im Zentrum dieser Mitleids-E. steht die Gestalt u. Funktion des ↗Bodhisattva, der aus Mitleid jetzt geradezu zum „Erlöser" wird. Damit ersetzt die rettende Intervention der Buddhas u. Bodhisattvas für viele die eigene sittliche Leistung, zu der sie auf Grund karmischer Disposition unfähig sind. Eine weitere Zuspitzung erfährt dieses Erlösungskonzept in den „Schulen des Reinen Landes" einerseits als radikale Absage an das eigene sittliche Vermögen, andererseits im Vertrauen auf die rettende „fremde" Kraft des Buddha ↗Amitābha (↗Amida). In diesem Weltzeitalter, das sich dem Ende zuneigt, wird die Möglichkeit der Rettung „aus eigener Kraft" pessimistisch beurteilt. Eine weitere Nuancierung erfuhr buddh. E. in der 2. Hälfte des 19. Jh. durch einen Akkommodationsschub in der Auseinandersetzung mit westl. abendländischen Werten. Dieser ging Hand in Hand mit dem antikolonialistischen Kampf um nationale Unabhängigkeit asiat. Länder u. mit einer erstaunlichen Renaissance des Buddh. So entstand ein buddh. „Modernismus", wie man schnell abschätzig urteilte, der in durchaus apologetischer Manier die Vorzüglichkeit der buddh. E. herausstellte. Dabei wurde regelmäßig ihr vernunftbetonter Charakter unterstrichen. Der heteronomen Moral des Christentums, das sich einem göttlichen Gesetzgeber u. Richter rechenschaftspflichtig weiß, wurde buddh. E. als autonome u. anthropozentrische E. entgegengestellt, nicht ohne dabei der Gefahr zu entgehen, daß Vernunftbetontheit in Rationalismus umschlug u. wichtigste Aspekte an der ↗Lehre des Buddha, unterdrückt wurden, weil sie unmodern erschienen. – Buddh. E. fragt wie alle E. nach dem Guten u. Bösen, nach Glück, Gewissen u. Lebenssinn u. zeigt, wie dieser Sinn zu finden sei. Buddh. E. – auch in ihrer weltabgewandten Form einer frühen Mönchs-E. – positioniert das Individuum in seinem Verhältnis zu den anderen. So gilt auch im Buddh. die „Goldene Regel", die sich in den E. der meisten Religionen wiederfindet. Von ihrem Grundansatz her, der die Begriffe Schuld u. Sünde nicht kennt, sondern in dem es um das für die Erlösung Nützliche oder Hinderliche geht, könnte man buddh. E. als Nützlichkeits-E. interpretieren. Indes verzichtet der wahre Asket auch auf das höchste Ziel, weil auch im sittlich guten Handeln, wenn es bezweckt ist, noch eine subtile Fessel an die Welt u. das Welthafte steckt, die abzustreifen ist. Buddh. E. versteht sich als Werte-E. Denn an der 1. u. absoluten Werthaftigkeit des Heilszieles, an nirvāṅa, als einer objektiven u. der Welt gegenüberstehenden eigenständigen Größe halten die meisten Schulen des Buddh. fest, wenngleich in manchen Positionen mahāyānische Philosophie dieses Gegenüber als unterscheidendes (dualistisches) u. daher irriges Denken obsolet zu sein scheint, ohne indes Auswirkungen auf die praktische Sittlichkeit gehabt zu haben. Aus dem Heilsziel als oberstem Wert läßt sich eine Wertehierarchie des Buddh. ableiten u. entfalten.

L.: S. Tachibana: The ethics of Buddhism (Neuausg.), London 1975; H. Bechert: Die Ethik der Buddhisten, in: P. Antes u. a.: Ethik in nichtchristlichen Kulturen, 1984; F. Gerlitz: Die Ethik des Buddha, in: C. H. Ratschow (Hg.): Ethik der Religionen, 1980; M. Baumann: Interpretationen buddh. Normen (śīla) im Abendland, in: H. Bürkle (Hg.): Grundwerte menschlichen Verhaltens in den Religionen, 1993. (no)

Europäische Buddhistische Union (EBU). Die EBU wurde auf dem europ.-buddh. Treffen 11.–13.10.1975 in Paris gegründet. 1. Generalsekretär u. späterer Präsident wurde der Franzose Paul Arnold. Der Gründung vorausgegangen waren europ.-buddh. Kongresse (1933 im Buddh. Haus in Berlin-Frohnau) bzw. Konferenzen (1934 in London). Vorläufer-Organisation war das „Buddhist Representive Council" (gegründet 1934), an dem auch Vertreter der dt. buddh. Bewegung teilnahmen. Die ↗DBU ist seit 1975 Mitglied der EBU, die sich bis 1990 Buddh. Union Europas (BUE) nannte. Neben Deutschland besitzen in der EBU Mitgliedschaft die nationalen buddh. Organisationen von Großbritannien, Frankreich, Italien, Österreich, der Schweiz, Belgien, Niederlande, Ungarn, dazu auch regional bedeutende buddh. Zentren wie das Tib. Zentrum in Hamburg, das Mañjuśrī-Centre London u. Gemeinschaften wie Rigpa, Ārya Maitreya Maṇḍala, Vajradhatu, der Dachverband der Karma Kagyü, Zen- u. Shin-Gemeinschaften – insgesamt 30 Mitglieder in 11 Ländern. Ziel der EBU ist die internationale Zusammenarbeit der nationalen buddh. Gemeinschaften in Europa zur Verbreitung der buddh. Lehre. Die EBU versteht sich als fahrzeugs- u. schulenübergreifend u. somit unabhängig.

L.: H. Hecker: Chronik des Buddh. in Deutschland, hg. v. der DBU, [3]1985; K.-J. Notz: Der Buddh. in Deutschland in seinen Selbstdarstellungen, 1984; M. Baumann: Dt. Buddhisten, 1993; M. Mildenberger: Buddh. in Deutschland heute, in: MD (der EZW Stuttgart) 8/1979, 210–212. (no)

Existentialismus, philosophische Richtung, die besonders von M. Heidegger (im Rückgriff auf S. Kierkegaard u. E. Husserl), K. Jaspers, J. P. Sartre u. G. Marcel entfaltet wurde. Der E. nimmt zum Ausgangspunkt seiner Überlegungen weder Metaphysik, noch Erkenntnistheorie oder Ethik, sondern die vom Menschen bewußt erfahrene Wirklichkeit seiner eigenen Existenz, wobei der Sterblichkeit eine besondere Bedeutung für das menschliche Selbstverständnis zugemessen wird. Da von den Denkern des E. aus der Existenzanalyse jedoch unterschiedliche weltanschauliche Konsequenzen gezogen werden, gliedert sich dieser in stark verschiedene Richtungen (z. B. dezidiert christlich bei Marcel, dezidiert atheistisch bei Sartre).

Vor allem in der ↗Kyōto-Schule wurde der E. als eine Denkweise angesehen, die dem buddh. Anliegen erstaunlich nahekommt. Y. Takeuchi hat daher immer wieder vom „buddh. Existentialismus“ gesprochen. Als buddh. Charakteristika i. S. des E. lassen sich benennen: 1. Der grundlegende Denkansatz beim unbefriedigenden Charakter menschlicher Existenz, der in engem Zusammenhang mit der Allvergänglichkeit gesehen wird (↗anitya, ↗Leiden, ↗Tod), u. 2. die Ausklammerung metaphyischer Spekulation bzw. die gezielte Anbindung der Reflexion ontologischer, anthropologischer, erkenntnistheoretischer u. ethischer Probleme an die soteriologisch motivierte Analyse der existentiellen Unheilssituation u. den entsprechenden Heilsweg. Als genuine Erlösungslehre mit primär lebenspraktischer Orientierung widersetzt sich der Buddh. jedoch einer vollständigen Subsumption unter den E.

L.: S. Chandra: Das Phänomen des Todes im Denken Heideggers und in der Lehre Buddhas, 1965; Y. Takeuchi: The Heart of Buddhism, New York 1983; Y. Oshima: Zen – anders denken? Zugleich ein Versuch über Zen und Heidegger, 1985; H. Buchner (Hg.): Japan und Heidegger, 1989; E. Weinmayr: Entstellung. Die Metaphyisk im Denken Martin Heideggers. Mit einem Blick nach Japan, 1991; T. Umehara: Heidegger and Buddhism, in: Philosophy East and West 20 (1970), 271–281. (sl)

Existenzlinien (tib. 'khruṅs rabs; skye rabs) ↗Tulku

F

Fa-chao, chin. buddh. Mönch u. Vertreter der ↗Ching-t'u-Schule; gest. vermutlich um 820. Schüler von Tz'u-min in der 2. Generation u. in direkter Abfolge von Ch'eng-yüan (712–804). Er nahm für sich in Anspruch, Offenbarungen von ↗Amitābha empfangen zu haben u., von diesem inspiriert, Wunder gewirkt zu haben. F. initiierte die Praxis der 5fachen Anrufung des Namens Amitābha. Wie schon Tz'u-min war F., der mit dem Studium des ↗T'ien-t'ai begonnnen hatte u. sich dann dem „Reinen Land" zuwandte, an einer Harmonisierung der Lehren u. der Praxis unterschiedlicher Schulen interessiert. Unter der Regierung von Tai-tsung (763–799) erhielt er den Ehrentitel eines Lehrers der Nation. (so)

Fahrzeug (Skt/P yāna), Bezeichnung für die ↗Lehre des ↗Buddha nach einem Bild, in dem dieser selbst seine Lehre mit einem F. oder Floß vergleicht. Mit diesem F. soll das „sichere Ufer", das ist das ↗nirvāṇa oder die Arhatschaft (↗arhat), also die ↗Erlösung erreicht werden. I.w.S. versteht sich F. als Ordnungsbegriff für historisch gewachsene Traditionen im Buddh.: ↗Hīna- (Śrāvaka-), ↗Mahā- (Bodhisattva) u. ↗Vajra- (Tantra-, Mantra-)yāna. (no)

Fa-hsiang (Wei-shin, Tz'u-en; Skt Dharmalakṣaṇa, jap. Hossō), chin. Schule. Die F.-Schule stützt sich auf die Schriften der Brüder Asaṅga u. Vasubandhu, deren Lebenszeit auf das 5., von manchen auf das 4. Jh. angesetzt wird. Sie ging ihrerseits aus der She-lun-Schule hervor u. basiert auf Asaṅgas Mahāyānasaṁgraha, den Paramārtha 563 ins Chin. übers. hatte. Darin wird die Konzeption des ↗ālayavijñāna entfaltet. Gründer der F.Schule waren ↗Hsüan-tsaṇg (ca. 596–664) u. sein Schüler K'uei-chi (632–682). Hsüan-tsang, einer der berühmten Indien-Pilger, studierte in ↗Nālandā unter Śīlabhadra, der ein Schüler Dharmapālas gewesen war; letzterer kam wiederum von Dignāga her, der direkt von Vasubandhu unterwiesen worden war. Hsüan-tsang übers. Texte, die er aus Indien mitgebracht hatte, u. K'uei-chi systematisierte die Ideen seines Lehrers in 2 Werken. Zentraler Gedanke der F.-Schule ist der rein ideelle Charakter der Welt, von der das Bewußtsein eine Vorstellung spiegelt. Die Welt als solche ist illusionär u. in ihren vermeintlich „realen" Erscheinungsformen (wie Bergen, Flüssen usw.) lediglich im Speicherbewußtsein (ālayāvijñāna) verankert, wie Hsüan-tsang in seinem Werk Ch'eng wei-shih lun (franz. Übers. von La Vallée Poussin: „La siddhi de H.-t.", Paris 1928–48) darlegt. – Nach dem Tod von Hsüan-tsang u. seinem Schüler verfiel die Schule, v.a. unter dem Druck der konkurrierenden Hua-yen-Schule. (ec)

Fa-hsien, 337–422; reiste 399 über Zentralasien nach Indien, von wo er 414 auf dem Seeweg zurückkehrte. F. war der 1. bedeutende chin. Pilger nach Indien. Er u. seine Nachahmer waren dabei geleitet von dem Wunsch, buddh. Texte zu beschaffen, in Indien Unterweisung zu erlangen, die ↗Heiligen Stätten des Buddh. zu besuchen u. ind. Lehrer nach China einzuladen. F. wichtigster Grund für seine Indienreise war das Fehlen eines vollständigen ↗Vinayapiṭaka. Dieses brachte 2 Jahre nach F. Abreise ↗Kumārajīva nach China. F. übers. bis zu seinem Lebensende die mitgebrachten Schriften. Sein Reisebericht „Fo-kuo-chi" (Bericht über die buddh. Länder, um 420), der 1. erhaltene Pilgerbericht, war in ganz S- u. SO-Asien verbreitet.

L.: H.A. Giles: The Travels of Fah-hien, London [3]1959; J. Legge: A Record of Buddhist Kingdoms Being an Account by… Fa-Hien, tr. and ann., Oxford 1886, New York 1965. (so)

Fa-jung (jap. Hōyū), 594–657; Schüler von Tao-hsien, des 4. Ch'an-Patriarchen (↗Ch'an); Begründer der Gozu-Schule (benannt nach dem Berg Niu-t'ou, jap. Gozu, auf dem F. lebte). Die Schule gilt als Nebenentwicklung des Ch'an u. erlosch nach dem Tode F. (ec)

Familie. In der Religionsgeschichte bezeichnet F. gewöhnlich nicht die Kleinfamilie (der eur. Moderne), sondern ein sehr viel verzweigteres soziales System. Während F. als die Unter-Strukturen des Volks im Bereich traditioneller Religionen soziologisch eine wesentliche Rolle spielten, verlieren sie in Religionen mit universalem Anspruch ihre sakrale Relevanz. Hier entstehen vielmehr eigene religiöse Sozialisierungsformen. Im Buddh. ist dies der ↗saṅgha. – F. u. Kinder bedeuten Bindung an die Welt. Darum verließ der ↗Buddha selbst zu Beginn seines religiösen Weges Frau u. Kind, zu denen er niemals zurückkehrte. Dementsprechend bedeutet ↗pabbajjā, die Bezeichnung für die 1. Weihe der Novizen, „Hinaustreten" (nämlich aus den familiären Bezügen); der Mönch tritt „aus der Heimat in die Heimatlosigkeit", die nach buddh. Lehre der wahren Natur des Daseins allein entspricht. Nach Dhp 212 bringt Liebe Sorge und Furcht hervor, daher soll sich der Novize von ihr befreien (gemeint ist triebhafte, nicht gleichmütige Liebe, der im F.dasein nicht zu entkommen ist). Der saṅgha löst allerdings die familiären Beziehungen gewissermaßen ab: „Mit Weisen leben, das bringt Glück, wie mit Verwandten der Verkehr" (Dhp 207). Mönche sollen sich gegenseitig bei Krankheit helfen (Mv 8,26,3) usw. – Für die Laien sind familiäre Bindungen z. Z. des Buddha selbstverständlich. Die Hausvaterschaft (2. āśrama) gilt als wichtige, mit religiöser Sanktion ausgestattete Lebensstufe. Ebenso selbstverständlich ist die Integration der Frauen in das für sie sehr stark einschränkende familiäre System, das sich sogar noch im saṅgha auf das Verhältnis zwischen Mönchs- u. Nonnenorden auswirkt (↗Frau). – Im ↗Mahāyāna-Buddh. u. besonders im Shin-Buddh. (↗Japan) hat sich dagegen, teils durch volksreligiöse Einwirkungen, eine neue Wertschätzung der Ehe und Familie innerhalb des Buddh. entwickelt.

L.: E. Spiro: Kinship and Marriage in Burma, Berkeley 1977; G. Mensching: Soziologie der Religion, [2]1968. (bo)

Fa-shun (Tu-shun, Ti-hsin Tu-shun), 557–640, 1. Patriarch der ↗Hua-yen-Schule. Seiner Wundertätigkeit wegen wurde er ein ↗Bodhisattva genannt. Er ist der Autor von „Fa-chieh-kuan", einem der wichtigsten Texte der Hua-yen-Schule. (so)

Fasten, Einschränkung der Nahrungsaufnahme oder deren zeitweiliger Entzug als Form asketischer Entsagung u. Disziplin (↗Askese); wird im Buddh. differenziert beurteilt. Strenges, schwächendes F. wird wie alle Formen des asketischen Rigorismus strikt abgelehnt. Wohl aber nehmen Mönche nach Mittag keine feste Mahlzeit mehr ein. Auch fromme Laien befolgen an Voll- und Neumondtagen (↗uposatha) diese Regel. (no)

Fatalismus. Unter F. versteht man den Glauben an die unabwendbare Macht des Schicksal als dem obersten Weltprinzip (↗Ājīvikas, ↗Makkhali Gosāla). Die ↗Lehre des ↗Buddha ist allem F. abgeneigt. Vor der Lehre von der Tatvergeltung (↗karma) ist jeder Schicksalsglaube unvereinbar mit Buddh., so daß dt. Buddhisten den Begriff „Schaffsal" als Gegenbegriff zu „Schicksal" geprägt haben, weil nach buddh. Auffassung nichts „geschickt", aber alles selbst „geschaffen" ist. (no)

Fa-tsang (Hsien-shou), chin. buddh. Mönch, Vertreter der ↗Hua-yen-Schule; 643–712; Schüler von ↗Chih-yen. Er arbeitete mit ↗Hsüan-tsang an dessen Übers. 670 wurde er bei der Kaiserin Wu Tse-t'ien eingeführt. 674 wurde er zum Mönch ordiniert, obwohl er bereits 658 ins Kloster eingetreten war. F. gilt wegen seiner Systematisierung der Hua-yen-Lehre als der eigentliche Gründer der Schule. Seine Werke sind „Chin-shih-tzu chang" („Über den goldenen Löwen") u. „Wu-chiao-chang" (eine Klassifikation der chin. buddh. Schulen). Er übers. auch das Avataṃsaka-sūtra (mit Śikṣānanda) zwischen 695 u. 699 neu. (so)

Fa-yen Wen-i (jap. Hōgen Bun'eki), Vertreter der ↗Ch'an-Schule (Fa-yen), 885–958. Er gründete die Fünf Häuser des Ch'an der T'ang-Zeit. Diese werden nach seinem Werk „Tsung-men shih-kuei-lun" eingeteilt. Die Schule blühte im Anfang der Sung-Zeit, sie bestand aber nur kurze Zeit und hatte nie viele Anhänger. Zentren der Schule waren auf dem T'ien-t'ai-shan u. Lu-shan. (so)

Feindschaft. Durch Güte u. Gleichmut sollen die Mönche die inneren Wurzeln der F. in sich austrocknen u. ihren realen Feinden vergeben: F. kommt durch Nicht-F. zur Ruhe (Mhv X,2, Dpd 5). „Wenn euch Räuber und Mörder mit einer Säge Gelenke und Glieder abtrennen, so würde, wer da in Erregung geriete, nicht meine Weisung erfüllen“ (M I, 21). (bo)

Felsenedikte ↗Aśoka

Feng-hsüeh Yen-chao (jap. Fuketsu Ensho), chin. Vertreter der ↗Ch'an-Schule (↗Lin-chi); 896–973. F. war einziger Nachfolger des Enkelschülers von Lin-chi, Nan-yüan Hui-yung (gest. 930). F. verbreitete die Lehre von Lin-chi u. bewahrte sie so vor dem Untergang. 930–951 hatte er abgeschieden an einem einsamen Tempel gelebt, dann aber schloß sich ihm eine große Schülerschar an. Vermutlich redigierte F. auch das „Lin-chi-lu“. (so)

Fesseln, die zehn. Die 10 F. sind Bedingungen für Wiedergeburt (↗saṃsāra) u. damit für den Unheilszustand; Glaube an eine überdauernde Persönlichkeit, Zweifel an der Lehre, Vertrauen auf die Heilswirksamkeit von religiösen Regeln u. Riten, sinnliches Begehren, Ärger, Begehren nach Wiedergeburt in feinkörperlicher oder unkörperlicher Region, Dünkel, Aufgeregtheit u. Unwissenheit. Wer die 10 F. abgeschüttelt hat, ist ein ↗arhat. (no)

Feuerkult, unscharfe Sammelbezeichnung des vielfältigen Kultes im ↗Brahmanismus, bei dem Opferspenden dem Feuer übergeben werden. Die im ↗Pāli-Kanon enthaltene Kritik wendet sich gegen das Tieropfer (D 5; A 4, 39) sowie gegen den Glauben an die selbstwirksame Läuterungskraft des Opfers (S 7, 1, 9). (mü)

Fleischspeise. Das 1. ↗śīla erklärt das Töten von Lebewesen für unheilsam. Den buddh. Mönchen (↗Mönch, ↗saṅgha), die ihr tägliches Essen durch Betteln erhielten, war der Genuß von Fleisch nicht verboten, es sei denn: sie sahen die Tötung des Tieres oder wußten, daß es für ihre Bewirtung geschlachtet worden war o. sie argwöhnten dies. In der Interpretation jenes sūkara-maddava (P), jenes Gerichtes namens „Eberweich“ im MPNS, das Cunda dem ↗Buddha vorsetzte u. wodurch eine gerade überwundene Darmerkrankung wiederkehrte, spiegelt sich die Diskussion um die Heilsamkeit von Fleischgenuß späterer Generationen wider. (no)

Fo, chin. Wort für ↗„Buddha“; Lautübertragung auf ein bestehendes Wort mit verschiedenen Bedeutungen u. der Aussprache bwut (Han-Zeit); das Schriftzeichen enthält die Bestandteile „Mensch“ u. „nicht“. Die Dynastiegeschichte der Späteren Han (25–220, „Hou-Han-shu“) erklärt F. bzw. „Buddha“ als Erwachen (chüeh-wu). (so)

Fo-t'u-ten (? Buddhadāna), gest. 349; Mönch aus Zentralasien. Nach seinem Studium in Zentralasien u. Kaschmir gelangte er über Tun-huang 310 nach Lo-yang, wo er bis zu seinem Tod dem Herrscher Shih Lo als politischer Berater, Arzt u. Wundertäter diente. Als unermüdlicher Missionar wirkte er unter dem Volk, gründete Klöster und Tempel. Vermutlich begründete er auch den buddh. Nonnenorden in China. Übers. dagegen legte er nicht vor. Seine Schüler sind ↗Tao-an u. Fa-ya. Letzterer schuf die Übers.-Methode ko-i, das ist die Erklärung durch taoistische Ausdrücke, die allerdings nach ↗Kumārajīva ungebräuchlich wurde. (so)

Frau. Die prinzipielle Gleichheit aller Menschen im Buddh. beinhaltet gegenüber dem ind. Hintergrund des ↗Buddha eine Aufwertung der Frau, die gleich dem Mann als erlösungsfähig gilt (Cv X,1). Allerdings wird auch gesagt, sie könne nicht die Buddhaschaft erreichen (A 1,25), und im ↗Pāli-Kanon ist von keinem weiblichen Buddha die Rede. Es gibt auch zahlreiche abschätzige Aussagen über Frauen – z.B. Cv X,1: kürzerer Bestand des ↗dharma, wenn Frauen zum ↗sangha gehören; A IV,80: die Frau hat allerhand schlechte Eigenschaften; sie wird gar als die große Versucherin u. Ursache allen Leidens beschrieben (Thag). Doch es ist unklar, welche dieser Stellen die Ansicht des Buddha selbst wiedergeben bzw. später von Mönchen nachgetragen sind. Jedenfalls hat jener, vielleicht nach einigem Zögern, einen Nonnenorden innerhalb des ↗saṅgha gegründet, den er der Vormundschaft der Mönche unterstellte (Cv X). Die Nonnen, die nicht sehr zahlreich waren, lebten prinzipiell nach denselben Regeln wie die Mön-

che. Im besonderen waren ihnen die „Acht schweren Ordnungen“ auferlegt (ebd.), u. a. Redeverbot gegenüber Mönchen u. die Verpflichtung, in der Regenzeit (↗vassa) gemeinschaftlich unter Mönchsaufsicht zu leben. Im ↗vinaya (Sv) sind ihnen insgesamt 311 Regeln gegeben, gegenüber 227 Mönchsregeln. Eine sehr wichtige Rolle spielen Laienanhängerinnen (upāsikā), deren Gastfreundschaft der Buddha u. seine Mönche gern u. unbefangen in Anspruch genommen haben.
Im ↗Mahāyāna-Buddh. schwindet der Unterschied zwischen Mönchen u. Nonnen, z. B. können in Japan Frauen als Tempelpriesterinnen fungieren. In den Theravāda-Ländern ist der eigentliche Nonnenorden durch Abbruch der Sukzession ausgestorben. Statt dessen gibt es eine nonnen-ähnliche Schwesternschaft (↗Mann, ↗Ehe, ↗Familie).

L.: Thig, ed. C. Rhys Davids, 1909; B. Horner: Women under primitive Buddhism, 1930; F. Heiler: Die Frau in den Religionen der Menschheit, 1977; A. Wayman; Female energy and symbolism in the Buddhist Tantras, HR 2 (1962), 73–111; R. Pitzer-Reyl: Die Frau im frühen Buddhismus, 1984; D. Y. Paul: Women in Buddhism, Berkeley ²1985; A. Sharma (Hg.): Woman in World Religions, 3 Bde., Albany 1987–94. (bo)

Freiheit u. Befreiung von karmischen Bindungen u. den daraus resultierenden 5 Daseinsgruppen kann als Inhalt u. Ziel des buddh. Weges gesehen werden. Jedoch bringt das Wort starke christliche u. neuzeitlich-westl. Assoziationen mit sich, die den buddh. Zusammenhang verfehlen. Im Buddh. geht es nicht um eine F. **zu**, sondern **von** etwas (G. Grimm), die dennoch nicht als rein negative Qualität zu beschreiben ist. Im modernen Buddh. wird ein politischer F.-Begriff mit dem ↗dharma in Verbindung gebracht. F. bzw. Befreiung ist auch der Angelpunkt im christlich-buddh. Dialog des sri-lankischen Theologen A. Pieris.

L.: I. B. Horner: Le concept de liberté dans le canon pāli, in: R. de Berval (ed.): Présence du Bouddhisme, Paris 1987, 135–150. (bo)

Freiwilligkeit. Buddh. Ethik versteht sich immer schon, in der Neuzeit seit der Buddh.-Renaissance in asiat. Ländern u. in Verbindung mit dem buddh. Modernismus dezidierter, als Freiwilligkeitsethik u. als autonome Moral, die sich abgesetzt wissen will von heteronomen Moralsystemen (beispielsweise des Judentums, Christentums u. des Islam). So gilt der pure Normengehorsam als gerade nicht heilsam. Nach buddh. Auffassung setzt heilsames Tun, Reden u. Denken zwingend die eigene Einsicht in die Qualität des entsprechenden Verhaltens voraus. (no)

Freundschaft, mettā, Skt maitrī, der 1. der Verweilungszustände, bedeutet wörtlich F. u. bewirkt die Befreiung des Geistes (Itv 27). F. mit allen Wesen ist Ziel der Meditation (Snip I,8). F. derer, die das Gute lieben, macht den ↗saṅgha aus (S 3,18). (bo)

Friede wird in den Religionen als Abwesenheit von Krieg, äußerer u. innerer Unruhe verstanden (so z. B. griech. eirēnē u. lat. pax). Hinzu kommt die positive Bestimmung als Wohlbefinden u. Erfüllung (z. B. im hebräischen shalom enthalten). In den ↗Upanischaden bezeichnet śantiḥ das innere Zur-Ruhe-Kommen, Stille des Geistes u. Gleichmut. Es gehört zusammen mit ahiṃsa (Wesensschonung). Der Buddha macht diese Tradition zu einem Angelpunkt seiner Lehre: Die erste der 5 Sittenregeln (pañcaśīla) ist Wesensschonung; rechte Gesinnung (das 2. Glied des Achtfachen Pfades) beinhaltet „entsagende, haßlose u. friedfertige Gesinnung“ (D 22); die 10 Betrachtungen (anussati, A I,26) schließen mit der Betrachtung über den F. (upasama), die auf die „Eigenschaften des als Zuruhekommens alles Leidens geltende Nirwahn“ (nirvāṇa) gerichtet ist (Vis VIII,4). Die Verweilungszustände (Güte, Mitleid, Mitfreude, Gleichmut) bringen diese friedfertige Haltung zum Ausdruck. – Dem inneren Bemühen um F. korrespondiert ein äußeres, das sich z. B. in den Edikten ↗Aśokas zeigt. Im modernen Buddh. entstanden in vielen Staaten buddh. F.bewegungen, v.a. in ↗Japan, wo sich diese z. T. zu eigenen religiösen Gemeinschaften formiert haben (u. a. Risshō-Kōseikai u. Sōka-Gakkai). Auch sind Buddhisten in aller Welt maßgeblich an der Arbeit der „Weltkonferenz der Religionen für den Frieden“ (WCRP) beteiligt (↗auch Toleranz).

L.: H.-W. Gensichen, Weltreligionen u. Weltf., 1985; A.Th. Koury u. a., F. – was ist das?, 1984; H. Dumoulin: Buddh. der Gegenwart, 1970. (bo)

Frühe Bekehrung Tibets (tib. sṅa dar), das ist der das 7.–9. Jh.

umfassende Zeitraum der 1. Bekehrung ↗Tibets zum Buddh. (↗Tibet). (ev)

Führung. Religiöse Führerschaft ist ein charismatisch bestimmtes Verhältnis zwischen Meister und Jüngern oder Schülern, in dem sich diese zur Erlangung der religiösen Ziele seiner besonderen, autoritativen Macht oder Weisheit unterstellen. Nach M. ↗Weber ist zu unterscheiden zwischen persönlichem u. Amts-Charisma, seiner institutionalisierten Form. Der ↗Buddha zeigt als religiöser Führer von seinem Erkenntnis-Niveau her anderen Wesen den Weg, auf dem sie zu eigener Erkenntnis gelangen. Er lehrt, daß nach seinem Tod dhamma u. saṅgha die Führerschaft innehaben sollen. In der buddh. Meditationspraxis, besonders im Zen, spielt F. als Voraussetzung für eigene geistige Entwicklung eine zentrale Rolle. (bo)

Fünf Häuser des Zen-Buddhismus. Bei den F. H. handelt es sich nicht um eigenständige Schulen, sondern um 5 Meister- bzw. Meditations-Traditionen des ↗Ch'an, die sich nach der chin. Buddhistenverfolgung von 842–846 in der späteren T'ang-Zeit u. der Zeit der „fünf Dynastien" formierten u. dadurch die auch von der Verfolgung nicht gebrochene Vitalität des Zen demonstrierten: 1. das Kuei-yang-Haus (jap. Igyō), begründet von ↗Kuei-shan Ling-yu u. ↗Yang-shan Hui-chi, in dessen Praxis die Darstellung u. Interpretation des Kreis-Symbols sowie realsymbolische Handlungen der Meister eine besondere Rolle spielten. 2. Das Lin-chi-Haus (jap. Rinzai), das gestützt auf ↗Lin-chi I-hsüan die Methode des „Andonnerns u. der Stockschläge" praktizierte u. die dialektischen Lehrauslegungen Lin-chis pflegte. 3. Das Ts'ao-tung-Haus (jap. Sōtō), begründet von ↗Tung-shan Liang-chieh u. ↗Ts'ao-shan Pen-chi, in dem die später zum Allgemeingut des ↗Zen-Buddh. werdende ↗Fünf-Stufen-Dialektik entstand. 4. Das Yün-men-Haus (jap. Ummon), bekannt für die zum Gegenstand zahlreicher ↗Kōan gewordenen einsilbigen Antworten seines Gründers ↗Yün-men Wen-yen. 5. Das Fa-yen-Haus (jap. Hōgen), begründet von ↗Fa-yen Wen-i, dessen Lehrmethode stark von der non-dualen Lehre des Kegon-Sūtras (↗Avataṃsaka-Sūtren) bestimmt war. Die Lehren u. Methoden der F. H. sind durch die Überlieferung des Zen zu einem nachhaltig inspirierenden Traditionsgut geworden. Eine besondere Weiterentwicklung war allerdings allein dem Lin-chi-Haus u. dem Ts'ao-tung-Haus vorbehalten, aus denen in der Sung-Zeit 2 eigenständige Schulen hervorgingen, die im 12./13. Jh. von ↗Eisei u. ↗Dōgen als ↗Rinzai- u. ↗Sōtō-Schule nach Japan verpflanzt wurden.

L.: H. Dumoulin, Geschichte des Zen-Buddhismus, 2 Bde., 1985 u. 1986. (sl)

Fünf Jinas (Skt), die „Fünf Siegreichen“ oder die „Fünf Familien der Siegreichen“ (tib. rgyal ba rigs lṅa), das sind die ↗„Fünf Tathāgatas“. (ev)

Fünf-Stufen-Dialektik, von den beiden ↗Ch'an-Meistern des Ts'ao-tung-Hauses (↗Fünf Häuser des Zen-Buddh.), ↗Tung-shan u. ↗Tsāo-shan wurde das später im ↗Zen-Buddh. weithin anerkannte dialektische Schema der „Fünf Stufen“ (chin. wu-wei, jap. goi) entwickelt, das 5 zusammengehörende Sichtweisen des Verhältnisses von absoluter Negation i.S. der ↗śūnyatā („das Aufrechte“, chin. Lih, symbolisiert als ●) u. der Welt dualer Verschiedenheit („das Gekrümmete“, chin. Shih, symbolisiert als ○) darstellt: 1. Das Gekrümmte im Aufrechten: ◓; 2. das Aufrechte im Gekrümmten: ◒; 3. mitten aus dem Aufrechten kommend: ⊙; 4. mitten in das Gekrümmte ankommen: ○; 5. Einheit erreicht: ●. (sl)

Fünf Tathāgatas (Skt, entsprechend tib. rgyal ba rigs lṅa), die „Fünf So-Gegangenen“, das sind die Buddhas ↗Vairocana, ↗Akśobhya ↗Ratnasambhava, ↗Amitābha u. ↗Amoghasiddhi, häufig auch die ↗„Fünf Jinas“ genannt. Es handelt sich hier nicht um historische Persönlichkeiten, sondern um ↗Emanationen des ↗ādibuddha im ↗sambhogakāya-Aspekt, die im ↗Vajrayāna als Verkörperungen grundlegender physikalischer, psychologischer, kosmologischer u. philosophischer Prinzipien fungieren u. sich in einer universellen ↗makro-mikrokosmischen Analogie auf allen Daseinsebenen des Universums wiederfinden. Jeder dieser F. T. gilt als Oberhaupt u. Emanator einer ganzen „Familie“ von Gottheiten, die ihnen charakterlich verwandt ist. Sie erscheinen in Einzeldarstellungen wie in ↗Yab-Yum. Den F. T. werden in den verschiedenen tantrischen Lehrsystemen z. T. unterschiedliche Elemente, Farben, Weisheiten usw. zugeordnet, so daß sich keine allen Systemen gerecht werdende, einheitliche Charakterisierung der F. T. geben läßt. Von besonderer Bedeutung sind die F. T. im ↗Bardo Thödol.

L.: ↗Vajrayāna, ↗Lamaismus. (ev)

G

Gampopa (tib. sgam popa), tib. Lama der ↗Kagyüpa-Schule (1079–1153), Hauptschüler des ↗Milarepa, der in seinem späteren Lebensabschnitt eine rege literarische Tätigkeit entwickelte. Er scharte zahlreiche Schüler um sich, die später zu Gründern versch. Untergruppierungen der Kagyüpa wurden. Sein bekanntestes Werk ist der ↗Lamrin-Text „Juwelschmuck der Befreiung" (tib. thar rgyan).

W.: The Jewel Ornament of Liberation, tr. from the Tibetan by H. V. Guenther. (ev)

Gāndhārī, ein mittelindoarischer Dialekt (↗Prākrit), der im alten ↗Gandhāra (heute O-Afghanistan, N-Pakistan) gesprochen wurde u. eine bedeutende Rolle in der buddh. Zentralasienmission spielte. Der Kanon der ↗Dharmaguptaka-Schule war in G. verfaßt. Überliefert ist eine G.-Version des ↗Dhammapada in einer ältesten indischen Handschrift aus O-Turkestan. (mü)

Ganden (tib. dga` ldan), 1. das ca. 75 km östl. von ↗Lhasa gelegene, von ↗Tsongkhapa 1409 gegründete Stammkloster der ↗Gelugpa, das ehemals weit über 3000 Mönche beherbergte u. eine der großen Klosteruniversitäten der tib. Gelugpa-Schule bildete; 2. tib. Bezeichnung des Himmlischen Bereiches ↗Tuṣita (Skt). (ev)

gandhara (Skt, P gandhabba) wird in buddh. Begrifflichkeit das Wesen nach dem Tod in der vorausgegangenen Existenz bis zur Wiederverkörperung im Ergreifen eines Keims beim Zeugungsakt (↗saṃsāra) genannt. – Weiterhin bezeichnet g. halbgöttliche Wesen, die als himmlische Musikanten durch die Lüfte fliegen.

L.: J. Przylusi, M. Lalou: Notes de mythologie bouddhique, 1. Yakṣa et G. dans le Mahāsamayasuttanta, in: HJAS, 3 (1938), 40–46. (no)

Gaṇḍhavyūha (Skt), „Erscheinung der Protuberanz“, ist das längste Werk der ↗Avataṃsaka-Sūtren. In Gestalt einer Predigt des ↗Buddha berichtet er von den Reisen des Sudhana auf der Suche nach ↗Erleuchtung. Zentrale Themen sind die Tugenden des ↗Bodhisattva u. die ↗śūnyatā-Lehre.

A.: The Gaṇḍhavyūha Sūtra, critically ed. by D.T. Suzuki and H. Izumi, Tokyo 1936 (Nachdr. 1962). (sl)

gaṇṭḥā (Skt, tib. dril bu), „Glocke“, ↗Vajra. (ev)

Gāthā-Dialekt. In Prosa verfaßte Skt-Werke des Buddh. wie z. B. der ↗Lalita Vistara weisen Einschübe in Form von Versen oder Liedern (gāthā) in einer an das Skt angepaßten mittelindoarischen Sprache (↗Prākrit) auf, die man als G.-D. o. „hybrides (gemischtes) Skt“ bezeichnet. (mü)

gati (Skt/P), wörtlich: „Gang“, „Fährte“. Gemeint sind damit die Möglicheiten der Wiedergeburt, die der Buddh. annimmt: Hölle, Gespensterreich, Tierreich – dies sind die absteigenden Fährten –, Menschenwelt u. Götterhimmel (vgl. D 33, A IX, 68). Später als 6. noch das Dämonenreich (↗asura). Von diesen g. gilt die menschliche Geburt als die günstigste. (no)

Gautama (Skt, P Gotama), Familie, der der ↗Buddha entstammte. Die G. gehörten zur Adelskaste (kṣatriya) des Śākya-Stammes (↗Śākya). (no)

Gebet, als ideale kommunikative Verhältnissetzung des Menschen zu seinem Gott bzw. seinen Gottheiten oder dem überpersonalen Göttlichen (↗Gott), ist ein zentrales Phänomen der Rel.-Gesch. Seinen Sitz hat das G. vorzugsweise im kultischen Vollzug, dann aber auch in der persönlichen Frömmigkeit von Menschen. Es weist eine große Variabilität in Intention (Bitte, Dank, Preis, Vergebungsbitte, Buße) u. Form – bis hin zur Benutzbarkeit für magische Zwecke – auf. Als Anrede an Gott gibt es das G. im Buddh. nicht, zunächst auch nicht in den älteren Formen der Buddha-Verehrung (↗Buddha). In den mahāyānischen Erlösungskonzepten (↗Mahāyāna), wie sie z. B. im Saddharmapuṇḍarīka-sūtra (↗Lotus-sūtra) begegnen, u. vor

Vorstellungen der Verdienstzuwendung u. der Fremderlösung macht es Sinn, die Hilfe der Buddhas u. Bodhisattavas (↗bodhisattva) zu erbitten. Den prägnantesten Ausdruck für diese mahāyānische „Pietät" bietet ein spätes G. des Rāmacandra Kavibhārati (Bhaktiśataka, 37–42) aus der Mitte des 13. Jh. n. Chr.: „... Reich mir, o Sieger, Deine gnädige Hand zur Hilfe!/... Stütze Du den, der vor übermächtigem Durst schier vergeht!/ ... Deine Liebe gegen die Menschen macht ja keine Unterschiede,/Durch sie, o Sieger, rette mich Sünder." Vollends reduziert sich im Amidismus (↗Jōdo Shū, ↗Jōdo Shin Shū) das G. auf die Rezitation der „allein seligmachenden" salvatorischen Formel namo Amida butsu (↗nembutsu). (no)

Gebetsfahne (tib. dar lcog), mit ↗mantras, dem Pferd u. den Tieren der 4 Himmelsrichtungen bedruckte Tücher, die im lamaistischen Kulturraum in Siedlungen sowie an exponierten Stellen wie Bergpässen, Wegkreuzungen usw. an Holzstangen oder langen Schnüren aufgereiht befestigt werden u. symbolisch den Wunsch für das Glück aller Lebewesen in alle Richtungen tragen sollen. (ev)

Gebetsmühle (tib. maṇi `khor lo), „Maṇi-Rad", lamaistisches „Gebetsinstrument", das aus einem um seine Achse rotierenden, metallischen oder hölzernen Zylinder besteht, der auf Papierstreifen gedruckte ↗Mantras enthält. Dadurch daß der Gläubige seinen Geist auf die Religion richtet u. den Zylinder in Umdrehung bringt, wird nach lamaistischen Vorstellungen durch die Einheit von innerer Einstellung u. äußerlicher Handlung die heilswirksame Kraft der mantras freigesetzt. Die G. ist besonders ein von einfachen, oft illiteraten Gläubigen benutztes „Gebetsmittel". (ev)

Gebiete, die drei (P avacara). Die 3 G. bezeichnen die Gebiete des Sinnenhaften, des Feinkörperlichen u. des Unkörperlichen (kāma-, rūpa, arūpāvacara), die identisch sind mit den drei kosmologischen Regionen der Welt (Dreiwelt, Skt tri, P tiloka). (no)

Geburt (Skt/P jāti), ist im Buddh. nicht einheitlich bewertet.

Nach M 130 zählt G. zu den „Götterboten“ (↗devadūta), nämlich Alter, Krankheit, Tod, G. u. Bestrafung von Übeltätern. Diese bieten die Chance heilsamer Erkenntnis. G. gehört als 11. Glied zum 12gliedrigen Satz des bedingten Entstehens (Skt ↗pratītyasamutpāda, P paticcasamuppāda), wo G. die Folge des Werdens (Skt/P bhava) im Daseinsprozeß ist. Insofern ist G. Ausdruck des karmisch bedingten ↗saṃsāra (↗karma), der Wanderung durch die Existenzen. Erlösung besteht demnach in der Beendigung/Vernichtung von G. u. Tod u. neuer G., wie im Vinayapiṭaka III (Mv I,6,45) gesagt ist: „...Vernichtet ist die Geburt, ... keine Rückkehr gibt es mehr zu dieser Welt“. Das ist die ↗Erlösung. (no)

Geburtsgemeinschaft bezeichnet die primären sozialen Bindungen im Unterschied zu freiwillig u. bewußt aufgesuchten Gemeinschaften (Wahlverwandtschaft). Das „Hinzutreten“ zum ↗saṅgha (↗upasampadā) setzt das „Heraustreten“ (↗pabbajjā), d.h. Verlassen der G. voraus (↗Familie). (bo)

Geiergipfel, ein Berg bei Rājagṛha (Skt, P Rājagaha), spielt als Ortsangabe in verschiedenen Lehrtexten eine Rolle (so z.B. im MPNS u. im Lotus-Sūtra). (no)

Geist (Skt/P ↗citta, synonym Skt/P manas, mana, Skt ↗vijñāna, P viññāna), also in buddh. Anthropologie ununterschieden von Denken, Bewußtsein, Herz (Gemütsmitte), Denkorgan u. Geistesfaktor. G. ist nach buddh. Auffassung eine Erscheinungsweise welthafter Existenz (↗saṃsāra). Er „führt“, d.h. qualifiziert das Handeln („geistgeführt die Dinge sind“; Dhp 1) als heilsam u. unheilsam u. geht allem Reden u. Handeln voraus. Buddh. Ethik gebietet daher, den G. in Zucht zu nehmen, besonders durch die Übung der „Achtsamkeit“ (↗sati, Skt smṛti, ↗satipaṭṭhāna, die Übung des Gegenwärtighaltens der Achtsamkeit), das ist das 7. Glied des ↗Achtfachen Pfades. Die 3. Art der Erweckung der Achtsamkeit bezieht sich ausdrücklich auf den G. Das 8. Glied des Achtfachen Pfades, ↗samādhi (Skt/P), „Konzentration“, beinhaltet die Ausrichtung des G. auf einen Punkt (vgl. M 117). In buddh. Lehre changiert der Begriff des G. insofern, als er ausdrücklich der ↗Erlösung durch Überwindung bedarf, andererseits als Medium u. Instrument zur ↗Erlösung genutzt wird, ja gerade das Übungsfeld für sati u. samādhi ist. In mahāyānischer Tradition – besonders der ↗Yogācāra-Schule – bildet sich eine Art radikaler Idealismus oder Monismus aus, der das Wesen der Welt u. der Erscheinungen nur noch als G. interpretiert, wogegen die Vielheit der Erscheinungen u. Stofflichkeit nur ↗māyā, Trug u. Illusion, sind. (no)

Geister. Der Buddh. rechnet mit G. als Möglichkeiten der Wiedergeburt: petas (P peta, Skt preta) sind ursprünglich Leichengespenster (Abgeschiedene von pa u. ita = fortgegangen) oder „hungrige G.". Das G.-Reich, petti-visaya (P), liegt unterhalb der menschlichen Existenz. Der yakkha (P/Skt yakṣa) dagegen ist eine Art Dämon im Volksglauben. Die asuras (↗asura) scheinen „abgesunkene Götter" zu sein; sie sind vor allem durch Aggressivität gegeneinander charakterisiert. (no)

Gelübde sind Ausdruck mönchischer Lebensform (↗Mönch, ↗saṅgha): Armut, Keuschheit, Gehorsam, zu denen sich der christliche Mönch feierlich verpflichtet. Der buddh. Mönch legt diese G. – ein Gegenstück zum christlichen Gehorsams-G. gibt es im Buddh. ohnedies nicht – nicht formell ab, sondern übernimmt diese Lebensweise zunächst probeweise als Mönchsanwärter (P sāmaṇera, Skt ↗śrāmaṇera) u. dann endgültig in der Mönchsordination (↗upasampadā). (no)

Gelugpa (tib. dge lugs pa), „Tugendschule", die aufgrund ihrer gelben Kopfbedeckung zur Unterscheidung von den ↗Rotmützen häufig als „Schule der Gelbmützen" oder „Gelbe Schule" bezeichnete, von ↗Tsongkhapa (1357–1419) begründete Schulrichtung des tib. ↗Vajrayāna, deren Ziel eine strikte Reform der Ordenszucht u. ein Anknüpfen an die von ↗Atiśa (982–1054) propagierten Lehren der ↗Kadampa bildete. Deshalb werden sie auch gelegentlich Kadam Sarma (tib. bka' gdams gsar ma), „Neue Kadampa" (↗Kadampa), genannt. – Grundlage ihrer Lehrauslegung bilden die 25bändigen Ges. Werke ↗Tsongkhapas, allen voran sein ↗Lamrim Chenmo, sowie die Schriften seiner bedeutendsten Schüler Gyältshab Je (tib. rgyal tshab rje) (1364–1432) u. Khädrub Je (tib. mkhas grub rje) (1385–1483). Die auf der Prāsaṅgika-Mādhyamaka-Tradition fußende Lehre der G. wird gekennzeichnet durch die Betonung der Logik als unerläßlichem Hilfsmittel zum rechten Verständnis des ↗dharma, eine Revision u. Säuberung der auf den Neuen ↗Tantras fundierenden tantrischen Praktiken, sowie die für das Mönchstum unabdingbare Befolgung des ↗Zölibats u. den Verzicht auf jegliche Alkoholika u. Toxika. – Politisch gestärkt durch ihr diplomatisches Geschick im Umgang a) mit dem Kaiserhaus der frühen Ming-Dynastie im 15. Jh., b) mit den neu geeinten Mongolen unter Altan Khan u. Guśri Khan im 16. u. 17. Jh. sowie c) mit China in der Ch'ing-Dynastie (Qing) beherrschenden Mandschu-Kaisern während des 17.–19. Jh., gewinnen die sich als „moralische Reformbewegung" apostrophierenden G. in nur kurzer Zeit eine enorme Anhängerschaft und gründen, besonders in Zentral- und Nordosttibet (tib. a modo), zahllose Klöster, unter ihnen die großen, der philosophischen Schulung dienenden Klosteruniversitäten ↗Ganden (1409), ↗Drepung (1416), ↗Sera (1419) u. ↗Tashilhünpo (1447), sowie die der tantrischen Ausbildung dienenden Klöster Gyütö (1474) und Gyüme (1433) (tib. rgyud stod sma). Mit der Ernennung ↗Sönam Gyatshos 1578 zum ↗Dalai Lama durch den mongolischen Altan Khan wird schließlich die ↗Existenzenlinie der ↗Dalai Lamas ins Leben gerufen, die – gefolgt von den ↗Panchen Lamas – besonders von der Zeit des Fünften Dalai Lama ↗Ngawang Losang Gyatsho (1617–87) an, als höchste Repräsentanten der G. zur maßgeblich politisch u. religiösen Institution ↗Tibets werden. Mit ihrer erfolgreichen Mission in der ↗Mongolei, in den ↗Himalaya-Ländern u. in ↗China weitet die G.-Schule ihren Einflußbereich weit über die Grenzen Tibets aus. Die von den anderen tib. Schulen praktizierte Vererbung klerikaler Funktionen in Familienverbänden schloß die G.-Schule aus. Ihren Einfluß machte sie durch die Verleihung des ↗Tulku-Status an ihre maßgeblichen Würdenträger geltend, die ihre Bekehrungsaktionen nach Möglichkeit von oben nach unten mit Hilfe des sogenannten Systems der ↗Beiden Ordnungen durchführten.

L.: ↗Lamaismus. (ev)

Gesellschaft. Das Verhältnis der buddh. Lehre zur G. ist geprägt vom Wissen um die Unbeständigkeit des Daseins. Nach allen Schulrichtungen kann ↗Erlösung letztlich nur vom einzelnen für sich erwirkt werden, ↗bodhi ist daher nicht kirchlich instrumentalisierbar (↗Kirche). Der ↗saṅgha als Mönchsgemeinschaft hat dennoch eine wichtige Funktion, weil der einzelne ↗Mönch jenes Ziel faktisch nicht aus eigener Kraft erreicht. Weiter sind die Mönche auch auf die ↗Almosen der Laien angewiesen, mit denen diese umgekehrt an ihrem Weg teilhaben. Eine Organisation der Laien (upāsaka/upāsikā) gibt es erst in der Moderne. Der ursprüngliche Buddh. war zwar offen für alle Bevölkerungsschichten, faktisch entstammten aber die meisten Mönche– wie der ↗Buddha selbst – einer der beiden oberen Kasten, was dem älteren Orden einen aristokratischen Charakter gab. Ähnliches gilt auch in späterer Zeit für den saṅgha in ↗Sri Lanka (Brahmanen) und den Zen-Buddh. in ↗Japan, der vor allem von den samurai (Ritter) getragen war. Unter den Laien spielten die Kaufleute (vaiśya) eine wichtige Rolle. Der Buddha verhielt sich zurückhaltend u. wohlwollend gegenüber der gesellschaftlichen Ordnung, soweit sie den Prinzipien des dhamma nicht widersprach. Er kritisiert das Kastensystem, weil es der prinzipiellen Gleichheit aller Wesen zuwiderläuft; auch wendet er sich gegen zu große Machtfülle der Herrscher. Trotzdem war er kein Sozialreformer. In vielen buddh. Ländern kam es zu starker Durchdringung von Religion u. G., in neuerer Zeit auch zu sozialreformerischen Bewegungen. Daneben gibt es in allen buddh. Ländern ein Eigenleben der ↗Volksreligiosität (auch ↗Arbeit, Politik, Sozialethik, Staat).

L.: W. Bechert: Buddhismus, Staat und Gesellschaft, 3 Bde., 1966–73; ders.: Buddhism and Society, Kandy 1979 (The Wheel Publication, 265); C. Caldarola, ed., Religions and Societies: Asia and the Middle East, 1982; H. Dumoulin (Hg.): Buddhismus der Gegenwart, 1970. (bo)

Geshe (tib. dge bśes), „Heilsfreund", von Skt kalyāṇamitra, „Freund der Befreiung", abgeleitet, häufig als „Doktor der Philosophie" übersetzter Titel, der tib. Mönchen – besonders der ↗Gelugpa-Schule – nach einem langjährigen philosophischen Studium zuteil wird. Unter 9 verschiedenen G.-Titeln gilt der G. Lharampa (tib. lha ram pa) als der hervorragendste. Er bildet die Voraussetzung für die Kandidaten der Abtswürde an den großen Klosteruniversitäten der Gelugpa-Schule. (ev)

Gewaltlosigkeit als empfohlene Sittenregel beinhaltet in buddh. Verständnis nicht nur das Abstehen von Töten (Skt anārambha, Skt/P ahiṃsā), sondern auch das Nicht-Schädigen von Wesen, also Verzicht auf die Anwendung von physischer u. psychischer Gewalt. Buddh. Ethik bezieht über den Bereich menschlicher Mitwelt alle Lebewesen u. Existenzformen mit ein. Im Volksbuddh. gewann diese Sittenregel der G. geradezu die Qualität eines „Gebotes" u. sogar des 1. u. wichtigsten Gebotes. Zusammen mit Freigebigkeit bildet die G. die beiden Säulen buddh. Laienethik. (no)

Glaube. Die Form der Inbeziehungsetzung des Menschen mit dem Göttlichen versteht sich in den monotheistischen Hochreligionen als G., wobei im Judentum dieser Begriff stärker das „Sich-Verlassen" (hebr. `emuna) auf Gott meint. Im Christentum ist G. (griech. pistis, lat. fides) wie auch im Islam (arab. dīn) das Annehmen der Botschaft, Glaubensgehorsam u. das Vertrauen in die Zeugen. Eine solche Form des G. u. G.gehorsams wird im Buddh. abgelehnt. Die Lehre des ↗Buddha versteht sich nicht als göttliche Offenbarung, sondern als realitätsgerechte Erfassung der Daseinsbedingungen. Am ehesten könnte man das Vertrauen in den Lehrer, den Buddha (Skt śraddhā, P saddhā) als Erstimpuls für die Annäherung an die Lehre in die Nähe einer G.vorstellung rücken. Der buddh. Vorbehalt gegen G. als ungeprüftes Annehmen einer Lehre übertreibt freilich apologetisch das christliche Moment des G.gehorsams.

L.: N. Dutt: Place of Faith in Buddhism, JHQ 16 (1940), 639–646; J. T. Ergardt: Faith and Knowledge in Early Buddhism, Leiden 1977. (no)

Gleichmut (Skt upeksā, P upekkhā), eine der zentralen buddh. Tugenden, gehört ebenso zu den 7 Gliedern der Erleuchtung (Skt sambodhyaṅga, P bojjhanga) als auch zu den 4 Erhabenen Verweilzuständen (↗brahmavihāra), einer meditativen Übung. I. w. S. gehört G. zu jedem Bewußtseinszustand. Er verhindert, daß der Strebende in den Strudel unsteuerbarer Emotionen hineingezogen wird. (no)

Gleichnis stellt eine literarische Gattung in der Unterweisung religiöser Lehrer zur Veranschaulichung eines Lehrgegenstandes durch eine beispielhafte Geschichte dar. G. als Form der Lehrdidaktik begegnet man beim ↗Buddha, in der rabbinischen Lehrweise des Judentums (Haggadah) u. vermutlich darin wurzelnd in den G. Jesu. Berühmte u. anschauliche Beispiele für G. des Buddha sind das G. vom Elefanten u. den Blindgeborenen (Udāna VI,4) u. das G. vom vergifteten Pfeil (M 63). Das erstere will die Relativität des Erkennens, abhängig von jeweils unterschiedlich eingenommenen Perspektiven, verdeutlichen; im letzteren stellt der Buddha das Beschreiten des Pfades zum Heil als höchst dringende u. zeitlich drängende Notwendigkeit dar, angesichts dessen jede theoretische Erörterung Zeitverzug bedeutet, daher schädlich u. abzulehnen sei. (no)

Glück. Gegen den Vorwurf des ↗Pessimismus ist festzuhalten, daß das buddh. Heilsziel (↗nirvāṇa) als höchste Erfüllung des eigentlichen Strebens aller Wesen u. somit als höchstes G. gekennzeichnet, aber scharf vom weltlichen G. unterschieden ist (vgl. ↗sukha). G.-Empfindung gilt als Vorstufe der ↗Sammlung. (sl)

Gompa (tib. dgon pa). Transkription der tib. Bezeichnung für „Kloster". (ev)

Gotama ↗Gautama

Gott, Gottheit, Götter. I. Unter Gott versteht man in den monotheistischen Religionen beheimatete Vorstellungen eines höchsten, welttranszendenten Wesens, das meist als der Schöpfer des Universums verstanden wird. In polytheistischen Religionen sind Götter oft Ausdruck unterschiedlicher Natur- u. Geisteskräfte. Im Buddh. sind Götter saṃsārische Wesen (↗saṃsāra, ↗deva), unter die zumeist das altindische Pantheon subsumiert ist. Die Vorstellung eines personalen Schöpfergottes ist dem Buddh. fremd u. wird z. T. schon früh kritisiert (vgl. A III 62), erfährt jedoch besonders im späteren indischen Buddh. im Zusammenhang mit der buddh. Kritik an indischen Īśvara-Vorstellungen eine starke Ablehnung. Auch der ↗Buddha selbst hat keine göttlichen Eigenschaften für sich beansprucht, sondern verstand sich als Verkünder der Wahrheit, der den Weg zur Erlösung weist. Ob dem Buddh. eine impersonale Gottesvorstellung i. S. einer absoluten heilshaften Realität zugesprochen werden kann, ist – auch unter Buddhisten – umstritten (das ↗Absolute, ↗Christentum u. Buddh.). – Gleichwohl integrierte der Buddh. schon in seinen Anfängen die Göttervorstellungen seiner Zeit in seine Wiedergeburtslehre u. in die eng mit der meditativen Praxis verbundene ↗Kosmologie. Die Tendenz, autochthone Gottes-Vorstellungen nicht-buddh. Ursprungs in seine Lehre zu integrieren, läßt sich auch bei der späteren interkulturellen Verbreitung des Buddh. beobachten. Da die Götter als seiende Wesen gedacht werden, deren Seinsmodus nicht wirklich qualitativ von anderem verschieden ist (ein solcher qualitativer Sprung wird allein mit der Verwirklichung des ↗nirvāṇa erreicht), gelten im Buddh. alle Götter als sterbliche, im saṃsāra befangene Wesen (oder später auch als Symbolisierungen gewisser Aspekte der Lehre). Die Wiedergeburt als göttliches Wesen gilt als sehr angenehm; sie ist die Folge guten ↗karmas. Doch ist sie eben auch die Folge davon, daß überhaupt noch eine karmische Wirkung besteht u. somit letztlich nicht zu erstreben. Als göttliches Wesen vermag man nicht die ↗Erleuchtung zu Lebzeiten erreichen (jedoch als Fortentwicklung einer menschlichen Existenz im Durchgang durch sie; ↗anāgāmi). Der ältere Buddh. unterscheidet 6 Klassen von Göttern, die in der Sinnenwelt leben (↗kāma-loka). Die übrigen Götter leben im ↗rūpa-loka (wie z. B. der Gott Brahmā) u. im ↗arūpa-loka (vgl. ↗triloka). Ihre Einteilung entspricht den mit diesen Welten korrelierten 8 Versenkungsstufen (Skt dhyāna, P jhāna; ↗Meditation). – Der Buddh. späterer Entwicklungsstufen (besonders das ↗Vajrayāna) kennt auch weibliche Gottheiten, wie man aus künstlerischen Darstellungen schon aus der Gandhāra-Zeit weiß. Oftmals wurden Bereiche der Lit. personifiziert, so im Falle der Prajñāpāramitā u. der dhāraṇīs. Die bekannteste buddh. Göttin, ↗Tārā, gilt sogar als

↗Bodhisattva. Als ein solcher wird auch Kannon vorgestellt, zunächst männlich, doch ab dem 7. Jh. kommt in China die Vorstellung einer weiblichen Gestalt auf. Die Göttin Kannon schützt u. a. die schwangeren Frauen. Ihr Kult fand auch in den jap. Buddh. Eingang.

L.: H. v. Glasenapp: Der Buddh. – Eine atheistische Religion, 1966; Buddhadāsa: Christianity and Buddhism, Bangkok 1967; Nyanaponika: Buddhism and the God-Idea, Kandy 1981; K. Nishitani: Was ist Religion?, 1982; G. Dharmasiri: A Buddhist Critique of the Christian Concept of God, Antioch [2]1988; P. Schmidt-Leukel: Den „Löwen brüllen hören", 1992; H. Nakamura: The deification of Gotama the man, in: Proceedings of the IXth Int. Congr. History of Religions, Tokyo 1960, 152–160. (sl)

II. Bereits im ↗Mahāyāna, besonders aber im ↗Vajrayāna u. ↗Lamaismus, bildete sich im Buddh. ein gewaltiges ↗Pantheon von G. aus, die sämtlich als Verkörperungen verschiedener Aspekte u. Qualitäten des ↗Buddha-Prinzips zu verstehen sind. Sie gelten als eines der machtvollen Mittel des Vajrayāna, die zur schnellen Verwirklichung des Heilsziels beitragen sollen. Vom Laien als Heilsbringer oder Retter verehrt, werden sie von gebildeten Anhängern des Lamaismus als makrokosmisch-mikrokosmisch wirksame Entitäten (↗Makro-Mikrokosmos) angesehen, die gleichwohl machtvolle psychische Kräfte wie „real" existierende Gottheiten darstellen. Zu betrachten sind sie so als Personifikationen der ↗Leere, deren Wesen über gewöhnliche Sinneswahrnehmung hinausgeht. Zur Erweckung der durch sie symbolisierten heilswirksamen Kräfte oder Qualitäten im Bewußtsein des Gläubigen werden sie mit Hilfe von ↗sādhanas – häufig in ↗Yab-Yum als Ausdruck der Vereinigung der Polarität u. mit zahlreichen Nebengottheiten in ihrem Gefolge auftretend – zumeist in ↗maṇḍalas visualisiert. Entsprechend ihrer Erscheinungsform werden sie nach friedvollen (Skt śānta, tib. źi ba), zornvollen (Skt krodha, tib. khro bo) u. gemischt friedvoll-zornvollen (tib. źi khro) G. unterschieden. In den Texten wird der schreckenerregende ↗Yamāntaka als die rasende Seite des lieblichen ↗Mañjuśrī, oder ↗Mahākāla, der „Große Schwarze", als der zornvolle Aspekt des mitleidvollen ↗Avalokiteśvara bezeichnet, so daß die friedvollen u. zornvollen G. den Januskopf des über sie hinausgehenden Prinzips bilden. Zur Darstellung der G., die in auf den ↗sādhanas basierenden ikonographischen Handbüchern minutiös beschrieben wird, werden festgelegte Sitzhaltungen (Skt āsana), Handhaltungen (Skt ↗mudrā), ↗Attribute, Farben usw. benutzt, denen jeweils eine ganz bestimmte symbolische oder allegorische Bedeutung beigemessen wird. In den ↗maṇḍalas können die G. auch durch ihre ↗mantras, Symbole oder ↗mudrās vertreten werden.

L.: A. Getty: The Gods of North. Buddhism, Oxford 1914; W. E. Clark: Two Lamaistic Pantheons, 2 Bde., New York 1965; H. Hofmann: Symbolik der tib. Religionen, 1967; B. Bhattacharyya: The Ind. Buddh. Iconography, Calcutta 1968; ders.: Sādhanamālā, Baroda 1968; D.-I. Lauf: Das Erbe Tibets, 1972; ders.: Eine Ikonogr. des tib. Buddh., 1979; B. C. Olschak: Mystik und Kunst Alttibets, 1972; L. S. Dagyab: Tib. Religious Art, 2 Bde., 1977 (AsF 52); K. Sagaster (Hg.): Ikonographie u. Symbolik des tib. Buddh., 4 Bde.: A I, II: L.S. Dagyab, G.N. Ronge, B. + C: U. Toyka-Fuong, D: L.S. Dagyab, 1983–87 (AsF 77, 78, 96 u. 99); Lokesh Chandra: Buddh. Iconography of Tibet, 2 Bde., Kyoto 1986; W. von Essen, T.T. Thingo: Die Götter des Himalaya. Buddh. Kunst Tibets, 2 Bde., 1989. (ev)

Govinda, Lama Anagārika, bürgerlich Ernst Lothar Hoffmann (17.5.1898–14.1.1985), geb. in Waldheim, Sachsen, als Sohn eines Deutschen und einer Boliviancrin, studierte in Freiburg Philosophie u. Archäologie, Lektorat an der Universität Patna, Indien, reiste nach Aufenthalten in Ceylon öfter nach Tibet u. praktizierte dort unter Tomo Geshe Rinpoche den ↗Vajrayāna-Buddhismus. Später gründete er den Orden ↗Arya Maitreya Maṇḍala, dessen Zielsetzung die unvoreingenommene Praxis der Traditionen aller lamaistischen Schulrichtungen ist. Er gilt als ein Kosmopolit u. fand aufgrund seiner vorbildlichen Praxis sowie seiner sachgerechten u. engagierten Wiedergabe buddh. Philosophie u. Metaphysik weithin Anerkennung.

W.: Grundlagen tib. Mystik, 1957; Die psychol. Haltung der frühbuddh. Philosophie, 1961; Weg der weißen Wolken, 1969; Wege zur Ganzheit (Fs.), Almora/Indien 1973; Das tib. Buch der Toten, 1977; Schöpferische Meditation u. multidimensionales Bewußtsein, 1977; Bilder aus Indien u. Tibet, 1978; D. Stupa, 1978; Tibet in Pictures, 2 Bde., Berkeley 1979; Buddh. Reflexionen, 1983. (ev)

Güte (Skt maitrī, P mettā) gehört zu den 4 buddh. Kardinaltugenden, den ↗brahmavihāra. Der Skt-Begriff meint eigentlich „Freundschaft". G. i. S. buddh. Ethik adressiert sich an alle Wesen, weswegen man sie auch schon „allumfassende Liebe" genannt hat. Dem Begriff „Liebe“ haftet allerdings in buddh. Verständnis etwas von „Besitzen-Wollen“ an, das dem Bedeutungsfeld von mettā völlig fehlt. Im ↗Mahāyāna wird maintrī neben der karunā (Barmherzigkeit) noch stärker als Ausdruck des Geistes des Altruismus u. der Bodhisattvagesinnung (↗Bodhisattva) betont (vgl. Texte im Anhang: Haß und seine Überwindung u. ff, S. 5??–5??). (no)

Guhyasamāja-Tantra (Skt, tib. gsaṅ ba 'dus pa'i rgyud), „Tantra der Geheimen Vereinigung“, das vermutlich älteste buddh. ↗Tantra, dessen Existenz für das 7. Jh. nachgewiesen ist (Tucci), von Wayman in das 4.–5. Jh. datiert wird. Vermutlich markiert es den Beginn der schriftlichen Aufzeichnung des buddh. ↗Tantrismus, des ↗Vajrayāna. Der ↗Anuttarayoga-Tantra-Klasse zugehörig wird das Werk im Komm. Candrakīrtis auf 4 verschiedenen Ebenen interpretiert. Guhyasamāja wird ikonographisch als eine sechsarmige, dreigesichtige gemischt friedvoll-zornvolle ↗Gottheit von dunkelblauer Körperfarbe beschrieben, die sich mit ihrer sechsarmigen ↗prajñā in ↗Yab-Yum vereinigt. G. ist eine der bedeutendsten ↗Yidam-Gottheiten.

A.: B. Bhattacharyya: The G. or Tathāgataguhyaka, Baroda 1931; S. Bagchi: G. Darbhanga 1965 (Buddh. Skt Texts, 9). – Ü.: A. Wayman: Yoga of the G., Delhi 1977; P. Gäng: Das Tantra der Verborgenen Vereinigung, 1988. – L.: M. Winternitz: Notes on the G. and the Age of the Tantras, IHQ 9 (1933), 1–10. (ev)

Guru-Überlieferungsreihen (Skt guruparamparā, tib. bla brgyud), neben der schriftlichen Überlieferung in den ↗Tantras bildet die mündliche Tradierung der essentiellen Lehren, Rituale und meditativen Praktiken ein Wesenselement aller tantrischen Religionen, so auch des ↗Vajrayāna und ↗Lamaismus. Beruhend auf der Vorstellung, daß die buddh. tantrischen Lehren entweder vom ↗Buddha Śākyamuni selbst verkündet wurden oder von bedeutenden buddh. Heiligen als Offenbarung von ↗Gottheiten, besonders des ↗ādibuddha, empfangen wurden, ist die direkte Weitergabe in Form einer unmittelbaren geistigen Übertragung von Lehrer zu Schüler eine unabdingbare Voraussetzung für ihre geistige Bewahrung u. für ihre Praxis. Durch die geistige Tradierung der Lehren in einer lückenlosen Reihe von Überlieferungsträgern wird dem Initiierten quasi die Offenbarung der Lehre durch die Gottheit selbst zuteil. (ev)

Guru Rinpoche (tib. gu ru rin po che), ehrerbietige Benennung ↗Padmasambhavas durch die Tibeter. (ev)

Gyantse (tib. rgyal rtse), südtib., ca. 100 km südöstlich von ↗Shigatse gelegene, ehemals etwa 7000 Einwohner zählende Handelsstadt. Berühmtheit erlangte G. aufgrund 1. seines ↗Dzongs, 2. der von den Klöstern verschiedener Schulrichtungen gebildeten Klosterstadt u. 3. wegen des Stūpa ↗Pälkhor Chöde, des prächtigsten begehbaren ↗Stūpas ↗Tibets.

L.: F. Ricca, E. Lo Bue: The Great Stupa of G., London (1993). (ev)

H

Han-shan Te-ch'ing (jap. Kanzan Tokusei), chin. Buddhist u. Vertreter der ↗Ch'an-Schule (Tsao-ch'i), 1546–1623, einer der bedeutendsten buddh. Denker u. Reformer der Ming-Zeit. H. vertrat einen Synkretismus aus den verschiedenen buddh. Schulen (besonders aus Ch'an u. ↗Ching-t'u) wie auch aus den 3 Lehren; Buddh., ↗Taoismus u. ↗Konfuzianismus kommen aus derselben Wurzel, besitzen aber unterschiedlichen Wert. H. schuf ein System der Bewertung der 3 Lehren (p'an-chiao; ↗Hua-yen), er ordnete sie den 5 Fahrzeugen ein u. klassifizierte sie nach der Lehre von den 8 Bewußtseinsarten (Theorie der ↗Fa-hsiang-Schule). H. hat Komm. zu Chao-lun (↗Seng-chao), zum Herz-Sūtra u. zum Diamant-Sūtra verfaßt. (so)

Hauslosigkeit (Skt pravrajyā, P pabbajjā) als asketisches Ideal (↗Askese) entsteht mit der upanischadischen Bewegung (↗Upanischaden, ↗Hinduismus), fand von daher Eingang i. d. Buddh. u. sogar zuletzt auch in den brahmanischen, d.h. orthodoxen, Hinduismus. Die Freiheit vom Weltgeschäft, von der Familie, von Freunden u. Besitz löst nach buddh. Auffassung eine der wichtigsten Fesseln, die ↗Erlösung (Skt mokṣa, P mokkha) oder Befreiung (Skt vimukti, P vimutti) verhindert. An vielen Stellen des Kanon wird stereotyp gesagt (z. B. D 1, 5, 8; M 27, 38, 51 u. a. a. O. m.): „Voller Hindernisse ist das Hausleben, eine Stätte der Unreinheit, wie die freie Luft aber ist die Hauslosigkeit. Nicht leicht ist es im häuslichen Leben einen fleckenlosen heiligen Wandel zu führen. Wie, wenn ich mir nun Haar u. Bart scherte, das gelbe Gewand anlegte u. von Hause fortzöge in die Hauslosigkeit!" – Heute bedeutet denn auch pabbajjā den Eintritt in den buddh. Orden. (no)

Heil, von der germanischen Wurzel „hail" für „ganz", d. h. unbeschädigt, voll, wurde der Begriff H. zu einem religiös-phänomenologischen Ordnungsbegriff, der das Ziel religiösen Strebens als allerallgemeinster umschreibt u. in dieser Weise

↗Erlösung, Befreiung, das Übernatürliche u. Jenseitige, selbst Gott als Heilsziel, meinen kann. Im Buddh. gilt das Abstreifen der Fesseln, die an die Welt der Geburten u. Tode bindet, als H. H. – damit ↗nirvāṇa, mokṣa/mokkha, vimukti/vimutti, ↗Erlösung – wird realisiert in der Ausmerzung der Wurzelgrößen des Unheils: Gier, Haß u. Verblendung u. im Erlöschen des ↗karma. (no)

Heilige Berge in China. Seit dem Altertum war der Berg bevorzugter Ort für Opfer u. Aufenthaltsstätte für Einsiedler, besonders taoistischer Eremiten. Ab der Han-Zeit ordnete man h. B. in verschiedene Systeme wie z. B. die den Himmelsrichtungen entsprechende Fünfergruppe (wu-yüeh): T'ai-shan, Lu-shon, Hua-shan, Heng-shan u. Sung-shan. Auf den wu-yüeh ließen Kaiser Yang der Sui-Dynastie 581 u. Kaiser Su-tsung der T'ang-Dynastie 756 buddh. Klöster bauen. Auf vielen B. entstanden seit dem 4. Jh. buddh. Zentren (Lu-shan, T'ien-t'ai-shan, Sung-shan). Die wichtigsten buddh. h.B. sind die der vier Bodhisattvas: Wu-t'ai-shan (↗Wen-shu), P'u-t'o-shan (↗Kuan-yin), Chiu-hua-shan (↗Ti-tsang) u. O-mei-shan (P'u-hsien). (so)

Heilige Stätten des Buddhismus. Als H.S.d.B. gelten die Orte, wo der Tradition nach der ↗Buddha geboren wurde u. wo er starb: ↗Lumbini (heute: Rummindei in Nepal) u. ↗Kuśinagara (P Kusināra, heute Kasia im indischen Bundesstaat Uttar Pradesh), ferner der Ort, wo sich die ↗bodhi ereignete: ↗Urubilvā (P Uruvelā, heute Urel bei Bodh-Gayā, auch Buddha-Gayā), ferner der Tierpark Ṛṣipatana (P Isipatana, heute Sārnāth) bei ↗Benares, wo der Buddha der Tradition nach seine 1. Predigt gehalten u. damit das Rad der Lehre (↗dharmacakra) in Bewegung gesetzt habe. Diese 4 Stätten werden im MPS (D 16, V, 9) ausdrücklich als solche genannt. Sie wurden in der Folge von ↗Aśoka zu Wallfahrtszentren ausgebaut: mit Klöstern, Pilgerherbergen u. Kultbauten (↗Stūpa). Die H. S. d. B. verfielen schon in alter Zeit, wie aus chin. Pilgerberichten hervorgeht. Um die Wende vom 19. zum 20. Jh. bemühte sich die ↗Mahābodhi Society (Anagārika ↗Dharmapāla) um deren Erhaltung, Instandsetzung u. Zugänglichkeit für Buddhisten.

L.: H.W. Schumann: Auf den Spuren des Buddha Gotama, 1992: D. K. Barua: Buddha Gaya temple, its history, Buddha Gaya 1981; D. Mitra: Buddhist Monuments, Calcutta 1971; B.K. Rijal: Archeological Remains of Kapilavastu, Lumbini and Devadaha, Kathmandu 1979; D. Valisinha: Buddhist Shrines in India, Colombo 1948; A.K. Coomaraswamy: La sculpture de Bodhgayā, Paris 1935; R. Mitra: Buddha Gaya, Delhi 1972; V. A. Smith: Kusinara, or Kusinagara and other Buddhist Holy Places, JAS, 1902, 139–163; H. v. Glasenapp: Heilige Stätten Indiens, 1928; D.R. Sahni: The eight great places of Buddhist pilgrimage, in: Indian Art and Letters, Bd. 9 (1935), 140–147; S. C. Bagri: Buddhist Pilgrimages and Tours in India, Delhi 1992; T. C. Majupuria: Holy Places of Buddhism in Nepal and India, Bangkok 1987. (no)

Heiliger Narr (tib. smyon pa), „Ver-rückter", eine Klasse lamaistischer Heiliger, die durch ihre unkonventionellen, an ihrem spontanen spirituellen Seinserlebnis orientierten Handlungen hervorsticht u. durch ihre scheinbare moralische Disziplinlosigkeit – sexuelle Ausschweifungen u. Übertretung gesellschaftlicher u. religiöser Konventionen – starre, überkommene Wertvorstellungen, heuchlerische Moral u. klösterlich institutionalisierte, lebensferne Gelehrtheit zu enttarnen sucht. Das schelmenhafte Treiben der H. N. wurzelt in ihrer yogihaften Zurückgezogenheit u. durch tantrische Meditationspraktiken erworbenen unmittelbaren Einsicht in die Natur der Wirklichkeit, die einziger Maßstab ihres Handelns ist u. sie befähigt, Leidenschaft als Mittel zu seiner eigenen Überwindung zu nutzen. Die berühmtesten H.N. sind ↗Drugpa Künleg, Tsangmyön Heruka (tib. gtsaṅ smyon he ru ka) (1452–1507) u. Ümyön Künga Sangpo (tib. dbus smyon kun dga` bzaṅ po) (1458–1532).

L.: A. Kretschmar: `Brug pa Kun legs, 1981 (Beitrag zur Zentralasienforschung 5); K. Dowman: Der h.N., 1982; über Tsangmyön Heruka: K.-H. Everding: Die Präexistenzen d. lCaṅ skya Qutuqtus, 1988 (AsF 104), 122–132. (ev)

Herrschaft. In buddh. Perspektive hat H. nur begrenzte Legitimation zur Aufrechterhaltung der Ordnung auf der Welt. Ein weiser Herrscher erkennt die Vergänglichkeit seiner Macht, handelt zum Wohl seiner Untertanen u. ordnet sich in seiner Würde dem saṅgha unter, dem er in seinem Reich Schutz u. Hilfe gewährt. (bo)

Herz-Sutra. Das H. (Prajñāpāramitā-Hridaya-Sūtra) ist ein sehr kurzer, in leicht verschiedenen Fassungen vorliegender Text aus der Gruppe der ↗Prajñāpāramitā-Sūtren, der besonders in ↗Japan eine hohe Popularität besitzt. Es behandelt in Kurzform die ↗śūnyatā-Lehre als den Höhepunkt buddh. ↗Weisheit.

A.: E. Conze (ed.): P., in: JRAS (1948), 34–47 (= Thirty Years of Buddhist Studies, Oxford 1967, 148–167). Ü.: L. Lancaster (ed.): P. and Related Systems: Studies in Honour of E. Conze, Berkeley 1977; D.S. Lopez Jr.: The Heart Sūtra Explained, Albany 1988. (sl)

Hevajra (Skt, tib. kye rdo rje), „Oh Vajra", eine tantrische Schutzgottheit, ↗Yidam, der ↗Anuttarayoga-Tantra-Klasse in ↗Yab-Yum-Form. H. tritt 8gesichtig, 4beinig u. 16armig auf, hält in seinen 16 Händen 16 mit Blut gefüllte Schädelschalen u. umschlingt seine ↗prajñā Nairātmyā. Das seinem Kult dienende H.-Tantra, ein Mutter-Tantra, entstand etwa Ende des 8. Jh. u. ist durch das überwiegende Auftreten weiblicher Gottheiten gekennzeichnet.

A./Ü.: D. L. Snellgrove (ed. and tr.): The H. Tantra, 2 Bde., London 1959. (ev)

Hiei (jap.), Name des heiligen Berges bei Kyōto in Mitteljapan, wo 788 der Begründer der ↗Tendai-Schule, der jap. Variante der chin. T'ien-t'ai-Schule, Saichō (767–822; Dengyō Daishi), das Tendai-Zentrum errichtete. Dieses Zentrum auf dem Hiei-zan (jap. wörtlich. der Berg Hiei), der Enrayuku-Ji als Haupttempel u. eine große Anzahl von anderen Tempeln u. Hallen, gilt bisweilen als „Wiege des jap. Buddh.". Der Enrayuku-Ji wurde 794 in Anwesenheit des Kaisers Kanmu geweiht. Dabei stand der H. immer auch Mönchen anderer Schulrichtungen offen, besonders denen der ↗Shingon-Schule u. des ↗Zen. (no)

Himalaya (Skt himālaya), die „Stätte des Schnees", das mit dem Mount Everest (8872 m) u. Mount Godwin Austin K2 (8640 m) gewaltigste u. höchste Gebirgsmassiv der Welt, ist aufgrund seiner besonderen Topographie, der Abgeschiedenheit weiter Regionen, seit jeher ein besonders für magische u. religiöse Vorstellungen prädestiniertes Gebiet gewesen, das in weiten Teilen wesentlich von buddh. Kulturgut geprägt ist. Auf seiner nördl. Seite erstrecken sich ↗Tibet u. auf nepalesischem Gebiet das ehemalige buddh. Königreich ↗Mustang, an seinen südl. Hängen u. Ausläufern liegen von O nach W der heutige indische Bundesstaat Arunachal Pradesh, früher North-Eastern Frontier Agency, mit seinen buddh. beeinflußten Distrikten Tawang u. Kameng, sodann die Königreiche ↗Bhutan u. ↗Nepal, die das ehemalige kleine Königreich ↗Sikkim, heute ein Bundesstaat ↗Indiens, u. Darjeeling einschließen. Westl. an Nepal schließt sich der ind. Bundesstaat Himachal Pradesh an, der in den an der tib.-chin. Grenze gelegenen Distrikten Lahaul u. Spiti noch einzelne geschichtsträchtige, buddh. Kulturgüter beheimatet. In Dharamsala, Distrikt Kangra, befindet sich der Sitz des ↗Dalai Lama u. der tib. Exilregierung. Wiederum weiter östl. liegen die vom ↗Lamaismus geprägten Regionen ↗Zanskar u. ↗Ladakh.

L.: D. L. Snellgrove: Buddh. H., Oxford 1957; U.S. Army Area Handbook f. Nepal, Sikkim and Bhutan, Washington 1964; M. Singh: Himalayanische Kunst, 1968; E.T. Atkinson: The H.n Gazetteer, 3 Bde. in 6 Teilen, Repr. Delhi 1973; A. MacDonald u. a.: Les Royaumes de l'Himālaya, Paris 1982; M. Peissel: Königreiche i.H., 1985; B. C. Olschak, A. Gansser u. a.: H., 1987. (ev)

Himmlische Sphären sind nach der Triloka-Kosmologie gestaffelte Bereiche, in denen die verschiedenen ↗Götter leben. Die ↗Wiedergeburt in einer H. S. ist identisch mit der Wiedergeburt als göttliches Wesen (deva). Wie die Existenz in der ↗Hölle ist auch die Existenz in einer H. S. zwar sehr lang, aber nicht ewig.

L.: B. C. Law: Heaven and Hell in Buddhist perspective, Calcutta 1925. (sl)

Hīnayāna (Skt/P), wörtlich: Kleines Fahrzeug – bezeichnet eine Lehrentwicklung im Buddh., die deutlicher bei dem elitär-mönchisch verfaßten alten Buddh. u. dessen Heilsziel des ↗arhat anknüpft. Der Begriff H. selbst – frühestens seit dem 2./3. Jh. n. Chr. –, inzwischen eine rel.hist. Ordnungskategorie, versteht sich aus dem Selbstverständnis des ↗Mahāyāna abwertend (hīna: klein, aber auch gering, minder) als die geringere oder weniger verdienstlichere Form des Buddh. Andere Begriffe (wie Śrāvakayāna – Fahrzeug der Schüler oder Hörer) kann diese Bewertung nicht abschwächen. Sie beruhen auf einem Modell, in dem das H. immer als die minderere Form gilt. Der Begriff H. wurde von der Buddh. Weltkonferenz 1950 (Colombo/Kandy) aus dem buddh. Sprachgebrauch offiziell getilgt. – Im Anschluß an M 22 (vgl. M 38) wird die Lehre des ↗Buddha mit einem Floß verglichen (↗Fahrzeug), mit dem das „sichere Ufer", das ist das ↗nirvāṇa, erreicht werden kann. Dieser Zustand ist dadurch charakterisiert, daß es dort weder ↗Geburt noch ↗Tod, also auch keine ↗Vergänglichkeit u. kein ↗Leiden gibt. In der Geschichte des Buddh. wandelten sich die Auffassungen darüber, wie ↗Erlösung zu gewinnen sei. Die unterschiedlichen Antworten im historischen Prozeß werden, idealtypisch gruppiert, Fahrzeuge genannt: H. oder Kleines F., Mahāyāna oder Großes F., ↗Vajrayāna oder Diamant-F. So kennzeichnen die Fahrzeuge auch die großen Epochen der Buddh.-Geschichte. Das H. wurde – aus der Sicht des Mahāyāna – insofern als „klein" (oder „gering") beurteilt, da es, dem Bild des Floßes entsprechend, Platz nur für einen Heilssucher bietet. Helfende fremde Kraft – etwa des Buddha oder eines ↗Bodhisattva wie im Mahāyāna – kann es im H. nicht geben. Jeder ist auf sich selbst u. sein eigenes Bemühen verwiesen (Snip II,10; MPNS = D 16,6,7). Als Mittel zur Erlösung gilt neben den übrigen Gliedern des ↗Achtfachen Pfades besonders die ↗Achtsamkeit, eine Form dauernder Selbstkontrolle gegenüber den physischen u. psychischen Impulsen u. in allen möglichen Lebenssituationen. Dementsprechend ist dem Buddha im H. kein eigentlicher Kult geweiht; die hīnayānische ↗pūjā hat nur erinnernden u. motivierenden Wert. Sehr stark unterstrichen ist die Exemplarität des Buddha als ↗Tathāgata („So-Gegangener"), als „Pfadweiser". – Das H. besitzt keine einheitliche Gestalt. Die Tradition weiß von 18 Schulen des H., die z.T. auch eigene Kanones (↗Kanon) besaßen. Tatsächlich aber muß es mehr als 30 Schulen im H. gegeben haben, von denen allerdings nur die „Schule der Älteren" (↗Theravāda) bis heute erhalten geblieben ist. Ihr Kanon ist der ↗Pāli-Kanon. Die Gründe für die Entstehung von Schulen u. für die Weiterentwicklung des Buddh. in Fahrzeugen liegen ursprünglich in lokalen Besonderheiten der Regelbefolgung, in der ausschließlich mündlichen Tradition der Lehre in den Anfangsjahrhunderten, woraus sich auch eine Spezialisierung von Experten auf die verschiedenen „Körbe“ (↗tripiṭaka) oder auf Teile aus diesen ergab, schließlich aber in bestimmten philosophischen Fundierungen der Lehre u. in den unterschiedlichen Antworten auf grundlegende Fragen: nach Existenz, Zeit u. Raum, Ursachen, Selbst bzw. Nicht-Selbst (↗anātman). – Um ca. 340 v. Chr. spaltete sich der buddh. Orden in eine „progressive“ Mehrheitsfraktion (Mahāsāṁgika) u. in den konservativen Flügel der Sthaviras, die sich strikt an den überkommenen Regeln u. Traditionen orientierten. In unterschiedlichen Auffassungen über den Buddha war damit der 1. Schritt zur Entstehung des Mahāyāna getan. Zugleich wurde allmählich der Realismus des alten Buddh., der die Wirklichkeit der Welt nicht bestritt, in der Übernahme des indischen Konzepts vom illusionären Charakter der Wirklichkeit (māyā) gebrochen. Die Sthaviras, von denen sich in der Frage nach dem Wesen der Person bzw. eines zwar unerkennbaren, aber überdauernden Persönlichkeitskerns die Pudgalavādins (P ↗Puggalavādins) um ca. 280 v. Chr. abspalteten, hielten daran fest, daß der historische Buddha ein Mensch war, der allerdings durch das Erwachen (↗bodhi) die Götter überboten habe u. so eigentlich ein ādeva sei: einer, der noch über den Göttern stehe, weil er die Haftungen u. Fesseln an diese Wiedergeburtswelt gelöst, die Existenz im Leiden beendet habe u. daher erlöst sei. Um ca. 244 v. Chr. spaltete sich die Sthaviraschule erneut in die Vibhajyavādins u. in die ↗Sarvāstivādins. Letztere Schule war weit verbreitet u. von sehr großem Gewicht. Eine Seitenlinie der Vibhajyavādins sind die Theravādins. Mit dieser 3. Schulenteilung war vermutlich die Endredaktion der Sammlung der abhidharma-Schriften (↗Abhidharmapiṭaka) verbunden. Zugleich bot die Frage nach der Kanonizität des abhidharma weiteren Anlaß zu Dissens; denn bestimmte Schulen, wie die ↗Sautrāntikas, bestreiten diese. Seinen Höhepunkt erreichte das H. mit dem ↗abhidharmakośa des ↗Vasubandhu um ca. 400 n. Chr. u. mit den Schriften des Theravādins ↗Buddhaghosa um 500 n. Chr.

L.: A. Bareau: Les sectes buddhiques du Petit Véhicule (PEFEO 38), Saigon 1955; E. Frauwallner: Die Entstehung der buddh. Systeme, 1971; H. Bechert (Hg.): Zur Schulzugehörigkeit von Werken der H.-Literatur, 2 Tle., 1985–87 (AAWG 149, 154); A. v. Gabain, s. v. H., in: Handbuch der Orientalistik, hg. von B. Spuler, Bd. VIII, Leiden 1961, 496–514; E. Conze,

Eine kurze Geschichte des Buddhismus, 1980; A. Bareau: Die Religionen Indiens, Bd. III: Buddhismus, 1964; E. Lamotte: Histoire du Bouddhisme Indien, dès origines à l'ère Śaka, Louvain 1958; M. Walleser: Die Sekten des Alten Buddhismus, 1927. (no)

Hinduismus, vom Fluß Indus abgeleitete Sammelbezeichnung für indische Religionen, die die Autorität des ↗Veda nicht leugnen u. im sozialen Kontext der Kasten leben. Die Industal-Religionen (2500–1650 v. Chr.) mit ihren hochentwickelten Stadtkulturen (u. a. Mohenjo Dāro, Harappā) ist nur aus archäologischen Funden rekonstruierbar, da die Inschriften bisher nicht entziffert werden konnten. – Die Religionen der um 1500 im NW Indiens eindringenden zentralasiatischen Stämme, die sich selbst Arier nannten, ist im ↗Veda bezeugt. In Ansätzen zeigt sie bereits die für die folgende Zeit maßgebliche Vermischung mit den in Indien beheimateten Kulten. Ihre Spätphase wird auch ↗Brahmanismus genannt – Kennzeichen des „älteren H." (400 v.–400 n. Chr.) sind der Aufstieg von Viṣṇu u. Śiva als allumfassende Gottheiten; die allmähliche Verdrängung des vedischen Opferkultes durch die rituelle Verehrung der Götterbilder (↗pūjā); die Konsolidierung des H. als rel.-soz. Ordnung (dharma) mit dem Ausbau der Verhaltensnormen im Rahmen der ↗Kasten, der 4 Lebensstufen (Veda-Student, Familienvater, Waldeinsiedler, Weltentsager) u. 4 Lebensziele (Sinnengenuß, Wohlstand, Pflichterfüllung, Erlösung); die Grundlegung der orthodoxen philosophischen Systeme (↗darśana). – Im „jüngeren H.", in dem die Regionalkulturen u. -sprachen in den Vordergrund treten, gewinnen an Bedeutung: der ↗Tantrismus, die durch Dichter-Heilige inspirierte ↗bhakti als volksreligiöse Bewegung u. die Bildung sektarischer Kult- u. Lehrtraditionen (saṃpradāya) unter den Viṣṇu- u. Śiva-Anhängern sowie im Śaktismus, in dem seit etwa 600 die allbestimmende göttliche Kraft (śakti) als Mahādevī („große Göttin") verehrt wird. – Im Kontext islamischer Fremdherrschaft entwickelte sich die Religion der Sikhs. – Im Neo-H. des 19./20. Jh. entstanden als Reaktion auf den westl. Einfluß zahlreiche Reformbewegungen, die z. T. auch auf ↗Buddha als Sohn Indiens sich berufen. – Die zumeist friedliche, aber von Rivalität bestimmte Koexistenz von Buddh. u. H. über mehr als 1500 Jahre führte zu vielfältigen gegenseitigen

Einwirkungen, deren Untersuchung ingesamt noch ein Forschungsdesiderat ist. Gemeinsame weltanschauliche Prämissen, die in konkreter Auslegung gleichwohl auch zu Kontroversen führten, sind die zyklischen Zeitvorstellungen mit periodischen Weltentstehungen u. -vernichtungen sowie die Karma- u. Wiedergeburtslehre. Ferner werden der Beherrschung der Affekte u. Triebe sowie meditativen Praktiken in gleicher Weise große Bedeutung für den Heilsweg zugemessen. Die auffälligsten Analogien zeigen sich in der in beiden Religionen fast gleichzeitig hervortretenden Strömung des ↗Tantrismus.

L.: H. von Glasenapp: Der H., 1922; J. Gonda: Die Religionen Indiens I, II, 1978[2], 1963; U. Schneider: Einführung in den H., 1989; K. Klostermaier: A Survey of Hinduism, New York 1989; A. Coomaraswamy: Hindouisme et Bouddhisme, Paris 1949; C.N.E. Eliot: Hinduism and Buddhism, 3 Bde., London 1921 (Neuausg. 1962); B. Walter: Hindu World, 2 Bde., London 1968; M. Weber: H. und Buddhismus, Ges. Aufs. zur Religionssoziologie, Bd. 2., [5]1972; J. Dowson: A classical Dictionary of Hindu Mythology and Religion, Geography, History and Literature, London [7]1950; H. v. Glasenapp: H. u. Buddhismus, was sie eint und was sie unterscheidet, ZMR 49 (1934) 33–49; ders.: Der Buddh. in der Vorstellungswelt der Hindus, in: Asiatica, Fs. F. Weller, 1954, 174–183; K. N. Upadhyaya: The Impact of Early Buddhism on Hindu Thought, Philosophy East and West, 18 (1968), 163–173. (mü)

Hisamatsu, Shinichi, 1889–1980, jap. Philosoph der ↗Kyōto-Schule. H. entstammte einer ↗Jōdo-Shin-Familie, war jedoch mehr dem ↗Zen-Buddh. verbunden. Ab 1932 philosophische Lehrtätigkeit an der Kaiserlichen Universität von ↗Kyōto; Begründer des dortigen F.A.S. Zen Instituts; zahlreiche Kontakte zu westl. Philosophen u. Theologen.

L.: S. Hisamatsu: Die Fünf Stände von Zen-Meister Tosan Ryokai, 1980; ders.: Die Fülle des Nichts, [3]1984; ders.: Philosophie des Erwachens, 1990. (sl)

Historiographie, lamaistische. Während dem indischen zyklischen Denken aufgrund seiner Betrachtung geschichtlicher Ereignisse als unwesentlicher, in nur leichter Variation wiederkehrender Erscheinungsformen der prinzipiell gleichen Gesetzmäßigkeiten die Notierung historischer Ereignisse weitgehend fremd war, hat sich im lamaistischen Kulturraum aufgrund chinesischen Einflusses seit dem Beginn der ↗Frühen Bekehrung Tibets (7. Jh.) eine eigenständige H. herausgebildet. Anfangs fand sie in der Annalistik, wie den ↗Tun-Huang-Dokumenten, später vor allem in religionshistorischen Chroniken wie den „Roten" oder ↗„Blauen Annalen", der „Religionsgeschichte des Nel pa Paṇḍita" (tib. nel pa'i chos `byuṅ) (1283) oder „Butöns Geschichte des Buddhismus" (1322), ihren Niederschlag. Letztere haben gewöhnlich die Ausbreitung u. Entwicklung des Buddh., beginnend mit dem historischen Buddha, zum Gegenstand und bestehen im wesentlichen aus den aneinandergereihten Biographien der bedeutendsten Lehrträger verschiedener Lehrzyklen u. Schulrichtungen. Entsprechend dem hagiographischen Charakter dieser Lit. stehen der religiösen Belehrung dienende interpretative Daten im Vordergrund, die ihnen zugrunde liegenden historischen Fakten sind in der Regel mit hoher Genauigkeit u. Detailliertheit notiert. Da für sämtliche Länder des lamaistischen Kulturraums historiographische Quellen erhalten sind, läßt sich häufig ein zumindest grobes Bild ihres geschichtlichen Werdegangs vom Zeitpunkt der Einführung des Buddh. an nachzeichnen.

L.: A. I. Vostrikov: Tib. Hist. Literature, Calcutta 1970 (Soviet Indologgy Series, No. 4); E. Obermiller: Hist. of Buddh. by Bu-ston, 2 Vol., 1931/2 (Mat. z. Kunde d. Buddh., Heft 18/9); H. Uebach: Nel pa Paṇḍitas Chronik Me-tog Phreṅ-ba, 1987 (Studia Tibetica 1); P. Sörensen: Tibetan Buddhist Historiography. The Mirror Illuminating the Royal Genealogies, 1994 (AsF 1994). (ev)

Hölle (Skt/P niraya). Die Existenz in der H. ist die schlechteste Form der ↗Wiedergeburt. Sie ist nicht von ewiger, aber doch sehr langer Dauer. Die buddh. Mythologie kennt 8 Haupt-H., von denen die schrecklichste die Avīci-H. ist, sowie zahlreiche Neben-H. Die H.-Strafen werden als grausame Foltern beschrieben.

L.: B. C. Law: Heaven and Hell in Buddhist perspective, Calcutta 1925. (sl)

Hōnen Shōnin (1133–1212). Unter dem Einfluß H., auch „Genku" genannt, bildete sich in ↗Japan die ↗Jōdo-shū als eine selbständige Schule des ↗Amida-Buddh. Zunächst Mönch der ↗Tendai-Schule geht H. nach langjährigen Studien der Amida-buddh. Tradition ab 1175 dazu über, die Praxis des ↗nembutsu als den dem Verfallszeitalter (mappō) angemessenen Weg der Erlösung zu verkünden. Sein bedeutendster Schüler wird ↗Shinran. 1207–1212 lebt H. in der auf Betreiben der Tendai-Schule ergangenen Verbannung. Kurz nach seiner Rückkehr stirbt er in Kyōto. H. wichtigstes Werk ist die Kompilation „Senchaku hongan nembutsushū".

L.: Shunjo: Honen the Buddhist Saint. His Life and Teaching, tr. H. H. Coates and R. Ishizuka, Kyoto 1925, [2]1949; G. Renondeau: Le bouddhisme japonais. Textes fondamentaux de … Hōnen, Shinran, Nichiren et Dōgen, Paris 1965; V. Zotz: Der Buddha im Reinen Land, 1991. (sl)

Hossō-shū (jap.), „Schule der Merkmale des Dharma"; Name der jap. Richtung der chin. ↗Fa-hsiang-Schule, ein Zweig des ↗Yogācāra. Basistexte der H. sind wie in der Fa-hsiang-Schule das Ch'eng wei-shih-lun des ↗Hsüan-tsang u. die Schriften ↗K'uei-chis. Die H. wurde in mehreren Wellen im 7. u. 8. Jh. in ↗Japan eingeführt. (sl)

Hsin-hsing, chin. buddh. Mönch; 540–594. Gründer der ↗San-chieh-chiao-Schule. In der Buddhistenverfolgung der N-Chou 574 kehrte er in den Laienstand zurück. Nach Gründung der Sui-Dynastie wurde H. 589 vom Kaiser in die Hauptstadt Ch'ang-an gerufen u. mit 5 Tempeln ausgestattet. Unter seinen zahlreichen Werken ist „San-chieh fo-fa" das bedeutendste. (so)

Hsüan-chao, nähere Lebensdaten unbekannt; chin. Pilger der T'ang-Zeit. Man nimmt an, daß er nach 650 durch Zentralasien nach Indien reiste. Er studierte 11 Jahre in Indien, u. a. in ↗Nālandā Skt u. Philosophie. Über Tibet kehrte er nach China heim. Nach seiner Rückkehr beschäftigte er sich mit Übers., wurde indes vom Kaiser erneut nach Indien entsandt, wo er gestorben ist. (so)

Hsüan-tsang, berümtester chin. Pilger nach Indien; 602–664. Er reiste 629 nach Indien, wo er ab 633 in Nālandā bei Śīlabhadra studiert. 645 kehrt er nach China zurück u. bringt 657 Texte mit. Seine Übers.-Leistung umfaßt 75 Werke, darunter das Mahā-prajñāpāramitā-sūtra, dessen Übersetzung als die beste im ganzen ↗San-tsang gilt, ferner: Vijñaptimātratā (Ch'eng-wei-shih-lun), Viṃśatikā (Wei-shih-er-shih-lun), ↗Abhidharmakośa u. logische Texte des Buddh. Bekannt wurde auch sein Reisebericht „Ta-T'ang hsi-yü chi" (648). Zusammen mit seinem Schüler ↗K'uei-chi gründete H. die ↗Fa-hsiang-Schule, deren Haupttexte er übersetzte.

Ü.: Vijñaptimātratāsiddhi, La Siddhi de Hiuan-Tsang, trad. du chinois et ann. p. L. de La Vallée Poussin, 2 Bde., Paris 1928–1948; Ch'eng Wei-shih lun: The Doctrine of Mereconsciousness by Hsüan Tsang, tr. from the Chinese by Wei Tat, Hongkong 1973; R. Grousset: Die Reise nach Westen, Einl. v. H. Schmidt-Glintzer, 1994; S. Julien: Histoire de la vie de Hiouen-Thsang et de ses voyages dans l'Inde, Paris 1853; ders.: Mémoires sur les Contrées occidentales, trad. du sanscrit en chinois en l'an 648 par Hiouen-Thsang et du chinois en franç. avec des documents géographiques par V. de St. Martin, Paris 1857; T. Watters: On Yuan-Chwang's Travels in India … with The Itinary of Y. C. compiled by V.A. Smith, 2 Bde., London 1904 (Nachdr. 1971); S. Beal (Übers.): Si-yuki, Buddhist records of the Western world, 2 Bde., London 1906 (Nachdr. Delhi 1969); ders.: The life of Hiuen-Tsiang, London 1914; Wu Cheng'en, Journey to the West (Xiyouji), 3 Bde., Peking 1982–86; A. L. Mayer u. K. Röhrborn (Hg.): Xuanzangs Leben und Werke, 2 Tle., 1991–92. (so)

Hsüeh-feng I-ts'un (jap. Seppō Gison), chin. Vertreter der ↗Ch'an-Schule (1. T'ang-Hauptlinie), 822–908. H. war Schüler von Te-shan Hsüan-chien (789–865). Sein Ch'an-Stil zeichnet sich durch harte asketische Übung aus. Aus seinem Schülerkreis wurden die Linien ↗Yün-men u. ↗Fa-yen gegründet. (so)

Hsüeh-tou Ch'ung-hsien (jap. Setchō Jūken), chin. Vertreter der ↗Ch'an-Schule (↗Yün-men), 980–1052. H. war Schüler von Chih-men Kuang-tsu (gest. 1031). H. gelang die Neubelebung des Hauses Yün-men, das in der Folge neben ↗Lin-chi der wichtigste Ch'an-Zweig wurde. H. gilt als Höhepunkt der Sprachkunst des Ch'an; seine Gedichte sind im „Pi-yen-lu" (↗Yüan-wu) enthalten. (so)

Huan-lung Hui-nan (jap. Oryō E'nan), chin. Vertreter der ↗Ch'an-Schule (Huang-lung); 1002–1069. H. ist Begründer einer der beiden Linien des Hauses ↗Lin-Chi (sein Mitschüler war ↗Yang-ch'i). Seine Lehrer waren Hsi-hsien Ch'eng-shih (ein Schüler in der 2. Generation von ↗Fa-yen) u. Shih-shuang Ch'u-yüan (986–1039, einer der wichtigsten Meister seiner

Zeit). H. lebte auf dem Lu-shan in einem ehemaligen Zentrum der Fa-yen-Schule. Seine Schule erlosch noch vor dem Ende der Sung-Zeit, obwohl noch einige bedeutende Meister auf H. folgten. Durch ↗Eisai kam die Schule auch nach Japan. H. war Mit-Hg. der Spruchsammlung von ↗Ma-tsu, ↗Pai-chang, ↗Huang-po u. ↗Lin-chi (Ssu-chia yü-lu) u. der seines Lehrers (Sihshuang Ch'u-yüan ch'an-shih yü-lu). (so)

Huang-po Hsi-yün (jap. Ōbaku Kiun), chin. Vertreter der ↗Ch'an-Schule (2. T'ang-Hauptlinie), gest. um 850. H. war Schüler von ↗Pai-chang u. Lehrer von ↗Lin-chi. Diese 3 gelten zusammen mit ↗Ma-tsu, dem Lehrer von Pai-chang, als eine Gruppe. Sie nannten sich Ch'an-Schule u. meinten damit den Weg der plötzlichen Erleuchtung (tun-wu). Auf H. wie auf die anderen gehen große Spruchsammlungen zurück (yü-lu). (so)

Huang-ti p'u-sa, „Kaiserlicher ↗Bodhisattva", einer der buddh. Titel der Kaiser Wu der Liang-Dynastie, Yang der Sui- u. Taitsung der T'ang-Dynastie. Diese Kaiser verstanden sich selbst als ↗cakravartin (chuan-lun-wang), nicht jedoch als Inkarnationen von ↗Buddha (ju-lai ti-wang; T'ai-tsung der Nord-Wei). Ihr Vorbild in diesem Selbstverständnis war ↗Aśoka (A-yüwang). (so)

Hua-yen (Fa-hsing, Hsien-shou; jap. Kegon), die späteste chin. buddh. Schule auf der Grundlage von ↗Mādhyamika u. ↗Yogācāra. Ihre Vorläuferin ist die ↗Ti-lun-Schule, grundlegender Lehrtext ist Avt, eine Sammlung mahāyānischer Sūtren, u. a. der Gaṇḍavyūha (Hua-yen), zuerst von Buddhabhadra übersetzt. Wie ↗T'ien-t'ai entwickelte auch H. eine Hierarchie der buddh. Schulen: ↗Hīnayāna, ↗Fa-hsiang u. ↗San-lun, T'ien-t'ai, ↗Ch'an, H. Auch heute noch gilt H. als der Höhepunkt des chin. Buddh. bezüglich der Lehre, Ch'an dagegen darin, was die Praxis angeht. Patriarchen der Schule sind: ↗Fa-shun, ↗Chih-yen, ↗Fa-tsang, ↗Ch'eng-kuan, ↗Tsung-mi. In der 2. Hälfte des 9. Jh. gingen die Hauptwerke der Schule im Aufstand v. 874 verloren; dadurch ging die Schule nieder: Ende des 11. Jh. beschaffte man sich die Schriften aus Korea wieder u. am Ende der Ch'ing-Zeit aus Japan, wodurch die Schule neu belebt wurde.

L.: G.C.C. Chang: The Buddhist Teaching of Totality. The Philosophy of Hwa-Yen, University Park – London 1971. (so)

Hui-chiao, chin. Buddhist, 497–554; lebte in K'uai-chi. Verfasser von „Kao-seng chuan", „Biographien hervorragender Mönche" (kao-seng bedeutet eigentlich „zurückgezogener Mönch" im Gegensatz zu ming-seng, „berühmter Mönch"), von über 450 Mönchen aus den Jahren 67 bis 519, veröffentlicht um 530. Dieses Werk versteht sich auch als Kritik an ↗Seng-yu u. seinem Schülerkreis. (so)

Hui-k'o (jap. Eka), chin. Vertreter der ↗Ch'an-Schule, 487–539; 2. Patriarch vor ↗Seng-ts'an. Nach dem Studium des ↗Konfuzianismus u. ↗Taoismus in seiner Jugend wurde er mit 40 Jahren Schüler von ↗Bodhidharma. Eine legendäre Überlieferung berichtet, er habe sich einen Arm abgeschnitten, um seine Entschlossenheit, Schüler des Bodhidharma zu werden, zu beweisen. H. gilt als Vorbild der Tugend der Genügsamkeit (t'out'o-hsing, Skt dhuta-guba). (so)

Hui-neng (chin., jap. Enō), auch: chin. Wei-lang, 638–713 (Historizität jedoch nicht einwandfrei gesichert), 6. ↗Patriarch des ↗Ch'an- bzw. ↗Zen-Buddh. u. als solcher gemeinsam mit ↗Bodhidharma die zentrale idealtypische Integrationsfigur. Die Lehren H. sind vor allem in dem in mehreren Versionen vorliegenden Hochsitz- (bzw. Plattform-)Sūtra überliefert, dessen Authentizität jedoch stark umstritten ist. Gegen den Legitimitätsanspruch ↗Shen-hsius behauptete ↗Shen-hui das Patriarchat H. u. die Superiorität der angeblich von diesem vertretenen Lehre der „plötzlichen Erleuchtung". Die sich auf H. stützende ↗Südl. Zen-Schule dominierte bald die Szene u. begründete so die Autorität Hui-nengs.

L.: P. B. Yampolski: The Platform Sutra of the Sixth Patriarch, New York 1967; T. S. Nagashima: Truth and Fabrication in Religion – An Investigation from the documents of the Zen (Ch'an) Sect, London 1978; E. Rouselle: Das Leben des Patriarchen H., Sinica, 5 (1930), 174–191; H. Dumoulin: Die Entwicklung des chin. Ch'an nach H., Monumenta Serica, 4 (1941), 40–72; ders.: Das Wu-men-kuan, Monumenta Serica, 8 (1943), 41–102. (sl)

Hui-yüan, chin. buddh. Mönch, 334–416 (Datierung unsicher).

Er erlebte den Höhepunkt des Buddh. in S-China (↗Neotaoismus). Nach dem Studium des ↗Konfuzianismus u. des ↗Taoismus wurde er mit 21 Jahren Schüler von ↗Tao-an. Von 378 bis zu seinem Tod lebte er auf dem Lu-shan (↗Heilige Berge). H. ist eine Neuorientierung des Buddh. in S-China durch die Verbreitung der Meditation (↗Buddhabhadra) u. der Lehren der ↗Sarvāstivāda- u. ↗Mādhyamika-Schule (↗San-lun) zu verdanken. H. begründete auch den Amitābha-Kult (↗Amitābha; 402 Gesellschaft des Weißen Lotus) u. gilt daher auch als Begründer der ↗Ching-t'u-Schule. Im Konflikt um das Verhältnis von ↗saṅgha u. Staat von 403 (↗Chih Tun) setzte H. beim Herrscher die Unabhängigkeit des Ordens u. den Rückzug aus der Politik durch. (so)

Hung-chih Cheng-chüeh (jap. Wanshi Shōgaku), chin. Vertreter der ↗Ch'an-Schule (↗Ts'ao-tung), 1091–1157. Sein Lehrer war ↗Yüan-wu, sein Mitschüler ↗Ta-hui. H. vertrat die Erlangung der Erleuchtung durch Sitzmeditation (tso-ch'an, jap. Zazen), Ta-hui dagegen durch die Meditation von Paradoxien (↗kung-an). H. stellte 2 Ch'an-Spruchsammlungen zusammen, „Nien-ku pai-tse" u. „Sung-ku pai-tse", sowie die kung-an-Sammlung „Tsung-jung-lu". (so)

Hung-jen, chin. Vertreter der ↗Ch'an-Schule, 601–674 (Datierung unsicher). Er gilt als 5. Patriarch. Zusammen mit seinem Lehrer ↗Tao-hsin wirkte er auf dem P'ing-jung-shan. Unter H. begann sich Ch'an außerhalb des Klosters in der chin. Gesellschaft auszubreiten. Seine Schüler sind ↗Hui-neng, ↗Shen-hsiu, ↗Fa-ju. H. ist Verfasser von „Hsiu-hsin yao-lun". (so)

I

I-ching (alte Schreibweise I-tsing), chin. buddh. Pilger, 635–717. Verließ 671 China u. gelangte 673 nach Indien, wo er sich 10 Jahre zum Studium in ↗Nālandā aufhielt. Bei seiner Rückkehr nach China (685) brachte er über 400 Texte mit. Insgesamt legte er selbst 61 Übers. vor, darunter den vinaya der ↗Sarvāstivādins. Über seine Reise berichtete er in „Nan-hai chi-kuei nei-fa-chuan". Außerdem veröffentlichte er die Biographien von 56 Mönchen, die während der T'ang-Zeit in den Westen gepilgert waren.

Ü.: I-tsing: A Record of the Buddhist religion as practised in India and the Malay archipelago, A.D. 671–695, tr. by J. Takakusu, With a letter from F.M. Müller, London 1896 (repr. 1982). (so)

iddhi (P, Skt riddhi), „magische Fähigkeiten" (vgl. ↗abhijñā) wie Bilokation, Verwandlung der Gestalt, die Fähigkeit des geistigen Erzeugens durchdringender Erkenntnis u. Sammlung, Vorstellungen im Sinne des Gleichmuts zu beherrschen usw., sind im Buddh. seit seinen Anfängen bekannt u. gelten als Nebenprodukt der durch ↗Meditation erlangten Geistesentwicklung; besondere Bedeutung haben i. im ↗Tantrismus. (sl)

Ideologie. Der Begriff wurde in der französischen Revolution geprägt u. bezeichnet insbesondere seit Karl Marx die gesellschaftliche Produktion oder Beeinflussung von Denksystemen zur Selbstrechtfertigung empirischer Strukturen. I.kritik ist die Befreiung von solchen beeinflussenden geistigen Voraussetzungen. Mit einiger ahistorischer Gewalt läßt sich die anatta-Lehre des Buddha als I.kritik gegenüber der ātman-Spekulation seines indischen Umfelds im Zusammenhang mit der Kastenkritik interpretieren. (bo)

I-hsing chin. Astronom u. Mathematiker der T'ang-Zeit; 682–727. Vor seiner Konversion zum Buddh. war I. Taoist. Den Buddh. lernte er bei Lehrern der ↗Ch'an-, ↗T'ien-t'ai- u. ↗Lü-

Schule kennen. Ab 717 fungiert er als Berater des Kaisers wegen seiner Kenntnisse in Astronomie, Wahrsagekunst u. taoistischer Magie. Ab 719 ist er Schüler von ↗Vajrabodhi, dann Assistent von ↗Subhākarasiṁha bei dessen Übers., u. a. des Ta-jih-ching (↗Chen-yen), zu dem I. einen Komm. lieferte. I. bewirkte die Wiederbelebung der Studien des „Buches der Wandlungen" (I-ching) u. entwickelte, davon beeinflußt wie auch von den ↗maṇḍalas des indischen ↗Tantrismus, Diagramme (t'u), von denen allerdings keines erhalten ist. (so)

Ikonographie ↗Attribute, ikonographische; ↗Gottheit; ↗Pantheon

Indien. Zum Subkontinent I. zählen heute die Staaten ↗Pakistan, ↗Bangla Desh, ↗Bhutan, ↗Nepal, ↗Sri Lanka u. der 1947 gegründete demokratisch-säkulare Unionsstaat I. Von dessen 890 Mio. Einw. sind 82,7 % Hindus, 11,3 % Muslime, 2,4 % Christen, 1,9 % Sikhs, 0,7 % Buddhisten, und 0,48 % Jainas; die übrigen sind Parsen und Angehörige von Stammesreligionen. – Im NO I., etwa im Gebiet des heutigen Bihar, liegen die Wirkstätten des historischen Buddha. Der von ihm gegründete Mönchs- u. Nonnenorden, der auf die materielle Unterstützung durch die Laien angewiesen blieb, wirkte als Vermittler seiner Heils-, Sittenlehre u. Meditationspraxis. Er war der Hauptträger der raschen missionarischen Ausbreitung, die im 3. Jh. bereits große Teile I. erreicht hatte. Unterschiedliche Auslegungen der Ordensregel, aber auch Lehrdifferenzen, führten zu Spaltungen. Von diesen älteren Schulen hat bis in die Gegenwart nur der ↗Theravāda überlebt. Etwa seit dem 1. Jh. v. Chr. zeichnete sich die Entstehung des ↗Mahāyāna ab, seit dem 4. Jh. n. Chr. der Tantrismus (↗Vajrayāna). Beide neuen Religionsformen verbreiteten sich neben den älteren Schulen in I. Staatliche Förderung erfuhr der Buddh. durch ↗Aśoka, die Āndhra-Dynastie der Śātavāhanas im Dekkhan (1. Jh. v. Chr.–236 n. Chr.), ↗Kaniṣka, König Harṣa (Herrscher über ein nordindisches Großreich von 606–647) u. die Pāla-Dynastie (um 750–1161) in Bihar u. Bengalen. Wichtige Informationen über den indischen Buddh. enthalten die Berichte der chin. Pilger ↗Fa-hsien, ↗Hsüan-tsang u. ↗I-ching. Die im einzelnen noch ungeklärte Verdrängung des Buddh. aus seiner Heimat wird u. a. zurückgeführt auf die wachsende Anziehungskraft der theistischen ↗Bhakti-Bewegungen im Hinduismus seit dem 5. Jh., die Restauration des Brahmanismus durch Śaṅkara (↗Vedānta) im 8. Jh., den Wegfall des königlichen Patronats u. schließlich die Vernichtung der verbliebenen geistigen buddh. Zentren durch türkisch-islamische Heere um 1200 in Bihar u. Bengalen. Reste buddh. Gruppen sind bis ins 16. Jh. belegt. Vom Reichtum einstiger buddh. Kultur, Kunst u. Architektur zeugen zahlreiche archäologische Ausgrabungen, u. a. die Felsenklöster in ↗Ajantā (Wandmalereien), Ellora u. Karlā; die Stūpas mit reliefverzierten Steintoren u. -zäunen in Sāñcī, ↗Bhārhut u. ↗Amarāvatī, die Stadtanlagen mit Universität u. Bibliothek in Nālandā u. Nāgārjunakondā. ↗Bodh Gayā u. Sārnāth (Ort von Buddhas erster Lehrrede) sind seit Ende des 19. Jh. wieder internationale Pilgerzentren. Der Wiederbelebung des Buddh. in I. widmete sich die 1891 gegründete ↗Mahābodhi-Gesellschaft. Bedeutende Impulse gingen später von dem indischen Politiker ↗Ambedkar aus. Seine Anhänger sind zahlenmäßig am stärksten in I. vertreten. Größere Gruppen finden sich ferner in W-Bengalen sowie unter Völkern in den Bergregionen des ↗Himalaya, besonders in Ladakh u. in dem 1975 als 22. Unionsstaat integrierten Sikkim. Nach 1959 siedelten tib. Flüchtlinge sich vor allem in Karnataka u. Himachal Pradesh an.

L.: J.H.C. Kern: Der Buddhismus u. seine Geschichte in Indien, aus dem Niederl. übers. von H. Jacobi, 2 Bde., 1882; ders.: Manual of Indian Buddhism, Straßburg 1896; T.W. Rhys Davids: Buddhist India, London 1903; L. de La Vallée Poussin: Bouddhisme et Religions de l'Inde, Paris 1912; M. Winternitz: Geschichte der ind. Literatur, Bd. II/1, Die buddh. Literatur, 1913 (engl. Ausg. v. Bd. II/1–2, tr. V.S. Sarma, Buddhist Literature and Jaina Literature, Delhi 1983; A.B. Keith: Buddhist Philosophy in India and Ceylon, Oxford 1923; P. Demiéville: Le Concile de Lhasa, Paris 1952; L. Renou, J. Filliozat: L'Inde classique, Manuel des Etudes Indiennes, Bd. 2, Paris – Hanoi 1953, 314–608; E. Lamotte: Histoire du bouddhisme indien. Dès origines à l'ère Saka, Louvain 1958 (Nachdr. 1976); E. Conze: Buddhist Thought in India, London 1962; A. Bareau: Die Religionen Indiens, Bd. 3, 1964; A.M. Fiske: Buddh. Bewegungen in Indien, Saeculum 20 (1969), 236–252; A.C. Ahir: Buddhism in modern India, Nagpur 1972; T. Ling: Buddhist Revival in India, London 1980; H. Nakamura: Indian Buddhism. A Survey with Bibliographical Notes, Hirakata 1980 (Nachdr. New Delhi 1987); A.K. Warder: Indian Buddhism, Delhi [2]1980; D.L. Ramteke: Revival of Buddhism in modern India, New Delhi 1983; D. Snellgrove: Indo-Tibetan Buddhism, Boston 1987; A. Hirakawa: A History of Indian Buddhism, From Sakyamuni to Early Mahayana, Honolulu 1990; H. Bechert, G. v. Simson (Hg.): Einführung in die Indologie, [2]1993. (mü)

Indonesien umfaßt religions- u. kulturgeschichtlich den südostasiat. Archipel einschließlich der Ureinwohner Taiwans u. der malaiischen Halbinsel. In diesem Sinne nicht zu I. gehören die Papuas im westl. Neuguinea, gleichwohl sie politisch zur Republik I. (Irian) gehören. Dementsprechend vielschichtig ist der Kulturaufbau u. sind die Bevölkerungen I. Dicht nebeneinander bestehen ältere uranfängliche neben hoch entwickelten Kulturformen. Träger primitiver Kulturen sind Negritos, Weddide u. Primitivmaleien. In der Religionsstatistik I. nehmen traditionelle Religionen (Stammesreligionen, u. a. der Batak in N-Sumatra, der Dayak auf Kalimantan, der Toraja u. Minahasa auf Sulawesi) nur mehr 4,7 % ein. Stärkste Kraft ist seit dem 15. Jh. der Islam mit 43,5 %; dazu kommen islamisch beeinflußte Synkretismen (ca. 35,5 %). Christen sind mit 9,5 % u. indigene Kirchen („Independent Churches") mit 1% vertreten. 1% machen heute auch die Buddhisten in I. aus. – Der Buddh. war zusammen mit dem ↗Hinduismus nach Sumatra u. Java gekommen. In verschiedenen Formen existierten ↗Hīnayāna u. ↗Mahāyāna nebeneinader. So waren bis ins 7. Jh. die ↗Sarvāstivādins die einflußreichste Schule. Im mitteljavanischen Reich Srīvijaya (6.–13. Jh.) gewann nach 675 der Buddh. in mahāyānischer Gestalt die Vorherrschaft. In einer spezifisch i. Form setzte sich aber allmählich das ↗Tantrayāna (↗Vajrayāna) durch, auf Mitteljava ab dem 8. Jh. Auf außergewöhnlich hohem Niveau standen die Skt-Schulen auf dem Gebiet des heutigen I. Sie wurden von Mönchen aus Indien, Ceylon, sogar aus Tibet u. China besucht. In Mitteljava entstand im 9. Jh. ein buddh. Reich, dessen Dynastie eine Seitenlinie der Herrscher des Srīvijaya-Reiches war. Aus dieser verhältnismäßig kurzen, tantrisch geprägten (↗Tantra, ↗Tantrismus) Epoche stammt der ↗Borobudur, weltweit eines der bedeutendsten buddh. Denkmäler. – In vorislamischer Periode wurde der indonesische Buddh. mit dem hinduistischen Śivaismus im sog. Śiva-Buddhismus zu einem Synkretismus verbunden, in dessen Zentrum die Verehrung des Śiva Bhairava, der Identifikation des ↗Buddha mit dem hinduistischen Gott Śiva, steht. Sein Kult diente vornehmlich der Erlösung der Verstorbenen. Der Islam verdrängte den Buddh. gegen Ende des 14. Jh. aus Sumatra, im 15. Jh. aus Java. Lediglich auf Bali u. Lombok überlebte der buddh.-hinduistische Synkretismus, in dem allerdings der Hinduismus dominiert u. heute auch „agama Hindu" (Hindu-Religion) genannt wird. Immerhin nimmt ein sog. „Buddha-Priester" noch an den großen Kultfeiern teil u. rezitiert buddh. Texte. Andererseits beeinflußte der Buddh. die islamische Mystik nachweisbar durch das mahāyānische ↗śūnyatā-Konzept. Von der Lit. der frühen buddh. Zeit in I. sind nur ganz wenige Schriften erhalten geblieben. – Im letzten Drittel des 20. Jh. begann sich der Buddh. in I. wieder auszubreiten, einmal durch chin. Einwanderer in der für ↗China typischen Form als Mischung aus Buddh., ↗Taoismus u. ↗Konfuzianismus. Andererseits verdankt sich die neuerliche Verbreitung den Bemühungen des indonesischen Mönchs Jinarakkhita Thera, der in ↗Birma in den ↗saṅgha eingetreten war. Nach seiner Rückkehr nach Java im Jahr 1955 gründete er Klöster, Tempel u. buddh. Vereinigungen. Seit 1970 besteht auch wieder ein indonesischer saṅgha, der sich in der Ordinationssukzession an den thailändischen saṅgha anschließt.

L.: W. Stöhr/P. Zoetmulde: Die Religionen I.s (RM 5/1), 1965; J. Ensink: Śiva-Buddhism in Java and Bali, in: Buddhism in Ceylon and studies on religious syncretism in Buddhist countries, hg. von H. Bechert, 1978, 178–198; C. Hooykaas: Balinese Bauddha Brahmans, Amsterdam 1973; K. Wolff: Saung hyang Kamahāyānam Mantrānaya, Ansprache bei der Weihe buddh. Mönche, Kopenhagen 1935; C. McDougall: Buddhism in Malaya, Singapore 1956; H. Bechert: Buddhismus in I., Bemerkungen zur Renaissance des Buddh. in Java u. Bali, Académie Royale de Belgique, Bulletin de la classe des lettres et des sciences morales et politiques 67 (1981–83), 128–142; ders.: Renaissance of Buddhism in Indonesia, Journal of the Department of Pāli, University of Calcutta 1 (1982–83), 24–30; ders.: Buddh. im heutigen Java u. Bali, IAF 19 (1988), 17–33; ders.: Buddhism in Modern Java and Bali, Buddhist Studies (Bukkyō Kenkyū) 20 (1991), 161–180. (no)

indriya (P) bezeichnet körperliche u. geistige Fähigkeiten oder Kräfte, nämlich die Sinnenausstattung, die in der buddh. Anthropologie den Menschen als solchen bestimmen. Die 3 letzten freilich sind Ergebnisse fortgeschrittener spiritueller Reife. Systematisiert wurden die i. in den hīnayānischen Schulen. (no)

Initiation gilt als unabdingbare Voraussetzung für das rechte Verständnis tantrischen Schrifttums sowie die Praxis der ↗sādhanās u. wird im ↗Vajrayāna in verschiedenen Kontexten gegeben: 1. „Ermächtung" (Skt abhiṣeka; tib. dbaṅ), das ist die unmittelbare, mystische Übertragung geheimen Wissens durch einen in der Überlieferungstradition stehenden Lehrer u. die Weitergabe von ↗mantra u. Ritualanweisung an den Initiierten als Mittel zur Verwirklichung des angestrebten Einheitszustandes. 2. „Wortübertragung" (Skt āgama; tib. luṅ), das ist die zum Studium des Textes berechtigende Verlesung eines Textes durch einen Traditionsbevollmächtigten des jeweiligen Werkes. (ev)

Interreligiöse Beziehungen. Immer schon stellte die Begegnung mit anderen Religionen einen wichtigen Faktor in der Entwicklung der Religionen dar. Doch war zu keiner Zeit in allen religiösen Traditionen ein so großes Wissen über die anderen Religionen gegeben wie gegenwärtig. Nie zuvor auch war es so einfach wie heute, in direkten Kontakt mit Angehörigen anderer Religionen zu treten. Diese Situation hat dazu geführt, daß in allen großen religiösen Traditionen gegenwärtig das Bewußtsein einer religiös pluralen Welt nach von religiöser Reflexion begleiteter Neugestaltung oder Aufnahme i. B. drängt. Ihre Ebenen sind vielfältig, sie können institutionell getragen sein, sich in an bestimmten Einzelfragen orientierten interreligiösen Organisationen niederschlagen wie z. B. „World Conference on Religion and Peace" (WCRP), sich auf internationaler, nationaler, kommunaler oder privater Ebene vollziehen, von primär säkular-sozialen Aufgaben oder spirituellem Interesse motiviert sein. An die Seite des in dieser Situation unvermeidbaren unreflektierten ↗Synkretismus tritt dabei der von den jeweiligen religiösen Grundpositionen ausgehende u. diese zugleich kritisch einbeziehende interreligiöse Dialog. In der aktuellen religionsphilosophischen Diskussion hat sich die Auffassung verbreitet, daß jede Religion ihre grundsätzliche Haltung gegenüber anderen Religionen entweder exklusivistisch (Wahres u. Gutes findet sich ausschließlich in der eigenen Religion), inklusivistisch (Wahres und Gutes findet sich im Höchstmaß in der eigenen Religion) oder pluralistisch (Wahres und Gutes findet sich in mehreren Religionen in gleichwertiger, aber unterschiedlicher Form) definieren kann u. muß. Die konkrete Haltung des ursprünglichen Buddh. gegenüber anderen Religionen ist zutreffend i. S. einer kritischen Toleranz beschrieben worden. Ausschlaggebend für die buddh. Beurteilung anderer Religionen bzw. Lehren ist die Heilseffektivität ihrer Inhalte u. ihre Übereinstimmung mit der Lehre Buddhas (vgl. z.B. die Nennung abgelehnter Lehren im Zusammenhang mit einem unheilsamen Lebenswandel in M 41 u. A III, 62, sowie die Nennung des Edlen ↗Achtfachen Pfades als Kriterium zur Beurteilung anderer Lehrer in D 16,5,26f). Weiterhin ist für die buddh. Haltung gegenüber anderen Religionen die Betonung autonomer Erkenntnis (↗Autorität) als einer für den spirituellen Fortschritt unverzichtbaren Bedingung (z.B. A III, 66) wichtig. Im ↗Mahāyāna werden diese Züge der buddh. Grundhaltung integriert in den Lehren von der „Doppelten ↗Wahrheit" u. dem „Geschickten Mittel" (Skt upāya-kauśalya), die in der Geschichte buddh. Ausbreitung herangezogen wurden, wenn die Frage der Adaption nicht-buddh. religiöser Elemente zur Debatte stand (Akkulturation). Dennoch kannte der Buddh. deutlich Grenzen interreligiöser Toleranz wie z.B. in seiner Bekämpfung des brahmanischen Opferkultes unter ↗Aśoka, die den Brahmanismus in seiner Existenz bedrohte. Die seitens des Buddh. mögliche Zubilligung durchaus richtiger Einsichten bei anderen Religionen ändert – wie es das berühmte, aber oft in seinem Skopus falsch wiedergegebene Elefantengleichnis aus Udana VI,4 zeigt – jedoch nichts an dem Anspruch Buddhas, die Wahrheit in ihrer Fülle erkannt zu haben. Gegenüber dieser traditionellen, eher als inklusivistisch zu charakterisierenden Haltung gibt es im zeitgenössischen Buddh. nur vereinzelt Vertreter einer tendenziell exklusivistischen oder pluralistischen Haltung (für das Verhältnis des Buddh. zu einzelnen anderen Religionen siehe unter deren Namen).

L.: G. Lanczkowski: Begegnung und Wandel der Religionen, 1971; G. Mensching: Der offene Tempel, 1974; J. Hick (ed.): Truth and Dialogue. The Relationship between World Religions, London 1974; ders.: H. Askari (ed.): The Experience of Religious Diversity, Aldershot 1985; H. Coward: Pluralism. Challenge to World Religions, New York [2]1985; H. Hick: An Interpretation of Religion, London 1989; R. Panikkar: Der neue religiöse

Weg. Im Dialog der Religionen leben, 1990; P. Schmidt-Leukel: Zur Klassifikation religionstheologischer Modelle, in: Catholica 47 (1993), 163–183. Unterschiedliche Sichtweisen anderer Religionen durch den Theravada-Buddh. enthält die Doppelnummer von Dialogue N.S. XIII u. XIV (Colombo 1986/1987); Fach-Zs. für I.B.: Dialog der Religionen (hg. v. M. v. Brück), München (seit 1991); Studies in Interreligious Dialogue (hg. v. H. Vroom), Amsterdam (seit 1991). (sl)

Irrational. Das Wort i. ist in der rel.-wiss. Diskussion stark geprägt von R. Otto (Das Heilige, 1917). Er bezeichnet damit denjenigen Anteil an der Realität des Heiligen, der jenseits begrifflicher Faßbarkeit liegt u. dafür sorgt. daß Religion nicht in Rationalität aufgelöst werden kann. Heutige buddh. Autoren in O u. W begründen die Modernität des Buddh. gerade mit seiner Rationalität, da er neben dem wissenschaftlichen keines zusätzlichen Erkenntnisprinzips (Offenbarung) bedürfe u. somit eine „wissenschaftliche Religion" sei, aber im Gegensatz zur Naturwissenschaft zugleich geistig-ethischen Charakter habe. (bo)

Itivuttaka (P, wörtlich: „So ist es gesagt"); Schrift aus der 5. Sammlung des ↗Suttapiṭaka, also des ↗Khuddaka-Nikāya, des ↗Pāli-Kanons. Die Texte des I. sind Lehrreden des ↗Buddha über moralische Fragen u. gehören neben Teilen des ↗Suttanipāta u. neben dem ↗Udāna zum ältesten Bestand des Kanons (↗Kanon). Der Text des P.-I. zeigt in Kap. 2 u. 3 spätere Hinzufügungen. Ein Skt-Text des Titels „Itivṛttaka" war durch die ↗Sarvāstivādins zusammengestellt worden (in chin. Übers. erhalten).

A.: I., hg. v. E. Windisch, PTS, 1889 (repr. 1975). – Ü.: K. Seidenstücker (Übers.): I., Das Buch der Herrenworte, Leipzig 1922; Sayings of Buddha. The I., tr. by J.H. Moore, New York 1908 (Neudr. 1965); Minor Anthologies, vol. II, Udāna, Verses of Uplift, and Itivuttaka, As it was said, tr. F. L. Woodward, PTS, 1935 (rep. 1985). – A.: (Dhammapālas Komm. zum I.) I. Commentary, 3 Bde., ed. M.M. Bose, PTS, 1934–1936 (repr. 1977); Bd. 3: Indexes by H. Kopp, 1980. (no)

J

Jainismus, aus den Asketenbewegungen NO-Indiens zwischen dem 8. u. 5. Jh. v. Chr. hervorgegangene Erlösungsreligion. Als eigentlicher Begründer ist der Adlige ↗Mahāvīra anzusehen. Seinen Anhängern gilt er als Erneuerer einer uralten Heilslehre, die bereits 23 Vorgänger vor ihm verkündet hatten. Wie er werden auch sie als tīrthaṃkara („Furtbereiter zum Heil“ oder jina („Überwinder“) verehrt. Von ihnen ist neben Mahāvīra wahrscheinlich nur Pārśva (8. Jh.?) eine historische Persönlichkeit. Seit dem 3. Jh. v. Chr. verbreitete sich der J. nach dem W u. S Indiens. Ein Streit über die Lebensform der Ordensmitglieder spaltete um 80 n. Chr. die Gemeinde in die Śvetāmbaras („Weißgekleidete“; Zentren heute in Rajasthan, Gujarat, Panjab) u. Digambaras („mit den Himmelsgegenden Bekleidete“, deren Mönche nackt gehen; Zentren heute in Karnataka u. Maharasthra) mit jeweils eigenen heiligen Schriften. Unter aktiver Beteiligung der Laien, z. T. mit königlicher Unterstützung entfaltete der J. eine bedeutende kulturelle, literarische u. politische Wirksamkeit; seit Ende des 19. Jh. ist er auch außerhalb Indiens tätig, u. a. als Förderer des Vegetarismus. Im modernen ↗Indien sind die Jainas eine kulturell u. ökonomisch vitale Minderheit von etwa 4,3 Mio. – Der J. teilt mit dem Buddh. die Betroffenheit durch die Macht des Todes. Während der ↗Buddha jedoch zur Überwindung der Sterblichkeit einen mittleren Weg zwischen Hedonismus u. Asketismus lehrte, ist im J. die strenge Kasteiung bis hin zum freiwilligen Hungertod ein zentrales Heilsmittel: Hierdurch soll die Seele (jīva) von dem als subtile Materie aufgefaßten ↗karma befreit werden, das durch jede Betätigung in sie einströmt, aufgrund der das Tun stimulierenden Affekte (kaṣāya): Zorn, Hochmut, Verblendung, Gier sich mit ihr verbindet u. sie an den Geburtenkreislauf fesselt. Eine gereinigte Seele steigt nach dem Tod zum Gipfel der Welt empor u. verharrt dort in ewiger Wonne u. reiner Erkenntnis. Gemeinsam ist J. u. Buddh. vom Ursprung her die Opposition gegen den ↗Brahmanismus. Der Autorität des ↗Veda u. dem Geburtsanspruch der Brahmanen auf Vorrang versagen sie ihre Anerkennung. Mit der Einrichtung eines Nonnenordens eröffnen sie auch den Frauen den Schritt in die Hauslosigkeit zur Befreiung vom Geburtenkreislauf. Beide verurteilen das Tieropfer. Dem Glauben an die verborgene Wirkkraft der Riten begegnen sie mit Skepsis. Stattdessen fordern sie Anstrengungen zur geistigen u. sittlichen Vervollkommnung. Ferner lehnen sie den Glauben an einen Schöpfergott ab, da die Welt als anfanglos gilt, ohne jedoch die Existenz göttlicher Wesen (↗deva) zu leugnen. Entsprechungen zeigen sich ferner in den sittlichen Normen (↗śīla). Das höchste Gebot des J., kein lebendes Wesen zu schädigen (↗ahiṃsā), erstreckt sich auch auf die Elemente Erde, Wasser, Feuer u. Luft. – In den heiligen Schriften erscheinen die Angehörigen der jeweils anderen Religion als Gegner. Die buddh. Polemik (D 29) wendet sich u.a. gegen die Allwissenheit Mahāvīras (M 79), die Selbstquälerei (M 14) u. die Auffassung, daß alle Erfahrungen und Gefühle karmisch verursacht seien (M 101).

L.: H. v. Glasenapp: Der J., 1925, 1984; W. Schubring: Die Lehre der Jainas, 1935; P.S. Jaini: The Jaina Path of Purification, Berkeley 1979; B.C. Jain: J. in Buddhist Lit., Nagpur 1972; W.B. Bollée: Buddhists and Buddhism in the Earlier Lit. of the Svetāmbara Jains (Buddhist Studies. Fs. I.B. Horner, Dordrecht 1974); S. Prashad: A Comparative Study of J. and Buddhism, Madras 1932 (repr. 1982); C. Jain: Jaina bibliography, 2 Bde., 2nd rev. ed. by A.N. Upadhye, New Delhi 1982; Muni Sri Nagarajaji: Āgama and Tripiṭaka. A Comparative Study. I. New Delhi 1986. (mü)

Jambūdvīpa (Skt, P Jambūdīpa,), „Rosenapfelbaum-Insel". Nach älterer kosmographischer Vorstellung ist J. das südl. Land der vom Meer umgebenen Erdscheibe, d.h. Indien, später einer der 4 Kontinente, die in dem den ↗Meru u. die 7 Ringgebirge umschließenden Salzozean liegen. Er hat die Form eines Dreiecks. Seinen Namen verdankt er dem Jambū-Baum (Eugenia Jambolana), der sich 100 Yojanas (1 > = 4 km) hoch im Himalaya erheben soll. J. ist die auserwählte Stätte für die Geburt eines ↗Buddha.

L.: W. Kirfel: Die Kosmographie der Inder, 1920. (mü)

Japan. Vor der im 6. Jh. (528 oder 552) durch formelle politische Kontakte mit ↗Korea erfolgten Einführung des Buddh. in

J. herrschten dort animistische, naturreligiöse Anschauungen u. Praktiken vor, die sich allmählich zu einem mythologischen u. kultischen, die innere Einheit von Natur, Volk u. Herrschaftsfamilie thematisierenden Kern – dem sog. Shintō – verdichteten (↗Shintoismus u. Buddh.). Zu erheblicher staatlicher Begünstigung gelangte der Buddh. gegen den Widerstand konservativer Kreise unter Shōtoku-Taishi (574–622) im Zuge einer allgemeinen Intensivierung der Kontakte zwischen J. u. ↗China. Auf diesem Wege wurden nicht nur konfuzianische Vorstellungen rezipiert (↗Konfuzianismus u. Buddh.), sondern – im 7. u. 8. Jh. – auch alle chin. Entwicklungen der ursprünglichen indischen Formen des Buddh.: ↗Sanron, ↗Jōjitsu, ↗Hossō, ↗Kusha, ↗Kegon u. Risshū, die, weil sie in der Hauptstadt Nara gelehrt wurden, als die „sechs Schulen von Nara" (jap. Nara-rokushū) bezeichnet werden. Ein weiterer Trend dieser Zeit lag in dem Versuch, die buddh. Lehre mit shintoistischen Mythen u. Praktiken zu verbinden, der sich in der Heian-Zeit (794–1185) noch verstärkte u. ein genereller Zug des jap. Buddh. bleiben sollte. 804 nahmen ↗Saichō (767–822; gen. „Dengyō-daishi") u. Kūkai (774–835; gen. „Kōbō-daishi") an einer Gesandtschaft nach China teil, in deren Folge Saichō die jap. ↗Tendai-Schule mit ihrem Haupttempel auf dem Berg ↗Hiei u. Kūkai den jap. ↗Shingon-Buddh. mit dem Haupttempel Kongōbu-ji auf dem Berg Kōya-san begründeten. Diese beiden Richtungen des jap. Buddh. vermochten viele Elemente der Nara-Schulen u. des Shinto in ihre Systeme zu integrieren, beeinflußten sich wechselseitig u. wurden zum fruchtbaren Boden aller weiteren Schulentwicklungen des jap. Buddh. Im 10. u. 11. Jh. kam es in J. mit dem Anwachsen des politischen Einflusses großer Tempel zu ihrer fortschreitenden Militarisierung, d. h. zur Entstehung von den Tempeln zugehörigen Söldner- u. Mönchsheeren u. mittels ihrer geführten kriegerischen Auseinandersetzungen. Vor deren Hintergrund u. angesichts einer allgemeinen Dekadenz monastischer Praxis wuchsen die apokalyptische Überzeugung, im Verfallszeitalter (jap. mappō) zu leben, sowie die schulenübergreifende Verehrung des Buddha ↗Amida. Reformerische Kräfte entstanden zu Beginn der Kamakura-Zeit (1185–1333): Durch ↗Hōnen-Shōnin (1133–1212) u. ↗Shinran-Shōnin (1173–1262) wurde der ↗Amida-

Buddh. in doktrinär u. institutionell gefestigte Bahnen gelenkt (↗Jōdo-shū, ↗Jōdo-Shinshū); ↗Eisai (1141–1215) u. ↗Dōgen (1200–1253) importierten aus China Lehre u. Praxis des ↗Zen-Buddh. (↗Rinzai-shū, ↗Sōtō-shū); ↗Nichiren verkündete sein Verständnis eines am ↗Lotus-Sūtra orientierten national-politischen Buddh. (↗Nichiren-Schule). In dieser Phase gelang es den meisten Formen des reformierten Buddh. (eine gewisse Ausnahme bildet die Rinzai-shū) nun im Unterschied zu den vorangegangenen elitären Formen in breitem Ausmaß auch beim einfachen Volk Fuß zu fassen – eine Entwicklung, die in der Tokugawa-Zeit (1603–1867) durch die Einführung des Danka-Systems (verpflichtende Tempelmitgliedschaft jeder Familie mit Registrierung – eine im Zusammenhang mit der Abwehr des Christentums ergriffene Maßnahme; ↗Christentum u. Buddh.) noch verstärkt wurde. Die Politik der Tokugawa-Shōgune, deren Sympathie ohnehin mehr dem Konfuzianismus als dem Buddh. galt, unterwarf letzteren strenger Kontrolle. Dieses u. die als Reaktion auf die christliche Mission erfolgte Abschließung des Landes bedingten für den Buddh. eine Phase, die abgesehen von der Entstehung des ↗Ōbaku-Zen, ohne große Veränderungen verlief, ihn jedoch auch in die Gefahr institutioneller Erstarrung brachte. Dies änderte sich mit der Meiji-Reform. Die Restauration der kaiserlichen Macht griff auf den Shintō als staatstragende Ideologie zurück, man versuchte diesen aus seiner Verquickung mit dem Buddh. zu lösen u. initiierte eine antibuddh. Repressionswelle, die 1871 ihren Höhepunkt u. 1875 ihr Ende fand. Der jap. Buddh. des 20. Jh. ist besonders durch die Öffnung des Landes geprägt, die ihn nicht nur mit den hereindrängenden Wissenschaften, westl. Lebensformen u. Weltbildern konfrontierte, sondern ihm umgekehrt auch die durch Auswanderung u. Mission bewirkte Ausbreitung über die Grenzen J. hinaus in andere kulturelle Räume brachte.

A.: Maßgebl. Ausg. des jap. Kanons: Dainihon bukkyo zensho, ed. B. Nanjo et al., 151 Bde., Tokyo 1911–1922; Angaben auch zu weiteren Ausg. bei G. Grönbold: Der buddh. Kanon, 1984, 26. – L.: M. Anesaki: History of Japanese Religion, 1930 (Neudr. Rutland/Vt., 1963); C.N.E. Eliot: Japanese Buddhism, London 1935 (Nachdr. 1964); M.W. de Visser: Ancient Buddhism in Japan, 2 Bde., Leiden 1935; E. Steinhilber-Oberlin: Les sectes bouddhiques japonaises, Paris 1930; engl. Ausg.: The Buddhist Sects of

Japan, London 1938 (Nachdr. Westport/Conn., 1970); W. Gundert: Jap. Religionsgeschichte, ²1943; B. Frank: Le panthéon bouddhique au Japon, in: Mythologies, éd. P. Grimal, Paris 1963; H. Thomsen: The New Religions of Japan, Rutland/Vt., 1963; E. Saunders: Buddhism in J., Philadelphia 1964; S. Watanabe: Japanese Buddhism, Tokyo 1964; R.H. Blyth et al. (Hg.): Japanese-English Buddhist Dictionary, Tokyo 1965; Honen Shinran, Nichiren et Dogen: Le Bouddhisme japonais, Textes fondamentaux de quatre grands moines de Kamakura, préf. et trad. française de G. Renondeau, Paris 1965; S. Hanayama: A History of Japanese Buddhism, Tokyo 1966; J. Kitagawa: Religion in Japanese History, New York 1966; K.H. Kamstra: Encounter or Syncretism, the Initial Growth of Japanese Buddhism, Leiden 1967; H. Nakamura: History of the development of Japanese thought, 2 Bde., Tokyo 1969; H. Dumoulin: Buddhismus im modernen J., in: ders. (Hg.): Buddhismus der Gegenwart, 1970, 127–187; K. Takada: The spirit of Buddhism today, Tokyo 1973; H. Hammitzsch (Hg.): Japan, 1975; D. u. A. Matsunaga: Foundation of Japanese Buddhism, Los Angeles – Tokyo 1976; P. Fischer (Hg.): Buddhismus u. Nationalismus im modernen J., 1979; R. Fujishima: Les Douze Sectes bouddhiques du Japon, réédité par B. Frank, Paris 1982; H. Nakamura: Der religionsgeschichtl. Hintergrund der Entwicklung J.s in der Neuzeit (C. v. Barloewen: J. u. der Westen, Bd. 1), 1986; G. Renondeau, B. Frank: Le Bouddhisme au Japon, in: R. de Berval (ed.): Présence du Bouddhisme, Paris 1987, 615–650; L. Brüll: Die jap. Philosophie, 1989; K.R. Heinemann: Tariki-Hongan und Jiriki, Erlösung durch Glauben und Selbstbefreiung durch Einsicht im Buddhismus Japans, in: H. Bechert, R. Gombrich (Hg.): Die Welt des Buddhismus, 1984, 212–230. (sl)

jarā-maraṇa (P), wörtlich: „Altern u. Tod" stellt das letzte (12.) Glied des ↗pratītyasamutpāda, des Satzes vom bedingten Entstehen, dar. D.h. Altern u. Tod sind Bedingtheiten der Geburt u. mithin des ↗saṃsāra. Alter, Krankheit u. Tod gelten als die 3 Götterboten (deva-dūta), ein bildlicher Ausdruck grundexistentialer Situationen im menschlichen Leben, die Vergänglichkeit u. Leidhaftigkeit menschlicher Existenz vor Augen führen u. zur Einsicht in die Vier Edlen Wahrheiten anstoßen können. (no)

Jātaka, Jātakas (Skt/P), wörtlich: „Geburtsgeschichte", „Lebenslauf", von jāta (Adj.) = geboren, entstanden u. ↗jāti = Geburt, im Buddh. gemeint: die Vorexistenzen des ↗Buddha. Dabei handelt es sich um erbauliche volkstümliche Erzählungen über die saṃsāra-Karriere (↗saṃsāra) eines/des ↗Bodhisattva in unterschiedlichen, auch tierischen Existenzen. Das J.buch, zum ↗Khuddaka-Nikāya im ↗Suttapiṭaka des ↗Pāli-

Kanons gehörig, bietet 547 J., die sehr früh – bereits ab dem 2. Jh. v. Chr. – in einzelnen Motiven als Flachreliefs dargestellt wurden, z. B. an Steinsäulen des ↗Bhārhut-Stūpa, in ↗Bodh-Gaya u. an den steinernen Toren v. Sāñcī. 40 J., hier allerdings nicht so genannt, finden sich im ↗Mahāvastu, einer Buddha-Geschichte. Die J. selbst entstammen vorbuddh. indischem Erzählgut (Märchen, Fabeln), das gelegentlich nur oberflächlich buddhaisiert wurde. Sie dienen der narrativen Verdeutlichung des Geburtenkreislaufes u. der moralischen Belehrung der ↗Laien. Zentral sind ihnen die Aufforderung zum Altruismus u. zu einem Bodhisattva-Konzept, wie es später ausgearbeitet im ↗Mahāyāna begegnet. Als kanonisch gelten nur die Verse; die Prosateile sind offenbar freier tradiert worden.

Ü.: H. Lüders: Buddh. Märchen aus dem alten Indien, Neuaufl. 1961 u. ö.; J.G. Jones: Tales and teachings of the Buddha. The J. stories in relation to the Pāli canon, London 1979; L. Grey: A Concordance of Buddhist Birth Stories, PTS, Oxford 1994. (no)

Jātakamālā (Skt), „Kranz von Jātakas"; eine berühmte, vermutlich aus dem 4. Jh. n. Chr. stammende, literarisch kunstvolle Bearbeitung von 34 ↗Jātakas durch den Dichter Āryaśūra. Die einzelnen Jātakas werden hier den 6 ↗pāramitās zugeordnet; besondere Betonung erfährt im Rahmen des ↗Bodhisattva-Ideals das ↗Mitleid".

A.: J., ed. H. Kern, Boston 1891 (HOS 1). – Ü.: The J., from the Sanskrit by J. S. Speyer, London 1895 (SBB 1). (sl)

Jayatilleke, Kulatissa A. D. K. Nanda, buddh. Philosoph aus Sri Lanka, Vertreter des ↗Modernismus, 1920–1970; 1939–43 Studium des Skt, Pāli u. indischer Philosophie in Colombo; 1946–49 Studium der abendländischen Philosophie in Cambridge; 1961 Dissertation (Early Buddhist Theory of Knowledge) in London; seit 1951 Dozent, seit 1963 Prof. u. Vorstand der Philosophischen Fakultät der University of Ceylon. – Nach J. ist die buddh. Lehre eine „Form des Empirismus", die Autoritätsglauben u. Dogmen ablehnt u. sich allein der sinnlichen u. außersinnlichen Wahrnehmung sowie der induktiven Schlußfolgerung als Erkenntnismittel bedient. Ihre Theorie der Wirklichkeit könne durch Experiment u. Erfahrung verifiziert werden. Hieraus resultiere die Übereinstimmung mit den Methoden u. Einsichten der modernen Human- u. Naturwissenschaften. Auch für die Karma- u. Wiedergeburtstheorie erhebt J. den Anspruch empirisch evidenter Faktizität. In der buddh. Ethik sieht J. die Prinzipien der Freiheit, Gleichheit u. Menschenwürde, die Harmonie von individuellem Glücksverlangen u. sozialer Verantwortung sowie das Postulat eines demokratisch verfaßten Sozialstaates grundgelegt.

W.: Early Buddhist Theory of Knowledge, London 1963; The Message of the Buddha, London 1975. – L.: G. Rothermundt: Buddhismus für die moderne Welt, 1979. (mü)

Jenseits stellt einen religions-phänomenologischen Ordnungsbegriff dar, der die Annahme einer die Menschenwelt u. die Erfahrung übersteigenden Wirklichkeit bezeichnet. Als J. wird der Bereich des Göttlichen, Transzendenten, Absoluten angesprochen, in 2. Linie der Zustand der Existenz nach dem Tode. Dieser Begriff kann kaum mit scheinbar analogen buddh. Vorstellungen parallelisiert werden (und führt in solchen Versuchen regelmäßig zu Mißverständnissen), wenn man beispielsweise ↗saṃsāra als „Diesseits“ u. ↗nirvāṇa als J. zu klassifizieren versucht. (no)

jhāna (P, Skt dhyāna) ↗Meditation

jina (Skt), „Sieger“, Ehrentitel des Gründers des ↗Jainismus analog dem Würdetitel eines ↗Buddha für ↗Siddhārtha Gautama. Offenbar waren diese Würdetitel in früher Zeit nicht so exklusiv festgelegt wie heute. So wird auch der Buddha j. genannt (nachweislich noch 1250 n.Chr. bei Rāmacāndra). (no)

jiriki (jap.), „Selbst-Kraft“. Für ↗Shinran-Shōnin ist j. der Versuch, auf sich selbst gestützt die ↗Erleuchtung zu erlangen. Im Vertrauen auf j. lebt nach Shinran ein Rest von Ich-Verhaftung fort. Der Einsicht in die Unfähigkeit des „Ichs“ entspricht für ihn das Vertrauen auf ↗tariki (↗Jōdo-Shinshū). (sl)

Ji-Schule, Ji-shū 3. amidische Schule des jap. Buddh. (↗Amida, ↗Amitābha, ↗Amidismus), gegründet von Ippen-Shōnin (1239–

89) um 1276. Ippen radikalisiert die Positionen von Hōnen u. Shinran, indem er für die Anrufung des Amida-Namens (↗nembutsu) das Vertrauen oder den Glauben an die rettende „fremde" Macht für überflüssig erklärt, lenkte aber den genuinen Impuls des Amidismus zurück auf ein im Grunde magisches Verständnis, wenn er lehrte, daß die Rezitation des ↗namu-Amida-butsu, die durch die 24 Stunden des Tages erfolgen soll – daher der Name der Schule „Stunden-Schule" (jap. ji für Zeit, Stunde) – allein durch den Klang des Amida-Namens erlöst und damit „ex opere operato" wirkt. (no)

jīva (Skt/P), Leben, Lebensprinzip. In der Lehre der Jainas steht j. geradezu für das überdauernde Selbst, die „Seele". Dagegen problematisiert der Buddh. dies, indem er diese u. ähnliche Anschauungen als Persönlichkeitsansicht u. Ewigkeitsglaube zurückweist. j. ist dagegen bedingt durch ↗karma u. andere Ursachen. (no)

jñāna (Skt; P ñāṇa) bedeutet Kenntnis, Erkenntnis, Wissen u. ist in etwa gleichbedeutend mit paññā. Erkenntnis des wirklichen Charakters der Existenz als vergänglich, leidhaft u. unpersönlich (↗Drei Merkmale, ↗anātman) ist die Voraussetzung für Erlösung. In tantrischen Schriften (in der vajrayānischen Saṃvara-Lit.) wird die letzte Wirklicheit als j. bestimmt. (no)

Jobo (tib. jo bo), „Edler Herr", 1. Bezeichnung für die in zahlreichen lamaistischen Klöstern, so auch im ↗Jokhang und ↗Ramoche, als Hauptfigur stehenden Statuten des ↗Buddha ↗Śākyamuni in seinem ↗sambhogakāya-Aspekt. Im Gegensatz zur schmucklosen, in Mönchsrobe gewandeten Darstellung des historischen Buddha (= dharmakāya) ist der J. mit Diadem u. üppigem ornamentalem Schmuck versehen. Er stellt die ureigene Ausstrahlung ↗Śākyamunis auf ↗sambhogakāya-Ebene dar u. bildet damit die meditativ erfahrbare Form des historischen Buddha. 2. Tib. Ehrenname des ↗Atiśa oder ↗Dīpaṃkaraśrījñāna. (ev)

Jōdo-Shinshū. Geschichte: Die J. (früher auch: Ikkoshū oder Montoshū) ist neben der ↗Jōdo-Shū die bedeutendste u. die größte ↗Amida-buddh. Schule ↗Japans. Formiert wurde sie durch Kakunyo, einen Enkel ↗Shinrans, unter dessen Leitung das Mausoleum Shinrans zu einem ↗Tempel ausgebaut wurde, der 1332 offizielle Anerkennung erhielt. Kakunyo erreichte jedoch nicht die beabsichtigte Integration aller Bewegungen der J. in eine einzige Organisation. Unter dem 8. Hauptpriester ↗Rennyo (1415–1499) erfährt die J. einen starken zahlenmäßigen Zuwachs u. wird zu einem bedeutenden politischen Faktor in den damals häufigen Bauernaufständen. Nach dem Tod des 11. Hauptpriesters Kennyo kommt es unter dessen Söhnen zur Spaltung in die beiden Zweige Westl. Honganji (Honpa Honganji) u. Östl. Honganji (Otani Honganji), die bis heute die wichtigsten Subschulen (neben 8 weiteren kleinen Richtungen) bilden. Im 20. Jh. setzte eine gegenwärtig zunehmende, missionarisch gesteuerte Ausbreitung der J. über die Grenzen Japans hinaus ein. Die größte außerjap. J.-Gemeinschaft besteht in den USA. – Lehren: Die sich doktrinär kaum unterscheidenden Subschulen des J. fußen auf den Lehren ↗Shinran Shōnins. Als Schüler ↗Hōnens hat Shinran die Tradition des ↗Amida-Buddhismus in die Grundzüge des ↗Mahāyāna integriert. So rechnet Shinran zu den ↗Patriarchen des J. die bedeutenden Mahāyāna-Philosophen ↗Nāgārjuna u. ↗Vasubandhu, sowie den seinerseits stark von Nāgārjuna beeinflußten ↗T'an-luan (↗Ching-t'u). Shinran geht es nicht um die Gründung einer neuen buddh. Schule, sondern um die richtige Interpretation des Wesens der buddh. Heilsbotschaft. Für ihn ist das 18. Gelübde ↗Amidas das ↗Ekayāna, das einzige u. eigentliche ↗Fahrzeug, bildhafter Ausdruck der Erlösungsmöglichkeit. Es offenbart die Unfähigkeit der Wesen, gestützt auf das „Ich" die Befreiung vom „Ich" zu erlangen (↗anātman, ↗jiriki) u. zugleich die Möglichkeit einer Erlösung durch die von „Anderer Kraft" (↗tariki) empfangene Geisteshaltung „shinjin". Shinjin ist die Haltung Amidas, die Einheit von ↗Weisheit u. ↗Mitleid, die im Menschen als Vertrauen auf Amida wirksam wird. In shinjin ist die Gültigkeit aller begrifflichen Kategorien u. Differenzierungen, auch die von jiriki u. tariki, Amida u. Gläubigen, durchbrochen. Die Ununterscheidbarkeit von ↗nirvāṇa u. saṃsāra ist erkannt u. verwirklicht, bildlich ausgedrückt durch die Vorstellungen einer „plötzlichen" Hingeburt ins ↗Reine

Land u. einer von Mitleid motivierten „Rückkehr“ als ↗Bodhisattva in den saṃsāra. Das ↗nembutsu entspringt aus der Haltung von shinjin, so daß nach Shinran die viele andere Amidabuddh. Schulen bewegende Frage nach der rechten Anzahl der Anrufungen im Ansatz falsch gestellt ist.

L.: D.T. Suzuki: Collected Writings on Shin Buddhism, Kyoto 1973; A. Bloom: Shinran's Gospel of Pure Grace, Tucson 1977; Ch. Langer-Kaneko: Das Reine Land, Leiden 1986; Y. Ueda: Mahayana Buddhism, Los Angeles 1989; V. Zotz: Der Buddha im Reinen Land, 1991; P. Schmidt-Leukel: „Den Löwen brüllen hören“, 1992; K. Yamamoto: An introduction to Shin buddhism, Yamaguchi 1963; H. Inagaki: Dictionary of Japanese Buddhism, Kyoto 1984; D.R. Tuck: Buddhist Churches of America. Jodo Shinshu, New York 1987; J. van Bragt: Buddhismus, Jodo Shinshu, Christentum. Schlägt Jodo Shinshu eine Brücke zwischen Christentum und Buddhismus?, in: E. Gössmann, G.E. Zobel (Hg.): Das Gold im Wachs, Fs. T. Inmoos, 1988, 427–452. (sl)

Jōdō-Shū. Neben ↗Jōdo-Shinshū ist J.-S. die wichtigste u. größte Amida-buddh. Schule ↗Japans. Ihre Lehren fußen auf dem Werk ↗Hōnens (Vertrauen auf das Gelübde ↗Amidas, Heilsziel der Hingeburt ins ↗Reine Land, Praxis des ↗nembutsu). Nach dem Tod Hōnens kommt es bald zur Bildung von Subschulen; die doktrinären Auseinandersetzungen beziehen sich vor allem auf die Fragen der Häufigkeit der Anrufung Amidas u. des Verhältnisses des nembutsu zu anderen buddh. Praktiken. Maßgeblich wird die Interpretation durch Benchō (1162–1238), daß nembutsu die allein ausreichende Praxis ist. Staatliche Protektion u. geistliche Dekadenz in der Tokugawa Periode, Erneuerung in der Meiji Zeit.

L.: V. Zotz: Der Buddha im Reinen Land, 1991. (sl)

Jōjitsu-Schule, jap. Bezeichnung der Lehren des Satyasiddhi-Śāstra. In der Folgezeit ↗Kumārajīvas wurden in ↗China diese Lehren sowie die bis heute unklare Frage nach ihrer schulspezifischen Einordnung häufig diskutiert. Im 7. Jh. gelangten sie nach ↗Japan, wo sie als Zweig der Lehren der ↗Sanron-Schule galten. (sl)

Jokhang (tib. jo khaṅ), „Haus des ↗Jobo“, auch Lhasa Tsuglagkhang (tib. lha sa gtsug lag khaṅ), zu dt. „Kathedrale von Lhasa“, genannt, ist das bedeutendste Heiligtum ↗Lhasas. Im

Zentrum des von der nepalesischen Prinzessin Bhrikuti nach ihrer Vermählung mit dem tib. König ↗Songtsen Gampo im 7. Jh. errichteten J. befindet sich neben zahllosen, als überaus segensreich angesehenen Statuen der ↗Jobo oder Jobo Śākyamuni. Dieses Abbild wird als die legendäre, ehemals von dem berühmten Künstler Viśvakarma – der Legende zufolge zu Lebzeiten Buddhas –, geschaffene Buddha-Statue, die später in die damalige chin. Hauptstadt Chang'an (Chang-an) gelangte u. schließlich von der Prinzessin Wen ch'eng (Wen-cheng), der chin. Gemahlin ↗Songtsen Gampos, mit nach ↗Tibet gebracht worden sein soll. Der J. wird vom Barkhor, dem Inneren Umrundungsweg Lhasas, umgeben.

L.: H. E. Richardson: The J. (in: Essais sur l'art de Tibet, hg. A. MacDonald, A.-Y. Imaeda), Paris 1977; M. Henss: Tibet, 1981. (ev)

Josaphat. In der christlichen Legende von J. (Anklang an den Bodhisattva-Titel) und Barlaam wurde die Geschichte von den 4 Ausfahrten des Prinzen Siddhārtha Gautama (in D 14,2 von einem legendären Buddha Vipassin erzählt u. später auf Gautama übertragen), des nachmaligen ↗Buddha erzählt. Barlaam u. J. wurden im 16. Jh. in den römischen Heiligenkalender aufgenommen (Fest 27. November). Die Gestalt der christlichen Legende geht auf Johannes Damascenus (gest. 749) zurück (Migne, PG Bd. XCVI, col. 859ff), der sie der Übers. eines Athosmönchs aus dem Georgischen entnommen u. ausgebaut hat.

L.: H. de Lubac, La rencontre du Bouddhisme et de l'occident, Paris 1951; G. Frenken, Wunder u. Taten der Heiligen, 1964, 193–195 (Synopse in dt. Übers.); E. Kuhn: Barlaam und Josaphat, 1893. (no)

Jünger. Jüngerschaft beschreibt ein persönliches, religiös bestimmtes Verhältnis von Menschen zu einem Meister oder Lehrer aufgrund von dessen besonderer charismatischer Befähigung (M. Weber). Jede Stifterreligion beginnt soziologisch mit einem Meister-Jünger-Verhältnis, das mit dem Tod des Stifters erlischt. Die J. bilden den engeren Kreis der Anhängerschaft. Als erste J. des ↗Buddha können die 5 Zuhörer seiner ersten Rede gelten, mit der er das Rad der Lehre in Bewegung setzte. Die historisch bekanntesten J. wurden ↗Śāriputra,

↗Maudgalyāyana, ↗Ānanda, Aniruddha u. ↗Mahākāśyapa. Im Pāli-Kanon ist die Rede von einem engsten Kreis von 16 u. einem weiteren von 500 Mönchen. Sie werden zu den Trägern des ↗saṅgha. Der Buddha verbat sich jeden Personenkult u. verwies die J. an die Autorität des dhamma u. des saṅgha, letztlich aber ihrer selbst.

L.: A. Bareau: Les Disciples, in: R. de Berval (ed.): Présence du Bouddhisme, Paris 1987, 245–266. (bo)

K

Kadampa (tib. bka` gdams pa), von ↗Dipaṅkarasrijñānas (Atiśa) Schüler Dromtönpa (tib. `brom ston pa) (1005–1064) begründete Schulrichtung des tib. ↗Vajrayāna, die – auf dem ↗Bodhipathapradīpa fußend –, als Grundlage der Praktizierung esoterischer, tantrischer Rituale eine strenge, sittliche Lebensführung (Zölibat!) betonte, später vor allem von der ↗Gelugpa-Schule absorbiert wure. (ev)

Kagyüpa (tib. bka` brgyud pa), von ↗Marpa (1012–1098) begründete Schule des tib. ↗Vajrayāna, deren zentrale mystische Lehren, wie der Name schon sagt, „durch das Wort überliefert" werden. Ziel der K. ist weniger eine rationale Erörterung der Lehre, als die praktische Verwirklichung der höchsten Realität. Daher kommt meditativer Praxis – etwa in den ↗Sechs Lehren des Nāropa –, u. Zurückziehungen von der Außenwelt (tib. mtshams) als Medium religiöser Verwirklichung eine vorrangige Bedeutung zu. Ihre Lehren beruhen auf der Kadampa-Tradition u. den Neuen ↗Tantras. Ihre höchsten Lehren bilden die ↗Mahāmudrā-Lehren. Die Überlieferung der K.-Lehren erfolgte von ↗Tilopa (988–1069), der seine ↗Initiationen vom ↗Ādibuddha selbst erhielt, über den ind. Meister ↗Nāropa (956–1040) u. ↗Marpa (1012–98), der diese Lehren schließlich nach ↗Tibet brachte u. sie dem Yogi ↗Milarepa (1040–1123) übertrug. Unter dessen beiden Schülern Rechungpa (tib. ras chuṅ pa) (1048–1161) u. ↗Gampopa (1079–1153) entwickelten sich verschiedene Untergruppierungen der K., u. a. die ↗Karma-K., die ↗Drigung-K. u. die ↗Drugpa-K. Der bedeutendste Repräsentant der K. ist der ↗Karmapa. In Amerika verbreitete besonders der ↗Tulku Chögyam ↗Trungpa (1939–1987) die K.-Doktrin. Zum bekanntesten Schrifttum der K. zählen die Biographien der Heiligen ↗Tilopa, ↗Nāropa, ↗Marpa u. besonders ↗Milarepa, die als „[beispielhafte Lebenswege] zur vollständigen Befreiung" (tib. rnam thar) zu Recht zum literarischen Allgemeingut Tibets geworden sind. Sie bilden fantastische u.

zugleich didaktische Lebensgeschichten als Metaphern lebhafter buddh. Erfahrung, denen ein tiefer Symbolgehalt innewohnt.

L.: G.N. Röhrich: The Blue Annals, II, 1953; N. Douglas, M. White: Karmapa, London 1976; K. Thinley: History of the 16 Karmapas, Boulder 1980. Weitere Lit. ↗Lamaismus. (ev)

Kailash (Skt kailāśa, tib. gaṅs ti se gaṅs rin po che), Bezeichnung des im SW Tibets, an der Grenze nach Indien gelegenen 6174 m hohen, heiligsten Berges der Buddhisten, Hindus u. Anhänger des ↗Bön. Der buddh. Kosmologie zufolge gilt er als axis mundi, als die geographische Entsprechung des mythischen Weltenberges ↗Sumeru. Er ist der Sitz des ↗Saṃvara. Zu seinen Füßen liegt der heilige See Mānasarovar (tib. mtsho ma dros), auf seinen 4 Seiten entspringen die 4 Ströme Brahmaputra, Indus, Sutlej u. Karnavali.

L.: S. Pravananda: K. Manasarovar, New Delhi [2]1983; R. Johnson, K. Moran: The Sacred Montain of Tibet, Rochester/Vermont (1989). (ev)

Kālacakra (Skt, tib. dus kyi `khor lo), „Rad der Zeit“, Name 1. eines der bedeutendsten ↗Tantras des ↗Vajrayāna (10. Jh.) u. 2. der gleichnamigen Gottheit, die die in diesem Tantra dargelegten Lehren verkörpert. Das K.-Tantra gilt als der Kristallisationspunkt der letzten Entwicklungsstufe des Buddh. in ↗Indien u. wird gekennzeichnet durch 1. die Ausbildung der Konzeption des ↗Ādibuddha als „Urbild der Buddhanatur (Lauf), 2. die Weiterentwicklung der für das Vajrayāna typischen universellen ↗makro-mikrokosmischen Analogie u. ihre Integration in den Heilsweg. K. wird als 4gesichtige, gewöhnlich 12- oder 24armige Gottheit von dunkelblauer Körperfarbe in ↗Yab-Yum beschrieben, ist ein bedeutender ↗Yidam u. kann innerhalb des K.-Lehrsystems auch die Funktion des Ādibuddha übernehmen. Er gilt als eine der wichtigsten Gottheiten der lamaistischen ↗Gelugpa-Schule. Regelmäßige ↗Initiationen in die Lehren des K. durch den ↗Dalai Lama zählen zu den herausragenden Ereignissen des tib. Festtagskalenders. Das spezielle Symbol der K.-Lehren ist das ↗Daśākāro vaśī.

A.: Kālacakratantra, critical edition colated with the Tibetan version, Calcutta 1985. – L.: H. Hoffmann: Kālacakra Studies I, CAJ 13 (1969), 52–73; dazu: Addenda et Corrigenda, CAJ 15 (1972), 298–301. (ev)

kāma (Skt/P), bedeutet Wunsch, Begierde, Sinnenlust u. umfaßt Sinnlichkeit sowohl als Freude an sinnlicher Wahrnehmung über die Sinnenorgane als auch als sexuelle Lust im eigentlichen Sinne. k. steht somit am nächsten unserem Begriff „Leidenschaft". Beide Formen sind aber gleichermaßen Fesseln an die Existenz in der Welt u. gehören als bedingende Faktoren zum Kreislauf der Wiedergeburten (↗saṃsāra). Deswegen nennt man den die Kette der Geburten bedingenden ↗„Durst" (Skt tṛṣṇā, P taṇhā) k.-tṛṣṇā/taṇhā. (no)

Kamalaśīla, buddh. Mönch u. mahāyānischer Gelehrter (↗Mahāyāna) aus Indien; ca. 700–750. Er wird der späten ↗Yogācāra-Schule zugerechnet. Wie sein Lehrer Śantarakṣita (ca. 680–740) war er um einen Ausgleich oder eine Synthese seiner Schulrichtung mit der Mādhyamaka-Schule bemüht. Zum umfangreichen Werk „Tattavasaṃgraha" seines Lehrers (in Skt u. tib. erhalten) verfaßte er einen Komm. Bedeutsam ist sein Werk „Bhāvanākrama (tib. bsgom-paḥi rim-pa). Im Komm. zu ↗Dharmakīrtis Nyāyabindu erweist sich K. als Logiker. – Im fortgeschrittenen Alter reiste K. nach Tibet. Dort klärte er auf dem Konzil von bSam yas 793–794 die zwischen ind. beeinflußten Lehrern u. Ch'an-Mönchen (↗Ch'an) aufgebrochene Streitfrage nach dem Eintritt der Erleuchtung gegen die Ch'an-Position von der Plötzlichkeit der Erleuchtung.

A.: K.: Bhāvanākrama (Skt mit tib. Übers.), ed. by G. Tucci, in: Minor Buddhist Texts, Part II (Istituto Italiano per il Medio ed Estremo Oriente), Roma 1958; K.: bsgom-paḥi rim-pa, ed by S. Yoshimura: Tibetan Buddhistology, Kyoto 1953. (no)

Kama-Lehren (tib. bka' ma), das sind vor allem aus Belehrungen u. Praktiken bestehende Lehren der tib. ↗Nyingmapa-Schule, die – ursprünglich vom ↗Ādibuddha selbst übermittelt – in einer ununterbrochenen ↗Guru-Überlieferungsreihe weitergegeben wurden. Am esoterischsten sind die ↗Dzogchen-Lehren. (ev)

kāma-loka, aus ↗kāma (Skt, P) u. ↗loka (Skt, P), sinnliche Begierde u. Welt, bedeutet in der buddh. Kosmologie „Sinnenwelt", das ist die unterste Region der „Drei-Welt" (Skt triloka,

P tiloka), in der Existenz durch „Sinnlichkeit“ im doppelten Sinne charakterisiert ist. Der k.-l. umfaßt neben der Menschenwelt das Tier-, Gespenster- u. Dämonenreich, die Hölle, aber auch (aufsteigend) die unterste Zone himmlischer Wesenheiten. (no)

Kambodscha war bis zum politischen Umsturz 1975 dominant vom Buddh. in seiner theravādischen Form geprägt; bis 1975 war der ↗Theravāda als Staatsreligion anerkannt. Dementsprechend bekannten sich 88,6 % der Bevölkerung zum Buddh. Dazu kamen 3,7 % Angehörige von traditionellen („Stammes-“)Religionen, 2,4 % Muslime u. u. a. 0,3 % Christen. – K., im wesentlichen das Mekong-Tal (ca. 180 000 km^2), ist dünn besiedelt. Den Hauptbestandteil an der Bevölkerung stellen die Khmer, Träger der kambodschanischen Kultur u. Geschichte. Für die Erhellung dieser Geschichte stehen – anders als in ↗Ceylon, ↗Birma u. ↗Thailand – keine Chroniken zur Verfügung. Über die Epoche, in der ↗Angkor Hauptstadt von K. war (802–1431), berichten Steininschriften. Schon zuvor war das brahmanische Handelsreich am unteren Mekong entstanden, das bis zu seiner Annexion durch die Khmer um 650 Bestand hatte. Die angebliche Einflußnahme durch Kaiser ↗Aśoka um 250 v. Chr. auf K. ist wohl legendär. Um 400 n. Chr. aber war der ↗Hinduismus im Gebiet des heutigen K. verbreitet. Wie in Birma u. Thailand wurde er durch das ↗Mahāyāna abgelöst, das allerdings synkretistische Züge aufwies: die Identifikation des ↗Buddha mit hinduistischen Göttern, das Fortwirken des hinduistischen devarāja-Kultes, eine Form eines Gottkönigtums, ein synkretistisches Pantheon aus hinduistischen u. buddhaisierten Göttern. Dieser Synkretismus zeigte sich durchaus auch in den großen Tempel- u. Klosteranlagen wie ↗Angkor Wat (1110–1150), Phra Viharan, Bayron. Seit dem 13. Jh. setzte sich der Theravāda-Buddh. durch, inschriftlich zum 1. Mal belegt aus 1230. Endgültig durchgesetzt hat er sich vermutlich erst im 1. Drittel des 14. Jh., als Skt durch P in den heiligen Texten ersetzt wurde. Im 15. Jh. wurde in K. die ceylonesische Orthodoxie übernommen. – Die „Roten Khmer“ des Pol-Pot-Regimes (1975–1979) suchten den Khmer-Buddh. auszulöschen. Sie verboten überhaupt alle Religionsausübung, ermordeten viele buddh. Mönche, lösten den ↗saṅgha auf u. entvölkerten die Klöster. Damit zerstörten sie die staats- u. kulturtragende Funktion des buddh. Mönchtums in K.

L.: D.P. Chandler: A History of Cambodia, Boulder/Col. 1983; G. Geisenfeld: Land des Reisfeldes: Vietnam, Laos, Kampuchea. Geschichte u. Gegenwart, 1981; M. Sakisyanz: „Die Religionen Kambodschas, Birmas, Laos, Thailands u. Malayas", in: Die Religionen Südostasiens, 1975, 384–551; A. Leclère: Le bouddhisme au Cambodge, Paris 1899 (Nachdr. 1975); ders.: Les livres sacrés du Cambodge, Paris 1906; Ven. Pang Khal: Le Bouddhisme au Cambodge, in: R. de Berval (ed.): Présence du Bouddhisme, Paris 1987, 535–551; R. Lester: Theravāda Buddhism in Southern Asia, Ann Arbor 1972; H. Bechert: Buddhismus. Staat u. Gesellschaft in den Ländern des Theravāda-Buddh., Bd. 2, 1967, 221–258; F. Bizot: Le figurier à cinq branches. Rechérches sur le bouddhisme khmer, Paris 1976. (no)

Kaniṣka. Bedeutendster Vertreter der nicht-ind. Kuṣāna-Könige, der eher ins 2. als 1. nachchristliche Jh. zu datieren ist. Die Kuṣānas eroberten NW-Indien, etwa das heutige Kaschmir, u. gründeten ein Reich, das sich unter K.I. von Zentralindien (vom Ganges) bis nach Zentralasien erstreckte. Residenz war Purushapura (das heutige Peshawar). K. gilt als Buddhist u. Förderer des Buddh. Mit seinem Namen ist auch das Kaschmir-Konzil der ↗Sarvāstavādins verbunden, auf dem der ↗Kanon dieser Schule festgelegt wurde. Die Sanskritisierung des Buddh. in der Kuṣāna-Periode wird als brahmanische Reaktion u. Einflußnahme auf den Buddh. interpretiert.

L.: A. L. Basham (ed.): Papers on the Date of K., Leiden 1968; S. Lévi: K. et Sātarāhana, J. A. 228 (1936), 36–121. (no)

Kanjur (tib. bka` `gyur). „Die Übersetzung der Worte [des Buddha]", u. Tanjur (weiter: T.), „die Übers. der Lehr[schriften]", bilden das kodifizierte, kanonische Schrifttum des ↗Lamaismus. Die besondere literarische Bedeutung von K. u. T., die eine insgesamt mehr als 300bändige, weit mehr als 4000 Werke umfassende Sammlung des ind. buddh. Schrifttums in tib. Übers. enthalten, ergibt sich aus dem Verlust eines Großteils der Sanskrit-Originale. Nach der frühen Übers. ind. Werke ins Tib. (8./9. Jh.) wurde die ind. buddh. Lit. vom 10. Jh. an, zur Zeit der ↗Späten Bekehrung Tibets, in einer neuen überarbeiteten Übers. vorgelegt u. unter Einbeziehung z.T. älterer Übers. in K. u. T. zusammengefaßt. Als Redakteure dieser von allen tib. Schulen als authentisch buddh. Schrifttum erachteten Sammlung gelten Tshalpa Künga Dorje (tib. tshal pa kun dga' rdo rje) (1309–64) sowie Butön Rinchen Drub (tib. bu ston rin chen sgrub) (1290–1364). Die im K. enthaltenen Schriften werden von den Tibetern als „Buddha-Wort" angesehen. Überliefert in verschiedenen Ausgaben mit z. T. unterschiedlicher Anzahl u. Anordnung der Werke u. benannt nach dem jeweiligen Aufbewahrungsort, umfaßt der K. in seiner Narthang-Blockdruckausgabe (tib. snar thaṅ) 13 Bände an ↗vinaya-Texten, 21 Bände an ↗Prajñāpāramitā-Lit., 44 Bände ↗Mahāyāna-Sūtras sowie 22 Bände ↗Tantras. Neben handschriftlichen Kopien liegen auch Blockdruckausgaben des K. in roter sowie schwarzer Tusche vor, deren berühmteste Ausgaben der alte (1410 und 1605) u. neue (1684 u. spätere Drucke) Peking-Blockdruck, der Lithang-Blockdruck (1609–14), Narthang-Blockdruck (1730–32), Derge-Blockdruck (tib. sde dge) (1733), Cone-Blockdruck (tib. co ne) (1721–31) u. Lhasa-Blockdruck (1934) bilden. – Der T. enthält die von den großen ind. Gelehrten u. Tantrikern verfaßten Komm. zu den Grundtexten des K. sowie einige Werke buddh. Hilfswissenschaften wie Medizin, Handlesekunst, Skt-Grammatik u. Dichtkunst. Ebenfalls in verschiedenen Ausgaben erhalten, ist der T. in die Abteilungen ↗sūtra (tib. mdo `grel) u. ↗Tantra (tib. rgyud `grel) unterteilt. Die Narthang-Ausgabe umfaßt in ihrer sūtra-Sektion in 137 Bänden Komm. zu Mahāyāna-sūtras oder philosophische Werke älterer Traditionen u. in der Tantra-Sektion in 86 Bänden Komm. zu tantrischen Werken. Vollständige T.-Ausgaben sind nur noch in Blockdruckfassung zugänglich: Peking (1724), Narthang (1741/2), Derge (1744), Cone (1753–73). Eine Übers. des tib. K. u. T. liegt in mongolischer Sprache vor. Zahlreiche der in K. u. T. enthaltenen Werke sind weiter im chin. u. mandschurischen buddh. Kanon in Übers. erhalten. Die chin., weniger wortgetreue als „sinngemäße" Übers. basiert auf dem Skt-Original, der mandschurische Kanon ist noch nicht detaillierten philologischen Untersuchungen unterzogen worden. Als „Heiliges Wort" (Skt vacana, tib. gsuṅ) nahmen K. u. T. in vielen lamaistischen Klöstern im ↗Dukhang einen bedeutungsvollen Platz im Sanktuarium ein. Faktisch dienten sie zumeist jedoch mehr der Verehrung des „Buddhawortes" als dem Studium der gewöhnlichen Mönche, die ihre Studien u. Ritualliteratur in separaten Kopien besaßen.

Ü.: L. Feer: Fragments extraits du Kandjour, tr. du tibétain, Paris 1883 (AMG 5). – L.: A Complete Catalogue of the Tibetan Buddhist Canon, Sendai/Japan 1934; H. Eimer: Ein Jahrzehnt Studie zur Überlieferung des tib. K. 1992 (WSTB, Heft 28); C. Vogel (Hg.): Vāgbhata's Aṣṭāṅgahṛdayasaṃhitā (Abh. für d. Kunde des Morgenlandes, 37, 2), 1965. (ev)

Kannon/Kwannon (jap.) ↗Kuan-yin

Kanon, vom griech. κανῶν (hebr. kaneh = Schilfrohr) im Sinne von Meßrute u. übertragen für „Norm", rel.wiss. Begriff für die Sammlung bzw. das Verzeichnis heiliger, d. h. rel.-normativer Schriften, ursprünglich in der jüdisch-christlichen Tradition, dann aber auch für alle Buchreligionen. Demnach bezeichnet K. diejenigen heiligen Schriften, die als Richtschnur für das religiöse Leben u. als Festlegung der Lehre durch allgemeinen Konsens oder durch autoritativen Lehrentscheid gelten. – Im Buddh. unterscheidet man je nach Fahrzeug- oder Schulzugehörigkeit (↗Fahrzeug) u. auch nach Sprachen versch. K.: den theravādischen ↗Pāli-K. (↗Theravāda, ↗Hīnayāna, ↗Pāli), mahāyanischen K. (↗Mahāyāna), den chin. K. ↗San-ts'ang, den jap. K. Sanzo, den tib. K. ↗Kanjur u. Tanjur u. Fragmente von Skt-K. verschiedener Schulen. Typologisch ordnet der Besitz heiliger oder rel.-normativer Schriften den Buddh. zu den sog. „Buchreligionen", das sind Religionen, deren Lehre u. Ethik schriftlich fixiert sind. Dennoch ist diese typologische Zuordnung mit Fragezeichen zu versehen, da der ↗Buddha selbst kritisch autoritativ-glaubensmäßig verfaßter Religiosität gegenübersteht (vgl. Lehrrede an die Kalāmā in A). – Die K.geschichte versucht mit Methoden der Textkritik u. der Überlieferungskritik die Entstehungsgeschichte der buddh. Überlieferungen, die anfänglich mündlich weitergegeben wurden, zu rekonstruieren, wie auch den Prozeß, in dem die betreffenden Schriften kanonischen Rang erlangt haben. Die frühest greifbaren Texte solcher Überlieferungen sind in geringerem Umfang auch in andere zentralasiat. Sprachen übers. Der Pāli-K. ist uns erhalten, von Skt-K. sind nur Fragmente auf uns gekommen. Doch sind diese zu einem bemerkenswert großen Teil ins Chin. u. Tib. übersetzt. – Einige Forscher (S. Lévi 1912,

E. J. Thomas 1933, H. Lüders 1954) postulieren einen vorliterarischen K. in der Māgadhī-Sprache (↗Māgadhī), in der der Buddha mit hoher Wahrscheinlichkeit selbst gelehrt habe. Die heutige Gestalt des Pāli-K., des Tipiṭaka (Dreikorb) – aus den 3 Teilen: vinaya (Ordenszucht), sutta (Lehrdarlegungen), abhidhamma (vertiefte Lehre) – geht bei einigermaßen komplizierter Überlieferungsgeschichte auf das 4. Konzil im Jahr 29 v. Chr. auf Ceylon zurück, frühestens auf das 3. Konzil 247 v. Chr. Am Anfang der Überlieferung stand vermutlich ein Ekapiṭaka (Einkorb), dem ein Dvipiṭaka (Zweikorb aus vinaya u. sutta) gefolgt ist. Die späteste Form ist das Tipiṭaka durch das Hinzukommen des abhidhamma. – Vor allem in der brit. u. dt. Erforschung der K.geschichte wurden zunächst die Pāli-Texte einseitig vor den Skt-Fragmenten u. den chin. u. tib. Übers. bevorzugt. Der Pāli-K. selbst ist auch keineswegs ein schlichter Bericht über Leben u. ↗Lehre des Buddha, sondern spiegelt den Prozeß des Traditionszuwachses in der Theravāda-Schule wider. Der Überlieferung nach soll der Pāli-K. unter dem singhalesischen König Abhya Vaṭṭagāmani schriftlich fixiert worden sein. Der ↗Khuddaka-Nikāya des ↗Suttapiṭaka ist außerhalb des Pāli-K. schlecht bezeugt, u. entsprechende Sammlungen (Kṣudraka-Āgama bzw. -Piṭaka) sind in P, buddh. hybridem Skt oder klassischem Skt abgefaßt. (Ausnahmen bilden das Ḍākārṇavatantra in Apabhraṃśa, das Epos Maṇimēkalai in Tamil, die buddh. Newari-Lit. in Nepal u. auf das 8. Jh. zurückgehende esoterische Lieder von Mahāyāna-Buddhisten in frühbengalischer Volkssprache.) In Gāndhārī, einem Alt-Prakrit aus dem NW Indiens, ist eine Version des ↗Dhammapada überliefert. Nach H. Bechert spiegelt keiner der auf uns gekommenen Texte die älteste Überlieferung wider. Alle Dokumente gehen vielmehr auf je unterschiedliche Überlieferungsstufen mit abweichenden sprachlichen Formen zurück. In einigen Texten kommen sog. „Māghadismen“ vor und dürften auf das von dem Buddha gesprochene Māgadhī zurückverweisen. Sie waren zwar geschätzt, aber galten nicht als authentisches Buddha-Wort (ein Kṣudrakapitaka setzt einen „Vier-Korb“ voraus, wie er in mahāyānischer Tradition auch begegnet). Das Abhidhamma-piṭaka (Korb des Studiums über den dharma/„die Lehre“) bildet eine eigene Klasse von Texten, die sich vornehmlich mit philosophischen Gegenständen beschäftigen. Dieser 3. Korb ist der jüngste Bestandteil des K.; er weist eine längere Entwicklungsgeschichte auf. Allerdings besaßen, wie aus dem chin. K. ersichtlich, einzelne Schulen (z.B. die ↗Sarvāstivādins) selbständige Textsammlungen, die nicht mit dem Abhidhamma-piṭaka des Pāli-K. identisch sind. – Es wurden auch Skt-Texte auszugsweise ins P übersetzt u. sind dort erhalten, z.B. Teile des sarvāstivādischen Anavatapta im Apadāna u. Nettipakaraṇa. Analog dem theravādischen Suttapiṭaka gab es in Skt eine „Sammlung der Lehrreden": Dīrghāgama, Madhyamāgama, Saṃyuktāgama, Ekottarāgama u. Pañcanaikāyika. Fragmente eines Skt-K. der Sarvāstivādins wurden vornehmlich in Turkestan u. in den Höhlen von Tun-huang in der westchin. Provinz Kan-su gefunden. Die Handschriften stammen aus dem 6. bis 11. Jh. n.Chr. In chin. Übers. liegen vor: ein Dīrgha-āgama vermutlich der Dharmaguptas, zwischen 412 u. 413 n.Chr. von Buddhayaśa übers. (von dessen 30 Sūtren 27 Parallelen zum Dīgha-Nikāya des Pāli-K. aufweisen) ein Madhyama-Ā. (397/98 n.Chr. von Gautama Saṃghadeva u. Saṃgharakṣa übers.) mit 222 Sūtras (von denen 97 Entsprechungen zum Majjhima-N. aufweisen); ein vollständiger Saṃyukta-Ā. mit 1362 Sūtren (von Guṇabhadra zwischen 436 u. 442 n.Chr. übers.) sowie ein unvollständiger Saṃyukta-Ā. aus 364 Sūtras, vermutlich aus der Schule der Kāśyapīas, um 400 n.Chr. übers.; als Entsprechung zum Aṅguttara-Nikāya einen Ekottara-Ā., der zwischen 397 u. 398 n.Chr. von Gautama Saṃghadeva übers. wurde. Im chin. K. finden sich ferner 150 Sūtren, die keiner Sammlung zuzuordnen sind. – Vom vinayapiṭaka sind 6 Versionen erhalten: der Theravādins, Sarvāstivādins, Dharmaguptakas, Mahīśāsakas, Mūlasarvāstivādins (auch in tib.) u. Mahāsāṃghikas, letztere 5 in chin. Übers. Forschungszentren für den Pāli-K. befinden sich in London (Pāli Text Society/PTS) u. in Kopenhagen (Critical Pāli Dictionary/CPD).

A.: Skt-Kanon der Sarvāstivādin aus den Turfanfunden, hg. v. R. Pischel, H. Lüders, E. Waldschmidt u. a. in: Veröff. der Preuß. AdW 1904–30, Deutschen AdW 1950–57, der R. Skt-Texte aus den Turfanfunden, Berlin 1955ff, NAWG seit 1939; Ges.-Verz. bei E. Waldschmidt: Skthandschr. a. d. Turfanfunden, Bd. 1, Wiesbaden 1965. – Skt-Werke anderer Schulen: Mūlasarvāstivāda-Vinayavastu, ed. N. Dutt, 4 Tle., Srinagar – Calcutta 1942–50; Nachdr. in BST 1958ff. – L.: S. Lévi: Les Saintes Ecritures du Bouddhisme, 1909 (in: Mémorial Sylvain Lévi, Paris 1937, 75–84); ders.: Observations sur une langue précanonique du Bouddhisme, JA, Paris 1912, 495–514; H. Oldenberg: Studien zur Geschichte des buddh. K., NGGW 1912, 197–208 (= Kl. Schr. II, 1015–1026); M. Winternitz: Geschichte der indischen Literatur, Bd. II/1, Die buddh. Litteratur, 1913; J. Przyluski: Le concile de Rājagṛha. Introduction à l'histoire du canon et des sectes bouddhiques, 2 Bde., Paris 1926–28; E.J. Thomas: Pre-Pali Terms in the Pātimokkha, in: Fs. M. Winternitz, hg. v. O. Stein u. W. Gampert, 1933; H. Lüders: Beobachtungen über die Sprache des buddh. Urkanons, aus dem Nachlaß hg. v. E. Waldschmidt, 1954 (ADAW 1952, 10); Pali Tipitaka Concordance. Being a Concordance in Pāli to the Three Baskets of Buddhist Scriptures in the Indian order of letters, listed by F.L. Woodward and others, arranged and ed. by E.M. Hare and others, 3 Bde., PTS, 1955–1993; A. Akanuma: The Comparative Catalogue of Chinese Āgamas u. Pāli Nikāyas, Tokyo 1958; E. Lamotte: Histoire du bouddhisme indien, des origines à l'ère Śaka, Louvain 1958 (Nachdr. 1976); R. Webb: An Analysis of the Pali Kanon, Kandy 1975; H. Bechert: Systematische Übersicht über die buddh. Skt-Lit., 1979ff; ders.: Die Sprache der ältesten buddh. Überlieferung, AAWG 117, 1980; ders.: Zur Schulzugehörigkeit von Werken der Hīnayāna-Lit., Tl. 1., 1985 (Symposien zur Buddhismusforschung, 3, I); AAWG 149); ders.: Tipiṭaka, KNLL, Bd. 19, 1992, S. 672–676; H. Bechert, G. Grönbold: Buddh. Lit., in: H. Bechert, G. v. Simpson (Hg.): Einf. in die Indologie, [2]1993, 66–79; H. Nakamura: Indian Buddhism. A Survey with Bibliographical Notes, Hirakata 1980 (Nachdr. Delhi 1987); E. Conze: Buddhist Scriptures. A Bibliography, ed. and rev. by L. Lancaster, New York - London 1982; K.R. Norman: Pāli Literature Including the Canonical Literature in Prakrit and Skt of all the Hīnayāna Schools of Buddhism, 1983 (HIL, ed. J. Gonda, vol. VII, fasc. 2); P. Pfandt, Mahāyāna Texts tr. into Western Languages. A Bibliographical Guide, 1983; G. Grönbold: Der buddh. K. Eine Bibliographie, 1984; K.L. Hazra: Pāli Language and Literature, 2 Bde., Delhi 1994; B.C. Law: Chronology of Pāli Canon, in: ABORI, vol. 12, 171ff; U. Schneider: Einführung in den Buddh., 1980; G. Lanzekowski: Heilige Schriften, 1956; ↗auch Literaturangaben zu den Art. China, Pali-Kanon, Tibet. (no)

Kapilavastu (Skt, P Kapilavatthu), Haupstadt der Adelsrepublik der ↗Śākya, in welcher der Vater des ↗Buddha, Śuddhodana, als Vorsitzender des Adelsrates residiert hat. Das alte K. ist im heutigen Tilaurakoṭ in S-Nepal archäologisch gesichert. Ein 2. archäologischer Fundort auf heutigem ind. Staatsgebiet, Piprāvā, ist mit Sicherheit nicht das K., in dem der Buddha seine Jugend verbrachte, sondern entstand als Neuanlage, nachdem König Viḍūḍabha von Kosala noch zu Lebzeiten des Buddha K. zerstört hatte. In Piprāvā wurden 1898 in einem Ziegelstūpa mit hoher Wahrscheinlichkeit Reste des Leichenbrandes des Buddha in einer Specksteinurne entdeckt.

L.: B.K. Rijal: Archeological Remains of K. Lumbini and Devadaha, Kathmandu 1979; D. Mitra, Buddhist Monuments, Calcutta 1971; K.M. Srivastara: Discovery of K., New Delhi 1986; ders.: Buddha's relicts from K., New Delhi 1986. (no)

Kapitel 1. Texteinheit in kanonischen Schriften: varga (Skt), vagga (P) oder kappa (P); daher beispielsweise mahāvagga, cullavagga usw. – 2. Mönchskapitel (P gaṇa): Gemeinschaft der Ordinierten in einem Kloster (↗bhikṣu Skt, bhikkhu P) in beratender u. beschließender Funktion. Für die Vollordination (upasaṃpadā) ist ein Kapitel von mindestens 10 anwesenden Mönchen vorgeschrieben. Das K. ist damit das egalitäre Leitungs- u. Mitbestimmungsorgan der Klostergemeinschaft. Für die Gültigkeit der gefaßten Beschlüsse war ursprünglich die vollständige Anwesenheit der Mönche u. in vielen Fällen Einstimmigkeit erforderlich. (no)

Kāraṇḍavyūha (Skt). Der K. („Ausführungen über das Schmuckkästchen" auch: Avalokiteśvaraguṇa-Kāraṇḍavyūha) existiert in Versform u. in Prosa (Alter umstritten) u. ist ein mahāyānischer Text, der die gütigen Eigenschaften des ↗Bodhisattva ↗Avalokiteśvara, sowie das mit diesem verbundene ↗mantra (om mani padme hum) rühmt.

A.: S. Samasrami (ed.): K., Calcutta 1873. (sl)

Karatalaratna, Schrift Bhavyas (oder ↗Bhāvaviveka, ca. 490–570 n.Chr.) aus der Tradition der späten ↗Mādhyamika-Schule, in der die ↗Yogācāras widerlegt werden sollen. Er ist nur noch in der chin. Übers. des ↗Hsüang-tsang (Chang-chen lun) erhalten.

Ü.: L. de la Vallée Poussin: Madhyamaka II, MCB 2 (1932–1933), 60–138; N.A. Sastri: K., or the Jewel in the Hand. A Logico-Philosophical Treatise of Madhyamaka School by Ācārya Bhāvaviveka, Santiniketan 1949. (no)

karma (Skt, P kamma), wörtlich: „Tat", Begriff für den Tun-Ergehens-Zusammenhang, aus dem heraus alles Denken, Reden u. Handeln entweder als heilsam, weil der weiteren Erlösungskarriere förderlich (↗Erlösung), oder unheilsam, weil dieser hinderlich, qualifiziert ist. Dabei entspringt dem k. die Wiedergeburt (↗saṃsāra). Das k. selbst entsteht aus dem

Willen (↗saṃskāra) u. den mit ihm verbundenen Geistesfaktoren, wie in A VI, 63 gesagt ist: „Den Willen nenne ich das Karma (die Tat) …“. Das Ergebnis karmischen Wirkens, „die Frucht der Taten“, zeigt sich nach buddh. Vorstellung entweder in der gegenwärtigen, in der nächsten oder einer noch späteren zukünftigen Existenz u. zwar auf einer der 5 (bzw. 6) Wiedergeburtsebenen (Hölle, Geisterreich, Tier-, Menschenwelt, göttliche Ebene bzw. auf der Asura-/Dämonenebene). Im letzten wurzelt unheilvolles k. in den Grundmustern des Unheilvollen: Gier, Haß u. Verblendung. In deutlicher Abhebung der buddh. k.-Lehre vom hinduistischen Entstehungshintergrund (↗Hinduismus) vertritt das buddh. Verständnis von Erlösung das Ende jeglichen karmischen Wirkens u. das Erlöschen von k. im Vorgang des Erwachens (bodhi, ↗Erleuchtung) überhaupt.

L.: W. D. O'Flaherty (Hg.): Karma and rebirth in classical Indian tradition, Berkeley 1980; J.P. McDermott: Development in the early Buddhist concept of Kamma/K., New Delhi 1984. (no)

Karma-Kagyüpa (tib. karma bka` brgyud pa), von ↗Gampopas Schüler Düsum Khyenpa (tib. dus gsum mkhyen pa) (1110–1193) begründeter Schulzweig der tib. ↗Kagyüpa-Schule mit Hauptsitz im Koster Tshurphu (tib. mtshur phu), etwa 30 km westl. von ↗Lhasa, geführt vom Schwarzhut-Lama (tib. źva nag pa) oder ↗Karmapa sowie dem 2. Oberhaupt der Schule, dem „Rothut-Lama“ oder Sharmapa (tib. źva dmar pa). Nach ihrer Flucht in den 50er Jahren unseres Jh. nach ↗Sikkim errichteten die K.-K. dort auch ihren derzeitigen Hauptsitz Rumtek u. gründeten zahlreiche Klöster im Westen.

L.: ↗Kagyüpa. (ev)

Karmapa (tib. karma pa), auch „Schwarzhut-Lama“ (tib. źva nag pa) nach seinem berühmten aus dem Haar von ↗ḍākinīs gefertigten Hut genannt, den der K. während der „Kronzeremonie“ trägt. Der K. ist das Oberhaupt des zentraltib. Klosters Tshurphu u. ist zugleich der höchste ↗Tulku der ↗Karma-Kagyü-Schule. In einer ↗Existenzenlinie auftretend, zählten die K. stets zu den einflußreichsten ↗Lamas ↗Tibets. Herausragend waren der 2. K. Karma Pakshi (tib. karma pakśi) (1206–1283), der 3. K. Rangjung Dorje (tib. raṅ byuṅ rdo rje) (1284–

1339) sowie der 8. K. Mikyö Dorje (tib. mi bskyod rdo rje) (1507–1557). Nach dem Tode des letzten 16. K. Rigpä Dorje (1924–81) wurden unabhängig voneinander zwei Prätendenten von zwei maßgeblichen Würdenträgern der Kagyüpa-Schule, vom Situ Rinpoche (tib. si tu rin po che) u. Shamar Rinpoche (tib. zhva dmar pa rin po che), als seine Wiederverkörperung inthronisiert u. vor dem Hintergrund offensichtlich politischer Intrigen eine tiefe Krise innerhalb der Karma-Kagyü-Schule ausgelöst. (ev)

karmasthana (Skt oder P kammaṭṭhāna), wörtlich: Wirkstätte, Ort einer Handlung, aber auch Gegenstand einer geistigen Übung, Meditationsobjekt, Übungsgebiet. ↗bhāvanā, ↗Meditation. (no)

karma-svatakā (Skt oder kamma-satakā [saka von sa, P/sva, Skt] eigen, besitzend) bezeichnet das ganz individuelle ↗karma. (no)

karmavācanā (Skt/P kammavācā), Ritual bei der Ordination eines Mönchs (↗upasampadā). Der Kandidat bittet das versammelte Kapitel (aus mindestens 10 Mönchen bestehend) dreimal um Aufnahme in den ↗saṅgha. Der Antrag wird formell eingebracht u. durch Abstimmung entschieden. Die Zustimmung zur Aufnahme erfolgt durch Schweigen. Sie wird mit Angabe von Tag u. Stunde beurkundet, u. der neue bhikṣu wird über seine Pflichten noch einmal belehrt.

L.: H. Härtel: Karmavācanā, 1956 (STT 3); D. v. Hinüber: Eine Karmavācanā-Sammlung aus Gilgit, ZDMG 119 (1969), 102–132. (no)

Kaschmir. Schon bald nach der Aussendung erster Missionare unter ↗Aśoka wurde K. zu einem blühenden Zentrum des Buddh. Insbesondere war hier zunächst die Schule der ↗Sarvāstivādin stark vertreten, die unter ↗Kaniṣka (1. oder 2. Jh. n. Chr.?) das ↗Konzil von K. zur Kodifikation ihres ↗Kanons abgehalten haben soll (Historizität dieses Konzils nicht sicher). Bedeutende Personen des frühen Buddh., wie z. B. Harivarman (der Autor des Satyasiddhi-Śāstra), der Sarvāstivādin ↗Vasubandhu u. ↗Kumārajīva lebten zumindest zeitweise in K. Nach der ↗Kuṣāṇa-Dynastie kam es kurzzeitig zu einer hinduistischen Gegenbewegung u. zu Repressalien gegen den Buddh. Doch z. Z. der Gupta-Herrschaft wurde K. wieder ein Zentrum buddh. Gelehrsamkeit u. Mission. Der Hunneneinfall brachte zu Beginn des 6. Jh. eine heftige Buddhisten-Verfolgung mit sich, von der sich der k. Buddh. jedoch unter dem buddh. König Meghavahana schnell erholte. Auf seiner Reise nach ↗Indien verbrachte ↗Hsüan-tsang Anfang des 7. Jh. 2 Jahre in K. u. hat in seiner Reisebeschreibung einen ausführlichen Bericht über die damalige Lage des Buddh. in K. hinterlassen. Ab dem 8. Jh. wurde K. zu einem wichtigen Zentrum des buddh. ↗Tantrismus. Wieder diente es als Ausgangspunkt der Mission, nun der Verbreitung der tantrischen Lehren nach ↗Zentralasien, ↗Tibet u. ↗China. Gegen den Druck der muslimischen Eroberer konnte sich K. wegen seiner geschützten Lage zunächst die Unabhängigkeit bewahren. Dadurch wurde es zu einem Zufluchtsort der vor dem Islam aus N-Indien fliehenden Buddhisten. 1339 fiel jedoch auch K. unter muslimische Herrschaft. Um 1400 setzte eine scharfe Verfolgung des Buddh. ein, der – ohnehin bereits stark dem Śivaismus angeglichen – nun völlig zum Erliegen kam. Heute ist der größte Teil K. ind. Bundesstaat mit vorwiegend islamischer Bevölkerung.

L.: J. Naudou: Les bouddhistes kaśmiriens au Moyen Age, Paris 1968 (AMG, Bibliothèque d'Études 68); engl. Ausg.: Buddhists of Kaśmir, Delhi 1980. (sl)

Kashgar ↗Zentralasien

Kassapa (P oder Kāśyapa/Skt, auch Mahāk. genannt), gehörte mit Sāriputta u. Moggallāna zu den Hauptschülern des ↗Buddha. K. war Vertreter u. möglicherweise auch Sprecher einer strikteren Observanz im ↗saṅgha, die das alte Einsiedler-Ideal hochhielt. Auf K. Vorschlag soll auch das 1. buddh. Konzil in Rājagṛha noch im Todesjahr des Buddha zusammengetreten sein. K. gilt auch als 1. Patriarch der ↗Ch'an-Schule. – Der Name K. wird darüber hinaus mit einem mythischen Vorläufer des Buddha Gautama in Verbindung gebracht. (no)

Kasteiung. Unter K. versteht man rigide Formen der ↗Askese wie Fasten, Ertragen u. Selbstzufügung von Schmerzen mit dem Ziel, das eigene Triebleben zu beherrschen. Der ↗Buddha lehnt K. ab. ↗Mittlerer Pfad. (no)

Kasten, Geburtsgemeinschaft der hinduistischen Gesellschaft. Die auf die Zeit der indoarischen Einwanderung zurückgehende Theorie sieht 4 varṇa (Skt Farbe) gen. Stände vor: Brahmanen, die den Veda lehren u. Opfer für andere vollziehen; Kṣatriyas, die als kriegerischer Adel die Gemeinschaft schützen; Vaiśyas, denen Handel, Viehzucht u. Ackerbau obliegen; Śūdras, die, vom vedischen Ritual ausgeschlossen, zum Dienst an den höheren Ständen verpflichtet sind. Daneben verweisen bereits alte Texte auf Misch-K. u. verachtete, als unberührbar geltende Gruppen. Das tatsächliche K.-System bilden über 3000 regional begrenzte Gemeinschaften, jāti gen. Kennzeichnend für sie sind: das hierarchische Prinzip, auf Kooperation angelegte Arbeitsteilung, Erblichkeit der Berufe, Endogamie u. eingeschränkte Kommensalität sowie als maßgebliches Kriterium für den Status u. die soziale Beziehung: die Reinheit bzw. Pollution. – ↗Buddha, der Herkunft nach ein Kṣatriya, gewann Anhänger aus allen Schichten. Er wies den Anspruch der Brahmanen auf Vorrang zurück. In den varṇa-Listen des Kanons rangieren die Kṣatriyas stets an 1. Stelle. Zwar ist die Geburt Folge früheren Tuns (↗karma), doch nicht das Geburtsrecht, sondern das sittliche Verhalten gilt für die Rangstufung als maßgeblich. Im ↗Modernismus, besonders durch ↗Ambedkar werden die kanonischen Aussagen zu den K. (u. a. M 90; 93; D 3; 4; 27 u. an versch. Stellen in Sn) i.S. einer egalitären Gesamtkonzeption gedeutet.

L.: L. Dumont: Gesellschaft in Indien, 1976; R. Fick: Die sociale Gliederung im nordöstl. Indien zu Buddhas Zeit, 1897, 1974; B.G. Gokhale: The Early Buddhist Elite (JIH 42), 1965; ders.: Early Buddhism and the Brahmins (Studies in the History of Buddhism, hg. A.K. Narain), Delhi 1980; E. Sénart: Les castes dans l'Inde, Paris 1894. (mü)

Kāśyapīya, buddh. Schule, vermutlich zu den ↗Vibhajyavādins (Sthavira) gehörig. Die K. unterscheiden sich nur geringfügig von den Lehren der Dharmagupta-Schule. Aus ihrem Skt-Kanon erhalten in chin. Übers. ist ein unvollständiger Saṃyuktaāgama mit 364 Sūtras. (no)

Kathāvatthu, Schrift aus dem ↗Abhidhamma-piṭaka des theravādischen (↗Theravāda) ↗Pāli-Kanon (↗Kanon) u. dessen wichtigster Text. In seinem Kern zumindest ist er wohl um 250 v. Chr. verfaßt u. behandelt die aus der Sicht des Theravāda abweichenden Lehrmeinungen. (no)

A.: K., ed. A. C. Taylor, PTS, 2 Bde., 1894–1897 (repr. 1979); K. Commentary, ed. J. Minayeff, JPTS, 1889; K. Commentary, ed. N.A. Jayawiderama, PTS, 1979; S. Nonome et al.: Index to the K., PTS, 1982. – Ü.: Points of Controversy, tr. S.Z. Aung and C.A.F. Rhys Davids, PTS, 1915 (repr. 1993); The Debates Commentary, tr. B. C. Law, PTS, 1940 (repr. 1989). (ec)

kaṭhina (P) bezeichnet das zeremonielle Auslegen eines Mönchsgewands am Ende der Regenzeit, wodurch den Laien signalisiert werden sollte, daß jetzt die rechte Zeit für Tuch- u. Kleiderspenden sei. Der Mönch wurde auch in seiner Bekleidung von den Laien unterhalten. ↗Mönch, ↗saṅgha. (no)

Kegon-Schule, jap. Zweig der auf die Lehren der ↗Avataṃsaka-Sūtren gestützten chin. ↗Hua-yen-Schule. Sie wurde von 2 Schülern ↗Fa-tsangs, Shen-hsiang u. ↗Tao-hsüan, im 8. Jh. in ↗Japan eingeführt. Der ihr zugetane Kaiser Shōmu ließ der K. Mitte des 8. Jh. den bis heute bestehenden Tempel ↗Tōdaiji errichten. (sl)

Khotan ↗Zentralasien

Khuddaka-Nikāya (P, wörtlich: „Sammlung der Bruchstücke; von der Skt-Wurzel kṣud = schütteln, zertrümmern; gemeint: Sammlung der kleinen Schriften), stellt eine Textsammlung der aus verschiedenartigen, eigenständigen Werken, darunter das (gelegentlich auch: der) ↗Dhammapada (Skt Dharmapada, Udānavarga), das ↗Udāna, der ↗Sutta-Nipāta, die Thera- u. Therī-Gāthā (Skt Sthavira- bzw. Bhikṣunī-Gāthā, die ↗Jātakas, das sind vorbuddh. Wiedergeburtsgeschichten, die buddhisiert wurden); ferner: Khuddaka-pāṭha, ↗Itivuttaka, Vimānavatthu, Petavatthu, Niddesa, Paṭisaṃbhidāmagga, ↗Apadāna, Buddhavaṃsa, Cariyāpiṭaka. Außerhalb des ↗Pāli-Kanons ist der K.-N. schlecht bezeugt, vor allem fehlt eine entsprechende Sammlung im chin. u. tib. Kanon. In einigen Schulen existierte ein Kṣudraka-āgama (tatsächlich war in ↗Tibet eine so betitelte Schrift bekannt) oder ein Kṣudraka-Piṭaka (wobei letzterer das Dreier-Konzept des ↗Tripiṭaka durchbricht u. ein 4. piṭaka voraussetzt). Als eigenständige Sammlung gehört der K.-N. nicht zum ältesten Bestand der Lehrtexte, wohl aber in einzelnen seiner Teile.

L.: E. Lamotte: Khuddakanikāya and Kśudrakapiṭaka, in: East and West (Rom), 8. Bd., 1957, 341–348. (no)

Khuddaka-pāṭha, Schrift aus dem ↗Khuddaka-nikāya, eine Art Rezitationsbuch aus 9 kurzen Texteinheiten. (no)

A.: K. with Commentary, ed. H. Smith, PTS, 1915 (repr. 1978); Dhammapada and K., ed. and tr. C.A.F. Rhys Davids, PTS, 1931; Bhadragaka: The K. or Short Buddhist Recitations in P and Engl., Bangkok 1954. – Ü.: The Minor Readings and the Illustrator of Ultimate Meaning, tr. Ven Ñāṇamoḷi, PTS, 1960 (repr. 1991); K., a. d. P übers. u. erl. v. K. Seidenstücker, 1910 (Veröff. der Dt. Pali Ges., 2). (ec)

Kimbila war einer der 7 bhikkhus, die der ↗Buddha auf der Rückreise von seiner Vaterstadt Kapilavastu in Anupiyā ordinierte. Seine Vorbildlichkeit wird in M 128 (= Mv 10,4) hervorgehoben. Der Tradition nach gilt er als Autor von Thag 155–56. (no)

Kirche bezeichnet als soziologischer Begriff eine Form religiöser Gemeinschaft, die sich durch allgemeine Zugänglichkeit (Volkskirche), fest gefügte u. verbindliche Schrift-, Lehr- u. Amtstradition (Kanon, Dogma, Priestertum) u. eine stabile institutionelle Struktur in der Welt auszeichnete. Im Gegensatz zur Sekte u. zur Kultgemeinschaft hat sie eine vermittelnde Funktion zwischen Welt und Heil, Masse des Volks u. religiösen Spezialisten u. spielt oft eine aktive Rolle im Staat. Das Wort K. ist (ebenso wie „Sekte") nur sehr bedingt auf buddh. Gemeinschaft anwendbar, da ihre Organisationsstrukturen sich nur z. T. in die genannten Schemata einfügen. (bo)

Klerus. Der christliche Begriff K. kann gewiß nur analog – in rel.-soz. u. -phänomenologischer Hinsicht – auf das buddh. Mönchtum angewendet werden, insofern dies einen eigenen „geistlichen Stand" bildet, der von dem der Laien unterschieden u. diesem auch vor- oder übergeordnet u. in buddh. Ländern auch vor den Laien privilegiert ist. Allerdings kam es in der Geschichte des Buddh. zu verschiedenen Zeiten zu Formen stärkerer „Klerikalisierung“, auch in der Gestalt größeren politisch-gesellschaftlichen Einflusses, bis hin – wie in ↗Tibet bis 1959 – zur Ausbildung eines Mönchsstaates. (no)

kleśa (Skt, P kilesa) bedeutet geistige Befleckung, Verderbtheit, die sich unheilsam auswirkt, weil sie den Geist trübt. Die südl. Tradition des Buddhismus (↗Theravāda) unterscheidet 10 Arten von k.: Begierde, Haß, Verblendung, Ich-Dünkel, falsche Ansichten, Zweifelsucht, Trägheit, Anmaßung, Schamlosigkeit, Rücksichtslosigkeit (Vis XII). Ihre Überwindung ist Voraussetzung zur Erlangung der Heiligkeit u. Erlösung. (no)

Kōan (jap., chin. Kung-an), wörtlich: „öffentlicher Aushang“; im chin. ↗Zen-Buddh. während des 10.–11. Jh. entstandene lit. Gattung (meist paradoxer Natur), die Episoden, kurze Aussprüche oder Dialoge (↗Mondō), sowie dazugehörige kommentierende Worte umfaßt. K. werden besonders von der ↗Rinzai-shū in der ↗Meditation verwandt.

L.: D. T. Suzuki: Der Weg zur Erleuchtung, 1957; I. Miura, R. Fuller Sasaki: Zen Dust. The History of the K. and K. Study in Rinzai Zen, New York 1966; Mumonkan, a. d. Chin. übers. u. erl. v. H. Dumoulin, 1975. (sl)

Kōbō daishi (jap., wörtlich: „Großmeister der Verbreitung des dharma“), posthum verliehener Titel für ↗Kūkai.

Körper. Die buddh. Sicht des K. ist zutiefst von seinem Verständnis des Unheils u. der ↗Erlösung bestimmt: Reduktion bzw. Beseitigung des ↗Leidens, woraus sich auch das besondere buddh. Engagement innerhalb der ↗Medizin erklärt. Die Kasteiung des K. (↗Askese) lehnt Buddha als unheilsam ab, Gesundheit gilt als eines der 5 „Kampfesglieder“ (P padhāniyaṅga), d.h. als günstige Voraussetzung für den Heilsweg (z. B. M 85; A V, 53). Die 3. Stufe der Versenkung ist mit einem „körperlichen“ Glücksgefühl verbunden. Die Betrachtung des K. bildet einen wesentlichen Bestandteil der meditativen Praxis (↗Meditation) des älteren Buddh. Hierbei wird der K. jedoch gänzlich unter den Aspekten der 3 Daseinsmerkmale

(↗trilakṣana) gesehen: als vergänglich (so besonders bei der Leichenbetrachtung), als leidhaft bzw. nicht erstrebenswert (durch die Vorstellung der Widerwärtigkeit seiner anatomischen Einzelteile, vgl. hierzu besonders Vis VIII, 2) u. ohne ein „Ich" (durch die analytische Erwägung seiner Zusammensetzung aus den 4 ↗Elementen). Es wäre jedoch falsch, in diesen Betrachtungen den Ausdruck einer Leibfeindlichkeit zu erblicken, denn wie in allen Fällen dient die Erwägung der 3 Daseinsmerkmale auch bei der Anwendung auf den K. allein der Befreiung vom ↗Anhaften u. somit der Befreiung vom Leiden. Denn nicht mehr am K. zu haften ist einerseits die Voraussetzung für die Bewältigung des unvermeidlichen körperlichen Alterungs- u. Krankheitsprozesses (vgl. z. B. A IV, 184) u. andererseits für ein altruistisches Empfinden u. Verhalten auch in Situationen extremer körperlicher Bedrohung (vgl. z. B. M 28). An die Stelle des anhaftenden Verhältnisses zum eigenen K. soll die gleichmütige Haltung treten, die – wie ↗Śāntideva formuliert – den K. „als Krücke beim Handeln" (Bodhicaryāvatāra V, 66) versteht. (sl)

Kondañña gehört zu den 5 Asketen die sich dem ↗Buddha vor dessen Erleuchtung während der Zeit seiner Schmerzensaskese angeschlossen hatten. Sie waren auch die Adressaten der 1. Predigt des Buddha zu Benares. K. soll als 1. um Aufnahme in die Jüngerschaft gebeten haben: er wurde der 1. bhikkhu (↗Mönch) des buddh. Ordens. (no)

Konfuzianismus und Buddhismus. Im Verhältnis von K. u. Buddh. unterscheiden sich folgende Phasen: Kritik des K. am Buddh.; Anpassung des Buddh. an die konfuzianische Gesellschaft; Übernahme buddh. Vorstellungen in die neokonfuzianische Philosophie. Damit trafen 2 völlig verschiedene Lebensauffassungen, besonders hinsichtlich der Bewertung der irdischen Existenz, aufeinander. In ↗Indien war der Buddh. als religiöse Gemeinschaft trotz aller Weltflüchtigkeit des Mönchtums in die Gesellschaft integriert; die Herrscher unterstützten in aller Regel den ↗saṅgha, die Mönche waren anerkannt u. geehrt. Sie führten ein asketisches Leben (↗Askese) u. erwarben ihren Lebensunterhalt durch milde Gaben der Laien. In

China gab es weder Priesterschaften noch religiöse Gemeinschaften vergleichbar dem buddh. Orden, da diese dem Absolutheitsanspruch des Kaisers widersprochen hätten. Das konfuzianische Denken erwartete von einer Lehre oder Theorie in der 1. Linie gesellschaftlichen Nutzen, nicht jedoch metaphysische u. religiöse Werte. Gesellschaft u. Natur gelten diesem Denken grundsätzlich als gut. Seit Anfang des 4. Jh. wurden der saṅgha u. das Mönchsleben zunehmend Gegenstand der Kritik. Vor allem waren es 4 Argumente, die ins Spiel gebracht wurden: 1. politische, 2. utilitaristische, 3. nationalistische u. 4. moralische Einwände. Ad 1. Der Unabhängigkeitsanspruch des saṅgha war für den konfuzianischen Staat aus praktischen u. staatsphilosophischen Gründen zunächst unannehmbar: eine Zweiteilung u. damit Spaltung der Gemeinschaft hätte nach konfuzianischer Auffassung u. politischer Raison Konkurrenz um die politische Macht u. aus der Entsprechung (kann-ying) von Gesellschaft u. Natur Chaos (luan) bedeutet. 401 fiel die historische Entscheidung, die dem saṅgha Unabhängigkeit u. Eigenständigkeit brachte unter der Voraussetzung freilich, daß er sich aus der Politik heraushalten sollte. Mit Verweis auf die eigenen Verhaltensnormen der Mönche (↗lü, skt vinaya versus li, Sittlichkeit) kam man zu einer getrennten Rechtsprechung (↗Hui-yüan). Die Furcht vor staatsfeindlichen Elementen im saṅgha führte oft zu Reinigungskampagnen gegen die Klöster (↗Wei Yüan-sung). – Ad 2. Der Buddh. konnte von seinen Grundannahmen nicht dem konfuzianischen Ziel genügen, das menschliche Wohl im Hier u. Jetzt zu fördern. Die Praxis, durch Spenden des Volkes buddh. Tempel u. Stūpas zu bauen, erschien den Konfuzianern als Verschwendung. Gleichfalls galten die Mönche durch ihre Kollekten als Schmarotzer. – Ad 3. China verstand sich als Weltmittelpunkt, die Chinesen sahen sich als das Kulturvolk schlechthin. Nach dem Verlust von N-China im Jahr 317 verstärkte sich die Ablehnung des Buddh. als „barbarisch", d. h. nicht-chin., durch die damit breiter anwachsende Fremdenfeindlichkeit. Der Buddh. galt als primitiver Aberglaube u. als heterodox mit Verweis auf die fehlende Erwähnung bei den Klassikern. – Den Austritt aus der Familie beim Eintritt in den buddh. Orden interpretierte man als Mißachtung des für die chin. Gesellschaft fundamentalsten Wertes: der Ehrfurcht vor den Eltern (hsiao), zumal der Zölibat der Mönche die Fortsetzung des Ahnenkultes unmöglich machte. Askese u. Tonsur verletzten nach konfuzianischer Auffassung das Gebot der Unversehrtheit des Körpers, das Ablegen des Familiennamens erschien nur befremdlich (seit ↗Tao-an hießen die Mönche Shih, von Shih-chia-mo-ni für Skt Sākyamuni, davor nach ihrem Lehrer). Nach den Phasen von Anpassung u. Blüte kam es zu erneuten Angriffen auf den Buddh. durch Vorläufer des Neokonfuzianismus, doch nun wirkte sich diese Kritik in umgekehrter Richtung aus. Die konfuzianische Philosophie nahm nun auch metaphysische u. erkenntnistheoretische Fragestellungen auf; sie betrachtete nicht mehr ausschließlich die Gesellschaft, sondern auch das Individuum. Ähnlichkeiten zwischen der ↗Ch'an-Schule u. Menzius, der damals höher als selbst Konfuzius geschätzt wurde, bestärken die Auffassung, daß der Mensch von Natur aus gut sei (hsing-shan); aufgrund seines angeborenen Wissens vom Guten (liang-chih) sei er sowohl zu ethischem Handeln als auch zur Erleuchtung befähigt u. könne ein „Weiser" (sheng-jen, entsprechend dem Buddha) werden. Als Quellen des Handelns gelten die klassischen Tugenden Menschlichkeit u. Weisheit (jen u. chih, entsprechend Skt karunā u. prajnā). Das Korrelat zu jen war nun nicht mehr „Rechtlichkeit" (i), das System der Pflichten im sozialen Beziehungsnetz. Die meisten Neokonfuzianer pflegten eine der Ch'an-Meditation ähnliche geistige Übung (ching-tso). Es entstanden nun auch karitative Einrichtungen die in einer Vorstellung von jen wurzelte, die, durch die Bodhisattva-Tugend des Mitleids (karuṇa) beeinflußt, sich von familienbezogener zu allumfassender Liebe gewandelt hatte.

L.: C. Chang: The Rise of Neo-Confucianism and its Borrowings from Buddhism and Taoism, HJAS 7 (1942), 89–125; ders.: Buddhism as Stimulus to Neo-Confucianism, Oriens extremus 2 (1955), 157–166; ders.: The Development of Neo-Confucian Thought, New York 1957; K. Ch'en: The Chinese Transformation of Buddhism, Princeton 1973; D.H. Smith: Confucius and Confucianism, London [2]1985. (so)

Konzile (Skt/P saṃgīti, saṅgāyanā; wörtlich: „gemeinsame Rezitation"), eine Versammlung ausgewählter, besonders qualifizierter Mönche, versteht sich im Buddh. als das Instrument der

Sicherung des überlieferten Buddha-Wortes (↗Kanon). Über die Definition der kanonischen Texte hinaus befaßten sich die K. im weiteren mit der Klärung strittiger Fragen in Lehre u. Praxis u. dienten damit der Einheit oder Fraktionierung der „Gemeinde der 4 Himmelsrichtungen“ (Skt cāturdiśa ↗saṅgha, P cātuddisa saṅgha), das ist die Bekenntnisgemeinschaft der Buddhisten. Man zählt, in den verschiedenen buddh. Traditionen indes voneinander abweichend, insgesamt 6 buddh. K. Die Überlieferungsdichte ist unterschiedlich, am diffusesten das 1. K. betreffend, aber auch das sog. 4. K. E. Lamotte (1958) identifiziert 5 Quellenschichten über die frühen K., angefangen von chin. Übers. von Sonderberichten mit 2 Parinirvāṇasūtras aus 290/306 n. Chr. u. 317/420 n. Chr., über den ↗vinaya in seinen alten Varianten bis zu dem der ↗Mahāsāṃghikas im Mv u. – in der 3. Quellengruppe u. a. – des ↗Mūlasarvāstivāda, Mhv u. Dpv bis zu jüngeren Berichten chin. Pilger (↗Fa-shien, ↗Hsüan-tsang) u. des Inders Paramārtha. Die historische Beurteilung der K.-Geschichte ist ebenso schwierig, wie vielschichtig u. uneinheitlich sich die Quellenlage darstellt. – Das 1. K. von ↗Rājagṛha (heute Rajgir im ind. Bundesstaat Bihar) soll noch im Todesjahr des ↗Buddha unter der Leitung von ↗Mahākāśyapa in der Satapaṇṇi-Höhle am ↗Vebhāra-Berg bei Rājagṛha zusammengetreten sein. Anlaß für diese 1. Revision der Überlieferung scheinen Bedenken hinsichtlich der Sicherung der Disziplin im ↗saṅgha gewesen zu sein (wie die Subhadra-Episode im MPS zeigt). Auf diesem K. habe Upāli als Kodifikator des vinaya- u. ↗Ānanda des ↗suttapiṭaka fungiert. Das 2. K. soll 100 Jahre nach des Buddha Tod in Vaiśālī zusammengetreten sein. Anlaß seien 10 abweichende Regeln der Vṛjiputraka-Mönche (P Vajjiputtaka-M.) in Vaiśālī gewesen. Historisch als gesichert kann gelten, daß auf diese abweichende Regelobservanz die Versammlung mit der Sicherung gewisser Grundbestände des vinaya reagiert hat. Mit diesem K., auf dem sich der saṅgha spaltete, endet die gemeinsame vinaya-Tradition. Bei großer Unübersichtlichkeit der Überlieferungsgeschichte scheint es auf dem 3. K. von Pāṭaliputra um die Qualifikation des ↗arhats gegangen zu sein. Anstoß hatten 5 Thesen erregt, die die Heiligkeit des arhats in Frage stellten. Die Autorschaft dieser Thesen scheint letztlich nicht mehr zu klären sein: Mahādeva oder ein Bhadra. Mit einiger Plausibilität wird man bei unterschiedlichen Zeitangaben in den Quellen das 2. Jh. nach dem Tod des Buddha annehmen dürfen. In den P-Quellen (Dpv u. Mhv) geht es um Abweisung von „Ketzern" (Skt tīrthika), durch deren Einfluß mönchische Disziplin u. Gebräuche niedergegangen seien. Mit der P-Tradition verbunden ist Moggalaputta, ein Mahāthera, der das K. geleitet habe. Möglicherweise ist ↗Aśoka mit diesem K. verbunden. Einer unsicheren Tradition nach sei das 4. K. von König Kaniṣka einberufen worden. Die Datierung ist umstritten; es fand vermutlich eher im 2. Jh. n. Chr. statt. Das 5. K. wurde 1871 von König Mindon (1853–78) von Birma nach Mandalay einberufen. Der revidierte Text der kanonischen Überlieferung wurde in 729 Marmortafeln graviert u. in der Kuthodaw-Pagode in Mandalay aufgestellt. Das bisher letzte buddh. K., das 6., 1954–56 in der künstlichen Höhle Mahāpāsāṇaguhā bei Rangun zusammengetreten, diente der autoritativen Edition der P-Schriften. Es wird nur von den Theravādins als K. gezählt (↗Theravāda).

L.: J. Przyluski: Le concile de Rājagṛha. Introduction à l'histoire du canon et des sectes bouddhiques, 3 Tle., Paris 1926–28; M. Hofinger: Etude sur le concile de Vaiśālī, T'oung Pao XL (1951), 239–296; E. Frauwallner: Die buddh. K., ZMDG 102 (1952), 240–261; E. Waldschmidt: Zum ersten buddh. Konzil in Rājagṛha. Skt-Bruchstücke aus dem kanon. Bericht der Sarvāstivādins, Asiatica, Fs. F. Weller, 1954, 817–828; A. Bareau: Les premiers conciles bouddhiques, Paris 1955 (AMG, Bibl. d'études, LX); H. Bechert: Zur Geschichte der buddh. Sekten in Indien und Ceylon, La Nouvelle Clio, t. 7–9, no. 7–10, Bruxelles 1957, 311–360; ders.: Aśokas „Schismenedikt" und der Begriff Saṅghabhedra, WZKSO 5 (1961), 18–52; E. Lamotte: Histoire du bouddhisme indien, dès origines à l'ère Saka, Löwen 1958 (Nachdr. 1976); L. Alsdorf: Aśokas Schismenedikt und das Dritte Konzil, IIJ 3 (1959), 161–174; N. Dutt: The Second Buddhist Council, IHQ 35 (1959), 45–56; C.S. Prebish: A Review of scholarship on the Buddhist councils, JAS 33 (1974), 239–254; L. de la Vallée Poussin: The Buddhist councils, Calcutta [2]1976; ders.: Councils (Buddhist), in: ERE IV, London 1910, 179–185; B. Jinananda: Four Buddhist Councils, in: P.V. Bapat (Hg.): 2500 Years of Buddhism, New Delhi [5]1987, 31–49; U. Schneider: Einführung in den Buddhismus, 1980, 127 ff. (no)

Korea hat die Gestalt einer Halbinsel, grenzt im N an ↗China u. ist nach O auf nur etwa 200 km Breite durch das Japanische Meer von ↗Japan getrennt. Diese geographische Lage war von bestimmendem Einfluß auf die kulturelle u. politische Entwicklung: Die Koreaner, selbst nicht chin. Herkunft, sondern vermutlich aus der Mandschurei u. aus Sibirien zugewandert, empfingen einerseits die Grundlagen ihrer Kultur aus China, dem alle korean. Staatsgebilde bis zur vollen Unabhängigkeit (1897 „Kaiserreich K.") auch politisch tributär blieben, u. sie sahen sich andererseits bis in das 20. Jh. hinein kolonialistischen Ambitionen der stets ungeliebten Japaner ausgesetzt. Positiv gewendet, wuchs K. jedoch eine welthistorisch bedeutsame Mittlerfunktion zwischen China u. Japan zu, dessen Kultur sich in wesentlichen Elementen mit auf korean. Einflüsse gründet, ohne daß dieses Faktum von jap. Seite allgemein anerkannt würde. Diese Ausgangslage bezieht sich auch auf den Buddh., insofern dieser in Gestalt der wichtigsten māhāyanischen Schulen etwa seit dem 3. Jh. n. Chr. aus China herüberkam u. dann durch korean. Mönche u. Gesandte auch dem Inselreich weitervermittelt wurde. In der Geschichte des korean. Buddh. lassen sich grob etwa 4 Epochen unterscheiden: 1. In der Ära der „Drei Reiche" (326–663 n. Chr.) auf der Halbinsel faßte der Buddh. als Fremdreligion Fuß u. wurde offiziell anerkannt, ohne daß die animistisch u. schamanistisch ausgerichtete Volksreligion wie auch der bereits Ende des 2. Jh. v. Chr. ebenfalls aus China übernommene Konfuzianismus verdrängt worden wären, u. zwar 372 im Nordreich Koguryo – etwa auf dem heutigen Gebiet des Teilstaates Nordkorea gelegen–, 384 in Paekche (SW) sowie 528 in Silla (O und SO). – 2. Den kulturellen u. politischen Höhepunkt seiner Entwicklung erreichte der korean. Buddh., nachdem es Silla gelungen war, alle 3 Reiche militärisch zu vereinigen (668). Die wichtigsten Anhänger fand er unter der Aristokratie, während das Volk autochthonen u. aus China übernommenen Traditionen verhaftet blieb. Der Buddh. zeigte sich von Anfang an offen für die Hereinnahme von Ideen u. Praktiken anderer religiöser u. spiritueller Überlieferungen (Animismus, Schamanismus, Konfuzianismus, Taoismus), was ihm schließlich zu einer beherrschenden Stellung verhalf. – 3. Diese überdauerte auch die 918 beginnende, durch mongolische Invasionen mitgeprägte Periode der Koryo-Dynastie, gegen deren Ende der Buddh. allerdings Verfallserscheinungen zeigte u. sich auch Verfolgungen durch den Neokonfuzianismus ausgesetzt sah. Die privilegierte Position des Buddh. endete definitiv 1392 mit dem Machtantritt der Yi- (auch: Li- bzw. I-)Dynastie, u. es änderte sich an diesem Zustand nichts bis zu deren Ablösung infolge jap. Inbesitznahme des Landes im Jahre 1910. Während der Yi-Dynastie erlangte der Neokonfuzianismus die Rolle einer Staatsideologie, ohne daß freilich der in einsam gelegene Klöster verbannte u. seiner früheren Privilegien weitgehend entkleidete Buddh. untergegangen oder gar ausgerottet worden wäre. In einer ersten bis 1455 währenden Phase wurde der größte Teil buddh. Besitztümer konfisziert, es konnten keine Mönche mehr ordiniert werden, der Buddh. wurde vom Hof u. aus der Hauptstadt verbannt; eine 2. Phase (bis etwa 1622) ist durch die Tatsache charakterisiert, daß 3 Könige sich persönlich wieder zum Buddh. bekannten bzw. die Maßnahmen lockerten; buddh. Schriften konnten erscheinen, sogar in korean. Volkssprache, Tempel wieder gebaut werden, buddh. Mönche leisteten Kriegsdienst gegen jap. Invasoren. In einer 3., bis 1905 – dem Jahr der jap. Besetzung – bzw. 1910 – dem Sturz der Yi-Dynastie – währenden Phase wurden Schriften von Mönchen (meist der Son-Richtung angehörend) veröffentlicht, die nach heutiger Ansicht zum besten gehören, was korean.-buddh. Schrifttum ausmacht. Sie widerspiegeln aber nicht nur den Geist des Son, sondern schließen auch Elemente des Glaubensbuddh. sowie magisches, schamanistisches u. taoistisches Gedankengut ein. Die seit 1910 herrschende jap. Vormacht stellte die Rechte der Buddhisten formell wieder her, nachdem bereits 1895 ein korean. Gesetz über Religionsfreiheit günstige Voraussetzungen dafür geschaffen hatte; zugleich versuchte sie aber, den Buddh. politisch zu instrumentalisieren u. ihn als Medium einer dauerhaften Vereinigung K. mit Japan zu nutzen. – 4. Von einem eigentlichen buddh. Neubeginn auch unter genuin religiösen Auspizien kann erst wieder für die Zeit nach dem Ende des jap. Kolonialregimes (1945) gesprochen werden. Doch wurde das Land 1945 zunächst zwecks Entwaffnung der jap. Besatzungstruppen in eine russische (N) bzw. amerikanische Besatzungszone (S) u. 1948 infolge der Weigerung der russischen N-Zone, freie Wahlen zuzulassen, schließlich in 2 bis heute bestehende Staaten geteilt. In S-K. (Staatsname: Taehan), das 1950–53 von N-K. mit Krieg überzogen wurde, ist volle Religionsfreiheit verfassungsmäßig verbürgt u. auch verwirklicht; der Buddh., durch ein seit 2 Jh. im Lande vertretenes, in gewissem Sinne „koreanisiertes" (akkomodiertes) Christentum zu neuer Kreativität u. sozialem Engagement herausgefordert, zeigt Lebenskraft, die sich nicht nur im Anknüpfen an überkommene Schulen u. Traditionen äußert, sondern auch in sektarisch-reformerischen Neugründungen mit säkularistischen, auf die ethische Neuorientierung der Gesellschaft gerichteten, pragmatischen u. diesseitsorientierten Neigungen. In N-K. (Staatsname: Choson) wird das religiöse Leben unterdrückt, gelegentliche Auftritte religiöser Repräsentanten im Ausland dienen lediglich Propagandazwecken. Verläßliche Informationen über die wahre Situation des Buddh. sind nicht zugänglich. Der alte korean. Buddh. spiegelte die entsprechende Situation in China wieder; während der chin. Tang-Dynastie (618–907) wurden alle wichtigen Schulen des Buddh. (Hua-yen [Avatamsaka], Vinaya, San-lun, Madhyamika, Satyasiddhi, Nirvana, Reines Land, Yoga, Dharani, Tantrismus sowie auf das Satyasiddhisastra von Harivarman bzw. den Abhidharmakosa von Vasubandhu zurückgreifende Hinayana-Sekten – diese blieben jedoch marginal u. verschwanden wieder – u. a.) in K. übernommen, im 8. Jh. insbesondere der Zen-Buddhismus (korean. Son), der dann ab dem 13. Jh. eine beherrschende Rolle gewinnen sollte, im 11. Jh. schließlich auch der T'ien-t'ai-Buddhismus. Der korean. Buddh. zeichnete sich von Anbeginn durch synkretistische Tendenzen aus; so gibt es in vielen buddh. Tempelbezirken spezielle Räumlichkeiten, in denen taoistische o. schamanistische Gottheiten verehrt werden können. Es kam auch in der Lehre zu den erwähnten vielfältigen Berührungen mit vorgefundenen religiösen u. spirituellen Überlieferungen, doch behielten die einzelnen buddh. Schulen (Sekten) ihr Eigenprofil; indessen gab es während der 1600jährigen Geschichte des korean. Buddh. immer wieder Bestrebungen, die Unterschiede in einer Synthese aufzuheben. Es entstanden 2 Hauptrichtungen, eine Gemeinschaft textorientierter Sekten (solcher, die sich auf bestimmte aus China übernommene buddh. Lehrtexte u. Sutren zurückführen ließen), u. eine weitere, auf den Vorrang der meditativen Versenkung orientierte Gruppierung (auf das chin. Ch'an zurückgehend, in K. Son, in Japan später Zen genannt). Son sollte schließlich die Oberhand behalten, bis heute. – Der korean. Buddh. wirkte sich in überwältigender Weise auf die Künste aus u. führte zu Höchstleistungen in Architektur (Stupa, Pagode, Tempel, Grotten usw.), Malerei, Plastik, Felsskulptur, Keramik, Metallarbeiten, Schriftschnitzerei, Drucktechnik u. a. m.). Als Glanzzeit gilt die buddh. Kultur des vereinigten Silla-Reiches (668–892), die zwar grundlegend wichtige Einflüsse aus China erfuhr, diesen aber ein korean. Eigengepräge zu geben wußte. Bedeutende buddh. Sanktuarien sind Pulguksa, „Buddhalandkloster", bei Pusan im SO des Landes (gegründet im 6. Jh.) u. der oberhalb gelegene Sokkuram, ein Höhlentempel (8. Jh.), dessen zentrale Buddhastatue als eine der größten Meisterwerke fernöstlicher Kunst betrachtet wird, sowie Haein-sa, ein 802 gegründetes Kloster westlich von Taegu im Zentrum S-Koreas, wo die Druckstöcke des berühmten Tripitaka Koreana (vgl. Lit.-Angaben) aufbewahrt werden, zugleich Mittelpunkt von etwa 90 Einsiedeleien, Schreinen und Nebentempeln in einem Umkreis von 6 km. Der Buddh. hat ingesamt auch zur Festigung einer korean. nationalen Identität beigetragen u. gilt heute mit seinen 19 Sekten (die 1924 gegründete Volksreligion „Wonbul-gyo" eingerechnet) als Teil eines unverlierbaren Patrimoniums. Allerdings ist seine Entwicklung überschattet durch die Spaltung der Mönche in Zölibatäre u. Verheiratete; letztere wurden 1954 unter dem damaligen nichtbuddh. Staatspräsidenten Syngman Rhee aus den wichtigsten Tempeln ausgeschlossen, was 1970 zur Gründung zweier getrennter Orden führte. Deren Verhältnis zueinander hat sich inzwischen entspannt. Der Buddh. sieht sich im eigenen Lande allerdings Konkurrenten gegenüber, neokonfuzianisch, -taoistisch oder synkretistisch geprägten Gruppierungen, ferner der Mun-Sekte, Baha'i, Soka-gakkai, Islam u. a., vor allem aber der Weltreligion des Christentums (insbesondere protestantischen Denominationen). Der Besuch des Papstes 1984 hat auch die Situation der Katholiken, deren erste Kirche 1784 in Seoul gegründet worden war, sehr gestärkt. Die Christen – von ca. 45 Mio. Einwohnern sind etwa 14 Mio. Protestanten u. etwa 3 Mio. Katholiken – stehen untereinander in freundlichem Dialog, u. auch das Verhältnis zum Buddh. ist wohlwollend. Wie weit der Einfluß des Buddh. – korean. Quellen sprechen von ca. 12 Mio. Bekennern – mit seinen immer noch mehr als 7200 über das Land verbreiteten Tempeln noch reicht, läßt sich allerdings angesichts einer mit der Globalisierung einhergehenden Verwestlichung des gesamten Lebensstils auch in K. schwer bestimmen.

A.: Koryo-Ausgabe, 1237–1251, 1521 Werke in 639 Bdn. (chin.); die 81258 zugehörigen alten Druckplatten sind erhalten u. werden im Haein-Kloster (H.-sa) aufbewahrt. – Nachdr.: Koryo-taejanggyong, 48 Bde., Seoul 1957–76 (Bd. 48 = Index); korean. Übers. dieser Ausg.: Han'gul taejanggyong, Bd. 1–, Seoul 1965ff. – L.: F. Starr: Korean Buddhism, History, Condition, Art., Boston 1918; C.A. Clark: Religions of old K., New York 1932 (Nachdr. Seoul 1982); C. Osgood: The Koreans and their culture, New York 1951; Paik, Nak Choon: Tripitaka Koreana. Transactions of the Korean Branch of the RAS, 32 (1952; repr. Seoul 1957); R.A. Gard: The Madhyamika in K., IBK VII, 2 [14] (1959), 755–773; E. McCune: The Arts of K., Rutland 1962; J.S. Palmer (Hg.): The New Religions of K., Transactions of the Korean Branch of the RAS, 43 (1967); Li Ogg: Histoire de la Corée, Paris 1969; ders.: Religions de la Corée, in: Histoire des Religions, éd. H.-C. Puech, Bd. 3, Paris 1976, 474–494 (Encyclopédie de la Pléiade); H. Dumoulin: Buddhismus im heutigen Korea, in: ders. (Hg.): Buddhismus der Gegenwart, 1970, 117–126; T'ae-jin Yang: About the Tripitaka Koreana, Korea Journal, Bd. 12 (1972), 43–48; K.B. Seo: A Study of Korean Zen Buddhism. Approached through the Chodanjip, Seoul 1973; Chun Shin-Yong (Hg.): Buddhist culture in K., Seoul 1974; F. Vos: Die Religionen Koreas, 1977; L. Lancaster in collaboration with Sung Bae Park (Hg.): The Korean Buddhist Canon. A Descriptive Catalogue, Berkeley 1979; J.R. Shim: The philosophical foundation of Korean Zen Buddhism, Honolulu 1979; H.S. Keel: Chinul, The Founder of the Korean Son Tradition, Berkeley 1984; Rhi Ki-Yong: Le Bouddhisme en Corée, in: R. de Berval (ed.): Présence du Bouddhisme, Paris 1987, 591–611; G. Prunner: Religion in Korea heute, in: R. Machetzki, M. Pohl (Hg.): Korea, Stuttgart – Wien 1988, 296–302 (Buchreihe Ländermonographien, 16). (ba)

Kriyā-Tantra (Skt, tib. bya rgyud), die zu den 3 Äußeren ↗Tantra-Klassen zählende, unterste Tantra-Klasse, die sich besonders auf die rituelle Reinheit der Handlungen von Körper u. Geist konzentriert u. die ↗Gottheit als übergeordnetes, gunsterweisendes Wesen betrachtet. K.-T.-Praxis gilt als Mittel zum Erwerb zeitlich begrenzter Verdienste. (ev)

Kṣatriya (Skt), Angehöriger des weltlichen, kriegerischen Adelsstandes in der hinduistischen Ordnung der ↗Kasten. (mü)

Kṣitigarbha (Skt), „dessen Mutterschoß die Erde ist", ein im ↗Mahāyāna verehrter ↗Bodhisattva, der besonders in den ↗Höllen zum Wohle der Wesen tätig ist. K. (jap. ↗Jizō) wurde vor allem in Zentralasien u. ↗Japan sehr populär u. ist ikonographisch häufig als Mönch mit ↗Urna, Nimbus u. Wunschjuwel (cintāmani) dargestellt. (sl)

Kuan-yin (Kuan-shih-yin, jap. Kannon) chin. Name des ↗Bodhisattva ↗Avalokiteśvara. Als wichtigste Quelle für seine Verehrung gilt das 24. Kap. des Sdps. In ↗China verbreitete sich seine Verehrung ab dem 3. Jh. durch Sūtrenübers., in denen K. vorkommt, er wird ab dem 5. Jh. eine bekannte Gottheit (↗Yün-kang). Zu seiner weiteren Verbreitung trug maßgeblich die ↗Ching-t'u-Schule bei. Der Volksglaube verwandelte ihn zu einer weiblichen Gestalt, in Sung-tzu K. („die Kinder schenkende K.) seit dem 10. Jh. Diese Verwandlung erklärte sich aus mahāyānischen u. tantrischen Vorstellungen, nach denen Erleuchtung in der Einheit von Weisheit (↗prajñā) u. Erbarmen (karuṇā) besteht, die im ↗Tantrismus symbolisch durch die Vereinigung von Mann u. Frau dargestellt werden. Daher erhielten Buddhas u. Bodhisattvas weibliche Entsprechungen. Im tib. Buddh. entspricht K. die weiße Tārā (Paṇḍaravāsinī) als weibliche Entsprechung. Sie beide, K. u. Tārā, verschmolzen in China zu einer Gestalt. (so)

Kuča, Kucha ↗Zentralasien

K'uei-chi (Tz'u-en K'uei-chi), chin. Buddhist u. Vertreter der ↗Fa-hsiang-Schule; 632–682. K. war Schüler von ↗Hsüan-tsang u. gründete mit diesem die Fa-hsiang-Schule. Deren Lehren systematisierte er in seinen Werken „Ta-ch'eng fa-yüan i-lin chang", „Ch'eng wei-shih-lun shu-chi" (Komm. zur Abhandlung von Hsüan-tsang über Vijñaptimātratā) u. „Yü-chia-lun lüeh-tsuan". (so)

Kuei-shan Ling-yu (jap. Isan Reiyū), chin. buddh. Mönch, Vertreter der ↗Ch'an-Schule (Kuei-yang); 771–853. Sein Lehrer war ↗Pai-chang. Mit seinem Schüler Yang-shan Hui-chi (807–883) gründete K. die Kuei-yang-Schule, die sich durch einen besonderen Ch'an-Stil, die Betonung der Einheit von Schweigen u. Handeln bzw. von Potenzialität u. Akt, auszeichnet. Auch ein anderer Schüler K., Hsiang-yen Chih-hsien (gest. 898), war ein berühmter Ch'an-Meister. (so)

Künga Gyaltshen (tib. kun dga` rgyal mtshan), als Emanation des ↗Mañjughoṣa geltender tib. Lama der ↗Sakyapa-Schule (1182–1251), besser bekannt als ↗Sakya Paṇḍita, war eine der überragenden Personen im politischen u. religiösen Leben seiner Zeit. Als Repräsentant ↗Tibets gegen Ende seines Lebens wiederholt mit mongolischen Khanen in Verhandlung, reiste er 1244 an den Hof von Dschingis Khans Enkel Göden u. legte den Grundstein für den Ausbau der weltlichen Macht der Sakyapa unter ↗Phagpa Lama. Seine Ges. Werke fanden über die Sakyapa hinaus Anerkennung u. weisen ihn als Universalgelehrten u. höchste Autorität auf dem Gebiet der Sakyapa-Lehrauslegung aus.

L.: G. Tucci: Tib. Painted Scrolls, I, II, Rom 1949; T.W.D. Shakabpa: Tibet, New Haven – London 1967; D. Schuh: Erlasse u. Sendschreiben mongolischer Herrscher…, 1977 (Monumenta Tib. Hist., Abt. III, Bd. 1). (ev)

Kūkai (posthum verliehener Titel: Kōbō daishi), jap. buddh. Mönch, Lehrer u. Gründer der jap. ↗Shingon-Schule; 774–835. K. studierte zunächst den Konfuzianismus, wandte sich dann aber dem Buddh. zu. 1. Ergebnis dieser Befassung war die Schrift über die „Drei Dogmen“ (gemeint: Konfuzianismus, Taoismus u. Buddh.). Darin stellt er fest, daß der Buddh. die Lehren der anderen beiden Religionen in sich fasse. Zurückgezogen in Einsamkeit führte er ein asketisches Leben (↗Askese) u. übte ↗Meditation u. ↗mantra-Rezitation. Zum Mönch ordiniert nahm er 804 an einer Gesandtschaft nach China teil, wo er den 7. Patriarchen der Schule des „Wahren Wortes“ (↗Chen-yen) Hui-ko (746–805) kennenlernte. Nach seiner Rückkehr nach Japan 806 begann er, diese Schule in Japan bekanntzumachen. Er begann seine Karriere zunächst als Abt des Kegon-Tempels Tōdai (↗Kegon). Erst 816 erbaute er auf dem Kōya-Berg (Kōya-san), südl. von Osaka, das Bergkloster Kongōbu-Ji, das das Zentrum der Shingon-Schule wurde.

L.: Y.S. Hakeda (tr.): Kūkai, Major Works, New York 1972. (no)

Kumārajīva (chin. Chiu-mo-lo-shih), 344–413; Übersetzer. Seine Tätigkeit stellt den Höhepunkt der Übers. buddh. Lit. ins Chin. dar. Geboren in Kucha, entstammte er väterlicherseits einer brahmanischen Familie. Nach dem Studium in Kaschmir u. Kaschgar u. dem Eintritt in den ↗saṅgha, folgte er 401 der Einladung des Herrschers Fu Chien, nach China zu gehen. Er brachte den ↗vinaya mit (übers. „Shih-sung-lü"; ↗Fa-hsien). K. übers. die wichtigsten Werke des Buddh., vornehmlich der ↗Sarvāstivāda- u. der Mādhyamika-Schule. Er führte die ↗San-lun-Schule in China ein. Von seinen Schülern wurden vor allem ↗Seng-chao u. ↗Tao-sheng bekannt. (so)

kusala (P, Skt kuśala), wörtlich: tüchtig, geschickt, gut, verdienstlich, heilsam; in buddh. Ethik Wertbegriff i. S. von tauglich für die Erlangung des Heilsziels, der in Verbindung mit der ↗karma-Lehre zu sehen ist: karmisch heilsame sind von Gier, Haß u. Verblendung freie Willenshandlungen, wobei das eigentliche Ziel Freiheit von karma überhaupt ist. (no)

Kusha-Schule, jap. Bezeichnung für die chin. Kosa-Schule (auch: Chü-she Tsung). Als K. galten die Lehren des ↗Sarvāstivādin ↗Vasubandhu, wie sie im Abhidharmakośa niedergelegt sind. Da dieser Vasubandhu mit dem gleichnamigen ↗Yogācārin identifiziert wurde, sah man die K. als Zweig der ↗Hossōshū an. (sl)

Kyōto-Schule. Als K.-S. gilt jene von Kitaro ↗Nishida (1870–1945) begründete Richtung der jap. Philosophie, deren Vertreter an der Kaiserlichen Universität von ↗Kyōto lehrten u. lehren oder mit solchen in enger gedanklicher Kontinuität stehen. Kennzeichnend für die Philosophie der K.-S. ist der Versuch einer Korrelation u. Konfrontation buddh. Philosophie, wie sie sich insbesondere in den jap. Schulen des ↗Zen- u. des ↗Amida-Buddh. konserviert hat, mit westl. Philosophie, wobei die Auseinandersetzung mit dem Christentum (vgl. ↗Christentum u. Buddh.) u. den vielfältigen Problemen der Gegenwart eine herausragende Rolle spielt. Nishida lehrte in Kyōto von 1910–1928 u. legte mit seinen Arbeiten die Grundlage für die der nach ihm in der K.-S. weiter reflektierten Themen: Eine Explikation der zen-buddh. Erfahrung im Hinblick auf die westl. Philosophie, eine Korrelation des christlichen Gottesbegriffs (↗Gott,) mit der ↗śūnyatā-Lehre, die vor allem durch das Gott-Denken der christl. ↗Mystik vermittelt ist, die Anwendung der aus den ↗Prajñāpāramitā-Sūtren u. der Philosophie der ↗Mādhyamika-Schule entwickelten Logik der paradoxen Identität des sich absolut Widersprechenden (die sog. Logik des „soku-hi"). 1919 wird auf Empfehlung Nishidas Hajime Tanabe (1885–1962) zum Assistenzprofessor nach Kyōto berufen u. wird später Nishidas Nachfolger in der informellen Leitung der K.-S. Mit Tanaba beginnt unter den Vertretern der K.-S. eine Phase des direkten, persönlichen Kontakts mit westl. Philosophen u. Theologen. Von 1922–1924 studiert Tanabe in Deutschland bei A. Riehl, E. Husserl u. O. Becker. Tanabe bezieht nun auch zu erheblichen Teilen die dialektische Philosophie von ↗Hegel u. ↗Marx in sein Denken ein u. entwickelt auf buddh. Basis Ansätze zur Politischen Philosophie. 1935 erhält Keiji ↗Nishitani (1900–1990) in Kyōto den Lehrstuhl für Religionswissenschaft, wechselt 1955 auf den Lehrstuhl für moderne Philosophie u. behält diesen bis zu seiner Emeritierung (1964). Wie Tanabe studiert auch Nishitani 2 Jahre in Deutschland (1937–1939, u. a. bei M. Heidegger). Im Mittelpunkt seines Denkens steht die Auseinandersetzung mit dem abendländischen ↗Nihilismus, den Herausforderungen des naturwissenschaftlichen Weltbildes u. dem christlichen Gottes- u. Personalitäts-Verständnis. An die Seite Nishitanis traten weitere, z.T. jüngere Philosophen, wie z.B. Shizuteru Ueda (*1926), Sinichi ↗Hisamatsu (1889–1980), Koichi Tsujimura (*1926), Masao Abe (*1915) u. Yoshinori Takeuchi (*1913), die in vielfältigen Kontakten mit westl. Philosophen u. Theologen standen u. stehen u. um eine immer detailliertere Entwicklung einer modernen buddh. Philosophie bemüht sind.

L.: K. Nishida: Die intelligible Welt, 1943; ders.: Über das Gute, 1989; Sh. Ueda: Die Gottesgeburt in der Seele u. der Durchbruch zur Gottheit, 1965; H. Waldenfels: Absolutes Nichts, 1976; F. Buri: Der Buddha-Christus als der Herr des wahren Selbst, 1982; K. Nishitani: Was ist Religion?, 1982; Y. Takeuchi: The Heart of Buddhism, New York 1983; J. Laube: Dialektik der absoluten Vermittlung, 1984; Sh. Hisamatsu: Die Fülle des Nichts, ^{3}1984; ders.: Philosophie des Erwachens, 1990; M. Abe: Zen and Western Thought, London ^{2}1989; L. Brüll: Die japanische Philosophie, 1989; R. Ohasi (Hg.): Die Philosophie der Kyōto-Schule, 1990. (sl)

L

Ladakh (tib. la dvags), karge Hochgebirgslandschaft im westl. ↗Himalaya mit Höhenlagen zwischen 3000 u. 4000 m in den Talböden, nördl. an Pakistan u. östl. an China grenzend, Gesamtfläche rund 96 000 km^2, von denen 58321 km^2 mit etwa 120 000 Einwohnern (1981) dem ind. Bundesstaat „Jammu u. Kaschmir“ unterstehen, der übrige Landesteil nach Festlegung der Demarkationslinie zwischen Indien u. Pakistan 1949 Pakistan unterstellt wurde. Der westl. Teil L. ist islamisch, der östl. lamaistisch, Hauptstadt ist Leh (3600 m). Aufgrund seiner tiefgreifenden Prägung durch die lamaistische Kultur ↗Tibets wurde L. auch als „Klein-Tibet“ bekannt. – Anfangs von indo-arischen Völkern wie den Mon, Darden u. Baltis bevölkert, bildete L. im 7.–9. Jh. einen Teil des großtib. Königreiches. Im 10. Jh. soll Nyimagön (tib. ñi ma mgon), ein Enkel des tib. Königs Langdarma (reg. 836–41; ↗Tibet), zum Herrscher über L. ausgerufen worden sein. Unter dem großen Übersetzer Rinchen Zangpo (958–1055) fand die Gründung vieler Klöster wie Lamayuru oder Alchi statt, die heute zu den bedeutendsten kunsthistorischen Stätten des Landes zählen. Nach Familienzwistigkeiten im 15. Jh., die zur Teilung der Königsherrschaft führen, wurde 1470 von Lhachen Bhagan die Namgyal-Dynastie gegründet, die L. wieder einte. Nur mit Hilfe des Moghulgouverneurs von Kaschmir vermochte L. sich 1683 der anstürmenden tibeto-mongolischen Truppen zu erwehren. Im Friedensvertrag von Tingmogang (1685) trat L. die zwischenzeitlich eroberten westtib. Provinzen Guge und Purang wieder an Tibet ab. Um ihre Unabhängigkeit zu wahren, traten die ladakhischen Könige formal zum Islam über. 1834 wurde L. vom Mahārāja von Kaschmir erobert. Seit dieser Zeit bildet es einen Teil ↗Indiens. Nach der Teilung der Landesfläche zwischen Indien u. Pakistan eroberten 1962 chin. Truppen den nordöstl. Teil L. – Die bedeutendsten Klöster der ↗Drigung Kagyüpa-Schule bilden Lamayuru (11. Jh.) u. Phyang (1530), der ↗Drugpa-Kagyüpa-Schule Hemis (16. Jh.) u. Shey (1641), der ↗Gelugpa-Schule, die hier vom 15. Jh. an missionierte, Alchi (11. Jh.), Spituk (11. Jh.), Likir (1065?), Tikse (1440) u. Ridzong (1841). Einen Bestandteil L. bildet die Region ↗Zanskar.

L.: L. Petech: The Kingdom of L., Rom 1977; D.L. Snellgrove u. T. Skorupski: The Cultural Heritage of L., 2 Bde., Delhi 1977 u. 1980; H. Hirschberg: L. mit Zanskar, 1980; A. u. P. Keilhauer: L. und Zanskar, 1980; D. Kantowski u. R. Sander (Hg.): Recent Research on L., 1983; J. Poncar u. a.: L., 1983 (Bildbd.). Weitere Lit. ↗Zanskar. (ev)

Laie (Skt/P masc. upāsaka, fem. upāsikā, wörtlich: der/die Dabeisitzende), rel.wiss. Begriff für jemanden, der keine religiöse Funktion ausübt oder kein religiöses Amt bekleidet, entstammt ursprünglich christlicher Terminologie (vom Griech. „laikós", zum „Volk Gottes" – „laòs tôu thôu" – gehörig). Dieser rel.soz. Begriff setzt die Differenzierung der Gemeinde in einen geistlichen Sonderstand (Klerus) – im Buddh. sind das die Mönche u. Nonnen – u. in Angehörige der Bekenntnisgruppe, die nicht ordiniert sind, voraus. Nach A (VIII,25) sind L. Anhänger der ↗Lehre des ↗Buddha, die dreifache Zuflucht (Skt ↗triśaraṇa, P tisaraṇa), nämlich zum Buddha, zur Lehre (↗dharma, P dhamma) u. zur Gemeinde der Anhänger (↗saṅgha), genommen haben. Die Gemeinde umfaßt folgende 4 Versammlungen (Skt pariṣad, P parisā): die der Mönche (bhikṣu/bhikkhu), die der Nonnen (bhikṣunī/bhikkhunī), die der L. u. die der L.-Anhängerinnen. Ordinierte u. L. sind aufeinander bezogen. Erstere predigen den L. u. belehren sie (Skt dharmadāna = Geschenk der Lehre), letztere ernähren, bewirten, kleiden u. beherbergen die Ordinierten auf Wanderschaft. Der ↗Pāli-Kanon nennt in solchem Zusammenhang 74 L. u. 31 L.-Anhängerinnen. Ob man allerdings mit E. Lamotte (1958) von 2 verschiedenen Formen des Buddh. sprechen kann, bleibt zu bezweifeln, wenngleich das Laienelement tatsächlich mit vor- u. außerbuddh. religiösen Kulten in Verbindung geblieben ist. Letztlich nicht eindeutig im frühen Buddh. beantwortet war die Frage nach der Heilsmöglichkeit der L. Nach allgemeiner Ansicht war es nicht möglich, aus dem Stand der L. heraus die ↗Erlösung (↗bodhi, ↗nirvāṇa) zu erlangen, wohl aber bestehe, so nahm man an, die begründete Hoffnung, bis zur Erlösung nur in günstigen Wiedergeburten geboren zu werden. Der Pāli-

Kanon referiert aber auch Traditionen nach denen L. u. sogar Frauen die Erlösung erlangten. Aus der Radikalisierung der Frage nach den Heilsmöglichkeiten u. der Heilssicherheit von L., wie es sich im Bodhisattva-Konzept (↗Bodhisattva) zeigt, ist das ↗Mahāyāna entstanden, nachdem bereits eine nördl. Schule (die Uttarapāthakas) mit L. als Arhats (↗arhat) rechneten. Schließlich entsteht im Mahāyāna vor der Lehre der „Leerheit", in der die Unterschiede zwischen Welt (saṃsāra) u. Erlösung (nirvāṇa), also auch zwischen geistlich u. weltlich, aufgehoben sind, eine explizite Form des L.-Buddh., in der die Hauslosigkeit der Mönche dem Leben der L. ausdrücklich nachgeordnet ist (vgl. das Vimalakīrtinirdeśa-sūtra, entstanden ca. 200 oder 150 n.Chr.). (no)

lakkhaṇa (P, Skt lakṣāṇa), die ↗drei Merkmale, die Existenz charakterisieren: ↗Vergänglichkeit, ↗Leidhaftigkeit, Nicht-Selbst (↗anātman). l. auch für die 32 Merkmale eines ↗Buddha. (no)

Lalita Vistara (Skt), weit verbreitete bunt ausgeschmückte u. mit zahlreichen (lit.) Übertreibungen versehene ↗Buddha-Biographie, deren älteste Bestandteile (vor allem in den metrischen Passagen) auf vorchristliche Zeit zurückgehen, jedoch später i.S. der ↗Buddhologie des ↗Mahāyāna überarbeitet wurden.

A.: L., ed. S. Lefmann, 2 Bde., 1902–08; L., ed. P.L. Vaidya, Darbhanga 1958 (BST 1). – Ü.: S. Lefmann: L., ²1908 (Teilübers.; Kap. 1–5); P.E. Foucaux: Le L.V., 2 Bde., Paris 1884–92 (AMG 6, 19); G. Bays: The Voice of the Buddha, Boulder/Col. 1983. – L.: F. Weller: Zum L., Diss. Leipzig 1915. (sl)

Lama (tib. bla ma), „der Obere", Bezeichnung des Lehrers (Skt guru) im ↗Lamaismus, des „Heilsfreundes" (Skt kalyānamitra, tib. dge ba'i bśes gñen), des unentbehrlichen Führers auf dem lamaistischen Heilsweg, dessen selbstloses, einzig dem Wohle anderer Lebewesen dienendes Wirken (↗bodhicitta) sich allen zuwendet, die danach verlangen. Im Gegensatz zu den einfachen lamaistischen Mönchen, Drawa (tib. grva pa), ist der L. eine Person, der die Befähigung zugesprochen wird, aufgrund ihrer hohen Einsicht in die Natur der Wirklichkeit, ihrer Gelehrsamkeit, meditativen Verwirklichung u. durch Erteilung von ↗Initiation Schüler auf dem gefahrvollen tantrischen Heilsweg zu führen. Als Lehrträger einer ↗Guru-Überlieferungslinie u. zumeist auch ↗Tulku ist er in seiner Funktion als Wurzel-L. (tib. rtsa ba'i bla ma) nicht wie der hinduistische Guru lediglich ein Führer auf dem Wege zur Erlösung, sondern aus der Sicht seiner Schüler mit dem ↗Ādibuddha identisch u. somit das höchste Objekt der ↗Zufluchtnahme. Das eigentliche Wesen dieses Wurzel-L. geht über jede sinnlich faßbare Dimension hinaus. Er wird nicht als Mensch angesehen, sondern als die manifestierte Gegenwart der Buddhaschaft, als ein Wesen, das diese Existenzform wählte, um so den Schüler in optimaler Weise führen zu können. Spiritueller Fortschritt gilt als das Resultat seiner Güte. Ein wesentliches Element des tantrischen Heilsweges ist eben diese Betrachtungsweise u. Haltung eines Schülers gegenüber seinem L., ganz gleich ob dieser, der seinerseits die gleiche Hingabe u. Verehrung gegenüber seinem eigenen L. hegt u. daher seine Position als L. oft lediglich als eine „stellvertretende" Funktion im Verhältnis zu seinem Schüler begreift, einem solchen Anspruch gerecht wird oder nicht. Eine Abhängigkeit des Schülers von seinem L. gilt als verhängnisvoll u. wird als wirklicher Erkenntnis entgegenstehende Unmündigkeit abgelehnt. Die überwiegende Mehrzahl der L. hat die Mönchsgelübde auf sich genommen; Ausnahmen gibt es besonders unter den ↗Nyingmapa, ↗Kagyüpa u. ↗Sakyapa. Ein spezielles Ritual zur Teilhabe an den Qualitäten des L. bildet das ↗Lama-Opfer.

L.: ↗Lamaismus. (ev)

Lama-Opfer (Skt gurupūja, tib. bla ma mchod pa). Dieses Ritual ist eine der bedeutendsten, in der Regel täglich durchgeführten meditativen Praktiken des ↗Lamaismus, deren Ziel die Verehrung des ↗Lama u. die Verinnerlichung der Vorstellung ist, daß er in seiner Funktion als Wurzellama (tib. rtsa ba'i bla ma) die Manifestation des ↗Ādibuddha, des ↗Ur-Buddha, sowie des ↗Yidam ist. Ziel des L.-O. ist es, Hingabe an den Lama als die Quelle aller Weisheit zu erzeugen, durch meditative Verschmelzung mit ihm an seiner Weisheit teilzuhaben u. so auf dem Weg zur Erleuchtung voranzuschreiten. (ev)

Lamaismus, religionstypologische Bezeichnung für den ↗Vajrayāna-Buddh. tib. Prägung, die sich von der überragenden Stellung des ↗Lama als unabdingbarem Führer auf dem tantrischen Heilsweg ableitet u. diese Form des Buddh. in ihrem sich über ↗Tibet hinaus auch auf die ↗Himalaya-Länder, ↗China u. die ↗Mongolei erstreckenden Kulturraum bezeichnet. Gekennzeichnet wird der L., der auf den von ↗Nāgārjuna u. ↗Asaṅga geprägten ↗prajñāpāramitā-Lehren der ↗Mādhyamaka-Philosophie sowie auf den meditativen u. rituellen Praktiken des Vajrayāna basiert, durch 1. eine verstärkte Integration vorbuddh. volksreligiöser magischer Vorstellungen, wie sie auch die tib. ↗Bön-Religion kennzeichnen, 2. die herausragende Stellung des ↗Lama u. seine Erhöhung zur Emanation von ↗Gottheiten u./oder zum ↗Tulku, 3. die Entwicklung verschiedener Schulrichtungen, die a) bestimmte philosophische Konzeptionen geringfügig weiterentwickeln und b) durch ihre enge Verbindung mit mächtigen Adelsfamilien oder durch die Tradierung ihrer Lehrmeinung in Familienverbänden bzw. in ↗Existenzlinien zu einem entscheidenden Faktor des politischen Lebens werden, 4. die Ausbildung eigenständiger liturgischer Formen u. Traditionen in der Ritualpraxis, 5. die Weiterentwicklung von Meditationspraktiken u. Ritualanweisungen, 6. die ausführliche Kommentierung der kanonischen Lit. durch zahlreiche Gelehrte auf der Grundlage der philosophischen Ausrichtung ihrer jeweiligen Schulrichtung, 7. eine eigenständige Lit. auf den Gebieten ↗Astrologie, Medizin, Grammatik, Architektur, Kunsthandwerk usw. u. 8. aufgrund chin. Einflusses die Entwicklung eines starken historischen Bewußtseins, das zur Ausbildung einer umfangreichen ↗Historiographie führte. Vom 17. Jh. an fand der L. in Tibet politisch in Form einer „lamaistischen Theokratie“ ihren Ausdruck, in der sich weltliche u. religiöse Belange in den Händen der religiösen Institution des ↗Dalai Lama vereinten. Die Bezeichnung „L.“ wird vom Dalai Lama als irreführend abgelehnt, da sie in ihrer Bildung ehemals vom äußeren Erscheinungsbild der tib. Form des Buddh. abgeleitet wurde u. – durch ein historisches Fehlverständnis der Rolle des Lama belastet –, dem Wesen des tib. Vajrayāna-Buddh. nicht gerecht würde.

L.: Ch. Bell: The Religion of Tibet, London 1931; H. Hoffmann: Die Religionen Tibets, 1956; G. Tucci: Die Religionen Tibets (in: Die Religionen Tibets u. der Mongolei), 1970 (RM 20); H.V. Guenther (Übers.): The Jewel Ornament of Liberation by sGam po pa (Reprint), Berkeley 1971; Lama Anagarika Govinda: Grundlagen tib. Mystik, [3]1972; B. C. Olschak: Mystik u. Kunst Alttibets, 1972; D.I. Lauf: Das Erbe Tibets, 1972; J. Hopkins: Meditation on Emptiness, London 1983; D. Snellgrove: Indo-Tibetan Buddhism, London 1987; Phabongkha Rinpoche: Liberation in the Palm of Your Hand, Boston 1991. Weitere Lit. ↗Vajrayāna. (ev)

Lamdre-Lehren (tib. lam `bras), „Weg u. Frucht", die auf den ind. Mahāsiddha Virupa zurückgehenden ↗Vajrayāna-Lehren der tib. ↗Sakyapa-Schule, die besagen, daß der „Weg" schon in dem Augenblick als „Frucht" der Befreiung erfahren wird, da die beiden bedeutendsten Charakteristika des Bewußtseins, Klarheit u. Leerheit, als Einheit erfahren werden. (ev)

Lamrim Chenmo (tib. lam rim chen mo), der „Große Stufenweg [zur Erleuchtung]" (1403), ein Werk der tib. Lit.-Gattung ↗Lamrim, das wohl bedeutendste Werk des ↗Tsongkhapa. Häufig als Komm. zu ↗Atiśas ↗Bodhipathapradīpa bezeichnet, stellt es die Lehren des „Ruhigen Verweilens" (Skt samatha) u. der „Besonderen Einsicht" (Skt vipaśyanā) in den Mittelpunkt. Es ist als das maßgebliche Werk für die ↗Gelugpa-Exegese anzusehen. Tsongkhapa legt hier dar, daß der tantrische Weg nur auf der Grundlage einer ethischen Läuterung anhand der ↗pāramitās gehbar ist.

Ü.: Auszugsweise Übers. in: A. Wayman: Calming the Mind and Discerning the Real, New York 1978. (ev)

Lamrim-Werke (tib. lam rim), „Stufenweg [zur Erleuchtung]", eigenständige Lit.-Gattung des ↗Lamaismus, die dem Gläubigen eine grundlegende Darstellung des Weges zur Erleuchtung gibt, ihn systematisch über Wesen u. Charakteristika von ↗saṃsāra u. ↗nirvāṇa unterrichtet u. ihm die Bedeutung seiner menschlichen Existenz sowie des ↗Lama als verläßlichem Führer vor Augen führt. Die bekanntesten L.-W. bilden ↗Gampopas „Juwelschmuck der Befreiung" (12. Jh.) sowie ↗Tsongkhapas ↗„Lamrim Chenmo". (ev)

Laṅkāvatāra-Sūtra (Skt). Das L. („Sūtra vom Herabstieg [Buddhas] nach Laṅkā") zählt zu den bedeutendsten u. einflußreichsten (es hat z. B. stark auf den frühen ↗Ch'an-Buddh. eingewirkt) Lehrtexten des ind. ↗Mahāyāna. Eine 1. chin. Übers. stammt aus dem 5. Jh., so daß seine Entstehung vor diesem Zeitraum liegen muß. Seine Lehren sind eng mit denen der ↗Yogācāra-Schule verwandt. Neben einer Rahmenerzählung ist das L. im Frage-Antwort-Stil aufgebaut. Es enthält die Lehre von den 10 Stufen (↗bhūmi) des ↗Bodhisattva, entfaltet die Theorie von der alleinigen Realität des Bewußtseins u. gibt apologetische Auseinandersetzungen mit nicht-buddh. ind. Systemen wieder.

A.: L.S., ed. B. Nanjio, Kyoto 1923; Saddharmalaṅkāvatārasūtra, ed. P.L. Vaidya, Darbhanga 1963 (BST 3). – Ü.: The L. S., tr. T. S. Suzuki, London 1932 (Nachdr. 1978). – L.: S.N. Dasgupta: Philosophy of L. S., Buddhistic Studies, ed. B. C. Law, Calcutta 1931, 859–876; T.S. Suzuki: Studies in the L. S., 1930 (Nachdr. Boulder 1981). (sl)

Laos, ehemaliges Königreich in Indo-China, durch den Mekongfluß von ↗Thailand getrennt; seit 1976 VR; mit Luang Prabang als alter Königsresidenz u. Vientiane als Regierungssitz. Fast 58 % der Bevölkerung ist buddh. (die staatstragenden Thai-Stämme vornehmlich), 33,6 % gehören traditionellen Stammesreligionen an (die Bergstämme). Neben ca. 5 % Atheisten u. Nichtgläubigen gibt es auch christliche u. muslimische Minderheiten. Die Verfassung von 1947 hatte den Buddh. zur Staatsreligion erklärt. – Früheste Einflüsse des Buddh. auf L. sind etwa ab dem 12. Jh. nachweisbar, allerdings in einer hinduistisch-buddh. Mischform. Mit der Gründung des Königreiches durch Fa Ngum (1353–1373) um 1350 siegte der ↗Theravāda-Buddh. L. stand die längste Zeit seiner Geschichte in einer mehr oder minder starken politischen Abhängigkeit von ↗Thailand. Diese wurde erst in der Kolonialzeit beendet, als 1893 Thailand L. an die Franzosen abtreten mußte. 1947 wurde L. selbständig. Bis in die jüngste Zeit war der Buddh. die beherrschende kulturelle Kraft in L. Das Dorfkloster u. die Pagode sind Zentren nicht nur des religiösen, sondern auch des bürgerlichen u. gesellschaftlichen Lebens. Der ↗saṅgha ist in der Bevölkerung fest verankert, denn viele junge Männer leben eine gewisse Zeit im Kloster. Der laotische Buddh. ist gekennzeichnet durch Einmischungen des vorbuddh. Phi-Kultes, in dem die Seelen Verstorbener als Schutzgeister von Familien, Sippen u. a. Gemeinschaften verehrt werden. Die zugrunde liegende Seelenauffassung rechnet mit einer Vielheit von Seelen in der Person. Kontakt mit den Schutzgeistern stellt rituell der Schamane her. Häufig gilt der Gründer des Dorfklosters als der Schutzgeist der Dorfgemeinschaft. – Seit 1975 schränken Kommunisten den Einfluß des saṅgha stark ein. Indes blieb ein Teil der Klöster erhalten u. von Mönchen besiedelt, wenn auch deutlich durch Restriktionen behindert.

L.: L. Finot: Recherches sur la littérature laotienne, BEFEO, t.17, fasc. 5, Hanoi 1917, 1–218; B. Coedès: Documents sur l'histoire politique et religieuse du Laos occidental, BEFEO 25 (1925), 1–201; H. Parmentier: L'art du Laos, 2 Bde., Paris 1954; T.N. Abhay: Le Bouddhisme lao, France-Asie, Présence du Royaume lao, Bd. 12, Nr. 118–120, Saigon 1956, 917–935; P. Phimmasone: La littérature bouddhique lao, Présence du Royaume lao, Bd. 16, Nr. 153–157, Saigon 1959, 893–904; H. Bechert: Buddhismus, Staat und Gesellschaft in den Ländern des Theravada-Buddhismus, Bd. 2, 1967, 261–301; C. Archaimbault: Structures religieuses lao, Rites et mythes, Vientiane 1970; M. Zago: Rites et cérémonies en milieu bouddhiste lao, Roma 1972; H. Saddhatissa: Pāli Literature from Laos, Delhi 1979; P.B. Lafont: Bibliographie du Laos, Paris 1964 (BEFEO 50); ders.: Buddhism in contemporary Laos, London 1982; ders.: Le bouddhisme au Laos, in: R. de Berval (ed.): Présence du Bouddhisme, Paris 1987, 515–533. (no/ec)

Läuterung oder Reinigung des Geistes u. des Willens ist Zweck asketisch-mönchischen Lebens (↗Mönch). Nach buddh. Auffassung wird L. erreicht, indem Welt u. Selbst in ihrem wirklichen Charakter durchschaut werden. L.-Übungen (↗dhutanga) sind „Abschüttelungsmittel" auf dem Weg zur Heiligkeit (↗arhat, ↗nirvāṇa). Sie sollen Bedürfnislosigkeit, Entsagung u. Willenskraft entwickeln helfen u. gelten als Voraussetzung für den Eintritt ins mönchische Leben. (no)

Leere ↗sūnyatā

Legitimation bedeutet innerhalb einer bestehenden Religion die Absicherung u. Rechtfertigung einer Lehraussage oder praktischen Neuerung durch Verweis auf ↗Tradition, ↗Kanon oder allgemein anerkannte Grundprinzipien. Religiöse Reformer u. Stifter müssen ihre religiösen Systeme vor der Öffentlichkeit durch Charisma u. Überzeugungskraft zu legitimieren versuchen. (bo)

Lehre des Buddha. Die L. d. B., ↗dharma (Skt) oder dhamma (P), stellt die doktrinäre Gestalt des Buddh. dar: einen Grundbestand an Lehren, der es erlaubt, von der Einheit des Buddh. in seinen verschiedenen Schulen u. ↗Fahrzeugen (↗Hīnayāna, ↗Mahāyāna, ↗Vajrayāna) zu sprechen u. insofern diese sich auf Gestalt u. Lehre des historischen ↗Buddha, Siddhārtha Gautama, beziehen. Dabei ist deutlich die L. d. B., soweit sie historisch rekonstruierbar ist, zu unterscheiden von den Weiterungen u. Ausgestaltungen, die sie im Laufe der Geschichte nahm. Markante frühe Entwicklungspunkte der L. d. B. scheinen vor allem die ↗Konzile (Rājagṛha 483, Vesāli 383 u. Pāṭaliputta 253 v. Chr.) gewesen zu sein. Die Kernstücke u. zugleich der Grundbestand der L. d. B. in allen buddh. Traditionen sind: die ↗Drei Merkmale, der Satz vom ↗bedingten Entstehen, die ↗Vier edlen Wahrheiten vom Leiden, der Hohe ↗Achtfache Pfad sowie der Bezug auf den historischen Buddha u. meist auch die Institution des Mönchs- u. Nonnenordens (↗saṅgha). Über den Westen wurde der Begriff „Buddh.“, ursprünglich eine rel.-wiss. Ordnungskategorie, inzwischen auch in Asien zur Selbstbezeichnung von den Buddhisten (etwa in „World Fellowship of Buddhists“) für die L. d. B. übernommen. – Ursprünglich im Umfeld einer ind. Reformbewegung entstanden, die sich gegen das religiöse Monopol der ↗Brahmanen als Mittler zwischen Göttern u. Menschen wandte u. ihren Niederschlag in den ↗Upanischaden (↗Hinduismus) fand, wird die L. d. B. neben dem ↗Jinismus zu einer der großen ind. Ketzereien. Mit den heute nur noch undeutlich faßbaren Gruppierungen der upanischadischen Bewegung teilte die L. d. B. die Ablehnung brahmanischer Heilsvermittlung u. eine deutlich kultkritische Einstellung, die Formulierung eines subjektiven, nicht-institutionellen Heilsziels sowie die Hochschätzung individueller Methoden des Heilsgewinns (↗Meditation, ↗Askese). Bestimmte lehrmäßige Vorannahmen aus dem ↗Hinduismus, vor allem in upanischadischer Zuspitzung, hat die L. d. B. bewahrt: die Lehre vom ↗karma u. von der ↗Wiedergeburt (saṃsāra), allerdings in deutlich modifizierter Form. Angesichts der großen Vielfalt von Schulen u. Lehrmeinungen scheint die Einheit der L. d. B. in Frage gestellt. Dennoch läßt sich der o.g. Grundbestand der L. d. B. in allen Traditionen auffinden. Zentral sind der buddh. Wirklichkeitsanalyse die 3 Merkmale: 1. Vergänglichkeit, die auf den 12gliedrigen Satz vom bedingten Entstehen (paṭiccasamuppāda) verweist, 2. Leidhaftigkeit, in den 4 edlen Wahrheiten vom Leiden dargestellt, u. 3. Nicht-Selbstheit (↗anattā), eine Lehre, in der die upanischadische Spekulation von der Einheit des ātman (menschliches Selbst) mit dem brahman (göttliches All-Eines) zurückgewiesen wird. Letzteres Merkmal fand vor allem in der theravādischen Tradition (↗Theravāda) eine stärkere Zuspitzung: das menschliche Ich sei ein momentan bedingtes Produkt aus 5 Greifegruppen (↗khandha): Körper, Wahrnehmung, Empfindung, Strebekräften u. Bewußtsein; da diese im Tod untergehen, könne es auch kein überdauerndes Selbst (unsterbliche Seele) geben. Die sich damit ergebende Problematik mit dem Subjekt der Wiedergeburt wird in der theravādischen Tradition dadurch gelöst, daß eine individuelle Greifekraft, die Gier nach Existenz (tanhā) – gelenkt vom individuellen karma – nach einer neuen Existenz dränge. Ziel der L. d. B. ist es, außerhalb der Welt des Wandels u. Vergehens den festen, „absoluten" Zustand zu gewinnen, das ist die ↗Erlösung, das ↗nirvāṇa. Der Weg dorthin ist der Hohe Achtfache Pfad, der zur Beendigung des „Durstes" nach Wiedergeburt führt durch die Ausrottung der 3 Wurzeln des Unheilvollen: ↗Gier, ↗Haß u. ↗Verblendung. In der heilsnotwendigen Aneignung des Wissens, das zum Heile führt, liegt eine an die Gnosis erinnernde Vorstellung vor. – Im Mahāyāna – vor allem seit dem ↗Saddharmapuṇḍarīkasūtra – wird die Funktion des Buddha uminterpretiert. Danach sei der Buddha nicht ins nirvāṇa eingegangen, sondern habe dies nur „zum Heil" der Wesen vorgetäuscht. Jetzt werden die Buddhas u. ↗Bodhisattvas zu Helfern. Ihr Motiv ist das Mitleid, die zentrale Tugend des Mahāyāna. Daher macht es jetzt Sinn, den Buddhas u. Bodhisattvas reichere kultische Verehrung zu widmen u. auch zu ihnen zu beten (↗Gebet). Dadurch wurden auch stärker Laienbedürfnisse nach Heilssicherheit berücksichtigt u. zugleich wurde der mönchische Elitarismus des alten Buddh. zurückgedrängt. In verschiedenen mahāyānischen

Schulen entstehen Sonderformen der L. d. B., etwa im ↗Amidismus oder im Zen-Buddhismus (↗Zen). Das Vajrayāna setzt tantrische Mittel zum Heilsgewinn ein (↗Tantrismus): Riten, heilige Formeln u. Silben, Meditationshilfen, um den Weg zur Erlösung abzukürzen. – Insgesamt hat sich die L. d. B. als ein ungemein adaptionsfähiges, offenes System erwiesen, das angetroffene religiöse Traditionen in breitem Umfang aufnehmen u. sich einverleiben konnte.

L.: A. Bareau: Der indische Buddhismus, in: Die Religionen Indiens, Bd. 3: Buddhismus – Jinismus – Primitivvölker, 1964, 1–215; E. Conze: Der Buddhismus, Wesen u. Entwicklung, [3]1962; D. Schlingloff: Die Religion des Buddhismus, Bd. I: Der Heilsweg des Mönchtums, 1962, Bd. II: Der Heilsweg für die Welt, 1963; U. Schneider: Einführung in den Buddhismus, 1980. (no)

Lehrreden ↗Pālikanon, ↗Kanon

Leiden (Skt duḥkha, P dukkha), zentraler Begriff buddh. Welt- u. Existenzerfahrung, eines der Merkmale aller Existenz in der Welt. Daher bedeutet im Buddh. Heilsgewinn – das Ende welthafter Existenz, des ↗saṃsāra – auch das Ende des L. Leiden ist nach buddh. Vorstellung Folge des saṃsāra, durch das individuelle ↗karma bedingt. In den 4 edlen Wahrheiten vom L. wird der Gedanke der Unvermeidlichkeit des L. entfaltet wie auch des Entstehens von L., der Aufhebung des L. u. schließlich der Weg, der zur Aufhebung der Ursache des L. führt. Ursache des L. ist die Gier (↗tṛṣṇā/tanhā; der „Durst" nach Werden oder Existenz). Aufhebung der Gier bedeutet das Ende des L. Der Weg, der zur L.-Befreiung führt, ist der Hohe ↗Achtfache Pfad. Er führt von sittlichen Regeln über die Meditation zur Weisheit. Aus einer nicht-dualistischen Zuspitzung der Erlösungsproblematik kommen mahāyānische Schulen (↗Mahāyāna) dazu, das L. überhaupt zu leugnen u. seine Wahrnehmung auf eine falsche dualistische Sicht zurückzuführen: Insofern fällt im Mahāyāna saṃsāra als Ausdrucksform des L. schlechthin mit der Erlösung – nirvāṇa – zusammen (Text im Anhang, S. 546–547). (no)

Leidenschaft fesselt nach buddh. Ethik als Form heftigen Begehrens an die Welt u. ist daher unheilsam (↗kusala). L. ist umschrieben als „Gier“ (P lobha), eine der Wurzeln des Unheilvollen, oder als heftiges Begehren (P rāga), als „Durst“ (nach Werden; P tanhā) oder als begehrliches Habenwollen (P abhijjā). (no)

Lhamo (Skt devī, tib. lha mo), „Göttin“, auch ↗Palden Lhamo, ist die in ihrer ikonographischen Darstellung auf einem falben Maultier durch den Blutsee reitende, schreckenerregende, weibliche ↗Gottheit. Sie zählt zu den 8 ↗Dharmapālas, bildet eine der bedeutendsten ↗Yidam des ↗Lamaismus u. gilt als die persönliche Schutzgottheit des ↗Dalai Lama. (ev)

Lhasa (tib. lha sa), „Platz der Götter“, ehemals Rasa (tib. ra sa), „Umfriedeter Platz“, genannt, die „Hauptstadt“ ↗Tibets, die um 1950 etwa 50 000 Einwohner zählte, ist seit der Einführung des Buddh. im 7. Jh. der wohl bedeutendste Pilgerort Tibets. Die wichtigsten Bauten bildeten der ↗Jokhang, der ↗Ramoche, die auf dem Chagpori (tib. lcags po ri) gelegene Medizin- u. Astrologieschule (tib. sman rtsis khaṅ) u. der im 17. Jh. errichtete ↗Potala. Das Stadtbild wurde traditionell vom Barkhor (tib. bar `khor) u. Lingkhor (tib. gliṅ `khor), dem Inneren u. Äußeren Umrundungsweg, geprägt.

L.: J. Landon: L., 1905; L.A. Waddell: L. and its Mysteries, London [4]1929; G. Tucci: To L. and Beyond, Rom 1956; M. Henss: Tibet, 1981; S. Batchelor: The Tibet Guide, 1987; K.-H. Everding: Tibet. (ev)

Liang-chieh ↗Tung-shan Liang-chieh

Library of Tibetan Works and Archives, vom 14. ↗Dalai Lama 1971 in Dharamsala, Himachal Pradesh, Indien gegründetes Institut, das der Bewahrung u. Förderung tib. Kultur dient u. als Stätte tibetologischer Studien eingerichtet wurde. Neben Bibliotheken mit westl. u. tib. Lit. werden hier regelmäßig Unterrichtskurse in tib. Sprache u. buddh. Philosophie abgehalten. (ev)

Licchavi-Republik. Staat z. Z. des ↗Buddha in NO-Indien, der von dem zum weltlichen Adel (↗Kṣatriya) zählenden arischen Clan der Licchavī regiert wurde. In der gegen die Expansionspolitik des Königs von Magadha (D 16,1) gebildeten Stammeskonföderation der Vrijī (P Vajjī) war er führend. Seine Hauptstadt Vaiśālī (P Vesālī) wird als reich u. prunkvoll geschildert. Nach D 16,6 gelangten die L. in den Besitz eines Teils der Buddha-Reliquien. (mü)

Liebe (Skt/P kāma), im Sinne von Sinnenlust, Sinnlichkeit u. sinnlicher Begierde, ist in buddh. ↗Ethik als unheilsam besetzt, da zu den Formen des ↗Anhaftens gehörig, die ↗Erlösung behindern oder verunmöglichen. L. i. S. von Freundschaft, Wohlwollen u. Güte (Skt maitrī, P mettā) als „distanziertere" Form der L. gilt als hohe Tugend u. wird in der Meditationsübung der Erweckung der 4 erhabenen Verweilzustände (↗brahmavihāra, ↗Meditation) gepflegt. (no)

Lin-chi I-hsüan (jap. Rinzai Gigen), chin. Vertreter der ↗Ch'an-Schule (Lin-chi), 810/815–866. Sein Wirken bildet den Höhepunkt des chin. Ch'an. Nach dem Studium von ↗vinaya u. der Sūtren wurde L. Schüler von ↗Huang-po u. ↗Ta-yü. Sein Erleuchtungserlebnis ist überliefert („Lin-chi-lu", „Tsu-t'ang-chi"). Sein Nachfolger wurde Hsing-hua Ts'ung-chiang (830–888). Kern der Lehre L. ist die plötzliche Erleuchtung. Er lehnte das Sūtren-Studium u. die Hockmeditation der nördl. Ch'an-Schule (↗Shen-hsiu) ab. Überliefert ist von ihm eine Spruchsammlung „Lin-chi-lu". Dieser Text existiert in vielen Ausgaben, das Original ist indes nicht mehr erhalten. Unklar ist auch, wer die Sammlung herausgegeben hat u. wann sie zusammengestellt wurde (jap. Rinzairoku). Dabei handelt es sich um eines der wichtigsten Werke des Ch'an-Buddh. In Form u. Inhalt ähnelt es den „Gesprächen" des Konfuzius („Lun-yü"). Thema ist das wahre Menschsein (der wahre Mensch, chen-jen, ein Begriff aus der taoistischen Philosophie). Dieses suchte er nicht bei berühmten Vorbildern (den Buddhas, Patriarchen), sondern bei gegenwärtigen Personen, etwa bei seinen Schülern. Der ideale Mensch ist frei u. quicklebendig (huo-p'o). Demgegenüber war das Ideal der nördl. Ch'an-Schule bewegungslose Reinheit. Auch die Lit.-Gattung der Spruchsammlung (yü-lu), die im 9. Jh. als Gegenbewegung gegen die erstarrte Bildungsliteratur entstand, versteht sich als

Ausdruck der besonderen Ch'an-Prägung von L. L. entwickelte auch einen neuen Unterrichtsstil, der ihm unmittelbar Zugang zum Inneren des Schülers eröffnen sollte u. bis heute die typische Lehrform des Rinzai-Zen in Japan geblieben ist: derbes Schimpfen, erschütterndes Anbrüllen (ho, jap. katsu; schon bei ↗Ma-tsu) u. harte Schläge. Diese Ch'an-Form gelangte erst durch Shih-shuang Ch'u-yüan (986–1039) nach S-China, übertraf dann aber rasch alle anderen Ch'an-Schulen, die dann bis auf ↗Ts'ao-tung auch bald erloschen. Durch Eisai-Zenji kam Lin-chi nach ↗Japan, wo sie bis heute als Rinzai-Schule eine der beiden maßgeblichen Zen-Schulen darstellt. (so)

Literatur, kanonische ↗Kanon, ↗Pāli-Kanon

lobha (Skt/P), Gier, eine der Wurzelgrößen des Unheilsamen. l. wird durch Mildtätigkeit (dāna) korrigiert u. aufgehoben. (no)

Lodrö Gyaltshen (tib. blo gros rgyal mtshan), 1235 als Neffe des ↗Sakya Paṇḍita geb. tib. Lama der ↗Sakyapa-Schule, besser bekannt als ↗Phagpa Lama. 1251 an den Hof ↗Khubilai Khans berufen, wurde er wiederholt mit hochrangigen Titeln ausgezeichnet. 1280 scheint er einem Giftmord anheimgefallen zu sein. Er führte die Sakyapa-Schule zum Zenit ihrer weltlichen Vorrangstellung. Zahlreiche wegweisende dogmatische u. tantrische Werke, so auch das für Khubilai Khan verfaßte „Erläuterung des Zu-Wissenden" (tib. śes bya rab gsal), bezeugen seine überragende Gelehrsamkeit.

W.: Prince Jiṅ-gim's Textbook of Tib. Buddhism. The Śes bya rab gsal..., Leiden 1983 (Rel. Texts Transl. Series, Nisaba 13). (ev)

Lo-han (Skt ↗arhat, jap. Rakan), der „Heilige", das Ideal des ↗Hīnayāna, der durch strenges Mönchsleben aus sich die Erleuchtung erlangte. Als Sonderentwicklung gewann der arhat auch im chin. ↗Mahāyāna Bedeutung, anders als in den anderen mahāyānischen Entwicklungen, wo man ihn als niederere Stufe in der Erlösungskarriere beurteilte. In der Han-Zeit wurde der L. zunächst als der Unsterbliche des Taoismus verstanden. Seine Darstellungen finden sich seit dem 7. Jh., vermehrt seit dem 9. Jh. durch die ↗Ch'an-Schule, wo er den vollkommen befreiten u. entfalteten Erlösten darstellt. Das führte dazu, daß man häufig Ch'an-Meister als L. bildlich darstellte. L. sind, meist als Skulpturen in Tempeln, dargestellt, oft in einer Gruppe von 16 L. (die Schüler des Gautama-Buddha) oder 18 (zuzüglich Kaiser Wu der Liang-Dynastie u. ↗Kumārajīva) oder aber sogar 500 (die Teilnehmer des 1. buddh. Konzils). (so)

Lokāyata, Vertreter des Materialismus im ↗Indien des 6. Jh. v. Chr., nach einem Schuloberhaupt auch Cārvāka genannt oder nāstika, „Leugner", weil sie aus ihren philosophischen Voraussetzungen die Möglichkeit u. Notwendigkeit der ↗Erlösung leugneten. In unterschiedlichen Schulen vereinte der ind. Materialismus sensualistische, atheistische, ethisch-relativistische, nihilistische u. hedonistische Positionen. In D 2 u. an anderen Stellen weist der ↗Buddha den Materialismus zurück. (no)

Lokottaravāda (skt von lokattara, überweltlich), buddh. Schule, die aus einer Spaltung der Mahāsāṃghikas hervorging. Das ↗vinaya-piṭaka der L. in Skt ist z. T. erhalten. Wie ihre Vorgänger, die Ekavyāvahārikas, setzen sie die Akzente im Verhältnis der welthaften Existenz des ↗Buddha anders; sie betonen seine Überweltlichkeit, wodurch sie zu Vorläufern der mahāyānischen Buddhologie (↗Mahāyāna) werden.

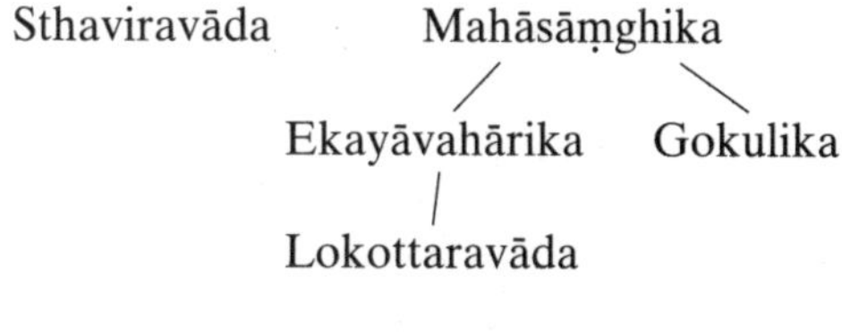

L.: G. Roth: Terminologisches a. d. Vinaya der Mahāsāṅghika-Lokottaravādin, in: ZDMG 118/1968, 333–348. (no)

lokuttara (P, Skt lokottara), überweltlich. Als l. wird eine Gesinnung u. Lebensführung aus den verwirklichten 8 Gliedern des ↗Achtfachen Pfades angesprochen, die kein ↗karma mehr verursacht. Der Achtfache Pfad selbst gilt gleichfalls als l. Ferner werden 4 Bewußtseinszustände u. 4 Pfade, durch die diese Gesinnung u. Lebensführung erreicht werden sollen, l. genannt; zusammen mit ↗nirvāṇa spricht man daher von 9 überweltlichen Dingen (nava l.-dhamma). – L. ist auch der Name einer Schule, die zu den Mahāsāṃghikas gehörte. Der Name dieser Schule leitet sich von der Benennung des Buddha als l. ab. (no)

Long Chenpa (tib. kloṅ chen pa), der bedeutendste ↗Lama der lamaistischen ↗Nyingmapa-Schule (1308–64). Er legte in seinem lit. Schaffen eine Synthese der zu seinen Lebzeiten schon weit divergierenden Nyingmapa-Lehren vor u. wird deshalb von allen Nyingma-Schulzweigen als maßgebliche Autorität anerkannt. Er studierte unter den bedeutendsten Lehrern seiner Zeit, war Abt von ↗Samye u. verfaßte tiefgründige u. richtungsweisende Komm. zu den esoterischen Lehren der Nyingmapa. Unter seinen erhaltenen etwa 25 Werken bilden die „Sieben Schätze" (tib. mdzod bdun), die „Trilogie der Erholung" (tib. ṅal gso skor gsum) u. die „Vier Herzessenzen" (tib. sñiṅ thig ya bźi) die Herausragenden.

W.: H.V. Guenther: Kindly Bent to Ease Us, 3 Bde., Emeryville 1975/6. (ev)

Losang Dragpa (tib. blo bzaṅ grags pa). Name des als Emanation ↗Mañjuśrīs geltenden tib. ↗Lamas u. Begründers der ↗Gelugpa-Schule (1357–1419). Bekannt wurde er als ↗Tsongkhapa, der „Tsongkha-Geborene", aufgrund seiner Geburt im nordosttib. Orte Tsongkha (tib. btsoṅ kha), in dem später das Kloster Kumbum errichtet wurde. Aufgrund seiner einzigartigen Bedeutung als Begründer ihrer Schule wird er von den ↗Gelugpa als „Zweiter Jina" (tib. rgyal ba gñis pa) verehrt. – L. D., der von jung an unter den großen zeitgenössischen tib. Lehrern sämtlicher Schulrichtungen ein ausgiebiges Studium der ↗Mahāyāna-Philosophie betrieb u. zahlreiche tantrische ↗Initiationen verschiedener Überlieferungstraditionen erhielt, war unbestritten einer der großen tib. Universalgelehrten. Philosophisch an der ↗Mādyamaka-Schule ausgerichtet u. besonders von der hohen sittlichen Lebensführung der ↗Kadampa angetan, stand ihm mit der Gründung der Gelugpa-Schule ein ausgewogenes Verhältnis zwischen der Praxis von ↗pāramitā u. ↗Tantra vor Augen. 1373 reiste er nach Zentraltibet, von 1392 an sammelte er Schüler um sich, 1409 rief er das große ↗Mönlam-Fest ins Leben u. gründete das Kloster ↗Ganden, wo er 1419 auch verstarb. Sein lit., in 18 Bänden gefaßtes Schaffen umfaßt über 200 Werke, von denen sein ↗„Lamrim Chenmo" (1403) u. „Ngagrim Chenmo" (tib. sṅags rim chen mo), „Der große tantrische [Stufen]weg", die bekanntesten sind.

L.: R. Kaschewsky: Das Leben das lamaist. Heiligen Tsongkhapa, 1971 (AsF 32); R. Turman (Hg.): Life and Teaching of Tsongkhapa, Dharamsala/Indien 1982. – W.: G. Mullin: Four Songs of Je Rinpoche, Dharamsala 1978; J. Hopkins (Hg.): Yoga of Tibet, London 1981; ders. (Hg.): Compassion in Tib. Buddh., N.Y. 1980; ders.: Tantra in Tibet, 1983; R.A.F. Thurman: Tsongkhapas Speech of Gold in the Essence of True Eloquence, Princeton/New Jersey 1984. (ev)

Lotus-Bewegungen sind buddh. Schulen, die auf dem Lotus-Sūtra (Saddharmapuṇḍarīka-sūtra) fußen: die chin. ↗T'ien-t'ai- bzw. die jap. Tendai-Schule sowie die Schulen, die in alter u. neuer Zeit ihren Ausgang von ↗Nichiren (1222–1282) nehmen: Die Vereinigung des „Geheimen Daimoku" (Fujufuse-ha), die in ihren rigoristischen Forderungen (Japan sei ein buddh. Land; nicht der Shōgun oder der Kaiser, sondern der Buddha sei der wahre Herrscher Japans) Anstoß erregten u. zahlreiche Repressalien herausforderten. Mit einer starken Revitalisierung der Nichiren-Tradition im 20. Jh. kam es zu neuen L.-B., 1938 zur Gründung der ↗Risshō-kōseikai, später der ↗Sōka-gakkai mit ihrem politischen Arm Kōmei-tō (Partei für saubere Politik). Mit der Sōka-gakkai ist die L.-B. in Indonesien u. in den USA präsent. (no)

Lotus-Sūtra, abgekürzte Bezeichnung für das Saddharma-puṇḍarīka-Sūtra („Sūtra vom Lotus des wahren Dharmas"), einen der zentralsten Texte des ↗Mahāyāna. Besonders große Verehrung genießt das L. in der ↗T'ien-tai- bzw. ↗Tendai-Schule, sowie in der Lehre ↗Nichirens u. den dieser folgenden Richtungen. Das L. dürfte im 2. Jh. n.Chr. in ↗Indien entstanden sein u. liegt heute in mehreren Skt-Versionen, chin. u. einer tib. Übers. vor. Die 1. chin. Übers. ist von ↗Dharmarakṣa u. stammt aus dem Jahre 286; berühmter wurde die Übers. durch ↗Kumārajīva von 406. Die einzelnen Teile des L. verraten ein unterschiedliches Alter. Es enthält 27, nach anderen Versionen auch 28 Kapitel. Seine Hauptthemen sind die Lehre vom ↗Ekayāna, vom „geschickten Mittel" (↗upāya) u. vom transzendenten Charakter der Wirklichkeit ↗Buddhas (↗Buddhologie). Im L. wird der Auffassung von der Existenz 3 verschiedener Heilswege (↗yāna = ↗„Fahrzeug"), dem ↗Śrāvakayāna, dem Pratyekabuddhayāna (↗pratyekabuddha) u. dem ↗Bodhisattvayāna, die Lehre vom ↗ekayāna entgegengestellt, wonach es sich bei der Lehre von den 3 „Fahrzeugen" um ein „geschicktes Mittel" der auf die unvollkommene Erkenntnis abgestellten Verkündigung handelt. In Wahrheit gibt es nur ein einziges „Fahrzeug", die höchste Erkenntnis, wie sie vom Mahāyāna repräsentiert wird. Alle irdischen Buddhas sind Manifestationen einer transzendenten, der Vergänglichkeit enthobenen Buddha-Wirklichkeit, an der alle Wesen partizipieren (↗Buddhanatur). Zugleich akzentuiert das L. eine devotionale Praxis.

A.: S., ed. H. Kern, B. Nanjio, St.-Pétersbourg 1908–1912 (Bbu 10); S., romanized and revised text of the BB publication by U. Wogihara and C. Tsuchida, Tokyo [2]1958; P.L. Vaidya (ed.): S., Darbhanga 1960; S. Manuscripts found in Gilgit, ed. S. Watanabe, 2 Bde., Tokyo 1972–75; S., Kashgar Manuscript (Facsimile edition), ed. L. Chandra, Foreword by H. Bechert, Tokyo [2]1977; Sanskrit Manuscripts of S., ed. Institute for the Comprehensive Study of Lotus Sūtra, 14 Bde., Tokyo 1977ff; S., Manuscripts, ed. H. Toda, 11 pts., Tokushima 1977–85; S., Central Asian Manuscripts, Romanized Text, ed. H. Toda, Tokushima 1981; O. v. Hinüber (Hg.): A New Fragmentary Gilgit Manuscript of the S., Tokyo 1982. – Ü.: W. W. Soothill (Übers.): Lotus of the Wonderful Law, Oxford 1930 (a. d. Chin.); Le Lotus de la bonne loi, vol. I, tr. E. Burnouf, Paris 1852 (Nouvelle éd., 2 vols. Paris 1925; Nachdr. in 1 Bd., Paris 1973); H. Kern: The S. or the Lotus of the True Law, Oxford 1884 (SBE 21); repr. Varanasi 1965 (a. d. Skt); The Sūtra of the Lotus Flower of the Wonderful Law, tr. from Kumārajīva's version of the S. (from the Chin.) by S. Murano, Tokyo 1974; The Lotus Sūtra, tr. from the Chin. of Kumārajīva by L. Hurvitz, New York 1976; L., übers. v. M. v. Borsig, 1992. – L.: J. Wach: Mahāyāna, besonders im Hinblick auf das S., 1925; G. Schulemann: Die Botschaft des Buddha vom Lotus des Guten Gesetzes, 1937; W. Baruch: Beiträge zum S., 1938; A. Yuyama: A Bibliography of the Skt Texts of the S., Canberra 1970 (Oriental Monograph Series, V); H. Bechert: Über die „Marburger Fragmente" des S., NAWG 1972, 1–81; S. Watanabe: S. Manuscripts found in Gilgit, 2 Bde., Tokyo 1972–75; M. v. Borsig: Leben aus der Lotosblüte, 1976; H. v. Glasenapp: Der Buddha des „Lotus des Guten Gesetzes", in: Ausgew. Schr., hg. v. H. Bechert u. V. Moeller, 1980, 450–461. (sl)

Lü (Nan-shan, Skt ↗vinaya, jap. Ritsu), buddh. chin. Schule „der Disziplin“, gegründet von ↗Tao-hsüan Anfang des 7. Jh. Der Schwerpunkt der L. liegt auf der Regelobservanz, 250 Regeln für die Mönche, 348 für die Nonnen. Bis zum Aufstand von 755 galt die L.-Schule als eine der 4 wichtigsten Schulen des chin. Buddh.; danach büßte sie ihre ursprüngliche Bedeutung ein, um schließlich in der Ming-Zeit mit anderen Schulen zu verschmelzen. Ihre wichtigsten erhaltenen Schriften stammen aus der Zeit vor 755 oder aus der Sung-Zeit. Bemerkenswert viele L.-Mönche lebten in der Hauptstadt, wo sie politischen Einfluß nehmen konnten. Viele von ihnen zählen auch unter die Historiographen des chin. Buddh. (z. B. ↗Seng-yu, Tsan-ning). Wichtige Texte der Schule sind „Ssu-fen-lü“ (übers. 412), „Shih-sung-lü“ (der vinaya des ↗Sarvāstivāda übers. von ↗Kumārajīva) u. „Seng-shih-lü“. (so)

Lumbinī (heute: Rummindei) gilt der Tradition nach als Geburtsort des ↗Buddha Sākyamuni. 1894 wurde eine Steinsäule aus dem Jahre 245 v. Chr. geborgen, auf der Kaiser ↗Aśoka in Māgadhī verkünden ließ, daß hier der Buddha, der Weise aus dem Śākya-Stamm geboren sei. L. gehört zu den 4 heiligen Orten des Buddh. (no)

Lung-men, Höhlentempel-Anlage bei Lo-yang (494–550 Hauptstadt der nördl. Wei-Dynastie, ↗Yün-kang). Die Anlage wurde erbaut von der Nord-Wei-Dynastie bis zum T’ang-Kaiser Hsüan-tsung (–755). Die hauptsächlichsten Bauperioden waren 500–530 u. 650–710 (Kaiserin Wu Tse-t’ien). L. besteht aus 2100 Höhlen mit über 10 000 Skulpturen. Am häufigsten dargestellt finden sich ↗Śākyamuni, ↗Maitreya, ↗Amitābha u. ↗Kuan-yin. (so)

M

Macig Labdrön (tib. ma gcig lab sgron), eine der berühmtesten tib. Mystikerinnen (1055–1149), Schülerin des ↗Phadampa Sanggye u. bedeutendste Vertreterin der ↗Zhijepa-Schule. Sie bildet eine herausragende Repräsentantin der ↗Cö-Lehren u. wurde nach ihrem Tode selbst zu einer zentralen Gottheit dieses esoterischen Lehrsystems. (ev)

Madhyamaka ↗Mādhyamika ↗„Lehre vom mittleren Pfad“

Madhyamaka-kārikā (Skt), „Memorialverse über die Mittlere Lehre“ von ↗Nāgārjuna; gilt als Kurz- u. Zusammenfassung der „Mittleren Lehre“, also der Schule der ↗Mādhyamikas. Die Schrift wurde häufig kommentiert, in der Akutobhayā durch Nāgārjuna selber (in tib. Übers. erhalten), ferner durch Buddhapālita, Bhāvaviveka, Candrakīrti, Asaṅga u. a. (no)

madhyamā pratipad (Skt, majjhimā patipadā P) ↗Mittlerer Pfad

Mādhyamika (Skt). Auch: Madhyamaka, Śūnyatāvāda; neben der ↗Yogācāra-Schule wichtigste philosophische Richtung des ↗Mahāyāna. Der Schulname leitet sich von „madhyamā pratipad“ (↗„Mittlerer Weg“) her, was hier allerdings nicht den ↗Achtfachen Pfad meint, sondern jene philosophische Option, die die Begriffe des Seins, u. des Nicht-Seins bzw. die Weltanschauungen des Eternalismus u. des ↗Nihilismus vermeidet. Die M.-Schule stützt sich auf das Werk ↗Nāgārjunas (2.–3. Jh.), dessen ↗Mūlamadhyamakārikā immer wieder zum Ausgangspunkt ihrer Erörterungen werden. So ist die unter dem Vorzeichen der ↗śūnyatā-Lehre stehende, logische Begriffskritik das Hauptanliegen der M.-Schule. Der 1. bedeutende Schüler Nāgārjunas war ↗Āryadeva (3. Jh.). Im 5. Jh. kommt es durch 2 Schüler ↗Saṃgharakṣitas zu einer Spaltung der M.-Schule. Mit ↗Buddhapālita formiert sich die ↗Prāsaṅgika-Schule, die eine streng negative Dialektik als einzig legitime Argumentationsform vertritt (die Position des Gegners ist allein durch Aufzeigen ihrer Aporien zu widerlegen, ohne dabei eine eigene Position einzunehmen), unter ↗Bhāvaviveka entsteht die ↗Svātantrika-Schule, die auch eine positive, eigenständige Beweisführung akzeptierte. Während die Prāsaṅgika-Schule im 6. Jh. in ↗Candrakīrti einen ihrer glänzendsten Vertreter fand u. ihren letzten großen Lehrer in ↗Śāntideva (7.–8. Jh.) besaß, näherte sich die Svātantrika-Schule stärker der Yogācāra-Position an, was im 8. Jh. unter ↗Śāntirakṣita zur Entstehung der Svātantrika-Yogācāra-Schule führte, welcher der bedeutende Tibet-Missionar ↗Kamalaśīla angehörte. In ↗China gründete ↗Chi-tsang (6.–7. Jh.) die auf den M.-Lehren beruhende San-lun-Schule, die später als ↗Sanron-Schule ihren Weg nach ↗Japan fand.

L.: L. de La Vallée Poussin: Madhyamaka, MCB 2 (1933), 1–146; R. H. Robinson: Early M. in India and China, Madison 1967 (Nachdr. Delhi 1976); T.R.V. Murti: The Central Philosophy of Buddhism, London [2]1980; S. Ida: Reason and Emptiness, Tokyo 1980; C. Lindtner: Nāgārjuniana, Copenhagen 1982; D. Seyfort Ruegg: The Literature of the Madhyamaka School of Philosophy in India, 1981 (= HIL VII, 1); ders.: Towards a Chronology of the M. School, Indological and Buddhist Studies, Canberra 1982, 505–530; P.D. Santina: Madhyamaka Schools in India, Delhi 1986; M.D. Eckel: Jñānagarbha's Commentary on the Distinction between the Two Truths, New York 1987; R. Gombrich et al.; Earliest Buddhism and Madhyamaka, in: D. Seyfort Ruegg (Hg.): Panels of the 7th World Skt Conference, 2, Leiden 1990; G.M. Nagao: Madhyamika and Yogācāra, Albany 1991; E. Frauwallner: Die Philosophie des Buddhismus, [4]1994. (sl)

Magadha, NO-ind. Königreich im 6./5. Jh. v. Chr. im Gebiet des heutigen S-Bihar mit der Hauptstadt ↗Rājagṛha (P Rājagaha), später ↗Pāṭaliputra (P Pāṭaliputta). Aus dem Reich M. entstand unter der ↗Maurya-Dynastie im 3. Jh. v. Chr. ein ind. Großreich. (no)

Māgadhī, mit großer Wahrscheinlichkeit die Sprache des ↗Buddha u. des buddh. Urkanons (↗Kanon). Die früher unkritisch angenommene Gleichsetzung von M. mit Pāli ist aufgegeben.

L.: H. Lüder: Beobachtungen über die Sprache des buddh. Urkanons, 1954. (no)

Mahābodhi Society (Skt-engl., Gesellschaft vom Großen Erwachen bzw. von der Großen Erleuchtung; Mahābodhi-Gesellschaft), eine buddh. Vereinigung, die der Singhalese Anagārika ↗Dharmapāla (David Hewavitarne, 1864–1933) 1891 zunächst unter dem Namen „Budh-Gaya-Mahabodhi Society" in Colombo/Ceylon gründete. Präsident der Gesellschaft wurde der berühmte Mönch Hikkaḍuvē Sumangala Mahāthera, Generalsekretär Dharmapalā. Ziel war ein Zusammenschluß aller buddh. Traditionen zur Wahrung buddh. Interessen u. zur Erhaltung u. Instandsetzung der buddh. Wallfahrtsstätten in ↗Indien (↗Heilige Stätten des Buddhismus) sowie die Wiederbelebung u. Förderung buddh. Religiosität. Ab 1900 wurden zahlreiche nationale Zweiggesellschaften der M.S. gegründet, 1911 auch in Deutschland durch K. ↗Seidenstücker. Deren Vorsitzender wurde F. ↗Zimmermann (pseudonym Subhadra Bhikhsu, 1851–1917). Ab 1921 wird in Deutschland der ↗„Bund für buddh. Leben" mit der M.S. vereinigt. Nach dem 2. Weltkrieg formierte sich die Buddh. Gesellschaft München 1948 als dt. Zweig der M. S.

L.: H. Bechert: Buddh., Staat u. Gesellschaft i. d. Ländern des Theravāda-Buddh., Bd. 1, 1966, ²1988, 47–51. (no)

Mahākāla (Skt, ↗tib. mgon po nag po chen po), „der Große Schwarze", in zahlreichen unterschiedlichen Erscheinungsformen auftretender ↗Dharmapāla. Seine Haupterscheinungsform, der „Sechsarmige Beschützer" (tib. mgon po phyag drug pa), ist von furchterregender, eingesichtiger, sechsarmiger Gestalt, schwarzblauer Körperfarbe u. hält Hackmesser, Schädelschale, Totenschädelkranz u. Doppeltrommel (Skt ḍamaru) in seinen Händen. M. gilt als die schreckenerregende Erscheinungsform ↗Avalokiteśvaras. (ev)

Mahā Māyā ↗Māyā Gotamī

Mahāmudrā-Lehren (tib. phyag rgya chen po), das sind die von dem ind. ↗Mahāsiddha Maitrīpa (11. Jh.) dem ↗Marpa übermittelten Unterweisungen, die die tiefgründigsten esoterischen Lehren der tib. ↗Kagyüpa-Schule bilden. Ziel der nach ↗sūtra-Art praktizierten M.-L. ist die Erfahrung alles Existierenden als konzeptionslose Leerheit, die nach ↗Tantra-Art durchgeführten M.-L. konzentrieren sich einzig auf das Bewußtsein u. streben durch die Erfahrung der Einheit von höchstem Glück (Skt mahāsukha) u. ↗Leerheit (Skt śūnyatā) die höchste Verwirklichung an. (ev)

Mahānāma. 1. M. gehörte nach buddh. Tradition zur Gruppe der 5 Asketen, die sich ↗Siddhārtha Gautama in der Zeit seiner Schmerzensaskese vor der Erleuchtung angeschlossen hatten. Sie waren die Adressaten der 1. Predigt des ↗Buddha in Benares u. wurden die ersten Mönche des buddh. Ordens. – 2. Ein M. wird als Vetter des Buddha u. Bruder der Mönche ↗Ānanda u. ↗Anuruddha genannt. M. blieb allerdings Laie. Seine Tochter, Vāsabhakhatiyā, war buddh. Texten zufolge die Hauptfrau des Königs ↗Pasenadi von Kosala. (no)

Mahānāyaka-Thera (P). 1. Titel der Vorsteher der beiden Zweige der sog. „Siamesischen Schule" (Syāma-Nikāya) in Sri Lanka u. damit die höchsten Würdenträger dieser Schule. – 2. Titel des Oberhauptes eines ↗Nikāya oder Nikāya-Zweiges – das sind Schulen u. Observanzen im theravādischen saṅgha (vor allem in Birma u. Sri Lanka), die sich häufig auf Ordinationstraditionen, aber auch auf Reformen gründen. Heute gibt es in Sri Lanka ca. 30 M.-T., unter denen einer der beiden M.-T. der alten „Siamesischen Schule" als primus inter pares präsidiert. (no)

Mahāniddesa (P), jüngerer Teil des ↗Niddesa, einer Schrift aus dem ↗Khuddakanikāya des ↗Pāli-Kanons. Der M. kann nicht vor dem 2. Jh. n. Chr. abgefaßt worden sein u. ist damit ein wichtiger „terminus a quo" für die Entstehungsgeschichte des Pāli-Kanons (↗Kanon).

A.: M. N., ed. L. de La Vallée Poussin and E.J. Thomas, 2 Bde., PTS, 1916–17 (repr. 1978); Niddesa Commentary (Saddhammapajjotikā), ed. Ven. A. P. Buddhadatta, 3 Bde., PTS, 1931–40 (repr. 1980–89); Culla Niddesa, ed. W. Stede, PTS, 1918 (repr. 1988). (no)

Mahāparinibbāna-suttanta (P, MPNS), wörtlich: „Lehrrede über das Große vollständige Verlöschen" (des ↗Buddha in der

Welt), berichtet über die letzte Reise des Buddha von ↗Rājagṛha (P Rājagaha) nach Kuśinagara (P Kusināra), seine Erkrankung, seinen Tod u. seine Einäscherung (bzw. deren Vorbereitung). Der Text findet sich in der Sammlung der langen Lehrreden (↗Dīgha-Nikāya) im Suttapiṭaka des ↗Pāli-Kanons. Die darin niedergelegte Überlieferung gehört mit zum wichtigsten u. authentischsten Quellenmaterial (bei freilich einzelnen Interpolationen an verschiedenen Stellen) für die Buddha-Vita. Die Erzählung selbst ist aus historisch-kritischer Beurteilung heraus nicht als geschichtlicher Bericht im strengen Sinne zu nehmen. Daß an dem Text mehrere Autoren gearbeitet haben, ist nach inhaltlichen (Aussagewachstum u. Änderung der Aussageabsicht) wie nach philologischen Kriterien (z. B. die sog. Ānanda-Frage; D 16 V, 9 mit der Verwendung eines jüngeren Pāli) einigermaßen gesichert. Vor allem aber überbieten spätere Tendenzen die ursprüngliche Darstellung des Buddha als Mensch durch die Hinzufügung wundersamer Ereignisse. In dieser Absicht zeigt sich ansatzhaft bereits die Tendenz zur kultischen Verehrung des Buddha, die von hier einen ihrer Ausgänge nimmt. Schließlich bietet das MPNS einen Referenzrahmen für die Gestaltung u. Interpretation des ↗vinaya, der Ordensregel. Der Text dürfte nach dem 2. Konzil von Vaiśālī (ca. 380 v. Chr.) u. damit nach dem Schisma zwischen ↗Sthaviravāda u. ↗Mahāsāṅghika entstanden sein.

L.: E. Waldschmidt: Die Überlieferungen vom Lebensende des Buddha, 2 Bde., 1944–48; A. Bareau: Recherches sur la biographie du Bouddha dans les Sūtrapiṭaka et les Vinayapiṭaka anciens, Bd. II, Paris 1971; U. Schneider: Einführung i. d. Buddh., 1980, 26–46. (no)

mahāparinirvāṇa (Skt, P mahāparinibbāna); das große vollendete ↗nirvāṇa, das mit dem Tod eines Erwachten (↗Buddha, ↗arhat) eintritt. Das vortodliche nirvāṇa ist durch das Fortbestehen der 5 Gruppen (↗khandha), die die empirische Person ausmachen, charakterisiert. Mit dem m. geht der Erwachte in einen Zustand außerhalb der saṃsārischen Welt (↗saṃsāra) über. m. ist begrifflich in menschlicher Sprache, die ja saṃsārische Verhältnisse u. Bedingungen widerspiegelt, schlechterdings nicht zu bestimmen (vgl. Snip 1074 u. 1076. (no)

Mahāparinirvāṇa-sūtra (Skt, wörtlich: Lehrrede vom großen vollständigen Verlöschen), Sammlung mahāyānischer Texte, deren 1. tatsächlich vom „Großen vollständigen Verlöschen" (des ↗Buddha in der Welt, also von seinem Tod) handelt. Die Sammlung findet sich im chin. ↗Kanon. Sie ist wohl zwischen 200 u. 400 n. Chr. kompiliert u. von Fa-hien ins Chin. übersetzt worden. Jüngere Skt-Fragmente wurden in Zentralasien entdeckt u. von E. Waldschmidt herausgegeben. Daneben existieren 2 weitere chin. Übers. eines M., von dem gleichfalls Skt-Fragmente erhalten sind (entdeckt im Kōyasan-Tempel, dem Haupttempel des jap. Vajrayāna, u. in Zentralasien). Dieser 2. Lehrtext dürfte um 300/350 n.Chr. in Kaschmir entstanden sein. Die Texte beanspruchen, die letzte Predigt des Buddha u. damit dessen geheime Lehren wiederzugeben.

A.: Das M., auf Grund v. Turfanhandschriften hg. u. bearb. v. E. Waldschmidt, 3 Tle., 1950–51 (ADAW 1949, 1; 1950, 2, 3; Neudr. in 1 Bd. 1986). – Ü.: K. Yamamoto: The Mahāyāna M., 3 Bde., Ube City 1973–75. – L.: E. Waldschmidt: Die Überlieferung vom Lebensende des Buddha, eine vergleichende Analyse des M. und seiner Textentsprechungen, 2 Tle., 1944–48 (AAWG 29, 30); ders.: M. der Dharmaguptas, in: E. Waldschmidt: Drei Fragmente buddh. Sutras aus den Turfanhandschriften, NAWG 1968, 3–16. (no)

Mahāprajāpatī (Skt, P Mahāpajāpatī oder Pajāpatī) war Tante u. Stiefmutter des ↗Siddhārtha Gautama, die den späteren ↗Buddha nach dem frühen Tod seiner Mutter erzogen hat. Selber hatte sie 2 Kinder, einen Sohn ↗Nanda – u. eine Tochter ↗Nandā (oder Sundarīnandā). Ihr Name ist vor allem mit der Gründung des buddh. Nonnenordens verbunden, die sie gegen das Widerstreben des Buddha mit Unterstützung ↗Ānandas ins Werk setzte (Cv 10, 1, 2–5; 2, 2). (no)

Mahāsāṃghika (Skt). Nicht-mahāyanische Schule des älteren ind. Buddh. Vermutlich einige Zeit nach dem ↗Konzil von Vaiśālī (nach anderer Auffassung auf dem Konzil von Pāṭaliputra) spaltete sich die frühe buddh. Gemeinde in die beiden Schulen: M. = „Große Gemeinde" u. Sthaviravāda = „Standpunkt der Älteren" (↗Theravāda). Als Anlaß der Spaltung werden traditionell die 5 Thesen eines gewissen Mahādeva (oder auch Bhadra) über die ↗Arhatschaft genannt, deren genaue Bedeutung unklar ist, die jedoch deutlich auf eine Minderbewertung der Arhatschaft als Heilsziel abzielen. Ob dies im Dienste einer Ausweitung des Arhat-Status oder aber einer Ablösung des Arhat-Ideals zugunsten des ↗Bodhisattva-Ideals stand, ist ebenfalls umstritten. Wie aus der Schule der Sthaviravadin gingen auch aus der Schule der M. mehrere Subschulen hervor: ↗Lokottaravāda (identisch mit oder hervorgegangen aus dem Ekavyāvahārika), Gokulika (aus dieser vermutlich die Bahuśrutiya u. die ↗Prajñaptivādin) u. Caitika (aus der die nach ihrem Verbreitungsgebiet benannte Gruppe der Andhraka-Schulen hervorging: Purvaśaila, Aparaśaila bzw. Uttaraśaila, Rājagirika, Siddhārthika). Vom Schrifttum der M. bzw. der Subschulen ist nur wenig erhalten, wie z. B. das ↗Mahāvastu u. der ↗Prātimokṣa der M. Die M.-Schule erweiterte im Laufe ihrer Entwicklung die triadische Struktur ihres ↗Kanons, indem sie diesem einen 4. u. 5. „Korb" anfügte, in denen evtl. auch ↗Mahāyāna-Texte enthalten waren. Die Lehren der Mutterschule u. der Subschulen sind im einzelnen nur schwer zu rekonstruieren. In vielem gelten sie jedoch als Vorformen des ↗Mahāyāna, wie z. B. in der doketisch geprägten ↗Buddhologie, der Betonung des Bodhisattvas, der Interpretation von ↗prajñā u. dem Konzept einer doppelten ↗Wahrheit.

L.: A. Bareau: Les sectes bouddhiques du Petit Véhicule, Saigon 1955 (PEFEO 38); E. Lamotte: Histoire du bouddhisme indien, des origines à l'ère Śaka, Louvain [2]1976; S.C. Prebish, J.J. Nattier: M. Origins. The Beginnings of Buddhist Sectarianism, History of Religions 16, 3 (1977), 237–272; N. Dutt: Buddhist Sects in India, Calcutta [2]1978; A.K. Warder: Indian Buddhism, Delhi [2]1980; H. Nakamura: Indian Buddhism, Delhi [2]1987. (sl)

Mahāsiddhas, vierundachtzig (Skt, tib. grub thob brgyad bcu rtsa bźi), „die 84 großen Siddhas", Bezeichnung einer Gruppe von ind. Heiligen, die eng mit der Entstehung u. Überlieferung wichtiger ↗Vajrayāna-Tantras u. der ↗Mahāmudrā-Lehren verknüpft sind. Sie traten besonders durch ihre außergewöhnlichen magischen Fähigkeiten (Skt siddhi), wie das Durchdringen von Felsen, Fliegen am Himmel oder das Aufwärts-Fließen-Lassen von Wasser hervor. All ihre fantastisch anmutenden Fähigkeiten stellen ein gewichtiges Mittel ihres jeweiligen Befreiungsweges dar u. dienen der Demonstration, daß dem Geist die Beherrschung der 4 Elemente möglich ist. Ihre spontan verfaßten Eingebungen finden in „Mystischen Gesängen“ (Skt doha) ihren Ausdruck. Im lamaistischen Kulturraum lebt ihre Tradition besonders im Heiligentypus des ↗Heiligen Narren fort.

L.: T. Schmid: The 85 Siddhas, Stockholm 1958 (Report Scient. Exped. Dr. S. Hedin VIII, 7); ders.: Fünfundachtzig Mahāsiddhas, in: Ethnos 20 (1955), 103–121; J.B. Robinson (Übers.): Buddha's Lions, Berkeley 1979; K. Dowman: Masters of Enchantment, 1989; A. Grünwedel: Die Geschichten der 84 Zauberer (Mahāsiddhas), in: Baessler-Archiv, Bd. 5, H. 4/5, 1916, 137–228; N. Katz: Buddhist images of human perfection. The Arahant of the Sutta-Piṭaka compared with the Bodhisattva and the Mahāsiddha, Delhi 1982. (ev)

Mahāsthāmaprāpta (Skt). „Der große Kraft erworben hat“, ein im ↗Mahāyāna verehrter ↗Bodhisattva, der im Menschen die Erkenntnis der Erlösungsbedürftigkeit entstehen läßt. Im ↗Amida-Buddh. wird M. häufig gemeinsam mit ↗Avalokiteśvara als Begleiter ↗Amidas (dessen Weisheit M. verkörpert) verehrt u. bildlich dargestellt. (sl)

Mahāthera (P) oder Mahā Thera, wörtlich: großer Älterer, Titel älterer Mönche im theravādischen ↗saṅgha (↗Theravāda), der 20 Jahre nach der Ordination verliehen werden kann. Tatsächlich kannte der buddh. Orden seit alters ein Ehrenvorrecht von dem Ordinationsalter nach älteren Mönchen. (no)

Mahāvairocanasūtra (Skt), „Sutra des großen Glänzenden“; relativ alter (spätestens 7. Jh.) unter den ausführlicheren u. grundlegenden ind. Texten des buddh. ↗Tantrismus, der dem ↗Vajrayāna zugerechnet wird.

L.: R. Tajima: Étude sur le M. (Daimichikyo), avec la traduction commentée du premier chapitre, Paris 1936. (sl)

Mahāvaṃsa (P). Der M. („Große Chronik“) ist ein in Pāli verfaßtes singhalesisches Geschichtswerk aus dem 6. Jh. n.Chr., das dem ↗Mahānāma zugeschrieben wird. Als Vorlage dürfte neben verlorenen singhalesischen Chroniken die etwas ältere u. weniger kunstvolle Chronik ↗Dīpavaṃsa gedient haben. Mit seinen Geschichtswerken lieferte Sri Lanka einen eigenständigen lit. Beitrag innerhalb des indischen Raumes, der zu dieser

Zeit ansonsten keine historische Literatur hervorbrachte. Der M. behandelt die Geschichte Sri Lankas bis zur Zeit der Herrschaft Mahāsenas im 4. Jh. unter dem Aspekt des sich formierenden Bewußtseins nationaler Identität, das sich u.a. in den ausgeweiteten Berichten über die Kämpfe der Singhalesen gegen die dravidischen Herrscher niederschlägt. Das Bewußtsein nationaler (u. ethnischer) Identität ist zugleich eng verbunden mit dem Gefühl des Auftrags, die Lehre ↗Buddhas in ihrer ursprünglichen Reinheit zu bewahren. So gibt der M. z. B. als Grund für die schriftliche Niederlegung des ↗Pāli-Kanons (↗Kanon) u. damit für den bedeutsamen Wechsel von der mündlichen zur schriftlichen ↗Tradition die Sorge um die Bewahrung der authentischen Lehre an. In der spezifischen Verbindung religiöser u. politischer Aspekte zu einem einheitlichen nationalen Identitätskonzept ist der M. bis in die Gegenwart von großer Bedeutung für das Selbstverständnis des ceylonesischen Buddh. Die Geschichtsschreibung des M. wurde später mehrfach in Form von Anhängen (↗Cūḷavaṃsa) fortgeführt, wovon derjenige Dhammakitis aus dem 13. Jh. besonders bekannt ist.

A.: M., ed. W. Geiger, PTS, 1908 (repr. 1958). – Ü.: The Great Chronicle of Ceylon, tr. W. Geiger, assisted by M.H. Bode, 1912 (repr. with Addendum by G.C. Mendis, 1980); Cūlavaṃsa, being the more recent part of the M., 2 Bde., London 1929–30 (Nachdr. Colombo 1953). – L.: W. Geiger: D. und Mahāvaṃsa und die geschichtliche Überlieferung in Ceylon, 1905 (Nachdr. 1973); A.P. Buddhadatta: Corrections of Geiger's M., Ambalangoda 1957; H. Bechert: The Beginnings of Buddhist Historiography: Mahāvaṃsa and Political Thinking, in: Religion and Legitimation of Power in Sri Lanka, ed. Bardwell L. Smith, Chambersburg/Pa. 1978, 1–12; E. Frauwallner: Über den geschichtlichen Wert der alten ceylonesischen Chroniken, Nachgel. Werke, Bd. 1, hg. v. E. Steinkellner, Wien 1984, 7–33 (SAWW 438). (sl)

Mahāvastu (Skt), „Das Buch der großen Begebenheiten"; ein Werk aus dem ↗Vinayapiṭaka der ↗Lokottaravāda-Schule (↗Mahāsāṃghika). Das M. reicht in seinen älteren Teilen vermutlich bis ins 2. Jh. zurück, dürfte aber bis ins 4. Jh. noch Erweiterungen erfahren haben u. enthält folglich älteres wie neueres Material. Es handelt sich um eine Biographie des ↗Buddha, in die zahlreiche Erzählungen nach Art der ↗Jātakas u. der ↗Avadāna-Literatur, sowie lehrhafte Abhandlungen u.

ganze ↗Sūtren eingeflochten sind. Die ↗Buddhologie des M. besitzt doketische Tendenzen; es findet sich bereits das im ↗Mahāyāna bedeutsame Schema der 10 Stufen (↗bhūmi) eines ↗Bodhisattvas. (sl)

A.: E. Sénart (Hg.): Le M., texte sanscrit publié pour la première fois et accompagné d'une introduction et d'un commentaire, 3 Bde., Paris 1882–97 (Nachdr. Tokyo 1977); M.-Avadāna, vol. 1, ed. S. Bagchi, Darbhanga 1970 (BST 14); M.-Avadāna, 3 Bde., ed. R. Basak, Calcutta 1963–68 (CSCRS). – Ü.: The M., tr. J.J. Jones, 3 Bde., London 1949–56 (SBB 16, 18, 19; repr. 1973–76)); The M., tr. R. Basak, 3 Bde., Calcutta 1963–68. – L.: H. Oldenberg: Studien zum M., 1912; B.C. Law: A Study of the M., Calcutta 1930; Bhikkhu T. Rahula: A Critical Study of the M., Delhi 1978; A. Yuyama: A Bibliography of the M.-Avadāna, IIJ XI (1968), 11–23. (ec)

Mahāvihāra (Skt/P), Name des nach der singhalesischen Überlieferung unter König Devanāmpiya Tissa (2. Hälfte des 3. Jh. v. Chr.) bald nach der Ankunft ↗Mahindas in ↗Anurādhapura (↗Sri Lanka) errichteten Klosters. Es blieb bis zum Niedergang Anurādhapuras (11.–12. Jh.) eine der Hauptzentren des ceylonesischen Buddh. (sl)

Mahāvīra (Skt, großer Held), Ehrentitel des ind. Adligen Vardhamāna, der im 6./5. Jh. v. Chr. die Religion des ↗Jainismus formte. Im ↗Pāli-Kanon wird er Nigaṇṭha Nātaputta (der von Fesseln Befreite, der Sohn aus dem Geschlecht der Nāta) gen. – M. wurde um 599 (oder 549/49) oder im 5. Jh.) in Kuṇḍagrāma bei ↗Vaiśālī geboren. Mit 30 Jahren verließ er nach dem Tod der Eltern seine Frau u. Tochter, um zunächst als seßhafter Eremit, dann als wandernder Bettelmönch, der auch auf die Bekleidung verzichtete, durch sittliche Zucht u. asketische Übungen wie Fasten die Seele von den durch früheres Tun (↗karma) verursachten Befleckungen zu läutern. Nach 12 Jahren erlangte er unter einem Sala-Baum am Ufer des Flusses Rijupālikā bei Jrimbhikāgrāma die Erleuchtung der Allwissendheit (kevalajñāna). Weitere 30 Jahre zog er predigend im heutigen Bihar umher u. organisierte die vierfache Gemeinde aus Mönchen, Nonnen sowie männlichen u. weiblichen Laien. Mit 72 Jahren ging er in Pāvā (bei Patna) um 527 (oder 477/67 oder später) ins endgültige ↗nirvāṇa ein. Nach D 29,1–4;

33,1,6f erhielt ↗Buddha die Nachricht von seinem Tod, ohne ihm je begegnet zu sein.

L.: E. Leumann, Buddha u. Mahāvīra, 1931; H. Jacobi: Buddhas u. M.s Nirvāṇa, SPAW 1930, 557–568. (mü)

Mahāyāna (Skt, P). 1. *Begriff:* Der Ausdruck „M." („Großes" bzw. „Erhabenes Fahrzeug") wird ursprünglich zur Selbstbezeichnung eines ebenso reformatorischen wie innovativen Typus buddh. Lehre u. Praxis (u. seiner Anhänger) verwendet, nicht selten in Verbindung mit der Abgrenzung von den älteren, polemisch ↗„Hīnayāna" („Kleines" bzw. „Minderes Fahrzeug") genannten buddh. Schulen. Später dient der Begriff „M." darüber hinaus bisweilen auch zur Abgrenzung von den als ↗„Tantrayāna, ↗„Mantrayāna, ↗„Vajrayāna usw. bezeichneten Schulen des buddh. ↗Tantrismus. Ihre sachliche Berechtigung hat in der wissenschaftlichen Erforschung des Buddh. zu breiter Akzeptanz dieser Dreiteilung der buddh. Tradition geführt, wobei jedoch aus historischen u. inhaltlichen Gründen die Grenzen keineswegs immer scharf gezogen werden können, sondern sich vielfach Überschneidungen u. Kontinuitäten zeigen. – 2. *Geschichte.* Nach wie vor unklar sind viele Fragen im Zusammenhang mit der Entstehung des M. In der Zeit zwischen dem 1. Jh. v. Chr. u. dem 1. Jh. n. Chr. dürften sich die Vorstellungen des M. im Bereich einiger älterer buddh. Schulen (diskutiert werden besonders die in N-Indien verbreiteten ↗Sarvāstivādin u. die im Süden verbreiteten ↗Mahāsāṃghika), vermutlich unter starkem Einfluß seitens buddh. Laien, entwickelt haben. Spätestens ab dem 2. Jh. n. Chr. sind die Ideen des M. in separater Textgestalt greifbar, u. es entstehen bald zahlreiche ↗Mahāyāna-Sūtren. Im 2./3. Jh. entwickelt sich mit ↗Nāgārjuna die ↗Mādhyamika-Schule, im 4. Jh. die ↗Yogācāra-Schule, in deren Schrifttum die Themen der Mahāyāna-Sūtren eine philosophische Erörterung von großem Tiefgang erfahren. In den nun folgenden Jahrhunderten erlebt das M. in ↗Indien seine Blüte, u. seine Texte u. Ideen dringen zugleich auch in alle außerind. buddh. Gebiete vor. Während ab dem 7./8. Jh. in Indien das M. seinen Einfluß allmählich an den buddh. ↗Tantrismus verliert (der sich seinerseits im Rückgriff auf einige Grundauffassungen des M. formiert) u. schließlich gemeinsam mit diesem u. den älteren Schulen untergeht, wird das M. in ↗China zur nahezu allein dominierenden Form des Buddh. u. verbreitet sich von dort aus nach ↗Korea u. ↗Japan. Ind. Traditionen werden im sino-jap. Raum zu mächtigen Sonderformen weiterentwickelt, wie den Schulen des ↗Lotus-Sūtras (↗T'in-tai, ↗Tendai-Schule, ↗Nichiren-Schule), dem ↗Ch'an bzw. ↗Zen-Buddh. u. dem ↗Amida-Buddh., die – sieht man von den tantrischen Formen ab – bis heute die wichtigsten lebendigen Repräsentanten der Tradition des M. bilden. – 3. *Charakteristische Züge:* Auf doktrinärer Ebene lassen sich die für das M. typischen Lehren um 3 Themen gruppieren: a) die Verschiebung vom Ideal des ↗arhat zum Ideal des Bodhisattva (weshalb für das M. bisweilen auch die Bezeichnung „Bodhisattvayāna" gebräuchlich ist), b) die Ausweitung der ↗anātman-Lehre zur ↗śūnyatā-Lehre, c) die Radikalisierung der Identifikation von ↗Buddha u. ↗dharma zur dreistufigen Buddhologie (↗trikāya). Zunächst versteht sich das M. als die Bewegung derer, die den Weg des Bodhisattva gehen, d. h. nach Verwirklichung der Buddhaschaft i. S. höchster ↗Erleuchtung streben. Getreu dem Vorbild des ↗Buddha, der aus ↗Mitleid (Skt karuṇā) in der Welt blieb u. die Lehre verkündete, wird das Mitleid als entscheidendes Merkmal des nach der Buddhaschaft strebenden Bodhisattva angesehen. Dem allumfassenden Mitleid entspricht die nicht-differenzierende ↗Weisheit (Skt ↗prajñā), die in der śūnyatā-Lehre thematisiert wird. Alle Abgrenzungen sind begriffliche Konstrukte mit einer existentiellen Wurzel u. so entweder Ausdruck des unerlösten ↗Anhaftens oder „geschicktes Mittel" (↗upāya), dessen sich der Bodhisattva in altruistischer Absicht bedient (↗Wahrheit, doppelte). Selbst die Unterscheidung von ↗saṃsāra u. ↗nirvāṇa erweist sich somit als letztlich unzutreffend. Also verliert das Gestalthafte wegen seiner Unterscheidbarkeit an Realitiät, gewinnt sie jedoch zugleich in ↗paradoxer Form wegen der Unabgrenzbarkeit des nirvāṇas zurück. Als höchste von der Lehre vermittelte Realität erscheint die universale ↗Buddhanatur, an der alle Wesen (später: alle Dinge) partizipieren; die Buddha-Wirklichkeit entfaltet sich in verschiedene u. letztlich doch ununterschiedene Aspekte. Auf praktischer Ebene zeigt sich im M. häufig eine deutliche Aufwertung des Laienstandes u. devotional-kultischer Aspekte des buddh. Heilsweges. (sl)

A.: Bibliotheca Buddhica, St. Petersburg 1901ff (Nachdr. Osnabrück 1970); Buddhist M. Texts, Oxford 1894 (SBE 49; Nachdr. Delhi 1965); P.L. Vaidya (ed.): Mahāyānasūtrasaṃghraha, Darbhanga 1961. – Ü.: M. Winternitz: Der M.-Buddhismus, [2]1930 (RL 15); P. Pfandt: M. Texts translated into Western Languages (Bibliographie), Köln 1983. – L.: W.M. McGovern: An Introduction to M. Buddhism, London 1922 (repr. Delhi 1986); R. Kimura: A Historical Study of the Terms Hīnayāna and M. and the Origin of M. Buddhism, Calcutta 1927; N. Dutt: Aspects of M. Buddhism and its Relations to Hīnayāna, London 1930; ders.: M. Buddhism, Calcutta 1976; E. Lamotte: Sur la formation du M., in: Fs. F. Weller, 1954, 377–396; H. Nakamura: A Brief Survey of Japanese Studies on the Philosophical Schools of the Mahāyāna, Tokyo 1960 (Acta Asiatica, 1); ders.: A Critical Survey of Mahāyāna and Esoteric Buddhism chiefly based upon Japanese studies, Tokyo 1964 (Acta Asiatica, 7); ders.: A Survey of Mahāyāna Buddhism with Bibliographical Notes, pt. I, The Journal of Intercultural Studies, III, Osaka 1976; D. Schlingloff: Die Religion des Buddhismus, Bd. 2, 1963; D.T. Suzuki: Outlines of M. Buddhism, New York 1963; A. Bareau: Der indische Buddhismus, in: C.M. Schröder (Hg.): Die Religionen der Menschheit, Bd. 13, 1964; H. Bechert: Notes on the Formation of Buddhist Sects and the Origins of M., in: German Scholars on India, Bd. 1, ed. Cultural Department, Embassy of the Federal Republic of Germany, New Delhi – Varanasi 1973, 6–18; M. Pye: Skilful Means. A Concept in M. Buddhism, London 1978; R.K. Heinemann: Der Weg des Übens im ostasiatischen M., 1979; A.L. Herman: An Introduction to Buddhist Thought, Lanham 1983; A.K. Warder: „Original" Buddhism and Mahāyāna, Torino 1983 (Pubblicazioni de Indologica Taurinensia, Collana di Letture, 16); E. Conze: Buddhistisches Denken, 1988; P. Williams: M. Buddhism, London 1989; H.W. Schumann: M.-Buddhismus, 1990; E. Frauwallner: Die Philosophie des Buddhismus, [4]1994. (ec)

Mahāyāna-Śraddhotpāda-Śāstra (Skt; „Abhandlung über die Erweckung des Mahāyāna-Glaubens"), bedeutender Lehrtext, der den Auffassungen der ↗Yogācāra-Schule nahesteht. Es wurde fälschlich dem ↗Aśvaghoṣa zugeschrieben, ist jedoch ein jüngeres Werk, evtl. sogar chin. Ursprungs. (sl)

Ü.: M. Cools: M., Bruxelles 1972 (franz.). – L.: W. Liebenthal: New Light on the M., T'oung Pao 46 (1958), 155–216; Y.S. Hakeda: The Awakening of Faith, New York 1967. (ec)

Mahāyānasūtrālaṃkāra (Skt). Der M. („Schmuck der Sūtren des Mahāyāna") ist ein wichtiges, dem ↗Maitreyanātha zugeschriebenes Frühwerk der ↗Yogācāra-Schule, das sich inhaltlich eng an den Stoff der Bodhisattvabhūmi anschließt u. in gemischter Textform (Verse u. Prosa) zentrale Themen der Yogācāra-Lehre behandelt. (sl)

Mahāyāna-Sūtren. Als M. werden jene Texte des ↗Mahāyāna bezeichnet, die formal als Predigten ↗Buddhas gekennzeichnet sind (was jedoch nicht in jedem Einzelfall zutrifft; ↗Hui-neng). Das Mahāyāna hat eine enorme Fülle von Sūtren hervorgebracht, die den verschiedenen kanonischen Sammlungen (↗Kanon) mahāyānischer Schulen integriert sind. Darunter lassen sich wiederum einige umfangreiche Teilsammlungen unterscheiden: die ↗Vaipulya-Sūtren (↗Prajñāpāramitā-Sūtren, ↗Āvataṃsaka-Sūtren, auch bekannt als Kegon-Sūtra, Ratnakūṭasūtra, das z. T. recht alte Texte enthält). Neben den Vaipulya-Sūtren sind die ↗Dhāraṇīs zu nennen, meist kurze Texte, die ↗mantras u. magische Formeln tradieren. Des weiteren gibt es bedeutende Sūtren-Sammlungen wie das mahāyānische ↗Mahāparinirvāṇa-Sūtra oder den Mahāsaṃnipāta, eine eher jüngere Sammlung mit tantrischem Einschlag, die von einigen Traditionen ebenfalls zu den Vaipulya-Sūtren gezählt werden. Schließlich hat das Mahāyāna mehrere hoch bedeutsame Einzel-Sūtren hervorgebracht, die sich meist nicht in den gen. Sammlungen befinden, wie z. B. das ↗Lotus-Sūtra, das ↗Laṅkāvatāra-Sūtra, den ↗Lalita Vistara, das ↗Samādhirāja-Sūtra u. das ↗Suvarṇaprabhāsa-Sūtra. Die meisten der M. sind ind. Ursprungs, neben Skt-Fassungen sind sie oft vollständig in chin. u. tib. Übers. erhalten. Die inhaltlichen Schwerpunkte der M. liegen 1. auf der Frage des rechten Verständnisses der buddh. Lehre (so vor allem bei jenen Texten, die die ↗śūnyatā-Lehre thematisieren), 2. auf der veränderten Interpretation ↗Buddhas, 3. auf dem ↗Bodhisattva-Ideal u. 4. auf dem Bereich kultischer, meditativer u. (mit zunehmendem tantrischen Einfluß) magischer Praxis, jedoch kaum mehr auf Fragen der Ordensregel (↗vinaya).

L.: K. Mizuno: Buddhist Sutras, Tokyo 1982; D. Lingwood (Sangharakshita): Das Buddha-Wort, 1992. (sl)

Mahāyānaviṃśaka (Skt). Der M. („20 [Lieder] über das Große Fahrzeug“) ist ein ↗Nāgārjuna zugeschriebener (Echtheit unsicher) Text aus der ↗Mādhyamika-Schule, in dem das Thema der Leere (↗śūnyatā) entfaltet wird. (sl)

Mahinda. Nach singhalesischer Überlieferung ein Sohn (evtl. auch jüngerer Bruder) des Kaisers ↗Aśoka. Nachdem M. mit seiner Schwester ↗Saṅghamittā in den Orden eingetreten war, sollen beide unter Aśoka unmittelbar im Anschluß an das ↗Konzil von Pāṭaliputra als erste Missionare nach ↗Sri Lanka ausgesandt worden sein. (sl)

Mahīśāsaka (Skt, P Mahiṃsāsaka). Eine der älteren Schulen (vermutlich bis zum 7. Jh. existent), die nach der Spaltung der Sthaviravādin (vgl. ↗Theravāda) in ↗Sarvāstivāda u. ↗Vibhajyavāda aus letzterem hervorging. Aus der M.-Schule entwickelte sich später die der ↗Dharmaguptaka. Lehrmäßig ist die M.-Schule eng mit dem Theravāda verwandt. (sl)

Maitreya (Skt, P Metteyya), der ↗Buddha des zukünftigen Weltzeitalters, der nach buddh. Auffassung sich derzeit als ↗Bodhisattva im ↗Tuṣita-Himmel aufhält. Diese Vorstellung nimmt ihren Ausgang im Cakkavatti-Sihanāda-Sutta des ↗Pāli-Kanons (↗Kanon), wurde aber in mahāyānischen Schulen (↗Mahāyāna) weiter ausgebaut, vor allem in ↗China u. ↗Korea. Die Fortführung dieser Lehren, die von einem Niedergang der Orthodoxie u. der Orthopraxie im Buddh. ausgehen u. so das Erscheinen eines Buddha nötig machen, sind in 3 Texten kodifiziert: 1. Mile-ta-Ch'eng-fo-ching aus dem 3. Jh. n.Chr., 2. Maitreya-vyākaraṇa (oder Maitreya-samiti, 3. Jh. n.Chr.) u. 3. Kuan-mi-lu-shang-sheng-tpu-shuai-t'chien-ching (4. Jh. n. Chr.). (no) Im tib. Buddh. (↗Lamaismus) wird M. (tib. byams pa) ikonographisch zumeist im ↗sambhokāya-Aspekt mit dharmacakramudrā u. in westl. Sitzhaltung mit auf dem Boden stehenden Füßen dargestellt. (er)

L.: E. Leumann: M.-samiti, das Zukunftsideal der Buddhisten, Straßburg 1919; S. Lévi: M. le consolateur, Etudes d'Orientalisme II, Paris 1932, 355–402; E. Abegg: Der Buddha M., in: Bulletin de la Société Suisse des Amis de l'Extrême Orient VII (1945), 7–37; W. Baruch: M. d'après les sources de Sérinde, RHR 132 (1946), 67–92; A. v. Gabain: Maitrismit, 2 Bde., 1952/1961; A. Sponberg, H. Hardacre: M., New York 1988. (ec)

Maitreyanātha oder Maitreya (ca. 270–350 n. Chr.) war der Gründer der Yogācāra-Schule (↗Yogācāra, ↗Mahāyāna), später mit dem ↗Bodhisattva ↗Maitreya, dem Buddha des zukünftigen Weltzeitalters, identifiziert. ↗Asaṅga (ca. 310–390 n. Chr.) hatte seinen verehrten Lehrer M. einen Bodhisattva genannt. Dem M. werden 6 Werke zugeschrieben, die nicht alle erhalten sind, darunter: Yogācāra-bhūmi, die programmatische Lehrschrift der Yogācārins (manchmal auch dem Asaṅga zugeschrieben, wobei dieser sie vom himmlischen Maitreya erhalten habe), ferner Mahāyāna-sūtralaṅkāra u. Madhyāntavibhāga.

A.: Abhisamayālaṃkāra, ed. T. Stcherbatsky, Leningrad 1929 (BBu 23); Mahāyāna-Sūtralaṃkāra, ed. S. Lévi, Skt-Text u. franz. Übers., 2 Bde., Paris 1907–11; Madhyāntavibhāga, ed. G.N. Nagao, Tokyo 1964. – Ü.: Abhisamayālaṃkāra, tr. into English by E. Conze, Roma 1954; E. Obermiller: The Sublime Science of the Great Vehicle to Salvation, being a Manual of Buddhist Monism. The work of Ārya Maitreya with a Commentary by Āryāsaṅga, tr. from the Tibetan with introduction and notes, Acta Orientalia IX (1931), 81–306. – L.: G. Tucci: On some Aspects of the Doctrines of M. and Asaṅga, Calcutta 1930; N. Hakayama: A Methodological Note on the Study of Early Vijñaptimātra Literature, Sanzoshu 4 (1978), 219–227; L. Schmithausen: Ālayavijñāna, 2 Bde., Tokyo 1987. (no)

maitrī (Skt, P mettā) ↗Güte

Majjhima-Nikāya (P), wörtlich: mittellange Sammlung, gemeint: Sammlung der mittellangen Lehrreden, die 2. Sammlung des ↗Suttapiṭaka im ↗Pāli-Kanon. Der M.N. besteht aus 152 Lehrreden, gruppiert in 2 Gruppen aus 50 u. 1 Gruppe aus 52 Lehrtexten, die nach dem formalen Prinzip ihrer mittleren Länge zusammengestellt wurden. Dem M. N. im Pāli-Kanon entspricht ein Skt-Madhyama-Āgama (Madhyamāgama), in chin. Übers. erhalten. Dieser enthält 222 Sūtras mit 97 Entsprechungen im M.N. (397/98 n. Chr. ins Chin. übers.).

A.: The M.N., 6 in 4 Bdn., ed. V. Trenckner (Bd. 1, 1888), R. Chalmers (Bd. 2/I–II, 3/I–II 1896–1902), C.A.F. Rhys Davids (Bd. 4, Indexes, 1925), PTS (Nachdr. 1991–1994). – Ü.: K. E. Neumann: Die Reden Gotamo Buddhos, 3 Bde., 1896–1902 (Neuausg. Zürich 1956); Suttapiṭaka, Bd. 3, Mittlere Sammlung, erste Lese, übers., m. Anm. u. Erl. v. P. Dahlke, 1923; K. Schmidt: Buddhas Reden, M.N., 1978; Further Dialogues of the Buddha, tr. R. Chalmers, 2 Bde., PTS, 1926–27 (SBB 5–6); Middle Length Sayings, tr. I. B. Horner, 3 Bde., PTS, 1954–59 (Nachdr. 1993–94). (no)

majjhimā patipadā (P, Skt madhymā pratipad) ↗Mittlerer Pfad

Makkali Gosāla (P, Skt Maskariputra Goshāla, nach dem jainistischen Bhagavatīsūtra: Maṅkhaliputta G.), gest. um 500 v. Chr.; nach D 2,2–7 Schuloberhaupt der ↗Ājīvikas. Er soll einige Jahre Schüler ↗Mahāvīras gewesen sein. M.G. vertrat offenbar einen Determinismus u. ↗Fatalismus, d. h., er leugnete die Willensfreiheit u. das Karma-Gesetz (↗karma). Statt dessen bestimme das Zusammenwirken von Schicksal (niyati, Notwendigkeit), Zeugung (saṅgati) u. Entwicklung (bhava) die Wesen in ihren Wiedergeburten. Damit war die sittliche Qualität des Handelns geleugnet. Die Lehre des M.G. ist aus buddh. Sicht in D 2,20 dargestellt. Der Buddha wies Lehre u. Person des M.G. zurück (A 1,30 u. 138).

L.: A.C. Basham: The Ājīvikas – a vanished Indian Religion, London 1951. (no)

Makro-Mikrokosmos. Die bereits im alten ind. Denken wurzelnde Konzeption, daß dem gesamten Kosmos universelle Gesetzmäßigkeiten zugrundeliegen, die sich im Großen (makro) wie im Kleinen (mikro), auf physischer wie psychischer Ebene manifestieren, findet mit der Entwicklung des ↗Vajrayāna auch im Buddh., besonders in der Ritual- u. Yogapraxis, ihre systematische Ausgestaltung. Ihren Höhepunkt erreicht diese Vorstellung in den ↗Kālacakra-Lehren, die mit dem ↗Daśākāro vaśī das spezifische Symbol dieser Konzeption geprägt haben. Mit der uneingeschränkten Übernahme der Vajrayāna-Lehren bildet die ↗makro-mikrokosmische Analogie auch eine der prägenden Konzeptionen des ↗Lamaismus. In der Lehre von den ↗Fünf Tathāgatas wird z. B. eine umfangreiche Analogie zwischen Himmelsrichtungen, Elementen, Formen, Farben, Lauten u. geistigen Qualitäten wie karmischen Bindekräften oder Weisheiten postuliert. Gemäß den Kālacakra-Lehren haben zentrale religiös-philosophische Prinzipien Entsprechungen auf kosmischer, körperlicher u. geistiger Ebene: die Wirbelsäule entspricht dem mythologischen Weltenberg ↗Sumeru, der geographisch mit dem Berg ↗Kailaś identifiziert wird, Sonne u. Mond besitzen ihre Entsprechung in Energiekanälen im Körper. ↗maṇḍalas gelten gleichermaßen als Psychogramme wie Kosmogramme, die ihnen innewohnenden, als „real“ existierende ↗Gottheiten gedachten Wesenheiten haben ihre Entsprechung in heilswirksamen Qualitäten des Bewußtseins usw. (ev)

mālā (Skt/P) wörtlich: Kranz, Blumengebinde; als Bezeichnung gebraucht für die Kette aus meist 108 Kügelchen („Perlen“), die als Zählhilfe der Rezitation der Namen des ↗Buddha u. des ↗mantra dient. (no)

Malla-Republik, Staat z. Z. des ↗Buddha in NO-Indien, ben. nach dem arischen Clan der Mallas. Seine Vertreter in den Ratsversammlungen gehörten dem weltlichen Adel (↗Kṣatriya) an. Als städtische Zentren werden erwähnt: Pāpā (P Pāvā) u. ↗Kuśinagara. Nach D 16, 6 führten die Mallas Buddhas Leichenverbrennung u. -feier durch u. gelangten in den Besitz eines Teils seiner Reliquien. (mü)

Māluṅkyaputta, buddh. Mönch u. Adressat der berühmten Lehrrede des ↗Buddha vom „vergifteten Pfeil“ (M 63), in der die Dringlichkeit des Heilsgewinns dargestellt u. religiöses Spekulieren u. Theoretisieren abgewiesen wird. Zugleich ist das Gleichnis vom „vergifteten Pfeil“ ein Glanzstück der Lehrweise des Buddha. (no)

maṇḍala (Skt, tib. dkyil 'khor), „Kreis“, „Bereich“, „Scheibe“, Bezeichnung für psycho-kosmische, geometrisch aufgebaute Gebilde, die im ↗Vajrayāna u. ↗Lamaismus die „Daseinssphäre von ↗Gottheiten“ (Lauf) darstellen u. als geistige Schaubilder vom Meditierenden in ↗sādhanās zur Erfahrung transzendenter Wirklichkeiten benutzt werden. m. bilden den nach buddh. kosmologischen Prinzipien konzipierten quadratischen Palast einer Gottheit ab. Umgeben wird dieser von mehreren Kreisen, in denen der Meditierende zunächst die Läuterung seines Bewußtseins erreicht. Daraufhin „betritt“ er den visuell erzeugten Palast u. verschmilzt gedanklich mit der zentralen Gottheit, die als Ausdruck der letztendlichen Einheit der prinzipiellen Gegensätze häufig in männlich-weiblicher Polarität im Zustand ekstatischer, glückseliger Vereinigung erscheint

(↗Yab-Yum). m. werden entsprechend der bildhaften Repräsentation ihrer geistigen Inhalte unterschieden nach m., die a) Gottheiten (= Skt mahāmaṇḍala), b) deren Keimsilben (↗bīja) (= Skt bījamaṇḍala), c) deren ↗bedeutendste Handhaltungen (↗mudrā) (= Skt karmamaṇḍala) oder d) deren Symbole (= Skt samayamaṇḍala) darstellen. Ihrem Material entsprechend unterscheidet man a) auf Leinwand gemalte m. (tib. dkyil 'khor) als Visualisationshilfen b) Sandm. (tib. rdul tshon), das sind Initiationsm., die speziell für die bedeutenden ↗Initiationen in wochenlanger Arbeit mit Hilfe farbigen Pulvers angefertigt werden u. zum Ende des Initiationsprozesses wieder vernichtet werden und c) plastische m. (tib. blos slaṅ), die – zumeist aus verschiedenen Edelmetallen, Elfenbein oder Holz gefertigt – den dreidimensionalen Palast der Gottheit darstellen. Das Reism. besitzt einen prinzipiell anderen Charakter: es ist nicht als Palast einer Gottheit zu verstehen, sondern dient der täglichen Darbringung des ↗m.-Opfers.

L.: S. Hummel: Der Ursprung des tib. M.s, in: Ethnos 23 (1958), 158–171; E. Haarh: Contribution to the study of M. and Mudrā, Acta Orientalis 23 (1959), 57–91; G. Tucci: Geheimnis des M., 1972; D.-I. Lauf: Das Bild als Symbol im Tantrismus, 1973; ders.: Das Erbe Tibets, 1972; Lama Anagarika Govinda: Mandala, [4]1984; M. Brauen: Das Mandala, der Heilige Kreis im tantrischen Buddhismus, 1992. (ev)

maṇḍala-Opfer (tib. maṇḍal so bdun), „37[-faches] maṇḍala", eine der täglich vollzogenen Ritualpraktiken des ↗Lamaismus, die in der Opferung eines aus Reis, Münzen u. Edelsteinen bestehenden „maṇḍalas" besteht, das die gesamte Welt mit all ihren Objekten materieller oder sinnlicher Begierde symbolisiert. Dadurch daß es den Buddhas geopfert wird, werden alle Objekte des Anhaftens dem Numinosen dargebracht. Einfache Mönche vollziehen das m.-O. nur mit wenigen Reiskörnern, die nach der Opferung gen Himmel geworfen werden. (ev)

Mandalay ↗Burma

Manichäismus und Buddhismus. Der M. ist eine 240 n. Chr. gegründete, universale gnostische Erlösungsreligion. Ihren Namen trägt sie nach ihrem Stifter Mani (216–276 n. Chr.), der sich als „Lichtgesandter“ in einer Reihe mit alttestamentlichen Gestalten, mit Jesus, Zarathustra u. ↗Buddha verstand u. deren religiöse Botschaften er zusammenfassen u. überhöhen wollte. Der M. wurde geplant als Buchreligion gestiftet. 400 Jahre vor Muhammad verstand sich Mani schon als das „Siegel der Propheten“. Kennzeichnend ist das gnostische Grundmuster des M.: der Gegensatz zwischen Licht u. Finsternis, den dualistischen, gleich ewigen (göttlichen) Urprinzipien. Im Menschen, dessen eigentliche Heimat das welttranszendente, immaterielle Reich des Lichtkönigs ist, sind – wie auch in anderen Bereichen der Wirklichkeit – Licht u. Finsternis gemischt. Erlösung bedeutet Entmischung des Lichtes, für den Menschen Rückkehr in seine ursprüngliche Lichtheimat. In der Lehre von den 3 Zeiten wird eine eschatologisch- (endzeitliche) kosmologische Erlösungshoffnung entfaltet auf die 3. Weltzeit hin, in der Licht u. Finsternis wieder endgültig entmischt u. die Zustände des Anfangs wiederhergestellt sind. Mittel der Erlösung ist das heilschaffende Wissen (griech. gnosis), dessen Kundgabe die Menschen den „Lichtgesandten“ aus dem Reich des Lichtkönigs verdanken. Die manichäische Gemeinde ist zweigeteilt in „electi“ (Erwählte) u. „auditores“ (Hörer). Aus dem Kreis der Erwählten, die wie besitzlose Wandermönche lebten, rekrutierten sich die Grade der geistlichen Hierarchie der Manichäer-Gemeinschaft: Lehrer, Bischöfe, Presbyter. Diese Gemeinschaft erfüllte die soziologischen Kriterien einer Kirche. An ihrer Spitze stand der „Archegos“, Nachfolger u. Bevollmächtigter Manis. – Mani selbst verkündete seine Lehre im Zweistromland (das ist der heutige Irak), in Indien u. im sassanidischen Iran. Die sassanidischen Herrscher Shāpur I. (243–273) u. Hormizd I. (273–274) förderten den M. Unter Vahram I. (274–277) kommt es mit einer Restauration des Zarathustrismus zu einer heftigen Abwehr gegenüber dem M., im Verlaufe deren Mani selbst gefangengesetzt wird. Er stirbt nach 26tägiger Haft im Jahr 276. Die Manichäer-Verfolgung im Iran bewirkte eine Ausbreitung des M. in den W bis nach Spanien u. in den O bis nach ↗China. Im W wurde Mani als der von Jesus verheißene Tröstergeist, als der Paraklet, im Osten als ↗Maitreya, der Buddha der Zukunft, gepredigt. Im Laufe seiner Ausbreitungsgeschichte gelangte der M. entlang der Seidenstraße nach Zentral- u. O-Asien. 694 u. 719 wurden manichäische electi am chin. Kaiserhof empfangen. Allerdings sollte 719 bereits ein kaiserliches Edikt den Übertritt von Chinesen zum M. verhindern u. so die Ausbreitung des M. einschränken. Weitere Manichäer-Verfolgungen in China veranlaßte die chin. Manichäer-Gemeinde, dem staatlichen Druck in die südchin. Küstenprovinz Fukien auszuweichen, wo im Kontakt mit dem Taoismus ein stark sinisierter M. bis ins 14. Jh. lebendig blieb. – 763 wurde der M. Staatsreligion im zentralasiat. Reich der türkischen Uiguren. 762 hatte der Uiguren-Herrscher Bögü Khan im chin. Loyang manichäische electi kennengelernt u. war zum M. bekehrt worden. Die Proklamation des M. zur Staatsreligion ist im Turfanfragment TM 276a erhalten. In der Nachfolge des 850 zugrundegegangenen Uigurenreiches etablierte sich 850 ein türkisch-manichäisches Königtum in Turfan, das bis in die Mongolenzeit (bis Mitte des 13. Jh.) bestand. Die allmähliche Buddhisierung des M. in Lit. u. Kunst läßt sich anhand der Turfanfunde (4 preußische Kampagnen zwischen 1902 u. 1914) nachvollziehen. – Die Begegnung des M. mit dem Buddh. in Zentralasien in Khotan, Kucha, Turfan (u. mit dem nestorianischen Christentum als 3. religiöser Größe) hat wechselseitige Beeinflussungen gezeitigt. So war die Höherbewertung der Laien im asiat. M. vermutlich nicht unbeeinflußt von analogen buddh. Entwicklungen im ↗Mahāyāna. Erscheinungsbildliche Ähnlichkeiten zwischen Buddh. u. M. lassen sich konstatieren im Gegenüber von ↗bhikṣus im Buddh. bzw. electi im M. u. jeweiliger Laienschaft. bhikṣus wie electi lebten als Wandermönche, ohne Besitz, ehelos, ohne festen Wohnsitz (im Falle der manichäischen electi geboten in den 3 Versiegelungen des Mundes, der Hände u. des Schoßes); beiden Gruppierungen war eigene Erwerbsarbeit verboten, freilich aus unterschiedlichen Gründen. Phänomenologische Ähnlichkeiten zwischen M. u. Buddh. ergeben sich aus der Abwertung der Welt u. des Leiblichen, seitens des M. in dessen dualistisch-gnostischem Grundkonzept begründet. In beiden Traditionen kommt dem Wissen (griech.: gnosis, Skt vidyā, P vijjā) Erlösungsbedeutsamkeit zu. Dies bedeutet – im M. explizit, im Buddh. implizit – die Zurückweisung aller Formen von „Glauben“ (griech.: pistis). Gleichförmig mit dem manichäischen Doketismus (der Vorstellung, daß alle Erlösergestalten keinen echten Körper, sondern nur einen Scheinleib besitzen) verläuft die Auflösung der Historizität des Gautama-Buddha zugunsten einer transzendenten, ungeschichtlichen u. metaphysischen Vorstellung von ↗buddhatā (Buddhaheit als dem Wesen, das allen Buddhas gemeinsam ist u. ihre Buddhaschaft konstituiert) in der sog. „Drei-Körper-Lehre" (↗trikāya) im Mahāyāna. Auch die Vorstellung der zyklischen Wiederkehr der zentralen Heilsgestalten, der Buddhas u. ↗Bodhisattvas im Buddh. u. der „Lichtgesandten" im M., die Mani aus seiner Herkunftsreligion, der Täufersekte der Elchasaiten, übernommen hat, kehrt in beiden Traditionen wieder. Beide rechnen mit der Wiedergeburt u. in asiat. manichäischen Texten wird dafür gelegentlich sogar vom ↗saṃsāra gesprochen. Die Vorstellung vom westl. Paradies ↗Sukhāvatī des Buddha ↗Amitābha kommt der manichäischen Vorstellung vom Lichtreich entgegen, u. der chin.-manichäische „Traktat Pelliot" beschreibt das Lichtreich in den Worten des ↗Reinen Landes ↗Sukhāvatī; der ewige Lichtvater wird „nirvāṇa-König" genannt, u. die manichäische Lichttheologie wird in der Begrifflichkeit vom ↗dharmakāya (↗trikāya) reformuliert. Schließlich entwickelt sich parallel zur Idee von der Ubiquität des Lichtes, das in der Materie in vielfältiger Weise empfangen u. so leidensfähig geworden ist, die turfanische ↗Vairocana-Buddhologie von der Buddhaheit in allen Wesen u. Dingen.

L.: J.P. Asmussen u. A. Böhlig: Die Gnosis III: Der M., Zürich/München 1980; F. Decret: Mani et la tradition manichéenne, Paris 1974; H.-Ch. Puech: Le Manichéisme, Paris 1949; G. Widengren (Hg.): Der M., 1974; ders.: Mani u. der M., 1961; R. Manselli: Modern Studies on Manichaeism, in: East and West, Rom (Istituto Italiano per il Medio ed Estremo Oriente) Bd. 10 (1959), 72–87; H.-J. Klimkeit: Gottes- u. Selbsterfahrung in der gnostisch-buddh. Religionsbegegnung Zentralasiens, in: ZRGG 35. Jg. (1983), H.3, 236–247. (no)

Mani kabum (tib. maṇi bka' 'bum), aus verschiedenen religionshistorischen, oft mythologisierenden Texten bestimmter Kompilation tib. Werke (etwa 11.–12. Jh.) der ↗Terma-Gattung, die eine Glorifizierung ↗Avalokiteśvaras u. seiner Emanationen, besonders des tib. Königs ↗Songtsen Gampo, zum Gegenstand hat. Der wohl bekannteste Teil des M.K., das sog.

Kakholma (tib. bka' tshems bka' khol ma), wurde tib. Quellen zufolge von ↗Atiśa (982–1054) unter einem Pfeiler des ↗Jokhang gefunden. (ev)

Mañjughoṣa (Skt, tib. `jams dbyaṅs), „Liebliche Stimme", eine Erscheinungsform des ↗Mañjuśrī. (ev)

Mañjuśrī (Skt, tib. `jam dpal), generell ein ↗Bodhisattva der 10. Stufe im ↗sambhogakāya-Aspekt, die Verkörperung der Weisheit. In der ↗Kālacakra-Tantra- u. ↗Mañjuśrīnāmasaṃgīti-Tradition übernimmt er die Funktion des ↗Ādibuddha. Ikonographisch wird er in seiner populärsten Form mit dem Schwert zum Durchschlagen der Unwissenheit in der Rechten u. dem Buch als Symbol der Weisheit auf der linken Schulter dargestellt. Er zählt zu den ↗Beschützern der 3 Familien. Als seine tantrische zornvolle Entsprechung gilt ↗Yamāntaka.
L.: E. Lamotte: M., TP 48 (1960), 1–96; M.-Th. de Mallmann: Etude iconographique sur M., Paris 1964 (PEFEO 55). (ev)

Mañjuśrī-mūla-kalpa (Skt), ein tantrischer Text (↗Tantra, ↗Tantrismus), der sich selbst als mahāyānisch (↗Mahāyāna) u. zum ↗Avataṃsaka gehörig ausgibt, tatsächlich aber gänzlich den Geist des ↗Mantrayāna atmet. In Kap. 4 u. ff weiht ↗Śākyamuni den ↗Bodhisattva ↗Mañjuśrī in die ↗mudrā-, mantra- u. maṇḍala-Praxis ein. (no)

Mañjuśrīnāmasaṃgīti (Skt, tib. `phags pa `jam dpal gyi mtshan yaṅ dag par brjod pa), „Gesang der Namen Mañjuśrīs" (ca. 7. Jh.), das 160 Verse umfassende tantrische Werk eines unbekannten Autors, das im tib. ↗Vajrayāna ein häufig rezitiertes Werk u. die Preisung der Qualitäten ↗Mañjuśrīs in seiner Form als ↗Ādibuddha.
Ü.: A. Wayman: Chanting the Names of Mañjuśrī, Boston 1985. (ev)

Mann. Die Stellung des M. in der Rel.-Gesch. ist ambivalent: Weltweit sind die meisten religiösen Amtsinhaber Männer, ebenso wie alle großen Religionsstifter der Vergangenheit. Zugleich spielt in vielen Religionen die Frau bzw. Göttin die zentrale Rolle als Objekt der Verehrung. Der ↗Buddha hat zunächst einen reinen Mönchsorden gegründet, bevor er sich zur Aufnahme von Nonnen entschloß. Nach Mv 1,76,1 können nur gesunde, freie Männer im ↗saṅgha akzeptiert werden (z.B. keine Eunuchen). Die Mönche sind in den Theravāda-Ländern bis heute ehelos. Der Buddha warnt (beide Geschlechter) vor sinnlicher Lust, die die notwendige Sammlung stört (vgl. Dhp 13f, 186f). Im ↗Tantrayāna haben sich gegenteilige Methoden entwickelt, die sexuelle Vereinigung als Mittel zur Erleuchtung zu benutzen. (bo)

mantra (Skt, tib. sṅags), „Sprüche", mystische Silben, die 1. als die lautliche Realisation von ↗Gottheiten angesehen werden u. durch die Wandlung heilswidriger Verdunkelungen der Harmonisierung von Körper u. Geist dienen sollen, 2. im volksreligiösen Bereich die Austreibung von Krankheiten, Besänftigung von Dämonen oder Erfüllung persönlicher Bedürfnisse bewirken sollen. Schon aus den ↗Veden bekannt, erhalten sie später, besonders mit der Entwicklung des ↗Tantrismus, auch Eingang in die religiöse Praxis des ↗Buddh. Im ↗Vajrayāna bilden sie eines der machtvollen Mittel zur schnellen Verwirklichung des Heils. Streng geheim werden die m. dem Adepten von seinem Lehrer während tantrischer ↗Initiationen gegeben. Die zur Evokation der Gottheiten dienenden m. finden sich in der jeweiligen „Keimsilbe" (↗bīja) der Gottheit nochmals konzentriert, einer einzigen Silbe wie z.B. Oṃ, Aḥ, Hūṃ oder Hrīḥ, die die Essenz des Wesens der Gottheit beinhaltet. Aus diesen Keimsilben, die entsprechend den ↗makro-mikrokosmischen Vorstellungen auch mit den Chakras (Skt cakra), Energiezentren des Körpers, korrespondieren, entwickelt sich während der Meditation oft das geistige Schaubild der Gottheit. Durch ihre Rezitierung erweckt der Gläubige die in ihren „Schwingungen" enthaltenen magischen heilswirksamen Kräfte in seinem eigenen Bewußtsein. Durch millionenfache Vervielfältigung in ↗Gebetsmühlen, durch Aufdruck auf ↗Gebetsfahnen u. unablässige Wiederholung während seines gesamten Tagesablaufs erhofft sich der Gläubige die Gunst der jeweiligen Gottheit sowie eine bessere Wiedergeburt. Zugleich dient er damit der Verbreitung heilswirksamer Kräfte zum Wohle aller Lebewesen im gesamten Universum. Das verbreitetste m. des lamaistischen Kulturraumes bildet das berühtem ↗Oṃ maṇi padme hūṃ. (ev)

Mantrayāna (Skt, tib. [gsaṅ] sṅags kyi theg pa), „Fahrzeug der [geheimen] ↗mantras", 1. Bezeichnung des ↗Vajrayāna, die den Aspekt des Gebrauchs von mantras als Mittel zur Erlangung des Heils betont, 2. in ihrer tib. Übers. eine alternative Bezeichnung der tib. ↗Nyingmapa-Schule. (ev)

Māra (Skt/P). Abgeleitet von marati: sterben, Kausativ māreti: sterben lassen, umbringen, töten, morden (lat. mors); ursprünglich Adj., dann: Mörder, Zerstörer. M. gilt im Buddh. als Prinzip des Todes u. des Unheilsamen, figuriert aber auch als „Versucher" u. wird darin manchmal mit dem christlichen Teufel verglichen. Als Symbol der Werde- und Wandelwelt (↗saṃsāra) gewinnt er mythische Züge. Als seine Gehilfinnen gelten seine 3 Töchter – ratī, die Lust, aratī, die Unzufriedenheit, u. tanhā, die Gier – u. darüber hinaus ein ganzes „Heer" saṃsārischer Faktoren (↗saṃsāra) wie Begierde, Sinnenlust, Trägheit, Zweifelsucht, Heuchelei Eitelkeit u. a., also das Ensemble unheilsamer, welthafter Verstrickungen. Letztlich gehören zu M. auch die 5 Gruppen welthafter Existenz (↗khandha): Körperlichkeit, Empfindung, Wahrnehmung, Willensstrebungen u. Bewußtsein (S 23.35). – Der mythologischen Gestalt des M. kommt in verschiedenen Situationen der Lebensgeschichte des ↗Buddha eine hermeneutische Funktion zu, vor u. nach dem Erwachen (↗bodhi) u. auch vor dem parinirvāṇa. Das lit. Genus der Texte, in denen M. auftritt, ist das der „Wundergeschichte".

L.: E. Windisch: M. und Buddha, 1895; J. Przyluski: La place de M. dans la mythologie bouddhique, in: JA 210 (1927), 115–123; T.O. Ling: Buddhism and the mythology of evil, London 1962; J.W. Boyd: Symbols of evil in Buddhism, JAS 13 (1971), 63–76. (no)

maraṇa (Skt/P), „Tod", personifiziert in ↗Māra, dem Symbol für diese unheilvolle Welt des ↗saṃsāra. Zusammen mit „Altern" bildet m. das 12. Glied des ↗pratītyasamutpāda. (no)

maraṇa-sati (P), „Achtsamkeit im Hinblick auf den ↗Tod";

Bezeichnung für eine Reihe unterschiedlicher meditativer Praktiken (↗Meditation), die der Tendenz zur Todesverdrängung entgegenwirken u. die Befreiung vom ↗Anhaften fördern sollen. Eine systematische Zusammenstellung findet sich in Vis 8 (↗anitya, ↗satipaṭṭhāna). (sl)

mārga (Skt, P magga), auch ārya aṣṭhaṅgika mārga (Skt), ↗Achtfacher Pfad, Hoher

Marpa (tib. mar pa), tib. Lama u. Gründer der ↗Kagyüpa-Schule (1012–1098), Schüler des ↗Nāropa u. Guru des ↗Milarepa. Er unternahm 3 Reisen nach ↗Indien, um dort ↗Initiationen für tantrische Lehren – besonders die ↗Sechs Lehren des Nāropa u. die ↗Mahāmudrā-Lehren –, zu erhalten, die den Grundstein der Kagyüpa-Schule legten.

L.: J. Bacot: La vie de M. le „Traducteur", Paris 1937 (Doc. et travaux p. l'etude du Bouddh., I, 7); C. Trungpa: The Life of M. the Translator, 1982; K.-H. Everding: Die Präexistenzen des lCaṅ skya Qutuqtus, 1988 (AsF 104). (ev)

Mathurā, Stadt in NO-Indien, nordwestl. von ↗Benares u. nach Gandhāra 2.wichtigste Schule buddh. Kunst in Indien, die nach dieser Stadt als dem Zentrum dieser Kunstrichtung benannt ist. Aus M. stammen die ältesten in Indien gefundenen Buddhabilder aus dem 1. Jh. n.Chr. Aus dieser Zeit bis ins 2. Jh. sind inschriftlich Namen kunstfertiger buddh. Mönche u. Nonnen bekannt. Fa-hsien berichtet von seiner Indienreise 399–411 n. Chr., daß er in M. an die 3000 Mönche in etwa 20 Klöstern angetroffen habe.

L.: J. Ph. Vogel: La Sculpture de M., in: Ass. Asiatica, Bd. 15, Paris 1930. (no)

Ma-tsu Tao-i (jap. Baso Dōitsu), Chin., Vertreter der ↗Ch'an-Schule (2. T'ang-Hauptlinie); 709–788. Er war Schüler von Nan-yüan Hui-jang (677–744), einem Schüler von ↗Hui-neng. Die Nachfolger seiner Schule (auch Hung-chou-Sch.) waren 2 der Fünf Häuser der T'ang-Zeit, ↗Kuei-yang u. ↗Lin-chi. M. entwickelte Ch'an zu der bis heute üblichen Form. Er lehrte, alle Handlungen des Menschen seien Erscheinungen der ↗Buddhanatur. Daher seien Sūtren-Studium u. passive ↗Meditation (N-Schule des Ch'an) überflüssig; dagegen führe „Nicht-Denken" zur ↗Erlösung. M. führte bereits vor Lin-chi die „erzene Stimme", das Anbrüllen des Schülers durch den Lehrer, ein. Auch die lit. Gattung der Spruchsammlung (yü-lu) geht auf M. zurück. Schüler von M. ist ↗Pai-chang. (so)

Maudgalyāyana (Skt, P Moggallāna, nach seinem Geburtsort auch Kolita oder auch Mahāmaudgalyāyana genannt) zusammen mit ↗Śāriputra zunächst Schüler eines Sañjaya, eines Asketen von Rājagṛha u. Schulhauptes der Paribbājakas, dann Anhänger des ↗Buddha, Mönch u. zusammen mit Śāriputra dessen Hauptschüler. Er u. sein Gefährte wurden dem Buddha durch ↗Assaji (Mv 1,6) zugeführt. Beide scheinen eine gewisse stellvertretende Leitungsfunktion im ↗saṅgha ausgeübt zu haben. In den Überlieferungen besitzen beide ein sehr deutliches Profil. M. scheint 2 Jahre vor des Buddha Tod gestorben zu sein. ↗Aśvaghosa hat die Bekehrung des M. im Śāriputraprakaraṇa lit. bearbeitet.

L.: A. Bareau: La date du Nirvāṇa, JA 241 (1953), 27–62; ders.: Recherches sur la biographie du B. dans les Sutrapiṭaka et les Vinayapiṭaka anciens, 2 in 3 Bdn., Paris 1963–71 (PEFEO 53; 77, 1–2); ders.: Les Disciples, in: R. de Berval (éd.): Présence du Bouddhisme, Paris 1987, 246–266. (no)

Maurya-Dynastie, ind. Königsfamilie nichtarischer Herkunft, die um 322 v. Chr. durch ↗Candragupta in ↗Magadha an die Macht kam u. z. Z. des ↗Aśoka, seines Enkels, über ein Großreich herrschte, das vom Indus bis nach Bengalen u. vom Himalaya bis zum Penner-Fluß reichte. Unter den Mauryas gewannen der Buddh. u. der ↗Jainismus durch staatliche Förderung an Einfluß in ↗Indien. Der letzte Maurya-König Brihadratha wurde um 185 v. Chr. durch seinen Heerführer, den Brahmanen Puṣyamitra, ermordet. (mü)

māyā (Skt/P), vieldeutiger Begriff der ind. Mythologie u. Philosophie: „Zauberkraft, Kunst, Schöpfung, Schein, Verblendung, Illusion, relative Wirklichkeit"; abgeleitet von mā, „ausmessen"; im ↗Veda Bezeichnung für eine besondere den Göttern zuerkannte Wunderkraft u. deren Produkte; in den ↗Upanischaden Chiffre für das Rätsel der aus dem einen Absoluten (↗brahman) hervorgegangenen vielfältigen Erscheinungswelt; im ↗Mahāyāna-Buddh. (↗Prajñāpāramitā-Sūtras, ↗Mādhyamika, ↗Yogācāra) werden alle Dinge (↗dharma), die gesamte Wirklichkeit, auch der ↗Buddha u. das ↗nirvāṇa als m. im Sinne einer dem Traum vergleichbaren illusionären Wirklichkeit qualifiziert, soweit sie dem unerleuchteten Menschen die unausdrückliche Leerheit (↗śūnyatā) alles Seienden verbergen u. ihn an der Lösung von den Begierden hindern. Auf der Grundlage einer gegensätzlichen Metaphysik wird auch im Advaita-Vedānta mit m. die Welt als Illusion charakterisiert. (mü)

Māyā Gotamī (Skt/P), auch M.-devi oder Mahā-M. gen.; Gattin des ↗Śuddhodana (vermutlich auch dessen Cousine), Mutter des ↗Buddha u. Schwester der Prajāpatī (P ↗Pajāpatī). Der Tradition nach soll M. 7 Tage nach der Geburt des ↗Siddhārtha Gautama gestorben sein. Quellen für die legendären Nachrichten über M. sind die Buddha-Legenden, vor allem ↗Lalita Vistara, ↗Mahāvastu u. die Nidānakathā. (no)

Meditation dient heute als Übers. der Begriffe dhyāna (Skt, P jhāna; chin. ↗Ch'an[na], jap. ↗Zen[na] u. Skt/P samādhi). M. leitet sich von dem lat. Wort meditatio, die Überlegung, das Nachdenken ab. In abendländisch-christlicher Spiritualität sind „Meditationes" Versuche der gedanklichen Aneignung u. Durchdringung bestimmter religiöser Aussagen oder Vorstellungen, die sogar die Gestalt von unzusammenhängenden, aphoristischen tagebuchartigen Notizen (Guigo I., der 5. Prior der Großen Kartause) besitzen können. Im Vierschritt lectio (Lesung), meditatio (Nachdenken), oratio (Gebet), u. contemplatio (Versenkung) als Stufenweg des geistlichen Lebens nimmt M. ihren Ausgang im Abendland beim Text, bedenkt u. betrachtet diesen, mündet ins innere Gebet u. schlußendlich in die innere Schau. – Anders versteht sich M. in den asiat. M.-Kulturen als praktische religiöse Übung. Im Vordergrund steht also weniger das diskursive Nachdenken als vielmehr die Konzentration auf ein M.-Objekt. Ziel ist es, ein Bewußtsein zu gewinnen, in dem ↗Erlösung erfahrbar wird, ferner das Entstehen von Erkenntnis u. Weisheit (Skt ↗prajñā, P paññā). Entstanden sein dürfte diese Art von M. aus primitiven, magisch orientierten schamanischen bzw. asketischen Ekstasetechniken. Im Buddh. lassen sich grundsätzlich 2 M.-Typen unterscheiden: die samatha-M., die der Geistesberuhigung, der Beruhigung von Leidenschaften u. der Sinneswahrnehmungen u. Empfindungen dienen, u. die vipassanā-M., die zu Klarblick, Perspektivenwechsel des Blicks auf die Welt u. das Sein verhelfen will u. Verblendung bekämpft u. beseitigt. In aller Regel wird durch diese konzentrative Schulung die Sinnestätigkeit zunächst kontrolliert, dann reduziert u. schließlich sogar weitgehend ausgeschaltet. Methoden dazu können sein Körperübungen wie im ↗Yoga, Atemübungen, Konzentration auf Meditationsbilder u. -hilfen (↗maṇḍala, yantra, andere bildliche Darstellungen: Statuen, Reliefs, Rollbilder usw.), auf heilige Silben oder Laute (↗mantra), auf rituelle Gesten u. Handlungen (↗mudrā), durch Imagination, Visualisation, gegenständlich oder gegenstandslos (wie die M. der „Leerheit"; śūnyatā). Im Buddh. sind in verschiedenen Schulen unterschiedliche M.-Formen im Gebrauch. Zu den ältesten gehören: ↗satipaṭṭhāna, vipassanā, samatha-bhāvanā (Gemütsberuhigung), samadhi-bhāvanā (Entfaltung der Sammlung) u. ↗brahma-vihāra (die 4 erhabenen Verweilzustände), ferner ↗maraṇa-sati, ānāpana-sati, die kasina-Übungen u. Körperbetrachtung. Neben Sittlichkeit (śīla) u. Wissen (prajñā) stellt M. ein Grundelement des Weges zur Erlösung dar (↗nirvāṇa). – Als Effekte von M. sind in buddh. Tradition genannt: 1. die Aufhebung der 5 nīvaraṇas, 2. das Schwinden der Befleckungen (āsravas), 3. die Erlangung übernatürlicher Kräfte. Die M. entfaltet sich in 4 oder 8 Stufen: 1. Der Meditierende ist den sinnlichen Dingen entrückt u. frei von unheilsamen geistigen Zuständen; diese Stufe ist mit diskursivem Nachdenken u. gedanklicher Konzentration verbunden. Es stellen sich Verzückung u. Glücksgefühle ein. 2. Die Beendigung von Nachdenken führt zur Einheit des Geistes (zu „Einspitzigkeit"; citt'ekaggatā); dieser bleibt gleichmütig, achtsam u. klarbewußt, Glücksgefühle u. Verzückung halten an. 3. Nach Aufhebung der Verzückung verweilt der Geist gleichmütig, achtsam u. klarbewußt im Gefühl des Glücks. 4. Nach dem Schwinden von Wohlgefühl u. Schmerz tritt der Geist in einen leid- u. freudlosen Zustand des

Gleichmutes u. der Geistesklarheit. 5. Mit der völligen Überwindung der Körperlichkeitswahrnehmung wird die Raumunendlichkeit erreicht, 6. dann die Bewußtseinsunendlichkeit, 7. das Gebiet der „Nichtsheit" u. 8. schließlich wird alles Aussagbare zurückgelassen in einer Stufe, die die buddh. Tradition „Weder-Wahrnehmung-Noch-Nichtwahrnehmung" nennt. – Durch das bis auf einige Nischen im christlichen Mönchtum nahezu gänzliche Verschwinden abendländischer M.-Kultur seit der Aufklärung ist ein wahrnehmbares Defizit entstanden, dem man in den westl. Industrieländern damit begegnet, daß vermehrt asiat. M.-Wege gelehrt u. geübt werden, manche dabei – abgelöst von ihrem religiösen Hintergrund – zu selbständigen therapeutischen Methoden u. Trainingsprogrammen weiterentwickelt werden.

L.: G.C. Lounsberry: La méditation bouddhique suivant l'Ecole du Sud, Paris 1944; H. Dumoulin: Welt und Selbst in der östlichen Meditation, in: H. Kuhn et al. (Hg.): Interpretation der Welt, Fs. R. Guardini, 1965, 472–496; ders.: Östliche Meditation und christliche Mystik, 1966; E. Conze: Buddhist M., London ^{2}1972; Y. Takeuchi: Probleme der Versenkung im Urbuddhismus, Leiden 1972 (Zs. f. Religions- u. Geistesgesch., Beiheft 16); D.K. Swearer: Control and Freedom. The Structure of Buddhist M. in the Pāli Suttas, in: Philosophy East and West, 23 (1973), 435–455; Nyanaponika: Geistestraining durch Achtsamkeit, ^{2}1975; P. Vajiranana: Buddhist M. in the Theory and Practice. A general exposition according to the Pali Canon of the Theravāda School, Kuala Lumpur ^{2}1975; L. Schmithausen: Die vier Konzentrationen der Aufmerksamkeit, in: ZMR 60 (1976), 241–266; M. Kiyota: Mahāyāna Buddhist M., Honolulu 1978; J.-P. Schnetzler: La méditation bouddhique, Paris 1979; W.L. King: Theravāda meditation, London 1980; H. Nakamura: Zum Gegenstand der M., in: H. Waldenfels, T. Immoos (Hg.): Fernöstl. Weisheit und christl. Glaube, Fs. H. Dumoulin, 1985, 91–105; J. Bronkhorst: The two traditions of meditation in ancient India, 1986; P.N. Gregory (Hg.): Traditions of M. in Chinese Buddhism, Honolulu 1986; A.P. Pradhan: The Buddha's system of m., 4 Bde., New Delhi 1986. (no)

Medizin-Buddha ↗Bhaiṣajyaguru(-Buddha)

Menandros (griech.) ↗Milinda

Meru (Sumeru, Skt; Neru [Sineru] P), mythischer Berg aus Gold oder Edelsteinen u. Metallen, 84 000 Yojanas (1 Y 4 km) lang u. breit, 168 000 Yojanas hoch, davon zur Hälfte im Meer stehend (A 7,62); Zentrum der Erdscheibe bzw. Weltachse, umgeben von 7 Ringgebirgen mit dazwischenliegenden Meeren. Auf der Gipfelfläche des M. wohnen die Trāyastriṃśa-Götter mit Śakra (vedisch: Indra) als Regent, der zum Schutz gegen die Titanen (asura) auf 5 Absätzen des M. verschiedene halbgöttliche Wesen sowie die „Vier Großkönige“ (cāturmahārājika) oder „Welthüter“ (lokapāla) ansiedelte. ↗Sumeru. (mü)

Metaphysik u. metaphysische Spekulation gehörte zum geistigen Horizont der Zeit des ↗Buddha. In hohem Maße spekulativ u. metaphysisch war beispielsweise die ātman-Philosophie der ↗Upanischaden (↗Indien), die im als ewig verstandenen „Ich“ oder Selbst des Menschen Transzendenz u. Immanenz identisch setzt. Von solcher m. Sp. setzt sich der Buddha bewußt u. deutlich ab u. wählt die Induktion u. empirische Analyse als Methode, deren Ergebnis ihn in Widerspruch zu den m.-sp. Systemen seiner Zeit bringt (↗anātman, ↗skandha, ↗sechs Sinne). Dies verdichtet sich bei ihm zu einem antispekulativen Affekt, der auch den alten Buddh. kennzeichnet. Mehrfach weist der Buddha Fragestellungen ab, die auf eine 1. Ursache oder einen uranfänglichen Zustand der Welt verweisen. Gleichwohl fanden über die Scholastik u. im ↗Mahāyāna m. Sp. wieder Eingang in den Buddh. (no)

Metempsychose, Wiedergeburt, ↗saṃsāra

mettā (P, Skt maitrī) ↗Güte

Mettā-Sutta (P), wörtlich: „Lehrrede (von) der Güte“, in Snip (1,8) u. Khuddakapāṭha (9), ein bei Theravādins sehr populärer Text aus dem Suttapiṭaka des ↗Pāli-Kanons, der häufig – nach Form u. Intention nahezu mit einem ↗Gebet vergleichbar – rezitiert wird (Text siehe Anhang, S. 505). (no)

Metteyya (P) ↗Maitreya

Milarepa (tib. mi la ras pa), tib. Yogi der tib. ↗Kagyüpa-Schule (1040–1123), Schüler des ↗Marpa u. Lehrer des ↗Gampopa, wandte sich nach der Ausübung Schwarzer Magie dem „Weißen Weg“ zu u. mußte auf Anleitung seines ihn häufig unbarmherzig, scheinbar oft grausam traktierenden ↗Guru zur Läuterung 8 Häuser – Symbole seiner sich ändernden Konzeptionen – errichten, bevor er erleuchtet wurde. Den Rest seines Lebens verbrachte er zumeist in der Einsamkeit der Schneeberge, ständig in Meditation versunken. Sein berühmtestes Werk sind die „Hunderttausend Gesänge“ (tib. mgur `bum). M. verkörpert den Idealtypus des tib. Yogi.

L.: W.Y. Evans-Wentz: M., 1937; H. Hoffmann: Mi-la ras-pa, 1950; J. Bachhofer (Hg.): Verrückte Weisheit, 1986. – W.: G. C. C. Chang: The Hundred Thousand Songs of Milarepa, 1977. (ev)

Milinda (P). Unter diesem Namen tritt im ↗Milindapañha der gräko-ind. König Menander (Menandros) auf, der um die Mitte des 2. Jh. v. Chr. ein in der Folge der Alexanderzüge entstandenes Großreich im NW ↗Indiens beherrschte. Ob sich M., wie es das ↗Milindapañha berichtet, zum Buddh. bekehrte, ist fraglich. (sl)

Milindapañha (P), wörtlich: „Fragen des Königs Menandros (Milinda)“, ursprünglich sarvāstivādische (↗Sarvāstivāda) Schrift unter dem Titel „Nāgasena-bhikṣu-sūtra“ (Lehrrede des Mönchs Nāgasena) u. dann ins P übersetzt. Sie zählt nicht als kanonisches Werk (↗Kanon, ↗Pāli-Kanon), ist bei den Theravādins aber hochgeschätzt (↗Theravāda). Die Belehrung entfaltet sich in Gestalt eines Dialogs zwischen König Menandros (Milinda), Herrscher über ein graeco-baktrisches Reich Ende des 2. Jh. v. Chr. im Pañjāb, u. dem buddh. Mönch Nāgasena.

A.: M., ed. V. Trenckner, PTS, 1880 (repr. 1986). – Ü.: The Questions of King Milinda, tr. T.W. Rhys Davids, 2 Bde., London 1890–94 (SBE 35–36); Milinda's Questions, tr. I.B. Horner, 2 Bde., PTS 1963–64 (repr. 1990–91); Nyanatiloka: Die Fragen des Königs Milinda, [1919–24] hg. u. teilw. neu übers. v. Nyanaponika, Einl. v. H. Bechert, Interlaken 1985. – L.: P. Demiéville: Les versions chinoises du M., BEFEO 34 (1924), 1–264. (no)

Ming-ti, chin. Kaiser der Han-Dynastie; 58–75 n. Chr. Der Legende nach soll M.-t. aufgrund eines Traumes eine Gesandtschaft nach W geschickt haben, um von dort den Buddh. einzuführen. Diese haben ein buddh. Mönch u. das „Sūtra in 42

Abschnitten" mitgebracht. Von Lo-yang, dem 1. buddh. Kloster in ↗China, soll sich dann in der Folge der Buddh. in China ausgebreitet haben. (no)

Miroku, jap. für den ↗Bodhisattva ↗Maitreya

Mission. Der Begriff M. (lat. missio = Sendung) meint ursprünglich u. eigentlich die geplante u. organisiert durchgeführte Ausbreitung des Christentums, also Evangelisation mit dem Ziel der Kirchenpflanzung u. Gemeindegründung. In asiat. Ländern, in ↗China seit dem beginnenden 14. Jh., in ↗Japan seit der Mitte des 16. Jh., in ↗Tibet seit dem frühen 18. Jh., sah sich der Buddh. mit christlicher M. konfrontiert. Vor allem in den asiat. Kolonien europ. Länder erschien M. als geistige u. religiöse Fortsetzung kolonialer Herrschaft. Aus diesen Erfahrungen heraus ist M. schon als Begriff aus buddh. Sicht ungemein negativ besetzt u. sollte im Zusammenhang mit der Ausbreitungsgeschichte des Buddh. vermieden werden. Dies auch deshalb, weil sich der moderne Buddh. selbst als nicht missionierend versteht. Gleichwohl kam es auch in der Ausbreitungsgeschichte des Buddh. zu geplanten Versuchen der Verbreitung der ↗Lehre des ↗Buddha, etwa in den Gesandtschaften Kaiser ↗Aśokas an die hellenistischen Diadochenhöfe des seleukidischen Syriens, des ptolemäischen Ägyptens, nach Makedonien, Cyrene u. Epirus. Auch die Sendung des Aśoka-Sohnes ↗Mahinda nach ↗Ceylon muß wohl so verstanden werden. Vollends kam es zur Adaption missionsähnlicher Organisation in der vom ceylonesischen ↗saṅgha getragenen Dharmadūta-Bewegung u. in der 1952 gegründeten Lanka Dharmadūta Society (heute: German Dharmadūta Society), die besonders in Deutschland tätig ist. Formen von M. zeigen auch moderne, in Japan entstandene, neobuddh. Bewegungen wie ↗Rissho-kosei-kai u. besonders ↗Sōka-gakkai. (no)

Mitfreude (Skt/P muditā, von der Wurzel: mud; P modati, = sich freuen), einer der 4 Erhabenen Verweilzustände (↗brahmavihāra; vgl. D 13), d. h. Meditatiosobjekte (↗Meditation). (no)

Mitleid (Skt/P karuṇā), einer der 4 göttlichen Verweilzustände

(↗brahma-vihāra) u. kardinale Tugend buddh. Ethik, wobei Güte (Skt maitrī, P mettā) die habituelle Seite u. M. deren aktive Form darstellen. M. wie Güte richten sich an alle Wesen, auch an die Tiere. Gerade aus M. wandte sich buddh. Ethik gegen die religiöse Praxis des Tieropfers. – Im ↗Mahāyāna wird die Tugend des M. zur zentralen Tugend, die sich im Bodhisattva-Ideal (↗Bodhisattva) verkörpert. Unter den Bodhisattvas gilt vor allem ↗Avalokiteśvara als Inkarnation des M. M. zusammen mit Güte als fundamentale mahāyānische Prinzipien lehrt vor allem das Buddhāvataṃsaka-sūtra aus der Mitte des 4. Jh. n. Chr.

L.: C.H. Hamilton: Buddhism. A Religion of Infinite Compassion, New York 1952. (no)

Mi-tsung (chin.), „Schule der Geheimnisse", chin. Schule des ↗Tantrismus; ↗Chen-yen. Sie wurde im 8. Jh. nach ↗China gebracht. Ihre dortige Entstehung ist mit Śubhākarasiṃha (chin. Shan-wu-wei; 637–735), Vajrabodhi (chin. Chin-kang-chih; 663/671–723/741) u. Amoghavajra (chin. Pu-k'ung; 705–774) verbunden. Basis-Text der Schule ist das Mahāvairocana-sūtra, das Śubhākarasiṃha zum größeren Teil ins Chin. übers. Zusammen mit dem Diamant-Gipfel-Sūtra stellt das Mahāvairocana-sūtra die Systematisierung des Tantrismus dar; sie wurden die Grundlagen des chin. u. jap. esoterischen Buddh. (Tantrismus). Beide dürften in der 2. Hälfte des 7. Jh. in ↗Nālandā kompiliert worden sein. Durch den jap. Mönch Kūkai, einen Schüler des Meisters Hui-kuo (746–805) u. Enkelschüler von Amoghavajra, wurde die M.-t. nach ↗Japan gebracht u. entwickelte sich zur ↗Shingon-Schule. (no)

Mittlerer Pfad (Skt madhyamā pratipad; P majjhimā paṭipadā). Die ↗Lehre des ↗Buddha versteht sich als M.P., der (die) extreme Sinnenlust, aber ausdrücklich auch rigorose, selbstbezweckte ↗Askese zurückweist. Darin unterscheidet sich die Lehre des Buddha nach seinem Erwachen (↗bodhi) von Anfang an von vergleichbaren u. gleichzeitigen Gruppierungen aus der upanischadischen Bewegung u. besonders gegenüber dem ↗Jainismus. Der Topos des M.P. begegnet bereits in der „Predigt von Benares" (Mv 1,6; Vin I,10ff), einem Text, dem man hohe Authentizität zubilligen muß. Dort ist der M. P. mit dem ↗Achtfachen Pfad identifiziert. In jedem Fall handelt es sich um einen Schlüsselbegriff buddh. Lehrverkündigung von Anfang an. Bezogen auf die Karmalehre (↗karma) u. die buddh. Ethik gewinnt der Begriff noch einmal eine andere Qualität: es geht nicht darum, schlechtes karma zu vermeiden u. gutes karma anzuhäufen, sondern Freiheit von karma zu gewinnen. Diese Nuancierung gibt der buddh. Ethik immer eine gewisse Distanz zu allem, was in menschlicher Gesellschaft u. Kultur als Wert gelten kann. (no)

Modernismus. Sammelbezeichnung für Bestrebungen seit dem 19. Jh., den Buddh. als zeitgemäße u. zukunftweisende Lebensorientierung auszulegen u. ihn entsprechend auch institutionell zu erneuern. Hervorgegangen ist der M. aus der Begegnung mit der abendländischen Kultur im Kontext westl. Kolonialherrschaft. Die Anfänge liegen in den Theravāda-Ländern SO-Asiens, besonders in Sri Lanka. Eine bedeutende Wirkung ging von Anagārika ↗Dharmapāla aus. – Kennzeichen des M. sind: 1. die Betonung des rationalen Charakters der buddh. Lehre als einer „Religion der Vernunft“, die mit den Erkenntnissen der modernen Naturwissenschaft in Einklang steht (↗Jayatilleke, ↗Luang Suriyabongse); hiermit verbunden ist oft eine kritische Sicht der mythologischen Vorstellungen, der Wundererzählungen u. der volksreligiösen Praktiken; 2. die Wahrnehmung sozialer Mißstände, angesichts derer die buddh. Ethik als soziales Reformprogramm aktualisiert wird (↗Ambedkar); ebenso wird eine Vermittlung buddh. Grundwerte mit Fragen der politischen u. ökonomischen Gestaltung (Demokratie, Marxismus, Sozialismus) sowie der Friedensproblematik gesucht (U chan Htoon); 3. die Wiederbelebung buddh. Meditationsformen, die auch dem Laien in ihrer Bedeutung zur Meisterung des Alltags in eigens hierfür vorgesehenen Zentren zugänglich gemacht werden; 4. die Entwicklung eines buddh. geprägten Erziehungswesens durch den Ausbau traditioneller u. die Gründung neuer Bildungsinstitutionen bis hin zu Universitäten, in denen auch modern-säkulare Wissenschaften gelehrt werden; 5. der Einsatz für die ↗Mission; 6. Bemühungen um eine Verständigung u. Zusammenarbeit aller Buddhisten, die 1950 zur Gründung der World Fellowship of Buddhists führten; 7. die verstärkte Beteiligung von Laien an der Lehrentwicklung u. die Gründung neuer Laienvereinigungen u. Jugendgruppen.

L.: K.W. Morgan (Hg.): The Path of the Buddha. Buddhism interpreted by Buddhists, New York 1956 (repr. Delhi 1986); K.N. Jayatilleke: Early Buddhist Theory of Knowledge, London 1963; H. Bechert: Buddhismus. Staat und Gesellschaft in den Ländern des Theravāda-Buddhismus, 3 Bde., 1966–73 (Bd. 1, ²1988); ders.: Weltflucht oder Weltveränderung?, 1976; ders.: The Ideal of Nirvāṇa in a Changing World. Some Reflections on the Phenomenon of Buddhist Modernism, in: N.A. Jayawickrama (ed.): Seminar on Buddhism's Contribution to World Culture and Peace, Colombo 1986, 1–7; ders.: Buddhistic Modernism, Business and Economic Review (Seoul) 14, 1990, 93–104; D.K. Swearer: Buddhism in Transition, Philadelphia 1970; H. Dumoulin (Hg.): Buddhismus der Gegenwart, 1970. (mü)

Mönchsorden ↗saṃgha

Mönchsreligion bezeichnet einen soziologischen Typus von Religion, dessen zentrale Institution das Mönchtum bzw. der Mönchsorden darstellt. Er setzt eine (Zwei-)Stufen-Ethik voraus, in der Laien u. Mönchen unterschiedliche Funktionen u. Pflichten, evtl. auch Heilswege zugerechnet werden. (bo)

Mönchtum. Eine der ältesten Formen von M. stellt der ↗saṅgha dar. Er entstand aus einer asketisch-weltflüchtigen Bewegung, die seit dem 9. Jh. v. Chr. in ↗Indien die Mittlerstellung der ↗Brahmanen zwischen Menschen u. Göttern u. die Wirksamkeit u. Notwendigkeit brahmanischer Ritualistik bestritt. Über die Definition eines neuen Heilszieles, die Rückvereinigung des menschlichen Selbst (ātman) mit dem allgöttlichen Einen (↗brahman), u. neue Methoden des Heilsgewinns, das sind ↗Meditation u. Askese, kam ein bisher nicht manifester Zug zur Weltentsagung in die ind. Religionsgeschichte. Das M. entsteht aus einer zunächst wenig strukturierten u. organisierten Asketenbewegung, von der uns einige Beispiele mit ihren Schuloberhäuptern u. den Grundlehren bekannt sind. Grundmotiv für das entstehende M. wird der Rückzug aus der Welt, die aus asketischer Perspektive als uneigentlich, unwesentlich u. illusionär (↗māyā) interpretiert wird. Im Eigentlichen entsteht das M. aus der Funktion der Organisation von Askese

(K.S. Frank). Ausdruck dafür sind Verhaltensvorschriften, die Tageslauf u. Leben der Mönche u. Nonnen strikt regulieren. Diese Vorschriften finden sich häufig kodifiziert in Ordensregeln, im buddh. M. im ↗vinaya. Ausdruck der Weltflucht sind Askeseformen wie Besitzlosigkeit, Unbehaustheit (↗pabbajjā), sexuelle Abstinenz (↗Zölibat), Verzicht auf oder Einschränkung von sozialen Kontakten durch Schweigen, Einsamkeit u. ä.; dazu Speiseverbote, Fastengebote, Schlafentzug oder -regulierung, die Einnahme unbequemer Körperhaltungen (āsanas). Dabei empfiehlt in Sachen Askese der ↗Buddha einen „mittleren Weg", der alle Extreme meidet, rigorose Askese ebenso konsequent wie Laxheit u. Sich-Gehen-Lassen. Man unterscheidet 2 Grundtypen mönchischer Lebensordnung: den Eremiten, der allein oder mit eingeschränkten sozialen Kontakten lebt, beispielsweise der „Waldmönch" (vānaprastha, der Walderemit), u. den gemeinschaftlich lebenden Mönch, den Zönobiten (von griech. koinos = gemeinsam, bios = Leben), der auch im Buddh. den Regelfall darstellt. Der Mönch wird im Buddh. nach der Form seines Lebenserwerbs ↗bhikṣu (Skt, P bhikkhu), Mendikant oder Bettler genannt. Der europ. Begriff „Mönch" kommt vom Griech. „monachós", einzeln, allein lebend, u. wurde ursprünglich nur für Eremiten gebraucht. Der übergeordnete Begriff für den buddh. Mönch ist śramaṇa (Skt, P samaṇa), der Asket, wodurch M. sich durch Askese bestimmt. Mönche unterscheiden sich erscheinungsbildlich von ihrer übrigen Umgebung durch den kahl rasierten Kopf u. durch die Ordenstracht, im theravādischen M. gelb (↗Theravāda), im mahāyānischen M. schwarz (↗Mahāyāna), rot im tib. M. (↗Tibet, ↗Lamaismus). – Vor der Ordination zum Mönch muß eine Probezeit durchlaufen werden als śrāmaṇera (Skt, P sāmaṇera). Einen Eintritt ins Kloster nennt man (das „Ziehen in die) Hauslosigkeit" (P pabbajjā). In bestimmten Ländern des südl. Buddh. (Theravada) ist es Brauch, daß jeder junge Mann zumindest einmal eine Zeit als sāmaṇera in einem Kloster gelebt hat. Neben Meditation gehören Rezitation der Sutren u. Studium zu den wichtigsten Tätigkeiten der Mönche. Erwerbsarbeit verbietet der vinaya, im ↗Ch'an- u. ↗Zen-Buddh. gehört Arbeit zur mönchischen Askese („Ein Tag ohne Arbeit, ein Tag ohne Essen"). Die Mönche werden von der Laienschaft unterhalten: auf dem Bettelgang erhalten sie Nahrung, durch Spenden Kleidung und das, was sonst nötig ist. Funktionalisierung des buddh. M. durch Aufgabenzuweisung durch Gesellschaft u. Bekenntnisgemeinde analog dem christlichen M. (Ackerbau, Viehzucht, Bereitstellung von Hospizen u. Spitälern, Armenfürsorge, Seelsorge usw.) hat lange Zeit nicht stattgefunden; erst im buddh. ↗Modernismus haben Mönche vermehrt Aufgabenstellungen im Dienst der Laienschaft übernommen. In seiner Weigerung, sich fremdbestimmt funktionalisieren zu lassen, ist das buddh. M. geradezu zum Vorentwurf allen M. als Gegenentwurf gegen die Gesellschaft geworden.

L.: N. Dutt: Early monastic Buddhism, 2 Bde., Calcutta 1941–45, Bd. 1 ²1960; S. Dutt: Buddhist monks and monasteries in India, London 1962; ders.: Early Buddhist monachism, London 1960 (repr. 1984); D.K. Barua: Vihāras in ancient India. A Survey of Buddhist monasteries, Calcutta 1969; J. Bunnag: Buddhist monk, Buddhist layman. A Study of urban Monastic Organization in Central Thailand, Cambridge 1973; P. Olivelle: The origin and early development of Buddhist monachism, Colombo 1974; C.S. Upasak: Dictionary of early Buddhist monastic terms based on Pāli literature, Veranasi 1975; C.S. Prebish: Buddhist Monastic Disciplin. The Skt Prātimokṣa Sūtras of the Mahasaṃghikas and Mūlasarvāstivādins, London – New York 1975, 43–113; R.A.L.H. Gunawardana: Robe and Plough, Tuscon/Arizona 1979; M.B. Carrithers: The Forest monks Sri Lanka, Delhi 1983; D. Delannoy: La vie monastique au Tibet, in: R. de Berval (Hg.): Présence du Bouddhisme, Paris 1987, 225–242; M. Wijayaratna: Buddhist monastic life, New York 1990; O. v. Hinüber: Sprachentwicklung und Kulturgeschichte. Ein Beitrag zur materiellen Kultur des buddhistischen Klosterlebens, 1992 (AAWL 6, 1992), R. Gothóni: Modes of life of Theravāda monks, Helsinki 1982 (Studia Orientalia, 52). (no)

Mönlam-Fest (tib. smon lam chen mo), das „Große Gebet". 1419 von ↗Tsongkhapa initiiert, bildet es das bedeutendste religiöse Fest der tib. ↗Gelugpa-Schule. Alljährlich wird es vom 3.–24. Tage des 1. Monats (etwa Februar/März) im ↗Jokhang abgehalten, um der dortigen Statue des ↗Jobo Śākayamuni Verehrung zu zollen u. die Ankunft des zukünftigen Buddha ↗Maitreya zu beschleunigen. (ev)

Moggaliputta Tissa (P, Skt Maudgalyāyana Tiṣya). Historisch nur ungenau faßbare Figur eines angesehenen ↗Mahāthera der Vibhajjavādins (↗Vibhajjavāda) z. Z. von Kaiser ↗Aśoka im

3. Jh. v. Chr., der mit der P-Tradition eines Konzils in ↗Pāṭaliputra (Dv VII, 34–59, Mhv V,228–282) u. einer Erörterung der Ketzerfrage in Verbindung gebracht wird. Das Konzil selbst dürfte eine regionale Schulsynode gewesen sein. Die Historizität von M.T. scheint indes durch die Auffindung seiner Reliquien im Stupa II von Sāñci gesichert. Die P-Tradition nimmt M.T. auch für die Redaktion des ↗Kathāvatthuppakaraṇa in Anspruch. Vielleicht hat sogar die Legende des M.T. in der Samantapāsādikā die Geschichte des Mönchs Nāgasena aus dem ↗Milindapañha beeinflußt. Nach Waddell (Proceedings, 1899) sei der M.T. des Mhv u.a. singhalesischer Chroniken identisch mit dem Upagupta der nördl. buddh. Tradition (in tib. u. chin. Berichten), besonders im nepalesischen Aśokāvadāna, welches bereits 1317 n. Chr. in chin. Übers. belegt ist (Walleser, Philosophische Fragen, 21–22).

L.: H. Bechert: Aśokas ‚Schismenedikt' und der Begriff Saṅghabheda, in: WZKSOA V/1961, 18ff; E. Frauwallner: Die buddh. Konzile, in: ZDMG 102/1952, 240ff. (no)

moha (Skt/P), „Verblendung", gleichbedeutend mit avidyā (Skt, P avijjā = erlösungsrelevantes Nichtwissen), „Täuschung, Illusion", ist eine der Wurzelgrößen des Unheilsamen, die an das Rad der Wiedergeburten ketten u. Erlösung verhindern. (no)

Mondō (jap.), „Frage u. Antwort"; im ↗Zen-Buddh. Bezeichnung für die meist sehr kurzen u. paradoxen (↗Paradoxie), bis heute praktizierten Meister-Schüler-Dialoge (häufig nur eine Antwort des Meisters auf eine Frage des Schülers). Klassische M. sind als ↗Koān erhalten (auch ↗Hossen). (sl)

Mongkut (Rāma IV.), König von ↗Thailand 1851–1868. Bedeutender Erneuerer des Buddh. in Thailand. Vor seinem Regierungsantritt war M. 27 Jahre Mönch gewesen u. hatte den Dhammyuttika-Nikāya, einen Reformzweig des ↗saṅgha, gegründet, der neben dem Studium, meditative Praxis (↗Meditation) u. striktere Observanz fordert. (no)

Mongolei, Mongolen. Die M., sprachlich mit den Turkvölkern verwandt, teilen sich in O.-M., die die Mongolische VR (Äußere M.) u. die Innere M. (unter chin. Herrschaft) bewohnen, die W-M. in der Dsungarei u. die N-M. oder Burjäten in der Mongolisch-Burjätischen Republik am Baikalsee. Namengebend für das Volk aus Viehzüchternomaden war ein Stamm in der N-M. namens Monghol. In der vorbuddh. (bzw. vorislamischen) Religionsphase verehrten die M. einen Himmelsherrn namens Teng(e)ri an der Spitze des Pantheons. Als Mittler zwischen Volk u. den Göttern fungierten Schamanen. Dschingis Khan (1155–1227; vor dem Antritt seiner Herrschaft hieß er Temudschin) einigte 1206 die mongolischen Stämme. Unter seiner Herrschaft entstand ein mongolisches Großreich, das Teile des chin. Reiches (↗China) u. ↗Korea einschloß u. über ↗Zentralasien ins heutige S-Rußland u. bis nach Persien reichte. Die 1. Bekehrung der M. zum Buddh. erfolgte 1261 durch den Saskya-pa-Hierarchen 'Phags-pa von ↗Tibet aus unter der Regierung von Kubilai Khan (1215–1294), dem Enkel Dschingis-Khans. Kubilai Khan war seit 1260 Großkhan der M. u. ab 1280 Kaiser von China (Shi-tsu) u. Begründer der Yüan-Dynastie (1280–1368). Bei der Vertreibung der M. aus China 1368 kehrten die M. zu ihrem vorbuddh. Schamanismus zurück. 1577 bekehrte der Gelugpa-Hierarch bSod-nams-rgya-mtsho (1542– 1587), der als 3. ↗Dalai-Lama zählt, obwohl ihm der von ihm bekehrte ostmongolische Fürst Altan Khan diesen Titel als erstem verliehen hatte, die M. erneut. Mit dieser sog. 2. Bekehrung der M. begann eine enge Beziehung der M. zur tib. Tugendschule (↗Gelugpa). 4. Dalai Lama wurde ein M., ein Urenkel Altan Khans. In der Folge erhielten die M. ihre eigene Hierarchie. Ihr oberster Lama, die Inkarnationslinie des Jebtsündampa, nahm in Urga (Ulan Bator) Residenz. Maßgebliche heilige Schrift wurde der tib. ↗Kanon, der ↗Kanjur. Die Texte wurden ins Mongolische übers., zahlreiche Klöster wurden gegründet. Zeitweilig lebten 45 % der männlichen mongolischen Bevölkerung als Mönche in Klöstern. Diese gehörten zu den reichen Landbesitzern u. waren ins feudale System voll integriert. 1723–1725 wurden die mongolischen Übers. des Kanon revidiert, 1728 im tib. Kloster sNor-thang, zwischen Shigatse u. Saskya gelegen, gedruckt. Der ↗Tanjur wurde unter dem chin. Kaiser Kien-lung (1736–1796) ins Mongolische übersetzt. – 1911 erklärte sich die Äußere M. unabhängig u. setzte den Jebtsündampa als Staatsoberhaupt ein. 1924 erfolgte die Umwandlung in eine VR. 1930 wurden in einer gelenkten atheistischen Kampagne 700 Klöster u. Tempel zerstört. 1979 besuchte der XIV. Dalai Lama Ulan Bator.

A.: Kanon: Mongolian Kanjur, ed. Chandra Lokesh, 108 Bde., New Delhi 1973–79 (Nachdr. d. Ausg. Peking 1717–20). – L.: G. Huth: Geschichte des Buddhismus in der M., 2 Bde., Straßburg 1896; R.J. Miller: Monasteries and cultural change in Inner Mongolia, 1959; C.A. Bawden: The Jebtsundamba Khutukthus of Urga, 1961; L. Chandra: Buddhism in Mongolia, Indo-Asian Culture, 8 (1960), 266–275; ders.: Eminent Tibetan Polymaths of Mongolia, 1961; E.D. Philips: The Mongols, London 1969; G. Tucci, W. Heissig: Die Religionen Tibets und der Mongolei, 1970. (no)

Mou-tzu heißt nach ihrem angeblichen Verfasser die wichtigste apologetische Schrift des chin. ↗Buddhismus (eigentlicher Titel: „Li-huo-lun"). Sie ist im Hung-ming-chi (↗Seng-yui) enthalten. Der vorgebliche Autor wird ans Ende des 2. Jh. n. Chr. datiert. 1. Die Schrift ist in der 2. Hälfte des 5. Jh. erstmals erwähnt, danach aber weit verbreitet. Im 16. Jh. wurde die Authentizität von M.-t. angezweifelt. Heute datiert man die Entstehung ins 5. Jh. (so)

Moxa (jap. mokusa), wörtlich: „Brennkraut". Dabei handelt es sich um brennbare Kräuterkegel, die in ↗China im Verlauf der Mönchs- u. Nonnenordination auf dem kahl geschorenen Kopf abgebrannt wurden (zwischen 3 u. 12). Die dauerhaften Brandnarben sollten den tatsächlichen Empfang der Ordination dokumentieren. (no)

Much, Hans, geb. 24. 3. 1880 in Zechlin/Brandenburg, gest. 28. 11. 1932 in Hamburg; Mediziner, Schriftsteller u. dt. Buddhist. Nach dem Studium der Humanmedizin Assistent bei Emil v. Behring (1854–1917), ab 1919 Universitätsprofessor u. Leiter des Serologischen Instituts Hamburg. Durch das Kriegserlebnis fand M. zur ↗Lehre des ↗Buddha. Ab 1920 arbeitete er im Vorstand des „Bundes für buddh. Leben" mit u. gründete 1921 die Hamburger Ortsgruppe des „Bundes". Als Schriftsteller beschäftigte er sich auch mit dem Buddh.

W.: Buddha. Der Schritt aus der Heimat i. d. Heimatlosigkeit, Erzählung,

Zürich 1914; Auf dem Pfad des Vollendeten, 1918,[2]1920; Buddh. Weisheit (zusammen mit Georg Grimm), 1918, [3]1920; Boro Budur, ein Buch der Offenbarung, 1920; Dhammapadam, 1920. (no)

Mu-ch'i (jap. Mokkei), chin. Vertreter der ↗Ch'an-Schule, 1210?–1288?. In der südl. Sung-Zeit gewann die Ch'an-Schule großen Einfluß auf die Malerei, besonders auf die Landschaftsmalerei. M. stellt den Höhepunkt der monochromen Tuschemalerei in ↗China dar. Sein berühmtestes Bild ist die „Sechs Persimonen". (so)

Mu-chou Ch'en Tsun-su (jap. Bokujū Chin Shonshuku), chin. Mönch der ↗Ch'an-Schule; 780?–877?. M. war ein exzentrischer Schüler von ↗Huang-po. Bekannt ist die Ch'an-Geschichte, wie er ↗Yün-men zur Erleuchtung brachte, indem er dessen Fuß in die Türe einklemmte. Er lehrte einen äußerst strengen Stil. (so)

muditā (Skt/P) ↗Mitfreude

mudrā (Skt, tib. phyag rgya), „Siegel", etwas, das einen tiefen Eindruck hinterläßt: 1. festgelegte, mit einem ganz bestimmten Symbolgehalt assoziierte Handlungen, die zur Darstellung des ↗Buddha u. a. Wesen in der Ikonographie sowie im ↗Vajrayāna als Ausdruck innerer meditativer Prozesse (↗Meditation) während der Ritualpraxis Verwendung finden. 2. Bezeichnung der Partnerin bei tantrischen ↗Yab-Yum-Praktiken (↗Tantrismus, ↗Tantra) in ihrer Funktion als ↗prajñā. Zu unterscheiden sind hier Rituale mit physisch gegenwärtiger (Skt karma-m.) u. geistig vorgestellter Partnerin (jñāna-m.). (Siehe Darstellungen im Anhang, S. 555–560).

L.: E. Dale-Saunders: Symbolic Gestures in Buddhism, Artibus Asiae, vol. 21, fasc. 1, Ascona 1958, 47–63; ders.: M., A Study of Symbolic Gestures in Japanese Buddhist Sculpture, New York 1960; E. Haarh: Contribution to the Study of Maṇḍala and M., Acta Orientalia 23 (1959), 57–91. (ev)

Mündliche Überlieferung ist in der Religionsgeschichte u. in den meisten Religionen das fundamentale Prinzip der Weitergabe der Lehrgestalt. Auch in den Buchreligionen – das sind

Religionen, deren Überlieferung schriftlich kodifiziert ist – liegen im Prozeß der Kanongeschichte (↗Kanon) meist vorschriftliche Traditionen der schriftlichen Abfassung voraus. So sind z. B. die Überlieferungen des Pāli-Kanon erst im 1. Jh. vor unserer Zeitrechnung schriftlich fixiert worden. Traditionsstücke, die mündlich überliefert werden, sind in ihrer Gestalt in der Regel so aufgebaut, daß sie mnemotechnische Hilfen (rezitativer Stil, rhythmische Rezitation, Metrik, feste Abfolge von Aufzählgegenständen oder Begriffsketten) bieten. M. Ü. erfolgt also in durchaus vorgeprägter Form. (no)

Mūlamadhyamakakārikā (Skt). Die M. (auch „Madhyamakakārikā" oder „Madhyamakaśāstra" genannt) ist die wichtigste Schrift ↗Nāgārjunas. Die Existenz zahlreicher Komm. zur M. bezeugt ihr großes Gewicht. Die M. bildet einen gravierenden Einschnitt in der alten buddh. Lit. In dichter Form bietet die M. eine ausschließlich logisch vorgehende Behandlung der buddh. Lehre mit dem Ziel, das begriffliche Material aller Ansichten (↗diṭṭhi) durch logische Kritik zu destruieren. Die Lehre ↗Buddhas wird i. S. der doppelten ↗Wahrheit u. der ↗śūnyatā-Lehre interpretiert. Die in der M. niedergelegten logischen Erörterungen sind bis heute von höchster philosophischer Bedeutung.

A.: L. de La Vallée Poussin (Hg.): Madhyamakvṛttih, Mūlamadhyamakakārikās (Madhyamikasūtras) de Nāgārjuna avec la Prasannapadā commentaire de Candrakīrti, St.-Pétersbourg 1903–13 (BBu 4); J. May: Candrakīrti Prasannapadā, Madhyamakavṛttih, Paris 1959; ders.: Kant et le M., IIJ 2 (1959), 102–111; Nāgārjuna: Mulamadhyamakārikāḥ, ed. J. W. de Jong, Madras 1977. – Ü.: M. Walleser: Die Mittlere Lehre (Madhyamika-Śāstra) des Nāgārjuna, nach einer tib. Version übertr., 1911; ders.: Dass., nach einer chin. Version übertr., 1912 (= Die buddh. Philosophie in ihrer geschichtl. Entwicklung, 2–3). – L.: F. Streng: Emptiness, Nashville – New York 1967 (m. Übers. d. M.); K. K. Inada: Nāgārjuna, Tokyo 1970 (m. Übers. d. M.); D. J. Kalupahana: Nāgārjuna, New York 1986 (m. Übers. d. M.). (sl)

Mūlasarvāstivāda. Relativ spät bezeugter Zweig der Schule der ↗Sarvāstivādins o. auch vielleicht (so Frauwallner) von den Sarvāstivādins unabhängige Schule. Selbstbewußt nennen sie sich „Wurzel-Sarvāstivādins" u. verstehen sich in besonderer Weise als orthodox. Wichtig sind ihre Schriften für die Überlieferungsgeschichte des buddh. ↗Kanons, besonders für die Redaktionsgeschichte des ↗vinaya. In chin. Version erhalten ist ein Dīrghāgama der M.-vādins, ferner der vollständige vinaya (ca. 300–400 n. Chr.). Diese vinaya-Version bietet eine chronologische Ordnung der Buddha-Biographie, die allerdings legendär ist. ↗Buddha.

L.: Mūlasarvāstivādavinayavastu, Gilgit Manuscripts, ed. N. Dutt, vol. 3, pts. 1–4, Srinagar-Calcutta 1942–50; Mūlasarvāstivādavinayavastu, 2 Bde., ed. S. Bagchi, Darbhanga 1967–70 (BST 16); E. Frauwallner: The Earliest Vinaya and the Beginnings of Buddhist Literature, Roma 1956 (SOR III). (no)

Mumonkan (jap., chin. Wu-men-kuan), wörtlich: „Schranke ohne Tor“, eine der berühmtesten ↗Kōan-Sammlungen. Das M. enthält 48 Kōan u. wurde von dem ↗Zen-Buddhisten Wumen Hui-k'ai im 13. Jh. in ↗China angefertigt. Noch im gleichen Jh. brachte es sein Schüler Kakushin nach ↗Japan, wo es zunehmend an Popularität u. Verbreitung gewann. (sl)

Mustang (tib. glo bo), vom Buddh. u. von der ↗Bön-Religion geprägtes, ehemaliges Königreich im nordnepalesischen ↗Himalaya, das Indien u. Nepal mit der tib. Hochebene verbindet u. als Durchgangsland für Handelskarawanen zu wirtschaftlicher u. kultureller Blüte gelangte. M. grenzt nördl. an Tibet, westl. an Dolpo u. östl. an Manang, 2 ethnisch u. kulturell von tib. Kultur geprägte Regionen Nepals. Die Flächenausdehnung beträgt 3573 km^2, die von 12 930 Einwohnern (1991) besiedelt werden; Hauptstadt ist Mönthang. Die Besiedlung M. reicht – wie Grabungen in Felshöhlen erwiesen –, bis in das 8. Jh. v. Chr. zurück. Quellenkundlich ist es in den ↗Dunhuang-Dokumenten (8./9. Jh.) erwähnt. Im 13. Jh. wird M. – zu dieser Zeit vermutlich ein Teil des Königreiches Dzumla –, von den Tshalpa, einem Zweig der ↗Kagyüpa-Schule, missioniert, vom 14. Jh. an von den ↗Sakyapa. Zwischenzeitlich Teil des westtib. Königreiches Gungthang wird M. von Anfang des 15. Jh. an von König Amepal (tib. a me dpal), einem ehemaligen Provinzgouverneur des Königs von Gungthang, u. seinen Nachkommen regiert. Im späten 18. Jh. wird es von den nepalesischen Gorkha-Herrschern ihrem Machtbereich einverleibt. Aufgrund seiner isolierten Lage konnte M. seine kulturelle Identität bis in die jüngste Zeit bewahren.

L.: G. Tucci: Journey to Mustang, Rom 1953; D. Jackson: The Mollas of M., Dharamsala 1984; M. Peissel: M., The Forbidden Kingdom, New York 1967; M. Henss: M., Ein Reiseführer mit Landes- und Kulturkunde, 1993; M. Rajpant, Ph.H. Pierce: Administr. Documents of the Shah-Dynasty concening M. …, 1988 (Beitr. z. Zentralasienforsch. 10); Zs.-Beiträge in Ancient Nepal, Hefte 132–138 (1992–1995); weitere Lit. ↗Nepal. (ev)

Myōe-Shōnin (Kōben), jap. Mönch, der ↗Kegon-Schule; 1173–1232. Er gilt als einer der Erneuerer der alten buddh. Schulen Japans in der Kamakura-Zeit (1185–1233). Durch Eisai kam er in Kontakt mit dem ↗Zen-Buddh. Gleichermaßen berühmt für seine Gelehrsamkeit wie für seine Vorliebe für ↗Meditation in der freien Natur, besonders in den Astkronen von Bäumen, erhielt er den freundlich-spöttischen Spitznamen „Hochwürden Vogelnest“ (Chōka-Shōnin). (no)

Myōhōrengekyō (jap.), ausführliche jap. Wiedergabe des Titels des ↗Lotus-Sūtra („Sūtra von der Lotus-Blume des wunderbaren Gesetzes“). Hatte bereits ↗T'ien-t'ai dem Titel des Lotus-Sūtras besondere Aufmerksamkeit geschenkt, so sah ihn ↗Nichiren als die Essenz der ↗dharmas an, deren Wirkungen durch Rezitation des M. zuteil werden. (sl)

Mystik als Verähnlichung oder Vereinigung des menschlichen mit einem göttlichen Selbst (griech. homoiosis, lat. unio mystica) ist als typologisches Konzept für die Beschreibung u. Einordnung des Buddh. in ein religiös-phänomenologisches Ordnungsschema nahezu ungeeignet, da der Buddh. sowohl auf seiten des menschlichen wie des göttlichen Selbst Leerstellen aufweist. Gleichwohl stellen dt. Buddhisten manchmal die M. als Verstehensbrücke zwischen asiat. Buddh. u. abendländisch-christlichem Kontext dar. Die in diesem Zusammenhang gerne bemühte Tradition aus der ind. Religionsgeschichte ist ↗bhakti, Hingabe (an die Gottheit), eine Vorstellung, die tatsächlich vom ↗Mahāyāna rezipiert wurde. Die Identität von ātman u. brahman in der upanischadischen Spekulation (↗Upanischaden) ist durchaus Ausgangspunkt für mystische Strömungen in ↗Indien geworden. Der ↗Buddha selbst hat sich von diesen

Anschauungen nachvollziehbar abgesetzt, indem er der upanischadischen Begriffs-Dyade das Zweierbegriffspaar anātman, u. nirvāṇa entgegensetzte u. damit der ātman-Lehre als dem Höhepunkt der upanischadischen Philosophie die Spitze abbrach. Damit vertritt der Buddha eine ebenso antimystische wie antimetaphysische Position. Daher fällt es auch schwer, die ↗bodhi des Buddha als mystisches Erleben zu qualifizieren. Gleichwohl hat es sich eingebürgert, bestimmte Traditionen u. Facetten des Buddh., etwa den tib. Buddh. (Lama Anāgārika ↗Govinda) oder den jap. ↗Zen-Buddh. zur M. zu rechnen. Unbestreitbar mag ja sein, daß es auch im Buddh. der M. vergleichbare Formen religiöser Erfahrung gibt. Aber die Grundidee der „unio mystica“, der Vereinigung des menschlichen mit einem göttlichen Selbst, erscheint auch in der jegliche Dualität zurückweisenden śūnyatā-Lehre nicht gegeben. (no)

Herders Lexikon des Buddhismus

Grundbegriffe, Traditionen, Praxis

N–Z

N

nāga (Skt/P). Zumeist Bezeichnung für schlangengestaltige, niedere ↗Götter, die häufig in der indischen Mythologie anzutreffen sind u. durchaus unterschiedlichen Charakter tragen (oft als Bewacher verborgener Schätze geschildert). N. kann jedoch gelegentlich auch hohe Wesen, wie ↗arhats u. den ↗Buddha bezeichnen.

L.: P. Wodilla: Niedere Gottheiten des Buddhismus, Erlangen 1928; T. V. Mahalingam: The Nagas in Indian history and culture, JIH 43 (1965), 1–69. (sl)

Nāgārjuna (vermutlich 2.–3. Jh.) kann mit Recht als der bedeutendste Philosoph des ↗Mahāyāna angesehen werden, dessen Einfluß in allen Richtungen des Mahāyāna u. in der Advaita-Vedānta-Schule des ↗Hinduismus greifbar ist. Nicht nur wirkungsgeschichtlich gehört er zu den wichtigsten Philosophen der Menschheit. Über sein Leben ist wenig Gesichertes bekannt (vermutlich war er ein süd-ind. ↗Brahmane), da die Biographien stark legendarischen Charakter tragen u. ihm möglicherweise mit mehreren Personen gleichen Namens vermischen (besonders mit einem buddh. Tantriker aus dem 7. Jh.). Zahlreiche Schriften werden N. zugeschrieben, deren Authentizität allerdings umstritten ist (z. B. Bhavasaṅkrānti, Bodhisambhāraśāstra; Catuḥstava, Daśabhūmikavibhāṣā, Dvādaśanikāya, Mahāprajñāpāramitāśāstra, ↗Mahāyānaviṃśika, Pratītyasamutpādahridayakārikā, Ratnāvali, Suhrillekha, Śūnyatāsaptati, Sūtrasamuccaya, Vaidalyaprakaraṇa, Yuktiṣāṣṭikā). Als unumstritten authentisch gelten ↗Mūlamadhyamakakārikā u. Vigrahavyāvartanī, die auch in Skt erhalten sind. In der Diskussion der traditionsimmanenten hermeneutischen Frage nach dem eigentlichen Wesen der ↗Lehre des ↗Buddha setzt N. einen entscheidenden Einschnitt durch die Einführung der radikalen logischen Kritik. Alle Aussagen, auch die der buddh. Lehre, erweisen sich als deskriptiv unzutreffend, da die logische Analyse unvermeidliche Aporien aufdeckt, die auf das begriffliche Denken selbst zurückgehen. Die buddh. Lehre ist jedoch „relativ wahr" (doppelte ↗Wahrheit), weil sie zur Erkenntnis (↗prajñā) der höchsten Wahrheit i. S. der ↗śūnyatā-Lehre hinzuführen vermag. Hauptansatzpunkte der logischen Kritik N. bilden die bedeutungstheoretisch gefaßte Interdependenz aller Begriffe sowie die ontologisch gefaßte zeitlich-kausale Strukturiertheit aller Gegebenheiten. Beide Ansatzpunkte sieht N. im ↗pratītyasamutpāda enthalten, weshalb er dessen Aussageintention mit der śūnyatā-Lehre identifiziert.

A.: Madhyamakvṛttih, M.s (Madhyamikasūtras) de Nāgārjuna avec la Prasannapadā commentaire de Candrakīrti, éd. L. de La Vallée Poussin, St.-Pétersbourg 1903–13 (BBu 4); Mūlamadhyamakārikāḥ, ed. J.W. de Jong, Madras 1977; Madhyamakaśāstra, ed. P.L. Vaidya, Darbhanga 1960 (BST 10); Vigrahavyāvartanī, ed. E.H. Johnston, A. Kunst, MCB 9 (1951), 99–152; engl. Übers. v. K. Bhattacharya in Journal of Indian Philosophy, 1 (1972) 217–261. – Ü.: M. Walleser: Die mittlere Lehre (Madhyamikaśāstra) des N., nach der tib. Version übertr.; ders.: dass., nach der chin. Version übertr. 1911–12 (Die buddh. Philosophie in ihrer geschichtl. Entwicklung, 2–3); Le Traité de la Grande Vertu de Sagesse de N. [Mahāprajñāpāramitāśāstra], tr. E. Lamotte, 5 Bde., Louvain 1944–80 (BM 18, PIOL 2, 12, 24); C. Lindtner: N.s filosofiske vaerker, Kopenhagen 1982. – L.: K. Venkata Ramanan: N.'s Philosophy as Presented in the Mahāprajñāpāramitāśāstra, Rutland – Tokyo 1966 (Neudr. Delhi 1975); T.R.V. Murti: The Central Philosophy of Buddhism, London ²1960 (Nachdr. 1968); F.J. Streng: Emptiness, Nashville 1967; K.K. Inada: N., Tokyo 1970; Jan Yün-hua: N., one or more? A new interpretation of Buddhist hagiography, History of Religions 10 (1970), 139–155; M. Sprung (Hg.): The Problem of Two Truths in Buddhism and Vedanta, Dordrecht 1973; V. Fatone: The Philosophy of N., Delhi 1981; D. Seyfort Ruegg: The Literature of the Madhyamaka School of Philosophy in India, 1981; C. Lindtner : Nāgārjuniana, Copenhagen 1982; T. Vetter: Die Lehre N.s in den Mulamadhyamikakarikas, in: Epiphanie des Heils, Wien 1982, 87–108; ders.: Zum Problem der Person in N.s Mūlamadhyamika-kārikās, in: Offenbarung als Heilserfahrung in Christentum, Hinduismus u. Buddhismus, 1982, 167–185; G. Bugault: Logic and Dialectics in the Madhyamikakārikās, Journal of Indian Philosophy, 11 (1983), 7–76; D. J. Kalupahana: N., New York 1986; P. Schmidt-Leukel: Logische Kritik und mystische Erfahrung bei N., in: ders.: A. Kreiner (Hg.). Religiöse Erfahrung und theologische Reflexion, 1993; E. Frauwallner: Die Philosophie des Buddhismus, ⁴1994. (sl)

Nāgārjunikoṇḍa, auch: Nāgārjunakoṇḍa; heute nicht mehr erhaltene ind. Stadt stromaufwärts von ↗Amaravati. Ab dem 1.–2. Jh. n. Chr. wurde N. zu einem der bedeutendsten Zentren des Buddh. der Āndhra-Kultur mit mehreren Klöstern. Nach einigen Quellen soll ↗Nāgārjuna in N. gelebt haben u. gestorben sein. (sl)

Nālāgiri, Name des Arbeitselefanten, der auf Anstiftung des ↗Devadatta auf den ↗Buddha losgelassen wurde, um ihn zu töten (Cv 7,3,11–12). Topos der Erzählung, die im Kern historisch sein könnte, ist die alles bezwingende Macht der Güte (↗mettā). (no)

Nālandā, nordöstl. von ↗Bodh-Gayā gelegene Stadt, die ab dem 5./6. Jh. zur bedeutendsten buddh. Klosteruniversität ↗Indiens wurde. In N. lehrten vor allem wichtige Vertreter der ↗Yogācāra-Schule, wie z. B. ↗Dignāga, Dharmapāla, Śīlabhadra u. ↗Dharmakīrti, aber in späterer Zeit auch Vertreter der ↗Mādhyamika-Schule wie ↗Śāntideva u. ↗Śāntirakṣita. Ab dem 7./8. Jh. wurde N. auch zu einem Zentrum tantrischer Studien (↗Tantrismus), dann jedoch bald von ↗Vikramaśīla an Bedeutung übertroffen. Eine lebendige Schilderung des Lebens in N. hat ↗Hsüan-tsang, der dort 633 unter Śīlabhadra studierte, hinterlassen. Ende des 12. Jh. wurde N. im Zuge der muslimischen Invasionen zerstört.

L.: H. D. Sankalia: The Unversity of N., Madras 1934. (sl)

nāma-rūpa (Skt/P), Inbegriff der 5 körperlich-geistigen Konstituenten der empirischen Persönlichkeit in der buddh. Anthropologie (↗skandha), das sind die 5 Daseinsgruppen, nämlich Körper (rūpa) u. Geistigkeit (↗nāman). n.-r., wörtlich: „Benennung u. Gestalt", begegnet als 4. Glied des 12gliedrigen Satzes der Entstehung in Abhängigkeit (↗pratītyasamutpāda, paticcasamuppāda) als durch Bewußtsein bedingt u. selbst Grundlage der 6 Sinnesbereiche Sehen, Hören, Riechen, Fühlen, Schmekken u. Denken. (no)

nāman (Skt, P nāma), Name, Benennung (wie lat. nomen u. althochdt. namo). Begriff aus der buddh. Anthropologie zur Bezeichnung der geistigen Anteile der ↗Person, nämlich: Gefühl, Wahrnehmung, Willensstrebungen, Selbstbewußtsein (Daseinsgruppen, ↗skandha, ↗nāma-rūpa). (no)

namu-Amida-butsu (jap., Skt namo Amitābhāya Buddhāya), wörtlich: „Verehrung dem Buddha ↗Amitābha". n. ist im ↗Amida-Buddh. die Verehrungsformel ↗Amidas. Durch sie erlangt der Vertrauende nach dem ↗Sukhāvatīvyūha-Sūtra aufgrund des Ur-Gelübdes Amidas die Hingeburt ins ↗Reine Land. In der ↗Jōdo-Shinshū ist n. zugleich der eigentliche Name Amidas. (sl)

Nan-ch'üan P'u-yüan (jap. Nansen Fugan), chin. Vertreter der ↗Ch'an-Schule (Nan-ch'üan); 745–834. Sein Lehrer war ↗Ma-tsu, seine Schüler waren ↗Tung-shen, Ch'ang-sha Ching-ts'en u. ↗Chao-chou. N. Spruchsammlung „Nan-ch'üan yü-lu" ist teilweise im „Ch'uan-teng-lu" (↗Tao-yüan) enthalten. (so)

naraka (Skt, P niraya), der „abwärts führende Weg" zur „Hölle", die allerdings aus der Karma-Lehre (↗karma) heraus als zeitlich begrenzt verstanden wird. n. bezeichnet den Zustand des Leidens schlechterdings (↗Leiden) u. gehört zu den 4 niederen Existenzebenen (apāya, ↗saṃsāra). (no)

Nara-rokushū, „die 6 Sekten von Nara", die 6 Schulen der buddh. Frühzeit in ↗Japan, entsprechend den hauptsächlichsten buddh. Traditionen in ↗China, so benannt nach der Hauptstadt der damaligen historischen Epoche Nara (710–794). Diese sind: 1. die Sanron-Schule (625), die auf der ↗Mādhyamika-Schule fußt; 2. die Jōjitsu-Schule (625), die methodisch-analytisch dem ↗Hīnayāna folgte, inhaltlich aber das mahāyānische Leerheitskonzept (↗śūnyatā, ↗Mahāyāna) vertrat; 3. die Hossō-Schule (654), die jap. Variante der ↗Yogācāra-Schule; 4. die Kusha-Schule (658), die auf dem ↗Abhidharmakośa des ↗Vasubandhu fußte; 5. die ↗Kegon-Schule (730), die ursprünglich Huayan-Schule hieß u. sich lange als eine der Hauptschulen in Japan behauptet hat; u. 6. die Ritsu-Schule (jap. Risshū), die die mönchische Observanz u. den ↗vinaya pflegte. (no)

Nāropa (Skt, tib. na ro pa), ind. Tantriker adeliger Herkunft (956–1040) (!), vorübergehend Lehrer an der buddh. Universität ↗Nālandā, Schüler des ↗Tilopa u. Hauptlama des ↗Marpa. Anfangs der Schwarzen Magie verpflichtet, wird er von seinem ↗Guru auf einen mit den undenklichsten Beschwernissen gespickten Pfad der Läuterung geschickt, der ihn schließlich mit Hilfe außergewöhnlicher yogischer Techniken, die in den ↗„Sechs Lehren des N." überliefert sind, zur Befreiung führt.

L.: H. Hoffmann: Tibet, o. J. (Orient. Series 5); A. Grünwedel: Die Legenden des Nā.ro.pa …, 1933; H.V. Guenther: The Life and Teaching of N., Oxford 1963. (ev)

Nat (burmesisch), in ↗Burma einheimische Vorstellung von National- u. Naturgöttern, die im burmesischen Volksbuddh. eine große Rolle spielen. Man unterscheidet Familien-, Dorf-, regionale u. nationale N. Heiliger Ort des N.-Kultes, der vom Buddh. akkommodiert wurde, ist der Berg Popa nahe bei Pagan. Die im ↗Pāli-Kanon genannten ↗devas sind in Burma mit den N. identifiziert, daneben gibt es Naturgottheiten, die in Bäumen, Gewässern, auf Bergen wohnend gedacht sind. Sie stehen den Menschen häufig feindlich oder ambivalent gegenüber. (no)

Nationalismus. Der Begriff N. hat sich im 19. Jh. in Europa entwickelt zur Beschreibung eines politischen Bewußtseins, das auf staatlich-völkische Besonderheit, innere Homogenität u. gleichzeitige äußere Abgrenzung zielt. Die Kolonialstaaten haben nationalistisches Denken ‚exportiert'. Jedoch unterscheidet sich asiat. N. vom europ. durch eine zusätzliche Identitätsproblematik, die aus der Kolonialsituation der Vergangenheit u. der gegenüber Europa noch beschleunigten technisch-wirtschaftlichen Revolution herrührt. In den Theravāda-Ländern ist der Buddh. in den Mittelpunkt nationaler Identifikation gerückt, die der doppelten Überfremdung durch Kolonialstaat u. Christentum entgegengestellt wurde. Die gegenwärtigen Konflikte in Sri Lanka sind stark durch diese religiös-nationale Verknüpfung geprägt. In ↗Japan verhält sich der Buddh. eher distanziert zum ebenfalls dominanten N. (bo)

nembutsu (jap., Skt buddhānusmriti), wörtlich: „Achtsamkeit (↗sati) auf den ↗Buddha richten", bezeichnet n. im ↗Amida-Buddh. das Denken an u. das Aussprechen des Namens ↗Amidas: ↗namu-Amida-butsu. Im n. artikuliert sich das Vertrauen auf ↗tariki. Nach ↗Shinran gilt es, das n. durch die Praxis von ↗Güte u. ↗Mitleid „zu leben".

L.: D.T. Suzuki: Der Weg zur Erleuchtung, 1957. (sl)

Nembutsu-Sekte, jap. yūzū Nembutsu, die 1. amidische Schule (↗Amitābha, ↗Amida, ↗Amidismus) in ↗Japan, 1124 von Ryōnin gegründet. ↗Erlösung, so lehrte Ryōnin, sei nur zu erlangen durch die beständige Rezitation des ↗nembutsu (bis zu 60000 mal täglich.). (no)

Neokonfuzianismus. Der N. begann mit einer Throneingabe von Han Yü 803, in der er die Rückbesinnung auf die einheimischen Kulturgüter des klassischen Altertums (Chou-Zeit, bis 221 v. Chr.) vertrat. Als Reaktion auf die Vormachtstellung des Buddh. wollte er die Philosophie von Konfuzius u. Menzius zur Orthodoxie erhoben wissen. – In der Sung-Zeit war der N. stärker vom Taoismus beeinflußt. Maßgeblich wurde das „Buch der Wandlungen". In der Ming-Zeit war der N. vom Buddh. beeinflußt, besonders aus der ↗Ch'an-Schule. In dieser Epoche beschäftigte man sich in neokonfuzianischen Kreisen mit der Subjektivität (hsien-hsüeh, das ist die Gelehrsamkeit vom Geist).

L.: C. Chang: The Development of Neo-Confucian Thought, 2 Bde., New Haven 1963. (so)

Neotaoismus ist eine geistige Strömung der Wei-Chin-Zeit (220–420, eine Zeit der Zersplitterung Chinas), die gegen die konfuzianische ↗Scholastik der Han-Zeit gerichtet war u. sich aus der Philosophie des Lao-tzu ableitete. Der N. bestand in 2 Richtungen als Hsüan-hsüeh („Gelehrsamkeit vom Dunklen", das ist die Metaphysik) u. ch'ing-t'an („reine Gespräche", d.h. abstrakt, ohne sozialen u. politischen Bezug). Erstere interpretierte taoistische u. konfuzianische Werke in synkretistischer Manier, letztere pflegten Disputationen, romantische Wanderungen, Dichtung, Trunkenheit u. Unkonventionalität. Kernbegriffe des N. sind wu (Nichtsein als transzendentes Sein) u. tzu-jan (Natur, Natürlichkeit), seine Hauptvertreter sind Wang Pi, Ho Yen, Kuo Hsiang. Der N. verband sich in S-China mit dem Buddh. (↗Tao-an). (so)

Nepal. Königreich auf der Südseite des ↗Himalaya, nördl. an ↗China (Tibet), östl. an ↗Sikkim, südl. u. westl. an ↗Indien grenzend, Flächenausdehnung 147 181 km² mit 18 100 000 Einwohnern (1989) unterschiedlicher Ethnie (Gurkha, Newar, Sherpa, Gurung, Tamang, Kiranti u. a.). Hauptstadt ist Kathmandu, Staatsreligion ist der Hinduismus, etwa 7 % der Bevölkerung gilt als buddh. – Etwa 400 bis 350 v. Chr. wurde ↗Buddha Śākyamuni im südnepalesischen ↗Lumbini geboren, der Buddh. erlebte unter den ↗Licchavi-Fürsten im 2.–8. Jh. zusammen mit dem Hinduismus eine Blütezeit, seine Anhänger wurden jedoch etwa 800 unter dem hinduistischen 7. Shankaracharya zu einem großen Teil zwangskonvertiert. Nach einer Aufsplittertung in zahllose kleine Fürstentümer während der Thakuri-Dynastien (um 750–1200) ergriffen die frühen (etwa 1200–1482) u. späten Malla-Herrscher (1482–1768) die Macht. Durch ihren Handel mit ↗Tibet wirtschaftlich gestärkt, errichteten letztere die 3 im Kathmandu-Tal gelegenen Stadtkönigtümer Kathmandu, Patan u. Bhaktapur, deren kunstvoll gestaltete Tempel, Pagoden u. Verehrungsschreine zu den herausragenden Kunstschätzen der nepalesisch-newarischen Kultur zählen. – 1768 eroberten die Gurkhas, indo-arische Bergstämme, das Kathmandu-Tal u. gründeten mit der Shah-Dynastie das Königreich N. Auseinandersetzungen mit Tibet (1792) u. den Briten (1815/16) führten zur Schwächung der Monarchie. 1846 erhielt die Familie Rana mit Jung Bahadur das Recht auf die Vererbung des Amtes des Ministerpräsidenten. 1951 wurde das Rana-Regime gestürzt u. Nepal zur konstitutionellen Monarchie nach brit. Vorbild ernannt. Nach allgemeinen Wahlen 1959 löste König Mahendra (reg. 1951–72) das gewählte Parlament 1960 wieder auf u. führte 1962 das Rätesystem (Panchayat) ein. 1972 folgte ihm sein Sohn, König Birendra (geb. 1944). Nach politischen Unruhen im Frühjahr 1990 wurde die Verfassung von 1962 aufgehoben, der König zum konstitutionellen Oberhaupt des Landes ernannt u. am 9. 11. 1990 eine neue, von Parteien getragene, demokratische Verfassung proklamiert. – Nach der Zwangskonversion im 8. Jh. vermochte der Buddh. in N. nur in einer stark hinduisierten Form zu überdauern. Er hatte unbuddh. Tieropfer zu akzeptieren, besaß keine Klöster, die der Befolgung des buddh. Mönchsideals dienen konnten u. bekam nach dem Niedergang des Buddh. in ↗Indien nur noch geringe befruchtende Impulse von Tibet. Lediglich im nordnepalesischen Fürstentum ↗Mustang sowie in den angrenzenden Regionen Dolpo u. Nubri vermochte sich eine weitgehend originäre buddh.-animistische Kultur zu erhalten. N. bedeutendste buddh. Heiligtümer bilden der ↗Swayambunāth-stūpa u. ↗Bodhnāth-stūpa.

L.: L. Petech: Medieval Hist. of N., Rom 1958 (Serie Orient. Roma 10); D.R. Regmi: Medieval N., 4 Bde., Calcutta 1965/6; ders.: Ancient N., Calcutta [3]1969; ders.: Modern N., 2 Bde., Calcutta 1975; W. Donner: N., Raum, Mensch u. Wirtschaft, 1972 (Schriften d. Inst. f. Asienkunde i. Hamburg, 32); P. Pal: The Art of N., 1, Leiden 1974; F.W. Funke: Die Sherpa u. ihre Nachbarvölker, 1978; ders.: Die Sherpa u. i. Nachbarn, 1982 (Khumbu Himal 14), R. Baumgartner: Trecking u. Entwicklung i. Himalaya, 1980 (Konkrete Fremde 2); T. Hagen: N., 1980; M.S. Slusser: N. Mandala, Princeton 1982; B. Kölver, S. Lienhard (Hg.): Schriftenreihe Nepalica 1–7, St. Augustin 1986–1994; L.F. Stiller: The Rise of the House of Gorkha, … 1768–1816, Kathmandu [2]1975; ders.: The Silent Cry, … 1816–1839, Kathmandu 1976; M. Brauen (Hg.): N., 1984 (Ethnol. Schriften Zürich 2), R. Shaha: Mod. N. … 1769–1955, 2 Bde., Delhi 1990; H.-J. Aubert: N., 1992; G. Toffin (Hg.): N., Past and Present, Paris 1993; B. Kölver (Hg.): Aspects of Nepalese Traditions, 1992 (N. Research Center Publications 19); R. Mitra: The Skt Buddhist Literature of N., Calcutta 1882 (Neudr. 1971); C. B. Schresta: Buddhist Geography of Ancient N., Kathmandu 1956; H. Bechert, J.-U. Hartmann: Observations on the Reform of Buddhism in N., Journal of the Nepal Research Center 8 (1988), 1–30; H. Bechert: Report on a Study of Buddhist Revival in N., in: B. Kölver (ed.): Aspects of Nepalese Tradition, 1992, 181–192. (ev)

Nettipakaraṇa (P), wörtlich: „das Buch der Leitung (zur wahren Religion)“, nichtkanonische Schrift (↗Kanon) des späteren ↗Theravāda, dessen Verfasserschaft die Tradition dem Mahākaccāyana zuschreibt. Das Werk, um die Zeitenwende entstanden, stellt den frühesten Versuch der methodischen Darstellung der Buddha-Lehre dar (↗Lehre des Buddha). (no)

Neubuddhismus bezeichnet zunächst den buddh. Modernismus, der vornehmlich in ↗Ceylon u. ↗Birma in der 2. Hälfte des 19. Jh. als Gegenbewegung gegen den Kolonialismus u. christliche Mission in erklärter Rückbesinnung auf die eigenen religiösen u. kulturellen Wurzeln einsetzte. Diese Rückbesinnung artikulierte sich in westl. Argumentationsfiguren, wodurch eine Bruchlinie zur überlieferten Tradition entstand. Hervorstechendes Merkmal dieses buddh. Modernismus ist das durchgängige Bemühen, die Vernunftgemäßheit des Buddh. zu erweisen u. seine Kongruenz mit westl. Wissenschaft – bis schlußendlich dahingehend, ihn zum Rationalismus umzumünzen. Früher Vertreter dieser Position war Anagārika ↗Dharmapāla (1864–1933), aber durchaus auch Vertreter des ↗saṅgha in Sri Lanka u. Birma. – Der Exponent eines N. in Deutschland wurde der Arzt Paul Dahlke (1865–1928) mit seiner Gemeinde um die programmatisch so benannte „Neubuddhistische Zeitschrift" (Berlin ab 1917). Zahlreiche seiner Veröffentlichungen setzten sich mit dem Verhältnis zwischen Buddha-Lehre u. abendländischer Wissenschaft auseinander. Dabei verstand sich Dahlkes N. als Kontrastprogramm zum „Altbuddhismus" der „Buddh. Gemeinde für Deutschland" von Georg ↗Grimm (1868–1945) u. Karl ↗Seidenstücker (1876–1936). So versteht Dahlke den von allen legendären Zügen gereinigten Buddh. als „nüchterne Lebenslehre", deren Wert in ihrem „Wirklichkeitsgehalt" liege (Dahlke, 1918). (no)

Neumann, Karl Eugen, geb. 18.10.1865 in Wien, gest. 18.10. 1915 in Wien, Indologe u. Übersetzer von Teilen des ↗Suttapiṭaka des Pāli-Kanons (↗Pāli-Kanon): D, M, Dhp, Thag/Thig, Snip, auszugsweise auch A u. S. In jüngerer Zeit werden die Übers. von N. kritischer beurteilt: Um der Lesbarkeit der Texte willen u. aus sprachästhetischen u. stilistischen Gründen habe er die Genauigkeit der Übers. vernachlässigt. Tatsächlich ging aber von seinen Übers. eine tiefe u. breite Wirkung aus in die sich formierende buddh. Bewegung des dt.-sprachigen Raumes.

Ü.: Die Reden Gotamo Buddhos, 3 Bde., Nachdruck Zürich 1956–57. – L.: H. Hecker: Die Lehre des Buddha u. K.E.N., 1955; ders.: K.E.N., Erstübersetzer der Reden des Buddha. Anreger zur abendländ. Spiritualität, Wien 1986. (no)

Ngawang Losang Gyathso (tib. ṅag dbaṅ blo bzaṅ rgya mtsho), tib. Name des 5. ↗Dalai Lama ↗Tibets (1617–82). Wegen seiner überragenden staatsmännischen Fähigkeiten, der Erbauung des berühmten ↗Potala u. seiner außergewöhnlichen Gelehrsamkeit wird er oft der „Große Fünfte" genannt. Mit seiner

1642 erfolgten Ernennung zum Herrscher über ↗Tibet durch den mongolischen Khoshoten-Fürsten Gushri Khan begründet er die weltliche u. religiöse Herrschaft der ↗Dalai Lamas in ↗Tibet in Form einer „lamaistischen Theokratie". (ev)

nibbāna (P) ↗nirvāṇa

Nichiren (1222–1282) ist einer der großen Reformatoren des jap. Buddh. in der Kamakura-Zeit, auf dessen Lehren sich die ↗Nichiren-Schule gründet. 1237 Ordination zum ↗Tendai-Mönch im Kiyosumi-Tempel (nahe seines Heimatdorfes Kominato). 1240 Übersiedlung nach ↗Kamakura, dort Studium der Lehren des Jōdo- u. Zen-Buddh. 1243–1253 vertieftes Studium der Tendai- u. ↗Shingon-Lehren in den Klöstern des ↗Hiei-Berges u. des Kōya-Berges. 1253 Beginn der öffentlichen Verkündigung in seinem Heimattempel Kiyosumi. Aufgrund heftiger Widerstände Flucht nach Kamakura. 1261–1263 Verbannung nach Izu, danach erneutes Wirken in Kamakura. 1271 wird ein Todesurteil in Verbannung umgewandelt, die N. diesmal in Sado verbringt. Dort entstehen seine wichtigsten Lehrschriften. 1274 Rückkehr nach Kamakura u. bald Beginn eines zurückgezogenen Lebens – umgeben von seinen engsten Schülern – auf dem Minobu-Berg. 1282 stirbt N. in Ikegami (nahe Tokyo). Nach den langen u. ernsthaften Studien der buddh. Lehren seiner Zeit war N. zu der Überzeugung gelangt, daß allein das ↗Lotus-Sūtra die höchste Wahrheit enthalte, die N. vor allem in der Lehre von der transzendenten Buddhaschaft Śākyamunis u. der allgemeinen ↗Buddhanatur erblickte. Fortan sah N. in den anderen, von ihm mit größter Schärfe bekämpften Schulen nur mehr gefährliche Abirrungen von der wahren Lehre – gefährlich auch deshalb, weil N. von einem kausalen Zusammenhang zwischen dem sozio-politischen Wohlergehen ↗Japans u. der Blüte der wahren Lehre ausging. N. verkündete, ohne Ablehnung des intellektuellen Zugangs, die Rezitation des Titels des Lotus-Sūtras u. die Verehrung Śākyamunis als einen auch den ungebildeten Gläubigen möglichen Heilsweg.

L.: M. Anesaki: N., the Buddhist Prophet, 1916 (Neudr. Gloucester/Mass. 1967); G. Renondeau: La doctrine de N., Paris 1953; ders.: Le Bouddhisme japonais, Textes fondamentaux de … Hōnen, Shinran, Nichiren et Dōgen, Paris 1965; F. Masutani: N., Tokyo 1967; Y. Tagaki: N., Tokyo 1970; M. v. Borsig: Leben aus der Lotos-Blüte, 1976; B. Petzold: Buddhist Prophet N., Tokyo 1978; N. Shoshu International Centre, Tokyo, ed.: A Dictionary of Buddhist Terms and Concepts, 1983; franz. Ausgabe: Dictionnaire du Bouddhisme, tr. de l'anglais par R. de Berval, 1991. (sl)

Nichiren-Schule. Die N.-S. bildet unter Einschluß ihrer zahlreichen Sub-Schulen neben den Schulen des ↗Zen- u. des ↗Amida-Buddh. die bedeutendste buddh. Richtung ↗Japans. Sie gründet sich auf die Lehren ↗Nichirens (Verehrung des ↗Lotus-Sūtras als dem allein vollkommenen Ausdruck der wahren Lehre des ↗Śākyamuni) u. entsteht in ihrer organisierten Form aus dem engsten Schülerkreis Nichirens im Zusammenhang mit der Verwaltung seines Grabes auf dem Berg Minobu. Bereits 1288 gründet Nikkō (1246–1333), ein Schüler Nichirens, die erste Sub-Schule (Kōmonha). 1384 formiert sich durch Nichijū die 2. Sub-Schule (Myōmanji-ha). 3 weitere Sub-Schulen (↗Honjōji-ha, Happon-ha, Nisshin-monryū) entstehen im 15. Jh. aus Streitigkeiten über den doktrinären Vorrang der einzelnen Teile des Lotus-Sūtras. Gemeinsam mit den beiden ersten Sub-Schulen werden diese auch als „Shōretsu-ha" bezeichnet. Bei den beiden ersten Abspaltungen hatte bereits die Frage des Verhältnisses zu anderen buddh. Schulen eine entscheidende Rolle gespielt. Sie führte im 16./17. Jh. erneut zu heftigen Kontroversen u. zur Bildung der kompromißlosen Fujufuse-ha, die jedoch erst 1875 ihre staatliche Anerkennung erhielt. Auf der Basis von Nichirens Lehre entstehen ab der Mitte des 19. Jh. große Laienbewegungen: 1857 die Butsuryū-kō, 1879 die ↗Kokuchūkai, 1925 die ↗Reiyūkai, 1930 die ↗Sōka Gakkai u. 1938 die ↗Risshō Kōseikai. Insgesamt kann man als Charakteristika der N.-S. ihre harte Ablehnung anderer buddh. Schulen (die in den Spaltungen nur graduell problematisiert wurde), eine enge Verbindung von Buddh. u. Politik u. (so vor allem in den neuen Bewegungen) eine starke Betonung der Fragen des alltäglichen Lebens ansehen. Ein nicht zu unterschätzendes Moment bildeten immer wieder auch paranormale Phänomene, wie z. B. Wunderheilungen.

L.: K. Mochizuki: The Nichiren Sect, Tokyo 1958; W. Kohler: Die Lotus-Lehre, Zürich 1962; M. v. Borsig: Leben aus der Lotos-Blüte, 1976; A. Matsunaga, M. Daigan: Foundations of Japanese Buddhism, vol. 2: The Mass Movement, Los Angeles – Tokyo 1976. (sl)

Nicht-Ich-Lehre ↗anātman (Skt, P anattā)

Nidānakathā (P), wörtlich: „Ursprung der Erzählung“, ein außerkanonisches Werk der P-Komm.-Lit. Die N. bietet eigenständige Texte zur Buddha-Legende (↗Buddha), ohne indes über die spätere Lebenszeit u. den Tod des Buddha zu berichten.

Ü.: J. Dutoit: Jātakam, Bd. 7, 1921. (no)

Niddesa (P), Schrift aus der 5. Sammlung (↗Khuddaka-Nikāya) des ↗Suttapiṭaka im ↗Pāli-Kanon, bestehend aus 2 Teilen: Mahāniddesa u. Cullaniddesa. Vermutliche Abfassungszeit der ältesten Teile (im Cullaniddesa) dürfte die Regierungszeit ↗Aśokas (3. Jh. v. Chr.) sein, die jüngeren Teile (Mahāniddesa) dürften vor dem 2. Jh. n.Chr. entstanden sein. Die Saddhammapajjotikā ist ein Komm. zum N.

A.: Mahāniddesa, 2 Bde., ed. L. de La Vallée Poussin, E.J. Thomas, PTS, 1916–17 (repr. 1978); Cūllaniddesa, ed. W. Stede, PTS, 1918 (repr. 1988). (no)

Nieh-p'an (chin.), Nirvāṇa-Schule. Sie fußt auf dem MPS/Skt als ihrem Haupttext, der in einer kurzen u. einer langen Version existiert. Die 1. Übers. der kurzen Version erfolgte zwischen 265 u. 313 durch ↗Dharmarakṣa, das ist „Ni-yüan-ching“, die 1. Übers. der kurzen Fassung, „Nieh-p'an-ching“, stammt von ↗Dharmakṣema; sie wurde von ↗Hui-yüan überarbeitet. ↗Tao-shen vertrat als 1. in ↗China die Lehren der N.-Sch.: alle Wesen haben an der ↗Buddha-Natur Anteil. Tao-sheng klassifizierte die buddh. Lehrsysteme in 4 Wahrheiten (dharmacakra, fa-lun), von denen N. die höchste ist. Einflüsse von N. gingen aus auf die ↗T'ien-t'ai-Schule, auf ↗Hua-yen u. ↗Ch'an. Bedeutende Vertreter der Schule sind Hui-kuan, Pao-lin. Die Blütezeit der Schule lag während der Sui-Dynastie, in der T'ang-Zeit begann ihr Niedergang mit der Vorherrschaft der T'ien-t'ai u. ↗San-lun-Schule. (so)

Nihilismus, philosophische oder moralische Position, die sich von dem lat. Begriff „nihil", „nichts", ableitet. Gemeint ist damit die Ablehnung u./oder Leugnung jeder Wertorientierung u. der Möglichkeit der Seinsbegründung. Daher unterscheidet sich ein moralischer von einem ontologischen N., wobei allerdings häufig der moralische N. als praktische Schlußfolgerung aus dem ontologischen N. gilt. – Zu den Zeiten des ↗Buddha wurde der N. in ↗Indien vertreten, z.B. durch ↗Ajita Kesakambalin (D 2,23). Von dieser Position der Nastikas, der Leugner einer sittlichen Weltordnung, u. von den Materialisten (Cārvākas, Lokāyatas) setzte sich der Buddha energisch ab. Tatsächlich sah er sich vor allem im Zusammenhang mit seiner Lehre von ↗anātman, dem Vorwurf des N. ausgesetzt (M 22). Dieser N.-Verdacht setzte sich in der Buddh.-Geschichte fort gegen Positionen im ↗Mahāyāna, besonders gegenüber der Lehre von der ↗śūnyatā, die selbstverständlich auch im mahāyānischen Denken keinerlei Bezug zum N. besitzt. Vor allem sahen sich die Theoretiker von śūnyatā, die ↗Mādhyamikas, als Nihilisten diffamiert. – Ein plattes modernes Mißverständnis von ↗nirvāṇa mißversteht u. mißinterpretiert diese zentrale buddh. Heilskategorie im Sinne eines N. als Ausfallsgröße. (no)

nikāya (Skt/P), Gruppe, Klasse, Sammlung. 1. n. werden die 5 Teile des ↗sutta-piṭaka des ↗Pāli-Kanons genannt. Diese 5 n. ergeben sich nach formalen Ordnungkriterien: ↗Dīgha-N., lange Sammlung, ↗Majjhima-N., mittellange Sammlung (gemeint: Sammlung der mittellangen Lehrreden), ↗Saṃyutta-N., Sammlung der zusammengehörigen (↗Lehrreden), ↗Aṅguttara-N., angereihte Sammlung, ↗Khuddaka-N., Sammlung der kurzen (Lehrtexte). – 2. n. werden auch Ordenszweige und Klosterverbände im theravādischen (↗Theravāda) ↗saṅgha genannt aufgrund der gemeinsamen Ordinationssukzession, besonderer Regelobservanzen oder auch als Ergebnis von Reformen des saṅgha eines Landes. (no)

nipāta (P) ↗Sutta-nipāta

Ninshō (1217–1303) galt seiner tätigen Barmherzigkeit wegen seinen Zeitgenossen in ↗Japan als ein lebender ↗Buddha. Er u.

sein Lehrer Eison (1201–1290), beide Mitglieder der Ritsu-Schule (jap. Risshū), vertraten, daß man Armen u. Aussätzigen durch materielle Hilfe Barmherzigkeit zu erweisen habe. (no)

nirmāṇakāya (Skt), „Leib der (magischen?) Manifestation" oder „Verwandlungsleib"; Bezeichnung für die irdischen ↗Buddhas, die innerhalb der mahāyānischen ↗Trikayā-Lehre als Manifestationen bzw. Aspekte des ↗dharmakāya gelten. Die hiermit ausgedrückte Sicht der historischen Buddhas ist charakteristisch für die ↗Buddhologie des ↗Mahāyāna. (sl)

nirodha (Skt/P), Aufhebung, Verlöschen. 1. Aufhebung des Leidens, 3. der 4 edlen Wahrheiten: Aufhebung der Gier als Ursache des Leidens und damit der Wiedergeburt (↗saṃsāra). n. ist die Voraussetzung für ↗nirvāṇa, wird manchmal mit diesem sogar identisch gesetzt. 2. Als Zustand der Aufhebung (Skt/P n. samāpatthi) wird n. auf einer meditativen Stufe (↗Meditation) erfahrbar, auf der alle Geistes- u. Bewußtseinstätigkeit ausgeschaltet ist. 3. Systematisch u. methodisch genutzt ist n. als Meditationsgegenstand in der „Betrachtung der Aufhebung" (nirodhānupassanā P), einer der 18 Formen des „Hellblicks" (↗vipassanā). (no)

nirvāṇa (Skt, P nibbāna), zentraler buddh. Begriff für das Heilsziel, die ↗Erlösung, abgeleitet von der Skt-Wurzel nir-vā = verwehen, verlöschen, gemeint in u. für diese saṃsārische (↗saṃsāra), d. h. unsere empirische, Welt. n. ist daher definiert als das Ende der Wanderungen durch die Existenzen. Kein ↗karma entsteht u. besteht mehr, da alle Absichten erloschen sind. Die Wurzelgrößen des Unheilsamen: Gier, Haß u. Verblendung sind vernichtet (S XXXVIII, 1), die Greifekraft nach immer neuer Existenz, die ↗tṛṣṇā (P taṇha, der Durst nach Werden), ist versiegt. Damit ist das Begehren zu Ende, die 5 Daseinsgruppen, die die Person konstituieren, sind vor dem Tod des Erlösten nur noch akzidentiell mit ihm verbunden, aber eigentlich vergangen: das Ende des Leidens ist erreicht. n. wird daher beschrieben als der höchste Friede, das Ungewordene, Ungestaltete, das Unbedingte (asaṃskṛta), die Todlosigkeit. Dabei ist das vortodliche n. vom ↗mahāparinirvāna, dem „großen vollständigen Verlöschen“ (im Tod) zu unterscheiden. Im ersteren ist der Erlöste (↗Buddha, ↗arhat) noch mit den 5 Daseinsgruppen (Körper, Wahrnehmung, Empfindung, Tatabsicht u. Bewußtsein) akzidentiell, also nicht wesentlich, verbunden (P sa-upādi-sesanibbāna). Das anupādisesanibbāna (P), das n., bei dem die Daseinsgruppen nicht mehr bestehen, tritt mit dem Tod des Erlösten ein. Der Buddha besteht darauf, daß n. nicht nihilistisch als Vernichtung interpretiert werden darf (↗Nihilismus). Vor einer strikten Auslegung der ↗anātman-Lehre stellt sich ohnedies die Frage: Vernichtung wessen? Verlöschen bedeutet lediglich Nicht-mehr-Existenz in der Welt der Geburten u. Tode u. des Kausalnexus. – Im ↗Mahāyāna ist als Ausfluß der Konzeption der „Leerheit“ oder „Merkmalslosigkeit“ (↗śūnyatā) der Wirklichkeit die Unterscheidung in saṃsāra u. n., also in Unheil u. Heil, wie sie der ältere Buddh. trifft, nicht sinnvoll, sondern Ergebnis eines (falschen) dualistischen Denkens. Welt u. n. seien damit in Wahrheit eins (Texte, siehe im Anhang, S. 540–542). (no)

L.: L. de La Vallée Poussin: The Way to N., Cambridge 1917; ders.: N., Paris 1925; ders.: Dernière note sur le N., in: Etudes d'orientalisme publiées à la mémoire de R. Linossier, Bd. 2, Paris 1932, 329–354; T. Stcherbatsky: The Conception of Buddhist N., Leningrad 1927 (Nachdr. Delhi 1978); E. Obermiller: N. According to the Tibetan Tradition, IHQ 5 (1929), 211–257; G. Mensching: Zum Streit um die Deutung des buddh. N., ZMR 48 (1933), 33–57; E.J. Thomas: N. and Parinirvāṇa, Leiden 1947; R.L. Slater: Paradox and N., Chicago 1951; R.G. Welbon: The Buddhist N. and its Western Interpreters, Chicago 1968; R.E.A. Johansson: The psychology of N., London 1969; H.S. Sobti: Nibbāna in early Buddhism, based on Pāli sources (6th B.C. to 5th A.D.), Delhi 1985; M. Abe: Buddhist N., in: ders.: Zen and Western Thought, Honolulu 1989, 205–215. (ec)

Nirvana-Schule (chin.) ↗Nieh-p'an

Nishida, Kitarō, jap. Philosoph (1870–1945), Begründer der ↗Kyōto-Schule. N. entstammte einer ↗Jōdo-Shin-Familie, wurde jedoch 1901 zum Zen praktizierenden Laien. 1910 erhielt er einen Lehrstuhl an der Kaiserlichen Universität in ↗Kyōto, den er bis zu seiner Emeritierung 1928 innehielt. N. führte in die jap. Philosophie erstmals die eingehende Beschäftigung mit westl. Philosophie ein. Besondere Aufmerksamkeit widmete er dabei der Philosophie Bergsons, dem Neo-Kantianismus u. der christlichen ↗Mystik. Sein grundlegendes Thema war die philosophische Explikation der „reinen Erfahrung“, die er später zu einer Philosophie des „absoluten Nichts“ (das ↗Absolute) ausweitete.

W.: J. Nishida: Die intelligible Welt. Drei philosophische Abhandlungen, ins Dt. übertr. u. eingel. v. R. Schinzinger, 1943; Über das Gute, a. d. Jap. v. P. Pörtner, 1993. – L.: S. Ueda: Das Religionsverständnis in der Philosophie des Nishida Kitaro, in: E. Gössmann, G. Zobel (Hg.): Das Gold im Wachs, Fs. T. Immoos, 1988, 513–530; L. Brüll: Die japanische Philosophie, 1989; R. Ohashi (Hg.): Die Philosophie der Kyoto-Schule, Texte, Einf., Nachw., 1990. (sl)

Nishitani, Keiji, jap. Philosoph (1900–1990), der ↗Kyōto-Schule; dort Lehrtätigkeit von 1935–1964 u. im Anschluß an seine Emeritierung an der buddh. Otani-Universität. 1937–1939 Studienaufenthalt in Deutschland, u. a. bei M. Heidegger. N. hat die Philosophie Nishidas weiterentwickelt, insbesondere hinsichtlich der Auseinandersetzung mit dem abendländischen ↗Nihilismus, dem naturwissenschaftlichen Weltbild u. dem Christentum, dem er sich stark annähert. In seinem wichtigen Werk „Was ist Religion?“ entwickelt N. eine auf die ↗śūnyatā-Lehre gegründete Religionsphilosophie, deren Ziel die Überwindung des Nihilismus durch eine buddh., jedoch von Christentum u. ↗Existentialismus inspirierte, Sicht ist.

W.: K. Nishitani: Was ist Religion? Aus d. Jap. v. D. Fischer-Barnicol, 1987. – L.: R. Ohashi (Hg.): Die Philosophie der Kyōto-Schule, 1990. (sl)

nīvaraṇa (P/Skt nīvaraṇa), Hemmung, Hindernis, also Zustände, die den geistig-spirituellen Fortschritt aufhalten. Man unterscheidet 5 n.: sinnliches Begehren (P kāmacchanda-n.), Übelwollen (P vyāpāda-n.), Mattigkeit (P thīnamiddha-n.), Aufgeregtheit u. Gewissensunruhe (P uddhaccakukkucca-n.), Zweifel (P vicikicchā). Zusammen mit den 5 Gruppen des Ergreifens (upādānaskandha, ↗skandha), den 6 Sinnen-Bereichen mit ihren Objekten, mit den 7 Erleuchtungsgliedern (sambodhyaṅga) u. den ↗4 edlen Wahrheiten gehören sie zu den existentiellen Gegebenheiten (dharma, dhamma); vgl. A V, 193; IX, 40; Entstehung u. Überwindung der n. siehe A I,2; VI,21. (no)

Nonnenorden. Die Tradition spricht der Pflegemutter des ↗Buddha, ↗Mahāprajāpatī Gautamī, die Initiative zur Gründung des buddh. N. zu. Der Buddha habe zunächst beharrlich seine Zustimmung verweigert u. erst auf Vermittlung von ↗Ānanda seine Einwilligung gegeben, allerdings verbunden mit der pessimistischen Prognose, daß der ↗dharma wegen des Hinzutretens der Frauen zum ↗saṅgha nur halb so lange blühen werde. Jüngere historische Forschung bezweifelt, daß der N. z. Z. des Buddha überhaupt bestanden habe. Die ↗bhikṣunī unterliegt 8 strengen Regeln (gurudharma), nämlich die Regenzeit an einem Ort zu halten, wo auch Mönche wohnen; sich 14tägig von einem Mönch unterweisen zu lassen; selbst keinen Mönch unterrichten oder zurechtweisen zu dürfen. Schließlich müssen Nonnenweihe (↗upasampadā), Regenzeitabschlußfeier und ↗prātimokṣa zusätzlich immer vor einem Mönchskapitel wiederholt werden. Nonnen befolgen 290 (oder 355) Regeln gegenüber 220 Regeln der Mönche. Dennoch leben Nonnen wie Mönche. Unter bestimmten Voraussetzungen, nämlich dann, wenn eine Bewerberin noch nicht 20 Jahre alt ist oder länger als 12 Jahre verheiratet war, mußte diese ein 2. Probejahr durchlaufen. Im ↗Theravāda ist die Ordinationssukzession abgerissen, wobei der genaue Zeitpunkt (456 n. Chr.?) u. die Gründe dafür noch nicht abschließend geklärt sind. Theravādische Nonnen sind daher keine Ordinierten (sie heißen auch nicht bhikkhunī), sondern sind „de facto-Nonnen", d.h., sie tragen das Ordensgewand u. halten die 10 Mönchsregeln (↗śīla) ein. Daher heißen sie auch dasasīla-upāsikā („10-Regeln-Laienanhängerinnen") u. sie unterliegen auch nicht dem ↗vinaya. Seit dem 6. Buddh. ↗Konzil von Rangun (1954–1956) mehren sich die Bestrebungen, den theravādischen N. wieder formal zu errichten – möglicherweise durch Anschluß an die mahāyānische Ordinationssukzession, die niemals abgerissen ist (↗Mahāyāna). Im ↗Zen-Buddh. beobachten die Nonnen im Gegensatz zu den Mönchen heute noch den ↗Zölibat. (no)

Nyānaponika Mahāthera, Geburtsname: Siegmund Feniger, geb. 21.7.1901 in Hanau, gest. 19.10.1994 in Kandy/Sri Lanka; bedeutender dt. buddh. Mönch u. Gelehrter, Schüler von

↗Nyānatiloka. Ordination 1937 in Sri Lanka. Teilnahme am 6. Buddh. ↗Konzil 1956 in Rangun, 1958 auf der Konferenz der World Fellowship of Buddhists in Bangkok. 1958 gründete er die Buddhist Publication Society in Kandy (Reihen: „The Wheel“, „Bodhi Leaves“). Zahlreiche Veröffentlichungen u. Übers.

W. (Auswahl: Satipatthana, 1950 (veränd. u. erw. Aufl. u. d. T. „Geistestraining durch Achtsamkeit“, 1975); Dhammasanghani (Übers. d. 1. Buches d. Abhidhamma-Pitaka; als Ms. vervielfältigt), 1950; Abhidhamma-Studies, Kandy [2]1965; Lehrreden aus d. Systematischen Sammlung des Pali-Kanons, Samyutta-Nikaya 17–34 (Übers.), 1967; Anguttara Nikaya, An Anthology, 2 pts., Kandy 1970–75; Sutta-Nipata (Übers.), [2]1977; Der einzige Weg (Anthologie), [2]1980; Die Wurzeln von Gut und Böse (Anthologie), 1981; Hg. v. „Die Fragen des Königs Milinda“, Interlaken 1985; Hg. u. bearb. v. Nyanatiloka (Übers.), Anguttara-Nikaya, 5 Bde., [5]1993. – L.: Des Geistes Gleichmaß, Fs. z. 75. Geb., hg. v. K. Onken, 1976; Zur Erkenntnis geneigt, Fs. z. 85. Geb., hg. v. K. Onken, 1986; N., Im Lichte des Dhamma. Buddh. Texte, Mit einer Kurzbiographie u. einem Glossar, hg. v. K. Onken, 1989; H. Hecker: Lebensbilder deutscher Buddhisten. Ein bio-bibliographisches Handbuch, Bd. I, 1990; „nicht derselbe und nicht ein anderer“. Beschreibungen und Gespräche, Bilder, Texte und Dokumente zum 90. Geb. des Ehrw. N. Mahathera, 1991; M. Baumann: Deutsche Buddhisten, 1993. (no)

Nyānatiloka Mahāthera (Geburtsname: Anton Walter Florus Gueth), geb. 19. 2. 1878 in Wiesbaden, gest. 28. 5. 1967 in Colombo/Sri Lanka; ursprünglich Musiker, dann buddh. Mönch u. Gelehrter. N. trat im September 1903 als erster Deutscher in Rangun/Birma als Novize in den buddh. Orden (↗saṅgha) ein u. wurde im Februar 1904 zum ↗bhikkhu ordiniert. Nach dem fehlgeschlagenen Versuch einer Klostergründung in Europa (1909–11) gründete N. 1911 in S-Ceylon bei Galle sein Inselkloster (Hermitage Island) auf der Insel Polgasduwa im Ratagama-See, das in der Folge ein klösterliches Zentrum für westl. Mönche wurde. N. schlossen sich eine Reihe Europäer an, die er ordinierte. Er übers. eine Reihe buddh. Schriften aus dem ↗Pāli-Kanon bzw. auch außerkanonische Schriften: den ↗Aṅguttara-Nikāya, den ↗Visuddhimagga des ↗Buddhaghosa u. den ↗Milindapañha; er verfaßte ein buddh. Wörterbuch u. eine „Pali-Anthologie u. Wörterbuch“ (München-Neubiberg 1928). Mit seinen Übers. u. Schriften u. besonders auch durch sein Beispiel gelebter buddh.-mönchischer Existenz beeinflußte

N. maßgeblich die sich formierende buddh. Bewegung in Deutschland.

W.: Kleine systematische Pāli-Grammatik, 1910 (Neudr. Capelle a. d. Yssel/Niederlande 1995); Pāli-Anthologie und Wörterbuch, 1928 (Neudr. Capelle 1995); Der Weg zur Erlösung, in den Worten der buddh. Urschriften ausgew., übers. u. erl., 1956 u. ö.; Das Wort des Buddha, eine systematische Übersicht der Lehre des Buddha in seinen eigenen Worten, ausgew., übers. u. erl., [4]1978; Buddh. Wörterbuch, hg. v. Nyanaponika, [4]1989. – Ü.: Puggala Paññatti, 1910 (Neudr. Capelle 1995); Visuddhi-Magga, Der Weg zur Reinheit, [3]1975; Milindapañha, hg. u. teilw. neu übers. v. Nyanaponika, Interlaken 1985; Die Lehrreden des Buddha aus der Angereihten Sammlung (Aṅguttaranikāya), 5 Bde., hg. v. Nyanaponika, [5]1993. – L.: E. Benz: Hinduist. u. buddh. Missionszentren in Indien, Ceylon, Burma und Japan, Zs. f. Religions- u. Geistesgesch., Bd. 10, 1958, 357–358; Nyanaponika et al. (ed.): N. Centenary Volume, Kandy 1979; H. Hecker: Lebensbilder deutscher Buddhisten, Bd. 1, 1990, 17–40; ders.: Der erste deutsche Bhikkhu, 1995 (Schriftenreihe Buddh. Modernismus der Univ. Konstanz, Forschungsberichte, 10); M. Baumann: Deutsche Buddhisten, 1993. (no)

Nyingmapa (tib. rñiṅ ma pa), „die Alten“, aufgrund ihrer roten Kopfbedeckung auch „Rotmützen-Schule“ genannte Schulrichtung des ↗Lamaismus. – Als im Zuge der ↗Späten Bekehrung Tibets im 10. Jh. die Entwicklung verschiedener philosophischer Schulen einsetzte, bildete sich mit den N. auch eine Schulrichtung heraus, die an die eigene nationale buddh. Tradition der ↗Frühen Bekehrungsperiode (7.–9. Jh.) anzuknüpfen suchte u. 1. den legendären ind. Magier ↗Padmasambhava zu ihrem Hauptguru erklärte, 2. die in der ↗Frühen Bekehrungsperiode übers. „Alten ↗Tantras“, deren Ursprung u. Authentizität anderen Lehrern dieser Zeit z. T. zweifelhaft erschien, zur Grundlage ihrer Lehrauslegung machte. Mit ihrer Ausbreitung besonders in O-Tibet entstanden unter den N. zahlreiche Strömungen von lediglich regionaler Bedeutung, deren eigenständige Lehrtraditionen z. T. auf Synthesen mit den Lehren der ↗Kagyüpa-Schule oder auch der späten, synkretistischen Form der tib. ↗Bön-Religion zurückzuführen waren. Mangels einer einigenden starken Hand kam es zunehmend zur Zersplitterung der Schule, die im politischen Leben ↗Tibets mehr u. mehr an Bedeutung verlor. Als einer ihrer bedeutendsten, von allen Untergruppierungen anerkannten Lehrer gilt ↗Long Chenpa (1308–63). – Die Überlieferung der N.-Lehren erfolgt durch ↗bhikṣus, „Vollmönche“, oder durch tantrische, in ehe-ähnlicher Gemeinschaft lebende Yogis, die ihre Lehrtradition in leiblicher Erbfolge weitergeben. Das kanonische Schrifttum der N. besteht aus ↗Kanjur, ↗Tanjur u. Nyingmä Dschübum; ihre Lehren gliedern sich in die seit Jh. von Lehrer zu Schüler tradierten ↗Kama-Lehren sowie die von ↗Tertöns gefundenen ↗Terma-Lehren, die nach ihrer Entdeckung ebenfalls in eigenen Überlieferungslinien tradiert werden. Die Gesamtheit der buddh. Lehren klassifizieren die N. in 9 Fahrzeuge (tib. theg pa rim pa dgu), von denen die ↗Dzogchen-Lehren die Essenz ihrer Lehranschauungen darstellen.

L.: E.K. Dargyay: Rise of Esoteric Buddh., Delhi 1977; Dudjom Rinpoche, Jigdrel Yeshe Dorje: The Nyingmapa School of Tibetan Buddhism. Its Fundamentals and History, Boston 1991: Weitere Lit. ↗Lamaismus. (ev)

O

Ōbaku (jap.) ↗Huang Po

Ōbaku-Zen neben ↗Rinzai- u. Sōtō-shū die 3. Schule des jap. ↗Zen-Buddh. Sie führt sich auf Yin-yüan Lung-ch'i (jap. Ingen Ryūki; 1592–1673) zurück. Dieser war 1654 nach ↗Japan gekommen. Er beanspruchte, die „Wahre Rinzai-Schule" zu vertreten, die in ↗China Elemente des ↗Amidismus aufgenommen hatte. Im heutigen Japan ist die Schule nahezu bedeutungslos geworden. (no)

Offenbarung als rel.-wiss. Ordnungskategorie begründet den Typ der O.-Religion. O. (lat. revelatio, von revelare, wörtlich: den Schleier zurückziehen; griech. apokalypsis, von apokalyptein, enthüllen) versteht sich als vermittelte normative Botschaft, als deren eigentlicher Autor Gott, jedenfalls nicht der menschliche O.-Träger gilt. O.-Religionen sind Judentum, Christentum u. Islam; aber auch im ↗Hinduismus gelten bestimmte religiöse Traditionen als geoffenbart (śruti u. smṛti). Der Buddh. versteht die ↗Lehre zwar als unabhängig von den Buddhas (↗Buddha), nicht jedoch als Botschaft oder Wort eines Gottes, von Göttern oder einer göttlichen Macht. (no)

Olcott, Henry Steel, geb. 1832, gest. 17.2.1907, amerikanischer Oberst, Journalist u. Mitbegründer der Theosophischen Gesellschaft (1875 in New York zusammen mit H.P. ↗Blavatsky). 1878 reist O. zusammen mit Helena Blavatsky nach Adyar/Indien u. 1880 nach Ceylon, wo beide öffentlich zum Buddh. konvertierten. Im Anschluß daran gründet O. im gleichen Jahr in Colombo/Ceylon die „Buddhist Theosophical Society" (Buddh. Theosophische Gesellschaft). In der Folge setzte sich O. lebhaft für den Auf- u. Ausbau des buddh. Bildungswesens in Ceylon ein. 1891 berief er eine Konferenz einer beginnenden buddh. „Ökumene" ein, welche aus ↗Ceylon, ↗Birma, ↗China, ↗Japan u.a. beschickt wurde. Wichtig wurde auch sein buddh.

Katechismus, der 1887 auch ins Dt. übersetzt erschien. Sein Verständnis des Buddh. war jedoch stark theosophisch geprägt u. verfehlte damit ein authentischeres Verständnis.

W.: H. S. Olcotts Buddh. Katechismus, neu bearb. u. stark erw. nebst Appendices, Erl. u. Glossar v. K. Seidenstücker, 1908. (no)

Oṃ (altind.), bereits in den Veden (↗Veda) nachweisbares ↗Mantra, eine heilige Silbe der Hindus, Buddhisten u. Jinisten, die allgemein den Anfang u. die Essenz des gesamten Kosmos als Schwingung wiedergibt, aber auch zahlreiche andere spezielle Ausdeutungen erfahren hat. (ev)

O-mi-t'o Fo (chin.) ↗Amitābha

Oṃ maṇi padme hūṃ, gewöhnlich mit „O Kleinod in der Lotusblüte" übers. ↗mantra des ↗Avalokiteśvara, das oft als das meistgesprochene Gebet der Welt bezeichnet wird, da es im Leben der Tibeter allgegenwärtig ist. (ev)

Opfer. Der Buddh. war von Anfang an ausgesprochen kultkritisch. Insbesondere lehnte der ↗Buddha jede Form des blutigen O. ab. Das O. stellt eine der ältesten Formen dar, durch die sich die Menschen in Kontakt mit den Göttern setzen wollen. Ausgehend von der Intention unterscheidet man Sühne-, Dank- u. Bitt-O. Ursprung dürfte ein uralter Entschuldigungsritus von Jägern an das getötete Tier sein. – Aśoka verbot, vermutlich aus buddh. Ethik heraus, in seinem Reich die Tieropfer durch ein Edikt. Im ↗Tantrismus, vornehmlich in seiner „linkshändigen" Form, wurden wieder O. gebräuchlich. Indes besteht kein Zweifel, daß der Buddha das O. durch dāna, die Almosengabe, ersetzt wissen wollte. Heutige Frömmigkeitspraxis „opfert" als Verehrungsgabe dem Buddha gerne Blüten. (no)

Orakelpriester (tib. lha pa). Bezeichnung von Medien im lamaistischen Kulturkreis, die in Trancezuständen, die oft mit Hilfe spezieller Rituale herbeigeführt werden, von Gottheiten besessen werden u. ihren Fragestellern Prophezeiungen sowie Ratschläge geben. Abgesehen von ganz wenigen Ausnahmen, wie etwa dem tib. Staatsorakel, dem Medium von Nechung (tib. gnas chuṅ), das regelmäßig in bedeutenden Staatsangelegenheiten, bei der Identifizierung von ↗Tulkus u. ä. zu Rate gezogen wurde, bilden die O. eine außerlamaistische Institution, zumal die von ihnen in Trance Besitz nehmenden „Wesen" gewöhnlich als nicht dem buddh. ↗Pantheon zugehörige Gottheiten, sondern als lokale Schutzgottheiten angesehen werden, die nicht spirituellen, sondern lediglich weltlichen Zielen dienstbar gemacht werden können. Der Wert der Aussagen der O. wird von den Anhängern der Kagyüpa-Schule in Zweifel gezogen.

L.: R. de Nebesky-Wojkowitz: Oracles and Demons of Tibet, s'Gravenhage 1956; G. Schüttler: Der tibet. Orakelpriester, 1971. (ev)

Orden ↗saṃgha, saṅgha

Ordination ↗upasampadā

P

pabbajjā (P, Skt pravrajyā), wörtlich: „Fortgehen", gemeint aus der Familie, damit eigentlich „Weltentsagung u. Eintritt in das Mönchsleben, u. zwar zunächst als Novize (sāmaṇera P, śrāmaṇera Skt). Daher versteht man unter p. den formalen Akt der Novizenweihe, für die ein Mindestalter von 8 Jahren notwendig ist. Der sāmaṇera wird in die Mönchsrobe eingekleidet u. übernimmt die Verpflichtung zur Einhaltung der 10 Sittenregeln (↗śīla). Der typologische Vorentwurf für die p. ist der Auszug des nachmaligen ↗Buddha aus seiner Familie in die „Hauslosigkeit". ↗paribbājaka. (no)

paccaya (P, Skt pratyaya), wörtlich: Voraussetzung, Abhängigkeit, Bedingung, von dem das Bedingte oder die Wirkung abhängt; Schlüsselbegriff der streng kausal orientierten buddh. Weltsicht. Der Begriff ist eng mit dem „Satz vom bedingten Entstehen" (Skt ↗pratītyasamutpāda, P paticcasamuppāda) verbunden wie auch mit dem philosophischen Konzept der Dharma-Lehre (↗dharma), d.h. der Lehre von den Grundlagen der Wirklichkeit, wie sie beispielsweise in der Abhidharma-Lit. vorgetragen wird (↗Abhidharma). (no)

pācittiya (P, Skt pātayantika oder pāyantika), Kategorie von Regeln aus dem ↗pāṭimokkha des ↗vinayapiṭaka, deren Übertretung verunreinigt (92 für die bhikkhus, 166 für die bikkhunīs) u. die eine bestimmte Buße erfordern. Zu ihnen gehört beispielsweise die Vorschrift, nicht vorsätzlich zu lügen, anderen nicht übel nachzureden, andere Mönche nicht zu bedrohen oder tätlich anzugreifen, keine alkoholischen Getränke zu trinken oder nicht ohne Auftrag der klösterlichen Oberen mit Nonnen zu sprechen. (no)

padma (Skt), Lotus, ein Seerosengewächs. Im Buddh. Symbol für den ↗Buddha (figürlich durch die L.-Blüte als Thron). Im

↗Mahāyāna Symbol für den ↗Bodhisattva ↗Avalokiteśvara, im ↗Amidismus für die ↗Lehre des Buddha. (no)

Padmapāṇi (Skt). „Der den Lotus in der Hand hält"; anderer Name des Bodhisattvas ↗Avalokiteśvara, der auf eines seiner wichtigsten ikonographischen Attribute abzielt. (sl)

Padmasambhava (Skt, tib. padma `byuṅ gnas), „dessen Ursprung der Lotus ist", legendenumwobener, ind. Magier (8. Jh.), der vom tib. König ↗Tisong Detsen nach ↗Tibet eingeladen wurde, um dort die dem Buddh. feindlich gesonnenen Dämonen zu unterwerfen u. zu Schützern des ↗dharma (Skt ↗dharmapāla) zu machen. Als Gründer ihrer Schulrichtung wird er von den ↗Nyingmapa wie ein 2. ↗Buddha verehrt. Er gilt als Emanation des ↗Avalokiteśvara u. damit des Buddha ↗Amitābha. Seine Historizität ist umstritten. – Der Mythologie zufolge wurde er im Lande ↗Uḍḍiyāṇa auf dem See Dhanakośa in einer Lotusblume geboren u. schon bald ein Meister der ↗Tantras. Er vollführte von Anfang an obskure, nur dem Eingeweihten verständliche, wundervolle Taten, meditierte auf Leichenstätten u. legte in 8 Ländern, indem er in 8 verschiedenen Erscheinungsformen (tib. guru mtshan brgyad) auftrat, Hindernisse beseitigte u. seinen Schülern esoterische tantrische Lehren übermittelte, den Grundstein für deren erfolgreiche buddh. Bekehrung. Für seine Zeitgenossen noch unverständliche Lehren versteckte er als ↗Termas an zahlreichen Orten ↗Tibets. Unter seinen 6 Lebensgefährtinnen gebührt Mandāravā, der Prinzessin von Zahor, und ↗Yeshe Tshogyal als seinen beiden Hauptbegleiterinnen besondere Beachtung. Unter zahllosen Schülern ist die Gruppe seiner 25 Hauptschüler bekannt. Zu seinem Gedächtnis feiern zahlreiche ↗Rotmützen-Klöster die bekannten ↗Tshechu-Festspiele.

L.: G.-C. Toussaint: Le Dict de Padma, Paris 1933 (Bibl. de l'Inst. d. Hautes Etudes Chin. 3); W.Y. Evans-Wentz (Hg.): Der geheime Pfad der großen Befreiung, ³1972; K. Douglas, G. Bays (Übers.): The Life and Liberation of P., 2 Bde., Emeryville 1978; W. von Essen, T.T. Thingo: P. Leben u. Wundertaten des großen tantrischen Meisters im Spiegel der tib. Bildkunst, 1991. (ev)

Pälkhor Chöde (tib. dpal `khor chos sde), in ↗Gyantse, W-

Tibet, gelegene ehemalige Klosterstadt, die zahlreiche, verschiedene Schulrichtungen angehörenden Klöster, einen großen ↗Dukhang, sowie den berühmten gleichnamigen, zwischen 1414–24 errichteten, begehbaren, vielstöckigen ↗Stūpa, der zu den bedeutendsten Baudenkmälern der tib. Kultur zählt, beherbergt.

L.: M. Henss: Tibet, 1981; G. Tucci: Indo-Tibetica, IV. 1, 3, 1941; K.-H. Everding: Tibet, 1994. (ev)

Pagan, um 849 in der Irrawady-Ebene gegründete Hauptstadt des 1. birmanischen Großreichs (↗Burma) bis zur Zerstörung dieses Reiches im Mongoleneinfall Kubilai Khans 1287. In dieser Zeit war P. ein bedeutendes buddh. Kultur- u. Kultzentrum. Heute finden sich von ca. 9000 Padogen (↗Pagode) ca. 5000 Überreste in P. Der Buddh. war im 5./6. Jh. in seiner mahāyānischen (↗Mahāyāna) u. tantrischen (↗Tantrismus) Form in das Reich von P. gekommen. Unter dem bedeutenden König der Dynastie von P. (1044–1283) Anawrahta (Anaurhata) Mensaw d.Gr. (1010–1052) machte sich der ↗Theravāda-Buddh. in P. heimisch u. blieb in der Folge die maßgebliche Form des Buddh. bis heute.

L.: P. Strachan; Imperial P., Art and Architecture of Burma, Honolulu 1990. (no)

Pagode, eine architektonische Form des buddh. Sakralbaus, die sich aus dem ↗Stūpa entwickelt hat. Wie der Stūpa steht die P. häufig im Dienst des Reliquienkultes. Sie beinhaltet in diesem Falle Reste des Leichenbrandes des ↗Buddha oder eines ↗arhat oder Teile von Gegenständen aus dem Besitz des Buddha oder eines Heiligen. Nach dem Satz des Buddha: „Wer die Lehre sieht, sieht mich" gelten auch Texte aus dem Kanon, auf Metallplättchen gestanzt, als „Reliquie", die in einer P. deponiert sein kann. Die P. als Bauform ist besonders häufig in O-Asien verbreitet (↗China, ↗Korea, ↗Japan), aber auch in Ländern des ehemaligen Indochina: in ↗Burma, ↗Thailand, ↗Kambodscha. In ↗Sri Lanka entspricht der P. die Dagoba. Charakteristisch für die typische Gestalt der P. sind „Schirme", faktisch Etagen, die wie Scheiben um den turmartigen Gebäudekern herumlaufen. Die Zahl dieser Etagen ist immer ungerade, häufig 7 oder 9, manchmal aber durchaus bis 13. Das Fundament, auf dem die P. aufruht, symbolisiert die Erde, die Kugel, die die Spitzen des turmartigen Ausbaus ziert, die Vollkommenheit. Eine der bedeutendsten P. ist die Shwedagon-P. in Rangun/Burma; die berühmteste chin. P. stand in Lo-yang mit einer Höhe von fast 200 m.

L.: G. H. Franz: P., Turmtempel, Stupa, Graz 1978. (no)

Pai-chang Huai-hai (jap. Hyakujō Ekai), Chin.; 720–814; einer der wichtigsten Vertreter der ↗Ch'an-Schule nach ↗Hui-neng. Wie ↗Nan-ch'üan u. Ta-mei Fa-ch'ang war auch P. Schüler von ↗Matsu. Seine Schüler waren ↗Kuei-shan u. Huang-po. In seinem Werk „Pai-chang ch'ing-kuei" (Reinheitsregeln von P.) schuf P. dem Ch'an gemäße Klosterregeln u. begründete damit eine eigenständige Klostertradition des Ch'an. Das Werk ist in der ursprünglichen Fassung nicht erhalten, nur in einer Zusammenfassung im „Ch'uan-teng-lu" (↗Tao-yüan) u. in einer erweiterten Fassung aus der Yüan-Zeit. Z. T. gelten die Regeln bis heute. P. betont besonders den Wert körperlicher Arbeit. Bis P. lebten die Ch'an-Mönche vornehmlich in Klöstern der ↗Lü-Schule.

W.: Spruchsammlung „Pai-chang kuang-lu". (so)

Pai-ma-ssu (chin.), „Kloster zum weißen Pferd", ältestes Kloster in ↗China in Lo-yang, gegründet im 1. Jh. n. Chr. Heute gehört das Kloster zur ↗Ch'an-Tradition. (no)

Pakistan (Urdu, Land der Reinen), 1947 gegründete islamische Republik im NW des ind. Subkontinents. 97,2 % der Bevölkerung bekennen sich zum Islam, der Staatsreligion ist. – Die Anfänge der Geschichte des Buddh. auf dem Gebiet des heutigen P. liegen in der Zeit der ↗Maurya-Dynastie. Taxila (nahe Islamabad) wurde in der Folgezeit zu einem Zentrum buddh. Gelehrsamkeit, Gilgit im NW Kashmirs zum Ausgangspunkt buddh. China-Mission entlang der Seidenstraße. Zeugnis der Begegnung mit der griech. Kultur ist die Kunst im alten ↗Gandhāra. Als Förderer des Buddh. gilt der Kuṣāṇa-König ↗Kaniṣka (2./3. Jh. n. Chr.), der in der Hauptstadt seines Großreiches Puruṣapura (heute: Peshawar) einen riesigen Stūpa errichten ließ. Nach dem Bericht des chin. Pilgers ↗Hsüan-tsang fügte der Einfall der weißen Hunnen im 6. Jh. dem Buddh. durch die Zerstörung seiner Klöster schweren Schaden zu. Mit der Eroberung des Sind durch arab. Heere um 711 begann die Islamisierung P. (mü)

Palden Lhamo (Skt śrīmatī devī, tib. dpal ldan lha mo), „Glorreiche Göttin“, ↗Lhamo. (ev)

Pāli ist eine mittelind., genauer: eine mittelindoarische Sprache, die sich aus dem Skt herleitet. Gesprochen wurde sie in der westind. Provinz Avanti, deren Hauptstadt Ujjenī (P), heute Ujjain, unter der Maurya-Dynastie Hauptstadt der W-Provinz u. nach legendärer Tradition Ausgangspunkt der buddh. Missionierung Ceylons gewesen ist. Zugleich war Avanti ein Zentrum des ↗Theravāda in W-Indien. Damit erklärt sich die Verbreitung des P. zusammen mit dem Theravāda seit Beginn unseres Jahrtausends von Ceylon in die anderen Länder S-Asiens (↗Burma, ↗Laos, ↗Thailand, ↗Kambodscha), nicht zuletzt durch die Verbreitung des Kanons der theravādischen Schule in P., des ↗P-Kanons. Daher bedeutet das Wort P., eigentlich „Text“, inzwischen spezifiziert „buddh. Text“ im Unterschied beispielsweise zu „Kommentar“. Als kanonische Sprache (↗Kanon) ist P. quasi die Sakral-Sprache des südl. Buddh. geworden. – Mit Gewißheit ist P. allerdings nicht die Sprache, in der der ↗Buddha gelehrt hat, wie auch nicht die Sprache des „Urkanons“. Seit R.O. Franke 1902 (wie zuvor N. L. Westergaard u. E. Kuhn) ist die Annahme, daß P. ein östl. Dialekt u./oder identisch sei mit ↗Māgadhī, der Sprache im Königreich Magadha, in dem der Buddha vornehmlich lebte u. wirkte, aufgegeben. Daher müssen die kanonischen P.-Texte aus einem östl. Idiom übersetzt sein. Den Nachweis dafür erbrachte S. Lévi (1912) aufgrund östl.-idiomatischen Sprachkolorits u. spezifischer Etymologie in den P.-Texten. Weiterhin sind die älteren Teile des P.-Kanons (sutta u. vinaya) in P. nicht Quelle u. Vorlage erhaltener Parallelfassungen in anderen Sprachen (Skt), nämlich anderer Schulen, sondern P.-Texte u. anderssprachliche Varianten gehen auf eine gemeinsame Quelle zurück, die vermutlich in einer östl. Sprache abgefaßt war. Dies wies besonders H. Lüders (aus dem Nachlaß, 1954) nach, daß nicht aus dem P. ins Skt bzw. buddh. Skt übersetzt wurde. – Bedeutendstes klassisches Werk der P.-Grammatik ist die Schrift Saddanīti des burmesischen Mönchs Aggavaṃsa aus dem 12. Jh. Das Studium des P. u. der kanonischen P.-Texte erfuhr von Ceylon aus im 18. Jh. eine Renaissance, vor allem durch Välivițiyē Saranankara, 1753–1778 letzter Sangharāja Ceylons (↗Nikāya), u. dessen Schüler. Den eigentlichen Beginn der abendländischen Erforschung der P.-Tradition leitete 1826 Eugène Burnouf mit seiner Arbeit „Essai su le p." ein. Den P.-Buddh. haben stärker dt., engl., dänische u. niederländische Indologen u. Buddhologen bearbeitet, was zu einer zeitweiligen Überbewertung der südl. Tradition des Buddh. geführt hat – z. B. auch in Deutschland (W. Geiger, H. Oldenberg). Bedeutsam war 1881 die Gründung der P. Text Society (PTS) in London durch Thomas William Rhys Davids (1843–1922). Ein Versuch, eine ähnliche Gesellschaft, die „Dt. P. Gesellschaft", zu gründen durch Karl ↗Seidenstücker (1876–1936) u. Walter Markgraf (gefallen 1914/15), scheiterte noch in den Anfängen 1913.

L.: A. K. Warder: Introduction to Pali, PTS, London ²1974; M. Mayrhofer: Hdb. des P. mit Texten u. Glossar. Eine Einführung i. d. sprachwiss. Studium des Mittelindischen, 2. Tle., 1951; S. Lévi: Observations sur une langue précanonique du bouddhisme, in: JA 1912, 495–514; H. Lüders: Beobachtung über die Sprache des buddh. Urkanons, a. d. Nachlaß hg. v. E. Waldschmidt, 1954; ders.: Philologica Indica, 1940; W. Geiger: P., Literatur u. Sprache, 1916; R. O. Franke: P. u. Skt, Straßburg 1902; P.C. Bagchi: The origin and home of P., Indian Culture 2 (1936), 777–780; O. v. Hinüber: Zur Geschichte des Sprachnamens P., in: Beiträge z. Indienforschung, E. Waldschmidt z. 80. Geb. gewidmet, 1977, 237–246; H. Bechert (Hg.): Die Sprache der ältesten buddh. Überlieferung, 1980. (no)

Pāli-Kanon, ↗Kanon der buddh. Schule des ↗Theravāda, abgefaßt in P, der Sprache, die für die Tradition namengebend wurde. Für die Theravādins gilt der P.-K. als Buddha-vacana, als (authentisches) Buddha-Wort (↗Buddha). Die schriftliche Kodifizierung ist nicht genau datierbar, ebenso undeutlich ist die Text- u. Überlieferungsgeschichte. Als ganzes wurde der P.-K. gegen Ende des 1. Jh. v. Chr. in Ceylon schriftlich niedergelegt. Bis dahin wurden die Texte mündlich überliefert. Der P.-K. ist der einzig gänzlich erhaltene buddh. Kanon in einer ind. Sprache. Die Sammlung besteht aus 3 Teilen – daher ↗Tipiṭaka (P, Skt Tripiṭaka), „Drei-Korb", aus dem ↗Vinaya-piṭaka, das ist der Korb der Ordensregel, dem ↗Sutta-piṭaka, dem Korb der Lehrrede u. dem ↗Abhidhamma-piṭaka, dem Korb der vertieften Lehre. Das P.-Vinaya-piṭaka lag in seiner heutigen Gestalt erst um 100 n.Chr. vor; vom Sutta-piṭaka wurden die ersten 4 der 5 ↗nikāyas nach der Regierungszeit Kaiser ↗Aśokas im 3. Jh. v.Chr. gleichzeitig kompiliert. Später kam mit dem ↗Khuddakanikāya noch die 5. Sammlung dazu, die indes sehr alte Texte beinhaltet. Die „vertiefte Lehre" (der abhidhamma) wurde eine eigene Textsammlung. Sie ist insgesamt jünger u. nicht authentisches Buddha-Wort u. reflektiert bereits eine entwickelte buddh. ↗Scholastik. Der Textsicherung dienten gemeinschaftliche Rezitationen einer offiziellen Mönchsversammlung (↗Konzil). Das 1. Konzil von Rājagṛha (P Rājagaha) 483 v.Chr. in der Sattapaṇṇi-Höhle am Vebhāra-Berg (heute: Vaibhāra) fand unmittelbar nach dem Tod des Buddha statt. Mahākāśyapa befragte Upāli über den ↗vinaya u. ↗Ānanda über das Sutta-piṭaka. Das letzte dieser Konzile ist (nach theravādischer Zählung) das 6. Konzil, da 1954–1956 in Rangun tagte. Die 1. Drucklegung des P.-K. erfolgte erst 1893 unter König Chulalongkorn von Thailand. (no)

A. in Lateinschrift: Alle Texte– auch die wichtigsten postkanon. Werke – sind von der PTS (gegr. 1881 v. T.W. Rhys Davids) hg. worden (London 1882ff), ebenso zahlr. Werke d. Komm.-Lit. (Aṭṭhakathā); Einzelnachweise siehe bei d. d. Art. zu best. Werken. – A. in Devanāgarī-Schrift: Nalanda-Devanāgāri-Pāli-Series, General editor J. Kashyap, 41 Bde., Patna 1956–61. – Ü.: Die meisten Texte – auch postkanon. Werke – liegen in 2 PTS-Reihen auch in engl. Übers. vor: PTSTS, London 1909ff u. SBB, London 1895ff, in letzterer auch Skt-Werke; Einzelnachweise – ggf. auch auf Übers. ins Dt. oder Franz. – siehe bei den Art. zu best. Werken; Nachweise dt. Übers. bei H. Hecker: Der P., Hamburg 1965. – L.: H. Oldenberg: Studien zur Geschichte des buddh. Kanons, NAWG, Jg. 1912, 155–218; J. Przyluski: Le Concile de Rājagṛha. Introduction à l'histoire du canon et des sectes bouddhiques, Teil 1–3, Paris 1926–28; G.P. Malalasekera: P Literature of Ceylon, London 1928; B.C. Law: Chronology of the P Canon, Annals of the Bhandarkar Oriental Research Institute, 12 (1931), 171–202; ders.: History of P Literature, 2 Bde., London 1933 (repr. 1974); F.L. Woodward: P Tipitaka Concordance, 3 Bde., PTS, 1952–83; F.R. Hamm: Zu einigen Ausgaben des Pali-Tipitakas, ZDMG 112 (1962), 352–378; R. Webb: An Analysis of the Pāli Canon, With a Bibliography, Kandy 1975; O. v. Hinüber: Sprachl. Beobachtungen zum Aufbau des P-Kanons, StII 2 (1976), 27–40; A. K. Narain: Studies in Pali and Buddhism, Delhi 1979; K.R. Norman: P Literature including the Canonical Literature in Prakrit and Skt of all the Hīnayāna Schools of Buddhism, 1983 (HIL VII,2); H. Bechert: Tripiṭaka, KNLL, Bd. 19, 1992, 672–676; W. Halbfass: Reden des Buddha, KNLL, Bd. 19, 1992, 371–375; K. N. Hazra: P Language and Literature. A systematic survey and historical study, 2 Bde., New Delhi 1994. (ec)

Pali Text Society (engl.), 1881 durch Thomas William Rhys Davids (1843–1922) gegründet zur Förderung der P-Sprache u. P-Lit. Seit ihrem Bestehen ediert die PTS kritisch die Werke des ↗Pāli-Kanons in lat. Schrift, veröffentlichte Übers. der kanonischen Werke ins Engl. u. edierte die Pāli-Komm. u. die außerkanonischen Pāli-Schriften. (no)

Palmblattmanuskripte. Texte, die auf getrockneten u. konservierten Palmblättern – häufig der Talipot-Palme (corypha umbraculifera) – niedergelegt sind. P. stellen das übliche Schreibmaterial der alten Zeit in Indien u. den von Indien beeinflußten Anrainerkulturen dar. (no)

Pānadurē-vādaya, singhalesisch „Streitgespräch von Pānadurā" bei Colombo in Sri Lanka. Am 26. August 1873 fand vor zahlreichen buddh. u. christlichen Zuhörern ein Religionsdisput zwischen dem christlichen Theologen David de Silva u. dem buddh. Mönch Mohoṭṭivatte Guṇānanda Thera (1824–1891) statt. Im Disput obsiegte nach mehrheitlicher Auffassung der Zuhörer der ↗Thera. Dem P.-v. waren ähnliche Dispute vorausgegangen: 1865 in Vāragoda, 1866 in Liyangēullē u. 1871 in Gampala, an denen Guṇānanda Thera gleichfalls teilgenommen hatte, dazu 1865 in Baddēgama, 1866 in Udanvita. In allen Disputen konnte sich der christliche Vertreter gegen die buddh. Argumente nicht durchsetzen. In der Folge maß man dem P.-v. die größte Bedeutung unter diesen Disputationen zu.

A.: Paṃca mahā vādaya, hg. v. T. S. Dharmabandhu, Maradāna (Colombo) [2]1956; Buddhism and Christiniaty being an oral debate held at Pandura between The Rev. Migettuwatte Gunanda and The Rev. David de Silva, Introduction ... by T. M. Peebles, Colombo 1873. – L.: G. C. Mendes: Ceylon under the British, Colombo 1944; H. Bechert: Buddh., Staat u. Gesellschaft i. d. Ländern des Theravāda-Buddh., Bd. I. Grundlagen, Ceylon/Sri Lanka, [2]1988. (no)

pañca-śīla (Skt, P pañca-sīla), die 5 Sittenregeln, das sind die ersten 5 Sittenregeln (↗śīla) der Mönche, die auch von den Laien eingehalten werden (śikṣāpada). (no)

Panchen Lama (tib. paṇ chen bla ma), „Paṇḍita-Lama“, als Emanation des ↗Buddha ↗Amitābha geltender, in einer ↗Existenzlinie auftretender ↗Lama der ↗Gelugpa-Schule, der seinen Titel als Lehrer des 5. ↗Dalai Lama von diesem erhielt u. im westtib. Kloster ↗Tashilhunpo residiert. Seine späteren Wiederverkörperungen hielten sich als Repräsentanten ↗Tibets zumeist am mandschurischen Kaiserhof in Peking auf. Nach dem Dalai Lama gilt der P. L. als der zweithöchste Lama der Gelugpas. Der letzte P. L. verstarb 1989. Die Suche nach seiner Reinkarnation wurde zu einem Politikum zwischen der chin. Regierung u. der tib. Exilregierung. Der 1995 aufgefundene Kandidat des Dalai Lama wurde von China nicht akzeptiert u. auf Anordnung der chin. Regierung an einen unbekannten Ort im Kernland Chinas zur Erziehung verbracht. Als neuer P. L. wurde von chin. Seite ein Kandidat inthronisiert, den der Dalai Lama nicht anerkennt. – In der Existenzlinie des P. L. werden gewöhnlich 10 Lamas aufgeführt: Gelek Pälsang (1385–1438), 2. Sönam Choglang (1439–1504), 3. Wensa Losang Döndrub (1505–1566), 4. Losang Chöky Gyältshen (1570–1662), 5. Losang Yeshe (1633–1737), 6. Losang Pälden Yeshe (1738–1780), 7. Losang Tänpä Nyima (1782–1853), 8. Losang Pälden Chödag (1855–1882), 9. Losang Chöki Nyima (1883–1937), 10. Losang Tinlä Lhündrub (1938–1989), 11. Gedhun Chöky Nyima (1995–), von der VR China nicht anerkannt. (ev)

Pantheismus. Rel.-typologische Ordnungskategorie für Religionsformen, die an der Einheit von Göttlichem oder Absolutem mit Welt u. Mensch festhalten. Als Reduktion aller Wirklichkeit auf ein einheitliches Prinzip ist der P. ein monistisches Konzept. Im Einzelfall bleibt jedoch die typologische Zuordnung konkreter religiöser Traditionen zum P. gelegentlich problematisch. Im klassischen Sinne pantheistisch sind philosophische Systeme in ↗Indien, die ca. ab 800 v. Chr. von den ↗Upanischaden ihren Ausgang nehmen wie Sāṃkhya u. a. Formen des ind. Monismus (advaita). Der Buddhismus lehnt P. wie jede Form eines Theismus ab. (no)

Pantheon des Vajrayāna. Das P. d.V. besteht aus ↗Gottheiten u. ↗Buddhas, die vor allem als machtvolle, psychisch wirksame Mittel angesehen werden u. wesensmäßig nicht mit den Göttern z.B. des griech. Pantheons verwechselt werden dürfen. Entsprechend dem Grade ihrer Heilswirksamkeit lassen sie sich in verschiedene Klassen gliedern: Auf der untersten Stufe stehen die ↗dharmapālas, die „Beschützer der Lehre“, die dem Gläubigen Schutz gewähren u. ihm durch Beseitigung aller Arten von Hindernissen beistehen; darüber werden die ↗ḍākinīs u. viras angeordnet, die transzendenten Rat vermitteln, darüber die „Hörer“ (Skt śrāvaka), die ↗pratyekabuddhas u. die 8 Großen Bodhisattvas als Verkörperungen esoterischen Wissens. Darüber stehen die 35 Buddhas der Sündenvergebung (tib. ltuṅ bśags saṅs rgyas so lṅa), die die Klassen derjenigen Gottheiten abschließen, die im ↗Vajrayāna als Ausdruck des in den ↗sūtras gelehrten Wissens gelten. Darüber rangieren 4fach klassifiziert die ↗Gottheiten der 4 ↗Tantra-Klassen, die ↗Yidam-Gottheiten, die als Vermittler tantrischen Wissens u. als unübertreffliche meditative „Werkzeuge“ zur Erlangung des erstrebten spirituellen Heils angesehen werden. Nur noch der ↗Lama als derjenige Pol, in dem sich alles Wissen u. alle Weisheit vereinigt, rangiert über ihnen. Darüber hinaus glauben die Anhänger des ↗Vajrayāna u. ↗Lamaismus an eine Vielzahl von niederen lokalen Göttern, Dämonen u. Geistern, die jedoch nicht zum buddh. P. zählen.

L.: ↗Gottheit. (ev)

Paradies, eine vor allem in den abrahamitischen Religionen beheimatete Vorstellung, die für den ungebrochenen Urzustand oder für das vollendete Heilsziel verwendet wird. Buddh. Analogien zur P.-Vorstellung im 1. Sinn finden sich im Aggañña-Mythos (D 27) u. im 2. Sinn im ↗Amida-Buddh. (sl)

Paradoxie. P., d.h. in sich widersprüchliche Aussagen, treten im Buddh. schon recht früh auf, sind zentral in den ↗Prajñāpāramitā-Sūtren u. werden dominant in den ↗Kōans. Besonders nach Auffassung der ↗Mādhyamika-Schule zeigen P. die Unmöglichkeit einer begrifflich adäquaten Wirklichkeitserfassung (↗śūnyatā). (sl)

pārājika (P/Skt). Die 4 p.-Regeln bezeichnen solche Verstöße gegen die buddh. Ordensobservanz (↗vinaya, ↗saṅgha), die den Ausschluß an den Orden (nāśanīya oder nāśana Skt, nāsana P) u. zwar ipso facto nach sich ziehen; d. h. der Ausschluß bedarf keines formalen Aktes. Der Ausschluß kann allenfalls durch ein geistliches Gericht festgestellt, aber nicht erwirkt werden. Die 4 Vergehen sind: Geschlechtsverkehr, Diebstahl, Mord und spirituelle Anmaßung. (no)

Paramārtha (chin. Chen-ti), 498–569 n.Chr. ind. Übersetzer. 546 Ankunft in Kanton; ab 548 in Chiang-yeh, Hauptstadt des Liang-Reiches; ab 556 in Kanton. P. brachte die Yogācāra-Philosophie (↗Fa-hsiang, ↗Yogācāra) nach China u. regte die ↗Shelun-Schule an. Übers.: Viṃśatikā, Mahāyānasaṃgraha, ↗Abhidharmakośa.

L.: P. Demiéville: L'origine des sectes bouddhiques d'après P., MCB 1 (1931–32), 15–65. (so)

paramārtha satya (Skt), „Wahrheit im höchsten Sinn"; nach dem mahāyānischen Konzept der doppelten ↗Wahrheit ist die p. weder begrifflich faßbar, noch sprachlich artikulierbar. Sie ist jene in der ↗Erleuchtung zuteil werdende, heilshafte Erkenntnis (↗prajñā), zu der alle sprachliche, begriffliche Artikulation hinführen will. (sl)

pāramitā (Skt), eigentlich „Vollkommenheit", später auch als „Hinübergelangen" (pāram ita) interpretiert, bezeichnet im Plural eine vor allem im ↗Mahāyāna anzutreffende Reihe von Qualitäten des ↗Bodhisattva, die auf dem Weg zur ↗Erleuchtung zu entfalten sind. Am häufigsten sind die folgenden 6 p. anzutreffen: Geben (dāna), Sittlichkeit (↗śīla; ↗Ethik), Geduld bzw. Ausdauer (kṣānti), Tatkraft (↗vīrya), ↗Meditation (dhyāna) u. ↗Weisheit (↗prajñā). In späteren Texten werden diesen noch hinzugefügt: geschicktes Mittel (↗upāya), ↗Gelübde bzw. Verpflichtung (↗praṇidhāna), spirituelle Kraft (↗bala) u. Wissen (↗jñāna).

L.: H. Dayal: The Bodhisattva doctrine in Buddhist Sanskrit literature, London 1932, Nachdr. Delhi 1975. (sl)

paribbājaka (P, Skt parivrājaka), Asketen, Bettler, Hauslose, Umherziehende, die ihr Weltentsagungsideal im Umherwandern (pari – völlig, Wurzel vaj – gehen, irgendwohin gelangen, P pabbajati, ↗pabbajjā) zu verwirklichen suchten. In buddh. Quellen werden indes buddh. Asketen u. Mönche niemals p. genannt, sondern nur die Vertreter anderer Schulen (vielleicht brahmanische Wandermendikanten). Mit der Lebensweise der buddh. Mönche verband sie Hauslosigkeit u. das Erbetteln der täglichen Nahrung. (no)

parinirvāṇa (Skt, P parinibbāna) ↗mahāparinirvāṇa

paritta (Skt/P, singhalesisch pirit); Rezitation von sūtras im theravādischen Buddh. (↗Theravāda) zur Schadensabwehr durch die Anrufung himmlischer Wesen. Dieses Element des südl. Volksbuddh. ist magisch bestimmt u. fehlte im alten Buddh. Auf Druck der Laienschaft haben die Mönche die p.-Praktik übernommen.

L.: Extraits du P., textes et commentaires en Pali par M. Grimblot, avec introduction, traduction, notes et notices par L. Feer, JA, 6e série, 18 (1871), 225–335; W. Waldschmidt: Das P., eine magische Zeremonie der buddh. Priester auf Ceylon, Baessler-Archiv, XVII, 1934, 139–150. (no)

pariyatti (Skt), „gelernter Wortlaut der ↗Lehre (des ↗Buddha)", gemeint: das Studium der Lehrschriften des Buddh. Es muß ergänzt werden durch Praxis (↗paripatti) u. Verwirklichung u. Durchschauung der Lehre. Aus diesen 3 ergibt sich ein Stufenweg für den Mönch. (no)

Pasedani (P, Skt Prasenajit), König von ↗Kosala (ca. 560–487 v. Chr.) zu Lebzeiten des ↗Buddha. P. war nach buddh. Quellen Laienanhänger des Buddha, den er auch als Gesprächspartner u. Ratgeber schätzte, wie aus zahlreichen Dialogen in den Lehrreden hervorgeht. P. folgte nach Ausbildung in Takkasīla, damals einer der ersten Schulen in ↗Indien, u. Bewährung in einem administrativen Amt seinem Vater Mahākosala in der Regierung nach. P. wird im Kanon ungemein lebendig geschildert, so daß hinter der lit. Gestalt eine historische Person sichtbar wird: ein Mann mit philosophischen Neigungen, dem guten

Leben dabei nicht abhold, ein Frauenheld u. Bonvivant, ein Freund des Buddha u. Förderer des buddh. Ordens, wenngleich er auch andere religiöse Schulen bedachte. P. wurde von seinem Sohn ↗Viḍūdabha durch einen Putsch entmachtet (vermutlich 487 v. Chr.) u. starb unmittelbar danach in Rājagaha, wo er sich Beistand gegen seinen Sohn erbitten wollte. (no)

Pāṭaliputra (Skt, P Pāṭaliputta), zuvor Pāṭaligāma, heute Patna, Hauptstadt des ind. Bundesstaates Bihar, früher Hauptstadt des Königreichs ↗Magadha unter ↗Aśoka (268–239 v. Chr.); Versammlungsort des 3. ↗Konzils unter der Schirmherrschaft Aśokas, der auf das Konzil maßgeblichen Einfluß nahm, im Jahr 253. Ziel der Versammlung unter der Leitung des Ältesten Moggaliputta Tissa war die Reinigung des ↗saṅgha. Das dem ↗Kathāvattu aus dem ↗Abhidhamma-piṭaka des ↗Pāli-Kanons zugrundeliegende Streitgespräch soll 250 v. Chr. in P. stattgefunden haben. (no)

Patan (Skt Lalitapura), buddh. Zentrum eines der 3 Malla-Reiche im Tal von Kathmandu in ↗Nepal. P. war der kulturelle Mittelpunkt Nepals bis zur Regierungszeit von König Jayasthiti Mallas (1382–1395 n.Chr.): Ausdruck des hindustisch-buddh. Synkretismus (↗Hinduismus) ist der Kult u. das Wagenfest des „Roten Matsyendranātha", einer hinduistischen Gottheit, die man mit dem ↗Bodhisattva ↗Avalokiteśvara identifiziert. (no)

Paṭisaṃbhidāmagga (P, Skt pratisaṃvid), Weg der Analyse: Schrift aus dem ↗Khuddaka-nikāya, die in enger Beziehung zum Saṃyuktāgama steht. Sie dürfte zusammen mit dem ↗Niddesa zu den späteren Teilen des ↗Kanons gehören u. in der Zeit nach Aśoka eingefügt worden sein.

A.: P., ed. A.C. Taylor: 2 Bde., PTS; 1905–07 (repr. 1979); P. Commentary, ed. C.V. Joshi, 3 Bde., PTS, 1933–1947 (repr. 1979). – Ü.: The Path of Discrimination, tr. Ven. Ñānamoḷi, Introduction by A. K. Warder, PTS, 1982 .(no)

Patna ↗Pāṭaliputra

patra (Skt, P patta) ↗Almosenschale

Patriarchen 1. P. sind buddh. Persönlichkeiten von hoher Autorität, die als Garanten der Authentizität u. Kontinuität der je eigenen Tradition angesehen u. in P.-Listen geführt werden, die meist bis in den älteren Buddh. zurückreichen. (sl) – 2. Im chin. u. jap. Buddh. spielen P. (chin. zu-shih, jap. soshi) eine wichtigere Rolle, wenngleich sie auch in anderen buddh. Traditionen, etwa der tib., nicht fehlen. Der Nachfolger des P. war durch ein „dharma-Siegel“ (chin. fa-yin; jap. bōin, inka) ausgewiesen. Durch Spaltung in nördl. u. südl. ↗Ch'an-Schule 734 (↗Shen-hui) entstanden verschiedene Stammbäume u. damit die früheste lit. Gattung des Ch'an (ch'uan-teng-lu, die „Weitergabe der Lampe“), von der die Liste „Leng-chia shih-tz'u-chi“ die älteste dieser Gattung (um 720), „Ching-te ch'uan-teng-lu“ (↗Tao-yüan) die berühmteste ist. Die Südschule des Ch'an wird überhaupt „Ch'an der P.“ genannt; seit 796 wurde sie die maßgebliche Richtung im Ch'an. ↗Hui-neng wurde zum idealen P. u. drängte sogar ↗Bodhidharma zurück. Die anderen buddh. chin. Schulen schufen nach dem Vorbild der Ch'an-Schule eigene Genealogien u. übernahmen das P.-Institut. (so)

Paṭṭhāna (P), „Das Buch des Ursprungs“, ist eine Schrift des ↗Abhidhammapiṭaka.
Ü.: Engl.: P., tr. by U Nārada Sayadaw, London 1969. (no)

Pegu (Skt Haṃsavatī), Hauptstadt des buddh. südbirmanischen Reiches der Mon nach dem Mongoleneinfall unter Khubilai Khan 1287 im heutigen ↗Burma. Bedeutend ist die Kyaikpun-↗Pagode bei P. mit 4,30 m hohen Statuen, die die 4 Grundmauern der Pagode bilden. Sie stellen Śākyamuni u. 3 seiner Vorgänger dar. (no)

Perfect Liberty Kyōdan (PL-Kyōdan; engl.-jap.), „Orden der Vollkommenen Freiheit“, neobuddh., jap. Gemeinschaft, 1926 gegründet durch Miki Tokuharu (1871–1938) zunächst unter dem Namen Hito no Michi Kyōdan (jap.; Orden vom Weg des Menschen) u. nach staatlichem Verbot 1937–1945 von Miki Tokuchika (*1900) unter der heutigen Bezeichnung PLK wiederbegründet. Miki Tokuharu entstammt der Zen-Tradition (↗Zen; Mönchsname Chōgen). In ihrer Lehre strebt die Gemeinschaft einen neuen Lebensstil der Anhänger an u. will die „Kunst des Lebens“ lehren. Leben ist buchstäblich als Kunst verstanden u. findet in Sport („Golfreligion“ als abschätzige Bezeichnung für PLK), Spiel, Gestaltung u. Dichtung ihren Ausdruck, Ausdruck nämlich vollkommener Freiheit. PLK ist in ↗Japan wie auch außerhalb Japans verbreitet (USA, Australien, Thailand, Vietnam u. in einigen Ländern Südamerikas). Die Gemeinschaft zählt 2,5 Mio. Mitglieder.

L.: The PL-Order. Perfect Liberty, Tondabayashe 1951; W. Kohler: Der PL-K:, Ostasien 6, Zürich 1961/62; J. Yamashima: An Essay of the Way of Life, 1950. (no)

Person, von lat. persona (personare – hindurchtönen) – eigentlich Maske, Rolle aus der Theatersprache. In abendländisch-philosophischer Begrifflichkeit versteht sich unter P. die Summe der individuellen Merkmale in einem einheitlichen Gesamtbild aus Körper, Geist u. Seele. In diesem Verständnis entspricht in buddh. Begrifflichkeit ↗pudgala (Skt, P puggala) dem P.-Begriff u. ↗nāma-rūpa der abendländischen Terminologie. In der buddh. Lehre ist die P. vor der anattā-, karma- u. saṃsāra-Lehre (↗anātman, ↗karma, ↗saṃsāra) als ein einmaliges, endliches Produkt aus karmischen Bedingungen, die einer individuellen Gier (tanhā) nach Existenz je konkrete Gestalt verleihen, begriffen. Die Konstituenten der P. sind: Körper, Wahrnehmung, Empfindung, Willensstrebungen (geistige Bildekräfte) u. Bewußtsein. Da die Konstituenten selbst nicht ewig u. unveränderlich sind, kann auch deren Produkt nicht über die je konkrete Person hinaus dauern. Die Annahme eines überdauernden Persönlichkeitskerns, eines Ursprungsselbst oder einer unsterblichen Seele ist nach buddh. Vorstellung „Ich-Wahn“. (no)

Peṭakopadesa (P). Außerkanonische Schrift des späteren ↗Theravāda – wörtlich: „Belehrung der die Schriften Studierenden“ –, dem Mahākaccāyana zugeschrieben; abgefaßt vor dem 3. nachchristlichen Jh.

A.: P., hg. v. Arabinda Barua, PTS, London 1949. (no)

Petavatthu (P). Zum ↗Khuddaka-nikāya gehörige Schrift –

wörtlich: „Gespenstergeschichten“ (von Skt preta, P peta – Leichengespenst). Abgefaßt in 4 Kap. mit 51 metrischen Erzählungen. Zuerst 1889 von Minayeff herausgegeben.

Ü. Engl.: Henry S. Gehman: The Minor Anthology of Pali Canon, Part IV – Stories of the Departed, London 1942. (no)

Phadampa Sanggye (tib. pha dam pa saṅs rgyas), südind. Yogi, der als ehemaliger Mönch des Klosters Vikramaśīla in der Zeit von 1097 bis zu seinem Tode 1117 wiederholt in ↗Tibet weilte u. zum Begründer der ↗Zhijepa-Schule u. der ↗Cö-Lehren wurde. (ev)

Phagpa Lama (tib. `phags pa bla ma), „Heiliger Lama“, ↗Lodrö Gyältshen. (ev)

Phalayāna (Skt, tib. `bras bu'i theg pa), „Fahrzeug der Frucht“, Bezeichnung des ↗Vajrayāna, die herausstellt, daß das angestrebte Heil im Vajrayāna schon auf dem Weg als Frucht erfahren werden kann. (ev)

phassa (P, Skt sparśa), wörtlich: Berührung, meint Sinneseindruck. ↗pratītyasamutpāda. (no)

Pilger. Vom 5.–7. Jh. reisten immer wieder chin. P. nach ↗Indien, um die prominenten Stätten des Lebens des ↗Buddha, ↗Lumbinī, ↗Kapilavastu, ↗Bodh Gayā u. a., u. die bedeutenden buddh. Ausbildungsstätten wie z. B. ↗Nālandā zu besuchen. Ihr Interesse galt dabei nicht nur der Kenntnisnahme der authentischen buddh. Traditionen, sondern sie sammelten auch Texte, Reliquien u. Buddhastatuen, die sie nach ↗China mitnahmen. 1. uns bekannter P. ist ↗Fa-hsian, der 399–412 Indien bereiste. Weitere waren ↗Hsüan-tsang (Xuanzang), der 629–645 in Indien weilte; er soll mehr als 600 Texte nach China mitgenommen haben. Ferner gleichfalls im 7. Jh. Kui-ji u. Yi-tsing. Letzterer war 671 über Sumatra nach Indien gereist u. hatte 10 Jahre in Nālandā studiert. Er brachte bei seiner Rückkehr nach China 695 ca. 400 Texte mit. Fa-hsian, Yi-tsing u. Hsüantsang haben schriftliche Reiseberichte hinterlassen. Buddhistenverfolgungen unterbrachen diese P.-Fahrten aus China. Sie wurden danach in größerem Umfang nicht wiederaufgenommen, zumal der Buddh. ab ca. 1000 n. Chr. aus Indien verschwunden war. Lediglich Chang-chun ist aus späterer Zeit bekannt, der 1221–24 Indien bereist hat.

L.: K.L. Hazra: Buddhism in India as described by the Chinese pilgrims. A.D. 399–689, New Delhi 1983. (no)

Piprāvā, Ausgrabungsstätte, identisch mit ↗Kapilavastu II, d. h. das neue Kapilavastu, wo es nach der Zerstörung durch den König von Kosala ↗Viḍūḍabha wieder erbaut wurde u. zwar ca. 16 km vom alten Kapilavastu entfernt, das heute auf nepalesischem Territorium (Tilaurakoṭ) liegt. (no)

piṭaka (Skt/P). Wörtlich: Korb, Behältnis, figürlich: für Sammlung von Texten oder Lehren, die innerlich zusammengehören. Daher ist p. im Pāli-Kanon (↗Kanon) das formale Prinzip übergreifender Ordnung: ↗vinaya-p. (Korb der Ordenszucht), ↗sutta-p. (Korb der Lehrreden) u. ↗abhidhamma-p. (Korb der erklärten Lehre). (no)

PL-Kyōdan ↗Perfect Liberty Kyōdan

Politik. 1. Der Buddh. hat, anders als z. B. die Religion des Islam, einen unpolitischen Grundcharakter, er kennt keine politische Utopie. Der ↗Buddha selbst verhielt sich pragmatisch-konservativ gegenüber den Herrschern seiner Zeit. Die von ihm gelehrte Gleichheit der Menschen (Kastenkritik) ist nicht politisch umzumünzen, blieb aber auch nicht ohne indirekte politische Wirkung. Mönche sollen sich gemäß dem ↗vinaya nicht in politische Angelegenheiten einmischen, waren aber häufig als Berater ihrer Herrscher tätig u. hatten durch ihre Predigten zu allen Zeiten Einfluß auf das Volk. In ↗Japan (Mittelalter) u. besonders in ↗Tibet sowie in den anderen Himalaya-Staaten war bzw. ist ihr Einfluß am größten. 2. Trotz seiner politischen Zurückhaltung gab der Buddha Anweisungen für die konkrete Weltgestaltung. Die P. der Herrscher soll auf ↗Toleranz, Friedfertigkeit u. sozialethische Werte abgestellt sein. In verschiedenen Mahāyāna-Schulen gibt es Ansätze zu einer politischen Theorie auf dem Boden der Einsicht, durch gutes öffentliches Handeln dem Wohl der Wesen zu nützen. Der moderne politische Buddh. ist geprägt durch die Privatisierung der Religion in der Kolonialzeit u. die Auflösung der vormaligen Einbindung der politischen u. religiösen Sphäre. In ↗Sri Lanka u. ↗Burma wird heute die Bewahrung des dhamma (in der Tradition des ↗Pāli-Kanon) als politische Aufgabe verstanden u. umgekehrt auch zur politischen Legitimierung benutzt.

L.: R. A. Gard: Buddhist Political Thought, A Bibliography, Washington 1952; ders.: Der Buddhismus, Genf 1981, 289–327; U. N. Ghoshal: A History of Indian Political Ideas, Bombay 1959; H. Bechert: Buddhismus, Staat und Gesellschaft in den Ländern des Theravada-Buddhismus, 3 Bde., 1966–73 (Bd. 1, [2]1988); ders.: Theravada Buddhist Sangha. Some General Observations on Historical and Political Factors in its Development, JAS XXIX, 4 (Aug. 1970), 761–778; P.A. Pardue: Buddhism. A Historical Introduction to Buddhist Values and the Social and Political Forms The Have Assumed in Asia, New York 1968; H. Dumoulin (Hg.): Buddhismus der Gegenwart, 1970; D.E. Smith: Religion and Political Development, Boston 1970. (bo)

Polo, Marco, geb. ca. 1255 in Venedig, gest. 8. 1. 1324 in Venedig; Kaufmann u. Weltreisender. 1271 reiste P. durch Innerasien nach ↗China, wo er mehrere Jahre am Hof Kublai Khans (1215–1294), dem Enkel Dschingis Khans, weilte, der seit 1260 über die ↗Mongolen, u. ab 1280 über ↗China herrschte. P. brachte 1295 bei seiner Rückkehr nach Europa die 1. Nachrichten über den Buddh. in jüngerer Zeit u. vor allem über den tib. Budd. mit.

L.: J. Witte: Das Buch des M.P. als Quelle f. d. Religionsgeschichte, 1916; W. Formann u. a.: M.P., Wien 1970. (no)

pongyi, birmanesische Bezeichnung für den buddh. Mönch (↗bhikṣu), wörtlich: „der große Verdienste hat". (no)

Potala (tib. po ta la), die 1645–94 auf dem Berge Marpori (tib. dmar po ri) im tib. ↗Lhasa erbaute Winterresidenz des ↗Dalai Lama. Hinter ihrer 360 m breiten, 110 m hohen Fassade enthält sie 1000 Räume. Berühmt ist der P. für seine bis zu 15 m hohen Reliquien-stūpas der Dalai Lamas.

L.: M. Henss: Tibet, 1981; P. Shicong, Y. Keling: The P. Palace of Tibet, New Delhi o. J.; S. Batchelor: Tibet Guide, London 1987; K. H. Everding: Tibet, 1993. (ev)

pradakṣiṇā (Skt), die Rechtsumwandlung als Zeichen der Verehrung einer Person oder eines heiligen Objekts. (no)

Prajāpatī (Skt, P Pajāpatī) ↗Mahāprajāpatī

prajñā (Skt, P paññā). I. „Weisheit, Erkenntnis, Einsicht". p. ist ein für alle buddh. Richtungen zentraler Schlüsselbegriff, der die Natur des buddh. Heilsweges u. Heilszieles kennzeichnet. Schon im älteren Buddh. ist p. neben śīla u. ↗samādhi eines der 3 Prinzipien des ↗Achtfachen Pfades, der zur ↗Erlösung (↗nirvāṇa) bzw. zur ↗Erleuchtung führt, die selber wiederum mit vollkommener p. identifiziert wird. Obwohl p. deutlich den gnoseologischen Aspekt akzentuiert, ist sie nie getrennt von existentieller Realisation i.S. meditativer u. ethischer Persönlichkeitsentwicklung u. daher nicht mit rein intellektuellem Wissen zu verwechseln, sondern eng verbunden mit in psychologischen Kategorien beschreibbarer Erfahrung. Gegenstand der p. im engeren Sinn ist die buddh. Lehre, im Grunde jedoch die von dieser vermittelte Einsicht in die Grundgegebenheiten des Daseins u. die Heilswirklichkeit. Im ↗Mahāyāna, wo p. als Höhepunkt der Vollkommenheiten (↗pāramitā) des ↗Bodhisattva erscheint, erfährt p. nochmals eine starke Aufwertung. Dieser Prozeß wird eingeleitet durch die ↗Prajñāpāramitā-Sūtren, die p. durchgängig i. S. der ↗śūnyatā-Lehre als Einsicht in die Unzulänglichkeit aller Begriffe kennzeichnen (einhergehend mit der dieser entsprechenden Freiheit vom Anhaften u. der Verwirklichung des allumfassenden ↗Mitleids), u. fortgeführt durch die philosophischen Schulen. p. wird in der Folge entweder mit ↗upāya, der Kenntnis der nun als „Geschicktes Mittel" (vgl. doppelte Wahrheit) verstandenen Lehre korreliert (so vor allem im buddh. ↗Tantrismus; dort auch als weibliche Erscheinung personalisiert), oder mit dem Mitleid, das das entscheidenste Charakteristikum der Bodhisattva-Gesinnung ist. In dieser dem Buddh. spezifischen Konzeption von p. dürfte der Grund dafür liegen, daß seine hohen intellektuellen Leistungen meist von einseitigem Rationalismus frei blieben.

L.: E. Conze: The Prajñāpāramitā Literature, The Hague 1960; K. N. Jayatilleke: Early Buddhist Theory of Knowledge, London 1963; R. E. A. Johansson: The Dynamic Psychology of Early Buddhism, Oxford 1978; D. J. Kalupahana: The Principles of Buddhist Psychology, New York 1987. (sl)

II. In tib. Tradition (tib. ye śes) gestaltet sich p. nach den ↗Vajrayāna-Lehren als die in ihrem eigentlichen Wesen unterschiedslose Natur der Wirklichkeit, die ↗Leerheit, in der Welt der Erscheinungen in einer Polarität, deren beide Prinzipien ↗upāya (= „Methode“) und p. (= „Weisheit“) genannt werden. Wenngleich sich diese beiden Prinzipien auf allen Daseinsebenen entfalten, sind mit ihnen speziell die beiden bedeutendsten Komponenten des tantrischen Heilsweges gemeint: 1. upāya bezeichnet die „Methode“ zur Verwirklichung des Weges, das ist die Praxis von ↗bodhicitta u. 2. p. bezeichnet die aus der unmittelbaren Einsicht in die wahre Natur der Wirklichkeit, der Leerheit, entstehende „Weisheit“. Wichtig ist zu verstehen, daß upāya und p. sich gegenseitig bedingende u. ergänzende, gleichwertige Prinzipien sind. In der Ikonographie finden diese Prinzipien in männlichen (= upāya) u. weiblichen (= prajñā) ↗Gottheiten ihren Ausdruck, die oft in „sexueller Vereinigung“ (tib. ↗Yab-Yum) dargestellt werden – ein symbolischer Ausdruck der Vereinigung geistiger Polaritäten im Meditierenden. Unzulässigerweise wird die p. oft mit der ↗śakti identifiziert, der weiblichen „Kraft“ im Hinduismus, die dort jedoch im Gegensatz zum Buddh. das aktive, kreative Prinzip versinnbildlicht. Im linkshändigen buddh. ↗Tantrismus vollzieht der nicht an das Keuschheitsgebot gebundene yogin das Ritual u. U. mit einer Partnerin, ↗mudrā, als Verkörperung der p., wobei der yogin selbst sich in die männliche Gottheit (upāya) transformiert. ↗Tantrismus und ↗Vajrayāna. (ev)

Prajñāpāramitā-Sūtren (Skt). Die P. gehören zu den ältesten u. zugleich wichtigsten Texten des ind. ↗Mahāyāna. Ihre Entstehung dürfte im 2. Jh. n. Chr. anzusiedeln sein u. reicht evtl. sogar ins 1. Jh. Sie werden benannt u. unterschieden nach der Zahl ihrer Strophen (Śloka) in solche mit 100 000, bis zu 500 u. 300 Ślokas. Als ältestes unter den P. gilt jenes in 8000 Ślokas, das ↗Aṣṭasāhasrikā-Prajñāpāramitā-Sūtra, wobei die kürzeren oder längeren Sūtren z. T. als Variationen desselben erscheinen. Besondere Verbreitung hat das Sūtra in 300 Ślokas gefunden, das ↗Vajracchedikā-Prajñāpāramitā-Sūtra. In Stil u. Begrifflichkeit sind die P. noch sehr den älteren buddh. ↗Sūtren verwandt u. bleiben weitgehend frei von der phantasievollen bildlichen Ausschmückung, wie sie sich in anderen ↗Mahāyāna-Sūtren findet. Doch ist ihr durchgängiges Thema die für den Mahāyāna-Buddhismus grundlegende ↗śūnyatā-Lehre, deren Erkenntnis als höchste ↗Weisheit (↗prajñā) vorgestellt wird. Nach der Legende sollen sie als Predigten des ↗Buddha von ↗Nāgas bewahrt u. schließlich ↗Nāgārjuna übergeben worden sein, der von einigen Forschern als Autor eines Teils der P. angesehen wird. Zumindest stimmt von der inhaltlichen Tendenz her Nāgārjunas Relativierung aller Begrifflichkeit i. S. der doppelten ↗Wahrheit sachlich mit der Art u. Weise überein, wie die P. die Auffassung einer dogmatisch festschreibbaren Wirklichkeit zugunsten einer nonkognitiven, heilspragmatischen Interpretation der buddh. Lehre korrigieren.

L.: A. Yuyama: A Grammar of the Prajñāpāramitā-ratna-guṇasaṃcayagāthā, Canberra 1973. – Ü.: E. Conze (Übers.): The Short Prajñāpāramitā Texts, London 1973. – L.: M. Walleser: Prajñā Pāramitā, 1914 (enth. Teilübers. d. Aṣṭasāhasrikā u. vollst. Übers. d. Vajracchedikā); T.R.V. Murti: The Central Philosophy of Buddhism, London 1955; S. Hanayama: A Summary of Various Research on the Prajñāpāramitā Literature by Japanese Scholars, Acta Asiatica 10 (1966), 16–93; P. Beautrix: Bibliographie de la littérature Prajñāpāramitā, Bruxelles 1971; L. Lancaster (Hg.): Prajñāpāramitā and Related Systems, Studies in Honour of E. Conze, Berkeley 1977 (Berkeley Buddhist Studies Series, 1); E. Conze: Materials for a Dictionary of the Prajñāpāramitā Literature, Tokyo 1967; ders.: The Prajñāpāramitā Literature, Tokyo [2]1978. (sl)

Prajñaptivāda (Skt), aus den Gokulika (auch: Kukkuṭika), einer Subschule der ↗Mahāsāṃghikas, hervorgegangene, besonders im Land der ↗Andhra verbreitete u. bis zur Pāla-Dynastie existente Schule, deren Lehren eine dem frühen ↗Mahāyāna verwandte, nominalistische Tendenz besaßen (alles ist nur „Bezeichnung“ = prajñapti). (sl)

Prākrit, Sammelbezeichnung für die mittelindoarischen Sprachen u. Mundarten. Die ursprüngliche Bedeutung von prākrita, „natürlich, gemein“, charakterisiert sie als Volks- oder Umgangssprachen u. hebt sie von der Kunst- u. Gelehrtensprache des ↗Sanskrit ab. Insbesondere im Rahmen des Buddh. u. Jainismus entwickelten sich einzelne P. zu Lit.-Sprachen. – ↗Pāli, ↗Gāndhāri u. die verschiedenen Dialekte der Aśoka-Inschriften gelten als Altp. Jüngere Formen sind Ardhamāgadhī (auch Ārṣa gen.), Māhārāṣṭrī u. Śaurasenī. Den Übergang zum Neuind. bilden die unter der Bezeichnung Apabhraṃśa („Abfall, Niedergang") zusammengefaßten Dialekte.

L.: R. Pischel: Grammatik der P.-Sprachen, Straßburg 1900 (GindPh I, 8). (mü)

praṇidhāna (Skt), wörtlich: „Gebilde" ↗praṇidhi

praṇidhi (Skt) heißt das Gelöbnis eines ↗Bodhisattva im ↗Mahāyāna, ein ↗Buddha zu werden. Dieses Gelöbnis legen auch mahāyānische Mönche ab, zum Wohl der Wesen wirken zu wollen u. in dieser Intention energisch den Erleuchtungsweg zu beschreiten. (no)

Prāsangika (Skt), mahāyānische Schule (↗Mahāyāna), die im 5. Jh. n. Chr. aus der Spaltung der Nāgārjuna-Schule in die P. u. in die ↗Svātantrika-Schule entstanden ist. Die P. versucht in skeptizistischer Manier, den Gegner als unlogisch zu erweisen (prāsaṅga – unerwünschte Folge), um letztlich die Unbeweisbarkeit aller logischen Argumente zu zeigen. Bedeutende Vertreter waren Buddhapālita (5. Jh.) u. Candrakīrti (6. Jh.). (no)

prātimokṣa Skt (P pāṭimokkha), Ritual der Mönchs- u. Nonnengemeinschaft am Posadha- (P Uposatha-)Tag (an Neumond- u. Vollmondtagen). Dabei handelt es sich um eine Art „Beichtfeier" (↗Beichte) mit gemeinschaftlicher Erforschung über begangene Verfehlungen gegen die Ordenszucht (↗vinaya). Dementsprechend ist die p.-Feier im vinaya geregelt, in der Pāli-Version im 2. Hauptteil 2. Abschn.: Uposathakkhandhaka (in den Skt-Kanones des ↗Sarvāstivāda, der Dharmaguptakas u. a.: Poṣadhavastu) u. im Abschn. 14: Pātimokkhaṭhapanakkhandaka (Skt Poṣadhasthāpanavastu), das sind Anordnungen, die von der Teilnahme am p. ausschließen. Ursprünglich bekannten die Mönche u. Nonnen die Verfehlungen gegen die Observanz öffentlich in der p.-Feier, heute werden diese vor der eigentlichen Feier einem Mönch bekannt. In der Versammlung wird dann schließlich nur noch die Reinheit der Gemeinschaft festgestellt. Das „Beichtformular" umfaßt 227 Verhaltensregeln für Mönche u. 348 für Nonnen. (no)

B.: A. Yuyama: Vinaya-Texte, 1979 (SÜBS, ed. H. Bechert, 1). – A.: Le Prātimokṣasūtra des Sarvāstivādins, texte Skt par L. Finot, avec la version chinoise de Kumārajīva, tr. en franç. par E. Huber, JA 1913, 465–558; S.C. Vidyabhusana: So-sor-thar-pa; or A Code of Buddhist Monastic Laws, Being the Tibetan Version of Prātimokṣa of Mūla-sarvāstivāda School, JASB, N. S. 11 (1915), 29–139; E. Waldschmidt: Bruchstücke des Bhikṣuṇī-Prātimokṣa der Sarvāstivādin, 1926; Prātimokṣa-Sūtram (Mūlasarvāstivāda), ed. A.C. Banerjee, Calcutta 1954; Prātimokṣasūtra der Dharmaguptas, in: E. Waldschmidt et al.: Skt-Handschriften aus den Turfanfunden, 656; Prātimokṣasūtra of the Mahasaṅghikas, ed. W. Pachow, R. Mishra, Allahabad 1956; Ñānamoḷi Thera (Übers.): The Pātimokkha, Bangkok 1966; Prātimokṣasūtram of the Lokottararvādimahāsaṅghika School, ed. N. Tatia, Patna 1976 (TSWS 16); Prātimokṣasūtra der Sarvāstivādins, ed. G. von Simson, Teil 1ff, 1986ff (STT 11, AAWG 155). – L.: W.A. Pachow: A Comparative Study of the P. on the Basis of its Chinese, Tibetan, Skt, and P Versions, Santiniketan 1955 (SIS, 4); E. Frauwallner: The earliest Vinaya and the beginnings of Buddhist literature, Roma 1956 (SOR, VIII); D. Schlingloff: Zur Interpretation des Prātimokṣasūtra, ZDMG 113 (1963), 536–551; C. S. Prebish: Buddhist Monastic Discipline. The Skt P Sūtras of the Mahasamghikas and the Mūlarsarvāstivādins, 1975; C. Kabilsingh: A Comparative Study of the Bhikkhuni Pātimokkha, Varanasi 1984. (ec)

pratipatti (Skt, P paṭipatti), wörtlich: Praxis, Ausübung der Lehrrede im Gegensatz zum bloßen Auswendiglernen u. zum theoretischen Disputieren. p. gehört komplementär zu Gelehrsamkeit (Skt paryāpti) u. Verwirklichung (Skt prativedha). (no)

pratītyasamutpāda (Skt, P paṭiccasamuppāda) aus Skt pratit itya bzw. P paṭiccca = zur Voraussetzung habend, bedingt durch, abhängig von, zurückgehend auf; u. Skt samutpāda bzw. P samuppāda = Entstehen. p. wird übersetzt als Satz vom Kausalnexus bzw. vom bedingten Entstehen. Dieses buddh. Lehrstück von der ursächlichen oder – besser – konditionalen Abhängigkeit des Entstehens jedweder psychophysischen Existenz in der Welt gehört zusammen mit der Lehre vom Nichtselbst (↗anātman) zum Grundverständnis der ↗Lehre des ↗Buddha. Der p. zeigt, daß die Erscheinungen in einem kausalen bzw. konditionalen Abhängigkeitsverhältnis voneinander u. zueinander stehen; etwas nicht Abhängiges, nicht Kontingentes, also etwas Absolutes (↗Absolute), läßt sich in der Welt, zu der ausdrücklich auch die Götterwelten gehören, nicht ausmachen. – In seiner heutigen Gestalt, in der er keinesfalls auf den historischen Buddha zurückgeht, umfaßt der p. 12 Ursachen (nidāna) oder Glieder (aṅga), die Entstehen wie Vergehen bedingen. Diese sind: 1. Unwissenheit (Skt avidyā, P avijjā), 2. karmische Gestaltungen (Skt saṃskhāra, P saṅkhāra), 3. Erkennen (Skt vijñāna, P viññāna), 4. Person (Skt/P nāmarūpa), 5. Sinnenbereich (Skt ṣāḏāyatana, P salāyatana), 6. Berührung (Skt śparśa, P phassa), 7. Empfindung (Skt/P vedanā), 8. Begierde oder „Durst" (skt tṛṣṇā, P tanhā), 9. Ergreifen oder Haften (Skt/P upādāna), 10. Werden (Skt/P bhava), 11. Geburt bzw. Wiedergeburt (Skt/P jāti), 12. Altern u. Sterben (Skt/P ↗jarā-maraṇa). Damit erklärt der p., wie es zur wiederholten (saṃsārischen; ↗saṃsāra) Existenz kommt. Aber er beantwortet auch die Frage, die sich aus der anattā- gegenüber der karma-Lehre ergibt (↗karma): ob denn der Täter derselbe sei, der auch die (karmischen) Früchte erntet – nämlich, daß er weder identisch, noch nicht identisch sei, sondern die Persönlichkeit eine flüchtige, momentane Erscheinung ist, abhängig von den 5 Gruppen des Anhaftens. – Die 12-Zahl der Glieder des p. ist vermutlich dadurch entstanden, daß 3 ehemals selbständige Reihen von bedingten Faktoren aneinandergehängt wurden. Heute interpretiert man diese gerne als 3 Existenzen, nämlich eine vergangene (Glieder 1 u. 2), eine gegenwärtige (Glieder 3–10) u. eine zukünftige (Glieder 11 u. 12). Die einzelnen Glieder des p. tauchen im übrigen auch an anderer Stelle auf: in der Benarespredigt u. in der Skandha- bzw. Persönlichkeitstheorie (anattā). Der p. wird manchmal für das Hauptstück der Buddha-Lehre gehalten (E. Lamotte: Histoire du bouddhisme Indien, dès origines à l'ère Śaka, 1958) oder für die fundamentale Begründung der Buddha-Lehre (E. Frauwallner: Geschichte der ind. Philosophie, Bd. 1, 1953). U. Schneider (1980, 103–111) hält den p. auch im Ansatz nicht für die authentische Lehre Gautama-Buddhas, allein aus formalen Kriterien: aus dem Fehlen seiner Erwähnung in den alten Texten der Buddha-Legende, aus der uneinheitlichen Überlieferung der Glieder in verschiedenen Texten, z. B. der Version einer 10gliedrigen Reihe, die auch noch umgekehrt aufgebaut ist, die aber durchaus eine ältere Version sein könnte. In seiner allgemeinen Version findet sich der p. in S II, 28: „Wenn dies ist, dann ist jenes; und umgekehrt, wenn dies nicht ist, dann ist jenes nicht, durch die Vernichtung von diesem wird jenes vernichtet." – Im ↗Mahāyāna – vor allem durch ↗Nāgārjuna u. in den diesem zugeschriebenen Madhyamakakārikās – werden die Merkmalslosigkeit (↗śūnyatā) u. das „Bedingte Entstehen" (p.) miteinander identifiziert. Wie die Erscheinungen bedingt (aus anderen oder durch andere) entstehen, so können sie kein eigenes Wesen besitzen; sie sind also „leer". (Text im Anhang, S. 539. 548–549.)

L.: A. Bareau: Der indische Buddhismus, in: Die Religionen Indiens III, 1964; E. Frauwallner: Geschichte der indischen Philosophie, Bd. 1, Salzburg 1953; E. Lamotte: Histoire du bouddhisme Indien, dès origines à l'ère Saka, Löwen 1958; U. Schneider: Einführung i. d. Buddh., 1980, 103–111; O. Oltramare: La formule bouddhique des douze causes, Genève 1909; L. de La Vallée Poussin: Bouddhisme, Études et Matériaux. Théorie des douze causes, Gand 1913; P. Masson-Oursel: Essai d'interpretation de la théorie bouddhique des douze conditions, RHR 71, Paris 1915, 30–46; D.J. Kalupahana: Causality, The Central Philosophy of Buddhism, Honolulu 1975. (no)

pratyaya (Skt, P paccaya), Vorstellung, Eintritt in die ↗Meditation mit dem Ziel, die „Einspitzigkeit" (ekatānā) des Geistes u. schließlich die Versenkung (samādhi) zu erreichen. – In der ↗dharma-Lehre bezeichnet p. die gegenwärtige u. wechselseitige konditionelle Bezogenheit von Gestaltungen, das sind Wesen oder Objekte. Der Gedanke ist im ↗abhidharma ausgearbeitet. (no)

pratyekabuddha (Skt, P paccekabuddha); wörtlich: „Buddha für sich", Einzelerwachter, Mensch, der aus eigenem Bemühen die erlösende Lehre (↗dharma) gefunden hat (darin unterscheidet er sich vom ↗arhat), der diese allerdings nicht verkündigt. Die Unterscheidung zwischen einem p. u. einem sammāsambuddha, einem „völlig Erwachten", der die Lehre auch weitergibt, ist allerdings spät, jedoch noch im frühen Buddh., entstanden. Möglicherweise nannte man ursprünglich den buddh. Einsiedler-Asketen einen p. (A II, 56; M 116; D 16). Der Begriff p. taucht in älteren Pāli-Texten selten auf. ↗Buddha.

L.: P. Kloppenborg: Paccekabuddha. A Buddhist ascetic, Leiden 1974 (Orientalia Rheno-Traiectina, 20). (no)

Predigt ist die klassische Form religiöser Unterweisung meist durch einen Beauftragten einer Bekenntnisgemeinschaft, durch einen charismatischen religiösen Lehrer oder Führer.

Der ↗Buddha unterrichtete sowohl in öffentlicher Rede über die Lehre (↗dharma) – auch anläßlich besonderer Einladungen oder nur vor den Mönchen –, als auch in dialogischer Form in Einzelgesprächen. P. im eigentlichen Sinne stellt die Lehrdarlegung vor einer Mehrzahl von Zuhörern dar. Die Sammlung von P. stellt eines der Grundelemente des Kanons dar u. bildet die 1. Phase der Kanonisierung (↗Kanon). P.-Tätigkeit ist einer der Dienste, die die Mönche den Laien leisten. (no)

preta (Skt, P peta); wörtlich: „Abgeschiedener" (von pa-ita = fortgegangen), Leichengespenst; bildet eine der Wiedergeburtsebenen (auf absteigender Fährte; ↗saṃsāra). Das Gespensterreich gehört zum kāma-loka, der untersten Region der Welt.

L.: W. Stede: Über das Peta Vatthu, Diss. 1914; P. Wodilla: Niedere Gottheiten des Buddhismus, 1928; B.G. Law: The Buddhist conception of spirits, London 1936. (no)

Priester sind besonders bestimmte u. initiierte (geweihte) religiöse Funktionsträger, die im Auftrag der Gemeinschaft eine Verbindung zwischen göttlicher bzw. transzendenter u. menschlicher Sphäre herstellen u. daher für die Besorgung der Riten, insbesondere Opfer zuständig sind. Die P. Indiens (↗Indien) waren u. sind die Brahmanen. Obwohl der ↗Buddha priesterliche Religion als solche kritisiert, fungieren später in buddh. Ländern Mönche als P., besonders im Mahāyāna-Buddh. (↗Mahāyāna), aber auch in den Theravāda-Ländern (↗Theravāda). In ↗China u. Japan besorgen buddh. Tempel-P. (manchmal auch P.innen) die für die Laien nötigen Riten, vor allem Begräbniszeremonien. (bo)

Propaganda (Ausbreitung). Der ↗Buddha hat durch sein 40-jähriges Dasein als Wanderlehrer beispielhaft gezeigt, wie der ↗dharma verbreitet werden soll. Er wendet sich an Individuen, die selbst dessen Richtigkeit erkennen u. gleich ihm den Pfad zur Erlösung gehen wollen. Gewalt kann dazu kein Mittel sein. Die Offenheit des ↗saṅgha gegenüber den Laien ist ein notwendiges Moment der Ausbreitung. Im ↗Mahāyāna-Buddh. ist die Vollkommenheit (↗pāramitā) der „Wahl der geschickten Mittel" (upāya-kauśalya) als P.-Konzeption interpretiert worden. Der

Buddh. hat sich in allen Ländern gegebenen sprachlichen, kulturellen u. politischen Verhältnissen angepaßt u. gerade so den einen, zugrundeliegenen dharma zu übersetzen verstanden. (bo)

pudgala (Skt, P puggala), Begriff in der buddh. Lehre für die ↗Person als Ergebnis individueller karmisch geprägter Faktoren (↗karma) aus dem Zusammenwirken der 5 Konstituenten des Ich (Skt pañca upādānaskandhāh, P upādānakkhandha). Vor der anattā-Lehre versteht der Buddh. p. als relative Wirklichkeit (↗anātman); dies meint den saṃsārischen Aspekt, dem der p. angehört (↗saṃsāra). Von p. zu sprechen, macht nur in alltagssprachlichem Zusammenhang Sinn. Dennoch nahmen bestimmte buddh. Schulen – wie z. B. die Pudgalavādins – neben der durch die 5 Gruppen erzeugten empirischen Person noch einen unerkennbaren p. an, der das (ewige u. unzerstörbare) Subjekt der Erlösung sei. ↗Vatsīputrīya. (no)

Pudgalavāda (Skt, P Puggalavāda) ↗Vātsīputrīya

Puggalapaññatti (P). „Das Buch der Charaktere", Schrift aus dem abhidhamma-piṭaka des ↗Pāli-Kanon (↗abhidhamma); folgt dem Ordnungsprinzip des Aṅguttara-nikāya.

Ü.: B. C. Law: Designation of Human Types (P), 1924, PTSTS XII, Ed. 1883 durch R. Morris, PTS. (no)

pūjā (Skt/P Verehrung), Form des Kultes im ↗Hinduismus u. Buddh. Zentral ist der buddh. p. das an den ↗Buddha erinnernde Moment, in der theravādischen p. vergleichbar am stärksten von allen buddh. Traditionen (↗Theravāda). Die kultische Verehrung des Buddha hat sich aus den Bestattungsfeierlichkeiten u. a. dem Stūpa-Kult (↗Stūpa) entwickelt. Die mahāyānische p. (↗Mahāyāna) nimmt neben dem anamnetischen auch das vergegenwärtigende u. anteilgebende Moment des kultischen Vollzugs auf. Moderne Formen der p. in Asien rezipierten durchaus auch einzelne Elemente des christlichen Gottesdienstes, wenngleich die buddh. p. niemals als „Gottes"dienst verstanden sein will. (no)

puṇya (Skt, P puñña) ↗Verdienst

R

Rad ↗cakra

Rāhula (Skt/P), Name des Sohnes des ↗Buddha u. dessen Gattin Bhaddakaccānā/Yasodharā. Der Tradition nach wurde R. beim 1. Besuch des Buddha in Kapilavastu nach dessen Erleuchtung als Novize in den buddh. Orden aufgenommen. Im Orden (↗saṅgha) spielt er keine herausragende Rolle. Immerhin sind ihm einige Unterweisungen gewidmet, die der Kanon überliefert (M 61, M 62, M 147). (no)

Rāhulamātā (P), „Mutter des Rāhula", gemeint ist Mutter des Buddha-Sohnes ↗Rāhula, als Bezeichnung für die Gattin des Buddha ↗Bhaddakaccānā/Yasodharā. (no)

rājā (Skt/P), Titel eines Angehörigen des weltlichen Adels (↗kṣatriya), der eine Führungs- oder Herrschaftsfunktion ausübt. Je nach den politischen Verhältnissen bedeutet r.: Familienoberhaupt, Stammeshäuptling, Präsident oder Mitglied der Ratsversammlungen in den Adelsrepubliken, Minister, Prinz, König, Weltenherrscher (↗cakravartin). Buddha wird ein r. des ↗dharma genannt. (mü)

Rājagṛha (Skt, P Rājagaha), das heutige Rajgir in S-Bihar, z. Z. des ↗Buddha Hauptstadt des Königreichs ↗Magadha, bis König Ajātaśatru (P Ajātasattu,) die Hauptstadt nach Pātaligrāma, das später Pāṭaliputra heißt, verlegt. R. wird in den Traditionen über das Leben des ↗Buddha häufig genannt u. war auch Ausgangspunkt der letzten Wanderung des Buddha vor seinem Tod. 483 v. Chr. soll sich hier das 1. buddh. ↗Konzil versammelt haben. (no)

Rāmañña-Nikāya (P), 1863/65 gegründeter Reform-Zweig im theravādischen ↗saṅgha in ↗Ceylon (↗Theravāda) über die Neueinführung einer birmanischen Ordinationstradition

(↗Birma). Ihr Gründer war Ambagahavattē Indrāsabhavaraññāṇa (1830–86), der 1861 in Birma ordiniert woren war. Dieser Zweig kehrte wieder zur ursprünglichen Kastenlosigkeit des saṅgha zurück. In den 60er Jahren zählte er über 2000 Mönche u. besaß 1000 Tempel. (no)

Ramoche (tib. ra mo che). Name des von der chin. Prinzessin Wen ch'eng im 7. Jh. gebauten Tempels im nördl. ↗Lhasa, der den von der nepalesischen Prinzessin Bhrikuti als Mitgift nach ↗Tibet gebrachten „Kleinen ↗Jobo" enthält. (ev)

Rangun, Stadt in ↗Burma, Versammlungsort des (nach theravādischer Zählung; ↗Theravāda) 6. buddh. ↗Konzils 1954–1956. Mit der Shwedagon-↗Pagode, die Haarreliquien des ↗Buddha enthalten soll, ist R. eine bedeutende übernationale buddh. Wallfahrtsstätte. Bedeutende religiöse Bauwerke aus moderner Zeit sind die Mahāpāsāṇguhā, eine künstliche Höhle, in der das 6. Konzil getagt hat, u. die Weltfriedens-Pagode (Kaba-Aye-P.). (no)

Ratnagotravibhāgaśāstra (Skt), „Abhandlung über die Unterscheidung des kostbaren Stammes", ist der Titel des Skt-Fragments des ansonsten als Mahāyāna-Uttaratantra („Höchste Geheimlehre des ↗Mahāyāna) bekannten Textes. Die schulspezifische Zuordnung dieses relativ alten, kurzen Textes ist umstritten (mehrheitlich jedoch ↗Yogācāra).

A.: Ratnagotravibhāga Mahāyānottaratantraśāstra, ed. E. H. Johnston, Patna 1950. – Ü.: J. Takasaki: A Study on the Ratnagotravibhāga (Uttaratantra), Roma 1966. (sl)

Ratnasambhava (Skt, tib. rin chen `byuṅ ldan), „dessen Ursprung der Juwel ist", unter den ↗Fünf Tathāgatas entspricht der ↗Guhyasamāja-Tantra-Tradition der gelbe, im Süden des ↗Maṇḍala thronende ↗Buddha, der die Weisheit der Unterscheidung verkörpert. Sein Symbol ist der Wunschjuwel, sein Element die Erde, sein ↗bīja „Trām", seine ↗prajñā Māmakī. (ev)

Rede, rechte (Skt samyak vāc, P sammā-vāca), 3. Glied des ↗Achtfachen Pfades in buddh. Ethik, d. h. Abstehen von falscher Rede: Lüge, Ohrenbläserei, grobe Rede, Plappern. Mit r. R. korrespondiert die rechte ↗Einsicht, die die Unterscheidung zwischen r. u. falscher R. ermöglicht. Rechte ↗Achtsamkeit verhilft zur r. R., in der sich rechtes ↗Bemühen verwirklicht in der Abkehr vom 4fach schlechten Wandel. (no)

Reden des Buddha ↗Kanon, ↗Pāli-Kanon, ↗Suttapiṭaka

Reform bedeutet im Theravāda-Buddh. 1. die Wiederherstellung der Ordnung im ↗saṅgha durch Rückbezug auf die Vorschriften des ↗vinaya (z.B. Ordensstruktur, Lebenswandel, Erneuerung der Sukzession durch ausländische Mönche usw.); seit ↗Aśoka häufig von Staats wegen durchgeführt; 2. Reform-Sekten (Nikāyas) z.B. in ↗Sri Lanka umgingen die wiedererstandenen Kastenstrukturen. Seit 1850 gibt es Versuche zur Neufassung buddh. Lehre u. Gemeinschaft unter dem Eindruck der kolonialen Situation. – Der Mahāyāna-Buddh. verstand sich bei seiner Einführung im ganzen als Reform-Bewegung. Spätere groß angelegte Reformen der Lehre, des saṅgha, der Laien-Praxis in allen mahāyāna-buddh. Ländern. (bo)

Reines Land. In der ↗Jōdo-Shinshū die neben ↗„Westliches Paradies" gebräuchlichere Bezeichnung für ↗Sukhāvatī (Skt), den von ↗Amida geschaffenen transzendenten Bereich. Nach ↗Shinran ist das R. L. ein Symbol für das ↗nirvāṇa u. die Hingeburt ins R.L. die Verwirklichung der transzendenten ↗Weisheit. (sl)

Reinheitspfad ↗Visudhimagga

Reinkarnation ↗saṃsāra, ↗Tulku

Reiyukai (jap.), „Geistige Freundschaftsgesellschaft"; 1919 in ↗Japan als buddh. Gemeinschaft auf der Grundlage des Nichiren-Buddh. (↗Nichiren) u. der Lotus-Tradition gegründet. R. ist sozialbetreuerisch tätig u. predigt Toleranz. (no)

Reliquien (von lat. relinquere, übrigbleiben) sind Reste bedeutender, verehrungswürdiger u./oder heiliger Personen. Dabei kann es sich handeln um den Leichnam, um Teile des Körpers (Knochen, Knochenteile u. -partikel, mumifizierte oder sonstwie konservierte Organe wie z. B. das Herz, um Haare, Zähne u. andere Anteile des Körpers), ferner um Gebrauchsgegenstände dieser Personen (Kleidungsstücke, Gefäße u. ä.) u. sogar um andere Hinterlassenschaften wie Körper- oder Fußabdrücke. Um R. bildet sich unter bestimmten Voraussetzungen ein Kult besonderer Verehrung aus, der R.-Kult. Diesen finden wir im Buddh. um die R. des ↗Buddha u. der Heiligen (↗arhat), im Christentum um die Zeugnisse des Lebens Jesu (Grab u. Kreuz Christi), um die R. der Märtyrer u. dann überhaupt als Teil des christlichen Heiligenkultes. Schließlich gibt es auch im Islam R.-Verehrung im volksislamischen Heiligenkult u. in der Marabutverehrung. Häufig nimmt der R.-Kult seinen Ausgang von einem Gräberkult. Umgekehrt gewinnt der Ort, wo R. niedergelegt sind, eine neue eigene religiöse Bedeutung u. manchmal auch Heilsmächtigkeit. Der R.-Kult gehorcht den Gesetzen der Kontiguität (Berührung): 1. der Teil steht für das Ganze („pars pro toto"), der Knochen also für den Körper, der Körper für die ganze Person; 2. das Ganze ist in allen seinen Teilen enthalten („totum ex parte"); 3. die Wirkmächtigkeit der R. ist durch Berührung übertragbar (sog. „Kontakt-R."). – Im Buddh. entwickelte sich der Tradition nach (MNS, D 16) gleich nach dem Tod des Buddha u. nach seiner Einäscherung ansatzhaft R.-Kult. Es wird berichtet, daß der Leichenbrand des Buddha unter 7 Adressaten verteilt wurde, zwischen dem König von ↗Magadha Ajātaśastru, den Licchavī, den ↗Śākya, Bulī Koliya, den Mallas von Pāvā, den ↗Mallas von Kuśinagara u. schließlich einem Brahmanen von Veṭhadīpa. Der würdigen Aufbewahrung solcher R. diente eine besondere Bauform, der ↗Stūpa, aus dem sich die ↗Pagode, die Dagoba (singhalesisch dāgoba von Skt dhātugarbha bedeutet „Reliquienbehälter"), die Tschörten in ↗Tibet entwickelt haben.– Der R.-Verehrung eignet aus sich ein dingliches Verständnis, das sich in der jeweiligen Volksreligiosität noch verstärkt u. oft zu magischer Verzweckung des R.-Kultes führt.

L.: F. Heiler: R., in: RGG 3. Aufl., Bd. 5, 1044–1047; B. Kötting: R.-Verehrung, ihre Entstehung u. ihre Formen, in: Trierer Theol. Zs. 67 (1958), 321–334. (no)

Rennyo Shōnin (jap.), 1415–1499, 8. Patriarch der „Wahren Schule des Reinen Landes“ (↗Jōdo-shinshū), verband konfuzianische Ethik mit dem gläubigen Vertrauen auf die rettende Kraft des ↗Buddha ↗Amitābha (↗Amida, ↗Amidismus). Ein Zweig des Amidismus, die Bekenner des „Geheimen ↗Nembutsu“, beriefen sich auf R.: dieser habe die Überlieferung von ↗Shinran einem Laien übertragen. (no)

Rin-chen-bzang-po (chin. Pao-yün, Skt Ratnamegha), tib. Mönch, Übersetzer von Texten aus dem Skt ins Tib. u. Erneuerer des Buddh. in ↗Tibet vor Atiśa; 958–1055. Nach 17jährigem Studienaufenthalt in ↗Indien widmete sich R. nach seiner Rückkehr der Übers. ind. Texte. Er stellte die Observanz des ↗vinaya wieder her. Als seine Gründungen gelten die Klöster Spiti (heute in Indien), Gu-ge u. Nyar-ma in ↗Ladakh. (no)

Rinpoche (tib. rin po che), „Kostbarer“, Titel der Ehrerbietung“, der im lamaistischen Kulturraum zur Anrede von religiösen Personen hoher Wertschätzung, speziell des ↗Lama u. des Abtes, benutzt wird. (ev)

Rinzai-shū, jap. Schule des ↗Zen-Buddh. in der Tradition des chin. Lin-chi Hauses (↗Fünf Häuser des Zen-Buddh.), die zuerst von den jap. ↗Tendai-Mönchen Myōan ↗Eisai (1141–1215) u. Enni Ben'en (auch: Shōichi Kokushi, 1201–1280) übermittelt wurde. Während Eisai u. Enni Zen in Theorie u. Praxis mit Elementen aus ↗Tendai u. ↗Shingon verbanden, praktizierten 4 chin. Meister des Lin-chi-Hauses, die während der 2. Hälfte des 13. Jh. nach ↗Japan kamen, eine reinere Form des Zen. Unter ihrem Wirken fand die neue Schule, die unter Eisai noch auf erhebliche Widerstände gestoßen war, größere Popularität. Die von ihnen geleiteten Tempel in ↗Kamakura u. ↗Kyōto bildeten den Grundstock für die in der frühen Muromachi-Zeit erfolgende Institutionalisierung der R. in Gestalt des Systems der „5 Berge“ (jap. „Gozan“), einer Rangordnung von (schließlich) je 5 Haupttempeln in Kyōto u. Kamakura. Von wenigen Ausnahmen abgesehen blieb der Einfluß der R. begrenzt auf die urbane Gesellschaft, konnte hier jedoch höchste Kreise erreichen u. das kulturelle Leben mit dem Geist des

Zen durchtränken. Ab dem 14. Jh. gewannen allmählich der nicht zu den 5 Haupttempeln Kyōtos gehörende ↗Daitokuji-Tempel u. die hier beheimatete Sukzessionslinie immer mehr an Bedeutung. Nach einem gewissen Erlahmen der spirituellen Dynamik unter dem strengen Reglement der Tokugawa-Ära erhielt die R. neuen Auftrieb durch ↗Hakuin Ekaku (1686–1768), der besonderen Wert auf den meditativen Gebrauch von ↗Kōans legte, einer Praxis, der in der R. schon immer größere Bedeutung zukam als im ↗Sōtō-Zen. In der Linie Hakuins standen ↗Kōsen Sōon (1816–1892) u. – über dessen Schüler Shaku Sōen (1856–1919) – ↗D. T. Suzuki (1870–1966), die die R. auf den Weg in die Moderne u. den Westen öffneten.

L.: H. Dumoulin, Geschichte des Zen-Buddh., Bd. II: Japan, 1986. (sl)

Risshō-kōseikai (jap.), „Gesellschaft zur Errichtung von Recht u. Pflege der Freundschaft", 1938 von dem Milchmann Niwano Shikazō (N. Nikkyō) u. der Bauerntochter Naganuma Masa (N. Myoko) gegründete neobuddh. jap. Laiengemeinschaft. Sie steht in der Lotustradition der Nichiren-Schule (↗Nichiren, ↗Lotus-Sūtra), heute mit geschätzt ca. 7 Mio. Mitgliedern. – Ab 1948 nahm die R.-k., besonders auch unter der jap. Arbeiterschaft, einen gewaltigen Aufstieg. Zentrum der Gemeinschaft ist seit den 50er Jahren Nakano/Tokyo. Organisiert ist die R.-k. in einem Netz von lokalen Zentren (kyōkai), wo täglich „hōza", Versammlungen zur Belehrung, Lebensberatung, psychologischen Führung bis hin zur Therapie u. ↗Meditation stattfindet entsprechend der Zielsetzung der R.-k. der Persönlichkeitsentfaltung. Sozial-karitative Tätigkeit der Gemeinschaft wird sichtbar in Krankenhäusern, Schulen u. breiter Erwachsenenbildung. Die hoch effiziente Öffentlichkeitsarbeit der R.-k. erfolgt über Medien aus einem eigenen Verlag u. aus eigenen Filmstudios. Weitere Tätigkeitsfelder sind gezielte Ausbreitungsbemühungen (↗Mission) u. die engagierte Mitarbeit in der „Weltkonferenz der Religionen für Frieden" (WCRP). Noch zu seinen Lebzeiten gab (1991) der Mitbegründer Niwano Nikkyō sein Präsidentenamt ab an seinen Sohn Niwano Nichikō.

L.: N. Niwano: Shabyōmui (geistl. Erbe), Tokyo 1993; ders.: Der Buddh. für heute. Eine moderne Darstellung des dreifachen Lotus Sutra, Wien 1984;

R. Italiaander: Eine Religion für den Frieden: Die Rissho Kosei-kai. Jap. Buddhisten für die Ökumene der Religionen, 1973; A. Nehring: Rissho Kosei-kai. Eine neubuddh. Religion in Japan, 1992; K. Takada: The spirit of Buddhism today, Tokyo 1973; Y. Tamura: Living Buddhism in Japan, Tokyo 1960; H. Thomsen: The New Religions of Japan, Rutland/Vt. 1963; S. Murakami: Japanese Religion in the Modern Century, Tokyo 1980; J. Kitagawa: On Understanding Japanese Religion, Princeton/N.J. 1987; U. Dehn: Neue rel. Bewegungen in Japan, EZW-Texte Information Nr. 133 IV/1996. (no)

Risshū (jap.; Ritsu), eine der 6 buddh. Schulen der Nara-Zeit (710–784), orientiert am ↗vinaya. R. war im Jahr 754 durch den Mönch Chien-chên (jap. Ganjin) aus ↗China nach ↗Japan übertragen worden. Besonderen Wert legte die Schule auf die Gültigkeit der Mönchsordination. Bedeutende Vertreter der R. sind Eizon (1201–1290) u. dessen Schüler Ninshō (1217–1303). (no)

Ritsu ↗Risshū

Ritual, Ritualismus. Der religiöse Ritus oder das R. ist eine obligatorisch in ihrem/seinem Ablauf festgesetzte Handlung oder Handlungssequenz u. dient unterschiedlichen religiösen Zielsetzungen: Ausdruck der Verehrung, Darstellung eines Zweckes, Verdeutlichung einer Absicht, auch Ausdrucksform eines religiösen Gemeinschaftsgefühls. Häufig begleiten „Deuteworte" das R., die es in einem gewissen Umfang interpretieren. Die dem R. zugesprochene Wirkweise, die im Glaubenssystem der betreffenden Bekenntnisgruppe verankert ist, ist definiert entweder aus dem unmittelbaren Vollzug der heiligen Handlung selbst („ex opere operato") oder nur aus der Absicht des Vollziehenden („ex opere operantis"). Die Hypertrophierung des Rituellen – vor allem zum Nachteil der inneren Einstellung zum R. – u. die Erstarrung im Äußerlichen u. Formalen kennzeichnen den Ritualismus. – Der ältere Buddh. war ausgesprochen r.-abweisend wie im wesentlichen heute noch die Hochform (das ist der „Mönchsbuddh.") des ↗Theravāda. Das Hängen an Regeln u. R. (P sīlabbata-parāmāsạ) gilt als eine der 10 Fesseln (saṁyojana) u. gleichfalls als eine der 4 Anhaftungen (upādāna), die die Wesen an das Rad der Wiedergeburt ketten. Damit sind aber Regeln u. R. nicht grundsätzlich verworfen, sondern nur das Vertrauen auf ihre alleinige Heilswirksamkeit. Die antiritualistische Einstellung des ↗Buddha wendet sich vor allem gegen den brahmanischen R. Ausdrücklich hält er rituelle Waschungen u. Bäder in heiligen Flüssen (vgl. M 7, S 7,21, Ud 1,9 u. a.) u. das Feueropfer (S 7,1, vgl. auch Thag 341) für nutzlos; Tieropfer lehnt er strikt ab (S 3,1, D 5,22–27, Snip 295–313) u. vertrat dem brahmanischen R. gegenüber die Verzichtbarkeit jeden Kultes. Der Buddh. erhebt daher selbst keine Forderungen nach verpflichtenden R., da es nach der ↗Lehre des Buddha ursprünglich auch keinen Adressaten für kultische Verehrung gibt. Dies änderte sich im ↗Mahāyāna u. ↗Vajrayāna. (no)

Rollbild, Thangka (tib. thaṅ-ka), einrollbare Malerei auf Stoff (gewöhnlich Seide) mit religiösen u. historischen Motiven des ↗Vajrayāna in ↗Tibet u. in den von Tibet beeinflußten Anrainerstaaten; z. B. Darstellungen des ↗Buddha/der Buddhas, der Bodhisattvas (↗Bodhisattva), von Heiligen u. historisch bedeutsamen Gestalten des tib. Buddh. wie ↗Padmasambhava, ↗Milarepa; aber auch Darstellungen doktrinären Inhalts. Häufiges Motiv ist das „Rad der Wiedergeburten“ (bhava-cakra) als Verbildlichung des Lehrsatzes vom ↗pratītyasamutpāda, aber auch historische Themen wie die Gründung bekannter tib. Klöster. Die Ikonographie des R. folgt streng traditionellen Regeln. Die Herstellung eines Thangka gilt als ungemein verdienstvolles Werk und ist selbst religiöser Vollzug. Das R. dient als Meditationshilfe (↗Meditation) zur Visualisierung bzw. Imagination (↗sādhana), findet aber auch Verwendung bei der ↗Initiation.

L.: A. Lavizzari-Raeuber: Thangkas, Rollbilder aus dem Himalaya, Kunst u. mystische Bedeutung, 1984. (no)

Rōshi (jap.), Bezeichnung für den qualifizierten Zen-Meister (↗Zen), der formal durch die „drei Dinge“ (Sanmotsu), das ist die Eintragung in die Traditionskette seit dem ↗Buddha bis heute, ausgewiesen ist. Abzeichen seiner Meisterschaft ist der Kotsu, ein ca. 35 cm langer Stab. Aufgabe des R. ist es, die Zen-Erfahrung seiner Schüler anzuleiten.

L.: K. J. Notz: Buddh. „Sokratik“. Das Schüler-Meister-Verhältnis im Zen, in: Didaskalos, Studien zum Lehramt in Universität, Schule und Religion, Fs. für Gerhard J. Bellinger zum 65. Geburtstag, hg. v. H. Horn (Schriftenreihe der Universität Dortmund Bd. 37), 1996, 411–428. (no)

Rotmützen, Bezeichnung für 1. die Anhänger der lamaistischen ↗Nyingmapa-Schule, 2. gelegentlich auch für die Anhänger sämtlicher, im Gegensatz zu den „gelbbemützten" ↗Gelugpa, rote Kopfbedeckungen tragenden, lamaistischen Schulrichtungen, d.h. der ↗Sakyapa, ↗Kagyüpa und ↗Nyingmapa. (ev)

rūpa-loka (Skt/P), meint die (fein)stoffliche oder „Körperwelt", die 2. Region der 3gliedrigen buddh. Kosmologie (Skt triloka, P tiloka). Ihr entsprechen die 4 unteren Meditationsstufen (↗Meditation). (no)

Ryōnin Shōnin, jap. buddh. Mönch der ↗Tendai-Schule; 1072–1132; bereitete den ↗Amidismus vor. Er führte die Rezitation des ↗Nembutsu in seiner Schule ein u. predigte unter dem Volk das Vertrauen zu ↗Amida. R. gilt als Gründer der „Schule der Namensanrufung der Durchdringung" (Yūzū-nenbutsu-shū), die seit 1874 unter diesem Namen anerkannt ist. Begriff u. Praxis des Durchdringens (yūzū) entlehnte R. der ↗Kegon-Schule. (no)

S

Sabbatthivāda (P), ↗Sarvāstivāda

saddharma (Skt, P saddhamma; „die gute Lehre“; Begriff für das Gesamt der ↗Lehre des ↗Buddha (gelegentlich auch verstanden in ihrer verschriftlichten u. durch ein Konzil approbierten Gestalt) u. somit die korrekte Selbstbezeichnung der (asiat.) Bekenntnisgruppe der Buddhisten für Buddh. Der Begriff beinhaltet dabei nicht nur die „rechte Lehre“ (Orthodoxie, also das, was der Buddha tatsächlich gelehrt hat), sondern vor allem auch den rechten Wandel (Orthopraxie). ↗dharma. (no)

Saddharmapuṇḍarīkasūtra (Skt) ↗Lotus-Sūtra

sādhanā (Skt, tib. sgrub pa), „Vollziehen“ oder „Verwirklichen“. 1. Bezeichnung von tantrischen Schriften, die der s.-Praxis dienen, 2. Bezeichnung von tantrischer religiöser Praxis, die a) in der rituellen Verehrung von Gottheiten (Skt pūjā, tib. mchod pa) u. b) in ihrer rituellen Verwirklichung (Skt yoga, tib. rnal`byor) besteht. Im ↗Vajrayāna sollen die s. nach der Durchführung ↗Vorbereitender Übungen durch Visualisierung u. anschließende Verschmelzung mit einer ikonographisch genau beschriebenen ↗Gottheit im Gläubigen bestimmte heilswirksame Kräfte erwecken u. ihn schließlich in der Schau der Wahren Natur der Wirklichkeit, der ↗Leerheit, zur unio mystica führen. Abschluß aller buddh. s. bildet die ↗Widmung der Verdienste. Unabdingbare Voraussetzung der Praktizierung von s. ist die ↗Initiation durch einen in ihrer jeweiligen Überlieferungs-Trad. stehenden Lehrer (Skt Guru, tib. ↗Lama). (ev)

A.: Sādhanamālā, ed. Bhattacharyya, 2 Bde., Baroda 1925–28 (GOS 26, 41); ders.: S. or godrealization, Yoga 1 (1931), 83–86. – L.: F. Lessing: Aufbau u. Sinn lamaist. Kulthandlungen, NGNVO 39 (1935), 22–29. (ec)

Säkularisierung. 1. Wortbedeutung: von lat. saecularis, „andauernd"; in christlicher Tradition seit Augustinus „weltlich" als Gegenbegriff zu „spiritualis", „geistlich". S. bedeutet daher „Verweltlichung", Lösung von Menschen, Dingen u. Gedanken aus ihrer religiösen Einbindung. Nach M. Weber bezeichnet S. den Prozeß der Isolation der Religion aus ihrer mittelalterlichen Zentralstellung zu einem separaten Segment im öffentlichen Leben der Moderne u. die gleichzeitige Verselbständigung von Herrschaft, Kultur, Wirtschaft u. Wissenschaft aus dem vormals religiös geprägten Zusammenhang. – 2. S. ist ein Phänomen aller Religionen zu allen Zeiten. Oft lösen sich Perioden der S. mit solchen einer neuen religiösen Durchdringung ab. In der rationalisierten u. technisierten Gegenwart ist S. als Entfremdung der Menschen von den religiösen Traditionen ein weltweites Problem u. ruft vielerorts fundamentalistische Gegenreaktionen hervor. – 3. Der Gegensatz weltlich – geistlich kann nicht ohne weiteres auf den Buddh. angewendet werden. Dieser zeigt von Anfang an gewisse säkulare, z. B. antirituelle Züge, obwohl er soziologisch im wesentlichen ↗Mönchsreligion ist. Seit dem 19. Jh. hat in den meisten buddh. Ländern, teils durch kolonialen Einfluß, ein S.-Prozeß stattgefunden, wodurch einerseits modernistische Entwicklungen eingeleitet wurden, andererseits fundamentalistische Phänomene auftreten (z. B. in ↗Sri Lanka).

L.: H. H. Schrey (Hg.), Säkularisierung, 1981; P. L. Berger: Der Zwang zur Häresie, 1980; T. Ling: Religious Change and the Secular State, 1978. (bo)

Sahampati Brahmā, ein hochrangiges, göttliches Wesen aus der himmlischen ↗Brahmā-Welt, das an den bedeutenden Abschnitten von Buddhas legendärer Biographie auftritt. Als ↗Buddha nach seiner Erleuchtung zögert, ob er das Heilswissen verkündigen soll, ist es S.B., der ihn mit dem Hinweis auf die leidenden u. verblendeten Menschen darum bittet (M 26). – Die Etymologie von S. ist unsicher. (mü)

Saichō (Dengyō Daishi; „Großmeister der Lehrübertragung"), jap. buddh. Mönch u. Vertreter der Tendai-Schule; 767–822. S. lebte, mit 14 Jahren zum Mönch ordiniert, lange Zeit als Eremit auf dem Berg Hiei. Von einer Reise nach ↗China (804–805) brachte er die Tradition der ↗T'ien-t'ai-Schule nach ↗Japan, die

Tendai-Hokke-Schule (oder kurz: Tendai-Schule), die in der Heian-Zeit zu einer der herrschenden Schulen in Japan wurde. (no)

sakadāgāmīn (P, Skt sakridāgāmin), „Einmalwiederkehrender"; 2. Heiligkeitsstufe (↗ārya-pudgala). Die ersten 3 „Fesseln" (Glauben an eine individuelle Person, Zweifelsucht u. Hängen an Regeln u. Riten) sind überwunden, Fesseln 4–5 (Begehren, Übelwollen) abgeschwächt; nach einer weiteren Geburt folgt die ↗Erleuchtung. (sl)

Sakische Literatur. Sakisch, eine iranische Sprache, löste im Königreich Khotan – zwischen der Wüste Gobi im N u. ↗Tibet im S – Gāndhārī u. Skt ab. Geschrieben wurde Sakisch in einem ind. Brāhmī-Alphabet. Zunächst wurden buddh. Texte ins Sakische übersetzt, dann aber entstehen auch Werke in Sakisch wie das „Buch des Zambasta", nach seinem Stifter so benannt, aus dem die Gebräuche der buddh. Mönche in Khotan sichtbar werden. Ein anderer sakischer Text, in einem Fragmentfund aus Tumśuq bei Maralbaśi nur teilweise erhalten, unterrichtet über die Aufnahme von Laien in den Buddh. S. L. ist ein Zeugnis für die Blütezeit des Buddh. in ↗Zentralasien. (no)

śakti (Skt), „Energie" ↗Shaktismus, ↗prajñā

Sakya (tib. sa skya), „fahler Ort", 1073 von Khön Könchog Gyalpo (tib. `khon dkon mchog rgyal po) gegründeter Hauptsitz der ↗Sakyapa-Schule, 143 km südwestlich von ↗Shigatse, an der Grenze zu W-Tibet, gelegen. S. beherbergte bis zu 7000 Mönche, besaß unermeßliche Kunstschätze u. war berühmt wegen einer der wertvollsten Bibliotheken ↗Tibets. (ev)

Sakya Paṇḍita (tib. sa skya paṇ chen), „Paṇḍita von Sakya" ↗Künga Gyaltshen

Śākya (Skt, P Sākiya, Sakka), Adelsgeschlecht oder Sippe u. Adelsrepublik gleichen Namens nordöstl. des Königreichs Kosala, im heutigen Grenzgebiet zwischen NO-Indien u. W-Nepal. Aus dem Geschlecht der S. stammt der ↗Buddha, der daher auch ↗Śākyamuni heißt. Hauptstadt der Adelsrepublik der S. war ↗Kapilavastu (P Kapilavatthu). (no)

Śākyamuni (Skt), P Sākiyamuni oder Sākyamuni) wörtlich: „Weiser aus dem Śākya-Stamm"; Ehrentitel des Gautama-Buddha. ↗Siddharta Gautama, ↗Buddha, ↗Śākya. (no)

Sakyapa (tib. sa skya pa), Schule des ↗Lamaismus, die ihren Namen von ihrem Stammkloster ↗Sakya im westl. Zentraltibet bezieht. Der S.-Mythologie zufolge begaben sich 3 auf ↗Mañjughoṣa zurückgehende „Himmlische Brüder" aus dem Bereich der „Götter Klaren Lichts" nach W-Tibet. Dort ließen sie sich nieder u. gründeten Familien. Als der in ihrer Nachkommenschaft stehende Khön Könchog Gyalpo (tib. `khon dkon mchog rgyal po), ein Schüler des Übersetzers Drog mi (tib. `brog mi), 1073 schließlich das Kloster ↗Sakya gründete, entstand die Schulrichtung der S., deren Vertreter in den folgenden Jh. besonders im W Zentraltibets u. in O-Tibet zahlreiche Klöster errichteten. Zur Blüte gelangten die S. im 13. Jh. zunächst unter dem ↗Sakya Paṇḍita (1182–1251), dem vom mongolischen Prinzen Göden die Repräsentation Tibets übertragen wurde, sodann unter ↗Phagpa Lama (1235–1280), der von 1251 an überwiegend am Hofe Khubilai Khans verweilte u. die weltliche Vormachtstellung der S. innerhalb ↗Tibets zugebilligt bekam. Wenngleich die überregionale Macht der S. bereits zu Anfang des 14. Jh. rasch wieder verfiel, verloren sie de facto nie die Oberhoheit über das in Tsang, W-Tibet, gelegene Sakya-Territorium, das auf 3500 km etwa 16000 Einwohner umfaßte. Im 14. u. 15. Jh. verzweigten sich die S. ihrerseits in die Unterschulen der S., Ngorpa u. Tsharpa (tib. sa ṅor tshar gsum). Die Position des Sakya Tridzin (tib. sa skya khri `dzin), des „Thronhalters von Sakya", vererbt sich traditionell in direkter leiblicher Erbfolge oder in Form der Onkel-Neffe-Sukzession, wobei das Amt des verstorbenen Hierarchen auf den Sohn seines Bruders oder ein anderes nahestehendes Familienmitglied übergeht. Die bedeutendsten Lehren der S. bilden die ↗Lamdre-Lehren.

L.: C. W. Cassinelli, R. B. Ekvall: A Tibetan Principality, New York 1969; S. G. Amipa: A Waterdrop from the Glorious Sea, Rikon 1976; St. Batchelor: The Tibet-Guide, London 1987; K.-H. Everding: Tibet, 1993. Weitere Lit. ↗Lamaismus. (ev)

samādhi (Skt/P), Vereinheitlichung, Versenkung oder Konzentration, 8. Glied des ↗Achtfachen Pfades der buddh. Ethik. s. ist gegenstandsleer. Auf s. als Zielpunkt richten sich meditative Methoden u. Übungswege mit sorgfältiger Unterscheidung der unterschiedlichen Stufen von s. (no)

Samādhirāja-sūtra (Skt), wörtlich: „Lehrrede des Fürsten der Sammlung" oder „Lehrrede über die allerhöchste Sammlung", mahāyānischer Text (↗Mahāyāna) in 40 bzw. 42 Kap., erhalten in chin. u. tib. Übers. In Skt sind nur 16 Kap. erhalten. Die darin vorgetragene Lehre gehört in die Nähe des ↗Prajñāpāramitā-sūtra. Der Text gibt den Dialog zwischen Candragupta u. dem ↗Buddha wieder darüber, wie ein ↗Bodhisattva das höchste Wissen durch verschiedene Meditationsarten erlangen könne, besonders durch die Samādhirāja-Meditation (daher heißt der Text auch Samādhirājacandrapradīpa-sūtra). Die Schrift wurde vor 557 zusammengestellt. Von dem Sūtra gibt es 5 Versionen, 2 nepalesische, 2 chin. u. 1 tib. (no)

Samantabhadra (Skt). 1. der „Ganz Gute", einer der 5 ↗Dhyāni-Bodhisattvas (↗Bodhisattva), der dem ↗Buddha ↗Vairocana zugeordnet ist. 2. Anderer Name für den ↗ādibuddha. 3. Ein buddh. Tantriker (↗Tantra, ↗Tantrismus) gleichen Namens soll im 8. Jh. in ↗Sri Lanka Lehrer des großen Tantrikers Amoghavajra gewesen sein. (sl). – 4. In tib. Tradition besonders der ↗Nyingmapa-Schule u. in der tib. Bön-Religion wird S. (tib. kun tu bzan po) als ādibuddha attributlos in ↗Yab-Yum dargestellt. Gemäß der ↗Karma-Tradition repräsentiert S. den ↗dharmakāya. (ev)

samatha (P, Skt śamatha) Zuruhekommen, Stille (des Geistes) ist in Dhp 6–8 mit ↗samādhi gleichgesetzt u. auch weiterhin mit Begriffen erklärt, die auch samādhi definieren: citt' ekaggatā (Einspitzigkeit des Geistes) u. avikkhepa (Nichtzerstreutheit; Sammlung). Eine meditative Übung zur Erlangung u. Vertiefung der Geistesstille ist die s.-vipassanā. (no)

Śambhala (Skt, tib. śam bha la), als nordwestl. von ↗Indien gelegen beschriebenes, mythologisches Königreich ohne gesicherte geographische Lokalisation. Ś. gilt als Ursprungsland der ↗Kālacakra-Lehren (10. Jh.) u. hat in zahlreichen Lobpreisungen paradiesische Züge angenommen.

L.: E. Bernbaum: Der Weg nach Sh., 1980. (ev)

saṃbhogakāya (Skt), „Leib des Genusses"; innerhalb der mahāyānischen ↗trikāya-Lehre Bezeichnung für die in visualisierender ↗Meditation geschaute geistige, aber noch formhafte Wirklichkeit ↗Buddhas. Dem s. werden besonders die ↗Dhyāni-Buddhas zugeordnet, die häufig Gegenstand devotionaler Bildnisse sind. (sl)

Saṃdhinirmocana-Sūtra (Skt), philosophischer Text des indischen ↗Mahāyāna (vermutlich 4. Jh.), der besonders der ↗Yogācāra-Schule als häufig benutzte Quelle diente. Eine Skt-Version ist nicht erhalten, jedoch 2 vollständige chin. Übers. von Bodhiruci u. ↗Hsüan-tsang sowie mehrere Teilübers. u. eine tib. Version. (sl)

saṃgha, saṅgha (Skt/P), wörtlich: „Schar", Bezeichnung für den buddh. Orden der Mönche u. Nonnen, also der Ordinierten, i. w. S. aber auch für die Gemeinschaft aller, die Zuflucht zu den 3 Kostbarkeiten ↗Buddha, ↗dharma u. s. genommen haben. In dieser erweiterten Bedeutung umfaßt der s. die 4 Versammlungen: 1. der Mönche, 2. Nonnen, 3. Laienanhänger u. 4. Laienanhängerinnen. In den theravādischen Ländern (↗Theravāda) bezeichnet s. nur die Mönche u. Novizen (bhikkhu/↗bhiksu, sāmaṇera/↗śrāmaṇera), da der theravādische Nonnenorden ausgestorben ist u. Laien nicht als dem s. zugehörig betrachtet werden. Die Einheit des s. ist bald nach des Buddha Tod zerbrochen, war aber vermutlich immer eher eine ideale als eine historische Größe. Der 1. Fall von s. bheda, von Spaltung des s., ist aus der Zeit des Buddha bekannt u. war von einem Verwandten des Buddha, ↗Devadatta, inszeniert. In lokalen Mönchskapiteln bildeten sich Sondertraditionen aus, Ausgangspunkt für die Entstehung von Schulen. Der s. versteht sich ursprünglich als egalitäre Gemeinschaft von Gleichen, die lediglich einen Vorrang nach dem Ordinationsalter zuließ. Dieses Gleichheitsprinzip wurde indes durchlöchert durch die Einrichtung des Amtes eines Klostervorstehers, der mehr u. mehr die Funktion eines Hausherrn des Klosters übernahm u. schließlich sogar die Bewerber für „sein“ Kloster – denn dazu war es geworden – zuließ oder abwies. Über solchen Entwicklungen kam es immer wieder zu Verfallserscheinungen. So verweigerten bald lokale Mönchsgemeinschaften entgegen dem ausdrücklichen Gebot des Buddha fremden Mönchen die gleichen Rechte, wie sie die ortsansässigen Mönche beanspruchten. Zu bestimmten Zeiten drang in manchen Ländern der Kastengeist in die buddh. Klöster ein. Dem Verfall steuerten immer wieder Reformbemühungen, die in manchen Ländern staatlicherseits durchgeführt wurden. Frühestes Beispiel königlicher Intervention um die Reform des s. stellt das Reformbemühen von Kaiser ↗Aśoka im 3. Jh. v. Chr. dar. – Die Ordnung des s. ist im ↗vinaya kodifziert, einer Sammlung von Rechtsvorschriften, die das Leben der Mönche regulieren, u. Anordnungen, wie die Gemeinschaft bestimmte Rituale zu vollziehen hat: ↗pabbajjā (Eintritt in das Kloster), ↗upasampadā (Ordination), ↗prātīmokṣa (Beichtfeier) anläßlich von ↗uposatha (poṣadha; Vollmond- u. Neumondfeier) usw. Der vinaya regelt auch die Zugehörigkeit zum s. u. den Ausschluß aus ihm u. setzt den Wohnbereich für Mönche fest. Staatlicherseits war dem s. fast immer weitgehende Autonomie in Fragen der inneren Ordnung zugestanden, wenngleich der Staat in den meisten buddh. Ländern in den äußeren Angelegenheiten eine gewisse Aufsichtspflicht über den s. wahrnahm.

L.: H. Bechert: Theravāda Buddhist Saṅgha, JAS 29 (Aug. 1970), 761–778; ders.: Buddhismus. Staat und Gesellschaft in den Ländern des Theravāda-Buddhismus, 3 Bde., 1966–1973 (Bd. 1: [2]1988); K.L. Hazra: Constitution of the Buddhist Saṅgha, Delhi 1988; S. Putuwar: The Buddhist Saṅgha, Lanham/Maryland 1991. (no)

saṃghabheda (Skt), P saṅghabheda) meint die Spaltung des buddh. Ordens (↗saṅgha), ein gravierender Verstoß gegen die Ordenszucht. Den Tatbestand des s. erfüllt bereits die Bildung von Parteiung, die einen einstimmigen Beschluß der Versammlung unmöglich macht (vgl. Saṃghabhedavastu oder Samghabhedakkhandaka im 2. Hauptteil des ↗vinaya). Der klassische

Fall von s. ist der im Kanon berichtete Spaltungsversuch des ↗Devadatta (Cv 7,3–4). (no)

Saṃgharakṣita (tib. Dge-`dun-bsruṅ-ba) soll nach einigen Überlieferungen der Lehrer der bedeutenden ↗Mādhyamika-Philosophen ↗Buddhapālita u. ↗Bhāvaviveka gewesen sein. Er selbst gilt als Schüler ↗Āryadevas oder Nāgamitras. Seine Datierung ist unsicher. (sl)

saṃghāti (Skt), Mönchsmantel, Teil des 3teiligen buddh. Mönchsgewandes. (no)

saṃjñā (Skt, P saññā) ↗Wahrnehmung

saṃkalpa (Skt, P saṃkappa oder sankappa; eigentlich sammasankappa), „Gesinnung", „Entstehung"; 2. Glied des ↗Achtfachen Pfades". „Rechte Sicht" ist die Voraussetzung für s., „rechte Gesinnung" ist das Gegenteil von sinnlicher Begierde, Übelwollen u. Gewalt. (no)

Saṃkhya (Skt, Aufzählung), philosophische Schulrichtung des ↗Hinduismus, die ein vom Leiden befreiendes Wissen vermitteln will. Ihre Blütezeit lag zwischen dem 4. Jh. v. Chr. u. dem 8. Jh. n. Chr. Frühe Darlegungen des S., oft verbunden mit ↗Yoga, bieten die mittleren ↗Upanischaden, Bhagavadgītā, Mahābhārata (XII,168–353) u. Aśvaghoṣas ↗Buddhacarita (XII,15–44). Der klassische Lehrtext ist die S.-kārikā des Īśvarakṛṣṣṇa (4. Jh. n. Chr.). – Grundlage des S. ist ein metaphysischer Dualismus zwischen der Wirklichkeit des Geistes oder des reinen Bewußtseins mit einer Vielzahl von ewigen, freien u. passiven Geistmonaden (puruṣa) u. der Wirklichkeit der Natur oder Materie (prakriti), die als ewig, unbewußt u. produktiv bestimmt wird. Die 3 Konstituenten der Natur: Güte (sattva), Leidenschaft (rajas) u. Dunkelheit (tamas) befinden sich im Zustand der periodischen Weltauflösung in einem harmonischen Gleichgewicht. Dessen Störung bewirkt die Umwandlung der einen Urmaterie in die Vielfalt der Erscheinungswelt. – Das Leiden des unerleuchteten Menschen gründet in der mangelnden Unterscheidung zwischen der Wandelwelt der Natur u. dem wandellosen Sein des Geistes. Obwohl der Geist reines Bewußtseins ist, wird er mit dem Bewußtsein von etwas, mit den sich verändernden Eindrücken u. Vorstellungen verwechselt. Obwohl er in Wahrheit passiver, in sich ruhender Seher ist, erscheint er angesichts dessen, was er an Aktivitäten der Natur beobachtet, als bewegt. Die Überwindung dieses Irrtums gilt als Weg zum Heil. Wer die Prinzipien der kosmischen u. psychomentalen Abläufe durchschaut u. die unterscheidende Erkenntnis erringt, distanziert sich von allem Geschehen, das dem Wandel unterliegt, indem er denkt: „Ich bin dies nicht. Dies ist nicht mein. Dies ist nicht mein Selbst" (S.-kārikā 64). Hierdurch wird die Isolierung des Geistes möglich, der in seiner Freiheit als reines Bewußtsein aufleuchtet.

L.: R. Garbe: S. u. Yoga, Straßburg 1896; ders.: Die S.-Philosophie, [2]1917; A.B. Keith: Buddhist Philosophy in India and Ceylon, Oxford 1923, 138–143; ders.: The S. System, London [2]1924; Encyclopaedia of Indian Philosophies, General editor K.H. Potter, vol. 4, Sāṃkhya, ed. G.J. Larson, R.S. Bhattacharya, Princeton – Delhi 1987. (mü)

saṃsāra (Skt/P, von der Wurzel sar = wandern; saṃ-sāra = beständiges Wandern, gemeint: durch die Existenzen im Geburtenkreislauf; s. cakra, Skt Rad des beständigen Wanderns). Im Begriff des s. ist die buddh. Version der Auffassung von der Wiedergeburt gemeint, die sich allerdings deutlich von der hinduistischen Auffassung unterscheidet (↗Hinduismus, ↗Upanischaden), wiewohl buddh. Positionen aus den gleichen historischen Hintergründen, der upanischadischen Bewegung, entstanden sind. Ist in hinduistischen Konzepten der s. eine „Seelenwanderung" durch die Geburten, so versteht sich im Buddh. s. vor der anattā-Lehre (↗anātman) dieser als ein unpersönlicher Prozeß. Diese „anfangslose Wanderung" (S 15,1) ist verursacht durch den „Durst" (Skt ↗tṛṣṇā, P tanhā) nach Werden, also nach saṃsārischer Existenz (in den „Gruppen des Ergreifens", Skt upādānaskandha, P upādānakkhandha). ↗Karma als die Qualität des Denkens, Redens u. Handelns bestimmt dabei die Art der Wiedergeburt wie überhaupt den Umstand, daß ein Wesen wiedergeboren wird. Dieser „Durst" erweist sich also als karmisch. Ende des s. bedeutet Aufhebung der tṛṣṇā/tanhā wie auch des karma, das ist ↗Erlösung (↗nirvāṇa). Da ein überdauerndes Selbst (Skt ātman, P attā) in den

Erscheinungen des s. nicht zu entdecken ist u. man im Buddh. von einem „Nicht-Selbst“ (Skt anātman, P anattā) sprechen muß, kann man auch nur bedingt u. in konventioneller Rede s. als Wiedergeburt bezeichnen u. ausdrücklich nicht im Sinne letzter, der Wirklichkeit entsprechender Wahrheit (P paramattha-sacca). Was nämlich im s. durch die 5 Daseinsfährten (pañca gati), das sind die 5 Geburtsbereiche: Götter- u. Menschenwelt, Tierreich, Gespensterreich u. Hölle, wandert, ist eine Aneinanderreihung der 5 unpersönlichen Daseinsgruppen, die die jeweils neue empirische Person ausmachen. Wie es zum s. kommt, erklärt der ↗pratītyasamutpāda, der 12gliederige Satz vom bedingten Entstehen: der s. entsteht aus Verblendung, d. h. aus falschen Anschauungen über die Welt u. das Selbst. – Ist in diesem Konzept des s. Geburt, da leidvoll, negativ qualifiziert, so wertet das ↗Mahāyāna im Bodhisattva-Ideal (↗Bodhisattva) das Heilsziel wie auch die Wiedergeburt um: Aus Barmherzigkeit gegenüber den irrenden Wesen verzichtet der Bodhisattva darauf, ins nirvāṇa einzugehen u. bleibt im s. In der Ablehnung jeder Dualität als unheilvolle saṃsārische Sicht u. gründend in der śūnyatā-Lehre (↗śūnyatā), daß alle Erscheinungen ihrem Wesen nach „leer“, d. h. merkmalslos u. ununterscheidbar seien, fallen nach mahāyānischer Sicht schlußendlich Wiedergeburt u. Erlösung, ↗nirvāṇa, zusammen (vgl. Texte im Anhang, S. 539–540. 546).

L.: H. Günther: Das Seelenproblem im älteren Buddh., 1949; E. Lamotte: Die bedingte Entstehung u. die höchste Erleuchtung, in: Beiträge z. Indienforschung, Fs. f. E. Waldschmidt, 1972, 279–298; L. Schmithausen: Ich u. Erlösung im Buddh., in: ZMR (53) 157–170; D.T. Suzuki: Seelenwanderung, in: ders.: Der westl. u. der östl. Weg, 1980, 109 f. (no)

saṃskāra (Skt, P saṃkāra, öfters: sankhāra), „Einprägungen“, Gebilde, Struktur – bezeichnen sowohl den aktiven Vorgang des Gestaltens, als auch passiv das Ergebnis: das Gebildete, das Geprägte. s. ist im ↗pratītyasamutpāda das 2. Glied, nämlich die Prägung als karmisch relevante Willenstätigkeit (↗karma), die als heilsam (kusala) oder unheilsam (akusala) qualifiziert ist. In den 5 Gruppen des Ergreifens (Skt pañca upādānaskandhāh) bezeichnet s. die 4. Gruppe (Skt skandha, P sankhārakkhandha), die Geistes- u. Willensformationen, also Vorstellungen u. Absichten, Sehnsüchte, Intentionen, Willensstrebungen

u. -akte, die dem Denken, Reden u. Handeln vorausgehen. In buddh. Ethik bedingen vor allem diese Tatabsichten die Wiedergeburt (↗saṃsāra), gute in besserer, schlechte in schlechterer Existenz, so daß alle wiedergeburtlichen Daseinsformen durch s. bedingt sind; sie sind „gestaltet“ (Skt saṃskṛta, P saṅkhata). Daher heißt der Geburtenkreislauf selber saṃkṛta u. das ↗nirvāṇa asaṃkṛta (ungestaltet). Die erlösende Aufhebung der s. geschieht nach dem ↗Achtfachen Pfad durch rechte Achtsamkeit (Skt smṛti, P ↗sati) u. rechte Vereinheitlichung (↗samādhi), nach dem pratītyasamutpāda durch Aufhebung des Nichtwissens. (no)

Saṃvara (Skt, tib. bde mchog), „Höchste Glückseligkeit“, mit ↗Cakras identische ↗Gottheit der höchsten ↗Tantra-Klasse (Skt ↗Anuttarayoga-Tantra), die in ihrer Hauptform als 4gesichtige, 12armige, gemischt friedvoll-zornvoll, männliche Gottheit von tiefblauer Körperfarbe in ↗Yab-Yum mit ihrer ↗prajña ↗Vajravārāhī erscheint. S. residiert auf dem ↗Kailaś. Die Praxis des S.-Kultes wird im ↗Lamaismus besonders von den ↗Kagyüpa ausgeübt. (ev)

saṃvriti satya (Skt), „Relative Wahrheit“ (wörtlich: „Verhüllungs-Wahrheit“); innerhalb des Konzepts der doppelten ↗Wahrheit bezeichnet s. jegliche Form von begrifflich gefaßter Wahrheit, besonders aber die buddh. Lehre, die zwar deskriptiv unzutreffend, aber „relativ“ wahr ist, weil sie zur Erkenntnis der höchsten Wahrheit führt. (sl)

samyaksambuddha (Skt), P sammāsambuddha; vollständig Erwachter, nach buddh. Auffassung ein Mensch, der aus s. die überzeitliche, heilsgewinnende Lehre (↗dharma) entdeckt u. (damit bereits) verwirklicht hat. Vom ↗pratyekabuddha unterscheidet er sich dadurch, daß er den dharma öffentlich bekannt macht u. so den Menschen den Erlösungsweg eröffnet. ↗Buddha. (no)

Samye (tib. bsam yas), das älteste Kloster ↗Tibets, ca. 60 km von ↗Lhasa am nördl. Ufer des Tsangpo gelegen, wurde ca. 775 als Abbild lamaistischer kosmologischer Vorstellungen von

Śāntirakśita auf Geheiß ↗Tisong Detsens gegründet u. von ↗Padmasambhava eingeweiht.

L.: G. Tucci: The Symbolism of … bSam yas (in: East and West, IV, 1956); G. W. Houston: Sources for a History of the bSam yas Debate, 1980 (Monumenta tib. Hist. I,2); M. Henss: Tibet, 1981. (ev)

saṁyojana (Skt/P), auch saññojana; wörtlich: Verblendung, Fesselung, Fessel. In buddh. Lehre (nach A IX.67, 68; X.13; D 33) unterscheidet man 10 Fesseln, die an Formen irgendeiner Existenz in der Welt anbinden: 1. Ichglaube, 2. Zweifel, 3. Hängen an Regeln u. Riten, 4. sinnliche Begierde, 5. Zorn, 6. Begehren nach feinkörperlicher Existenz, 7. Begehren nach unkörperlicher Existenz, 8. Selbstzufriedenheit, 9. geistige u. seelische Unruhe, 10. Nichtwissen. An anderen Stellen (z. B. Vibh. XVII) sind einzelne Glieder dieser Liste durch andere ausgetauscht. Die stufenweise Befreiung von diesen Fesseln entspricht dem Stufenweg der Erlösung vom ↗sotāpanna bis zum ↗arhat, welcher sich von allen 10 s. befreit hat. (no)

Saṃyutta-Nikāya (P), 3. Sammlung des ↗Sutta-piṭaka des ↗Pāli-Kanons oder „Sammlung der zusammengehörigen (Lehrtexte)“; in ihm sind inhaltlich zusammengehörige Lehrreden – gegen 3000 – in 56 Saṃyuttas zusammengeordnet, die ihrerseits wieder in Abschn. (vagga) unterteilt sind. Dabei gehören die ersten 8 Abschn. des Nidāna-syṃyutta nach Auskunft von ↗Buddhaghosa zu den jüngsten Teilen der 2. chronologischen Schicht u. damit zu den ältesten Teilen des Pāli-Kanons überhaupt (z. B. der Sagātha-vagga des S.). – Von der entsprechenden Skt-Sammlung (Saṃyukta-āgama) haben sich im chin. Kanon 2 Varianten erhalten, ein vollständiger S.-āgama (1362 sūtras), zwischen 435 u. 443 n. Chr. von einem Guṇabhadra übers., u. ein unvollständiger mit 364 sūtras, um 400 n. Chr. übers., vermutlich aus der Schule der Kāśyapīas. Die Skt-Texte selbst sind wohl zwischen 200 u. 400 n. Chr. entstanden. Vor der Kompilation des Saṃyuktāgama waren aber etliche Teile unabhängig voneinander als eigenständige sūtras im Umlauf.

A.: S.-N., ed. L. Feer, 6 Bde., PTS, 1884–1904 (Bd. 6: Indexes by C. A. F. Rhys Davids); repr. 1980–91. – Ü.: The Book of the Kindred Sayings, tr.

C.A.F. Rhys Davids and F.L. Woodward, PTS, 5 Bde., 1917–30 (repr. 1990–94); W. Geiger: S.-N., 2 Bde., 1925–30 (Teilübers.). (no)

Sanchi (Sāñchi, Sāñci) in Zentralindien im heutigen Distrikt Bhopal, zwischen 200 v. Chr. u. 600 n. Chr. eines der Hauptzentren buddh. Kunst u. Kultur mit einem blühenden Klosterwesen; unter den ↗Mauryas bereits Hauptstadt der W-Provinz. In S. finden sich Reste der ältesten Stūpas (↗Stūpa), in den ältesten erhaltenen Teilen aus dem Ende des 1. Jh. v. Chr., mit steinernen Umgrenzungen, die in Reliefs Szenen aus dem Leben des ↗Buddha u. aus den ↗Jātakas zeigen, u. mit Toren aus den 4 Himmelsrichtungen. Bedeutsam sind die Funde einiger 100 kurzer Inschriften, darunter ein Edikt des Kaisers ↗Aśoka. In den Stūpas sind Reliquien zahlreicher Schüler des Buddha u. anderer Heiliger deponiert (↗Maudgalyāyana z. B. u. ↗Śāriputra). (no)

San-chieh-chiao, chin. buddh. „Schule der 3 Abschnitte", im 6. Jh. gegründet durch ↗Hsin-hsing. Die Schule lehrte, daß alle Dinge die ↗Buddhanatur (p'u-fa) verkörpern u. alle Menschen an ihr Anteil besitzen. Sie vertrat die Theorie von den 3 Perioden des Buddh.: die Periode des wahren, des verfälschten u. des verfallenden ↗dharma. Den Beginn der letzten Periode (mo-fa) erwartete S. im Jahr 550. Erlösung ist nur zu erlangen durch die Befolgung der Mönchsregeln u. durch altruistisches Handeln. Daher wirkte die Schule durch Spenden aktiv sozialkaritativ. Die Schule geriet um 600 in Konflikt mit den anderen buddh. Schulen, in dessen Zug sie Ende des 7. Jh. für häretisch erklärt u. 713 ihre Schriften verboten wurden. Bei sinkender Anhängerzahl erlosch S. schließlich in der Buddhistenverfolgung von 845. (so)

saṅgha ↗saṁgha

saṅgharāja (P). Titel des Oberhauptes oder Patriarchen eines autokephalen nationalen ↗saṅgha. Der Titel, in Hinterindien entstanden, wurde ab dem 14. Jh. auch in ↗Ceylon u. in anderen theravādischen Ländern (↗Theravāda) geführt. In Ceylon ist für die 2. Hälfte des 18. Jh. der letzte u. 13. s. belegt. Seither ist die Einsetzung eines s., obwohl immer wieder gefordert, nicht wieder erreicht worden. (no)

saṅgīti (P, Skt saṃgīti), wörtlich: „gemeinsame Rezitation", Bezeichnung für die buddh. Konzile (↗Konzil), um die Authentizität der Lehre u. den Lehrbestand zu sichern. (no)

San-lun, chin. buddh. „Schule der 3 Abhandlungen", benannt nach den Haupttexten der Schule: ↗Madhyamakaśāstra (Chung-lun), Dvādaśanikayāśāstra (Shih-er-men-lun) u. Satakaśāstra (Po-lun). Doktrinäre Grundlage der S. bildete die ind. ↗Mādhyamika-Schule. Sie kam Anfang des 5. Jh. durch ↗Kumārajīva nach ↗China u. wurde von ↗Seng-chao, dem Schüler Kumārajīvas, gegründet, ging indes an der wachsenden Popularität der ↗Ch'eng-shih-Schule bereits in der Mitte des 5. Jh. zum 1. Mal nieder. Fa-lang (507–581) belebte sie wieder, u. sein Schüler ↗Chi-tsang führte sie zu einem Höhepunkt. Nach dessen Tod 623 u. dem Aufkommen der ↗Fa-hsiang-Schule erlosch sie schließlich. In ihrer Lehre vertrat sie eine komplizierte Logik und Dialektik; zentrales Lehrstück war ↗śūnyatā (k'ung). (so)

Sanron-Schule (jap.), wörtlich: „Schule der 3 Abhandlungen", jap. Zweig der von Ekan im 7. Jh. nach ↗Japan eingeführten chin. ↗San-lun-Schule, der von ↗Seng-chao gegründeten Subschule der Mādhyamika-Schule. Die S. stützte sich auf die ↗Mūlamadhyamakakārikā, auf das ↗Nāgārjuna zugeschriebene Dvādaśadvāra u. ↗Āryadevas Catuḥśataka. (sl)

Sanskrit, von saṃskrita, „zurechtgemacht, regelmäßig geformt, kultiviert", abgeleitete Bezeichnung der klassischen, z. T. auch heute noch verwandten Gelehrten-, Kunst- u. Kultsprache Indiens. Gemeinsam mit dem Vedischen repräsentiert das S. die Sprachstufe des Altindoarischen. Es ist nahe verwandt mit dem Altiranischen u. gehört zur indogermanischen Sprachgruppe. Im 5. Jh. v. Chr. erhielt es durch die grammatischen Regeln des Pāṇini seine auch in der Folgezeit als normativ geltende Sprachgestalt, in der wissenschaftliche Abhandlungen, heilige Schriften sowie Werke der Dichtung abgefaßt wurden.

Als Sprache der gebildeten Elite wurde das S. in den Dramen der ind. Klassik vorgestellt, in denen männliche Angehörige des priesterlichen u. weltlichen Adels S. sprechen, andere hingegen verschiedene Volksdialekte. – Der Buddh. bediente sich anfangs in seiner Verkündigung der mittelindoarischen Umgangssprachen (↗Prākrit). In der Zeit des Übergangs von der mündlichen zur schriftlichen Überlieferung – etwa seit dem 1. Jh. v. Chr. – wurden sodann diese Dialekte von verschiedenen Schulen auch in der Orthographie des S. niedergeschrieben, unter teilweiser Bewahrung ihrer Besonderheiten. Diese Sprachform nennt man „buddhist. oder hybrides (gemischtes) S.“. Spätere Schriften insbesondere des Mahāyāna folgen den Normen des klassischen S. Die buddhist. S.-Lit. ist z.T. nur in tib. oder chin. Übers. erhalten. (mü)

L.: H. Lüders: Bruchstücke buddh. Dramen, 1911 (Königl. Preuß. Turfan-Expeditionen, 1); E. Windisch: Geschichte der Skt-Philologie u. indischen Altertumskunde, 2 Tle., Straßburg 1917–20 (GindPh I, 1 B); ders.: Philologie u. Altertumskunde in Indien, 1921 (AKM 15,3); A.B. Keith: A History of Skt Literature, Oxford 1928 (Nachdr. London 1966); F. Edgerton: Buddhist Hybrid Skt Grammar and Dictionary, 2 Bde., New Haven 1953 (Nachdr. Delhi 1970); ders.: Buddhist Hybrid Skt Reader, New Haven 1953 (Nachdr. Delhi 1972); R. Yamada: A Bibliography of Studies on Skt Buddhism. Annual Report of the Faculty of Letters, Tohoku University 8 (1957), 1–189; red. Ausg. (jap.) Kyoto 1959; E. Waldschmidt, unter Mitarb. v. W. Clawiter u. L. Sander-Holzmann (Hg.): Skt-Handschriften aus den Turfan-Funden, 1965ff; Akademie der Wissenschaften in Göttingen (Hg.): Skt-Wörterbuch der buddh. Texte aus den Turfan-Funden [ab 8. Lfg.:] und der kanonischen Lit. der Sarvastivada-Schule, begonnen v. E. Waldschmidt, ed. H. Bechert, bearb. G. v. Simson, M. Schmidt, Lfg. 1 ff, 1973 ff (Bd. 1, 1992, abgeschl.); SÜBS , 1978 ff; 1. Teil: Vinaya-Texte, hg. v. A. Yuyama, 1979; T. Damsteegt: Epigraphical Hybrid Skt, its Rise, Spread, Characteristics, and Relations to Buddhist Hybrid Skt, Leiden 1978. (ec)

Sanskrit-Kanon. Neben dem ↗Pāli-Kanon, dem einzigen kompletten ↗Kanon einer buddh. Schule in einer ind. Sprache, existierten Kanones anderer buddh. Schulen in anderen ind. Sprachen (↗Prākrit), ab dem 1. Jh. unserer Zeitrechnung vermehrt auch in einem hybridgen Skt, dem sog. „buddh. Skt“. Indes setzte bereits kurz nach ↗Aśoka eine Sanskritisierung buddh. Texte ein, vor allem in den Gebieten des Reichs von Kuṣāna (78–250 n. Chr.), d.h. im nordwestl. ↗Indien bis nach Khotan. Berühmtester König dieser Dynastie ist Kaniṣka (? 120–155

n. Chr.). Betroffen von dieser Entwicklung waren in dieser Region in ihrer Schriftlichkeit vor allem die Schulen des ↗Sarvāstivāda u. des Mahāsāṁghika. In den Kanones der Skt schreibenden Schulen setzte sich eine Gruppierung der Texte nach 4 Sammlungen (Skt āgama, wörtlich: „Abkunft“) durch gegenüber den 5 Sammlungen (P nikāya) des P-Kanon. Die uns zur Verfügung stehenden Skt-Texte, zumeist sarvāstivādischer Provenienz, stammen vornehmlich aus Funden in O-Turkestan (aus der Oase Turfan) u. aus den Höhlen von Tun-huang in der westchin. Provinz Kansu (6.–11. Jh. n. Chr.). Überdies sind Skt-Kanones u. Einzeltexte im chin. u. tib. ↗Tripiṭaka erhalten. – In Ceylon (↗Sri Lanka) wurden zwischen dem 5. Jh. u. 1160 durchaus auch Skt-Texte verwendet. Selbst in den P-Kanon sind Auszüge aus Skt-Texten, ins P übersetzt, eingegangen (z. B. Teile der Anavatapta-gāthā des Sarvāstivāda in die P-Texte Apadāna u. Nettipakaraṇa). – Dem ↗Dīgha-Nikāya des P-Kanons entspricht in den Skt-Kanones ein Dīrghāgama (Dīrgha-āgama) der ↗Dharmaguptakas, der Anfang des 5. Jh. von Buddhayaśa u. Buddhasmṛti ins Chin. übersetzt wurde; von 30 sūtras stimmen 27 mit D überein. Dem ↗Majjhima-Nikāya entpsricht ein Madhyama-āgama, Ende des 4. Jh. durch Gautama Saṁghadeva u. Saṁgharakṣa ins Chin. übertragen – mit 97 Entsprechungen zu M von 222 sūtras. In chin. Übers. erhalten haben sich 2 vollständige Saṃyukta-āgamas – die Skt-Entsprechung zum ↗Saṃyutta-Nikāya –, ein längerer mit 1362 (436/443 n.Chr. von Guṇabhadra übers.) u. ein kürzerer mit 364 sūtras (der um 400 n. Chr. übers. Saṃyuktāgama der Kāśyapīya-Schule). Dem ↗Aṅguttara-Nikāya entspricht im chin. Kanon die Übers. eines Ekottara-āgama, übers. durch Gautama Saṁghadeva 397/98. Zum ↗Khuddaka-Nikāya findet sich im chin. u. tib. Tripiṭaka keine entsprechende Sammlung. Indes ist in ↗Tibet ein Kṣudrāgama (Skt, P entsprechend Khuddaka-Nikāya, kurze Sammlung) bekannt, die allerdings nicht identisch mit der P-Sammlung ist. Eine Skt-Parallele zum ↗Dhammapda u. ↗Udāna des P-Kanons stellt das Skt-Buch Udānavarga aus dem sarvāstivādischen Kanon dar. Von einem Arthavarga, entsprechend dem Aṭṭhaha-vagga des ↗Suttanipāta, aus 16 sūtras bestehend, wurde ein Skt-Fragment in O-Turkestan gefunden. Das ↗Abhidharmapiṭaka der Sarvāstivādins, ein Gegenstück zum abhidhamma, ist in chin. Übers. bekannt. Das ↗Vinaya-piṭaka ist in mehreren Skt-Versionen erhalten: der Sarvāstivādins, der Dharmaguptakas, der Mahīśāsakas, der ↗Mūlasarvāstivādins, der Mahāsāṅghika-Schule in chin. Übers. jeweils, dazu den ↗vinaya des Mūlasarvāstivāda auch in tib. Übers. Dazu sind beträchtliche Teile des vinaya des Sarvāstivāda, des Mūlasarvāstivāda u. des ↗Lokottoaravāda in Skt erhalten. – Vom 5. Jh. an setzte sich der Gebrauch eines Hoch-Skt auch als Gelehrtensprache für buddh. philosophische Erörterungen durch. (no)

A.: BBu, 1–32, 1897–1962 (Nachdr. Osnabrück 1970; enth. Werke der buddh. Skt-Lit., auch tib. Versionen u. allg. Abhandlungen); Kanonische Skt-Texte aus den Turfanfunden, hg. v. d. Preuß. Akademie der Wiss. bzw. d. Deutschen Akademie d. Wiss. bzw. der Akademie der Wiss. in Göttingen. 1904ff; vgl. E. Waldschmidt et al.: Skt-Handschriften aus den Turfanfunden, in: VOHD 10, Tl. 1ff, 1965ff; Faksimile-Wiedergabe von Skt-Handschriften aus den Berliner Turfanfunden, I: Handschriften zu fünf sūtras des Dīrghāgama. Unter Mitarbeit v. W. Clawitter, D. Schlingloff u. R. L. Waldschmidt, hg. v. E. Waldschmidt, The Hague – Moutons 1969; TSWS, Patna 1953ff, zuletzt 16, 1976; E. Waldschmidt: Bruchstücke buddh. Sūtras aus dem zentralasiat. S 1, 1932 (KST 4); Gilgit Manuscripts, ed. N. Dutt, Srinagar 1939ff; B. Pauly: Fragments sanskrits de Haute Asie (Mission Pelliot), 9 Tle., JA; 1957–1967; Gilgit Buddhist Manuscripts, Facsimile edition, by R. Vira and L. Chandra, 10 Tle., New Delhi 1959–74; Buddhist Skt Texts, Darbhanga 1958ff; H. Bechert: Bruchstücke buddh. Versammlungen aus zentralasiat. Skt-Handschriften, 1, 1961 (STT 6); Skt-Texte aus dem buddh. Kanon, Neuentdeckungen und Neueditionen, 1. Folge, bearb. v. F. Enomoto, J.-U. Hartmann u. H. Matsumura, 1989 (SWTF, Beih. 2), dito, 2. Folge, bearb. v. J.-U. Hartmann, C. Vogel, K. Wille u. G. Grönbold, 1992 (SWTF, Beih. 4). – L.: T. Aufrecht: Catalogus Catalogorum. An Alphabetical Register of Skt Works and Authors, 3 Tle, 1891–1903 (Nachdr., 2 Bde., 1962); G. v. Simson: Zur Diktion einiger Lehrtexte des buddh. Skt-Kanons, 1965 (MSS, Beih. H); Systematische Übersicht über die buddh. Skt-Lit., hg. v. H. Bechert, 1979ff; M. Winternitz: A History of Indian Literature, Bd. II: Buddhist Literature and Jaina Literature, Calcutta 1933; E. Lamotte: Histoire du bouddhisme indien, dès origines à l'ère Śaka, Löwen 1958 (BM, Bd. 43). (ec)

Śāntideva, Vertreter der Schule der ↗Mādhyamika u. Lehrer an der Klosteruniversität ↗Nālandā, ca. 650–750. Seine wichtigsten Werke sind: 1. Bodhicaryāvatāra (Der Eintritt in das Erleuchtungsleben), eine Einführung in die mahāyānische Praxis (↗Mahāyāna), in tib. u. chin. Übers. erhalten; 2. Śikṣāsamuccaya (Sammlung der Regeln), eine Anthologie mahāyānischer

Texte mit Komm. u. 3. Sūtrasamuccaya (Sammlung der Lehrtexte), in tib. u. chin. Version erhalten. (no)

Śāntirakṣita, ind. Philosoph (8. Jh.) der ↗Mādhyamika-Schule, lehrte zeitweise in ↗Nālandā. Er näherte den Standpunkt der Mādhyamika-Schule dem der ↗Yogācāra-Schule an, was zur Gründung der Subschule der ↗Svātantrika-Yogācāra führte. Seine wichtigsten Werke sind der Madhyamakālaṃkāra, der Tattvasaṃgraha, sowie ein Komm. zum Satyadvayavibhaṅga, dem Hauptwerk seines Meisters Jñānagarbha. Gemeinsam mit ↗Padmasambhava soll er das 1. buddh. Kloster in ↗Tibet gegründet haben. Sein bedeutendster Schüler ist ↗Kamalaśīla, der die Werke S. kommentierte u. dem Buddh. in Tibet zum endgültigen Durchbruch verhalf.

A.: Madhyamakālaṃkāra, ed. M. Ichigo, Kyoto 1985. (sl)

San-tsang (Ta-tsang-ching; Skt Tripiṭaka), chin. buddh. ↗Kanon, die wichtigste Quelle zur Erforschung nicht nur des chin. Buddh., sondern des Buddh. überhaupt, da er viele Übers. von Werken enthält, die im Original verloren sind oder nur fragmentarisch erhalten sind. Der S. enthält außer den 3 „Körben" (piṭaka) ↗vinaya, ↗sūtra u. ↗abhidharma einen 4. Korb mit ausschließlich chin. Werken. ↗Tao-an legt 374 einen 1. Katalog buddh. Schriften in ↗China an. Einen weiteren Schritt auf dem Weg zum chin. Kanon stellen die Notizen zur Übers. von ↗Seng-yu („Ch'u san-tsang chi-chi") aus 515 dar. In der T'ang-Zeit versuchte man erstmalig eine staatliche Gesamtausgabe des S. im Jahr 730 (K'ai-yüan). Erste Drucklegung erfolgte in der Sung-Zeit durch Kaiser T'ai-tsu 972–983 (K'ai-pao), die in ganz China u. in den Nachbarländern verbreitet wurde. Bis Anfang des 20. Jh. erlebte diese Ausgabe 14 Auflagen. Die heutige Standardausgabe „Taishō-shinshū daizōkyō" von Takakusu et al. wurde 1924–34 in ↗Japan veröffentlicht. Sie enthält 2500 Werke. In Taiwan erfolgte der Nachdruck unter dem Titel „Hsü tsang-chin". (so)

Sanzo (jap.) ↗Kanon

Śāriputra (Skt/P, Sāriputta) war zusammen mit ↗Maudgalyāyana (P Moggallāna) Hauptschüler des ↗Buddha. Seinen Anschluß an den Buddha u. den ↗saṅgha berichtet Mv (des ↗vinaya 1, 23, 1) u. Mv (1,24,5) die Ordination. Die Tradition sieht in Ś. den begabten Analytiker, der die ↗Lehre des Buddha systematisch zusammengefaßt habe. Daher legt sie ihm wichtige Erklärungen, etwa über das ↗nirvāṇa (A 9, 34) in den Mund. Ś. ist der Tradition nach vor dem Buddha gestorben. Das ↗Mahāyāna nimmt Ś. als (fiktiven) Autor des Ś.-abhidharma-śāstra in Anspruch. Dabei handelt es sich um eine Schrift, deren doktrinärer Standpunkt einigermaßen unklar bleibt, die aber auf die Vibhajjavādins verweist. Sie dürfte nach ↗Aśoka in Kreisen der Vātsīputrīyas entstanden sein. Ein weiterer mahāyānischer Text (S.-prakaraṇa) des ↗Aśvaghoṣa beschreibt die Bekehrung des S. u. des Maudgalyāyana.

L.: A. Migot: Un grand disciple du Buddha, S., Son rôle dans l'histoire du bouddhisme et dans le développement de l'Abhidharma, BEFEO 46 (1954), 405–554; A. Bareau: Recherches sur la biographie du B. dans le Sūtrapiṭaka et les Vinayapiṭaka anciens, 2 in 3 Bdn., Paris 1963–71 (PEFEO 53; 77, 1–2). (no)

śarīra (Skt), wörtlich: Leib, Hülle, bezeichnet die ↗Reliquien des ↗Buddha oder eines Heiligen (↗arhat). Die Reliquien werden in bestimmten Baulichkeiten aufbewahrt: in einem ↗Stūpa oder einer ↗Pagode, Dāgoba oder in ↗Tibet in Tschörten. (no)

Sārnāth, Ort des Gazellenhains bei ↗Benares (↗Vārāṇasī), in dem der ↗Buddha seine 1. Predigt gehalten u. damit das ↗Rad der Lehre (↗dharma) in Bewegung gesetzt hat; in der Folge ein bedeutendes Zentrum buddh. Kunst u. Literatur. Von dem überragenden Dāmekh-↗Stūpa (5. Jh. n. Chr.), der an die Predigt des Buddha erinnern sollte, sind nur noch die Fundamente erhalten. S. ist 1194 durch die Truppen von Muhammad Ghorī zerstört worden. In S. gefunden wurde das Löwenkapitell (2,15 m hoch), einst an der Spitze einer 10 m hohen Säule, die Kaiser ↗Aśoka um 250 v. Chr. errichten ließ. Das dargestellte Motiv, brüllende Löwen mit dem Rad (der Lehre), dient heute als ind. Nationalemblem. (no)

Sarvāstivāda, Sarvāstivādins (Skt), Schule des Buddh., die aus der Spaltung des ↗Sthaviravāda, vermutlich um 244 v. Chr. in der Regierungszeit des ↗Aśoka (273–232 v. Chr.), entstanden ist. Der früheste Reflex in der Pāli-Lit. auf diese Schule findet sich im ↗Kathāvatthu, das z. Z. des Aśoka entstanden ist. Der Name S. leitet sich her von Skt „sarvam asti" („alles existiert"), was gewissermaßen das philosophische Grunddogma der S. darstellt, da sie vor dem Hintergrund der Karma-Lehre (↗karma) die gleichzeitige Existenz von Vergangenem, Gegenwärtigem u. Zukünftigem annahmen (nach Kātyāyanīputra, dem diese Lehre zugeschrieben wird). D. h. die Wirksamkeit des Vergangenen auf die Gegenwart u. für die Zukunft war damit ebenso evident, wie dies sich aus der Kenntnis vergangener u. zukünftiger Dinge in der Gegenwart erschloß, ohne daß vor dem geistigen Auge im Akt der Erkenntnis ein reales Erkenntnisobjekt stehen muß. – Der S. wurde zur bedeutendsten Schule im nördl. Zentralindien, in Gandhāra u. Kaschmir, von wo aus sie auch nach ↗Zentralasien ausgriff, aber auch nach ↗Birma, ↗Thailand, ↗Kambodscha. S.ische Einflüsse lassen sich auf Java, in ↗China u. ↗Japan u. bis nach ↗Tibet nachweisen. Ihr Kanon in Skt (↗Kanon) ist in Bruchstücken original, in weiten Teilen in chin. u. tib. Übers. erhalten. Von den S. ist ein ↗vinayapiṭaka in chin. Übers. erhalten. 3 Skt-Fragmente sind durch Louis Finot 1911 publiziert worden. Gleichfalls besitzen wir das ↗prātimokṣa-sūtra des S.-vinaya (ebenfalls durch Finot publiziert), vgl. auch E. Waldschmidt 1929 bezüglich des prātimokṣa der Nonnen verschiedener Schulen, J. Filliozat/H. Kuno 1938, V. Rosen 1959. Bedeutsam ist der Kanon des S. auch seines abhidharmapiṭaka wegen (↗abhidharma), der sich allerdings von der Sammlung des ↗Theravāda (↗abhidhammapiṭaka) unterscheidet. Wie das Pāli-piṭaka umfaßt der abhidharma des S. 7 Schriften, von denen das Jñānaprasthāna den Haupttext darstellt. Die umfänglichste Darstellung der Lehre der S. ist ein Komm. zum Jñānaprasthāna, die Mahāvibhāṣā (um 200 n. Chr.), die der orthodoxesten Fraktion des S. den Namen gibt: Vaibhāṣika. Die wichtigste Schrift der Schule ist die Zusammenfassung ihrer Lehre durch ↗Vasubandhu im 5. Jh. im ↗Abhidharma-kośa („Schatz der vertieften Lehre"). Vor seiner Konversion zum ↗Mahāyāna war Vasubandhu der bedeutendste Vertreter dieser Schule. In der Skt-Schrift Udānavarga (hg. von F. Bernhard 1965) besaßen die S. ein Kompositum aus Dhammapada und Udāna. – Neben ihrer Auffassung von der gleichzeitigen Existenz entwickelten die S. – analog zur theravādischen – eine eigene ↗„dharma"-Lehre, das ist der Versuch der Darstellung des Weltprozesses aus „dharmas", das sind „Gegebenheiten", gewissermaßen dem Atomismus von Leukippos u. Demokritos in der griech. Philosophie vergleichbar. Sie zerlegten die Welt in ihre letzten Elemente u. zeitlich in eine Abfolge von Momenten (Skt kṣaṇa P khaṇa). Das Wesen der dharmas, die nur unter bestimmten Gegebenheiten in Erscheinung treten, liegt außerhalb des erscheinungsbildlich Phänomenalen u. außerhalb des Empirischen. Insgesamt entdecken die S. 75 dharmas oder Grundelemente des Daseins (die Theravādins zählen 174), nämlich 72 bedingt entstandene u. 3 nicht bedingt entstandene (nämlich der leere Raum u. die beiden Formen der Auflösung). Die s.ische Position bestreitet nicht die Realität der Objektwelt, aber sie stellt einen wichtigen Schritt dar zu mahāyānischen Spielarten des erkenntnistheoretischen Idealismus. Vermutlich gegen die mahāyānische Drei-Leiber-Lehre (trikāya) entwickelten die S. eine Zwei-Leiber-Lehre, in der sie vom dharma-kāya des Erlösten (der Buddhas u. arhats) einen rūpa-kāya der Unerlösten (zu denen auch der Bodhisattva gehört) unterschieden. Beides sind menschliche Körper, wobei der dharma-kāya von allen karmischen Einflüssen befreit ist. (no)

A.: Le Prātimokṣa des Sarvāstivādins. Texte Sanscrit par L. Finot, avec la version chinois de Kumārajīva traduite en Français par E. Huber, in: JA 1913, 415–547; Prātimokṣasūtra der S., hg. v. G. v. Simson, Tl. 1, 1986 (Skt-Texte aus den Turfanfunden, 11, AAWG, 155); Fragment du Bhikṣunī-Prātimokṣa. Fragment du commentaire sur la Prātimokṣa. Fragments du Saptadharmaka, publ. par L. Finot, in: JA 1913, 548–556; E. Waldschmidt: Bruchstücke der Überlieferung des Bhikṣunī-prātimokṣa in den verschiedenen Schulen, 1929; Fragments des Sarvāstivādins, par J. Filliozat/H. Kuno, in: JA 1938, 21–64; V. Rosen: Der Vinayavibhaṅga zum Bhikṣuprātimokṣa der Sarvāstivādins, Dt. Akad. d. Wiss. z. Berlin, Inst. f. Orientforschung Nr. 29, 1959. – L.: E. Frauwallner; Die Philosophie des Buddhismus, Berlin 1956; ders.: Abhidharma-Studien V. Der Sarvāstivādaḥ, in: WZKSO u. Archiv f. Ind. Philos. XVII/1973, 97–121; ders.: The Earliest Vinaya and the Beginnings of Buddhist Literature, Rom 1956; A.B. Banerjee: S. Literature, Calcutta 1957; A. Bareau: Les sectes bouddhiques du petit véhicule, Saigon 1955; N. Dutt: Buddhist Sects in India, Calcutta 1970; C. Regamey: Buddhistische Philosophie, Bern 1950. (ec)

sāsana (P, Skt śāsana), wörtlich: Unterweisung, Lehre. – 1. Man unterscheidet 9 Arten der Unterweisung des ↗Buddha: Lehrreden, mit Versen gemischte Prosatexte, Erklärungen, Strophen (gāthā), feierliche Aussprüche (udāna), Wiedergeburtsgeschichten (jātaka), Meisterworte (itivuttaka), Berichte über wundersame Dinge (abhuta-dhamma) u. Analysen (vedalla). – 2. Der Begriff s. steht in Ländern des südl. Buddhismus (↗Theravāda) für die organisatorisch-institutionelle Seite des Buddh. als religiöse Bekenntnisgemeinschaft wie auch für den ↗saṅgha. In der Moderne verbindet sich in Sri Lanka mit s. eine grundlegende Reform des saṅgha, mit der ab 1957 die Buddha S. Commission beauftragt wurde in der Absicht, die Einrichtung eines Buddha S. Council gewissermaßen als Religiosenbehörde vorzubereiten. Diese Pläne sind indes am Widerstand konservativer Mönche, besonders der ↗Mahānāyaka-Theras des ↗Syāma-Nikāya, gescheitert. Zuvor schon wurde 1950 in Birma ein s. als Institution zur Reform des saṅgha u. zur Vorbereitung des 6. Buddh. Konzils (1954–1956) gegründet. (no)

śāstra (Skt), im ind. Kulturraum Bezeichnung für ein Lehr- oder Handbuch, das einen Gegenstand systematisch darstellt. Auch philosophische Werke des ↗Mahāyāna, die z. T. vollständig nur in tib. oder chin. Übers. vorliegen, verstehen sich als ś., so z. B. das Yogācārabhūmiś. des ↗Asaṅga u. das Mahāprajñāpāramitāś. des ↗Nāgārjuna. (mü)

sati (P, Skt smṛti), „Achtsamkeit“; das bewußte u. gelassene Erleben innerer wie äußerer Abläufe. Als „rechte Achtsamkeit“ (P sammā-sati) ist s. das 7. Glied des ↗Achtfachen Pfades u. somit eine der grundlegenden, im Leben nach dem buddh. Heilsweg zu entfaltenden Qualitäten (daher auch ihre Zuordnung zu den ↗bala u. bojjhanga). s. gehört zu den meditativen Geisteshaltungen u. ist nach dem alten Schema des Heilsweges (z. B. D 2, 65) bei allen Lebensvollzügen zu wahren. Eine besondere Übung zur Entwicklung u. Anwendung von s. stellt neben der ↗Atembetrachtung die ↗satipaṭṭhāna-Übung dar. Im hohen Wert der s. liegt der Grund für das Verbot berauschender Mittel (↗Ethik). (sl)

satipaṭṭhāna (P, Skt smrityupasthāna), „Übung (oder) Grundlagen der Achtsamkeit"; eine der wichtigsten meditativen Praktiken (↗Meditation) des Buddh. Sie ist ausführlich beschrieben im S.-Sutta (M 10; D 22), wo s. als „der einzige Weg zur Läuterung…, zur Verwirklichung des ↗nirvāṇa" bezeichnet wird. In der hier geschilderten Form der s.-Übung dürften sich bereits verschiedene meditative Übungen verbunden haben, wie die allgemeine Entfaltung der ↗Achtsamkeit (↗sati), die Übung der Leichenbetrachtung, die ↗vipassana-Übung u. die vielleicht ursprüngliche s.-Übung i. S. einer achtsamen Wahrnehmung der eigenen Verfassung, die in Form einer regelmäßig zu praktizierenden spirituellen Bestandsaufnahme eine Voraussetzung für die weitere Persönlichkeitsentwicklung bildet. Das s.-Sūtra nennt hierzu folgende 4 Objekte der Introspektion: 1. die körperliche Haltung bzw. Verfassung in allen Lebenslagen (P kāyanupassanā), 2. der Zustand der Empfindungen (P vedanānupassanā, ↗vedanā), 3. die momentane innere, geistige Verfassung (P cittanupassanā), 4. der spirituelle Entwicklungsstand (P dhammanupassanā). In den Schulen des ↗Hīnayāna wurden für die Ausführung der s.-Übung 2 Aspekte besonders betont, die zur Befreiung vom ↗Anhaften führen sollen: a) das reine Registrieren ohne intentionales Eingreifen, b) die Beobachtung der permanenten Vergänglichkeit aller registrierten Erscheinungen. Im ↗Mahāyāna wird die s.-Übung bisweilen in Zusammenhang mit der Erkenntnis von ↗śūnyatā gestellt. Seit Beginn des 20. Jh. setzte ausgehend von ↗Burma im ↗Theravāda eine Wiederbelebung der s.-Übung ein, vor allem durch U Narada Mahāthera (gest. 1957).

L.: Nyānaponika: Der einzige Weg, 1956; ders.: Geistesschulung durch Achtsamkeit, 1979; L. Schmithausen: Die vier Konzentrationen der Aufmerksamkeit (ZMR 60), 1976. (sl)

Satori (jap.), Erleuchtungserlebnis im jap. ↗Zen-Buddh. eigentlich der Moment des Durchstoßens zur nicht-dualistischen Sicht auf die Wirklichkeit. S. gilt als „die Zen-Erfahrung" des Erwachens zur wahren Natur. Sie wird auch als Wiedergeburt des „Wahren Selbst" beschrieben, nachdem das falsche u. uneigentliche Selbst zugrundegegangen ist. S. wird durch meditative Praxis (↗Zazen, aber auch durch andere Formen der

↗Meditation), wenn nicht sogar erzeugt, so doch unabdingbar prädisponiert. Die Zen-Erfahrung wurzelt im Verständnis von ↗śūnyata u. weist Zen oder ↗Ch'an trotz starker Praxisorientierung u. Betonung des eigenen Bemühens als zum ↗Mahāyāna gehörig aus. (no)

Sattapaṇṇi-Höhle ↗Vebhāra-Berg

sattvasamatā (Skt), Auffassung, nach der vor der mahāyānischen ↗śūnyatā-Lehre (↗Mahāyāna) alle Wesen eins u. identisch seien. s. gilt als die Grundlage des Erbarmens (↗karunā) des ↗Bodhisattva. (no)

Satyasiddhi-śāstra (Skt), ein Harivarman (eventuell 3. Jh.) zugeschriebener Text, der eine Mittelposition zwischen ↗Mahāyāna u. nicht-mahāyānischen Schulen einnimmt. Auf eine längere Behandlung der verschiedenen Streitfragen ind. buddh. Schulen folgt eine Auslegung der ↗Vier Edlen Wahrheiten. (sl)

Sautrāntika (Skt von Skt sūtrānta, P suttanta, gleichbedeutend mit ↗sūtra = Lehrrede), buddh. Schule zum ↗Hīnayāna gehörig, gegründet von Kumāralāta im 2. Jh. durch Abspaltung vom ↗Sarvāstivāda. Diesem gegenüber läßt der S. nur die Lehrreden des ↗Buddha (sūtrapiṭaka), ausdrücklich aber nicht den ↗abhidharma gelten. Die Lehren des S. sind vornehmlich aus der Diskussion im ↗Abhidharmakośa des ↗Vasubandhu bekannt. Dabei rücken die S. von der Metaphysik der Sarvāstivādins einerseits ab, entwickeln aber andererseits Teile der sarvāstivādischen ↗dharma-Lehre weiter in Richtung auf den mahāyānischen Idealismus. So sprachen sie den dharmas die Realität ab u. ließen sie nur noch als reine sprachliche Konvention gelten. Gleichfalls bestritten sie, daß dharmas u. damit Erscheinungen Dauer besäßen, u. ließen nur Entstehen u. Vergehen gelten. Erkenntnistheoretisch war nach Auffassung des S. eine Perzeption nur über Bilder von Erscheinungen zu gewinnen, die im Vorgang der Wahrnehmung bereits vergangen waren. Die anattā-Lehre (↗anātman) ist insofern modifiziert, als die Kette der aufeinanderfolgenden Existenzen durch ein Bewußtseinselement verbunden ist, das in der ↗Erlösung erlischt. ↗nirvāṇa ist als rein negativer Ausfallswert verstanden.

L.: E. Frauwallner: Die Philosophie des Buddhismus, 1956; A. Bareau: Les sectes bouddhiques du petit véhicule, Saigon 1955. (no)

Sayadaw (birmanisch), „Lehrer", Ehrentitel für einen älteren u. angesehenen buddh. Mönch, in etwa vergleichbar dem Titel ↗Mahā Thera. (no)

Schauspiel. Das 7. ↗sīla der 10 Sittenregeln (sikkāpada; Schulungsspur) für Mönche u. Novizen u. für Nonnen u. Novizinnen gebietet den Verzicht der Teilnahme an Schauspielen, Tänzen, Gesangs- u. Musikveranstaltungen aller Art. An uposatha-Tagen (↗uposatha) wird diese Regel auch von vielen buddh. Laien eingehalten. (no)

Schloß, Oskar, 1881–1945, 1912 Gründungsmitglied des ↗„Bundes für Buddh. Leben" in Halle. Verleger zunächst in Trier, ab 1919 Neubiberg bei München. Hg. verschiedener buddh. Reihen: der Benares-Bücherei (9 Bde., 1924), der Buddh. Volksbibliothek (23 Bde., 1924–1925), der Buddh. Taschenbibliothek (5 Bde., 1914) u. der Untersuchungen zur Geschichte des Buddh. u. verwandter Gebiete (23 Hefte/Sonderdr. der Zs. für Buddh., 1921–1927), außerdem von Übers. aus dem ↗Pāli-Kanon (↗Aṅguttara-Nikāya, übers. u. hg. von ↗Nyānatiloka; 2. Aufl. von Karl ↗Seidenstücker, Pāli-Buddh. in Übers., 1923), ferner die „Zs. für Buddhismus" (1913/14 u. 1920–28, 1931 noch einmal). Das buddh. Verlagsprogramm von O.S. wurde bis 1931 von Ferdinand Schwab (1882–1976) fortgeführt, nachdem Schloß 1927 in die Schweiz umgesiedelt war. (no)

Scholastik bezeichnet die im engeren Sinn „schulmäßige", an den Universitäten betriebene Theologie des christlichen Mittelalters. Im weiteren, von daher abgeleiteten Sinn wird der Begrif für parallele Erscheinungen, im Bereich der außerchristlichen Hochreligionen angewendet. Als buddh. Sch. gilt insofern einerseits eine Entwicklungsstufe in der Tradition der buddh. Lehre, auf der die religiöse Botschaft des ↗Buddha zum

Gegenstand gelehrter (u. entsprechend gesellschaftlich geachteter wie geförderter) Beschäftigung geworden ist, u. die ihre institutionelle Basis in universitären Einrichtungen wie z.B. der berühmten Klosterschule von ↗Nālandā gefunden hat. Andererseits wird als buddh. Sch. auch ein gewisser Duktus in der schriftlichen Darbietung der Lehre bezeichnet, der durch starke Differenzierungs- u. Kategorisierungstendenzen (die nicht selten einen trockenen Stil bedingen) ebenso charakterisiert ist, wie durch einen unverkennbaren Zug zur ideologischen Polemik u. metaphysisch/kosmologischen Spekulation. Insofern stellt die buddh. Sch. ein Phänomen dar, das durchaus ambivalenten Charakter trägt u. auch in diesem Sinne von der buddh. Tradition gewertet wurde. Denn schon den konstitutiven Elementen des Buddh. wohnt eine fruchtbare Spannung zwischen meditativer, ganz auf kontemplative Kompetenz gerichteter Praxis einerseits u. bewußt rationaler Analyse der für den Erlösungsweg relevanten Aspekte andererseits inne. Hat die im ↗abhidharma-piṭaka einsetzende buddh. Sch. somit die Voraussetzungen für die beachtlichen intellektuellen Leistungen in den großen Lehrsystemen des ↗Hīnayāna u. des ↗Mahāyāna geschaffen, so kennt die Geschichte des Buddh. doch auch mächtige, gegen die der Sch. inhärierende Gefahr reiner Schriftgelehrsamkeit gerichtete Bewegungen, zu deren prominentesten der ↗Zen- u. ↗Amida-Buddh. zu rechnen sind. (sl)

Schuld. Ein dem Begriff der Sch. entsprechendes zentrales Konzept fehlt dem Buddh. (als Sammelbegriff in etwa „vajja“ [P] = das Tadelnswerte), er kennt jedoch klar die konstitutiven Aspekte der Sch.: Er lehrt die Verantwortlichkeit der Wesen, den moralischen Imperativ u. besonders eine Rückwirkung des Fehlverhaltens (wobei unter „Verhalten“ immer das Tun in Gedanken, Worten u. Werken zu verstehen ist) auf den Täter, bei der die Absicht entscheidend ist (↗karma, ↗Ethik). Als solches gilt jedes Verhalten, durch das anderen Wesen u. sich selbst ↗Leiden verursacht wird. Eine Sch. gegenüber ↗Gott (↗Sünde) ist dem Buddh. fremd, die Überwindung von Sch. aber religiös bedeutsam. (sl)

Schultze, Theodor, geb. 22.6.1824 in Oldenburg/Holstein, gest. 6.4.1898 in Potsdam; Jurist, Oberpräsidialrat, früher Vertreter einer sich bildenden buddh. Bewegung in Deutschland. Aus erklärter buddh. Positionsnahme legte Sch. Übers. buddh. Texte aus dem Engl. u. Vergleiche zwischen ind. Religionstradition (↗Indien) u. dem Christentum vor. Den Buddh. stellte er als die Religion der Zukunft vor.

A.: Vedanta u. Christentum als Fermente für eine künftige Regeneration des rel. Bewußsteins innerh. des europ. Kulturkreises, 1893, ²1898, posthum unter dem Titel: Die Rel. der Zukunft, ³1901; Das Dhammapada. Eine Versammlung, welche zu den kanon. Schriften des Buddh. gehört. Aus der engl. Übers. v. Prof. F. Max Müller in Oxford, 1885; Buddha's Leben u. Wirken nach der chin. Bearbeitung von Açvaghoshas Buddha-Carita u. deren (dessen) Übers. ins Engl. durch S. Beal in dt. Verse übertragen, 1895, ²1922. – L.: A. Pfungst: Ein Dt. Buddhist (Oberpräsidialrat Theodor Schultze. Biograph. Skizze, 1899, ²1901; H. Hecker: Lebensbilder dt. Buddhisten. Ein bio-bibliographisches Hdb., Bd. II: Die Nachfolger, 1992, 216–218. (no)

Schweigen. Im Rahmen des Buddh. lassen sich 3 Dimensionen des Sch. unterscheiden: 1. Sch. als Teil meditativer Praxis (↗Meditation), 2. Sch. als gezieltes Stilmittel der Verkündigung der ↗Lehre des ↗Buddha, 3. Sch. als Ausdruck höchster Erkenntnis (↗Weisheit, ↗prajñā). Im 1. Sinn schafft das Sch. günstige Bedingungen für das Gelingen der Introspektion, für die Schulung der Achtsamkeit (↗satipaṭṭhāna) oder ist Ausdruck u. Begleitumstand der Versenkung. Im 2. Sinne wird das Sch. von Buddha eingesetzt, um zu demonstrieren, daß die Beantwortung bestimmter Fragen den Intentionen seiner Verkündigung entgegenlaufen würde. Dabei handelt es sich um Fragen aus dem Umfeld metaphysischer oder kosmologischer Theorien, wie die nach Anfang u. Ende der Welt, nach der postmortalen Existenz des Erlösten oder dem Wesen des Selbst. Ihre Beantwortung ist nicht nur für das Erreichen des ↗nirvāṇa unerheblich, sondern kontraproduktiv, weil die Entstehung dieser Fragen u. Theorien auf den „Durst" (↗tṛṣṇā) zurückgeführt wird (vgl. z.B. D 1; M 2, 38, 63), also jener unheilsamen Tendenz entspringt, die es zu beseitigen u. nicht durch eine Antwort zu bestätigen gilt. Hinsichtlich des Sch. im 3. Sinne mußte der Buddh. angesichts der alten ind. Auffassung, ein Weiser rede nicht, die Verkündigung Buddhas legitimieren, was den Hintergrund des Konzepts der „doppelten ↗Wahrheit“ bildet. Geradezu paradigmatisch erscheint im ↗Vimalakīrti-nideśa das Sch. als Ausdruck höchster Einsicht. Doch wird bereits im ↗Pāli-Kanon betont, daß über das Heilsziel nicht adäquat gesprochen werden kann (vgl. z. B. M 44; Snip 1074 ff) u. der Lehre lediglich ein rein funktional auf die Verwirklichung des unsagbaren Heilsziel bezogener Wert beizumessen ist (vgl. das berühmte Floß-Gleichnis in M 22). (sl)

Sechs Lehren des Nāropa (tib. nā ro chos drug), das sind 6 yogische oder meditative, in allen Schulen des ↗Lamaismus praktizierte Techniken des ↗Vajrayāna, deren Ziel die Erfahrung der Natur von ↗saṃsāra u. ↗nirvāna ist: 1. Yoga mystischer Hitze (tib. gtum mo), 2. Yoga des māyā-Körpers (tib. sgyu lus), 3. Traumyoga (tib. rmi lam), 4. Yoga des Klaren Lichtes (tib. `od gsal), 5. Yoga der Bewußtseinsübertragung (tib. `pho ba) und 6. Yoga des ↗Zwischenzustandes (tib. bar do). Als Urheber dieser Yoga-Techniken gilt der ind. Guru ↗Tilopa (988–1069: Er übermittelte sie dem ↗Nāropa (956–1040), der diese Lehren erstmals schriftlich fixierte, und sie dem tib. ↗Marpa übertrug. Für die ↗Kagyüpa sind die S. L. d. N. daher von besonderer Bedeutung.

L.: G. Tucci: Die Rel. Tibets (in: D. Rel. T.s u. d. Mongolei, hg. G. T., W. Heissig), 1970 (RM 20); G.C.C. Chang: Teachings of Tib. Yoga, 1977; C. A. Muses: Esoteric Teachings of Tib. Tantra, York Beach [2]1982; W. Y. Evans-Wentz: Geheimlehren aus Tibet, 1987. (ev)

sechs Sinne. Nach buddh. Anschauung stellt die sensorische Ausstattung des Menschen (Sehen, Hören, Riechen, Tasten, Schmecken u. – nach ind. Trad. als 6. Sinn – Denken) eine wichtige Fessel an die Welt der Wiedergeburten u. der Unerlöstheit (↗saṃsāra, ↗Erlösung) dar u. ist damit negativ qualifiziert. In buddh. Kosmologie ist die unterste Weltregion, der kāma-loka, gerade durch diese Sinnenausstattung u. durch die Sinnesobjekte entscheidend bestimmt. In der Bezogenheit von Sinnesorganen u. Sinnesobjekten konstituieren sich die 12 Grundlagen der Geistesprozesse. Aus den Sinnesreizen (āyatana) entsteht Sinneslust, Anhänglichkeit oder Begehren nach Sinnesfreuden (↗kāma, kāma-guṇa) u. so letztlich der unheilsame Daseins- u. Werdedurst (Skt tṛṣṇā, P taṇhā), der Erlösung vereitelt. Das empfohlene heilsame sittliche Verhalten ist daher Sinnenzügelung (siehe Torwächtergleichnis im Textanhang). (no)

Seele. Ein entscheidendes Charakteristikum aller buddh. Schulen ist die Ablehnung der Annahme, irgendeine der erkennbaren Gegebenheiten könne als eine unvergängliche S. angesehen werden (↗anātman, ↗Wiedergeburt). Dies impliziert jedoch weder die Leugnung vitaler u. geistiger Gegebenheiten (↗jīva, ↗nāmarūpa, ↗skandhas), noch personaler Verantwortlichkeit (↗Ethik), sondern will der Befreiung vom in der Vorstellung eines ewigen „Ichs" kulminierenden ↗Anhaften (intellektuell: Skt satkāyadriṣṭi; existentiell: Skt asmimāna) dienen. An die Stelle ontologischer S.-Vorstellungen tritt die existentielle Verwirklichung der ↗Freiheit des ↗nirvāṇa. (sl)

Seelenwanderung ↗saṃsāra

Seidenstraße, Handelsweg zwischen ↗China u. Byzanz: von Mero u. vom Oxus im W über das nördl. Afghanistan u. durch Teile des heutigen Pakistan nach Kaschmir, über den Hindukusch u. die Karakorum-Höhenstraße nach An Hsi in N-China u. dann auf 2 Routen den Oasen folgend durch die Wüste Takla Makan. Auf der S. zogen die meisten chin. ↗Pilger nach ↗Indien, wie zahlreiche Inschriften entlang der S. belegen. Im übrigen säumten Klöster, Höhlenheiligtümer, Stūpas die S. u. belegen in ihren Resten heute noch die einstmalige Blüte des Buddh. in ↗Zentralasien. In umgekehrter Richtung gelangte auf der S. mit Handelskarawanen der Buddh. aus Zentralasien nach China. Auf ihr kamen die Missionare des ↗Manichäismus, der Nestorianer – Vertreter eines orientalischen Christentums – u. schließlich auch katholische Missionare u. Handelsreisende wie Marco ↗Polo in den Fernen Osten. (no)

Seidenstücker, Karl, Indologe, Privatgelehrter, Übersetzer u. früher Vertreter des Buddh. in Deutschland; geb. 23.3.1876, gest. 29.10.1932. S. gründete 1903 in Leipzig die 1. buddh. Gesellschaft in Deutschland, den „Buddh. Missionsverein für Deutschland", 1906 umbenannt in „Buddh. Gesellschaft für

Deutschland". Ab 1905 gab er unregelmäßig die Zs. „Der Buddhist" (später umbenannt in „Buddh. Warte" u. „Mahābodhiblätter") heraus. 1907 gründete er ein Mahābodhi-Zentrum, aus dem 1911 der „Dt. Zweig der Mahābodhi Gesellschaft" (↗Mahā Bodhi Society) hervorging. 1909 war S. an der Gründung der „Dt. Pali-Gesellschaft" beteiligt, die gewissermaßen das dt. Pendant zur brit. Pali Text Society (PTS) darstellen sollte. Sie verschwand bald wieder. Seine endgültige religiöse u. geistige Heimat fand S. schließlich in der „Buddh. Gemeinde für Deutschland", die er 1921 zusammen mit Georg Grimm begründete (↗Altbuddh. Gemeinde). In diesem Rahmen wirkte S. sehr fruchtbar publizistisch an Grimms „Buddh. Weltspiegel", der Zs. der Buddh. Gemeinde für Deutschland, mit. S. übersetzte aus dem ↗Khuddaka-Nikāya die drei Bücher Udāna, Itivuttaka u. Khuddakapātha.

W.: Pali-Buddh. in Übers. Texte aus dem buddh. Pali-Kanon u. dem Kammavaca, 1911, ²1923; Buddh. Predigten, 1923. (no)

Selbst ↗anātman

Selbsttötung gilt wie die Tötung aller Wesen als unheilsam (↗akusala); A 7,60 führt S. auf Haß u. Verblendung zurück. Eine Ausnahme ist die S. eines unheilbaren, schmerzhaft kranken ↗arhat (z. B. M 144; S 22,87), doch gab es im frühen Buddh. auch Tendenzen zur S. aus asketischer Begeisterung (M 145, S 54,9). (sl)

Sengai, jap. Zen-Meister; 1750–1873. S. vertrat das Einsamkeitsideal als Leben in der Einöde in Stille u. großer Bedürfnislosigkeit, aber auch als Existential jeglichen Lebensvollzugs – in diesem Fall als geistige Haltung. Dies propagierte er in der Schrift „Gesang des Einsamen Lebens".

L.: D. T. Suzuki: S., The Zen Master, hg. v. E. van Hoboken, London 1971. (no)

Seng-chao, chin. Vertreter von ↗San-lun; 384–414. S. war einer der wichtigsten Vertreter des Buddh. im ↗China seiner Zeit. Er verband den ↗Taoismus u. ↗Neotaoismus mit dem ↗Mahāyāna u. faßte als 1. die Philosophie des ↗Mādhyamika in chin. Form

(San-lun). Er brachte ↗Kumārajīva nach Ch'ang-an, arbeitete an dessen Übers. mit u. war bereits in jungem Alter schon bei führenden Gelehrten seiner Zeit anerkannt. Von S. stammen der Komm. zu Vimalakīrti „Chu Wei-mo-ching", durch dessen Lektüre S. Buddhist geworden war, u. „Chaolun" (Abhandlungen des Chao, ein Komm. zu den beiden Ch'an-Meistern Hui-teng – vor 839 – u. ↗Han-shan). (so)

Seng-ts'an (jap. Sōsan), chin. Vertreter der ↗Ch'an-Schule u. deren 3. ↗Patriarch; gest. 606. Über sein Leben ist wenig u. über seine Lehren fast nichts bekannt. Das ihm zugeschriebene Gedicht „Hsin-shin-ming" („Inschrift des vertrauenden Geistes"), einer der berühmtesten Ch'an-Texte, wurde erst im 8. Jh. verfaßt. (so)

Seng-yu, chin. Vertreter von ↗Lü; 445–518. 1. Historiograph des chin. Buddh. S. studierte den ↗vinaya des ↗Sarvāstivāda. Wie sein Lehrer Fa-ying war er Mönchsbeamter in der Hauptstadt Chien-yeh u. gewann großen politischen Einfluß. Sein Werk „Hung-ming-chi" (515–518) ist eine der wichtigsten Quellen zur Entwicklung des Buddh. in S-China u. der 1. Versuch, die ↗Lehre des ↗Buddha in China zu kanonisieren. S. folgte dem Motto des Konfuzius: „Berichten, nicht selbst schöpfen". In seiner Wirkung hat S. maßgeblich zur Bildung einer eigenständigen buddh. Tradition in China beigetragen. Sein Schüler war Pao-ch'ang, der von 495 bis 516 wirkte u. die Mönchsbiographien „Ming-seng chuan" (519, ↗Hui-chiao) verfaßte. (so)

Sera (tib. Se-ra), tib. Kloster der Tugendschule bei ↗Lhasa, 1419 gegründet durch einen Schüler ↗Tsong-kha-pas, des Gründers der ↗Gelugpa. S. war bis 1959 eines der wichtigsten Ausbildungszentren der Gelugpa. (no)

Sesshin (jap.), wörtlich: „den Geist üben"; 1. Intensivschulung innerhalb der mehrjährigen Zen-Ausbildung in jap. Zen-Klöstern u. Zen-Schulungszentren; auch Angebote intensiver Ausbildung für Laien. In jap. Klöstern findet monatlich 1mal ein Kleines S. u. jährlich in der Regel 2mal ein Großes S. als intensive Übungsperioden statt. – 2. S. heißt auch die in der neobuddh. Gemeinschaft ↗Shinnyoen geübte spiritistische Praxis der Totenbeschwörung. (no)

Shaktismus. Bezeichnung der bedeutendsten Form des hinduistischen ↗Tantrismus. Im Zentrum steht die Vorstellung von einer aktiven, dynamischen, unabhängigen, weiblichen Kraft, der sogenannten ↗śakti, die die „Energie" (Skt śakti) des höchsten Gottes, ihres Gatten Śiva, ausdrückt u. in ihrer Erscheinung als wunderbare, wohlwollende Göttin Śakti die kosmische Urmutter, die schöpferische Kraft, u. als dunkle, häßliche Göttin Kali die unbeherrschbare Kraft der Zerstörung, symbolisiert. Der S. geht von der Wirklichkeit als einer in sich geschlossenen Polarität aus, die im Bewußtsein des Individuums als Dualität erfahren wird, real jedoch das unablässige göttliche Kräftespiel von Śiva u. Śakti darstellt. Sein Ziel ist die Wiederherstellung des Einheitszustandes mittels tantrischer Praktiken wie 1. der Vereinigung der Polaritäten auf körperlicher oder geistiger Ebene oder 2. des Kundalinī-Yoga. Ziel dieser Yoga-Technik ist die Erweckung der am unteren Ende der Wirbelsäule ruhenden Schlangenkraft, die durch feinstoffliche Energiekanäle (Skt nāḍī) u. -zentren (Skt cakra) zum Aufstieg u. zur Kulmination im außerhalb des Körpers, über dem Kopf, liegenden cakra des Tausendblättrigen Lotus (Skt sahasrāracakra) gebracht werden soll. Die Symbolik des S., yoni (Schoß) u. lingam (Phallus), ist sexueller Natur. Die hinduistische śakti darf nicht mit der buddh. ↗prajñā verwechselt werden.

L.: ↗Tantrismus. (ev)

Shan-tao, chin. Vertreter von ↗Chin-t'u; 613–681. 2. ↗Patriarch nach ↗Hui-yüan. Nach dem Tod seines Lehrers ↗Tao-ch'o 645 ging er als 1. der Ching-t'u-Schule in die Hauptstadt Ch'ang-an u. verbreitete diese dort in der Folge in Zentralchina. In ↗Japan wird S. als Inkarnation von ↗Buddha ↗Amithāba angesehen. Von S. stammt ein Komm. zum „Sūtra über die Konzentration" („Kuan-ching-su"). (so)

Shan-wu-wei ↗Subhākarasiṃha, ↗Mi-tsung ↗Chen-yen

She-lun, chin. Schule, benannt nach dem Haupttext Mahāyānasaṃgraha von ↗Asaṅga („She-ta-ch'eng-lun"), 563 von ↗Paramārtha, dem Begründer der Schule, ins Chin. übersetzt. Die S.-Schule war die herrschende Richtung in der Sui- u. frühen T'ang-Zeit. Mitte des 7. Jh. ging sie in der ↗Fa-hsiang-Schule auf. Ihre wichtigsten Vertreter waren Hui-k'ai, Fa-yeh, Ch'ing-sung u. T'ang-ch'eng. (so)

Shen-hsiu (jap. Jinshū), chin. Vertreter der Ch'an-Schule u. deren 6. ↗Patriarch u. wichtigster Exponent der Nord-Schule (↗Fa-ju); 606–706. S. war konfuzianisch u. taoistisch gebildet. Im Alter von 50 Jahren wurde er Schüler von ↗Hung-jen u. I-fu. Um 700 vom Kaiser nach Lo-yang eingeladen, gewann er viele Anhänger. 734 griff ↗Shen-hui S. Lehre von der allmählichen Erleuchtung u. dessen Patriarchat zugunsten von ↗Hui-neng an. Dieser Streit löste die Spaltung der Ch'an-Schule in eine nördl. u. in eine südl. Schule aus. Aber bereits nach dem Tod der Schüler von S. i. d. Mitte des 8. Jh. erlosch diese Richtung wieder. (so)

Shen-hui (Ho-tse Shen-hui, jap. Kataku Jinne), chin. Vertreter der Süd-Schule des ↗Ch'an; 670–762. Nach dem Studium des ↗Konfuzianismus u. ↗Taoismus meditierte er bei ↗Shen-hsiu. Später wird er Schüler u. Nachfolger von ↗Hui-neng. 720 vom Kaiser in die Hauptstadt Lo-yang eingeladen, kommt es zu ersten Konflikten mit den Anhängern von ↗Shen-hsiu. 734 griff S. die Lehre Shen-hsius von der allmählichen Erleuchtung an u. bestritt die Rechtmäßigkeit von dessen Patriarchat. Seine Intervention ist teilweise erhalten (früheste Fassung: MS von Tun-huang). In der Folge kam es zur Spaltung der Ch'an-Schule in eine nördl. (Shen-hsiu) u. in eine südl. Richtung (Hui-neng u. S.). Die Auseinandersetzung spitzte sich noch einmal 745 zu. 753 setzten seine Gegner die Verbannung des S. (bis 756) durch. Nach seiner Rückkehr wirkte er in Lo-yang. 796 wurde er vom Kaiser als 7. Patriarch der Ch'an-Richtung bestätigt. (so)

Shigatse (tib. gźis dkar rtse), ↗Hauptstadt der westtib. Provinz Tsang, ca. 300 km westl. von ↗Lhasa gelegen. Früher etwa 12 000 Einwohner zählend, besaß S. einen der prächtigsten

↗Dzongs ↗Tibets u. ist berühmt durch das Kloster ↗Tashilhünpo, den Sitz des ↗Panchen Lama. (ev)

Shih-shuang Ch'u-yüan (jap. Sekisō Soen), chin. Vertreter der Ch'an-Schule (↗Lin-chi); 986–1039. S. war Schüler der 7. Generation von Lin-chi. Er brachte die Lehre nach S-China. Durch das Werk eines befreundeten Beamten wurde Lin-chi zur wichtigsten Ch'an-Schule der Sung-Zeit. Lehrer von S. war Fenyang, der Mitherausgeber von „Lin-chi-lu". S. publizierte das Werk seines Lehrers. Wichtigste Schüler von S. waren ↗Yang-ch'i u. ↗Huang-lung. (so)

Shih-t'ou Hsi-ch'ien (Shih-t'ou Ho-shang, jap. Sekitō Kisen), chin. Vertreter der Ch'an-Schule (1. T'ang-Hauptlinie); 700–790. Sein Lehrer war Ch'ing-yüan Hsing-ssu (660–740), sein wichtigster Schüler ↗Hui-neng. 742–764 lebte S. sehr zurückgezogen, dann gründete er ein neues Ch'an-Zentrum. Sein wichtigstes Werk ist „Ts'an-t'ung-ch'i" (ein taoistisches Werk aus der Han-Zeit trägt denselben Titel). (so)

Shih-wang (T'ien-wang, Skt lokapala), „Weltenkönig" bzw. „Himmelskönig"; die Wächter der 4 Himmelsrichtungen (↗Wei-t'o). ↗Amoghavajra führte die S. in China ein. Der Legende nach verteidigten sie 742 die Hauptstadt u. wurden durch kaiserlichen Erlaß in jedem Tempel in der Eingangshalle, 2 an jeder Seite, aufgestellt; dieser Brauch besteht bis heute. Die Figuren unterscheiden sich durch Gesichtsfarbe u. Attribute in den Händen: Ch'ih-kuo (O): weiß, Laute; Tseng-chang (S): blau, Schwert; Kuang-mu (W): rot, Schlange oder Ratte u. Wunschjuwel; To-wen (N): gelb, Siegesfahne oder Schirm. Der ↗Taoismus hat eine ähnliche Gruppe von Generälen entwickelt. (so)

Shingon-shū (jap., chin. Chen-yen), „Mantra-Schule (↗mantra), von Kūkai (774–835) im frühen 9. Jh. in ↗Japan eingeführte tantrisch beeinflußte (↗Tantra, ↗Tantrismus) esoterische Form des Buddh. Kukai hatte bei einem Aufenthalt in ↗China die Geheimlehre der Schule des „Wahren Wortes" durch den 7. ↗Patriarchen Hui-kuo (jap, Keika, 746–805) übertragen bekommen, wodurch die Patriarchensukzession von China nach Japan gelangte. Haupttempel der S. ist der Kongōbei-ji auf dem Berg Kōya auf der Halbinsel Kii, 816 von Kūkai gegründet. – Die S. vertritt, daß die konkrete Welt die höchste Wirklichkeit darstelle; von daher ist sie dem Dasein zugewandt. Mahāyānisch (↗Mahāyāna) ist der erkenntnistheoretische Monismus der Schule: erkennendes Subjet u. erkanntes Objekt sind eins. Diese Einheit wird symbolisiert durch den ↗Buddha (↗Tathāgata) Dainichi-nyorai (Skt Mahāvairocana bzw. ↗Vairocana). Ziel der Praxis ist es, sich selbst als Buddha zu erkennen. Dieses „Buddha-Werden" wird durch eine esoterische Ritualistik unterstützt, die der Schweigepflicht unterliegt u. auch nicht schriftlich kodifiziert ist, sondern nur mündlich weitergegeben wird. Diese Ritualistik enthält symbolische Gesten u. mantra-Rezitation. Im Zentrum der besonderen Verehrung steht der Buddha Vairocana, Inbegriff der absoluten Wahrheit. – Neben Japan ist die Schule auch in den USA verbreitet.

L.: R. Tajima: Les deux grands Maṇḍalas et la doctrine de l'ésotérisme S., Tokyo – Paris 1959; Y. S. Hakeda: Kukai, Major works, New York 1972; M. Kiyota: S. Buddhism, Los Angeles 1978; ders.: Tantric concept of bodhicitta, Madison 1983; R. Goepper et al.: S., Die Kunst des Geheimen Buddhismus in Japan, 1988 (Ausstellungskat.); T. Yamasaki: S., Der esoterische Buddhismus in Japan, 1990. (no)

Shinnyoen (jap.), wörtlich: „Garten des wahren Buddha"; neobuddh. Laiengemeinschaft mit mediumistisch-spiritistischen Einschlüssen. S. wurde 1936 von Itō Shinjō (1906–1989) aus der Tradition der ↗Shingon-shū gegründet u. zunächst mit dem Daigō-Zweig dieser Schule verbunden unter dem Namen „Tachikawa Fudōson Kyokai". Nach dem 2. Weltkrieg gründete Itō 1948 seine Gemeinschaft neu unter dem Namen Makoto Kyōdan (WahreVereinigung), trennte sie indes von der Shingon-Gemeinde. Seit 1951 heißt sie S. Die Gemeinschaft ist von religiösen Gruppierungen (suji) aus 100 Familien um einen suji-oya, einen „Gruppenführer", organisiert. Die religiöse Praxis beinhaltet mediumistisch-spiritistische Formen der Kontaktaufnahme mit Verstorbenen. Den Mitgliedern sind dreierlei Arten von Praxis aufgetragen: finanzielle Unterstützung, Mitgliederwerbung u. Dienst an der Gemeinschaft. (no)

Shinran Shōnin (1173–1262/63). Neben ↗Hōnen Shōnin, ↗Dōgen u. ↗Nichiren ist S. einer der großen buddh. Reformatoren ↗Japans. Auf die Lehren S. gründet sich die ↗Amida-buddh. ↗Jōdo-Shinshū. Mit 8 Jahren wurde S. als ↗Tendai-Mönch auf dem Berg Hiei (nahe Kyōto ordiniert. Nach mehr als 20jährigem Studium u. Praxis der Tendai-Lehren verläßt S. 1201 den Berg Hiei u. schließt sich Hōnen an, dessen bedeutendster Schüler er wird. Gemeinsam mit Hōnen wird S. 1207 auf Betreiben der Tendai-Schule exiliert. Während der Verbannung in Echigo lebt S. mit Menschen unterster Volksschichten, was zu einer radikalen Vertiefung seiner Spiritualität führt. S. identifiziert sich mit den wegen ihrer Berufe verachteten Jägern u. Fischern u. verkündet das Vertrauen auf ↗Amida als einen auch ihnen zugänglichen Weg der Befreiung. Vermutlich um 1210 heiratet S. die ehemalige ↗Nonne Echin-ni u. betrachtet sich fortan als „weder Mönch noch Laie". Obwohl 1211 S. Verbannung aufgehoben wird, verbringt er weitere 20 Jahre in entlegenen Gegenden u. verkündet seine Lehren vorwiegend unter einfachen u. ungebildeten Menschen. Vermutlich um 1234 kehrt S. nach Kyōto zurück. Dort schreibt S. die meisten seiner Werke (Hauptwerk: die monumentale Kompilation „Kyōgyōshinshō") u. versucht durch Briefe u. Boten die um ihn entstandene Bewegung zu steuern. 1262/63 stirbt S. In seinen zahlreichen Schriften formt S. eine eng an den Grundprinzipien des ↗Mahāyāna ausgerichtete Lehre, in deren Zentrum „shinjin" steht. Shinjin ist für S. die Gesinnung ↗Amidas, die Verbindung von ↗Weisheit u. ↗Mitleid. Zugleich ist „shinjin" das Vertrauen auf Amida. Durch „shinjin" dringt der Mensch zur non-dualen Heilswirklichkeit vor, deren Ausdruck für S. Amida ist.

L.: J. Matsuno: Shinran, Tokyo 1959; T. Akamatsu: Shinran, Tokyo 1969; N. Kikumura: Shinran: His Life and Thought, Los Angeles 1972; A. Bloom: Shinran's Gospel of Pure Grace, Tucson 1977; V. Zotz: Der Buddha im Reinen Land, 1991. (sl)

Shinsei-shū, Unterschule der jap. ↗Tendai-Schule mit dem Saiko-jī in Kyōto als Haupttempel. Die Schule ist regional stärker am Baiwasee in mehreren Klöstern verbreitet. (no)

Shintoismus und Buddhismus. Shintō, wörtlich: „Weg der Götter", ist die alte traditionelle Form der jap. Religion. Sie ist aus Ahnen- u. Seelenkult u. aus urtümlich animistischen Wurzeln der Naturvergottung u. Allbeseelung entstanden. Shintō bezeichnet damit zum einen die überkommenen spezifischen religiösen Anschauungen u. Vorstellungen in ↗Japan, zum anderen aber vorzugsweise die kultischen Vollzüge u. die kultische Organisation jap. Religiosität an den Shintō-Schreinen. Neben einem Volks-Shintō, der nach volksreligiösen Kriterien an bestimmten Schreinen – ihrer zugeschriebenen besonderen Wirkmächtigkeit in den verschiedenen Belangen des Lebens wegen – orientiert ist, u. neben dem Sitten- oder Clan-Shintō, in dem Familien, Familienverbände, Sippen eine Ahnengottheit verehren, gibt es den offiziellen Staats-Shintō, bis 1945 die Staatsreligion Japans; nach 1945 fand der Staats-Shintō seine Fortführung im Shintō des jap. Kaiserhauses. Eine relativ junge Erscheinung ist der Sekten-Shintō, der Versuch, die Bindungslosigkeit u. Unabhängigkeit der einzelnen Shintō-Schreine durch eine Organisationsstruktur vor dem Hintergrund einer gemeinsamen doktrinären Leitidee zu überwinden. Im Zentrum der Verehrung des Shintō stehen die „kami", das sind göttliche Geistwesen, mit übermenschlichen Kräften begabt, die man sich menschen- oder tiergestaltig vorstellt. Die kami können Naturgottheiten sein (Geister/Götter von Bergen, Gewässern, Feldern, Wäldern, Steinen, Felsen, Bäumen usw.), Ahnen- oder Sippengottheiten, Standes- und Zunftpatrone, Kulturheroen u. a.m. An die Stelle einer elaborierten Ethik, die im Shintō fehlt, treten Vorschriften zur Bewahrung bzw. zur Wiederherstellung kultischer Reinheit (Kultfähigkeit): Statt Sittlichkeit ist das Meiden von Befleckungen in kultischer Hinsicht gefordert. Diese Lücke füllten der Buddh. u. der Konfuzianismus mit ihren Ethiken aus. Überhaupt ist die jap. Rel.-Geschichte nachdrücklich durch das Neben- u. Miteinander von Shintō, Buddh. u. Konfuzianismus geprägt. Bereits die Bezeichnung „Shintō" selbst ist ein Reflex dieser interreligiösen Begegnung; Shintō ist analog zu Butsudō („Weg des ↗Buddha") gebildet u. daher nicht älter als die Ankunft des Buddh. in Japan. Vom Konfuzianismus übernahm der Shintō im 5./6. Jh. die Ahnenverehrung. Seit der Ankunft des Buddh. in

Japan um 550 n. Chr. kam es, trotz zunächst lebhafter Gegen- u. Abwehr seitens des Shintō, zu einem shintō-buddh. Synkretismus, der in der Folge die spezifische Gestalt des jap. Buddh. prägte (Nipponisierung des Buddh.), wie es andererseits zu einer Buddhisierung des Shintō kam. In einem 1. Schritt werden die kami als der Erlösung im buddh. Sinne bedürftig interpretiert. Um sie der Erlösung teilhaft werden zu lassen, verband man buddh. Tempel mit Shintō-Schreinen, wo man für die kami Sutren rezitierte. In einem 2. Schritt erkannte der Buddh. den kami in einer Rangfolge die Qualitäten von „Beschützern“ u. „Wächtern“ des ↗dharma zu (wie dies schon in ↗China u. ↗Tibet analog erfolgt war) u. gestattete sogar die Verehrung der kami in buddh. Tempelbezirke. In einem letzten Schritt der Nipponisierung des Buddh. identifizierte man einzelne kami mit den Buddhas u. Bodhisattvas (↗Bodhisattva). So wird die Sonnengöttin Amaterasu, die Ahnherrin des jap. Kaiserhauses, als Erscheinung des Großen Buddha ↗Vairocana angesehen u. verehrt. Eines der frühesten Zeugnisse für den shintō-buddh. Synkretismus stellt der Tempelbezirk von Nikkō im N Tokyos dar. Diese Synthese nennt man ryōbu-Shintō. Besonders auf volksreligiöser Ebene entwickelten sich Beispiele für diese Synthese – etwa in der Bewegung der Ubasoku (von Skt/P ↗upāsaka, Laienanhänger). Dabei handelt es sich um Volkspriester, die ohne Ordination u. ohne förmliche Beauftragung ihr Amt ausüben, d.h. schamanistische Heilungsrituale vollziehen. – 740 hatte der Mönch Gyogi (670– 749) sich im Shintō-Schrein von Ise bestätigen lassen, daß S. u. B. nur 2 Formen derselben Religion darstellen. Im 19. Jh. kommt es zu einer Restauration des Shintō, die schließlich darin gipfelt, daß man 1868 durch staatliche Anordnung die shintō-buddh. Synthese beendete durch die Verordnung der „Trennung von Gottheiten u. Buddha“ mit dem erklärten Ziel, den Shintō von fremden Elementen zu reinigen. Buddh. Priester an Shintō-Schreinen wurden säkularisiert, buddh. Statuen durften dort nicht mehr verehrt werden. Diese Restaurationsbewegung artete in eine Form der Unterdrückung des Buddh. aus (haibutsu-kishaku = die Buddhas vernichten u. die Śākyamunis zerstören). Mit 1868 beginnt auch die staatlich verordnete göttliche Verehrung des jap. Kaisers. Seine Vorherrschaft konnte der Shintō nicht behaupten. Den gravierendsten Einflußverlust erlebte der Shintō durch die Kapitulation Japans im 2. Weltkrieg 1945. Inzwischen deuten Anzeichen darauf hin, daß mit einem neuen jap. Nationalismus auch die Bedeutung des Shintō wieder sichtbar erstarkt.

L.: A. Matsunaga: The Buddhist Philosophy of Assimilation. The Historical Development of the Honji-Suijaku-Theory, Tokyo 1969; T. Ishibashi/ H. Dumoulin: Yuiitsu Shintō Myōbōyōshū. Lehrabriß des Yuiitsu Shintō, in: Monumenta Nipponica, Bd. 3, Nr. 1 (1940), 182–239; R. Heinemann: Buddh.-schintoist. Synkretismus, in: Buddhism in Ceylon and Studies on Religious Syncretism in Buddhist Countries, hg. v. H. Bechert, 1978, 199–213. (no)

Shōtoku-Taishi, wörtlich: „Prinz der heiligen Tugenden" (posthumer Titel), kaiserlicher Prinz u. Prinzregent für die Kaiserin Suiko (590–628) von ↗Japan; 574–622. Suiko, bekennende Buddhistin, übertrug ihrem Neffen S.-T. die Regierung u. zog sich in ein Kloster zurück. Unter der Regentschaft des S.-T. fand der Buddh., der erst jüngst ins Land gekommen war, erste Förderung. 607 nahm S.-T. förmlich Kontakte mit dem chin. Kaiserhof auf, was sich in der Folge als nützlich für die Verbreitung der Schulen des chin. Buddh. in Japan erwies. (no)

siddha (Skt, tib. grub thob), „Vollendeter", ein Heiliger, der die vollendete Beherrschung einer magischen Fähigkeit (Skt siddhi, tib. dṅos grub) als Mittel zu seiner Befreiung benutzt. ↗Mahāsiddhas, Vierundachtzig. (ev)

Siddhārtha (Skt, P Siddhatha), wörtlich: „ans Ziel Gelangter", „Erfolgreicher"; Name des ↗Buddha aus der Śākya-Familie ↗Gautama (↗Śākya). Der Name kann, trotz der auffälligen u. scheinbar konstruiert wirkenden Bedeutung, als historisch angenommen werden. Die Positionen von E. Senart u. H. Kern, die die Historizität des Buddha überhaupt bestreiten, sind längst aufgegeben. (no)

Sikkim, ehemaliges autonomes Königreich (1642–1974) im östl. Himalaya, das 1974 als 22. Bundesstaat ↗Indien angegliedert wurde. Nördl. an ↗China (Tibet), östl. an ↗Bhutan, südl. an Indien u. westl. an ↗Nepal grenzend, besitzt S. auf einer Fläche von 7096 km^2 etwa 410 000 Einwohner, zu über 75 % nepalesische Einwanderer hinduistischen Glaubens (Gurkhas). Die aus Leptscha u. Bhutia bestehende Urbevölkerung hängt dem ↗Lamaismus an. Hauptstadt ist Gangtok. Wahrzeichen S. ist der Berg Kangchendzönga (8586 m). – Vom 13. Jh. an siedelten sich neben den einheimischen Leptschas immer wieder Bhutias aus Tibet u. Bhutan in S. an, die bald die Herrschaft an sich zogen u. dem Land 1641 schließlich mit der Gründung eines Königtums seine eigene nationale Identität gaben. Regiert wurde S. fortan von der Chogyal-Dynastie, die den ↗Lamaismus durch die Gründung verschiedener Klöster förderte. Enge Verbindungen mit dem Fünften ↗Dalai Lama u. Eheverbindungen mit dem tib. Adel führten zur engen Anlehnung an ↗Tibet. Im 17. u. 18. Jh. verlor S. Teile seines Territoriums an seine Nachbarstaaten, u. a. 1839 den Bezirk Darjeeling an das unter brit. Vorherrschaft stehende Indien. Nach wiederholten Auseinandersetzungen mit den Briten mußte der sikkimesische Mahārāja 1861 im Vertrag von Tumlong die brit. Autorität in innen- und außenpolitischen Angelegenheiten anerkennen. Große Massen von nepalesischen Gurkhas besiedelten daraufhin S., dessen kulturelle Identität zunehmend ins Wanken geriet. 1890 wurde das brit. Protektorat über S. von China vertraglich bestätigt. 1950 wurde der ind.-sikkimesische Vertrag von Gangtok geschlossen, der die Abhängigkeit S. von Indien besiegelte. 1974 wurde S. nach schweren innenpol. Unruhen als 22. Bundesstaat an Indien angeschlossen. Der letzte sikkimesische König, Palden Thondup, verstarb 1980 in New York. – Bedeutendstes Kloster bildet Pämayagntse, das Hauptkloster der ↗Drugpa-Kagyüpa-Schule. Auch die ↗Gelugpa, u. a. Kloster Ghoom, u. die ↗Nyingmapa, u. a. Kloster Enchey, sind in S. anzutreffen. 1966 errichtete der aus Tibet geflohene ↗Karmapa seinen Hauptsitz Rumtek in der Nähe der Hauptstadt Gangtok.

L.: Gazetter of S., Kalkutta 1894 (Sw, hg. Bengal Gov. Secretariat); J.C. White: S. and Bhutan, London 1909; U.S. Army Area Handbook for Nepal, S. and Bhutan, Washington 1964; B.C. Olschak: S., 1965; H. Hecker: S. and Bhutan, 1970 (Darst. z. Auswärt. Pol. 9); P.N. Chopra: S., New Delhi 1979; R. Sharma: S., Gangtok 1983. (ev)

skandha (Skt, P khandha), wörtlich: „Anhäufung, Gruppe, Aggregat“, in buddh. Anthropologie gebraucht für die 5 Konstituenten der empirischen, d. h. saṃsārischen (↗saṃsāra) Persönlichkeit. In einer unheilvollen menschlichen Grundtendenz, die 5 s. absolut zu setzen, scheinen sie ein die jeweilige Existenz überdauernde Persönlichkeit oder ein ewiges Selbst vorzugaukeln (Skt ātman, P attā). Die 5 s. sind: Leiblichkeit (Skt/P rūpa-s.), Gefühl (Skt/P vedanā-s.), Wahrnehmung (Skt saṃjñā-s., P saññā-kkh.), geistige Bildekräfte (Skt saṃskāra-s., P sankhāra-kkh.) u. Bewußtsein (Skt vijñāna-s., P viññāna-s.), auch genannt die 5 Gruppen des Anhaftens Skt pañca upādānaskandhāḥ, P p. u. kkhandha; ↗Anhaften). Da keine der 5 Gruppen unveränderlich u. ewig besteht, kann das Produkt, das aus dem Zusammenwirken dieser s. entsteht, die (empirische) Persönlichkeit, selbst auch nicht unveränderlich u. ewig sein (↗anātman). In mahāyānischen Texten (↗Mahāyāna) werden die s. stärker durch den Aspekt der Merkmalslosigkeit oder Leere (↗śūnyatā) bestimmt. Aufgrund der buddh. anattā-Wahrheit versteht s. alles individuelle Dasein als Prozeß u. als saṃsārisch geprägt, nämlich durch Geburt, Tod u. Wiedergeburt u. daher als leidvoll. (no)

sMon-lam chen-mo (tib.) ↗Mönlam-Fest

smṛti (Skt, P sati), Erinnerung, Besinnung, Achtsamkeit; eine der 5 Fähigkeiten (indriya) u. Kräfte (bala), eines der 7 Erleuchtungsglieder (↗bojjhanga) u. 7. Glied des ↗Achtfachen Pfades (↗satipaṭṭhāna). (no)

smṛtyupasthāna (Skt) ↗satipaṭṭhāna

Sönam Gyatsho (tib. bsod nams rgy mtsho), tib. Name des 3. ↗Dalai Lama von Tibet. 1543 im Tölung-Tal (tib. stod lung) geboren, wird ihm als Abt des Klosters ↗Drepung u. führendem ↗Gelugpa-Lama seiner Zeit 1578 vom mongolischen Großfürsten Altan Khan (1507–82) der Titel „Dalai Lama“ verliehen. Da auch 2 seiner vorangegangenen Verkörperungen dieser Titel posthum zugesprochen wurde, gilt er als der 3. Dalai Lama. S. G. verstarb 1588 in der Mongolei. (ev)

„So habe ich gehört“, P evaṃ me sutaṃ; formales Traditionsprinzip im Buddh. zur Auswahl von Predigten, Lehre, Unterweisungen (↗sūtra), Anordnungen u. Rechtssatzungen (↗vinaya) des ↗Buddha als authentisch, die damit als kanonisch gelten (↗Kanon). (no)

Sōka-Gakkai (jap.), wörtlich: „Gesellschaft zur Schaffung von Werten“, neobuddh. Laiengemeinschaft aus der Nichiren-Tradition (↗Nichiren), 1930 durch den Lehrer Makiguchi Tsunesaburō (1871–1944) gegründet; ab 1931 staatlicherseits unterdrückt. Der Gründer wurde inhaftiert u. starb 1944 im Gefängnis. 1946 übernahm Toda Jōsei, ein Weggefährte Makiguchis, die Leitung (gest. 1958). Seit 1960 hat diese Ikeda Daisaku (geb. 1928) inne. Seit 1951 erfolgten in mehreren Massenkampagnen groß angelegte Mitgliederrekrutierungsaktionen. Seither sieht sich die Gemeinschaft dem Vorwurf aggressiver Mitgliederwerbung ausgesetzt. Bis 1991 verstand sich die S.G. als Laienbewegung der Nichiren-Shōshū, der Mikiguchi 1928 beigetreten war. 1964 gründete die S. G. eine eigene politische Partei, „Kōmeitō“, inzwischen die drittstärkste Partei in ↗Japan. Seit 1970 ist diese Partei „offiziell“ von der S. G. getrennt. S. G. ist die größte Religionsgemeinschaft in Japan. Die Mitgliederstärke wird in verschiedenen Quellen unterschiedlich angegeben, zwischen 7,5 u. 17 Mio. Mitglieder. S. G. ist es auch gelungen, sich außerhalb Japans heimisch zu machen, in ↗Indonesien, in den beiden Amerika, besonders in den USA. Sie ist auch in einigen europ. Ländern verbreitet, in Deutschland, Österreich, Frankreich vornehmlich. – In der Lehre stimmt die S. G. weitgehend mit dem Nichiren-Buddh. (Nichiren-Shōshū wie auch mit den anderen „Lotus-Gemeinschaften“) überein, etwa in der Hochschätzung des ↗Lotus-Sūtras, der Rezitation von dessen Titelzeile, ferner in einem deutlich nationalistischen Zug. Charakteristisch für die S. G. ist eine ausgeprägte Diesseitsorientierung auf Glück, Wohlstand, Gesundheit.

A.: Ikeda Daisaku: The Human Revolution, New York – Tokyo 1965. – L.: A. Shupe: S.G. and the Slippery Slope from Militancy to Accomodation, in: M.R. Mullins, Shimazono S., P.L. Swanson (Hg.): Religion and Society in Modern Japan, Berkeley 1993; W. Kohler: Die Lotuslehre u. die modernen Religionen in Japan, Zürich 1962. (no)

Songtsen Gampo (tib. sroṅ btsan sgam po), mächtiger tib. König (reg. 620–49), der als eigentlicher Begründer des tib. Staates gilt. Mit der Aufstellung eines schlagkräftigen Heeres baute er ↗Tibet zu einer achtungsgebietenden Macht aus, er führte vielfältige Reformen durch u. begründete so eine nationale Blütezeit. Den Annalen zufolge führte er durch seine Heirat mit der chin. Prinzessin Wen ch'eng (Wen-cheng) u. der nepalesischen Prinzessin Bhrikuti den Buddh. in Tibet ein. Erstmals im ↗Mani Kabum (12. Jh.) wird er als Emanation ↗Avalokiteśvaras bezeichnet. Seine Gemahlinnen gelten als Emanationen der Grünen u. Weißen ↗Tārā. (ev)

Sōtō-Schule ↗Sōtō-Zen

Sōtō-Zen. Schule des ↗Zen-Buddhismus, die sich besonders auf die Lehren ↗Dōgens (1200–1253) stützt u. durch dessen chin. Meister Ju-ching (1163–1228) in der Traditionslinie des Ts'ao-tung-Hauses (↗Fünf Häuser des Zen-Buddh.) steht. In den Jahrzehnten nach dem Tod Dōgens entwickelten sich unter seinen Anhängern 2 verschiedene Strömungen: die eine, favorisiert von Tettsū Gikai (1219–1309), ↗Keizan Jōkin (1268–1325) u. Gasan Jōseki (1275–1365), verband die Zen-Praxis mit Elementen des ↗Shingon (besonders ritueller Natur) u. befürwortete eine stärkere Volksnähe, die andere, zuerst repräsentiert durch Jakuen (1207–1299) u. Giun (1253–1333), verfolgte einen puristischeren u. zugleich stärker monastisch orientierten Zen-Stil. Zwar konnte ein offener Bruch vermieden werden, doch fand die Spannung auch institutionelle Gestalt, indem sich die 2. Richtung um das von Dōgen gegründete Kloster ↗Eiheiji gruppierte, während die 1. ihre Zentren in den Klöstern Daijōji, Yōkōji u. Sōjiji fand. Letzteres wurde unter Gasan (der die Formel der ↗Fünf-Stufen-Dialektik in das Lehrgut jap. S.-Z. einführte) u. seinen Schülern zum Mittelpunkt der erheblich expandierenden Schule. In kurzer Zeit verbreitete sie sich fast über das ganze Land; zahlreiche kleine Dorftempel entstanden, deren Vorsteher das Volk nicht nur seelsorglich, sondern auch pädagogisch u. in vielen praktischen Belangen bis hin zur konkreten Landarbeit unterstützten, was bis heute eines der besonderen Merkmale des S.-Z. blieb. 1473 wurde das inzwischen abgebrannte Kloster Eiheiji von der Keizan-Gasan-Linie übernommen, restauriert u. zum Hauptkloster des S.-Z. erhoben. Die weiteren Rivalitäten zwischen Eiheiji u. Sōjiji besaßen keinen religiösen Hintergrund mehr; in der Edo-Zeit kam es zur formellen Gleichstellung beider Tempel.

L.: H. Dumoulin: Geschichte des Zen-Buddh., Bd. II: Japan, 1986; T. Cleary (Hg.): Timeless Spring. A Soto Zen Anthology, Tokyo – New York 1980. (sl)

Sozialethik. 1. In allen buddh. Richtungen gehört das Streben nach eigener Erleuchtung u. die uneigennützige Aktivität für andere Wesen eng zusammen. Der Akzent liegt dabei nicht auf materieller Wohltätigkeit, sondern auf der Weitergabe des dhamma (↗dharma), mit dessen Hilfe alle Wesen zu wahrem Wohlergehen gelangen. Der ↗Buddha selbst verkörpert durch seine 40jährige Predigt die auch als soziale Tugenden wirksamen Verweilungszustände der Güte, des Mitleids, der Mitfreude und des Gleichmuts. Im frühen u. ↗Theravāda-Buddh. sind die ethischen Aufgaben verschieden verteilt: Die Laien sollen – neben der Einhaltung der 5 Sittenregeln – für den Unterhalt der Mönche sorgen (↗Almosen). Diese haben vor allem die Pflicht, den dhamma zu studieren, zu bewahren u. zu lehren. Der ↗saṅgha selbst hat seine Bedeutung darin, daß sich die Mönche gegenseitig auf ihrem Weg zur ↗Erlösung helfen. Im ↗Mahāyāna-Buddh. stellt der sein karma verschenkende Bodhisattva das Ideal eines Wesens dar, das bei Erlangen der Vollkommenheiten (↗pāramitā) die individuelle Motivation für den Erleuchtungsprozeß nachträglich zur sozialen transformiert, wodurch er „dem Wohl der ganzen Welt" dienlich wird. – 2. Trotz der letztlich nötigen Überwindung der sozialen Bindungen mahnt der Buddha Eltern u. Kinder, Lehrer u. Schüler, Ehegatten, Freunde, Herren u. Diener, Herrscher u. Untertanen sowie Mönche u. Laien zum sorgsamen Umgang miteinander (vgl. Sigālovādasutta). Auch Dienst am Allgemeinwohl gehört zur Sozialethik (vgl. S I, 33). ↗Toleranz ist ein sozialethisches Grundprinzip. In der Moderne entwickeln sich neuartige soziale Vorstellungen eines aktiven Buddh., der die Gleichheit aller Wesen politisch u. gesellschaftlich umsetzt u. dabei oft die früheren Grenzen zwischen Laien u. saṅgha nivelliert (z. B. ↗Maha-Bodhi-Society).

L.: H. B. Aronson: Love and Sympathy in Theravāda-Buddhism, Delhi u. a. 1980; P. Gerlitz: Die Ethik des Buddha, in: C. H. Ratschow (Hg.): Ethik der Religionen, 1980; (s. a. Lit. bei ↗Gesellschaft). (bo)

Späte Bekehrung Tibets (tib. spyi dar), das ist der Ende des im 10. Jh. einsetzenden Zeitraumes der erneuten Missionierung Tibets zum Buddh., nachdem die Lehre in Tibet unter Langdarma (reg. 836–41) niedergegangen war (↗Tibet). (ev)

Speicherbewußtsein ↗ālayavijñāna

śraddhā (Skt, P saddhā), Vertrauen, Zuversicht, „Glaube". ś. stellt den Erstimpuls im Kontakt mit der Buddha-Lehre dar u. ist daher besser mit Vertrauen (in die Richtigkeit der Lehre) als mit „Glaube" zu übers. Mit sittlich verantwortetem Verhalten, Freigebigkeit, Lernen (oder Hören) u. Einsicht gehört ś. zu den Tugenden der Laien. Im ↗Mahāyāna wird ś. als Vertrauen in die helfende Kraft der Buddhas u. Bodhisattvas (↗Buddha, ↗Bodhisattva) noch höher bewertet u. ersetzt in Formen buddh. Bhakti-Frömmigkeit (↗bhakti) gelegentlich geradezu die eigene Leistung. (no)

śramaṇa (Skt, P samaṇa), „der sich Abmühende", Asket, oft auch mit Religiose oder Mönch übers. Er stellt den Typ des religiösen Experten dar, der sich aus dem profanen Leben aussondert (Hauslosigkeit), ein Leben in selbstgewählter Entsagung (Besitzlosigkeit), meist auch sexueller Enthaltung u. mit asketischen Übungen (Fasten, Einsamkeit, Schweigen) führt mit dem Ziel, Befreiung aus den Fesseln irdischer Existenz u. damit ↗Erlösung zu erlangen. Organisiert in Schulen oder religiösen Verbänden treten ś. in der ind. Rel.-Gesch. seit der Epoche der ↗Upanischaden (ca. 800 v. Chr.) auf, wobei der Kriegeradel die Trägergruppe dieser gegen den Brahmanismus u. dessen ritualistische Erstarrung gewesen zu sein scheint. Dieser Asketenbewegung ordnet sich auch die Entstehung des Buddh. u. des ↗Jainismus ein. (no)

śrāmaṇera (Skt, P sāmaṇera), „Novize". ś. bezeichnet die 1. Stufe der Mönchskarriere nach dem Eintritt in ein buddh.

Kloster. Die Aufnahme (Skt pravrajyā, P pabbajjā) erfolgt durch die Einkleidung in das 3teilige gelbe Mönchsgewand (Skt tricīvara, P ticīvara), durch das Scheren des Haupthaares, in der Niederwerfung vor dem Lehrer (Skt upādhyāya, P upajjhāya), mit 3maliger Rezitation der Zufluchtsformel (Skt trisarana, P tisarana). Ein 2. Lehrer (Skt ācārya, P ācariya) erläutert die 10 Sittenregeln. Diese Probezeit dauert mindestens 4 Monate. (no)

śrāvaka (Skt, P sāvaka), wörtlich: „Hörer"; ursprüngliche Bezeichnung für die Jünger ↗Buddhas, i. e. S. für die 8 Gruppen von „Jüngern" (ārya-śrāvaka), d. h. die nach den 4 Heiligkeitsgraden (↗āryapudgala) unterschiedenen u. die Anwärter auf dieselben. Im ↗Mahāyāna als abwertende Bezeichnung gebräuchlich (↗Śrāvakayāna). (sl)

Śrāvakayāna (Skt, P Sāvakayāna), wörtlich: „Fahrzeug der Hörer (Schüler)", identisch mit dem sog. ↗Hīnayāna. Auch die Bezeichnung Ś. beinhaltet deutlich eine Unterordnung dieser buddh. Tradition gegenüber den anderen (späteren) Traditionen des Buddh. Sie sollte vermieden werden. (no)

Srāvastī (Skt, P Sāvatthī), heute Saheth Maheth im ind. Bundesstaat Uttar Pradesh; ehemalige Hauptstadt des Königreichs Kosala, später religiöses u. kulturelles Zentrum des alten Buddh. u. mit der Lebensgeschichte des ↗Buddha eng verbunden. Nicht weniger als 2 der ehemals dort angesiedelten Klöster sollen in ihrer Gründung in die Lebenszeit des Buddha zurückreichen. (no)

Sri Lanka. Unter den kulturellen Faktoren, die die Gestalt S. L. (vormals: Ceylon) prägten, hat der Buddh. den stärksten u. kontinuierlichsten Einfluß ausgeübt. Erst mit der Ankunft des Buddh. im 3. Jh. v. Chr. (nach der Überlieferung durch ↗Mahinda, einen Sohn des Kaisers ↗Aśoka) begann in S. L. die Ausformung eines nationalen Identitätsbewußtseins, das seinen 1. vollendeten Ausdruck in den großen Inselchroniken, besonders im ↗Mahāvaṃsa, fand. In vorbuddh. Zeit bestand das religiöse Leben S. L. vermutlich in einer Mischung von aus ↗Indien überkommenen vedischen u. autochthonen, animistischen bzw. schamanistischen Elementen, die der Buddh. problemlos zu integrieren vermochte. Dieser gelangte nach S. L. zuerst in Gestalt des ↗Theravāda. Sein Förderer, Devānaṃpiya Tissa, ließ in der damaligen Hauptstadt ↗Anurādhapura das ↗Mahāvihāra-Kloster errichten, das für mehr als ein Jahrtausend die wichtigste Stütze des Theravāda in S. L. blieb. Bis zum Beginn der portugiesischen Herrschaft war die religiöse u. politische Geschichte S. L. vornehmlich von periodisch wiederkehrenden Einfällen südind. tamilischer Herrscher geprägt, die von den einheimischen singhalesischen Königen auch im Namen des Buddh. bekämpft wurden (so bereits im 2. Jh. v. Chr. durch Duṭṭhagāmaṇi), was dem Buddh. S. L. seine starke singhalesisch-nationalistische Prägung gab. Das im 1. Jh. v. Chr. gegründete u. seither in dauernder Fehde mit dem Mahāvihāra liegende Kloster ↗Abhayagiri verschaffte den Lehren anderer Schulen des älteren Buddh. sowie denen des ↗Mahāyāna Eingang nach S. L. Aus einer Abspaltung vom Abhayagiri-Zweig ging im 4. Jh. das Jetavana-Kloster als 3. Zentrum des s. l. Buddh. hervor. Ab dem 8. Jh. etablierten sich auch Formen des buddh. ↗Tantrismus. Trotz der im 2. Jahrtausend eintretenden Alleinherrschaft des Theravāda haben sich bis heute im Buddh. S. L. Einflüsse des Mahāyāna u. des Tantra in Form von ↗Bodhisattva-Verehrung u. magischer Praxis erhalten. 993 wurde Anurādhapura von den südin. Coḷa erobert, die bald darauf ihren Regierungssitz nach ↗Poḷonnaruva verlegten. Ihre Herrschaft führte zum Erliegen des monastischen Lebens. Nach der Rückeroberung der Macht durch den Singhalesen Vijaya-Bāhu I. (1065) gab es nicht mehr genügend Mönche u. Nonnen, um Vollordinationen durchzuführen. Während mit burmesischer Unterstützung der Mönchsorden neu begründet wurde, blieb der Nonnenorden bis heute in S. L. erloschen. Eine politische u. religiöse Blütezeit erlebte S. L. unter Parakkama-Bāhu I. (1153–86). Er ließ ein Konzil zur Beilegung der dogmatischen Streitigkeiten durchführen, die unter seinem Druck zugunsten des rein theravādischen Mahāvihāra entschieden wurden, u. vereinigte 1165 den saṅgha. Unter seinen Nachfolgern zerfiel erneut die politische Einheit – nur Parakkama Bāhu VI. (1412–1467) regierte noch einmal das ganze

Land –, u. es bildeten sich die 3 Königreiche: Jaffna (das tamilisch u. hinduistisch war), ↗Kandy u. Koṭṭē heraus. Mit dem Zerfall der politischen Einheit setzte für den Buddh. ein erneuter Niedergang ein, der sich unter der 1505 mit Landung der Portugiesen beginnenden westl. Kolonialherrschaft noch verstärkte. Auf die Herrschaft der Portugiesen folgte 1658 die der Holländer u. ab 1796 die der Briten, denen es 1815 als 1. Kolonialmacht gelang, auch das Königreich von Kandy zu erobern u. so die Insel politisch wieder zu vereinigen. 1948 wurde S. L. unabhängig, 1952 erhielt es seinen jetzigen Namen. Waren schon lange vor Beginn der Kolonialzeit im N S. L. tamilische Hindus ansässig u. hatten sich im S allmählich auch mehrere kleine Moslem-Gemeinschaften gebildet, so führten die Kolonialherren das Christentum in S. L. ein, begünstigten seine Anhänger u. setzten den Buddh. Repressalien aus. Im unabhängigen Königreich Kandy riß für 3 weitere Male die Ordenssukzession ab u. wurde mit burmesischer (1596 u. 1697) sowie thailändischer Hilfe (1753) erneuert. Auf jene letzte Erneuerung geht die Ordinationstradition des Siyam-Nikāya zurück, dessen Mitgliedschaft jedoch nur Angehörigen der höheren Kaste offensteht. Aus Protest gegen diese Kastenbindung des Ordens entstand 1803 die Kongregation des ↗Amarapura-Nikāya. Beide bilden gemeinsam mit dem 1865 gegründeten ↗Rāmañña-Nikāya die bis heute bestehenden Fraktionen des buddh. Ordens in S. L. Um die Erneuerung des buddh. Schulwesens machte sich besonders der 1880 nach S. L. gekommene H. S. ↗Olcott verdient, dessen Mitarbeiter Anagārika ↗Dharmapāla großen Einfluß auf den sog. buddh. ↗Modernismus S. L. ausübte, der sich im Zuge der antikolonialistischen Bestrebungen dieses Jahrhunderts konsolidierte.

L.: G.P. Malalalsekera: The Pāli Literature of Ceylon, London 1928; H. L. Perera: History of Buddhism in Ceylon, Colombo 1956; A. Bareau: La vie et l'organisation des communautés bouddhiques modernes de Ceylan, Pondichéry 1957 (PIFI, 10); H. Bechert: Buddhismus, Staat und Gesellschaft in den Ländern des Theravāda-Buddhismus, Bd. 1, 1966, ^{2}1988; ders.: Buddha-Feld und Verdienstübertragung. Mahāyāna-Ideen im Theravāda-Buddhismus Ceylons, Bulletin de l'Académie Royale de Belgique (Classe des Lettres), 5^{3} série, t. LXII, 1976, 1–2, 27–5; ders.: Buddhism in Ceylon and studies on religious syncretism in Buddhist countries, 1978 (AAWG, 108); ders.: Mythologie der singhal. Volksreligion, in: H.W. Haussig (Hg.): Wörterbuch der Mythologie, Bd. 1, 1984, 511–656; ders.: Literatur der Singhalesen, in: H. Bechert, G. v. Simson (Hg.): Einführung in die Indologie, 21993, 93–97; W. Rahula: History of Buddhism in Ceylon, Colombo 21966; R. Gombrich: Precept and Practice. Traditional Buddhism in the Rural Highlands of Ceylon, London 1971; F. Houtart: Religion and Ideology in S.L., Bangalore 1974; K. Malalgoda: Buddhism in Singhalese Society 1750–1900, Berkeley 1976; L. de Silva: Buddhism. Beliefs and Practice in Sri Lanka, Colombo 21980; M. Southwood: Buddhism in Life, Manchester 1983; D.T. Devendra: Le bouddhisme à S.L., in: R. de Berval (éd.): Présence du Bouddhisme, Paris 1987, 453–468; G.D. Bond: The Buddhist Revival in S.L., Columbia 1988; M. Carrithers: „Sie werden die Herren der Insel sein“, in: H. Bechert, R. Gombrich (Hg.): Der Buddhismus, 21989. (sl)

srotapanna (Skt, P sotāpanna), „der in den Strom Eingetretene“; 1. Heiligkeitsgrad (↗āryapudgala). Der s. ist von den ersten 3 „Fesseln“ (Glauben an eine individuelle Person, Zweifelsucht, Hängen an Regeln u. Riten; ↗saṃyojana) frei. Er erreicht die ↗Erleuchtung mit Sicherheit in einer der nächsten (max. 7) Geburten. (sl)

Staat. 1. Der Buddh. hat prinzipiell ein distanziertes, tolerierendes Verhältnis zum St. (↗Gesellschaft, Politik). Der ↗Buddha anerkennt die st. Ordnung, in die sich Laien u. Mönche fügen müssen, ohne sich daran mehr als nötig zu binden. Er nennt als Voraussetzungen eines gedeihlichen St.-Wesens u. a. häufige Ratsversammlungen, Einmütigkeit, Ehrfurcht vor den Alten, Verzicht auf Gewaltakte, Verehrung der traditionellen Heiligtümer, Schutz für Mönche. Mönche sollen keine st. Ämter übernehmen, können aber als Berater tätig sein. – 2. Das St.-Ideal ↗Aśokas, der sich als buddh. ↗Laie verstand, war von buddh. ↗Ethik geprägt, vor allem von der Fürsorge für alle Menschen u. Wesen im Reich, sowie von Friedlichkeit u. Toleranz, auch gegen religiös Andersdenkende. In ↗Sri Lanka u. anderen Theravāda-Ländern (↗Theravāda) wurde der Buddh. zur St.-Religion. Herrscher u. saṅgha waren hier sehr eng verbunden u. historisch aufeinander angewiesen. In ↗Tibet entsteht eine Art „Kirchenst.“, in dem der ↗Dalai Lama als religiöses Oberhaupt zugleich politische Macht ausübt. Ähnliche Entwicklungen gibt es in ↗Japan u. in anderen Mahāyāna-Ländern (↗Mahāyāna). In der nachkolonialen Zeit gibt es in einigen Ländern, z. B. Sri Lanka, Tendenzen einer neuen Verbindung von St. und Buddh.

L.: W. Bechert: Buddhismus, Staat und Gesellschaft, 3 Bde., 1966–73; R. Gombrich: Precept and Practice, 1971; S. J. Tambiah: World Conquerer and World Renouncer, 1976. (bo)

Steinke, Martin ↗Tao Chün

sthavira (Skt) ↗thera (P), wörtlich: „Ordensältester"

Sthaviravāda (Skt, von sthavira/P ↗thera, der Ältere; Sthaviravādin, Vertreter des St.), Schule der Älteren, Frühform bzw. Vorläuferschule des ↗Theravāda, aus dem Schisma über die Vollkommenheit des ↗arhat hervorgegangene konservative Richtung des buddh. ↗saṅgha. Kontrahenten waren in dieser Auseinandersetzung die St. u. die ↗Mahāsaṅghikas (die Vertreter der großen Versammlung, d.h. die Mehrheitsfraktion). Von den St. spalteten sich ca. 280 v. Chr. die ↗Vatsīputrīyas u. um 244 v. Chr. die ↗Sarvāstivādins. Denkbar ist auch, daß dem Schisma ein geographisches Muster zugrundelag, nach dem der W sich konservativ, der O dagegen fortschrittlich orientierte. Nach der Spaltung, die zum Entstehen des Sarvāstivāda führte, wurden die St. Vibhajyavādins genannt. (no)

Stifter, historische Person, die wesentlich u. ursächlich mit der Entstehung einer Religion in Zusammenhang gebracht wird. Die dem St. zugemessene Bedeutung variiert z. T. erheblich. Der historische ↗Buddha kann mit Recht als der St. des Buddh. angesehen werden u. bildet eine zentrale Leitfigur für alle buddh. Schulen. (sl)

stotra (Skt), lit. Form in buddh. Lit., Hymnus, meist ein Preislied auf den ↗Buddha.

L.: D. Schlingloff: Buddh. Stotras aus ostturkistanischen Skt-Texten, 1955. (no)

Strafe. Der ↗prātimokṣa ordnet die Schwere der Verstöße gegen die Ordensregel nach der Schwere der zu verhängenden St.: lebenslanger Ausschluß (↗pārājika); zeitweiliger Ausschluß (= Rückversetzung in den Novizenstand plus besondere Bußzeit); gewisse Bußen, deren Charakter nicht mehr klar ist; Selbstbezichtigung. (sl)

Stupa (Skt stūpa, P thupa, tib. mchod-rten, Chörten), ursprünglich Grabhügel für die Bestattung von Königen in ↗Indien, deren Entstehung in prähistorisch-megalithische Zeit zurückverweist. Im Buddh. wird der St. seit der frühen Zeit zum religiösen Monument, in dem ↗Reliquien – zunächst des ↗Buddha, dann auch Leichenbrand von Mönchen, vornehmlich von Heiligen (↗arhat) – aufbewahrt werden. Im MPS (D 16) wird berichtet, wie der Brahmane Droṇa einen Streit schlichtet, der um die Verteilung der Reliquien aus dem Leichenbrand des Buddha entstanden sei. Danach erhielten die Mallas von ↗Kuśinagara, die Mallas von Pāpā, der König von ↗Magadha ↗Ajātaśatru, die Licchavis, die Śākyas u. schließlich Droṇa selber Anteile daran. Nach einer alten Überlieferung sollen nach dieser Schlichtung 10 St. erbaut worden sein. Die Anordnung, für wen u. wie St. errichtet werden sollen, führt die Tradition auf den Buddha selber zurück. Der St. wurde, zunächst außerhalb des ↗saṅgha u. unabhängig von Schulen, zum Ausgangspunkt des Buddha- u. arhat-Kultes. Offenbar wurden früh an den 4 großen Wallfahrtsstätten ↗Lumbinī Uruvelā (↗Bodh-Gayā), ↗Sārnāth u. Kuśinagara St. erbaut. Dabei mußten die dem Buddha geweihten St. keineswegs zwingend körperliche Relikte des Buddha enthalten. Nach dem Grundsatz, daß wer die Lehre sehe, auch den Buddha sehe, galt der ↗dharma selbst als verehrungswürdige Reliquie, die in einen Reliquienbehälter, also einen St., eingeschlossen werden konnte. Diese Art nennt man gewöhnlich caitya. Z. Z. von Kaiser ↗Aśoka im 3. Jh. v. Chr. war der St.-Kult bereits entwickelt. Aśoka schloß sich selbst diesem Frömmigkeitsstil an, indem er einerseits Wallfahrten zu St. unternahm, andererseits selbst St. errichten ließ. Im Mahāvastu (II, 362.16–397.4) wird der St.-Kult ausdrücklich gelobt. Er setzte sich ungebrochen im ↗Mahāyāna fort. Die Form des St. wird variiert, neben der Halbkugel kommt die Glocken- u. Lotusform in Gebrauch. Dabei folgt der St. weitgehend einem strengen Baukanon: in die Halbkugel (Skt aṇḍa) ist massiv, ohne Innenraum, der Reliquienbehälter eingelassen. Auf der Halbkugel befindet sich eine quadratische Einhegung (karmikā), in deren Mitte Mauerringe als „Schirme“ (chattra), bis zu 13 Stück, nach oben gebaut sind u. auf die eine Kugel aufgesetzt ist. Der St. wird rituell in Rechtsumwandlung, d. h.

die rechte Schulter dem Heiligtum zugewandt, umkreist. Die ältesten u. schönsten St. finden sich in Sāñci (↗Sanchi) aus dem 1. Jh. v. Chr. u. in Bhārut im ind. Distrikt Baghelkhand mit künstlerischer Bearbeitung in Flachreliefs bereits aus dem 3. Jh. v. Chr. Bedeutend sind auch die St. bei Piprāhwā in der Nähe von ↗Kapilavastu (Specksteinurne mit Reliquien des Buddha, wie inschriftlich in altem Brāhmī ausgewiesen), in Sārnāth (Dhāmek-St. aus dem 5. Jh.), in Sāñci (der „Große St." aus dem 2./1. Jh. v. Chr.), der ↗Svayambhūnath-St. bei Kathmandu. Als größte St.-Anlage gilt der ↗Borobudur auf Java (↗Indonesien) aus der Mitte des 9. Jh. Baulich entwickelte sich der St. weiter zur ↗Pagode.

L.: G. Combaz: L'Evolution du St. en Asie, MCB 2 (1933), 163–305; 3 (1934–35), 93–144; 4 (1935–36), 1–125; P. Mus: Barabudur, BEFEO 32 (1932), 269–439; 33 (1933), 577–980; 34 (1934), 175–400; P.C. Bagchi: The eight great caityas and their cult, IHQ 17 (1941), 223–235; M. Bénisti: Etude sur le st. dans l'Inde ancienne, BEFEO 50 (1960), 37–116; G. Franz: Ein unbekannter St. der Sammlung Gai und die Entwicklung des St. im Gebiet des alten Dandhara, ZDMG 109 (1959), 128–147; H. Dumoulin: Buddha-Symbole u. Buddha-Kult, in: Religion u. Religionen, Fs. f. G. Mensching z. s. 65. Geburtstag, 1962, 50–63. (no)

Subhadra (Skt, P Subbhadda). 1. Letzter Mönch, der – unmittelbar vor dem Tod des ↗Buddha – in ↗Kuśinagara von diesem in den Orden aufgenommen wurde (D 16,5,23–30). – 2. Das MPNS (D 16,6,19–20) berichtet von einem Mönch namens S. aus der Mönchsgruppe des ↗Mahākāśyapa als negatives Beispiel für eine Tendenz zu einer liberalen Regelobservanz nach des Buddha Tod. Dies sei Anstoß für das Zusammentreten des 1. Konzils in ↗Rājagṛha gewesen. (no)

Subhadra Bhikṣu, Pseudonym, unter dem Friedrich Zimmermann (1851–1917) 1888 sein Werk „Buddh. Katechismus zur Einführung in die Lehre des Buddha Gotama" (bis 1921 in 14 Aufl.) veröffentlichte. Diese Schrift ist die 1. Einführungsschrift in den Buddh., die von einem Deutschen verfaßt wurde, u. signalisiert damit den Beginn der buddh. Bewegung in Deutschland. Von 1911–1917 war Zimmermann Vorsitzender des Dt. Zweigs der ↗Mahābodhi Gesellschaft (bis 1911 Buddh. Gesellschaft für Deutschland). (no)

Śubhākarasiṁha (chin. Shan-wu wei), ind. Vertreter der ↗Chen-yen-Schule (auch ↗Mi-tsung); 637–735. S. führte mit ↗Amoghavajra u. ↗Vajrabodhi den ↗Tantrismus in ↗China ein. Ś., ein Schüler Dharmaguptas, brachte bei seiner Ankunft in China 716 tantrische Texte mit. Er unterhielt enge Beziehungen zum Hof u. zu den Mönchen der ↗Lü-Schule u. lebte in den Staatsklöstern von Ch'ang-an u. Lo-yang. Von ihm stammen die Übers. von 21 grundlegenden Texten des Tantismus, darunter des Mahāvairocana-sūtra (Ta-jih-ching). Nach seinem Tod wurde sein Leichnam zum Gegenstand volksreligiöser-magischer Praxis vor allem für Wetterzauber. (so)

Subhūti, 1. buddh. Mönch u. Bruder des ↗Anātapiṇḍika. Die Tradition schreibt ihm Thag 1ff zu. – 2. Ein S. wendet sich in der ↗Prajñāpāramitā gegen die scholastische Gelehrsamkeit des ↗abhidharma, dem er die höhere mahāyānische Wahrheit entgegenstellt (↗Mahāyāna). (no)

Sudatta ↗Anāthapiṇḍika

Śuddhodana Gautama (Skt; P Suddhodana) ist der Vater von ↗Siddhārtha ↗Gautama, des ↗Buddha. Der Tradition nach war er mit den beiden Schwestern ↗Māyā, der Mutter des Buddha, u. Prajāpatī (↗Mahāprajāpatī) vermählt. Mit letzterer hatte er einen Sohn, ↗Nanda, u. eine Tochter namens ↗Nandā. Den Pāli-Quellen zufolge sei Ś. Rāja der Śākya-Adelsrepublik (↗Śākya) gewesen, worunter man zutreffender den Vorsitz in einem Adelsrat versteht als die Regentschaft über das Land i.e.S. Die spätere Tradition macht aus Ś. einen König, um das Motiv der Weltabkehr in der Geschichte des Buddha noch zu unterstreichen. Eben diesem Motiv entspringt auch die legendarische Darstellung des Ś., der seinen Sohn gegen die Welt abgeschirmt habe, um dessen weltflüchtige religiösen Neigungen in keiner Weise zu unterstützen. Als historisch ist indes zu beurteilen, daß Ś. den Wunsch seines Sohnes, ein Asket zu werden, mißbilligt hat (M 26 = M 36). (no)

Südliche Zenschule, auch: Südschule; als s.Z. gilt die sich auf die Lehren ↗Hui-nengs von der „plötzlichen Erleuchtung“

stützende u. bald allein dominierende Richtung des chin. ↗Zen-Buddh. (↗Ch'an). Ihren Legitimitäts-Anspruch formulierte ↗Shen-hui gegen die mit ↗Shen-hsiu u. der „allmählichen Erleuchtung" assoziierte Nordschule. (sl)

Sünde. Der christlich geprägte Begriff der S. ist i.S. eines gebrochenen Verhältnisses zu ↗Gott, dessen Anzeichen die einzelnen S. sind, dem Buddh. fremd. Fehlverhalten (und zwar durchaus auch als primär geistige, falsche Grundhaltung) wird als karmisch „unheilsam" (↗akusala) verstanden (↗Schuld; ↗Ethik). (sl)

sūkara-maddava, (P; Skt śūkara-mārdava), wörtlich: „Schweineweich" (aus sūkara, Schwein, und maddava – von der Skt-Wurzel mṛdu -, vermutlich „weich"). s.-m. wird im MPNS (D 16,6) das Gericht genannt, das der ↗Buddha bei dem Schmied ↗Cunda, einem Laienanhänger, in Pāvā (Skt Pāpā) gegessen hat, u. nach dessen Genuß eine gerade überwundene Darmerkrankung wiederkehrte, an der der Buddha starb. Gegen Interpretationsversuche als Pilzgericht aus Gründen der ethischen Höherwertigkeit vegetarischer gegenüber fleischlicher Nahrung sprechen die Überlieferungslage u. alte Komm. dafür, daß es sich um ein Schweinefleischgericht gehandelt hat. (no)

sukha (P, Skt), „angenehm, Freude, Glück"; eine der 3 Empfindungen (↗vedanā), unterschieden von „pīti" (P), dem geistigen ↗Glück der Versenkung. s. kann sowohl für verblendetes, weltliches Glück (in Wahrheit Unbefriedigendes [duhkha] für Glück halten) stehen, als auch für das wirkliche Glück der Erlösung (↗nirvāṇa). (sl)

Sukhāvatī (jap. Jōdo). Die von ↗Amida bzw. ↗Bodhisattva Dharmākara durch die Erfüllung seiner Bodhisattva-Gelübde (↗praṇidhāna) geschaffene Buddha-Welt (↗Reines Land, ↗Westliches Paradies; farbige u. symbolgefüllte Schilderungen von S. vor allem im ↗Sukhāvatīvyūha-Sūtra, im ↗Amida-Sūtra u. im ↗Amitāyur-dhyāna-Sūtra). In seiner mitleidvollen Gesinnung gewährt Amida allen Wesen die Hingeburt in die S.-Welt durch das ↗nembutsu. Dort können sie mühelos das ↗nirvāṇa verwirklichen. Während die Hingeburt in die S.-Welt im ↗Amida-Buddh. meist als ein beim ↗Tod eintretendes Ereignis verstanden wird, ist sie für ↗Shinran als „plötzliche" bereits im Vertrauen gegeben.

L.: V. Zotz: Der Buddha im Reinen Land, 1991. (sl)

Sukhāvatīvyūha-Sūtra (Skt, jap. Dai muryōju kyō), bezeichnet meist das Längere S. (für das Kleine S. ↗Amida-Sūtra). Das S. ist ind. Ursprungs. Es sind 5 chin. Übers. erhalten, die älteste datiert nach der Überlieferung aus dem Jahre 252 n. Chr. Bedeutendste unter den 3 Grundtexten des ↗Amida-Buddh. Im S. schildert ↗Śākyamuni die Erschaffung der Buddha-Welt ↗Sukhāvatī durch den ↗Bodhisattva Dharmākara (jap. Hōzō), deren Vorzüge u. die Möglichkeit durch ↗nembutsu in sie hineingeboren zu werden. Den Kern des S. bilden die 46 Bodhisattva-Gelübde (↗praṇidhāna), nach einigen chin. Fassungen 48, Dharmākaras, durch deren Erfüllung er zum Buddha ↗Amida wurde.

A.: F. M. Müller, B. Nanjio (Hg.): S., Oxford 1883; F. M. Müller (Hg.): On Sanscrit Texts Discovered in Japan, JRAS N.S. 12 (1880), 153–188 (Skt-Text u. engl. Übers.); Sukhāvatīvyūha (Larger and Smaller), ed. F. M. Müller, Oxford 1883 (Anecdota Oxoniensia I,2); S., ed. A. Ashikaga, Tokyo 1965. – Ü.: F. M. Müller: The Larger S., in Buddhist Mahāyāna Texts II, Oxford 1894 (repr. Delhi 1968; SBE 49), 1–76; F. M. Müller: The Smaller S., ebda., 87–104; O. Usami: Buddhas Reden über Amitayus, 1925, 15–26 u. 35–97. (sl)

Sumeru (Skt, tib. ri rab) oder Meru, „der Ausgezeichnete", ist die Bezeichnung des sich aus dem Urozean erhebenden von 7 Ringgebirgen u. 7 Ringozeanen umgebenen, mythischen Weltenberges, der als Mittelpunkt unseres Weltsystems gilt. Um ihn gruppieren sich in den 4 Himmelsrichtungen 4 Kontinente, deren westl., Jambudvīpa (Skt), als unsere Welt angesehen wird. Auf seiner horizontalen Achse erheben sich auf 4 Stufen die Daseinsbereiche von Höllenwesen, Menschen, Göttern usw. (ev)

Sundarīnandā ↗Nandā (↗Mahāprajāpatī, ↗Śuddhodana)

śūnyatā (Skt), „Leere, Leerheit" = die Substanz- u. Merkmallosigkeit aller Dinge. Während im älteren Buddh. nur gelegentlich von ś. die Rede ist (z.B. M 121f, Snip 1119), ist sie das zentrale Thema der ↗Prajñāpāramitā-Sūtren, erfährt durch ↗Nāgārjuna u. die ↗Mādhyamika-Schule eine philosophische Explikation u. wird schließlich zu einem Schlüsselkonzept des gesamten ↗Mahāyāna. Trotz mehrerer Modifikationen, die dieses Konzept durch die verschiedenen philosophischen Richtungen im Detail erfahren hat, lassen sich 3 Grundzüge festhalten: 1. Philosophisch: Das begriffliche Denken ist nicht in der Lage, die Wirklichkeit exakt u. widerspruchsfrei zu erfassen. Der statische Charakter der begrifflichen Einteilungen scheitert zunächst an dem dynamischen Charakter der Wirklichkeit, wie ihn die Lehre von der Allvergänglichkeit (anitya) betont. Weiterhin gelingt es den begrifflichen Zäsuren nicht, zu einem realen, von anderem exakt geschiedenem Gegenstand vorzudringen, vielmehr erhält jeder Begriff seine Bedeutung von einem logischen Gegenbegriff (die Bedeutung von „groß" ist z.B. abhängig von „klein" u. umgekehrt). Die logischen Grundkategorien von Identität u. Differenz sind interdependent; um die Gültigkeit einer von beiden zu beweisen, muß auf die andere zurückgegriffen werden, so daß beide unbewiesen sind. Fälschlicherweise suggeriert somit das begriffliche Denken die Existenz von in sich abgegrenzten, selbständigen Wesenheiten (svabhāva). „Sein" u. „Nicht-Sein" sind die ontologischen Varianten von „Identität" u. „Differenz" u. folglich ebenso wie alle anderen Begriffe letztlich unzutreffende Kategorien. Diese Inadäquatheit aller Begriffe u. damit aller weltanschaulichen Systeme (sofern sie eine begrifflich zutreffende Wirklichkeitsbeschreibung beanspruchen) wird durch ś. ausgesagt. ś. ist daher ein reiner Gegenbegriff, der selbst keine Wirklichkeit beschreibt (etwas anders jedoch in der ↗Yogācāra-Schule). Vielmehr ist die Wirklichkeit im höchsten Sinn (doppelte ↗Wahrheit) begrifflich nicht faßbar. Auch das Heilsziel darf weder als eine vom Unheil abgegrenzte Wirklichkeit, noch monistisch verstanden werden, weshalb ↗nirvāṇa u. ↗saṃsāra paradox als ununterscheidbar behauptet werden müssen. – 2. Existentiell: Die unterscheidende Begriffsbildung gilt als Produkt von Durst (↗triṣṇa) u. ↗Anhaften, denen somit auch die eternalistische u. die nihilistische Interpretation des nirvāṇa entspringen. nirvāṇa ist vielmehr die Erkenntnis (↗prajñā) von ś. als Befreiung von allen Unheilsfaktoren. Positiv realisiert sie sich in der Verwirklichung nicht-differenzierender ↗Güte, wie sie exemplarisch im ↗Bodhisattva-Ideal verkörpert ist. – 3. Hermeneutisch: Da auch die ↗Lehre des Buddha mit Begriffen arbeitet, darf diese nicht für deskriptiv zutreffend gehalten werden, sondern dient allein der Hinführung zur Erkenntnis u. existentiellen Realisation von ś.

L.: J. May: La philosophie bouddhique de la vacuité, Studia Philosophica 18 (1958), 123–137; F.J. Streng: Emptiness, Nashville 1967; J.W. de Jong: Emptiness, JIP 2 (1972); F.R. Hamm: Die Idee des „Leeren" in der buddh. Lehre und Mystik, 1976 (Saeculum 27, H. 3); C. Lindtner: Nāgārjuniana, Copenhagen 1982; A. L. Herman: An Introduction to Buddhist Thought, Lanham – London 1983; E. Conze: Buddh. Denken, 1988; P. Williams: Mahāyāna-Buddhism, London 1989; H. W. Schumann: Mahāyāna-Buddhismus, 1990; E. Frauwallner: Die Philosophie des Buddhismus, [4]1994. (sl)

Sūnyatāvāda (Skt) ↗Madyamaka

sūtra (Skt; P sutta), wörtlich: Faden Richtschnur, Leitfaden, Regel, aber auch für zusammenhängende Abhandlung oder Darlegung gebraucht. In diesem letzten Sinne heißen die Predigten oder Lehrreden des ↗Buddha oder einzelner seiner Schüler s. (no)

Sūtrālaṃkāra (Skt), „Schmuck der Sūtren"; mahāyānisches Erzählwerk im Stil der ↗Avadāna-Literatur, das ↗Aśvaghoṣa zugeschrieben u. mit der ↗Kumāralāta zugeschriebenen Kalpanālaṃkritikā identisch ist. Einzelne Erzählungen aus der S. belegen die der Buddha-Verehrung zugemessene steigende karmische (↗karma) Bedeutung. (↗Mahāyāna). (sl)

sutranta (Skt; P suttanta) ist gleichbedeutend mit ↗sūtra. (no)

Suttanipāta (P), Schrift aus dem ↗Khuddaka-Nikāya im ↗Suttapiṭaka des Pāli-Kanons (↗Pāli-Kanon), die 5. in der traditionellen Reihenfolge. Der Text besitzt in größeren Teilen hohes Alter: pārāyana, aṭṭhaka-vagga, mahā-vagga. Diese Pāli-Schrift besitzt eine Entsprechung im chin. Kanon in einer Sammlung aus 16 Sūtras. Auch Skt-Fragmente eines Arthavarga bzw.

Arthavargiya wurden entdeckt. Der Wert des S. liegt darin, daß dieser Text eine sehr frühe Phase des Buddh. u. vor allem des mönchischen Lebens (↗vinaya, ↗saṅgha) widerspiegelt. Ins Dt. wurde die Schrift übers. von A. Pfungst (1889), K. ↗Seidenstücker (Zs. für Buddh. 1931) u. K. E. Neumann.

A.: S., ed. D. Andersen, H. Smith, PTS, 1913 (repr. 1990); S. Commentary [Paramatthajotikā II von Buddhaghosa], ed. H. Smith, 3 Bde., PTS, 1916–18 (repr. 1977–89). – Ü.: K.E. Neumann: Die Reden Gotamo Buddho's aus d. Sammlg. d. Bruchstücke, S. des P-Kanons, 1905 (Neudr. Zürich 1957); K. Seidenstücker: S., Zs. f. Buddhismus, 1931; Nyanaponika: S., ²1977; The Group of Discourses, tr. K.R. Norman with alternative translations by I. B. Horner and Ven. W. Rahula, PTS, 1984; vol. II, tr. K. R. Norman (with notes), PTS, 1992. (no)

Suttapiṭaka (P, Skt Sūtrapiṭaka), „Korb der Lehrreden" (oder „Unterweisungen"), aus 5 Sammlungen (↗nikāya) bestehende Abteilung des ↗Pāli-Kanons, des in der Pāli-Sprache abgefaßten ↗Kanons des ↗Theravāda, bestehend aus: ↗Dīgha-, ↗Majjhima-, ↗Saṃyutta-, ↗Aṅguttara- u. Khuddaka-Nikāya. Ihm entspricht in den Skt-Traditionen (↗Sanskrit-Kanon) ein 4teiliges Sūtrapiṭaka (auch Dharmapiṭaka genannt) aus Dīrgha-, Madhyama-, Saṃyukta- u. Ekottara-Āgama (kontrahiert zu Dīrghāgama usw.), das sich fragmentarisch in Skt u. in chin. u. tib. Übers. der Skt schreibenden Schulen erhalten hat. Die Texte des S. stellen Predigten, Lehrvorträge u. Lehrgespräche des ↗Buddha u. einzelner seiner Schüler in unterschiedlichen lit. Genera (wie Erörterung, Gleichnis, Dialog usw.) dar. Die Rahmenerzählung verortet die Lehrdarlegung in der Geschichte, die sich auf den Buddha bezieht (aber nicht unbedingt seine eigene Geschichte ist); sie notiert dabei interessante u. wichtige biographische Einzelheiten aus der Buddha-Vita oder aus dem Leben einzelner Schüler. Das S. wurde vermutlich bereits im 3. Jh. v. Chr. zusammengestellt, zunächst in 4 Sammlungen, wie sie auch in den Skt-Traditionen vorliegen, denen dann die 5. Sammung, der Khuddaka-Nikāya, angefügt wurde. (no)

A. (alle PTS): Dīgha-Nikāya, 3 Bde., Bd. 1, 2 ed. T. W. Rhys Davids, J. E. Carpenter, 1889–1903 (repr. 1982–83); Bd. 3, ed. E. J. Carpenter, 1910 (repr. 1992); Majjhima-Nikāya, 4 Bde., Bd. 1, ed. V. Trenckner, 1888 (repr. 1993); Bd. 2, 3, ed. R. Chalmers, 1896–1902 (repr. 1993–94); Bd. 4, Indexes by C. A. F. Rhys Davids, 1925 (repr. 1991); Saṁyutta-Nikāya, 6 Bde., Bd. 1–5, ed. L. Feer, 1884–98 (repr. 1975–91); Bd. 6, Indexes by C. A. F. Rhys Davids, 1904 (repr. 1980); Aṅguttara-Nikāya, 6 Bde., Bd. 1, 2, ed. R. Morris, 1885–88 (repr. 1961–76); Bd. 3, 4, 5, ed. E. Hardy, 1897–1900 (repr. 1976–79); Bd. 6, Indexes by M. Hunt and C. A. F. Rhys Davids, 1910 (repr. 1981). – Ü. (dt.): Die Reden Gotamo Buddhos, übers. v. K.E. Neumann, 3 Bde., Zürich – Wien 1956–57; Dīghanikāya, das Buch der langen Texte des buddh. Kanons in Auswahl übers. v. R. O. Franke, 1913; Saṁyuttanikāya, ins Dt. übertr. v. W. Geiger, 2 Bde., 1925–30; Die Lehrreden des Buddha aus d. Angereihten Slg. [Aṅguttaranikāya], übers. v. Nyanatiloka, hg. v. Nyanaponika, 5 Bde., 51993. – Ü. (engl., alle PTS): [Dīgha-Nikāya] Dialogues of the Buddha, tr. T.W. and C.A.F. Rhys Davids, 3 Bde., 1899–1921 (repr. 1973–91); [Majjhima-Nikāya] Further Dialogues of the Buddha, tr. R. Chalmers, 2 Bde., 1926–27; Middle Length Sayings, tr. I.B. Horner, 3 Bde., 1954–59 (repr. 1989–93); [Saṁyutta-Nikāya] The Book of the Kindred Sayings, 5 Bde., Bd. 1–2, tr. C.A.F. Rhys Davids, 1917–22 (repr. 1990–93); Bd. 3–5, tr. F. L. Woodward, 1924–30 (repr. 1992–94); [Aṅguttara-Nikāya] The Book of the Gradual Sayings, 5 Bde., Bd. 1, 2, 5, tr. F.L. Woodward, 1932–36 (repr. 1992–94); Bd. 3, 4, tr. E. M. Hare, 1934–35 (repr. 1988–89). – L.: D. K. Barua: An Analytical Study of the Four Nikāyas, Calcutta 1971. (ec)

Sutta-Vibhaṅga (P; Skt Sūtra-Vibhaṅga), wörtlich: „Lehrrede-Analyse", stellt den 1. Hauptteil des ↗vinaya dar u. zwar als Bhikkhu- bzw. Bhikkhunī-V. getrennt für Mönche u. Nonnen. Im eigentlichen handelt es sich um eine Kasuistik zum ↗prāṭimokṣa in 8 Abteilungen. (no)

Suvarṇaprabhāsa-Sūtra (Skt, „Goldglanz-Sūtra"), vor dem 5. Jh. in ↗Indien entstandener Text, der im ↗Mahāyāna höchstes Ansehen genießt. Es entfaltet in philosophischer Hinsicht die Lehre der ↗śūnyatā, bezeugt eine ähnliche ↗Buddhologie wie das ↗Sdps u. rühmt neben magischen vor allem die devotionalen Aspekte mahāyānischer Praxis.

A.: The S., ed. B. Nanjio and H. Idzuni, Kyoto 1931; Suvarṇaprabhāsottamasūtra, 2 Bde., ed. J. Nobel, Leiden 1944–1950. – Ü.: R.E. Emmerick: The Sutra of the Golden Light, London 1970 (SBB 27; Übers. a. d. Skt); J. Nobel: Suvarṇaprabhāsottama-Sūtra. Das Goldglanz-Sutra, I-tsings chin. Version u. ihre tib. Übers., 1. Bd., I-tsings chin. Version, übers. eingel., erl. u. m. einem photomechan. Nachdr. d. chin. Textes versehen, Leiden 1958. (sl)

Suzuki, Daisetsu Teitaro (1870–1966), jap. Zen-Buddhist der ↗Rinzai-Schule, bedeutendster Vermittler des ↗Zen-Buddhismus für den Westen. S. wurde am 18.10.1870 in Kanazawa geboren. Ab 1891 regelmäßige Kontakte zum Engakuji-Kloster in Kamakura. 1893 begleitete S. als Übersetzer dessen Abt Shaku Sōyen auf der Reise zum „Weltparlament der Religionen" in Chicago. 1897 Übersiedlung nach La Salle (Illinois, USA), dort gemeinsam mit P. Carus Übers.- u. Publikationstätigkeit. 1908 erste größere Europa-Reise. 1909 Rückkehr nach ↗Japan. Gemeinsame Lehrtätigkeit mit seinem lebenslangen Freund Kitaro ↗Nishida an der Gakushū-in-Schule in Tokyo. 1911 Heirat mit der Amerikanerin B. E. Lane (1878–1939). Ab 1921 Lehrtätigkeit an der buddh. Ōtani-Universität in Kyōto u. Gründung der Zs. „The ↗Eastern Buddhist". Weitere Reisen nach China, Korea, Europa u. USA. 1950 Übersiedlung nach New York; rege Vorlesungstätigkeit an verschiedenen Universitäten der USA u. ausgedehnte Vortragsreisen, die ihn in Kontakt mit zahlreichen bedeutenden Persönlichkeiten des öffentlichen u. religiösen Lebens bringen. Am 12. 7. 1966 stirbt S. in Tokyo. S. zentrale These war, daß sich Zen als Phänomen jeglicher kategorialen Einordnung, sei sie psychologischer, doktrinärer oder rel.-gesch. Natur, sperre. In gewisser Spannung dazu steht jedoch sein eigenes Werk, in dem er beständig die kulturelle Verflechtung des Zen ventiliert u. andere Ausprägungen des Buddh. (besonders auch die älteren mahāyānischen Grundlagen) zur Illustration des Zen heranzieht.

L.: H. Rzepkowski: Das Menschenbild bei Daisetz Teitaro Suzuki. 1971; Y. Susumu (Hg.): Buddhism and Culture (Fs. f. Suzuki; enthält ein fast vollständiges Verzeichnis seiner jap. u. engl. Schriften), Kyoto 1960. (sl)

Svātantrika, Schule, die sich auf ↗Bhavya (oder Bhāvaviveka, ca. 490–570 n. Chr.) zurückführt, der selber zur späten Nāgārjuna-Schule (↗Mādhyamika) zählt. Die S.-Schule beurteilt im Unterschied zur Mādhyamika-Schule die Weltwirklichkeit weniger skeptisch. Sie unterschied darin Stufen der Wirklichkeit u. unterschiedliche Ebenen der Einsicht in sie, abhängig von der spirituellen Reife u. vom erreichten Grad des ↗samādhi. Die Fähigkeit der menschlichen Vernunft schätzte diese Schule gerade dazu tauglich ein, den Wortsinn oder die Begrifflichkeit zu erfassen, keinesfalls aber zu einer tieferen u. wesentlichen Einsicht in die Wirklichkeit, also etwa im Sinne der Bestätigung der Wahrheit von Begriffen zu gelangen. (no)

Swayaṃbhūnāth-stūpa (nepalesisch-Skt, tib. `phags pa shiṅ kun). Der westl. von Kathmandu auf einem Berg gelegene S.-s. ist neben dem ↗Bodhnath-stūpa das bedeutendste buddh. Heiligtum ↗Nepals. Seine Errichtung geht in eine ungewisse Zeit zurück. Tib.-buddh. Renovierungen sind aus dem 13. Jh. belegt, die gegenwärtige Bauform gleicht seinem Erscheinungsbild im 14. Jh. Architektonisch ist er in der Art eines 3dimensionalen, nach kosmologischen Prinzipien angelegten ↗maṇḍala konzipiert. In seiner Bauart dem Bodhnath-stūpa verwandt, wird seine weiße Halbkugel von einem, auf allen 4 Seiten mit den berühmten „Augen ↗Buddhas" bemalten Kubus, sowie einem aus 13 übereinanderliegenden vergoldeten Ringen bestehenden Turmaufsatz gekrönt.

L.: B. Kölver: Re-Building a Stupa, 1992 (Nepalica 5). (ev)

Syāma-Nikāya, auch Siyam-Nikāya oder „Siamesische Schule" (Syāmopālivaṃśika-Mahānikāya). Konservativer theravādischer Ordenszweig (↗Theravāda) des buddh. ↗saṅgha in Sri Lanka, der durch die Reform von Väliviṭiyē Saraṇankara im 18. Jh. gegründet wurde. Das Zentrum dieses bedeutendsten Nikāya lag im ehemaligen Königreich Kandy (bis 1815). Der S.-N. teilt sich in zwei Untergliederungen, den Malvatta-Zweig (Malvatu-pārśvaya) – nach dem gleichnamigen Kloster in Kandy genannt – u. den Asgiriya-Zweig (Asgiri-pārśvaya). (no)

Symbolik des Buddhismus. Die ↗Lehre des ↗Buddha wird häufig durch das Symbol des Rades dargestellt (dharmacakra), gelegentlich flankiert durch 2 Gazellen als Verweis auf den Gazellenhain bei ↗Benares als dem Ort der 1. Predigt des Buddha. In früh-buddh. Zeit stellt man den Buddha selbst nicht dar, sondern symbolisierte ihn durch ein Paar Fußabdrücke, den Thronsitz – manchmal aus Lotuspflanzen oder Flammenpfeiler. Auch der ↗Stūpa figuriert als Symbol für den Buddha. Eine besondere S. stellen die mudrās dar, die Handgesten des Gautama-Buddha, der anderen Buddhas u. der ↗Bodhisattvas mit fester Bedeutungszuweisung (siehe Schema der mudrās im Anhang). Die wichtigsten sind die Geste der Furchtlosigkeit, die der Zeugnisanrufung der Erde, die Meditationsgeste, der argumentativen Kraft u. der Drehung des Rades der Lehre.

Die Symbolfarbe des Buddh. ist gelb oder orange, bezogen auf die fahlen, farbverblichenen Gewänder der hauslosen Asketen, in die sich die Mehrzahl der buddh. Mönche u. Nonnen kleiden. Als Symbol für das buddh. Heilsziel, ↗nirvāṇa oder die ↗Erlösung, figuriert die erloschene Flamme, aber auch der ↗Bodhi-Baum (oder das Blatt des Bo-Baumes) für die Erleuchtung.

L.: W. Kirfel: Symbolik des Buddhismus, 1959. (no)

Symbolik des Vajrayāna ↗Attribute, ikonographische

T

Tai-hui Tsung-kao (jap. Daie Sōkō), chin. Vertreter der ↗Ch'an-Schule (↗Lin-chi/Ta-hui); 1089–1163. T. war Schüler von ↗Yüan-wu. Nach der Eroberung von N-China 1126 zog er nach S-China, wo er eine einflußreiche Stellung bei Hofe erlangte. Nach Yüan-wus Tod 1135 versuchte er – völlig unerklärlich – die weitere Verbreitung des sehr beliebten Werks seines Lehrers Yüan-wu, des „Pi-yen-lu", zu verhindern. T. war mit ↗Hung-chih, dem 2. wichtigen Vertrter der Ch'an-Schule seiner Zeit, befreundet, bekämpfte indes dessen Praxis. T. vertrat das kung-an von Lin-chi, H. die Sitzmeditation. Der Streit ähnelte dem zwischen N- u. S-Schule (↗Shen-hui). T. Methode des Hervorlockens des Zweifels u. seiner Lösung, besonders durch das „kung-an vom Nicht" (von Yüan-wu u. ↗Wu-tsu), prägte die kung-an-Praxis bis nach der Sung-Zeit. (so)

T'ai-hsü, chin. buddh. Reformer; 1889–1947. T. gründete Lehranstalten für Mönche, u. a. 1922 in Wu-ch'ang, u. 1929 die nationale buddh. Gesellschaft. Auf seine Veranlassung wurden ab 1928 Studenten ins buddh. Ausland geschickt. Er erreichte 1931 die Rückerstattung konfiszierten Besitzes buddh. Tempel u. Klöster durch die Regierung. (so)

Taishō Issaikyō, moderne, 1924–34 in ↗Japan hergestellte Ausgabe des chin. buddh. ↗Kanons (↗San-tsang). (no)

Taiwan (Formosa), der südchin. Küste vorgelagerte Insel, Rückzugsgebiet der Nationalchinesen unter Führung von Tschiang Kai-shek anläßlich des Zusammenbruchs der Kuomintang-Regierung in ↗China im Jahr 1949 u. der Proklamation der VR China durch die Kommunisten unter Mao Tse-tung. – T. wurde um 600 n. Chr. von Altmalaien besiedelt. Chinesen kamen erst ab dem 14. Jh. auf die Insel. Allerdings hatte die mongolische Yüan-Dynastie (Kubilai Khan, ↗Mongolen) ab dem 13. Jh. T. zu ihrem Einflußgebiet gezählt. Chin. wurde die

Insel ab 1683 für 200 Jahre. In der Folge des Korea-Kriegs tritt China T. 1895 an Japan ab. 1945 gab Japan T. an China zurück. Nach dem Sieg der Kommunisten in China lebte der Buddh. unbehindert nur noch in Hongkong u. T. Das religiöse Erscheinungsbild ist durch die chin. Traditionen geprägt, durch das Nebeneinander u. Ineinander von Buddh., ↗Taoismus u. Konfuzianismus. Die altmalaiischen Bevölkerungsreste üben eine schamanistische. Religion aus. (no)

Tanjur (tib. bstan `gyur), „die Übersetzung der Lehr[schriften]“, das sind die von ind. Gelehrten verfaßten Werke, die zum Kanon des ↗Lamaismus zählen; ↗Kanjur. (ev)

T'an-luan, chin. Vertreter von ↗Ching-t'u u. Patriarch dieser Schule; 476–542. Er leistete die 1. Systematisierung der Lehre dieser Schule. T. war zunächst Taoist gewesen u. von ↗Bodhiruci bekehrt worden. T. machte sich ab ca. 530 sehr verdient als Apologet von Ching-t'u u. um die Verbreitung dieser Schule in N-China. Vermutlich schuf er die Anrufungsformel der Amitābha-Verehrung (nienfo, jap. ↗nembutsu) u. förderte die ↗Meditation über die Anrufungsformel. Werke von T. sind „Ching-t'u-lun-chu“ (Komm. zum Daśabhūmikaśāstra) u. „Wang-sheng-lun-chu“ (ein Komm. zum Wu-liang-shou-ching). (so)

Tantra (Skt, tib. rgyud), „Ursprung“, „Entstehung von Wissen“, 1. Lehrsystem des ↗Tantrismus, 2. Bezeichnung für die Schriften, in denen diese Lehrsysteme aufgezeichnet wurden. Entsprechend dem Grade ihrer Schwierigkeit zumeist in 4 ↗Tantra-Klassen eingeteilt, bilden die T. das esoterische Schrifttum des ↗Tantrismus u. des ↗Vajrayāna, dessen schriftliche Fixierung mit dem ↗Guhyasamāja-Tantra in das 7. Jh. n. Chr. zurückreicht. Die in ↗Guru-Überlieferungsreihen tradierten T. enthalten komplizierte philosophische Lehrsysteme, die in geheimen, d. h. dem Uneingeweihten unverständlichen, Einweihungsritualen dem Gläubigen in Form von ↗sādhanas durch ↗Initiation übertragen werden. Aufgrund ihrer tiefgründigen Lehren u. der in ihnen dargelegten „machtvollen“ Meditationsmethode sollen sie eine sehr schnelle Erlangung der höchsten Erkenntnis ermöglichen. – Von ↗Hīnayāna und ↗Mahāyāna nicht als authentisch buddh. Schrifttum angesehen, werden die T. von den Vajrayāna-Anhängern entweder dem ↗Buddha Śākyamuni zugeschrieben oder als Offenbarungen von ↗Buddhas oder ↗Bodhisattvas, vorzugsweise des ↗Ādibuddha, angesehen, die von bedeutenden buddh. Gelehrten quasi in Offenbarung zuteil wurden u. deren spirituelle Überlieferung in ↗Guru-Überlieferungsreihen in ununterbrochener Sukzession weitergegeben wurden. Die ursprünglich in Skt verfaßten buddh. T. sind großenteils nur noch in tib. Übers. im ↗Tanjur erhalten. Der ↗Lamaismus unterscheidet zwischen „Alten" u. „Neuen" T. entsprechend ihrer Übers. z.Z. der ↗Frühen od. ↗Späten Bekehrung Tibets. Erstere wurden entweder übersetzungstechnisch überarbeitet oder werden z.T. aufgrund ihrer dubiosen Authentizität nicht von allen tib. Schulrichtungen anerkannt.

L.: ↗Tantrismus, ↗Vajrayāna. (ev)

Tantra-Klassen (tib. rgyud sde). Die ↗Tantras des ↗Vajrayāna u. ↗Lamaismus werden gewöhnlich in 4 T.-K. unterteilt: ↗Kriyā-T., ↗Caryā-T., ↗Yoga-T. u. ↗Anuttarayoga-T. Die ersten 3 Klassen enthalten die „Äußeren Tantras" (tib. phyi rgyud) u. die letzte umfaßt die einzig spirituellen Zielen dienenden „Inneren Tantras" (tib. naṅ rgyud). (ev)

Tantrayāna (Skt, tib. rgyud kyi theg pa), „Tantra-Fahrzeug", Bezeichnung des ↗Vajrayāna, die sich vom Bezug auf die ↗Tantras ableitet. Diese werden vom ↗Hīnayāna u. Mahāyāna nicht als authentisches buddh. Schrifttum anerkannt. (ev)

Tantrismus. I. Der T., nach seinen als ↗Tantra bezeichneten Lehrsystemen benannt, ist eine esoterische, nur dem Eingeweihten verständliche ganzheitliche Erkenntnislehre, die von der Untrennbarkeit des Relativen u. Absoluten ausgeht. Sein Ziel ist die Transzendierung der realen Welt in die höchste Wirklichkeit u. die mystische Verschmelzung mit dem Absoluten. Auf eine ältere, evtl. gemeinsame, mündlich tradierte Wurzel zurückgehend, erscheint der T. etwa vom 7. Jh. an gleichzeitig in den Schriften buddh., hinduistischer u. jinistischer Strömungen Indiens u. führt zur Entwicklung des buddh. ↗Vajrayāna u. hinduistischen ↗Shaktismus. Er lehrt eine „energetische" Betrachtungsweise der Welt, die Verwobenheit grob- u. feinstofflicher Ebenen u. geht prinzipiell von einer umfassenden ↗makro-mikrokosmischen Analogie des Universums aus. Tantrische Rituale bedienen sich daher äußerer Handlungen als Spiegel innerpsychischer Prozesse. Wesentliche Elemente des T. sind 1. die Verbildlichung geistiger Prinzipien mittels sexueller Symbolik, 2. auf der Grundlage eines Systems feinstofflicher Energiezentren (Skt cakra) u. -kanäle (Skt nāḍī) im Körper meditative u. yogische Praktiken wie die Visualisation bipolarer ↗Gottheiten bis hin zur sexuellen Vereinigung mit einem gegengeschlechtlichen Partner als spirituell machtvolle Mittel zur Erfahrung höherer Bewußtheit, 3. die Verwendung geometrischer Diagramme wie ↗maṇḍala oder yantra als kosmo-psychische Gebilde, 4. die ↗Initiation als Wegbereitung zur Erfahrung höherer Bewußtseinsstufen, 5. die Benutzung mystischer Silben (↗mantra) u. Handhaltungen (↗mudrā) als Mittel zur Transformation des Praktizierenden in andere Bewußtseinszustände oder in ↗Gottheiten, 6. die Markierung von Körperstellen mit ↗mantras u. Symbolen, um sie so in göttliche Orte zu verwandeln u. 7. die Adoption volkstümlicher magischer Vorstellungen. Der tantrische Weg gilt als radikal u. gefährlich; die Führung durch einen ↗Guru wird stets mit Nachdruck als unabdingbar herausgestellt.

L.: A. Avalon: Die Schlangenkraft, 31978; ders.: Shakti u. Shakta, 1962; S. Dasgupta: Obscure Religious Cults, Calcutta 21962; A. Bharati: The Tantr. Tradition, London 1965; D.-I. Lauf: Das Bild als Symbol im T., 1973; H.V. Guenther: Tantra, 1974; S. Gupta, D.J. Hoens, T. Goudriaan: Hindu Tantrism, 1979 (Hdb. d. Orientalistik, IV, 2); T. Goudriaan, S. Gupta: Hindu Tantr. a. Śakta Literature, 1981 (A Hist. of Ind. Lit., II, 2); weitere Lit. ↗Vajrayāna, ↗Lamaismus. (ev)

II. Seit dem Ende des 6. Jh. wurde der T. auch in ↗China einflußreich (↗Chen-yen, ↗Mi-tsung), vor allem durch den taoistischen T'ang-Kaiser Hsüan-tsung (712–756) gefördert. Vor allem die tantrische ↗Meditation über Keimsilben (chung-tzu, Skt bījā) u. der Gebrauch von Kosmogrammen (man-t'o-lo, ↗maṇḍala) waren in China verbreitet. Analog dem ind. u. tib. T. wurde der 3fache Weg zur ↗Erlösung gelehrt: durch Erleuchtung (bodhi, wu), durch Erbarmen (pei, karuṇā) u. durch den spezifisch tantrischen Weg über das „Mittel" (fang-pien, upāya). Die innerlich realisierte Erlösung zeigt sich äußerlich sichtbar in der Wunderkraft. (so)

T'an-yao, chin. Buddhist des 5. Jh. – T. kam um 439 nach Ta-t'ung, Hauptstadt von N-Wei. Ab 454 ist er für 20 Jahre der anerkannte Vertreter des Buddh. dort. Er verbreitet die Lehre des ↗Buddha durch die Einrichtung sog. Saṅgha- u. Buddha-Haushalte. Gemeint ist damit: buddh. Tempel u. Klöster erhielten die Abgaben aus an Familien verteiltem brachliegendem Land, wodurch die Landwirtschaft gefördert u. vermutlich der Bau von ↗Yün-kang finanziert wurde (Saṅgha-Haushalt). Überdies bearbeiteten Sträflinge u. Sklaven die Klosterländereien, zumal den Mönchen körperliche Arbeit verboten war (Buddha-Haushalt). Diese Einrichtungen, die T. seit 470 propagierte, wurden wegen Mißbräuchen – vor allem wegen der Umgehung von Arbeits- u. Militärdienst durch den Eintritt ins Kloster – schon in der Mitte des 6. Jh. aufgegeben. (so)

Tao-an, chin. Buddhist; 312–385. T., Schüler von ↗Hui-yüan, ist der wichtigste Vertreter des frühen chin. Buddh. Mit 12 Jahren ins Kloster eingetreten, studierte er bei den berühmten Meistern seiner Zeit, u. a. bei ↗Fo-t'u-teng, ↗prajñā u. ↗dhyāna, aber auch profane Lit. u. Wissenschaften. Er verfaßte Komm. zu dhyāna-Texten u. zu prajñā-Sutren u. übersetzte den ↗vinaya der ↗Sarvāstivadins („Pi-nai-yeh-lü"). T. versuchte, die Schaffung spezifischer buddh. Termini im Rückgriff auf taoistische Begriffe zu überwinden. Er war es auch, der ↗Kumārajīva nach China einlud. T. förderte den Kult des ↗Maitreya. Zusammen mit 8 Schülern gelobte er vor einer Maitreya-Statue die Wiedergeburt im ↗Tuṣita-Himmel. (so)

Tao-ch'o, chin. Vertreter der buddh. Schule ↗Ching-t'u; 562–645. Patriarch dieser Schule. Sein Lehrer war ↗T'an-luan, sein wichtigster Schüler ist ↗Shan-tao. Charakteristisch für seine Position ist sein pessimistisches Geschichtsbild und, daraus abgeleitet, seine Klassifizierung der chin. buddh. Schulen. Nur seine eigene Schule Ching-t'u hält er seiner Zeit für angemessen. (so)

Tao Chün (wörtlich: „Steiler Pfad", bürgerlich: Martin Steinke), geb. 23. 1. 1882 in Potsdam, gest. 29. 8. 1966 in Igersheim; dt. buddh. Mönch (Ordination 1. 11. 1933 im Kloster Tsi-hia-shan bei Nanking/China). T.Ch. hatte 1922 in Berlin eine „Gemeinde um Buddha e.V." gegründet, sich dann dem ↗Mahāyāna zugewandt u. sich dem buddh. Mönch u. Abenteurer Chao Kung (Ignaz Trebitsch-Lincoln, 1879–1943) angeschlossen. Nach seiner Rückkehr aus ↗China arbeitete T.Ch. daran, eine einheimische Gestalt des europ. Buddh. zu entwickeln. 1936 Gründung der „Buddh. Gemeinde e.V." in Potsdam. 1941 mehrfach von der Gestapo verhaftet, nahm er ab 1945 aus dem süddt. Raum seine Tätigkeit als buddh. Lehrer u. Autor wieder auf.

W.: Buddha u. China, 1940; Das Lebensgesetz, 1962; Leben – so bunt, so bunt, Wien 1982; Die Lehre von der Befreiung, der Weg des Buddha Gotama (Zs.), 1936–37. – L.: H. Steinke-Boll: Martin Steinke Tao Chün, 1882–1966; H. Hecker: Chonik des Buddh. in Deutschland, [3]1985, 52–55; ders.: Lebensbilder dt. Buddhisten, I, 1990, 144–155. (no)

Tao-hsin, chin. Vertreter des ↗Ch'an u. 4. ↗Patriarch dieser Schule; 580–651. Vermutlich um 592 (?) wurde T. Schüler von ↗Seng-ts'an u. vermutlich 602 (?) dessen Nachfolger. Er studierte das ↗Prajñāpāramitāsūtra u. die Lehren der Schulen ↗San-lun, ↗T'ien-t'ai u. ↗Ching-t'u u. lebte 10 Jahre auf dem Berg Lu-shan, dann auf dem Tung-shan. 624 (?) wurde ↗Hung-jen sein Schüler. Ihre gemeinsame Lehre nannte man Tung-shan-Schule, die 1. Ch'an-Gemeinschaft überhaupt mit an die 500 Mitgliedern. Damit wandelte sich die Ch'an-Schule aus einer Gruppe wandernder Bettelmönche in feste Klostergemeinschaften, die sich selbst durch Handarbeit erhielten. Man praktizierte die Sitzmeditation, lehnte das Sutrenstudium ab und gebrauchte noch nicht die kung-an-Methode. Unter den Werken von T. ist seine Klosterordnung („P'u-sa chieh-fa") verlorengegangen; von T. stammen ↗Pai-chang u. Tao-hsin wu-men; im letzteren Text handelt T. über die plötzliche u. die allmähliche Erleuchtung. Er gilt als der 1. erhaltene Ch'an-Text. (so)

Tao-hsüan, chin. Buddh., Gründer der Lü-Schule; 596–667. Er gilt als der berühmteste Historiker des Buddh. der T'ang-Zeit. In seiner Schrift „Kuang-hung-ming-chi" stellt T. den Buddh. über den ↗Konfuzianismus u. ↗Taoismus. Er argumentiert, Konfuzius u. Lao-tzu seien nur Menschen gewesen u. mit dem ↗Buddha nicht vergleichbar. In „Hsü Kao-seng-chuan" (664; ↗Hui-chao) stellt er die Geschichte des Buddh. bis 645 dar, in „Fo-tao lun-heng" die Kontroverse zwischen Buddh. u. Taoismus. T. setzte sich energisch für die Unabhängigkeit des ↗saṅgha ein. Anlaß bot die harte Sonderrechtsprechung für den buddh. u. taoistischen Klerus. (so)

Taoismus und Buddhismus. Im Verhältnis von T. u. Buddh. gibt es folgende Phasen: Anleihen des Buddh. beim Vokabular u. den Vorstellungen taoistischer Philosophie; Konkurrenz zwischen beiden Systemen; volksreligiöser Synkretismus. Während der gesamten Entwicklung übernimmt der T. inhaltliche u. institutionelle Momente vom Buddh. Der Buddh. wurde anfangs für den im Ausland weiterentwickelten T. gehalten, denn Lao-tzu hatte aus Enttäuschung über den Mißerfolg seiner Lehre China nach W verlassen. Die These von der „Verwandlung in Westbarbarisches" (hua-hu) der Lehre des Lao-tzu ist erstmals im Jahr 166 erwähnt. Das „Hua-hu-ching", ein Werk von Wang Fou um 300, wurde von den Taoisten als buddh. ausgegeben u. heftig angegriffen. Bis zu seinem endgültigen Verbot 1281 durch den buddh. Gründer der Yüan-Dynastie Kublai Khan war es oft Anlaß zum Streit zwischen Taoisten u. Buddhisten. Das Ziel des T., Überwindung des alltäglichen Seins, Langlebigkeit bzw. Unsterblichkeit, u. sein Ideal, der das universelle Leben verkörpernde Unsterbliche (hsien-jen), wurden mit der Wesensgestalt des Buddh. identifiziert. Das Paradies des T. waren seit dem 2. Jh. v. Chr. die K'un-lun-Berge, das ist der Himalaya, wo Hsi-wang-mu, die „königliche Mutter des Westens" herrsche. Seit dem 3. Jh. n.Chr. gewinnt die Legende ausgesprochen buddh. Züge. Die ↗heiligen Berge (wuyüeh) des T. wurden im 5. Jh. vom Buddh. übernommen. Am folgenschwersten war jedoch die Verwendung taoistischer Begriffe in der Übers. der buddh. Sutren (ko-i) bis ans Ende des 4. Jh.: ↗nirvāṇa entsprach wu-wei (Nichthandeln. Handeln ohne ichbezogene Absicht), dem Kernbegriff des „Tao-te-ching". Die Übernahme des Buddh. durch Oberschicht u. Volk löste einen Konkurrenzkampf zwischen T. u. B. aus. Die 1. Buddhistenverfolgung, die die Taoisten anzettelten, geschah 446 unter Kaiser T'ai-wu der N-Wei-Dynastie (424–452). Damals wurde der T. Staatsreligion. Umgekehrt verbot der buddh. Kaiser Wu der Liang-Dynastie 517 den T. Viele Kaiser der T'ang-Zeit, eine Blütezeit des Buddh. in China, förderten den T., da sie Lao-tzu wegen des gemeinsamen Familiennamens Li für ihren Vorfahren hielten. In der von Kaiser Kao-tsu (618–627) festgelegten Hierarchie der Weltanschauungen figurierte der T. als 1. u. der Buddh. als letzte. Unter dem Sung-Kaiser Chen-tsung (998–1022) wurde der T. wiederum Staatsreligion. Kaiser Hui-tsung (1101–1125) machte sich selbst zur höchsten Gottheit im taoistischen Pantheon, ähnlich buddh. Herrschern, die sich als Tathāgata- oder Bodhisattva-Kaiser (↗Huang-ti p'u-sa) verstanden. Taoistische Übernahmen aus dem Buddh. sind zahlreich. Das taoistische Klosterwesen mit Regeln nach dem ↗vinaya entstand im 5. Jh. Ursprünglich lebten die nachmaligen taoistischen Mönche in ihren Familien oder als Einsiedler. Der Eintritt ins Kloster wird wie im Buddh. ch'u-chia („die Familie verlassen") genannt. Der T. übernahm auch die ↗karma-Lehre u. Vorstellungen vom Leben nach dem Tod u. von der ↗Hölle. Der taoistische Kanon („Tao-tsang") ist dem buddh. (↗San-tsang) nachgebildet. Schon Ende des 4. Jh. wurden Sutren im T. nachgeahmt, u. die 1. Sammlung „San-tung" („drei Höhlen") Mitte des 5. Jh. war wie das Tripiṭaka eingeteilt. Die endgültige Version entstand 1111–1118 u. wurde 1923–1926 wie der buddh. ↗Kanon von der Regierung gedruckt. Auch das Pantheon ist buddh. beeinflußt. Seit etwa 200 v. Chr. wurde Lao-tzu als Gottheit verehrt (↗Huang-lao), 350 Jahre später schildert die Legende seine aufeinanderfolgenden Erdenleben (↗jātakas) u. seine Geburt wie die des ↗Buddha. Mitte des 12. Jh. stellt ein Werk Buddha ↗Gautama als Inkarnation von Lao-tzu dar; der Streit darüber zwischen T. u. Buddh. dauerte 30 Jahre u. führte zum Verbot dieser Schrift u. zur Zerstörung des taoistischen Kanons. Die Spitze des taoistischen Pantheons bilden die „Drei Reinen" (san-ch'ing), eine offensichtliche Parallele zu den Buddhas der 3 Zeitalter.

L.: E. Chavannes: Inscription et pièces de chancelleries chinoises de l'époque mongole, TP 5 (1904), 366–404; W. Liebenthal: Chinese Buddhism during the 4th and 5th centuries, Monumenta Nipponica (1955), 44–84; J. Thiel: Der Streit der Buddhisten und Taoisten zur Mongolenzeit, Monumenta Serica 20 (1961), 1–81; P. Demiéville: La pénétration du bouddhisme dans la tradition philosophique chinoise, Cahiers d'histoire mondiale 1 (1956), 19–38; E. Zürcher: Buddhist Influence on Early Taoism, TP 66 (1980), 84–146; D. Chappell (Hg.): Buddhist and Taoist Studies, I. Honolulu 1977; ders.: Buddhist and Taoist Practice in Medieval Chinese Society, Honolulu 1987. (so)

Tao-sheng, chin. Buddhist; um 360–434. T. war zunächst Schüler von Fa-t'ai (gest. 378) u. ab 397 auf dem Lu-shan Schüler von ↗Hui-yüan u. Sanghadeva, bei dem er den ↗Abhidharma des ↗Sarvāstivāda studierte. 405/6–408 wurde er mit ↗Seng-chao u. Hui-kuan Schüler von ↗Kumārajīva. Er war vermutlich an der Übers. der Werke des ↗Vimalakīrti u. des ↗Saddharmapuṇḍarīkasūtra beteiligt. Von 429 lebte er auf dem Lu-shan, nachdem er nach 20jährigem Aufenthalt aus der südl. Hauptstadt Chien-k'ang verbannt worden war. T. vertrat als 1. die Lehre von der plötzlichen Erleuchtung. Er regte die ↗Nieh-p'an-Schule an. (so)

Tao-yüan, chin. Buddhist u. Vertreter des ↗Ch'an (↗Fa-yen) im 10. Jh., ein Schüler von T'ien-t'ai Te-shao. Er verfaßte das wichtigste Geschichtswerk der Ch'an-Schule „Ching-te ch'uan-teng-lu" („Aufzeichnung der Ching-te-Ära u. die Weitergabe der Leuchte", 1011). Seine Position gilt als orthodox im Gegensatz zum Werk seines Mitschülers ↗Yung-ming. (so)

Tārā (Skt, tib. sgrol ma), „Retterin", die Verkörperung der Liebe, die aus einer Träne ↗Avalokiteśvaras entstandene bedeutendste weibliche Gottheit im Buddh. Im Range einem ↗Bodhisattva gleich, wird sie von den Tibetern ↗Dölma genannt. Neben den populären 21 Formen der T. werden im lamaistischen Kulturraum besonders die Grüne u. Weiße T. verehrt, als deren Emanationen die beiden Gemahlinnen des tib. Königs ↗Songtsen Gampo gelten. (ev)

tariki (jap.), „andere Kraft" (Gegenteil zu ↗jiriki). T. bezeichnet in der ↗Jōdo-Shinshū das Hon-gan (Ur-Gelübde ↗Amidas) als Ausdruck der den Wesen vorgegebenen Erlösungsmöglichkeit. Im Vertrauen auf t. ereignet sich Befreiung von Ich-Verhaftung u. der Durchbruch zur nicht-dualistischen ↗Weisheit. (sl)

Tarthang Tulku (tib. dar thaṅ sprul sku), geb. etwa 1946, ist der bedeutendste zeitgenössische tib. ↗Nyingmapa-Lama in Amerika. Schon in jungen Jahren als ↗Tulku seines gleichnamigen Klosters inthronisiert, siedelte er in den 60er Jahren nach Amerika über, wo er den Odiyan Meditation Center u. zahlreiche andere buddh. Zentren gründete. Seine umfangreichen Publikationen, besonders auch die Faksimile-Ausgabe des ↗Kanjur u. Tanjur von Derge, verschafften ihm weltweite Anerkennung.

W. (Hg.): The Nyingma Edition of the sDe dge bKa' `gyur and bsTan `gyur, 120 Bde., Emeryville/Cal. 1981; Der verborgene Geist der Freiheit, 1985; Raum, Zeit u. Erkenntnis, 1986; Die Innere Kunst der Arbeit, 1987; Selbstheilung durch Entspannung, 1988. (ev)

Tashilhünpo (tib. bkra śis lhun po), in der westtib. Stadt ↗Shigatse gelegenes, 1447 von ↗Tsongkhapas Neffen Gendün Drub (1391–1475) gegründetes Kloster. Es bildet den Hauptsitz des ↗Panchen Lama u. ist mit ehemals 3700 Mönchen eine der großen Klosteruniversitäten der ↗Gelugpa. Herausragend sind hier der 48säulige ↗Dukhang, die mit Golddächern versehenen Gebäude, die die Reliquien-Stūpas der ↗Panchen Lamas beherbergen, sowie die 26,20 m hohe Statue des ↗Maitreya. (ev)

Tat ↗karma

tathāgata (Skt/P), der „So-Gegangene" (tathā gata, nach anderer Herleitung der „So-Gekommene" von tathā āgata); Würdetitel des ↗Buddha, der die Beispielhaftigkeit des Lebens des Buddha u. die Übereinstimmung von Lehre u. Praxis aussagt. (Franke: „Pfadvollender"). Die „5 t." ↗Dhyāni-Buddha. (no)

Tathāgataguhyaka (Skt). Der T. („Das Geheimnis der Tathāgatas") gehört zu den bedeutendsten Texten unter den frühen ind. ↗Tantras, der schon im 7. Jh. hohe Autorität genoß. Er ist in Skt sowie in chin. u. tib. Übers. vorhanden. Seine ältesten Teile gehen evtl. bis ins 5. Jh. zurück. (sl)

tathatā (Skt), „Sosein" oder „Soheit"; ein vor allem in der ↗Yogācāra-Schule beliebter Terminus, der ähnlich wie ↗śūnyatā auf den begrifflich nicht faßbaren Charakter der wahren Wirklichkeit, wie sie vom Erleuchteten erkannt wird, verweist, doch als śūnyatā die Positivität dieser Erfahrung anzeigt. (sl)

Taxila, im heutigen Pakistan gelegen, war in alter Zeit ein Zentrum buddh. Kultur, ab 30 n. Chr. unter Gondophyres Hauptstadt des sakisch-parthischen Reiches. Berühmt war T. durch seine Universität wie durch seine Kunstschätze, z. B. die Stuckplastiken. T. wurde im 6. Jh. durch den Hūṇa-König Mihirakula zerstört. (no)

Technik. Die technische Revolution der Gegenwart hat weltweit zu einem Bruch traditioneller religiöser Strukturen geführt, der in einigen buddh. Ländern zeitlich u. wirtschaftlich mit der Kolonialisierung zusammenfällt. Durch die technisierte Umwelt haben sich sowohl rel.-soz. Strukturen wie die individuelle Disposition z. B. bei der Meditation stark verändert. Neben den weltweit spürbaren Wirkungen der ↗Säkularisierung treten einerseits synkretistische, andererseits fundamentalistische Reaktionen auf, welche beide die technischen Möglichkeiten auf ihre Weise für religiöse Zwecke instrumentalisieren. (bo)

Teezeremonie (jap., Chanoyu). Im Rahmen der ↗Zen-Künste nimmt die T., das meditativ ritualisierte gemeinsame Trinken von Tee, einen besonderen Rang ein. Die gezielte Praxis der T. gilt als ↗zen-buddh. Übungsweg (cha-dō), bei dem die Qualitäten: Harmonie (wa), Achtung (kei), Reinheit (sei) u. Stille (jaku) zu entfalten sind.

L.: T. Hayashiya, et al.: Japanese Arts and the Tea Ceremony, New York – Tokyo 1974. (sl)

Tempel (von lat. templum, abgegrenzter heiliger Bezirk), umgrenzter Sakralplatz oder Sakralbau, der kultischen

Zwecken dient: der Verehrung/Anbetung einer oder mehrerer Gottheiten, Opferhandlungen u./oder anderen kultischen Zwecken. Der T. kann als Versammlungsort der Kultgemeinde zugänglich oder als verschlossenes Heiligtum den Laien unzugänglich u. nur für das Kultpersonal betretbar sein. Häufig ist der innerste T.bereich dem allgemeinen Zutritt verschlossen. T., in denen geopfert wird, besitzen Altäre. Das verehrte Numen ist häufig durch Bild oder Symbol repräsentiert. Zahlreiche T. gelten als Zentren der Welt. – Im Buddh. dient der T. (↗vihāra, ↗stūpa, ↗caitya, Dagoba, ↗Pagode) nicht der Anbetung von Göttern u. deren kultischer Pflege, sondern erstlinig dem erinnernden Gedenken an den ↗Buddha u. seiner Verehrung, im Mahāyāna der Verehrung der ↗Buddhas u. ↗Bodhisattvas u. anderer helfender u. rettender Wesenheiten. Der vihāra ist ursprünglich die Versammlungshalle (saṅghārāna) der Mönche, um die herum die Zellen der Mönche gruppiert sind. Dort versammeln sie sich zur Rezitation der Sūtren (↗sūtra), für die ↗prātimokṣa-Feier u. zu anderen gemeinschaftlichen Anlässen. Aus dem vihāra entwickelte sich die Schreinhalle als T. in den Klöstern. Der stūpa dient dem buddh. Reliquienkult u. wird seinerseits Ausgangsort für die Entstehung einer weiteren Form buddh. Heiligtums. Das 1. sakrale Bauwerk des Buddh. ist der stūpa, aus dem heraus sich unter Einbeziehung regionaler Bautraditionen eigene Formen entwickelten: ↗Tschörten in ↗Tibet, birmanisch Tsedi, Prang in Kambodscha, Höhlentempel in W-, NW- u. Zentralindien. Letztere besitzen regelmäßig in der caitya-Halle einen aus dem Stein herausgehauenen stūpa, der keine Reliquien, sondern kanonische Texte (↗Kanon) birgt. Im Zentrum des chin. Tempels liegt die Goldene Halle mit der Buddha-Statue. In ↗Japan gruppiert sich die T.-Anlage aus einzelnen Gebäuden. Wie der stūpa ist der buddh. Tempel von einer Schranke (vedikā) umgeben, durch die 4 Tore (toraṇa) führen. Bedeutende buddh. T. sind der Mahā Bodhi stūpa in ↗Bodh Gayā, ein 55 m hohes Ziegelgebäude aus dem 1.–3. Jh., der Dhamek-stūpa in ↗Sārnāth bei ↗Benares aus dem 6. Jh., die Wildgans-Pagode in X'ian (Shaanxi) in ↗China, der Bayon (Tempelberg) von Angor Thom in ↗Kambodscha aus dem 12./13. Jh. u. besonders der ↗Borobudur auf Java aus dem 9. Jh. (no)

Tendai-shū (jap., auch T.-Hokke-Schule). Um 805 wurde die chin. ↗T'ien-t'ai-Schule durch ↗Saichō (767–822) aus ↗China nach ↗Japan gebracht. Während der Heian-Zeit (794–1190) wird sie zur herrschenden buddh. Schule in Japan. Sie fußt auf dem ↗Lotus-Sūtra. Zentrum der Schule ist der Enayukuji auf dem Berg Hiei. Saichō wandte sich energisch gegen staatliche Einflußnahme auf den ↗saṅgha (z. B. durch seine Polemik von 820 gegen die „Verordnungen für Mönche u. Nonnen" aus der Nara-Zeit). Nach Saichōs Tod drangen stärker tantrische Lehren (↗Tantra, ↗Tantrismus) aus der ↗Shingon-shū in die T. ein. Die Schule zeigt eine ausgeprägte Betonung des Rituellen u. Zeremoniellen. Wie Shingon beinhaltet die T. eine esoterische Praxis (mikkyō) mit magischer Ritualistik neben einem metaphysischen Lehrsystem, der exoterischen T.-Doktrin (kenkyō). Ziel der Praxis ist die Erfahrung der Identität des menschlichen Geistes mit dem Universum. Durch die rigoros asketische Übung, „das Gehen um die Bergspitze" mit Fasten, weitgehendem Schlafentzug u. einem Feuerritual können alle weltlichen Befleckungen vernichtet u. der heilsnotwendige Grad spiritueller u. materieller Reinheit hergestellt werden. In der späten Heian-Zeit nahm die T. gegenüber anderen Schulen u. sogar Unterschulen eine ausgesprochen militant-aggressive Haltung ein. Andererseits ist es auffällig, daß fast alle Reformbestrebungen des jap. Buddh. aus der T. hervorgegangen sind. Die Schule wirkte auch stark auf eine Buddhaisierung des ↗Shintō ein, in der sämtliche kami (Gottheiten oder Geistwesen) als ↗Buddhas, ↗Bodhisattvas, Heilige u. dämonische Schützergestalten im Buddh. Aufnahme fanden. Nach dem 2. Weltkrieg engagiert sich der T. für eine seit längerem immer wieder geforderte organisatorische Vereinheitlichung des jap. Buddh.

L.: M. Kiyota: The Structure and Meaning of Tendai Thought. Transactions of the Intern. Conference of Orientalists in Japan, 5 (1960), 69–83; B. Petzold: Tendai Buddhism, Yokohama 1979; ders.: Die Quintessenz des T., hg. v. H. Hammitzsch, 1982; P. Groner: Saicho and the Establishment of the Japanese Tendai School, Berkeley 1984. (no)

Tendzin Gyatsho (tib. bstan \`dzin rgya mtsho), tib. Name des gegenwärtigen 14. ↗Dalai Lama von ↗Tibet. Am 6. Juni 1935 im nordosttib. Tagtsher (tib. stag \`tsher) geboren, wurde er nach den üblichen Prüfungen als D. L. erkannt, als 5jähriger inthronisiert u. am 17. November 1950 offiziell als D. L. installiert. 1959 floh er nach dem Einmarsch chin. Truppen nach Indien, wo er z. Z. in Dharamsala, Himachal Pradesh, als Oberhaupt der tib. Exilregierung residiert. Aufgrund seiner Bemühungen um interreligiösen Dialog, seiner Aufrufe zu Frieden, Völkerverständigung u. Toleranz wurden ihm zahlreiche Ehrungen zuteil. 1989 wurde er aufgrund seiner Befürwortung der Prinzipien von Gewaltlosigkeit u. universeller Verantwortlichkeit allen menschlichen Handelns sowie aufgrund seiner weitsichtigen Vorschläge zur Lösung internationaler Konflikte zum Träger des Friedensnobelpreises ernannt. Auch von den Buddhisten anderer Fahrzeuge wird er zunehmend „als eine authentische Stimme des Buddh. in der Welt“ (v. Brück) anerkannt.

W.: Mein Leben u. mein Volk, 1962; Buddhism of Tibet and the Key to the Middle Way, London 1975; Four Essential Buddh. Commentaries, Dharamsala 1982; Kindness, Clarity and Insight, Ithaca 1984; The Kalacakra Tantra, 1985; Essence of Refined Gold, 1985; Logik der Liebe, 1986; The Collected Statements, Dharamsala 1986; Ausgewählte Texte, 1987; Das Auge der neuen Achtsamkeit, 1987; Das Buch der Freiheit. Die Autobiographie des Nobelpreisträgers (1990). – L.: G. Schulemann: Geschichte der Dalai-Lamas, 1958; A. Borromee: Der Dalai Lama, o. J.; R. Hicks and N. Chogyam: Der Dalai Lama, 1985; C.B. Levinson: The Dalai Lama, London 1986; M.H. Goodman: The Last Dalai-Lama, London 1986; M. v. Brück: Denn wir sind Menschen voller Hoffnung, 21988. (ev)

Terma (tib. gter ma), „Schatzfund“. 1. Bezeichnung für Statuen, für Ritualinstrumente wie ↗vajra u. Ritualdolch oder für andere religiöse Objekte, die von den ↗Tertön, „Schatzfindern“, geborgen werden; 2. tib. Textgattung apokryphen Schrifttums, das von früheren Heiligen, vor allem von Padmasambhava, verborgen worden sein soll, damit die in ihnen enthaltenen Lehren, sobald die Zeit zu ihrem Verständnis herangereift ist, aufgefunden werden können. Die T.-Tradition begann zur Zeit der ↗Späten Bekehrung Tibets; bedeutende Schriften ihrer Gattung bilden das ↗Mani Kabum, die Biographie Padmasambhavas (tib. Pema Kathang) oder das ↗Bardo Thödol. „Gefunden“ werden die T. in Form von a) in Höhlen usw. verborgener Schriften, b) nur schwer lesbaren Keimsilben (↗bīja) auf Baumrindestücken, die im ↗Tertön spontane Eingebungen hervorrufen, c) Visionen am Himmel oder d) Eingebungen während meditativer Versenkung. Die berühmteste u. umfangreichste Sammlung von T.-Texten bildet das Rinchen Terdzö (tib. rin chen gter mdzod). Entsprechend der T.-Tradition gilt als ikonographische Darstellung des ↗dharmakāya der Buddha ↗Amitābha, des ↗sambhogakāya ↗Avalokiteśvara u. des ↗nirmāṇakāya ↗Padmasambhava. Die meisten T.-Schriften werden von den ↗Gelugpa nicht als authentisch buddh. Schrifttum anerkannt.

L.: E. K. Dargyay: Rise of Esoteric Buddh. in Tibet, Delhi 1977; P. Schwieger: Tib. Handschr. u. Blockdrucke 10 (… Rin-chen gter-mdzod …), 1990 VOHD XI, 10). (ev)

Tertön (tib. gter ston), „Schatzfinder", „Entdecker von ↗Terma-Schriften", das Heilige oder gelegentlich auch tiefgläubige, z. T. illiterate Laien, die – zumeist der ↗Nyingmapa- oder ↗Kagyüpa-Schule zugehörig – oft aufgrund von Visionen, Träumen usw. Terma-Objekte geborgen haben oder in spontanen Eingebungen Terma-Lehren artikulieren. (ev)

Te-shan Hsüan-chien (jap. Tokusan Senkan), chin. Buddhist u. Vertreter des ↗Ch'an (1. T'ang-Hauptlinie), 789–865, einer der bedeutendsten Ch'an-Meister überhaupt. Ursprünglich Vertreter der prajñā-Lehre u. Gegner der Ch'an-Schule, soll er nach S-China gereist sein, um dort die Ch'an-Schule zu bekämpfen, sei aber erleuchtet worden. Daraufhin habe er die Komm. zum Diamant-Sūtra verbrannt u. sei Schüler von Lung-t'an Ch'ung-hsin geworden. Sein Schüler war ↗Hsüeh-feng. (so)

Tetsugen, jap. buddh. Mönch der ↗Ōbaku-Zen-Schule; 1630–1682. Hg. des buddh. ↗Kanons in ↗Japan, dessen Ausgabe (ban) nach ihm T.-ban (oder nach seiner Schulzugehörigkeit Ōbaku-ban) heißt. (no)

Teufel, personifizierte Vorstellung des Bösen/Unheils i. S. einer einzigen (Satan, Diabolos) oder mehrerer Figuren (Dämonen). Im Buddh. sind dämonische Wesen (z. B. ↗pretas) als saṃsārische Gestalten bekannt oder als Teil außerbuddh.

Volksreligiosität integriert. Zentrale Personifikation in etwa durch ↗Mara. (sl)

Thailand (Siam), Königreich in Hinterindien, dessen Bevölkerung (ca. 50 Mio.) zu über 92 % buddh. ist. Der Buddh. ist in Th. – wie früher auch in ↗Laos u. ↗Kambodscha – Staatsreligion. Herrschende buddh. Schule ist seit Ende des 13./Anfang 14. Jh. der ↗Theravāda. Die Ureinwohner von Th., die Mon, waren frühzeitig von ↗Indien beeinflußt – sowohl hinduistisch (↗Hinduismus) als auch buddh. Die nachmalig staatstragenden Thai wanderten aus S-China ein. Sie gruppieren sich in Siamesen (Zentral-Thai), Thai Yüan (N-Thai), die Lao u. die Schan-Völker. Durch Fremdeinflüsse aus Sumatra u. Kambodscha gelangte das ↗Mahāyāna nach Th. Um 600 kam Th. unter die Herrschaft der Khmer, deren Herrscher sich ab ca. 700 zum Buddh. bekannten. Ca. 1250 wurde die singhalesische Tradition des Theravāda eingeführt. 1260 befreite sich das Thai-Königreich von der Khmer-Herrschaft. König Lü Thai (er reg. seit 1340, seit 1347 als König) reformierte den ↗saṅgha mit Mönchen aus Ceylon. saṅgha-Reformen erfolgten durch die Könige in der Folge immer wieder, etwa unter König Taksin (1767–1782) u. Rāma I. (1783–1809). Die thailändischen Herrscher unterstützten aktiv den Buddh., förderten den saṅgha u. sorgten für eine gute Observanz in den Klöstern. König Songdharm (1610–1628) gab das Tipiṭaka (↗Tripiṭaka, ↗Pāli-Kanon) heraus. Der bedeutendste König in der jüngeren Geschichte Th. ist Rāma IV. Mongkut (geb. 1803, König 1851–1868). Mongkut war 27 Jahre Mönch, bevor er auf den Thron kam. Er gründete den Dhammayuttika-nikāya, einen Reformzweig des thailändischen saṅgha, der einer strikten Observanz des ↗vinaya folgt. König Rāma V. Chulalongkorn (1868–1910) gab dem thailändischen saṅgha eine einheitliche Gestalt unter der Leitung seines Bruders Wachirayan als Patriarchen. Der saṅgha wird in Th. staatlicherseits beaufsichtigt. Seit 1902 regelt ein staatliches Gesetz seine Verwaltung. Auch die staatlicherseits eingerichtete Hierarchie dient der Vereinheitlichung des saṅgha. Seit König Mongkut bestehen innerhalb des thailändischen Mönchtums 2 Richtungen: der (nicht reformierte) Mahānikāya, die Mehrheitsfraktion, u. der Reformzweig des Dhammayuttikanikāya. Beide unterscheiden sich allerdings nicht im Lehrsystem, sondern nur in der Strenge der Befolgung der vinaya-Regeln. Die Übung, daß jeder Thai eine Zeitlang in einem Kloster als sāmaṇera (↗śrāmaṇera) lebt (wie in ↗Birma), fördert nachhaltig die Verwurzelung des saṅgha im Volk. – Auch in Th. hat sich der Buddh. mit angetroffenen volksreligiösen Anschauungen verbunden. Auffällig ist ein Geisterglaube, der in Gestalt der „Geisterhäuschen" schier allgegenwärtig ist. In diesen, einer Art Tempelchen auf Pfählen, wohnt nach Auffassung des Volkes ein Schutzgeist, dessen schädigende Wirkung durch Opfer von Blumen, Speisen oder Räucherwerk zu besänftigen oder dessen Wohlwollen durch solche Praktiken zu sichern ist. Die Riten dieses Götter-Geistes-Kultes überlassen die buddh. Mönche einer eigenen Priesterschaft, den Paahms (von Skt brahmana). Eine wichtige Rolle spielt im Volksglauben auch die Astrologie zur Bestimmung des günstigsten Zeitpunkts für alle wichtigen Unternehmungen.

L.: L.B. Buribhand: The History of Buddhism in Thailand, Bangkok 1955; L. Sitsayamkam: Some Useful Information on the Buddhist Religion as it is tought and practised in Th., Bangkok 1963; Prinz Dhani Nivat: A History of Buddhism in Siam, Bangkok 1965; Yoneo Ishii: Church and State in Th., in: Arian Survey, vol. 8, 1968; D.K. Swearer: Buddhism in Transition, Philadelphia 1970; K.E. Wells: Thai Buddhism. Its Rites and Activities, Bangkok [3]1975; S. Tambiah: World Conquerer and World Renouncer. A study of Buddhism and polity in Th., Cambridge 1978; H. Bechert: Buddhismus, Staat und Gesellschaft in den Ländern des Theravāda-Buddhismus, 3 Bde., Bd. 1 [2]1988, Bd. 2–3 1967–1973; ders., Religion, in: J. Hohnholz (Hg.): Thailand, 1980, 240–259; J. Bunnag: Der Weg der Mönche und der Weg der Welt. Der Buddhismus in Thailand, Laos und Kambodscha, in: H. Bechert, R. Gombrich (Hg.): Die Welt des Buddhismus, 1984, 159–169; L. Gabaude: Le bouddhisme en Thailande, in: R. de Berval (éd.): Présence du Bouddhisme, Paris 1987, 489–514; P.A. Jackson: Buddhadasa. A Buddhist Thinker for the Modern World, Bangkok 1988; ders.: Buddhism, Legitimation and Conflict, Singapore 1989. (no)

Thangka (tib. thaṅ-ka) ↗Rollbild

Theater. Drama u. Tanz haben ihren Ursprung in religiösen Riten. Bei der Ausbreitung des Buddh. in O-Asien vom 7.–11. Jh. als Volksreligion hat das Maskentheater (Skt nāṭya) eine wichtige Rolle gespielt. Heutige Erben sind giak u. sandrae (Maskentanz- u. Unterhaltungs-Theater) in Korea, verschiedene Theater-Arten (gigaku, shishimai, nō, bugaku, kabuki) in Japan. (bo)

Theosophie (von griech. theosophia, Gottesweisheit). Von einer älteren Form abendländischer christlicher „Gottesweisheit“ (vertreten durch Origines im 3. Jh., Hildegard v. Bingen im 12. Jh., Jacob Böhme 1575–1624, F. v. Baader 1765–1841 bis zu W. S. Solowjew 1853–1900 u. N. A. Berdjajew 1874–1949) unterscheidet sich die im 19. Jh. entstandene theosophische Bewegung, die ihren Ausgang nimmt von der 1875 in New York durch Helena P. ↗Blavatsky u. Henry St. ↗Olcott gegründeten Theosophischen Gesellschaft. Beabsichtigt war mit der Gründung die Bildung einer überkonfessionellen Bruderschaft, in der vor allem östl. Weisheit u. Okkultismus studiert u. praktiziert werden sollte. Für den Buddh. in Ceylon (↗Sri Lanka) wichtig wurde der Übertritt von Blavatsky u. Olcott zum Buddh. im Jahr 1880. Im gleichen Jahr gründete Olcott die „Buddhist Theosophical Society“ (Paramavijñānārtha samitiya) mit dem Ziel der Erhaltung u. Pflege des Buddh. in Ceylon u. der Gründung u. Förderung buddh. Bildungseinrichtungen. Blavatsky propagierte in der Folge einen „Esoterischen Buddh.“ Diese gnostisch-okkultistische Interpretation des Buddh. prägte zunächst gelegentlich auch die Buddh.-Rezeption in Europa. Olcott unternahm jedoch auch die ersten energischen Schritte zur Überwindung der Gegensätze zwischen den buddh. Fahrzeugen u. Schulen: 1891 lud er nach Adyar, ins Zentrum der Theosophischen Gesellschaft, wo als Basis eines gemeinsamen buddh. „Bekenntnisses“ die „14 grundlegenden Glaubenssätze“ formuliert wurden. Über Anagārika ↗Dharmapāla (David Hewavitarne, 1864–1933), der zeitweilig Olcott als Übersetzer u. Sekretär gedient hatte, ist auch die ↗Mahā Bodhi Society (1891 gegründet) in ihren Anfängen mit der T. verbunden. Moderne Bezugnahmen auf theosophisch-buddh. Anschauungen finden sich in der New-Age-Bewegung (etwa bei Ken Wilber, Mary Ferguson, Sir George Trevelyan).

L.: H. P. Blavatsky: Der Schlüssel zur T., 1920; J. Frohnmeyer: Die theosophische Bewegung, 1920; H. Frick: Weltanschauungen des „modernen“ Illuminismus, in: A. Peisl, A. Mohler (Hg.): Kursbuch der Weltanschauungen, 1981, 245–300; P. Michel: Die Botschafter des Lichtes, 2 Bde., 1983/84; R. Hummel: Indische Mission und neue Frömmigkeit im Westen, 1980. (no)

thera (P, Skt sthavira): alt, ehrwürdig, der Ältere; Würdetitel eines Mönchs im theravādischen ↗saṅgha aufgrund seiner Ordenszugehörigkeit von mindestens 10 Jahren seit der Ordination (die ältere Nonne heißt therī; ↗Mönch, ↗Theravāda). Von einem ursprünglich umfassenderen Senioritätsrecht ist heute nur noch ein Ehrenvorrecht des älteren Mönchs bei Rechtshandlungen u. Zeremonien übriggeblieben. (no)

Theragāthā, Therīgāthā (P, Skt Sthavira-, Bhikṣuṇī-gāthāh), Lieder der Älteren (Mönche), ... Älteren (Nonnen); Liedersammlung aus dem ↗Khuddakanikāya. Die Thag umfassen 107 u. die Thīg 73 Lieder, z. T. aus früher Zeit. Vom lit. Genus her gehören sie zur Asketenlyrik. ↗Kanon.

A.: Theragāthā, ed. H. Oldenberg, and Therīgāthā, ed. R. Pischel, PTS, 1883, 2nd ed. 1966 with Appendixes by K. R. Norman and L. Alsdorf (repr. 1990); [Dhammapalas Kommentar zu den Therīgāthā] The Commentary, ed. E. Müller, PTS 1893; Theragāthā Commentary, ed. F. L. Woodward, 3 Bde., PTS 1940–59 (repr. 1971–84). – Ü.: Psalms of the Early Buddhists, verse tr. C. A. F. Rhys Davids, pt. I: Psalms of the Sisters (Therīgāthā), PTSTS 1909, pt. II: Psalms of the Brethren (Theragāthā), PTSTS 1913 (repr. 1980); Poems of Early Buddhist Nuns, verse tr. C. A. F. Rhys Davids and prose tr. K. R. Norman, PTS, 1989; Elders' Verses, prose tr. K. R. Norman, 2 Bde., PTS, 1969–71 (repr. 1990–92); K. E. Neumann: Die Lieder der Mönche und Nonnen Gotamo Buddhos, 1899 (Nachdr. Zürich 1957). (no)

Theravāda, Theravādin (P, Skt ↗Sthaviravāda), wörtlich: Schule der Älteren; konservative Schule des südl. Buddh., die der ursprünglichen ↗Lehre des ↗Buddha relativ nahe steht, indes aber eine eigene historische u. doktrinäre Entwicklung genommen hat. Kanonsprache ist das ↗Pāli. Der ↗Pāli-Kanon des T. (↗Kanon) stellt die größte Sammlung erhaltener buddh. Schriften in einer ind. Sprache dar. Aus ehemals über 30 Schulen des sog. ↗„Hīnayāna" ist der T. die einzige noch bestehende. Sie ist in ↗Sri Lanka, ↗Burma, ↗Thailand, ↗Kambodscha, ↗Laos u. z. T. in ↗Vietnam verbreitet. Auch der Buddh. in Europa folgte zunächst fast ausschließlich der theravādischen Form. – Entstanden ist die Schule eigentlich schon anläßlich des 2. ↗Konzils von Vaiśālī, des sog. „Trennungskonzils", ca. 380 oder 340

v. Chr., aus dissenten Auffassungen über einzelne Punkte der Regelobservanz (↗vinaya) der Mönche u. auch einiger Lehrmeinungen (z. B. über die absolute bzw. relative Vollkommenheit des Heiligen, des ↗arhat). In der Folge verteidigten die Sthaviravādins die ungeschmälerte Menschheit u. Historizität des Buddha gegenüber Tendenzen, diesen als den „vollkommenen Mann" transzendent zu interpretieren; gegenüber den Pudgalavādins verteidigte die Schule, die sich an der Tradition der Älteren orientierte, die ↗anātman-Lehre des älteren Buddh. Im eigentlichen sind die T. eine Seitenlinie der sthaviravādischen Hauptschule, die sich seit der Abspaltung des ↗Sarvāstivāda (244 v. Chr.) Vibhajyavāda nennt. Die Lehrstandpunkte des T. bietet das Werk „Kathāvatthu" im ↗Abhidhamma-Piṭaka des Pāli-Kanons. Weitere prominente theravādische Texte sind die nichtkanonischen Werke ↗Milinda-pañha u. ↗Visuddhimagga; ein weiteres bedeutendes Kompendium des T. ist der Abhidhammattha-saṅgaha des Anuruddha aus dem 12. Jh. – Der T. besitzt eine relativ einheitliche Gestalt, die in einheitlichen Traditionen u. Geschichte begründet ist. Kennzeichnend für den T. ist das Ideal des Erlösten, der arhat, der durch eigene Anstrengung u. durch die Einhaltung der vom Buddha festgelegten Regeln die ↗Erlösung oder ↗nirvāṇa erlangt. Leitgedanke des T. ist daher die Ordenszucht bzw. „Reinheit" im Denken, Reden u. Handeln. Dementsprechend höherwertig vor dem Laien rangiert der Mönch u. reflektiert noch die elitäre Mönchsreligion der buddh. Anfänge. Der Nonnenorden jedoch ist im T. seit 456 ausgestorben.

L.: E. W. Adikaram: Early History of Buddhism in Ceylon, Colombo ²1953; H. Bechert: Buddhismus. Staat und Gesellschaft in den Ländern des Theravāda-Buddhismus, 3 Bde., Bd. 1 ²1988, Bd. 2–3 1966–73; ders.: Buddha-Feld und Verdienstübertragung: Mahāyāna-Ideen im T.-Buddhismus Ceylons, Académie Royale de Belgique, Bulletin de la Classe des Lettres et des Sciences Morales et Politiques, Bruxelles, 5ᵉ série, 7. 62 (1976), 27–51; B. L. Smith (Hg.): The two wheels of dhamma. Essays on the T. tradition in India and Ceylon, Chambersburg 1972; R. Gombrich: Precept and Practice. Traditional Buddhism in the Rural Highlands of Ceylon, Exford 1971; B. L. Smith (Hg.): Tradition and Change in T. Buddhism, Leiden 1973. (no)

therī (P); ↗thera. Weibliche Form: Ältere (Nonne). (no)

Thönmi-Sambhota (tib. thon mi saṃbhota; 7. Jh.), Minister des tib. Königs ↗Songtsen Gampo (reg. 620–49), gilt als Verfasser von 8 Werken zur Schrift u. Grammatik des Tibetischen u. Schöpfer des tib. Alphabets auf der Grundlage der nordwestind. Gupta-Schrift. Seine Historizität ist ungesichert. (ev)

Tibet (tib. bod yul). Bezeichnung des sich über mehr als 2 200 000 km² erstreckenden Hochlandes zwischen dem 78. und 102. Längen- sowie 28. u. 39. Breitengrad. Politisch existiert T., nach dem Einmarsch chin. Truppen 1950, heute nur noch in Form der am 09.09.1965 gegründeten 1 220 000 km² großen „Autonomen Region Tibet“ (Chin. Xizang Zizhiqu) mit 2 070 000 Einwohnern (1991) als zweitgrößte territoriale Einheit der VR China. Die im N u. O gelegenen Regionen des Hochplateaus wurden den chin. Provinzen Qinghai, Gansu, Sichuan u. Yunnan angegliedert. Eingebettet in die höchsten Gebirgsketten der Erde, mit einer durchschnittlichen Höhenlage von mehr als 4000 m in den Siedlungsräumen, war T. wirtschaftlich u. kulturell mit ↗China, ↗Indien, ↗Ladakh, ↗Nepal, ↗Sikkim u. ↗Bhutan verbunden, fristete jedoch aufgrund seiner nur schwer zugänglichen Hochgebirgslage ein weitgehend isoliertes Dasein, das der Ausprägung u. Bewahrung seiner einzigartigen Kultur sehr förderlich war. Das Tibetische, eine monosyllabische, isolierende Sprache der sino-tib. Sprachfamilie bildet die „Kirchensprache“ des ↗Lamaismus. – Der tib. Mythologie zufolge fielen bereits z. Z. des tib. Königs Lha tho tho ri (um 500 n. Chr.) in T. buddh. Schriften u. Symbole vom Himmel. Die 1. gesicherte Berührung T. mit dem Buddh., der sich hier in seiner religionstypologisch als Lamaismus bezeichneten Form ausprägte, läßt sich jedoch erst in die Zeit des 33. tib. Königs ↗Songtsen Gampo (reg. 629–50) datieren. Dieser vermählte sich mit der chin. Prinzessin Wen ch’eng (Wencheng; tib. koṅ jo) u. der nepalesischen Prinzessin Bhrikuti (Skt), die u. a. 2 kostbare, später im ↗Jokhang u. ↗Ramoche aufgestellte ↗Jobo-Statuen im Brautschatz mitbrachten. Danach entsandte er seinen Minister ↗Thönmi Saṃbhota nach Indien zur Entwicklung einer tib. Schrift, die fortan zur Aufzeichnung bedeutender nationaler Ereignisse in Annalen (↗Historiographie), später zur Übers. buddh. Schrifttums ins Tib. benutzt wurde. – Aufgrund heftiger Widerstände der heimischen ↗Bön-

Religion, deren Repräsentanten den um seinen Einfluß fürchtenden Adelsstand auf ihre Seite zu ziehen vermochten, gelang es dem Buddh. jedoch erst z. Z. des tib. Königs ↗Tisong Detsen (reg. 755–97), sich nach einem für die Bönpo vernichtenden Disput zwischen den Anhängern beider Religionen auf breiterer Basis zu etablieren. Bedeutende Ereignisse dieser Zeit bildeten die Berufung des ind. Magiers ↗Padmasambhava mit dem Auftrag, die dem Buddh. feindlich gesonnenen Kräfte dienstbar zu machen, die Einladung buddh. Gelehrter wie Śāntirakṣita oder Vimalamitra, die Gründung von ↗Samye (um 775), des 1. tib. Klosters, die „Frühe Übersetzung" (tib. sṅa `gyur) buddh. Schriften ins Tib. u. schließlich das „Konzil von Samye" (792–94), eine innerbuddh. Auseinandersetzung, bei der die chin. Richtung des Buddh. der ind. unterlag. Unter König Rälpacen (tib. ral pa can; reg. 816–36) erreichte der Buddh. der sog. ↗„Frühen Bekehrung T." (tib. sṅa `gyur) (7.–9. Jh.) seinen vorläufigen Höhepunkt. Als nach seiner Ermordung durch antibuddh. Vertreter des Adels seinem älteren Bruder Langdarma (tib. glaṅ dar ma) (reg. 836–41) die Herrschaft übertragen wurde, setzte eine radikale Verfolgung der Buddhisten ein, die auch mit der Ermordung Langdarmas 841 durch den buddh. Mönch Palgi Dorje (tib. dpal gyi rdo rje) noch kein Ende gefunden zu haben scheint. Jahrzehnte lang war der Buddh. in Zentralt. nicht mehr präsent, nur in Randgebieten T. vermochte er in kleinen eingeschworenen Gruppen zu überdauern, bis sich im 10. Jh. von ↗Indien aus eine Neubekehrung anbahnte, die sog. ↗„Späte Bekehrung". Gefördert vom westtib. Königshaus sowie einflußreichen tib. Adelsfamilien wurde diese Neumissionierung von verschiedenen ind. Lehrern vorangetrieben. Neben den unmittelbar an die Tradition der ↗„Frühen Bekehrungsperiode" anknüpfenden ↗Nyingmapa entstanden weitere Schulrichtungen, die eine neu redigierte Übers. der ind. buddh. Schriften zur Grundlage ihrer Lehrauslegung machten: die ↗Kadampa, ↗Kagyüpa, ↗Sakyapa, ↗Zhijepa und Zhalupa, die ihre Lehren in eigenen Überlieferungslinien tradierten u. – vom Charisma ihrer Lehrer oder dem Wechselspiel politischer Geschehnisse begünstigt – schnell eine weite Verbreitung fanden. Erstmals lag die Verbindung politischer und religiöser Macht in den Händen von

↗Lamas. Die ↗Sakyapa ergriffen 1253, die Phamo Drupa (tib. phag mo gru pa), ein Zweig der ↗Kagyüpa, 1349 die Macht. Das Wirken ↗Tsongkhapas (1357–1419) führte schließlich zur Gründung der ↗Gelugpa-Schule, der „Gelbmützen-Schule", die schnell zur bestimmenden Größe unter den tib. Schulrichtungen wurde – nicht zuletzt aufgrund ihres politischen Geschicks im Umgang mit den Kaisern der Ming- (1368–1644) u. Qing-Dynastie (1644–1911). Der sich in ihren Reihen in einer ↗Existenzenlinie verkörpernde ↗Dalai Lama wurde vom 5. ↗Dalai Lama an zum unumstrittenen politischen u. religiösen Oberhaupt T. – Mit dem Einmarsch chin. Truppen 1949/50 wurde dem Traum von einem autonomen T. de facto ein jähes Ende gesetzt u. T. der VR China als Autonome Region angeschlossen. Als Reaktion auf den verstärkten innenpolitischen Einfluß der Chinesen in T. flohen 1959 der Dalai Lama, die Oberhäupter der 4 religiösen Schulen sowie mehr als 100 000 Tibeter in die Länder südlich der ↗Himalayakette.

A.: des tibet. Kanons (Kanjur) sowie des Tanjur: Detaill. Nachweise bei G. Grönbold: Der buddh. Kanon. Eine Bibliographie, 1984, 27–29; mehrere A. auch auf Microfiches verfügbar. – Ü.: Auszüge aus dem Kanjur: L. Feer: Fragments extraits du Kanjour, Paris 1883. – L.: G. Tucci: Indo-Tibetica, 4 Bde. in 6 Tln., Rom 1932–41; ders.: Tibetan Painted Scrolls, 3 Bde., Rom 1949; ders., Letteratura Tibetana, Rom 1957; ders.: T., Land of Snows, London 1967; ders.: Die Religionen Tibets, in: Die Religionen Tibets u. d. Mongolei, hg. v. G. Tucci u. W. Heissig, 1970; M. Lalou: Les religions du T., Paris 1957; C. Akanuma: The Comparative Catalogue of Chinese Āgamas and Pāli Nikāyas, Tokyo ²1958; H. Hoffmann: Die Religionen Tibets, 1956; ders.: T. A Handbook, Bloomington o. J. (Oriental Series 5); L. Chandra (Hg.): Materials for a History of Tibetan Literature, 3 Bde., 1963; H. Nakamura: A Critical Survey of Tibetology and Esoteric Buddhism Chiefly Based on Japanese Studies, Tokyo 1965; T.W.D. Shakabpa: T., New Haven – London 1967; E. Haarh: The Yar-Lun Dynastiy, Kopenhagen 1969; H. Ui et al.: A Complete Catalogue of the Tibetan Buddhist Canons, Tokyo ²1970; L. Petech: China and T. in the 18th Century, Leiden ²1972; G. Grönbold: Die Schrift- und Buchkultur Tibets, in: C. C. Müller, W. Raunig (Hg.): Der Weg zum Dach der Welt, 1982, 363–368, 377–380; E. Steinkellner, H. Tauscher (Hg.): Contributions on Tib. Language, History, and Culture, 2 Bde., 1983 (WSTB 10–11); M. Henss: T., 1981; H.-P. Lehmann, J. Ullal: T., 1981; K. J. Notz: Der Tibet. Buddhismus in Deutschland, in: EZW-Texte, Inf. 91, VII/1984; D. Snellgrove: Indo-Tibetan Buddhism, London 1987; C. C. Müller, W. Raunig (Hg.): Der Weg zum Dach der Welt, 1982; D. Schuh: Das Archiv des Klosters bKra-sis-bskam-gtan-glin von sKyid-gron, Tl. 1, 1988 (Monumenta Tib. Hist. III, 6), K. H. Everding: T., 1993. (ev)

Tibetisches Totenbuch ↗Bardo Thödol

T'ien-t'ai (Fa-hua, jap. Tendai), chin. buddh. Schule, eine der 4 wichtigsten Schulen des chin. Buddh., benannt nach dem Berg (↗Heilige Berge), wo ↗Chih-i sie in der 2. Hälfte des 6. Jh. gründete. Vorläufer sind Hui-wen (um 550) u. Hui-ssu. Chih-i ordnete die chin. buddh. Schriften u. Schulen verschiedenen Phasen im Leben des ↗Buddha zu (p'an-chiao) u. versuchte sie zu harmonisieren. Das Fa-hua-ching (Avataṃsakasūtra), Haupttext der T.-Schule, stufte er am höchsten ein. In ihrer Lehre vertritt die Schule die 3fache Wahrheit (Leere, Sein u. Mitte), Erkenntnis durch Meditation (chih-kuan, śamantha-vipaśyanā). Vertreter der T.-Schule sind u. a. Kuan-ting (561–632; Schüler von Chih-i) u. Shen-jan (711–782). Nach 755 kam es zum Niedergang der Schule durch den Verlust der wichtigsten Lehrtexte u. Komm. Ende des 10. Jh. wurde die Schule durch Texte aus Japan u. Korea in China wiederbelebt.

L.: D. Chappell (Hg.): T. Buddhism. An Outline of the Fourfold Teachings, Tokyo 1983. (so)

Tilopa (Skt, tib. te lo pa), ind. Siddha (988–1069), dessen von ↗Vajradhana direkt empfangene Lehren über seinen Schüler ↗Nāropa in die tib. ↗Kagyüpa-Schule münden. Seine Biographie berichtet davon, wie er, ein Mönch, in einer abenteuerlichen Reise von einer ↗ḍākiṇī mittels ↗mantras in das Reich der Königin der ḍākiṇīs geführt wird. (ev)

Ti-lun, chin. buddh. Schule, Anfang des 6. Jh. von ↗Bodhiruci gegründet. Sie gilt als Vorläuferin der ↗Hua-yen-Schule. Ihr Name stammt von einem der Haupttexte, „Shih-ti ching-lun" (Daśabhūmikaśāstra von ↗Vasubandhu), übersetzt um 508 von Bodhiruci u. Ratnamati. Der Komm. dazu, „Shi-chu-ching", wurde von ↗Kumārajīva übers. Der andere Text, das Avataṃsakasūtra (Hua-yen-ching), 418–420 von ↗Buddhabhadra übers., wurde erst 1 Jh. später durch die T. in China bekannt. Der nördl. Zweig, vertreten durch Bodhiruci, lehrt, daß der ↗ālayavijnāna nicht mit der reinen Soheit (↗tathatā) u. der ↗Buddhanatur identisch sei. Der südl. Zweig von Ratnamati lehrt dagegen ihre Identität. Im Konflikt mit der ↗Fa-hsiang- u.

↗She-lun-Schule über die Reinheit des ālayavijnāna siegt T. (so)

Ti-tsang (Skr Kśitigarbha, jap. Jizō), ↗Bodhisattva, der in Indien bedeutungslos, aber in SO-Asien u. China nach ↗Kuan-yin der wichtigste ist; vermutlich seit um 400 bekannt, doch erst ab 650 verbreitet (↗Lung-men). T. ist der Herrscher über das Jenseits u. Erlöser aus der Hölle u. entspricht dem letzten Zeitalter des ↗San-chieh-chiao. (so)

Tisong Detsen (tib. khri srong lde b[r]tsan), tib. König (reg. 755–97), der 763 die damalige chin. Hauptstadt Chang'an (Chang-an) kurzzeitig einnahm. Durch die Einladung des ind. Magiers ↗Padmasambhava nach Tibet u. die Errichtung des Klosters ↗Samye förderte er die Ausbreitung des Buddh., den er 779 zur Staatsreligion proklamierte. Er wird als einer der 25 Schüler des Padmasambhava angesehen. (ev)

Tod. Für das buddh. Verständnis des T. ist die unentflechtbare Verbindung existentiell-soteriologischer u. ontologischer Aspekte charakteristisch. Der T. ist von zentraler Bedeutung für die Analyse der Unheilssituation (duḥkha) u. daher auch für das Verständnis der als das „Todlose" (P amata, ↗nirvāṇa) bezeichneten ↗Erlösung. Der T. gilt als signifikantes Zeichen der Allvergänglichkeit (↗anitya); in allen Existenzformen des ↗saṃsāra gibt es den T. Die Einbettung des T. in die Auffassung einer Allvergänglichkeit ist in der ↗Dharma-Theorie radikalisiert, wonach das permanent stattfindende Vergehen aller Dinge als ihr beständiger T. angesehen wird. Nach der Lehre von den 3 Daseinsmerkmalen (trilakṣana) ist das Vergängliche unbefriedigend bis leidvoll. Das Streben des unerlösten Menschen ist auf das Vergängliche gerichtet (vgl. M 26), obwohl es eigentlich dem Todlosen gilt, bei dessen Realisation es allein zur Ruhe kommt. Die Verdrängung des T. ist der ↗Unwissenheit wesentlich, weshalb die intensive Betrachtung des T. fester Bestandteil mehrerer meditativer Übungen ist. Die Befreiung vom T. geschieht durch Überwindung des ↗Anhaftens u. des „Ich"-Gedankens, durch den der Mensch in die Allvergänglichkeit eingebunden ist. Ihnen entspringt die Furcht vor dem

T., von der der Erleuchtete frei ist. Der Befreiung von den subjektiv leidhaften Dimensionen der Sterblichkeit korreliert zugleich die Befreiung von ihrer ontologischen Dimension, da der Erlöste auch vom saṃsāra als der Welt des T. befreit ist. Hinsichtlich der buddh. Reinkarnationsvorstellung gilt es daher zu beachten, daß die ↗Wiedergeburt keine Befreiung vom T. u. seiner Problematik darstellt.

L.: P. Schmidt-Leukel: Die Bedeutung des Todes für das menschliche Selbstverständnis im Pali-Buddhismus, 1984; ders.: „Den Löwen brüllen hören", 1992; Sogyal Rinpoche: Das tibetische Buch vom Leben und Sterben, [7]1994. (sl)

Tōdaiji (jap.), „Großer Tempel des Ostens" der ↗Kegon-Schule in Nara, der Hauptstadt der Nara-Periode. Kaiser Shōmu (724–749) ließ den T. erbauen. In ihm befindet sich die 14,3 m hohe vergoldete Bronzestatue des ↗Buddha ↗Vairocana. (no)

Todlosigkeit ↗nirvāṇa

Toleranz. Religiöse T. ist ein Problem der Universalreligionen, weil die Überzeugung von der Allgemeingültigkeit der eigenen Lehre ausschließt, daß davon verschiedene andere Lehren gleich wahr sein können. Im Christentum u. Islam hat sich daraus ein exklusivistischer Absolutheitsanspruch entwickelt, während die ind. Philosophie dazu neigt, alle denkbaren Lehren der eigenen „inklusivistisch" unterzuordnen. Der ↗Buddha bezeichnet Streitlust u. Besserwisserei als Merkmale des Ich-Wahns u. predigt daher T. gegenüber den Anhängern anderer Lehren, nicht aber gegen diese selbst. In Ud VI,4 vergleicht er jene Anhänger Blindgeborenen, die zwar den einen Elefanten (dhamma) betasten, ihn aber falsch beschreiben, während er selbst ihn in seiner Ganzheit richtig erkennt (vgl. ↗Propaganda). (bo)

Tōzan Ryōkai ↗Tung-shan Liang-chieh

Tradition (lat. traditio) bedeutet „Übergabe": T. bezeichnet den kollektiven Schatz der autoritativen, schriftlichen oder mündlichen, von Generation zu Generation weitergegebenen

u. in ihrer Ursprungstreue bewahrten Quellen des Wissens u. Brauchs in einer Kultur oder Religion. T. gilt als verläßlich u. setzt voraus, daß ein Individuum oder eine Generation allein sich dieses Wissen nicht erwerben könnte. Charismatische ↗Führung zeichnet sich andererseits häufig durch vollmächtiges Ignorieren oder Neudeuten der T. aus. Im Buddh. spielt T. u. spontanes Erkennen eine gleichermaßen wichtige Rolle. Quelle der T. ist der Schriften-Kanon (tipiṭaka im Theravāda-Buddh., der insgesamt traditionsgebundener erscheint als die Mahāyāna-Schulen). (bo)

tricīvara (Skt, P ticīvara), das 3fache Mönchs- u. Nonnengewand aus Untergewand (antaravāsaka), Obergewand (utarāsaṅga) u. Mantel (saṃghāti). (no)

trikāya (Skt). I. Die T.-Lehre (Lehre vom „dreifachen Leib" ↗Buddhas) ist eine der meist verbreiteten Ausprägungen der ↗Buddhologie des ↗Mahāyāna. Nach ihr sind 3 Wirklichkeiten bzw. Wirkungsweisen (= „Leiber") Buddhas zu unterscheiden: der ↗dharmakāya („dharma-Leib"), der ↗saṃbhogakāya („Genuß-Leib") u. der ↗nirmāṇakāya („Leib der [magischen?] Manifestation", auch „Verwandlungsleib"). Die T.-Lehre, die schließlich nahezu zum Allgemeingut des Mahāyāna wird, gelangt zu ihrer systematisch ausgebildeten Gestalt erst im Werk ↗Asaṅgas, greift jedoch wesentliche Tendenzen im Verständnis des Buddha aus dem frühen Mahāyāna u. den älteren nicht-mahāyānischen Schulen auf (besondere Bedeutung für die Entwicklung der T.-Lehre haben die ↗Sarvāstivāda- u. die ↗Mahāsāṃghika-Schule). Schon im ↗Pāli-Kanon wird der historische Buddha ebenso wie alle anderen Buddhas mit dem ↗dharma identifiziert (z.B. S 22,87), wobei der dharma nicht nur als die verkündete Lehre, sondern auch als die in dieser zum Ausdruck gebrachte Heilswirklichkeit zu verstehen ist. Im Mahāyāna ist der dharmakāya eine Bezeichnung für die absolute u. begrifflich nicht faßbare Wirklichkeit (das ↗Absolute), die in der höchsten ↗Erleuchtung erkannt wird u. selbst das Agens des Heilsprozesses ist. Die irdischen Buddhas (nirmāṇakāya) sind Manifestationen des dharmakāya, in denen die Wirklichkeit des formlosen dharmakāya durch formhafte

Gestalt heilswirkend erkennbar ist. Der saṃbhogakāya bezeichnet schließlich jene Wirklichkeit Buddhas, wie sie in den visualisierenden Meditationsformen geschaut werden kann. Sie stellt die höchste Vollendung dessen dar, was auf formhafter Ebene von der Wirklichkeit Buddhas erkennbar ist, wird aber überboten vom formlosen dharmakāya, an dem letztlich alle Wesen i.S. der ↗Buddhanatur partizipieren. (sl) – II. Im ↗Vajrayāna, bes. im ↗Lamaismus kann der t. (tib. sku gsum) den verschiedenen Traditionen entsprechend durch unterschiedliche ↗Gottheiten vertreten werden. Zugleich kommt in der ikonographischen Darstellungsweise der Gottheiten der durch sie repräsentierte „Körper" zum Ausdruck. Als Verkörperung des dharmakāya erscheinen gewöhnlich schmucklos, ohne weitere Attribute u. U. in ↗Yab-Yum dargestellte Buddhas. Als Verkörperung des sambhogakāya erscheinen Gottheiten in fried- u. zornvoller Erscheinungsform: die friedvollen mit dem die ↗Fünf Tathāgatas symbolisierenden Diadem samt kunstvollem Bodhisattva-Schmuck in himmlischer Gewandung; die zornvollen Gottheiten mit der Totenschädelkrone samt aus Knochenstücken, Gedärmen u. Totenschädeln bestehendem Totenschmuck, in den oft zahlreichen Händen Ritualinstrumente ihrer jeweiligen Ausdrucksform haltend. Verkörperungen des nirmāṇakāya sind gewöhnlich historische oder mythologische Heilige, Lamas, Yogis, Siddhas usw. – Als 4., die 3 Daseinsebenen des t. umfassender „Körper" wird im Lamaismus der svabhāvikakāya (tib. ṅo bo ñid kyi sku) oder mahāsukhakāya (tib. bde chen gyi sku) genannt, der die Erfahrung der untrennbaren Einheit der 3 Körper beinhaltet. (ev)

L.: P. Masson-Oursel: Les trois corps du Bouddha, JA 2, 1 (1913), 581–618; A. Chizen: The Triple Body of the Buddha, EB 2 (1922), 1–29; N. Dutt: The Doctrine of Kaya in Hīnayāna and Mahāyāna, IHQ 5 (1929), 518–546; L. de La Vallée Poussin: Notes sur les corps du Bouddha, Muséon, N.S., 14 (1913), 257–290; ders.: La Siddhi de Hiuan-tsang, Paris 1929, 2, 762–813; K. Quecke: Die Lehre von den drei Körpern Buddhas, T. (Diss.), 1948; G. Nagao: On the Theory of the Buddha Body, EB 6, 1 (Mai 1973), 25–53; Lama Anagarika Govinda: Grundlagen tibetischer Mystik, 1957; D. I. Lauf: Das Erbe Tibets, 1972; ders.: Geheimlehren tibet. Totenbücher, 1975. (sl/ev)

trilakṣana (Skt, P tilakkhaṇa) ↗Drei Merkmale

triloka (Skt, P tiloka), „Drei-Welt", kosmologische Vorstellung des Buddh., wonach sich jede Welt in 3 Bereiche teilt: 1. ↗kāma-loka, der Bereich, in dem die sinnlicher Begier unterworfenen Wesen leben, 2. ↗rūpa-loka, der Bereich feinstofflicher ↗devas, 3. ↗arūpa-loka, formloser in der höheren Versenkung erfahrener Bereich. (sl)

Triṃśikā (Skt,), mahāyānische Schrift (↗Mahāyāna), dem älteren ↗Vasubandhu zugeschrieben. Die T. erläutert systematisch die Theorie der ↗Vijñaptimātratā. Vor allem für die chin. u. jap. Yogācāra-Schule wurde dieser Text grundlegend. (no)

tripiṭaka (Skt, P tipiṭaka), „Drei-Korb" für die 3 kanonischen Sammlungen ↗vinaya (Ordenszucht), ↗sūtra (Lehrreden) u. ↗abhidharma (vertiefte Lehre). ↗Kanon. (no)

triratna (Skt, P tiratana), wörtlich: die „drei Kostbarkeiten", ↗Buddha, ↗dharma, ↗saṅgha, zu denen Buddhisten ihre Zuflucht nehmen (P tisaraṇa, Skt triśaraṇa). t. versinnbildlicht die Sinnmitte des Buddh. u. besitzt vergleichbar bekenntnishaften Charakter. (no)

triśaraṇa (Skt, tisaraṇa) ↗Zuflucht, dreifache

triśikṣa (Skt, P tisso-sikkhā), „dreifache Schulung", Begriff aus der buddh. Ethik; Schulung nämlich der ↗Sittlichkeit (śīla-śikṣa/sīla-sikkhā), des Geistes (citta-ś./citta-s.) u. des Wissens (prajñā-ś./pañña-s.). (no)

trisvabhāva (Skt), Theorie der ↗Yogācāra-Schule von den 3 Selbst-Naturen. Die Auffassung wurde Teil der mahāyānischen Psychologie (↗Mahāyāna) in der Fragestellung nach der wahren Identität u. nach der Wirklichkeit des Selbstbewußtseins. (no)

Trisvabhāvanirdeśa (Skt), mahāyānische Schrift (↗Mahāyāna), dem älteren ↗Vasubandhu zugeschrieben. Der Text beschreibt die Wende von der saṃsārischen Existenz (↗saṃsāra) zur Erleuchtung u. Buddhaschaft vor der Theorie der Drei-Selbst-

Naturen (↗trisvabhāva). Die Autorschaft des Vasubandhu gilt indes als nicht endgültig gesichert. (no)

triyāna (Skt), „Drei-Fahrzeug", meint die 3 Ausformungen des buddh. Heilsweges: śrāvaka-yāna (Fahrzeug des Schülers), pratyeka-y. (Fahrzeug der Einzelerlösten) u. bodhisattva-y. (Fahrzeug der Bodhisattva). ↗Bodhisattva, ↗pratyekabuddha. (no)

tṛṣṇā (Skt, P taṇhā), Begehren oder Durst; gilt als die eigentliche Ursache für das Wandern durch die Existenzen (↗saṃsāra) u. damit auch für das ↗Leiden. t. stellt sich her im Kontakt mit den Objekten u. über die Sinnentätigkeit. (no)

Trungpa, [Ts]chögyam (tib. chos rgyam druṅ pa), hochrangiger tib. ↗Tulku der Karma-Kagyüpa-Schule (1939–4. 4. 1987), der traditionell im osttib. Kloster Zurmang (tib. zur maṅ) residierte. Nach seiner traditionellen lamaistischen Ausbildung studierte er in den 60er Jahren in Oxford, siedelte in die USA über, gründete mehr als 100 buddh. Meditationszentren in den USA, Kanada u. Europa u. errichtete seinen Hauptsitz im Naropa-Institut, Boulder, Colorado. Seine z. T. unorthodoxe, psychologisierende Interpretation des ↗Vajrayāna sowie seine zahlreichen Vorträge u. Publikationen ließen ihn zu einem der herausragendsten, zugleich umstrittenen Vertreter des zeitgenössischen Vajrayāna werden.

W.: Ich komme aus Tibet, 1970; Aktive Meditation, 1972; Spiritueller Materialismus, 1975; Das Märchen von der Freiheit, 1978; Mudra III, 1980; Feuer trinken, Erde atmen, 1982; Shambala, 1987. (ev)

Ts'ao-shan Pen-chi (jap. Sōzan Honyaku), chin. Buddhist u. Vertreter der ↗Ch'an-Schule, 840–901. Mit seinem Lehrer ↗Tung-shan ist er einer der Begründer eines der 5 Häuser der T'ang-Zeit. Konfuzianisch gebildet u. an den Wissenschaften seiner Zeit interessiert, trat er im Alter von 18 Jahren in den buddh. Orden ein. Tung-shan übergab ihm die ↗wu-wei-Formel, die er als Geheimlehre von ↗Yün-yen erhalten hatte; T. veröffentlichte sie. (so)

Ts'ao-tung (jap. Sōtō), chin. buddh. Schule, Zweig der ↗Ch'an-Schule, gegründet von ↗Tung-shan u. ↗Ts'ao-shan in der 2. Hälfte des 9. Jh., so benannt nach den Bergen, in denen sie entstand. Sie ist neben der ↗Lin-chi-Schule der wichtigste Ch'an-Zweig. Als ihr wesentlichster Beitrag gilt die ↗wu-wei-Formel. Man übt in der T. die Sitzmeditation u. unterweist durch Rede (also nicht nur durch Zuschauen). Betont sind logische Argumentation u. Rationalität; darin ist sie der Lin-chi-Schule in ihrer Rätselhaftigkeit u. Rationalitätsabweisung entgegengesetzt. Sie hielt der Lin-chi stand, auch als diese in der Sung-Zeit alle anderen Ch'an-Schulen aufgesogen hatte. ↗Dogen brachte die Lehre u. Praxis der T. nach ↗Japan. In China verschmolz sie in der Ming-Zeit mit der ↗Yang-ch'i-Linie der Lin-chi-Schule. (so)

Tscham-Tänze ↗Cham-Tänze

Tschenresi(g) ↗Chenresi

Tschörten oder Tschorten ↗Chörten

Tshecu (tib. tshe bcu), „[Fest des] 10. Tages"; ↗Cham-Tänze

Tsongkhapa (tib. btsoṅ kha pa), „der in Tsongkha Geborene"; ↗Losang Dragpa. (ev)

Tsung-mi (Kuei-feng Tsung-mi; jap. Shumitsu), chin. Buddhist, zu ↗Hua-yen gehörig u. deren 5. Patriarch; 780–841. T. gilt als eine der wichtigsten Persönlichkeiten des chin. Buddh. Er stellt den Höhepunkt der Verbindung zwischen Huan-yen u. ↗Ch'an dar u. wird daher auch dem Ch'an zugerechnet. T. war konfuzianisch gebildet u. sollte 807 die Beamtenprüfung ablegen; er wurde aber statt dessen durch einen Ch'an-Meister Mönch. 808 wird er Schüler von ↗Ch'eng-kuan u. später dessen Nachfolger. In seiner Schrift „Yüan-jen-lun" wendet er sich gegen die Buddh.-Kritik des Neokonfuzianers Han Yü, mit „Ch'an-yüan chu-ch'üan-chi tu-hsü" legte T. eine Geschichte des Ch'an in der T'ang-Zeit vor. Als 1. Ch'an-Denker verwendet T. Diagramme, er regte ↗Ts'ao-shan zu seiner Kreisfolge (↗wu-wei) an. Das bekannte Yin-Yang-Symbol war ursprünglich Teil von T. Erklärung des ↗ālayavijñāna. (so)

Tugenden ↗Ethik

Tulku (tib. sprul sku), „Erscheinungs-Körper“ (Skt ↗nirmāṇakāya), im ↗Lamaismus Bezeichnung für als „Lebende Buddhas“ bekannt gewordene Heilige u. ↗Lamas, die als Emanation eines ↗Buddha oder einer ↗Gottheit gelten u. sich im ↗saṃsāra in langen ↗Existenzenlinien verkörpern, um so dem Wohle aller Lebewesen zu dienen (↗bodhicitta). Aufgrund ihrer hohen spirituellen Realisation wird ihre Wiederverkörperung ihrer eigenen freien Entscheidung zugesprochen, wobei das Ausmaß ihrer Heilswirksamkeit den Maßstab für die Wahl ihrer jeweiligen Existenz bildet. Von ihnen zu unterscheiden sind die landläufig vereinfachend ebenfalls als T. bezeichneten „Wiederverkörperungen“, Yangsi (tib. yaṅ srid). Diese gelten als Wiederverkörperungen von früheren verstorbenen hochrealisierten Mönchen, die bereits höhere Stufen des ↗Bodhisattva-Weges erreicht haben u. zur Erfüllung ihres ↗bodhicitta-Gelübdes weitere Wiedergeburten annehmen. – Die lamaistische T.-Lehre ist als die konkretisierte, pragmatische Anwendung der mahāyānischen ↗trikāya-Lehre zu verstehen. Sie entstand mit der Identifizierung des 3. ↗Karmapa (1284–1339) als Wiederverkörperung seines Vorgängers. Die Identifizierung von T., die gewöhnlich schon im frühen Kindesalter vorgenommen wird, stützt sich auf Prophezeiungen des Verstorbenen, autoritative Erklärungen hochrangiger lamaistischer Würdenträger, verschiedener Arten von Divination oder die Aussagen in Trance gefallener ↗Orakelpriester. Durch die stetige Wiederauffindung eines Heiligen in seinen aufeinanderfolgenden Existenzen kam es zu langen ↗Existenzenlinien, denen bisweilen bis in die Zeit des ↗Buddha Śākyamuni zurückgeführte Präexistenzenlinien vorangestellt wurden, so daß einige T. wie der ↗Dalai Lama, ↗Panchen Lama oder ↗Karmapa, als Wiederverkörperung direkter Schüler des ↗Buddha Śākyamuni gelten. Die mit der Entwicklung des T.-Systems praktizierte Übertragung des Charismas herausragender Heiliger auf die religiöse Institution ihrer Existenzenlinie führte im lamaistischen Kulturraum auch zu weitreichenden politischen, gesellschaftlichen u. wirtschaftlichen Auswirkungen.

L.: D. Bärlocher: Testimonies of Tib. T., 2 Bde., 1982 (Opuscula Tibetana 15a, 15b); K.-H. Everding: Die Präexistenzen der lCaṅ skya Qutuqtus, 1988 (AsF 104). (ev)

Tun-Huan-Dokumente, die ältesten erhaltenen schriftlichen Überreste zur Geschichte ↗Tibets, Schriftrollen, die von Sir Aurel Stein, Paul Pelliot u. der dt. Turfanexpedition Anfang dieses Jh. in Tun-Huang (Dunhuang), Khotan u. anderen Siedlungen der Seidenstraße gefunden wurden. Unter Anführung der jeweiligen Jahresbezeichnungen werden hier die bedeutenden Ereignisse aus der Regierungszeit des tib. Königtums, angefangen vom Jahre 640, festgehalten.

L.: P. Pelliot: Les grottes de Touen-houang, 6 Bde., Paris 1920–24; A. Wailey: A Catalogue of Paintings recovered from Tun-Huang by Sir Aurel Stein, London 1931; J. Bacot, F. W. Thomas, C. Toussaint: Documents de Touen-houang relatifs à l'Histoire du Tibet, Paris 1940–46; B. Gray: Buddhist Cave Paintings at Tun-Huang, London 1959; M. Paul-David: La peinture murale de Touen-houang, Paris 1962; P. Demiéville: Récents travaux sur Touen-houang, Leiden 1970; N. Vandier-Nicolas: Bannières et peintures de Touen-houang conservées au musée Guimet, Paris 1974–76; Y. Imaeda: Documents tibétains de Touen-houang concernant le concile du Tibet, JA 1975, 125–146. (ev)

Tung-shan Liang-chieh (jap. Tozun Ryōkai), chin. Vertreter der ↗Ch'an-Schule (↗Ts'ao-tung); 807–869. T. studierte bei ↗Matsu u. nach seiner Mönchsordination 827 bei ↗Nan-ch'üan, ↗Kuei-shan u. Yün-yen T'an-sheng (780–840), von dem er die Geheimlehre des ↗wu-wei erhielt. Seine Schüler sind ↗Ts'aoshan u. Yün-chu Tao-ying (gest. 920), letzterer einer der berühmtesten Meister seiner Zeit. (so)

Tuṣita-Himmel, „Himmel der Seligen oder Befriedigten"; Existenzbereich der T.-Götter (↗Götter). Der T.-H. ist besonders populär, da in ihm der ↗Buddha Śākyamuni seine vorletzte Existenz verbrachte u. nun ↗Maitreya, der Buddha der Zukunft, dort weilt, was häufig den Wunsch nach Wiedergeburt im T. nährte. (sl)

Tz'u-min (Hui-jih Tz'u-min), chin. Vertreter der ↗Ching-t'u-Schule u. deren Patriarch; 680–?. 702–716 reiste T. nach ↗Indien u. verbreitete nach seiner Rückkehr die Ching-t'u-Lehre. Obwohl er die Ch'an-Schule heftig angriff, galt er bei ↗Yung-ming als der 1., der versuchte, beide Lehren in Einklang zu bringen. (so)

U

ucchedavāda (P), „einer, der die Vernichtung behauptet; Vernichtungslehre". Nach D 1,3,9–17; 2,23 gab es unter den Asketen u. Brahmanen Annihilisten, die die Theorie vertraten, daß die Lebewesen beim Tode vollständig vernichtet würden. Die Eternalisten (sassatavāda) hingegen lehrten ein den Tod überdauerndes, ewiges u. unwandelbares Selbst (D 1,1,30–35). Beide extremen Positionen vermeidend, verkündigte der ↗Buddha die Lehre vom „Entstehen-in-Abhängigkeit" (S 44,10; ↗pratītyasamutpāda). Gegen das Mißverständnis, den Buddha als u. anzusehen, wendet sich A 8,11f: Ein Annihilist sei er nur insofern, als er die Vernichtung von Gier, Haß u. Verblendung empfehle. (mü)

Udāna (P, wörtlich: „feierlicher Ausspruch"), Schrift aus dem Khuddaka-Nikāya des Pāli-Kanons (↗Pāli-Kanon) u. zwar zur mittleren Entstehungsschicht der älteren Texte des Pāli-Schrifttums gehörig, jünger als die ersten 4 vaggas des Snip, älter als S II u. Vedalla. Dem ältesten Textbestand des U. gehören freilich nur die „feierlichen Aussprüche" (udāna) selbst zu, die beigegebenen Geschichten sind später.

A.: U., ed. P. Steinthal, PTS; 1885 (repr. 1982). – Ü.: K. Seidenstücker: U., Das Buch der feierlichen Worte des Erhabenen, 1920; Minor Anthologies, II, U. and Itivuttaka, tr. F.L. Woodward, PTS, 1935 (repr. 1985); The U. Commentary by Dhammapala, tr. from the P by P. Masefield, 2 Bde., PTS, 1994–95. (no)

Udāyibhadra, König aus der Śātavāhana-Dynastie aus dem Gebiet der Āndhra. ↗Nāgārjuna soll mit ihm befreundet gewesen sein u. ihm seine vorwiegend ethisch orientierten Schriften Suhrillekha („Brief an einen Freund") u. Rājaparikathā-ratnamālā („Juwelenkette von Ratschlägen für einen König", auch: Ratnāvali) gewidmet haben. (sl)

Uḍḍiyāna (Skt, tib. u rgyan), mythisch-historisches Königreich, zumeist im Swat-Tal, südl. des Hindukusch, Pakistan, lokalisiert, gilt als Geburtsland des Magiers ↗Padmasambhava u. als das Land, in dem das irdische u. jenseitige Land der ↗ḍākinīs ineinander übergehen. (ev)

Udraka Rāmaputra (Skt, P Uddaka Rāmaputta), Schuloberhaupt einer vermutlich vor-yogischen Schule. U.R. ist mit der Asketengeschichte des ↗Buddha aus der Zeit vor seinem Erwachen (↗bodhi) verbunden. Er ist ebenso wie ↗Āḷāra Kālāma, der andere Lehrer des nachmaligen Buddha, historisch nicht faßbar. (no)

Überlieferung, Überlieferungsgeschichte ↗Kanon

Unwissenheit oder Nichtwissen (Skt avidyā, P avijjā) gilt in buddh. Ethik als eine der zentralen Unheilsgrößen, die den Gewinn u. die Sicherung des Heils (↗Erlösung, ↗nirvāṇa) behindert. Der Mensch steht in der saṃsārischen Welt (↗saṃsāra) in einem Gier-Haß-Verblendungszusammenhang, wobei „Verblendung“ (Skt/P moha) synonym mit avidyā zu verstehen ist. Der Wert, den der Buddh. der richtigen Erkenntnis, d.h. der Auflösung der Verblendung, zumißt, rückt diesen geradezu phänomenologisch in die Nähe zur Gnosis der griech.-abendländischen Geistesgeschichte (E. Conze: Thirty years of Buddhist studies, 1967). Den Schleier der U. zu zerreißen oder aus dem Traum der Illusion zu erwachen, ist eine feste Formel zur Beschreibung der Erlösung, wie in Vin III, 3 f dreimal wiederholt wird: „Die U. ist vernichtet, Wissen ist entstanden“ (siehe Text: Die Erleuchtung, S. 543–545), u. mit dem Sprachbild der Erleuchtung parallelisiert wird: „Finsternis ist vernichtet, Helligkeit entstanden …“ Mit Begriff u. Lit.-Gattung der ↗prajñāpāramitā (Einsichtsvollkommenheit) kommt im ↗Mahāyāna eine neue Zielrichtung als von analytischem Wissen verschiedene Weseneinsicht auch im Verständnis von U. u. ihrer Auflösung ins Spiel. (no)

upādāna (Skt/P) ↗Anhaften

upādhyāya (Skt, P upajjhāya), Titel des Lehrer-Mönchs, der den Novizen (śrāmaṇera/sāmaṇera) u. den Jungmönch in allen

Fragen der Ordenszucht anleitet. Vor ihm wird die Zufluchtsformel (triśaraṇa/tisaraṇa) beim Eintritt in den ↗saṅgha (pravrajyā/pabbajjā) rezitiert. (no)

Upāli, buddh. Mönch des Ursaṅgha (↗saṅgha). Sein Name ist von der Tradition mit dem 1. ↗Konzil von ↗Rājagṛha u. besonders mit Traditionssicherung der Ordensregel (↗vinaya) verbunden. ↗Kanon. (no)

Upanischaden, von „sich nahe bei (upa) [einem Lehrer] nieder-(ni) setzen (ṣad)" abgeleitete Bezeichnung für Textsammlungen am „Ende des ↗Veda" (vedānta). Die „älteren U." – Brihadāraṇyaka-, Chāndogya-, Taittirīya-, Aitareya-, Kauṣītakī- u. Teile der Kena-U. – sind in Prosa verfaßt u. etwa 800–500 v. Chr. vermutlich im Zweistromland zwischen Ganges u. Yamunā entstanden. Sie enthalten symbolische Deutungen der Riten u. heilige Silben, naturphilosophische Betrachtungen über die Entsprechungen zwischen den Konstituenten des Menschen u. des Kosmos, Spekulationen über das letzte Prinzip alles Seienden, Gedanken über das Geschick der Verstorbenen u. Bezeugungen einer Heilserkenntnis, die die Gewißheit ewigen Friedens u. der Unsterblichkeit vermittelte. Als wirkungsgeschichtlich bedeutende Ideen erwiesen sich: die Theorie vom Geburtenkreislauf (↗saṃsāra), verbunden mit der Lehre von den die jeweilige Geburt – vom Dasein als Pflanze bis zur Götterwelt – bestimmenden Tatenfolgen (↗karma); das Geheimnis der ↗brahman gen. einen Wirklichkeit u. Wahrheit; die Identifizierung des brahman mit dem wahren Selbst (ātman) des Menschen; schließlich die Begierdelosigkeit, Entsagung u. meditative Selbst-Erkenntnis als wesentliche Hilfsmittel zur Emanzipation vom Geburtenkreislauf. – Die metrisch verfaßten „mittleren U." – Mahānārāyaṇa-, Kaṭha-, Iśa-, Śvetāśvatara-, Muṇḍaka-U. – sowie die „jüngeren U." – u. a. Praśna-, Maitri-, Jābāla-, Māṇḍukya-U. verknüpfen z. T. die Erlösung mit Yoga-Praktiken, Konzeptionen des ↗Sāṃkhya (Unterscheidung Geist-Materie), einer personalen Auffassung des Absoluten als allwissenden u. allmächtigen „Herrn" (īśvara) des Universums sowie der Gottesliebe (↗bhakti). Von den über 200 „späten U." sind einige erst im MA entstanden. –

Die Lehren der U. führten in den Schulen des ↗Vedānta zu unterschiedlichen, z. T. gegensätzlichen Systematisierungen.

L.: E: Frauwallner, Gesch. der ind. Philosophie, Bd. 1, 1953. (mü)

upāsaka (Skt/P), Laienanhänger der ↗Lehre des ↗Buddha (upāsikā, die Laienanhängerin). Der upāsakā nimmt Zuflucht zum „Dreijuwel" (↗triratna), unterstützt den ↗saṅgha u. ermöglicht materiell den Mönchen u. Nonnen das monastische Leben. (no)

Upāsakajanālaṅkāra, theravādische Schrift (↗Theravāda), die die Laienethik des ↗Buddha darstellt. Zugeschrieben ist sie einem Ānanda des 12. Jh. Thematisiert sind ↗Verdienstübertragung u. die 3 Wege der Erlösung (↗triyāna, wobei als 3. Weg der des samyak-saṃbuddha anstelle des mahāyānischen Bodhisattvawegs abgehandelt wird.

A.: U., hg. v. H. Saddhatissa, PTS, London 1965. (no)

upasampadā (Ordination), wörtlich „Hinzutreten" des Novizen (sāmaṇera) zum Mönchsorden, durch das er zum voll ordinierten Mitglied wird. Voraussetzung ist das „Heraustreten" aus der Familie (pabbajjā) u. eine gewisse Vorbereitungszeit. Der Novize wird von einem persönlichen Betreuer der Mönchsversammlung (mind. 10 bzw. 5 Thera-Mönche) vorgeschlagen, bittet dreimalig um Aufnahme u. wird nach Eignung, Gesundheit u. Unabhängigkeit befragt. (bo)

upāya (Skt/P, tib. thabs), Methode, Mittel, Plan, List bzw. u.-kauśalya (Skt), das ist die Fähigkeit der Anwendung des rechten Mittels; Begriff für die Ausbreitung des Buddh. Diese Methode berücksichtigt weitgehend die angetroffenen religiösen Vorstellungen u. Anschauungen, soweit diese mit den Grundlehren des Buddh. vereinbar sind. Die Methode des u. begründet damit die nationalen Ausprägungen des Buddh. beispielsweise in ↗China, ↗Japan u. ↗Tibet. Grundgelegt findet sie sich im Lotus-Sūtra. In der 10stufigen Bodhisattva-Karriere (↗Bodhisattva), die das ↗Mahāyāna analog der Mönchskarriere im ↗Hīnayāna konstruiert, ist an 7. Stelle u.kauśalya genannt als die Fähigkeit oder Vollkommenheit, durch den Einsatz des rechten Mittels anderen Wesen zum Heil zu verhelfen. ↗prajñā. (no)

upekṣā (Skt, P upekkhā) ↗Gleichmut

uposatha (P, Skt poṣadha, vermutlich richtiger upavasatha), wörtlich: „Fasten"; Feiertage nach dem buddh. Festkalender an Vollmond- u. Neumondtagen u. an den dazwischenliegenden Tagen des 1. u. 4. Mondviertels. An Voll- u. Neumondtagen findet die Beichtfeier mit der Rezitation des ↗prātimokṣa (P pātimokkha) statt. An u.-Tagen übernehmen Laien häufig die Beobachtung der 6.–9. (mönchischen) Sittenregel (sīla), d. h., sie verzichten auf Mahlzeiten nach Mittag, auf den Besuch von Tanz-, Gesang-, Musik- u. Schauspieldarstellungen, auf den Gebrauch von Kosmetika u. auf die Benützung eines bequemen Bettes. (no)

Urkanon ↗Kanon

Uruvelā (P, Skr Urubilvā, Uruvilvā) ↗Bodh Gayā

Uṣṇīṣavijayā (Skt, tib. gtsug gtor rnam rgyal ma), 3gesichtige, 8armige, weibliche ↗Gottheit, die im lamaistischen Kulturraum unter den ↗Drei Gottheiten Langen Lebens erscheint u. speziell wegen der mit ihr assoziierten Gabe der Langlebigkeit verehrt wird. Im gesamten lamaistischen Asien finden sich „Namgyal-stūpas (tib. rnam rgyal mchod rten), die stets ihre ikonographische Darstellung in der Kuppel (tib. bum pa) des ↗stūpa aufweisen u. die an U. geknüpften Hoffnungen im Falle oft schwerer Krankheiten bezeugen. Ihr Haupterkennungsmerkmal ist eine kleine ↗Amitābha-Statue in ihrer rechten oberen Hand. (ev)

uttarāsaṅga (Skt/P), Teil des 3teiligen buddh. Mönchsgewandes (Skt tricīvara, P ticīvara), eine Art Tunika oder Rock. (no)

V

Vacchagotta (P, Skt Vatsagotra). Ein Wanderasket (↗paribbājaka) dieses Namens tritt in den Sūtren des ↗Pāli-Kanons häufig als prominenter Fragesteller auf (z. B. M 71–73; S 33, 1–5 u. 44, 10; A 3, 58). M 72 berichtet davon, daß er zum ↗Laienanhänger, M 73 daß er zum ↗Mönch u. schließlich zum ↗arhat wurde. (sl)

Vaibhāra-Berg ↗Vebhāra-Berg

Vaibhāṣika (Skt). Anderer Name für die Sarvāstivāda-Schule (↗Sarvāstivāda). Man unterscheidet 2 Zweige: Kāśmīra-V. u. den westl. Zweig (Pāścātya) der V.-Schule. (no)

Vaipulya-Sūtren (die „umfangreichen Sūtren") ist eine Bezeichnung für äußerst umfangreiche Sūtren-Sammlungen des ↗Mahāyāna. Traditionell gelten als V. die ↗Prajñāpāramitā-Sūtren, die ↗Avataṃsaka-Sūtren u. das Ratnakūṭa-Sūtra. In der kanonischen Tradition ↗Chinas werden dem noch weitere Texte hinzugefügt. (sl)

Vairocana (Skt, tib. rnam par snaṅ mdzad), „Sonnensproß" oder „der alles zu völligem Leuchten bringt", im ↗Vajrayāna unter den ↗Fünf Tathāgatas entsprechend der ↗Guhyasamāja-Tantra-Tradition der im Osten des ↗maṇḍala thronende, das Rad haltende ↗Buddha von weißer Körperfarbe, der als Verkörperung der spiegelgleichen Weisheit gilt. Sein Element ist das Wasser, seine ↗prajñā Vajradhātvīśvarī, seine Keimsilbe ↗„oṃ". (ev)

Vaiśālī (Skt, P Vesālī, heute Basarh), Stadt im heutigen ind. Bundesstaat Bihar, vielfach mit der Biographie des ↗Buddha verbunden: Hier soll ↗Ārāḍa Kālāma, einer der beiden Lehrer des ↗Siddhārtha ↗Gautama nach dessen Aufbruch in die Heimatlosigkeit (Beginn des Asketenlebens), unterrichtet haben; in V. besaß der ↗saṅgha einen Hain, den die Kurtisane Ambapāli gestiftet hatte; hier soll der buddh. Nonnenorden entstanden sein. Vor allem ist V. mit der letzten Wanderung des Buddha (im MNS) verbunden. 386 v. Chr. fand in V. das 2. buddh. ↗Konzil statt. (no)

Vajirā, Tochter von König ↗Pasenadi (Skt Prasenajit) von ↗Kosala u. Gattin von König ↗Ajāsattu (Skt Ajātaśatru) von ↗Magadha. Sie wird in buddh. Quellen genannt. (no)

Vajra (Skt, tib. rdo rje), ursprünglich im ↗Hinduismus eine Bezeichnung des „Donnerkeils" Indras, im Buddh. jedoch als Bezeichnung für den „Diamanten" zu verstehen (↗Vajrayāna). V. ist ein Begriff, der die allem innewohnende ↗Buddhanatur, die ↗Leerheit, kennzeichnet u. als „fest, essentiell, unteilbar, unspaltbar, unbrennbar, unvergänglich" (Advayavajra) umrissen wird. V. findet andererseits als Bezeichnung für das „Diamantzepter" (Skt vajra, tib. rdo rje) Verwendung, das bedeutendste Ritualinstrument im ↗„Vajra"yāna u. ↗Lamaismus. Es versinnbildlicht die „Methode" (Skt ↗upāya), d.h. das selbstlose Wirken zum Wohle der buddh. Lehre u. aller Lebewesen. Gemeinsam mit der Glocke (Skt ghaṇṭā), dem Symbol intuitiver Weisheit (Skt ↗prajñā), symbolisieren v. u. ↗ghaṇṭā die beiden geistigen Polaritäten, die von lamaistischen Gläubigen während ritueller Handlungen mittels symbolische Handhaltungen u. -bewegungen (↗mudrā) wieder in den Zustand der Einheit versetzt werden. (ev)

Vajrabhairava (Skt, tib. rdo rje `jigs byed), „Vajra-Furchterregender", eine stets an ihrem stiergesichtigen Hauptkopf erkennbare, zornvolle, 9gesichtige, 34armige ↗Gottheit von schwarzblauer Körperfarbe, die im ↗Vajrayāna als die schrekkenerregende Form des ↗Mañjuśrī oder ↗Mañjughoṣa gilt. V., mit ↗Yamāntaka identisch, ist eine Gottheit der ↗Anuttarayoga-Tantra-Klasse u. wird im ↗Lamaismus vor allem von den ↗Gelugpa geistig evoziert. Das V.-Tantra gilt als Summe aller Vater- u. Mutter-Tantras (↗Tantra-Klassen). (ev)

Vajrabodhi (chin. Chin-kang-chih), 671–741. Nach ↗Subhākarasiṁha der 2. Meister des ↗Tantrismus (↗Chen-yen, ↗Mi-tsung) in ↗China. Er kam 720 nach Kanton, wurde vom Kaiser nach Ch'ang-an eingeladen u. zum „kuo-shih" (Reichspräzeptor) ernannt. Er verbreitete den Tantrismus in den beiden Hauptstädten Ch'ang-an u. Lo-yang. 723 übers. er die Schrift „Lüeh-ch'u nien-sung-ching" (Sarvatathāgatatattvasaṃgraha), neben dem „Ta-jih-ching" (↗Subhākarasiṁha) die wichtigste Schrift des chin. Tantrismus, u. weitere Schriften („Yü-chia nien-sung fa", die Kurzfassung von „Chin-kang-ting-ching"). (so)

vajrācārya (Skt, wörtlich: „Diamant-Lehrer"), höheres der beiden geistlichen Ämter bei den Newars in ↗Nepal. Dieses Amt ist aus dem inzwischen verschwundenen buddh. Mönchtum hervorgegangen. Es wird innerhalb bestimmter Familien weitergegeben, Nachkommen ehemaliger verheirateter buddh. Mönche. Der Skt-Kundige v. ist Lehrer (der buddh.-tantrischen Tradition, ↗Tantrismus, vajra, ↗ācārya) u. nimmt im Opferkult priesterliche Funktionen wahr. (no)

Vajracchedikā-prajñāpāramitā-sūtra (Skt) ↗Diamant-Sūtra

Vajradhara (Skt, tib. rdo rje `dzin pa), „Vajra-Träger", „Vajra-Halter", 1. in ind. Texten Titel eines vollendeten yogin, 2. Bezeichnung des ↗Ādibuddha bei den lamaistischen Schulrichtungen ↗Gelugpa, ↗Kagyüpa u. ↗Sakyapa. Von tiefblauer Körperfarbe hält er ↗vajra u. ↗ghaṇṭā als Zeichen der Vereinigung der prinzipiellen Gegensätze gekreuzt vor der Brust. (ev)

Vajrapāṇi (Skt, tib. phyag na rdo rje), „der den ↗vajra in der Hand [hält]", in verschiedenen Erscheinungsformen auftretender ↗Bodhisattva. Im ↗Lamaismus zählt er zu den ↗Beschützern der 3 Familien u. fungiert teils als ↗Yidam teils als ↗dharmapāla. Er ist von tiefblauer Körperfarbe, schreckenerregendem Aussehen, umgehen von einer lodernden Flammenaureole u. hält mit der Rechten den ↗vajra bannend erhoben. V. gilt als eine Emanation des ↗Buddha ↗Akṣobhya. (ev)

Vajrasattva (Skt, tib. rdo rje sems pa), „der das Wesen des ↗vajra [besitzt]", eng mit dem Buddha ↗Akṣobhya verwandt, der im ↗maṇḍala der ↗Fünf Tathāgatas gelegentlich auch Akṣobhya vertritt. V. symbolisiert ganz so wie Akśobhya das allen Erscheinungsformen zugrundeliegende, unzerstörbare, unvergängliche Wesen des Vajra; im ↗Bardo Thödol tritt er als V.-Akṣobhya auf. V. ist zumeist von weißer Körperfarbe, hält den Vajra in der Rechten vor der Brust, die ↗ghaṇṭā in der Linken seitlich an der Hüfte. Nach der ↗Guhyasamāja-Tantra-Tradition repräsentiert V. auch den im Zenit des ↗maṇḍala thronenden ↗Ādibuddha im Nadir. (ev)

Vajravārāhī (Skt, tib. rdo rje phag mo), „Vajra-Bache", als „ḍākinī aller Buddhas" (Skt sarvabuddhaḍākinī) verehrte, bedeutende transzendente ↗ḍākinī des ↗Vajrayāna, die ihren Namen von ihrem Schweinskopf ableitet. Von roter Körperfarbe, splitternackt, mit der Rechten den ↗Vajra, mit derLinken den khatvāṅga-Stab haltend u. aus einer Schädelschale fließendes Blut trinkend, gilt sie als Verkörperung der 5 Arten des Wissens. Ihr Wesen ist die „Gleichzeitig entstandene Freude" (Skt sahajānanda), die der Erkenntnis der Natur der Leerheit (Skt śūnyatā) entstammt. Die Äbtissin des tib. Klosters Samding (tib. bsam ldiṅ) – die ranghöchste, sich in einer ↗Existenzenlinie verkörpernde Frau Tibets – galt als ihre Emanation.

L.: R. O. Meisezahl: Die Göttin V. (in: Oriens, 18–19), 1967. (ev)

Vajrayāna (Skt, tib. rdo rje'i theg pa), „Diamantfahrzeug", die 3. große Schulrichtung des Buddh. in Indien, die ihren Namen von der dem unveränderlichen Wesen eines Diamanten (↗vajra) gleichenden Buddha-Natur ableitet, gelegentlich auch als ↗Mantrayāna, ↗Tantrayāna oder ↗Phalayāna bezeichnet. Seine frühesten schriftlichen Zeugnisse, die ↗Tantras, lassen sich mit dem ↗Guhyasamāja-Tantra etwa in das 7. Jh. n. Chr. (Tucci) datieren. Nach der Ausbildung des ↗Kālacakrayāna (10. Jh.) geht das V. mit dem Niedergang des Buddh. in Indien unter. Zu überdauern vermag es in Tibet, wo es die Form des ↗Lamaismus annimmt, peripher auch in China und Japan. – Auf der Grundlage der ↗Mahāyāna-Philosophie, liebender Hinwendung zu allen Lebewesen (↗bodhicitta), der Erkenntnis aller Phänomene, Gedanken, Worte u. Handlungen als Leerheit (↗śūnyatā) u. auf den ↗Sechs pāramitās fußender ethischer Vervollkommnung sucht das V. mit Hilfe der Adoption ausgewählter Praktiken des ↗Tantrismus den Weg zur Erleuchtung zu beschleunigen u. den Gläubigen möglichst schon in seinem gegenwärtigen Leben zur höchsten Erleuchtung zu führen. Dazu benutzt es 1. die ↗Meditation über ↗Gottheiten anhand von ↗maṇḍalas, 2. ↗mantra u. ↗mudrā als Mittel zum Erlebnis höherer Bewußtseinszustände, 3. ein ↗Pantheon zahlloser Gottheiten als Mittler der Erkenntnis, 4. auf feinstofflichen Energiezentren (Skt cakra) u. -kanälen (Skt nāḍī) basierende yogische Methoden, die den Praktizierenden zum bewußten Erleben der höchsten Natur der Wirklichkeit führen sollen, 5. ↗Initiation in geheim gehaltene Lehren, 6. neben ihrer schriftlichen Tradierung die Überlieferung des geistigen Gehalts der Lehren in ↗Guru-Überlieferungsreihen, 7. die Position des Guru oder ↗Lama als unentbehrlichem Führer u. 8. ein ausgeprägtes Ritualwesen. – Anhängern des V. wird tiefer Glaube u. ein eiserner Wille abverlangt; die Unterordnung unter einen, vom Schüler als ↗Ādibuddha zu betrachtenden Guru oder ↗Lama, langwierige Meditationen u. Rituale, oft jahrelanges Zurückziehen, die Aufgabe althergebrachter Vorstellungen u. Lebenswerte sind Voraussetzungen seiner Praxis. Es versteht sich als eine rein psychologische Methode, die im Kern eine Transformation der realen Welt in eine höhere Wirklichkeit anstrebt, zugleich jedem seinen kognitiven Fähigkeiten entsprechende Methoden anbietet. Im Mittelpunkt der Praxis steht die Erzeugung seiner selbst als ↗Gottheit u. der realen Welt als ein transzendentes ↗maṇḍala, in dem die eigenen Mittel u. Taten als Mittel u. Taten der Gottheit erfahren werden. Der entscheidende Schritt ist nun die Erfahrung seiner selbst, der Gottheit u. ihrer Mittel und Taten als ↗Leerheit. Persönliche Anhaftungen sind damit beseitigt, der Geist frei zur uneingeschränkten Praxis von ↗bodhicitta. – Das V. lehnt einen strengen moralistischen Standpunkt ab u. sieht im Geist die entscheidende Instanz zur Bestimmung der ethischen Qualität einer Handlung. Nicht die prinzipielle Vermeidung von Gefühlen, sondern deren bewußtes Zulassen auf einem kontrollierbaren Grade, also z. B. die Überwindung der Leidenschaft durch Leidenschaft, ist Ziel des V.

Aus der Sicht der V.-Anhänger bildet das V. einen integralen

Bestandteil des Mahāyāna, das sie in Pāramitāyāna, den herkömmlich als Mahāyāna bezeichneten Weg stetiger langwieriger ethischer Vervollkommnung u. V., den radikalen, schnellen Weg zur Erleuchtung, unterteilen. Die Schriften des V., die ↗Tantras, bedienen sich einer symbolhaften, vielschichtigen, „intentionalen Sprache" (Skt sandhyābhāṣā), die verschiedene Verständnisebenen besitzt, so daß die Tiefe ihres Verständnisses vom individuellen Verständnisvermögen des Rezipienten abhängig gemacht wird.

L.: H. v. Glasenapp: Buddh. Mysterien, 1940; S. Dasgupta: Obscure Religious Cults, Calcutta [2]1962; ders.: An Introduction to Tantric Buddhism, Calcutta [2]1958; B. Bhattacharyya: An Introduction to Buddhist Esoterism, Varanasi [2]1964; A. Wayman: The Buddhist Tantras, London 1973; H. V. Guenther: Tantra als Lebensanschauung, 1974; ders.: Matrix of Mystery, Boulder – London 1984; D.L. Snellgrove: The Hevajaratantra, London 1976; P. Gäng: Das Tantra der Verborgenen Vereinigung, 1988; weitere Lit. ↗Tantrismus, ↗Lamaismus. (ev)

Vajrayoginī (Skt, tib. rdo rje rnal`byor ma), bedeutende ↗ḍākinī des ↗Vajrayāna, auch ↗prajñā des Heruka. Sie erscheint in unterschiedlichen Körperfarben, gewöhnlich im Umfeld eines Leichenackers, u. hält in der Rechten ein Messer, mit dem sie ihren eigenen, in der Linken gehaltenen Kopf vom Rumpf getrennt hat. Aus dem bloß daliegenden Hals nährt ein Blutschwall ihren eigenen u. den Mund ihrer beiden Begleiterinnen. Sie ist eng verwandt mit ↗Vajravārāhī. (ev)

Vaṃsā-Reich oder Vaccha, Königreich zwischen Ganges u. Yamunā, südwestl. von ↗Kosala, mit der Hauptstadt Kosambī. Buddh. Quellen zufolge hat der ↗Buddha Kosambī mehrfach besucht. (no)

Vappa gehörte zu den 5 Asketen-Gefährten des ↗Buddha während der Zeit seiner Schmerzensaskese u. war Adressat der 1. Predigt des Buddha im Wildpark ↗Isipatana bei ↗Benares u. einer der ersten 5 Mönche des buddh. Ordens. V. gilt als ↗arhat. (no)

Vārāṇasī ↗Benares

vassa (P, Skt varṣa, Regenzeit). Zeitweilige Seßhaftigkeit der ansonsten wandernden Mönche in der Regenzeit (ca. Juli – September); nach Mv 3,1 sind die Mönche verpflichtet, entweder als Einsiedler eine Hütte zu bauen oder einen Kloster-Hain (vihāra) aufzusuchen. vassa ist die Zeit der Gemeinschaftsbildung im ↗saṅgha, der Lehre u. Disziplin. (bo)

Vasubandhu, der Tradition nach zunächst ↗Sarvāstivādin, dann Vertreter des ↗Yogācāra, ca. 320–400 n. Chr. Zur Schule des Yogācāra u. damit zum ↗Mahāyāna soll er durch seinen Bruder ↗Asaṅga überzeugt worden sein. Mit einiger Wahrscheinlichkeit handelt es sich jedoch um 2 verschiedene Persönlichkeiten: einen älteren V., den Yogācārin, 320–380 n. Chr., u. einen jüngeren V., den Sarvāstivādin, 400–480 n. Chr. (E. Frauwallner). V. werden eine ganze Reihe wichtiger Texte zugeschrieben. Dabei ordnet man dem jüngeren V. die Autorschaft des ↗Abhidharmakośa u. der Paramārthasaptatikā zu, dem älteren V. die Schriften Viṃśatikā, Triṃśikā u. Trisvabhāvanirdeśa neben anderen.

A.: Madhyāntavibhāga-bhāṣya. A Buddhist Philosophical Treatise, ed. G. Nagao, Tokyo 1964. – L.: J. Takakusu: The Life of V. by Paramārtha, TP 5 (1904), 269–296; ders.: A Study of Paramārtha's Life of V. and the Date of V., JRAS 1905, 33–53; Indian Studies in honour of C. R. Lanman, Cambridge 1929 (Aufs. zur Lebenszeit V.); J. Kitayama: Metaphyisk des Buddhismus, 1934; E. Frauwallner: On the Date of the Buddhist Master of the Law V., Roma 1951 (SOR, 3); T. A. Kochumuttom: A Buddhist Doctrine of Experience – A New Translation and Interpretation of V. the Yogācārin, Delhi 1982; S. Anacker: Seven Works of V., Delhi 1984. (no)

Vatsīputrīya (Skt), buddh. Schule des ↗Hīnayāna. Der V. entstand als Abspaltung vom ↗Sthaviravāda beim 3. ↗Konzil von Pāṭaliputra. Die Schule nahm einen unerkennbaren pudgala (Skt, P puggalo; „Persönlichkeit") an, der mit den 5 Gruppen des Ergreifens (skandha), den Konstituenten des empirischen u. vergänglichen Selbst, nicht identisch, aber von diesen auch nicht verschieden sei. Dieser pudgala wandere als Eigner der Taten (d. h. als Träger des ↗karma) durch die Existenzen (↗saṃsāra). Daher nannte man diese Schule auch Pudgalavādins. Man kritisierte die V., daß sie mit diesem „Persönlichkeitsglauben" den upanischadischen ātman (das ewige, unzerstörbare u. letztlich göttliche Selbst) in den Buddh. eingeführt hätten. (no)

Vebhāra-Berg. Heute Vaibhāra-B., im NW von ↗Rājagṛha gelegene Bergkette, wo nach buddh. Tradition in der dort gelegenen Sattapaṇṇi-Höhle das 1. Konzil stattgefunden haben soll. ↗Konzil. (no)

Veda (Wissen), Bezeichnung der ältesten Schriften der ind. Lit., die im ↗Hinduismus als Offenbarung (śruti) verehrt werden. Die ursprünglich nur mündlich tradierten Texte sind z. T. gemäß ihrer Funktion beim Opferritual gegliedert. Die Saṃhitās (etwa 1500–1000 v. Chr.) bestehen aus: Rig-V., 1028 Hymnen in Versen (ric), mit denen der Hotar-Priester die Götter zum Opfermahl einlädt; Sāma-V., zum größten Teil Verse aus dem Rig-V., die dem Utgātar-Priester die Melodien (sāman) anzeigen; Yajur-V., Formeln, mit denen der Adhvaryu-Priester seine Opfer-(yajus-)Handlungen begleitet; Atharva-V. mit zahlreichen Zaubersprüchen, der dem die Oberaufsicht führenden Brahmanen zugeordnet ist. Den jeweiligen Saṃhitās folgen: Brāhmaṇas (etwa 1000–800 v. Chr.), Handbücher zur Erklärung u. mythologischen Legitimierung des Rituals; teilweise Āraṇyakas, mystische Opferspekulationen; am Ende die ↗Upanischaden. Im Range heiliger Tradition (smriti, „Erinnerung") stehen die Vedāṅgas („Glieder des V."), Hilfswissenschaften wie Phonetik, Metrik, Grammatik, Etymologie, Astronomie, Geometrie sowie Ritual- u. Soziallehre. – Der Rig-V., z. T. der Atharva-V. sind die wichtigsten Zeugnisse der frühvedischen Religion, als die aus Zentralasien eingewanderten Arier sich im NW Indiens aufhielten. In ihr treten als Ehrfurcht gebietende Mächte hervor: der Götterkönig Indra, der durch die Überwindung des Drachen Vritra Kühe u. Wasser als Lebensgrundlage befreite u. im Kampf gegen die einheimische Bevölkerung den Sieg schenkt; Naturgottheiten wie Dyaus (Himmel), Prithivi (Erde), Agni (Feuer, zugleich Mittler zwischen Göttern u. Menschen), Vāyu (Wind), Parjanya (Regen), Sūrya (Sonne), Uṣas (Morgenröte); Gottheiten als Schützer sittlicher Werte wie Aryaman (Gastfreundschaft), Mitra (Vertrag), Varuṇa (Eid); unpersönliche Mächte wie rita (Wahrheit, kosmische Ordnung) oder ↗brahman. – Das Verhältnis zu den Göttern ist das der gegenseitigen Teilgabe: Sie werden im bild- u. tempellosen Kult als Gäste bewirtet u. durch den Lobpreis ihrer mythologischen Taten u. kosmischen Erscheinungen um heilsames Wirken gebeten. Die Hoffnung auf das nachtodliche Leben erstreckt sich auf die Gemeinschaft mit den „Vätern" im Himmel. – Zur spätvedischen Religion ↗Brahmanismus.

L.: H. Oldenberg: Die Religion des Veda, [2]1917, [5]1970. (mü)

vedanā (Skt/P), Gefühl (unspezif.) Empfindung, 2. der 5 Daseinsgruppen (pañca upādānaskandhāḥ, skandha/khandha) u. konstituierender Bestandteil des empirischen Ich des Menschen (↗anātman) u. zugleich 7. Glied des 12gliedrigen Satzes vom bedingten Entstehen (↗pratītyasamutpāda). v. ist Ergebnis der 6 Sinne; sie kann leidvoll (duḥkha/dukkha), freudvoll (sukha) oder indifferent (adukkhamasukha) sein. Grundsätzlich ist sie negativ als Fessel an die Welt der Erscheinungen qualifiziert. (no)

Vedānta (Skt, Ende oder Vollendung des ↗Veda). 1. Synonym für die ↗Upanischaden. 2. Weitverzweigte philosophische Schulrichtung des ↗Hinduismus, die sich besonders auf die Upanischaden, die Bhagavadgītā (2. Jh. v. Chr.) u. die 555 Sūtras des Bādarāyaṇa (2./3. Jh. n. Chr.) als autoritative Lehrtexte beruft. Gegenstand des V. ist die Erforschung des ↗brahman, des Absoluten. Das Erkenntnisinteresse ist die Emanzipation i. S. der Loslösung von den egoistischen Begierden u. der Befreiung vom Geburtenkreislauf. Nach dem Advaita-V. ist das brahman „ohne ein Zweites" (advaita). Es ist ewig, unveränderlich u. allein wahrhaft seiend. Das geistige Selbst (ātman) des Menschen ist mit ihm identisch. Der vielheitlichen Erscheinungswelt, die vom unerleuchteten Menschen praktisch für real gehalten wird, kommt kein wahres Sein zu. Sie ist ein Trugbild (↗māyā), das in der Alleinheitserfahrung der Selbst-Erkenntnis schwindet. Der einflußreichste Denker des Advaita war der südind. Brahmane Śaṅkara (788–820 n. Chr.?, wahrscheinlich um 700). – Gegen die illusionistische Kosmologie u. Erkenntnistheorie des Advaita wandten sich verschiedene Denker der Viṣṇu-Frömmigkeit, die eigene Schulen u. religiöse Gemeinschaften begründete. Sie deuteten das Absolute zugleich personal als „Herrn des Alls“, der periodisch das Universum erschafft, erhält u. wieder auflöst sowie denen, die Zuflucht bei ihm suchen, voll Gnade begegnet. Nach dem Viśiṣṭādvaita („Zweitlosigkeit eines [in sich] Unterschiedenen“) V. des Rāmānuja (1017–1137?) lenkt, durchdringt u. umgreift das Absolute die von ihm unterscheidbare materielle Welt u. die Seelen. Madhva (1199–1278) lehrte in seinem Dvaita-V. die uneingeschränkte Verschiedenheit (dvaita, „Zweiheit“). Dabei gilt allein Gott oder das brahman als autonom. Alles übrige Seiende befindet sich ihm gegenüber im Zustand der Abhängigkeit. In Nimbārkas (14. Jh.?) Dvaitādvaita wird die Differenz zwischen Gott sowie den aus ihm entfalteten Seelen u. der Welt ebenso betont wie ihre Einheit. Nach dem Śuddhādvaita („reine Zweitlosigkeit“) des Vallabha (1479–1531) sind die Seelen u. das Universum eine reale Manifestation der Eigenschaften der höchsten Gottheit. – Vertreter des aus der Begegnung mit westl. Ideen hervorgegangenen Neo-V. (Vivekānanda, 1863–1902; Radhakrishnan, 1888–1975), die eine die Einheit aller Religionen begründende Philosophie postulieren, berufen sich vornehmlich auf den Advaita-V. des Śaṅkara u. in ihrer neuen weltzugewandten Ethik z.T. auf das ↗Bodhisattva-Ideal.

L.: K. H. Potter (Hg.): Advaita V., Princeton 1981; J.B. Carman: The Theology of Rāmānuja, New Haven 1974; B. N. K. Sharma: A History of the Dvaita School of V., 2 Bde., Bombay ²1971. (mü)

vedikā. Die v. ist ein Zaun, der einen ↗Stupa einfriedet. Meist weist er Zugänge aus allen 4 Himmelsrichtungen auf. (no)

Vegetarismus. Ernährungsgewohnheit, in der auf den Genuß von Fleisch, Fisch u. Eiern verzichtet wird, im Buddh. aus ethisch-religiösen Gründen. Der ↗Buddha schrieb indes seinen Mönchen (u. Nonnen) nicht die vegetarische Lebensweise zwingend vor. Den Mönchen war unter 3 Bedingungen verboten, Fleisch zu essen: 1. wenn das Tier ihretwegen geschlachtet wurde, 2. wenn sie dieses mit einigem Recht vermuten mußten, 3. wenn sie die Tötung des Tieres mitangesehen hatten. (no)
In ↗China war es in der klassischen Religion Brauch, vor

Opferfesten zu fasten, wobei der ↗Taoismus größeren Wert auf das geistige als auf das körperliche Fasten legte. Der Buddh. übernahm den Begriff chai. Die Fastenzeiten gewannen in der Sui- u. T'ang-Dynastie auch größere politische Bedeutung: Tierschlachtungen u. Exekutionen an Verurteilten wurden unterlassen. Kulturell bedeutsam wurde, daß man in Küchen chin. Klöster Fleisch durch Soja ersetzte, durchaus auch bei den Banketten, die die Kaiser häufig in Klöstern gaben. (so)

Verdienst (Skt puṅya, P puñña) ist das positiv zuschreibbare Ergebnis heilsamen sittlichen Denkens, Redens u. Handelns u. so mit dem Begriff u. der Lehre des ↗karma verbunden. Im gradualistischen Verständnis buddh. Sittlichkeit führt V. zu den aufwärts führenden Fährten, d.h. zur Wiedergeburt in der Menschen- oder in der Himmelswelt. Wiewohl im älteren Buddh. fremderlösende Momente wie z.B. ↗V.-Übertragung von der Doktrin her ausgeschlossen sind, hat sich auch in den Ländern des theravādischen Buddh. (↗Theravāda) solche Praxis eingestellt (P pattidāna = Geschenk des Erlangten), daß die heilsame Qualität der eigenen guten Tat, das V., an andere (Verstorbene) hergeschenkt werden kann. Vor dem Hintergrund der V.-Übertragung erklärt sich auch die rettende Funktion der ↗Bodhisattvas u. der ↗Buddhas im ↗Mahāyāna. Im ↗Lamaismus siehe auch ↗Widmung der Verdienste. (no)

Verdienstübertragung (P patti-dāna) begegnet in der südl. Komm.-Lit.: die Vorstellung selber scheint älter zu sein. Sie beinhaltet die Annahme, daß die Früchte des eigenen heilsamen Wirkens (oder dessen karmische Konsequenz; ↗karma) an andere Wesen – insbesondere an verstorbene Menschen – hergeschenkt werden können, um deren Heilschancen zu verbessern. Die Idee selber erscheint dem mahāyānischen Bodhisattva-Ideal verwandt (↗Mahāyāna, ↗Bodhisattva). Im ↗Lamaismus siehe ↗Widmung der Verdienste. (no)

Verhalten, rechtes, rechte Tat (Skt samyak-karmanta, P sammā-kammanta), 4. Glied des Hohen ↗Achtfachen Pfades; umfaßt das Vermeiden der Tötung lebender Wesen, des Stehlens u. der geschlechtlichen Ausschweifung. (no)

Verlöschen ↗nirvāṇa

Versenkung ↗Meditation

Verunreinigung. Reinheit u. Unreinheit (Tabu) sind ein Grundthema religiöser Theorie u. Praxis. Im Buddh. meint V. die Erzeugung schlechten ↗karmas u. insbesondere das Abirren der Mönche vom ↗Achtfachen Pfad, das durch die Vorschriften des ↗vinaya (vor allem Enthaltsamkeit von begehrlichen Objekten) verhindert werden soll. (bo)

Vesakh (singhalesisch, Skt Vaiṣaka, P Vesakha). Buddh. Fest am 1. Vollmondtag des Monats Vesākha (April/Mai), an welchem Tag der Tradition nach der ↗Buddha erleuchtet wurde (↗bodhi). Der ↗Theravāda feiert an V. die Geburt des Buddha, seinen Auszug in die Hauslosigkeit (↗pabbajjā), sein vollkommenes Erwachen u. seinen Tod (mahāparinirvāṇa bzw. mahāparinibbāṇa). (no)

Vesālī (P) ↗Vaiśālī

vibhajja-vāda (P, Skt vibhajya-vāda), die „unterscheidende Lehre"; Selbstbezeichnung der ↗Sthavira-Schule etwa seit der Abspaltung der Sarvāstivādins (↗Sarvāstivāda), nach den Pāli-Quellen (Dpv VII u. Mhv V) im Zusammenhang mit dem Konzil von ↗Pāṭaliputra ca. 250 v. Chr., an dessen Geschichtlichkeit die theravādische Tradition festhält. (no)

Vibhaṅga, Schrift aus dem abhidharma-piṭaka (↗abhidharma). Kap. 18 ist offensichtlich später beigefügt. Aus dem Sarvāstivāda-Kanon (↗Sarvāstivāda) weist das Abhidharma-Parāyapāda-śastra eine große Nähe zu V. auf. – Übers. ins Engl.: P. Thittila: The Book of Analysis, PTS/Transl. Bd. 39, London 1969. – V. heißt auch der 1. Hauptteil des vinaya-piṭaka, nämlich sūtra-v. (P sutta-v.), in dem getrennt nach Mönchen u. Nonnen die im ↗prāṭimokṣa genannten Vergehen behandelt werden. (no)

Viḍūḍabha, Sohn u. Nachfolger von ↗Pasenadi als König von

↗Kosala nach buddh. Quellen. Da seine Mutter – aus dem Śākya-Stamm (↗Śākya) – nicht ebenbürtig gewesen sein soll u. die Śākyas ihn daher herablassend behandelt haben sollen, erobert V. 485/4 v. Chr. ↗Kapilavastu u. zerstört es. Die Zerstörung ist archäologisch nachgewiesen. Die Nachfolge seines Vaters erlangte V. ca. 487 v. Chr. durch einen Militärputsch. (no)

Vier edle Wahrheiten (Skt catvāri āryasatyāni, P cattāri aryasaccāṇi, in der Pāli-Tradition auch kurz sacca, Wahrheit genannt), ältestes u. zentralstes Lehrstück des Buddh. u. zugleich vermutlich authentischste Lehraussage des historischen ↗Buddha. Im Dharmacakrapravartana-Sūtra (P Dhammacakkappavattana-Sutta), einem sehr alten Text, stehen die v. e.W. im Mittelpunkt der 1. Predigt (von ↗Benares) des Vollkommen-Erwachten; sie sind überhaupt mit anderen zentralen Lehrstücken der buddh. Doktrin innig verschränkt: mit dem ↗Achtfachen Pfad, mit den ↗Fünf Gruppen des Ergreifens (Skt upādānaskhandhāḥ, P upādānakkhandhā), mit dem Satz vom konditionalen Entstehen (Skt ↗pratītyasamutpāda, P paticcasamuppāda), mit der Wirklichkeitsanalyse nach den ↗Drei Merkmalen (Skt trilakṣāṇa, P tilakkhaṇa) u. dem ↗nirvāṇa. Die Erkenntnis der v. e.W. u. ihre Durchdringung stellen einen wesentlichen Aspekt des Erwachens (↗bodhi) dar, durch die der ↗Bodhisattva ↗Siddhārtha ↗Gautama erst zum Buddha wurde. Die v. e.W. besagen: 1. Wahrheit vom Leiden (Skt duḥkha, P dukkha): Was geboren ist, ist dem Leiden unterworfen. Leiden ist nicht nur, aber vornehmlich Leiden an der Unbeständigkeit u. Vergänglichkeit (Skt anityatā, P aniccatā), die sich in allen Formen der Zustandsveränderung u. des Wechsels äußert, in Alter, Krankheit, Tod, in der Unbeständigkeit glückhafter Gefühle, Erfahrungen, Seinsmodalitäten. Die Bedingtheit qualifiziert Existenz als leidhaft. Die Bedingtheit geburtlicher Existenz ist im pratītyasamutpāda ausgeführt; dieser ergibt sich aus den v. e.W. u. verweist auf diese zurück. Der Ort, wo Leiden erfahren u. (als bedingende Ermöglichung) erfahrbar wird, sind die 5 Gruppen des Ergreifens (Skt pañca upādānaskandhāḥ): „… kurz gesagt, die 5 mit Anhaften verbundenen Gruppen des Daseins sind Leiden“, lautet eine in den Lehrreden ständig wiederkehrende Formel. 2. Wahrheit von der Leidensentstehung (Skt duḥkha-samudaya, P dukkhasamudaya): ergötzendes Begehren oder „Durst" (Skt tṛṣṇā, P taṇhā) erzeugt Leiden. Dieses Begehren ist 3fach qualifiziert als kāma-tṛṣṇā (P kāma-taṇhā), das ist sinnliches Begehren; als bhava-tṛṣṇā (P bhava-taṇhā), das ist Werde-Lust; als vibhavat-t., das ist Begehren nach (Selbst-)Vernichtung. Als Grundsatz gilt: Ergreifen (Skt/P upādāna) – u. damit saṃsārische (↗saṃsāra) Existenz – findet statt, solange Begehren (tṛṣṇā/taṇhā) vorhanden ist. 3. Wahrheit von der Aufhebung der Ursache des Leidens (Skt duḥkhanirodha, P dukkhanirodha): Ausmerzen des Begehrens beendet das Leiden. Des Leidens Ende ist aber das ↗nirvāṇa, die Beendigung des saṃsāra u. die Nichtung des ↗karma. 4. Wahrheit des Pfades, der zur Aufhebung der Leidensursache führt: Das ist der Hohe Achtfache Pfad. – In der logischen Argumentationsfigur folgen die v.e.W. einem ärztlichen Verfahrensschema aus dem alten ↗Indien: „Wie eine Krankheit hat man die Leidenswahrheit zu betrachten, wie eine Krankheitsursache die Wahrheit von der Leidensentstehung, wie die Heilung … die vom Leidenserlöschen, wie die Arznei die Wahrheit vom Pfad" (Vis. XVI). Die v.e.W. sind tatsächlich der kürzeste Ausdruck der gesamten buddh. Doktrin (Nyānatiloka). (no)

Vier göttliche (oder himmlische) Verweilzustände ↗brahmavihāra

Vietnam (Viet Nam), Staat im östl. u. südl. Hinterindien, kulturell u. religiös durch seine Geschichte sehr stark von ↗China geprägt mit einer buddh. Mehrheit (über 55 %) in seiner Bevölkerung. – Auf dem Staatsgebiet des heutigen V. war um 220 v. Chr. ein Reich der Viet entstanden, das sich nach S hin ausdehnte. Das nördl. V. gelangte unter dem chin. Han-Kaiser Wuti (141–81 v. Chr.) ab 111 v. Chr. unter chin. Herrschaft u. wurde für ein Jt. (bis 939) chin. Provinz. Mit der nun einsetzenden Sinisierung der Region wurde die konfuzianische Ahnenverehrung ein Grundpfeiler der religiösen Kultur in V. Unter chin. Einfluß kommt auch der Buddh. in das nördl. V., bleibt hier aber zunächst ausschließlich Religion der Oberschicht. Im

Volk wird die neue Religion mit den chin. Herren identifiziert u. ist verhaßt. Überdies bleibt bis ins 16. Jh. das ↗Mahāyāna beherrschend. 939 befreit sich Annam aus der chin. Herrschaft, u. um Hanoi entsteht ein eigenes, chin.-konfuzianisch geprägtes Reich, das sich allmählich nach S ausbreitet. Die Blütezeit des Buddh. in V. beginnt ab der Mitte des 10. Jh. unter der kurzlebigen Dinh-Dynastie (968–80) u. setzt sich unter der Ly-Dynastie (1009–1224) fort. Der ↗saṅgha u. der Bau von Klöstern u. Tempeln genießen außerordentliche staatliche Förderung, so daß man den Buddh. in dieser Zeit als Staatsreligion ansprechen kann. Jetzt verbindet sich der Buddh. auch mit volksreligiösen Glaubensvorstellungen u. -praktiken u. verankert sich so im Volk. Die vorherrschenden Schulrichtungen sind ↗Ch'an u. der Buddh. des „Reinen Landes" (↗Ching-t'u). Mit Le Than-tou, dem mächtigsten Herrscher der Le-Dynastie, setzte durch die erklärte Bevorzugung des Konfuzianismus im 15. Jh. ein Niedergang des Buddh. ein. Erst im 18. Jh. begann sich der Buddh. wieder zu beleben. Das südl. V. blieb bis 1673 unter kambodschanischer Herrschaft (↗Kambodscha). Hier ist eine Khmer-Minderheit theravādisch (↗Theravāda) orientiert, wie übrigens auch einige Thai-Völker im nördl. V. Gezielt wurde der Theravāda allerdings erst im 20. Jh. von Ceylon aus (↗Sri Lanka) versucht in V. einzuführen, allerdings ohne durchschlagenden Erfolg. Ab dem 16. Jh. beginnen kulturelle Kontakte V. mit dem Westen – vor allem durch christliche Mission. Seit dem 18. Jh. war Frankreich politisch u. wirtschaftlich in V. repräsentiert. Die franz. Präsenz provozierte eine Christenverfolgung, auf die Frankreich 1857 militärisch reagierte; Saigon wird von den Franzosen eingenommen. 1884–1887 werden Kotschinchina mit Saigon, Tonking u. Annam franz. Schutzgebiete u. schließlich franz. Kolonie. In 2 Indochina-Kriegen – 1945–54 u. 1957–75 – wurde Indochina zunächst 1949/50 in 3 unabhängige Gebiete, V., ↗Laos u. Kambodscha, u. schließlich 1954 V. selbst in 2 Staaten, N- u. S-V., geteilt. Im 2. Indochinakrieg waren seit 1962 die USA wachsend engagiert (sog. „V.-Krieg"). In der Auseinandersetzung mit dem diktatorisch regierenden katholischen Ministerpräsidenten Ngo Dinh Diem (1901–1963), den die USA gegen N.-V. u. den dort regierenden Ho Chi Minh (1894–1969) unterstützten, u. in Reaktion auf buddh.-feindliche Maßnahmen Diems gewannen die vietnamesischen Buddhisten ein bemerkenswert eigenständiges u. durchsetzungsfähiges politisches Profil. Vor allem agierten Teile des saṅgha politisiert. Demonstrationen von Buddhisten u. spektakuläre Selbstverbrennungen von Mönchen in der Öffentlichkeit führten 1963 zum erfolgreichen Putsch gegen Diem, der in den bürgerkriegsähnlichen Unruhen getötet wurde. 1966 erzwingen vietnamesische Buddhisten von der Militärregierung Ky die Ausschreibung von Wahlen. Bereits 1963 war in S-V. eine „Unierte Buddh. Kirche“ gegründet worden. Im kommunistisch regierten N.-V. hatten sich die Buddhisten nach chin. Vorbild zu einer nationalen „Buddh. Assoziation“ zusammengeschlossen und waren damit dem kommunistischen System weitgehend gleichgeschaltet. Das Ende des 2. Indochinakrieges (u. des Vietnamkrieges) durch die bedingungslose Kapitulation S-V. am 30.4.1975 führte 1976 zur Wiedervereinigung der beiden Länder S- u. N-V. unter kommunistischer Herrschaft (Proklamation der Sozialistischen Republik Vietnam am 2.7.1976). Diese politische Entwicklung hatte für den Buddh. in V. einschneidende Einschränkungen seiner politischen u. kulturellen Gestaltungskraft u. Eingriffe in die Freiheit der Religionsausübung zur Folge. Gravierend ist davon besonders der saṅgha betroffen.

L.: T. Giap: Les deux sources du bouddhisme annamite, ses rapports avec l'Inde et la Chine, Hanoi 1942 (Cahiers EFEO, 33); L. Bezacier: L'Art vietnamien, 2 Bde., Paris 1955; E. Seidenfaden: The Thai Peoples, Bangkok 1958; L. Cadière: Croyances et pratiques religieuses des Vietnamiens, 3 Bde., Saigon 1958; H. Bechert: Buddhismus, Staat und Gesellschaft in den Ländern des Theravāda-Buddhismus, Bd. 2, 1967, 305–372; H. Bechert, Vu Duy-Tu: Buddhismus in V., in: H. Dumoulin (Hg.), Buddhismus der Gegenwart, 1970, 107–112; J.K. Fairbank et al.: East Asia, Tradition and Transformation, Boston 1973; Thich Thien-An: Buddhism and Zen in V. in relation to the development of Buddhism in Asia, Rutland/Vt. 1975; J. Nguyen Huy Lai: La tradition religieuse spirituelle et sociale au V. Sa confrontation avec le christianisme, Paris 1981; Mai-Tho-Truyên: Le bouddhisme au Viet-Nam, in: R. de Berval (éd.), Présence du Bouddhisme, Paris 1987, 689–702. (no)

vihāra (Skt/P), Aufenthaltsort, Wohnsitz, Haus; Begriff für das buddh. Kloster. Im frühen Buddh. war der v. der feste Aufenthaltsort von Mönchen für die Regenzeit, während der das

Wandern verboten war, u. weiterhin jeder Ort, wohin sich Mönche zur ↗Meditation zurückzogen. Durch die Übereignung von Grundstücken an den ↗Buddha u. den ↗saṅgha entstanden feste Wohnplätze für Mönche (u. Nonnen), so daß v. das buddh. Kloster bezeichnet, in der Regel neben Gemeinschaftsräumen eine Reihe von Mönchswohnungen um einen Hof angelegt, im engeren Sinn die Versammlungshalle der Mönche für rituelle Zusammenkünfte (↗pratimokṣa, Sūtrenrezitation u. a.). (no)

vijñāna (Skt, P viññāna), Bewußtsein, Erkennen, wichtiger Begriff der Skandha-Theorie (↗Fünf Gruppen des Anhaftens) des alten Buddh. als deren 5. Gruppe. Durch v. wird die Außenwelt bewußt u. damit die empirische Persönlichkeit (↗anātman) sich ihrer selbst. Von daher ausgehend wird im ↗Mahāyāna im ↗Yogācāra v. zum Produzenten der Wirklichkeit, weswegen die Schule auch V. vāda heißt. Nach buddh. Vorstellung ist v. an die Sinnestätigkeit u. an das Denken gebunden. Von daher unterscheidet der ↗Theravāda 6 Bewußtseinsarten nach den 5 Sinnen (Seh-, Hörbewußtsein usw.). u. das Denkbewußtsein als 6. Art. Im ↗pratītyasamutpāda begegnet v. als 3. Glied. – Im Mahāyāna wird v. neben prajñā als heilsgewinnende Erkenntnis zum Ziel der Erlösung, mit welcher die illusionäre dualistische Sicht auf die Wirklichkeit aufgelöst u. Wirklichkeit als leer (↗śūnyatā) erkannt wird. (no)

Vijñānavāda ↗Yogācāra

Vijñaptimātratāsiddhi (Skt), „Beweis des Nichts-als-Erkenntnis-Seins“. 1. Kurzbezeichnung von 2 philosophischen Werken (Viṃśatikā V. u. ↗Triṃśika V.) des ↗Yogācāra-Lehrers ↗Vasubandhu. 2. Sammelwerk des ↗Hsüan-tsang; eine systematische Darstellung der Yogācāra-Lehre, die Fragmente des Yogacarin ↗Dharmapala enthält. (sl)

Vikramaśīla, Name des ca. 800 n. Chr. von König Dharmapala in der Nähe von ↗Nālandā gegründeten Klosters, das bald zu einem Hauptsitz tantrisch-buddh. Studien (↗Tantrismus) wurde. V. war ein Zentrum für die Ausbildung u. Aussendung der

↗Tibet-Missionare, wo zahlreiche Schriften ins Tib. übersetzt wurden. (sl)

Vimalakīrtinirdeśa-sūtra (Skt „Lehrrede des Vimalakīrti"). Das V. ist das herausragende Beispiel des mahāyānischen Laienbuddhismus (↗Mahāyāna). In ihm gibt ein Laie Mönchen eine Belehrung. Entstanden ist die Schrift nicht lange vor 200/150 v. Chr. Einzelne Textpassagen aus dem V. finden sich in späteren Abhandlungen (z. B. im ↗Śikṣāsamuccaya u. im Mahāyānauttaratantraśāstra). Zentrale Themen des V. sind das Konzept der Nicht-Zweiheit (advaita) u. der ↗Buddha-Natur. Heilsziel ist acintya-mokṣa (die „wundervolle Erlösung"), die Ethik wird in der ↗Leerheit begründet. ↗Kumārajīva übers. das V. – keineswegs sehr getreu dem Skt-Original folgend – ins Chin. Daneben existierten noch andere Übers., wie die von ↗Hsüan-tsang, die sich wörtlich am Original orientierte.

A.: Bhiksu Pasadika and L. M. Joshi: V., Tibetan Version, Skt Restoration, and Hindi Translation, Sarnath 1981. – Ü.: H. Reichelt: Die soghdischen Handschriftenreste des Brit. Museums in Umschrift u. m. Übers. hg., 1928; J. Fischer, T. Yokota: V., Tokyo 1944 (dt. Übers.); E. Lamotte: L'Enseignement de Vimalakirti, Louvain 1962 (BM 51); engl. Ausg. London 1976; R. A. F. Thurman: The Holy Teaching of Vimalakirti, Philadelphia 1976. (no)

Vimānavatthu (P), Schrift aus dem ↗Khuddaka-Nikāya im ↗Suttapiṭaka des ↗Pāli-Kanon, eine Legendensammlung, die Beispiele sittlichen Strebens vorstellen will. Der Pāli-Text scheint, wenigstens in Passagen, im nur fragmentarisch erhaltenen Vimānavadāna eine Skt-Entsprechung zu besitzen.

A.: E. A. Gooneratne: V., London 1886. – Ü. Engl.: J. Kennedy: The Minor Anthologies of Pali Canon Part IV – Stories of the Mansions, London 1942. (no)

vimokkha (P, Skt vimokṣa), wörtlich: „Erlösung"; (aszetische) Wege zur Erlösung, d. h. Befreiung aus Bedingungen, die zur Wiedergeburt führen. In der scholastischen Pāli-Tradition unterscheidet man: 1. die 3 Erlösungen (↗vimutti): Leerheits-Erlösung, Erlösung aus den Daseinsbedingungen u. wunschlose Erlösung; 2. die 8 Erlösungen als ein asketisch-meditativer Weg zur Befreiung. (no)

vimutti (P, Skt vimukti), „Befreiung, Erlösung" u. zwar in doppelter Hinsicht: 1. als „Gemütserlösung" (ceto-v.) u. 2. „Wissenserlösung" (paññā-v.). „Gemütserlösung" meint die ethisch-praktische Seite, „Wissenserlösung" aber als deren Frucht die mit der Heiligkeit (↗arhat) verbundene Erkenntnis des Erlösten. (no)

vinaya (Skt/P), „Disziplin, Ordenszucht", wörtlich: Wegführung, bezeichnet sowohl schriftlich kodifizierte, als auch mündlich tradierte Verhaltensregeln, die für das Zusammenleben u. die Lebensführung buddh. Mönche u. Nonnen gelten. – Im Kanonbildungsprozeß (↗Kanon) wird der v. nach seiner schriftl. Fixierung im ↗v.piṭaka zu einem der 3 Teile des Kanons (↗Pāli-Kanon). In seinen Grundbeständen ist der v. zweifelsfrei sehr früh u. dürfte bald neben den ↗dharma (↗sūtrapiṭaka) getreten sein. – Grundlage des v. sind die 10 śīla (P sīla, bzw. Skt śikṣāpada, P sikkhāpada). Diese 10 Regeln sind gewissermaßen in 250 Ausführungsbestimmungen ausdifferenziert, die das ↗prātimokṣa (P pātimokkha), das Beichtformular u. zugleich die rechtlichen Regelungen der Ordenszucht bilden. Die notwendige Aktualisierung des v. geschieht durch größere Mönchsversammlungen (↗Konzil), wo einerseits Tradition als authentisch gesichert wird, andererseits auf neue Problemlagen mit neuen Verhaltensnormen geantwortet wird. Tatsächlich unterscheiden sich die v. der einzelnen Schulen voneinander, u. gelegentlich waren unterschiedliche Interpretationen von Bestimmungen des v. Anlaß zu Spaltungen des ↗saṅgha u. für Bildungen neuer Schulen.

L.: L. Finot: Fragments du V. Sanskrit, JA 1911, 619–625; J. Filliozat, H. Kuno: Fragments du V. des Sarvastivadin, JA 1938, 21–64; E. Frauwallner: The Earliest V. and the Beginnings of Buddhist Literature, Roma 1956 (SOR III); H. Hecker: Allg. Rechtsgrundsätze in d. buddh. Ordensverfassung (V.), in: Verfassung u. Recht in Übersee, 10. Jg., H.1, Hamburg 1977; A. Yuyama: Vinaya-Texte, V.-Texte, 1979 (SÜBS, ed. H. Bechert, 1). (no)

Vinayapiṭaka (Skt/P), wörtlich: „Behältnis" oder „Korb der Zucht", bildet den 1. Teil des buddh. Kanons (↗Kanon, ↗Pāli-Kanon), der die Ordensregeln (↗vinaya) für Mönche u. Nonnen umfaßt. Die v. verschiedener Schulen sind erhalten, im Pāli-Kanon das der Theravādins (↗Theravāda), ferner das der

Mūlasarvāstivādins (↗Mūlasarvāstivāda) aus dem 4./5. Jh. n. Chr., der Dharmaguptas, der Mahīśāsakas. Im Pāli-Kanon ist das v. formal in 2 Hauptteile gegliedert. Der 1. Teil (Skt Sūtra-Vibhaṅga, P Sutta-Vibhaṅga) wird gesondert für Mönche u. Nonnen gegeben. In ihm werden die im prāṭimokṣa genannten Vergehen kasuistisch kommentiert. Der 2. Hauptteil (Skt skandhaka, P khandhaka oder vastu) behandelt in 20 Abschnitten Zeremonien, erlaubte Gebrauchsgegenstände, Disziplinäres u. Disziplinarstrafen, die Versammlung der Mönche, Beschlußfähigkeit u. einzelne besondere Bestimmungen. Das Pāli-V. dürfte gegen 100 n. Chr. fertiggestellt worden sein.

A.: V., ed. H. Oldenberg, 5 Bde., London 1879–83 (repr. 1969–93). – Ü.: Vinaya Texts, tr. T.W. Rhys Davids and H. Oldenberg, 3 Bde., Oxford 1881–85 (repr. Delhi 1968–69) [Teilübers.]; The Book of the Discipline, tr. I.B. Horner, 6 Bde., PTS, 1938–66 (repr. 1992–93) [vollständ. Übers.]. – L.: E. Frauwallner: The Earliest V. and the Beginnings of Buddhist Literature, Roma 1956 (SOR, 8); A. Hirakawa: A Study of the V., Tokyo 1960; J. Holt: The Canonical Buddhism of the V., Delhi 1981. (no)

Vinaya-Schule (jap. ↗Risshū), eine der 6 jap. buddh. Schulen der Nara-Zeit, die sich vornehmlich um mönchische Observanz bemühte. (no)

vipaśyanā (Skt, P vipassanā), „klare Einsicht", „Hellblick". Als v. gilt die unverrückbare Erkenntnis der 3 Daseinsmerkmale (↗trilakṣana): Vergänglichkeit (↗anitya), ↗Leiden (duḥkha) u. Nicht-Ich (↗anātman). Die Entfaltung des „Hellblicks" (vipaśyanā-bhāvanā) stellt eines der Ziele buddh. ↗Meditation (vgl. auch ↗bhāvanā) dar. (sl)

virya (Skt, P viriya), eigentlich Männlichkeit, Tapferkeit (wie lat. vir-tus), dann: Tatkraft, Willenskraft, Eifer, eine der 5 geistigen Fähigkeiten (↗bala), gleichgesetzt mit dem 6. Glied des ↗Achtfachen Pfades, rechte Anstrengung oder rechter Kampf (sammā-vāyāma). v. richtet sich darauf, Unheilsames zurückzudrängen, ins Gegenteil zu wenden oder zu vernichten u. schlußendlich durch Erlösung zu überwinden. Als v. ↗sambojjhaṇga („Erleuchtungsglied der Willenskraft") gehört v. zu den 7 Erleuchtungsgliedern (↗bojjhaṇga). (no)

Visuddhimagga (P). Der V. („Weg zur Reinheit") ist das bedeutendste, in Pāli geschriebene Werk des ↗Buddhaghosa (5. Jh. n.Chr.), in dem dieser in Form eines Handbuches eine systematische Darstellung der Lehren des ↗Theravāda gibt, die deren rationale Stringenz u. Traditionstreue belegen soll. Der Aufbau orientiert sich an den 3 klassischen Prinzipien des ↗Achtfachen Pfades (sīla, samādhi, paññā). Im V. verarbeitet Buddhaghosa die schriftliche u. mündliche Tradition des Theravāda zu einer lebendigen u. kunstvollen Einheit. Als Vorläufer u. Vorlage des V. gilt der Vimuttimagga des Upatissa.

A.: V., ed. C. A. F. Rhys Davids, 2 Bde., PTS, 1920–21 (repr. in 1 Bd. 1975); V., ed. H. C. Warren, rev. by D. Kosambi, Cambridge/Mass. 1950 (HOS 41). – Ü.: The Path of Purity, tr. Pe Maung Tin, 3 Bde., PTS 1923–31 (repr. in 1 Bd. 1975); The Path of Purification, tr. Bhikkhu Ñāṇamoḷi, Colombo ^{2}1964; Nyanatiloka: Der Weg zur Reinheit, hg. v. Nyanaponika, ^{3}1975. – L.: P. V. Bapat: Vimuttimagga and V., A Comparative Study, Poona 1937; Vimuttimagga, The Path of Freedom, a. d. Chin. v. N. R. M. Ehara u. a., Colombo 1961. (sl)

Visvapani (Skt, tib. Phyag na tshog rdo je), ↗Bodhisattva der Dhyāni-Sphäre, dem ↗Dhyānibuddha ↗Amoghasiddhi zugeordnet. (no)

Volksreligiosität ist im Bereich von Universalreligionen eine nicht- oder halboffizielle religiöse Praxis, die den Interessen und Bedürfnissen der Volksmasse entgegenkommt u. neben den „offiziellen" religiösen Ausdrucksformen ihren eigenen Ort hat. Oft werden dabei frühere religiöse Traditionen mit neuem Namen weitergeführt. Da der Buddh. als Mönchsreligion ursprünglich den Laien eine stark untergeordnete Rolle zuwies, haben sich, besonders bei der Entstehung des ↗Mahāyāna-Buddh., aber auch in den heutigen Theravāda-Ländern, zahlreiche volksreligiöse Gebräuche entwickelt, die für Laien praktizierbar sind u. ihren weltlichen Anliegen entsprechen (z. B. magische Praktiken, Ahnen-Verehrung). (bo)

Vorbereitende Übungen (tib. sṅon ʼgro) bilden den Anfang der täglichen Rezitationen u. ↗sādhanas jedes praktizierenden lamaistischen Buddhisten. Sie bestehen aus der ↗Zufluchtnahme u. der Erzeugung von ↗bodhicitta. (ev)

W

Wahrheit, doppelte. Das Konzept der d. W. wird von ↗Nāgārjuna im 24. Kap. der ↗Mūlamadhyamakakārikā eingeführt, um den kognitiven Stellenwert der ↗Lehre ↗Buddhas angesichts der von Nāgārjuna betriebenen Destruktion aller Ansichten zu klären. Da Nāgārjuna wegen der logischen Aporien des begrifflichen Denkens jedem Begriff eine deskriptive Gültigkeit abspricht, entsteht das Problem, ob die Lehre Buddhas wahr ist. Für Nāgārjuna ist sie – verstanden als zutreffende Wirklichkeitsbeschreibung – ebenso falsch wie alle anderen Systeme. Was im höchsten Sinne wahr (↗paramārtha-satya) ist, läßt sich begrifflich nicht fassen. Doch ist die Lehre Buddhas relativ wahr (↗saṃvriti satya), da sie zur überbegrifflichen Erkenntnis der höchsten Wahrheit hinführt, wobei sie sich selbst aufhebt. Die Auffassung einer zutreffenden Beschreibbarkeit der Wirklichkeit wird als Form des zu überwindenden ↗Anhaftens verstanden. Die buddh. Lehre, die sich zunächst des anhaftenden (= die Begriffe für wahr haltenden) Denkens bedient, ist das geeignete Mittel für diese Überwindung. Mit dem Konzept der d.W. holt Nāgārjuna den Heilspragmatismus des älteren Buddh. ein (das Verständnis der Lehre als „Floß" u. „Medizin") u. verleiht diesem eine philosophische Basis. Zugleich entspricht er mit dieser non-kognitiven Interpretation der mahāyānischen śūnyatā-Lehre. Das heilspragmatische Verständnis der Lehre findet im ↗Mahāyāna allgemeine Anerkennung in der Lehre vom „Geschickten Mittel" (↗upāya), wonach alle Verkündigung keinen (deskriptiv zutreffenden) Wert in sich hat, sondern „Mittel" ist, um den Adepten zur ↗Erleuchtung als der Erkenntnis der „höchsten Wahrheit" hinzuführen.

L.: M. Sprung (Hg.): The Problem of Two Truths in Buddhism and Vedanta, Dordrecht 1973; M. Pye: Skilful Means, London 1978. (sl)

Wahrnehmung (Skt saṃjñā), P saññā), eine der ↗Fünf Gruppen des Anhaftens (oder Ergreifens), aus denen sich die empirische Persönlichkeit konstituiert. Aus ihrer Vergänglichkeit u.

Veränderlichkeit folgert der ↗Buddha die Nichtexistenz eines ewigen, unzerstörbaren Selbst (ātman, ↗anātman), der nach upanischadischer Auffassung (↗Upanischaden) als Eigner der Taten (↗karma) durch die Existenzen wandert (↗saṃsāra). – W. bezieht sich auf die Qualität des sinnlich Erfahrenen: Farbe, Ton, Geruch usw. (no)

Wanderasket (Skt śramaṇa, P samaṇa) gleichbedeutend wie „Hausloser“ (Skt parivrājaka, P paribbājaka). Dabei handelt es sich um eine aus upanischadischer Tradition (↗Upanischaden) kommende Asketengruppierung, die ihr Heil in der Abwendung von Besitz u. festem Wohnsitz u. damit weitgehend abseits der Sozialität suchte. Weltanschaulich-religiös sind die W. keine geschlossene Gruppe. W. brahmanischer Herkunft heißen parivrājakas, śramaṇas sind die W. nicht-brahmanischer Herkunft. Im buddh. Kanon ist die Tendenz wahrnehmbar, den Begriff śramaṇa für buddh. Asketen zu reservieren (vgl. D 16, 5). Zu Lebensweise der W. gehörte in aller Regel Ehelosigkeit u. sexuelle Abstinenz, Besitzlosigkeit u. Erwerb des Lebensunterhaltes durch Almosen. Der ↗Buddha selbst wurde noch vor seiner Erleuchtung ein W. u. verordnete nach seiner Erleuchtung seinen Schülern die Lebensweise der W. Häufig nannte er sich selbst einen śramaṇa. (no)

wat, siamesische Bezeichnung für ein buddh. Kloster oder einen ↗vihāra. (no)

Weisheit. Kann W. innerhalb des Religiösen grundsätzlich als eine Kategorie gelten, die eng mit dem jeweiligen Ideal verbunden ist, so ist sie für das Verständnis des Buddh. ein Schlüsselbegriff (↗prajñā), in dem sich die intellektuelle u. die existentielle Seite erlösender Heilswirklichkeit vereinen. (sl)

Wei-shih-Schule (chin.) ↗Fa-hsiang

Wei-t’o (chin., Skt Veda) findet sich in chin. Tempeln zusammen mit dem ↗Buddha ↗Maitreya (Mi-le-fo) in der Halle der Himmelskönige (↗Shih-wang) am Eingang der Anlage dargestellt. In Rüstung u. mit ↗vajra zur Verteidigung der Lehre steht

W. dem Buddhabild der Haupthalle zugewandt. Sein Ursprung ist unbekannt. (so)

Wei Yüan-sung, chin. Buddhist in der 2. Hälfte des 6. Jh.; kaiserlicher Berater in N-Chou. Er griff 567, obwohl selbst buddh. Mönch, zusammen mit dem taoistischen Priester Chang Pin den Buddh. an. In der Folge führte dies 573 zu einem kaiserlichen Entscheid die Hierarchie der Religionen betreffend, nämlich Konfuzianismus, Taoismus, Buddh. 574 wurde der Buddh. schließlich gänzlich verboten; es kam zu großen Zerstörungen buddh. Klöster u. Tempel u. zu einer staatlich verordneten Säkularisierung der buddh. Mönche. (so)

Welt (Skt/P loka) besteht nach buddh. Auffassung aus 3 Regionen: der sinnlich erfahrbaren W. (kāma-loka), der feinkörperlichen W. (rūpa-loka), die allerdings noch Gestalthaftes aufweist, u. die „gestalt"- oder körperlose W. (arūpa-loka). Zu ersterer gehören die Menschen-, Tier-, Gespenster-/Dämonen-W. u. die Hölle wie auch noch die unterste Region der Himmels-W. Entsprechend ihrem zutiefst saṃsārischen Charakter (↗saṃsāra) ist die W. wandelbar u. vergänglich, so daß der W.-Prozeß eine zyklische Bewegung aus W.-Entstehungen u. W.-Untergängen darstellt. Buddh. Kosmologie rechnet mit einer Mehrzahl von W. Im älteren Buddh. ist ↗Erlösung (↗nirvāṇa) nur jenseits oder außerhalb dieser saṃsārischen W. zu finden. Das ↗Mahāyāna bildete monistisch-idealistische kosmologische Konzepte aus, nach denen die W. in ihren vielgestaltigen Erscheinungsformen als Illusion (↗māyā) interpretiert u. damit in ihrem Wirklichkeitsgehalt geleugnet wird. Damit fallen saṃsāra u. nirvāṇa zusammen. (no)

Weltflucht (Akosmismus), Begriff aus der Religionstypologie, der eine weltanschaulich-religiöse Position bezeichnet, die den Heilsgewinn in der Abwendung von der (realen, sichtbaren) Welt versteht oder in der Überwindung der Welt durch ↗Askese sucht. Ausdruck der W. kann die Trennung von der Gesellschaft sein. Akosmistisch orientiert sind beispielsweise die meisten gnostischen Systeme, auch spirituelle Bewegungen in der Christentumsgeschichte wie z. B. das Mönchtum, deutlich früher in der ind. Rel.-Gesch. neben dem ↗Jainismus auch der alte Buddh. Hauslosigkeit, Besitzlosigkeit u. soziale Marginalität sind spezifische Ausdrucksformen dieser buddh. W., deren letztes Ziel das ↗nirvāṇa darstellt, im alten Buddh. die Trennung von der saṃsārischen Welt (↗saṃsāra). (no)

Weltzeitalter (Skt kalpa, P kappa), Begriff aus der ind. Kosmologie u. von da in den Buddh. gelangt. Nach der W.-Lehre besteht ein Weltzyklus aus 4 Teilen: Untergang, Chaos oder Vernichtungszustand, Weltentstehung u. Fortdauer der entstandenen Welt. Die Periodizität dieses kosmologischen Konzepts entspricht dem Zyklus der Wesen in der Welt (↗saṃsāra). Nach buddh. Auffassung tritt in jeder Weltperiode ein ↗Buddha auf, entdeckt für sich die Lehre (↗dharma) u. belehrt die Menschen. Die Phasen des Zyklus, in denen die Welt besteht, beeinflussen die moralische u. physische Qualität der Lebewesen (besonders der Menschen): In den aufsteigenden Phasen leben die Menschen lange, relativ unbeschwert von physiologischen Defekten u. besitzen hohe Moralität. In den absteigenden Phasen ändert sich dies ins Negative. (no)

Wen-shu (Skt Mañjuśrī, jap. Monju), einer der 4 wichtigsten Bodhisattvas (↗Bodhisattva) im Buddh. u. besonders auch in China. Er verkörpert die Weisheit. Seit dem 5. Jh. ist er der Schutzpatron des Wu-t'ai-shan (↗Heilige Berge). Er wurde durch den ↗Tantrismus (↗Chen-yen), dann auch durch ↗Ch'an in China populär. 766 wird durch ↗Amoghavajra auf dem Wu-t'ai-shan ein Tempel erbaut, der bis mindestens 840 das blühende Zentrum des W.-Kultes bleibt. ↗Mañjuśrī. (so)

Werden (Skt/P bhava) oder (daraus resultierend) Dasein, verstanden als Prozeß, vollzieht sich nach buddh. Lehre auf 3 Existenzstufen: 1. sinnliches Dasein oder Existenz in der „Fünfsinnenwelt“, 2. „feinkörperliches Dasein“ u. 3. „unkörperliches Dasein“. Diese Konzeption entspricht den buddh. kosmologischen Vorstellungen vom Aufbau der Welt. – W. beinhaltet ferner den karmisch bedingten Werdeprozeß (karma-, bzw. kamma-bhava), der im Gesamt des Handelns u. Sich-Verhaltens (Denken, Reden, Tun) besteht, nämlich hinsichtlich der heilsamen oder unheilsamen karmischen Auswirkungen (↗karma). Ferner gehört als karmisches Ergebnis das Wandern durch die Existenzen (↗saṃsāra) zum W., wie im 12gliedrigen Satz vom bedingten Entstehen (↗pratītyasamutpāda) expliziert. – Das ↗Mahāyāna stellt dem W. als Gegensatz die „Leere" (↗śūnyatā) gegenüber. Grundsätzlich gilt für den Buddh. aller Richtungen: 1. Alles, was entsteht, ist verursacht. 2. Alles, was entsteht, muß zugrundegehen, um dann erneut zu entstehen. Oder: Wo W. ist, gibt es Wiedergeburt (vgl. 10. Glied des pratītya-samutpāda). Unheilsam u. eine Wurzel des Wiedergeburtsprozesses ist der W.-Durst (Skt bhava-tṛṣnā, P bhava-tanhā). (no)

Wesensschonung bezeichnet in buddh. ↗Ethik die grundsätzliche Einstellung zu den Mitwesen (also nicht allein zu den Menschen), aus der heraus Wesen nicht geschädigt oder getötet werden dürfen. Die Beachtung dieser Sittenregel (↗śīla) ergibt sich aus der ↗karma-Lehre. Die W. ist Gegenstand des 1. śīla der buddh. Mönchs- u. Laienethik. Im übrigen teilt der Buddh. dieses ethische Prinzip der W. (Skt ahiṃsā) mit dem ↗Hinduismus. Kaiser ↗Aśoka macht die W. im 3. Jh. v. Chr. gewissermaßen zum Staatsgesetz; dabei wandte er sich allerdings weniger gegen das Schlachten von Tieren zur Herstellung fleischlicher Nahrung, als vielmehr gegen die blutigen Opferpraktiken. (no)

Westliches Paradies ist neben ↗„Reines Land" eine andere Bezeichnung für die von ↗Amida durch seine Verdienste geschaffene Buddha-Welt. Nach dem ↗Sukhāvatīvyūha-Sūtra wird man durch vertrauensvolle Anrufung des Namens Amidas in das W. P. geboren, wo ↗nirvāṇa realisiert wird. (sl)

Widmung der Verdienste (tib. bsṅo ba), die im ↗Lamaismus am Ende jeder verdienstvollen, rituellen Handlung oder eines jeden ↗sādhanas vollzogene Übertragung der erworbenen Verdienste auf alle Lebewesen. (ev)

Wiedergeburt ↗saṃsāra

Willensfreiheit als ethischer Begriff bezeichnet eine angenommene menschliche Fähigkeit, aus gegebenen Möglichkeiten des Handelns oder Sich-Verhaltens eine nicht durch Randbedingungen (Situation, Erbanlage, Sozialität usw.) präformierte u. daher „freie“ Wahl zu treffen. Die W. erlaubt erst, menschliches Handeln als gut oder böse, heilsam oder unheilsam, auf die Erreichung eines religiösen Zieles hin als nützlich oder schädlich zu qualifizieren. Wie weit u. in welchen Grenzen W. gegeben ist, welche Faktoren sie begrenzen, beeinträchtigen oder gar nicht zulassen, ist in unterschiedlichen Moralsystemen, die von einer W. ausgehen, verschieden u. uneinheitlich diskutiert. Dem Buddh. wurde aus einem Mißverständnis der Lehre vom ↗karma gegenüber abgesprochen, daß er eine W. vertrete, da karmisch geprägte Voraussetzungen die W. beeinträchtigten bzw. der Wille selbst karmisch bedingt sei. Texte im ↗Pāli-Kanon hingegen zeigen das differenzierende Bemühen, die ↗Lehre des ↗Buddha von fatalistisch-deterministischen u. materialistisch-libertinistischen zeitgenössischen Positionen deutlich zu unterscheiden. W. gilt im Buddh. geradezu als Voraussetzung, heilsam handeln zu können. (no)

Windpferd (tib. rluṅ rta), lamaistisches Symbol, das den Wunsch für die Verbreitung der buddh. Lehre als einzigen Garanten für dauerhaftes Glück in alle „Winde“, d. h. Himmelsrichtungen, ausdrückt. Es besteht aus einem Pferd, das ein flammendes Wunschjuwel (tib. nor bu me `bar) in Form des ↗triratna im Sattel trägt, u. häufig das zentrale Symbol von ↗Gebetsfahnen darstellt. (ev)

Wissen (Skt vidyā, P vijjā), gemeint: das „rechte“ W. um die Welt u. das Selbst, stellt in buddh. Ethik eine grundlegende Voraussetzung für den Heilsgewinn dar (↗Erlösung, ↗nirvāṇa). Daher gilt der Erlöste „in W. u. Wandel vollkommen“, wie eine häufig gebrauchte Formel in kanonischen Texten lautet. Umgekehrt ist ↗Nichtwissen (Skt avidyā, P avijjā) die Täuschung, die die Wesen an das kreisende Rad saṃsārischer Existenzen (↗saṃsāra) – die ständige Abfolge von Geburt u. Tod – kettet. Das vollendet wirklichkeitsgerechte W. geht dem Erlösten in der ↗bodhi, im Vorgang des Erwachens bzw. der Erleuchtung, auf. (no)

Won-Buddhismus, südkoreanische reformbuddh. Laienbewegung (↗Korea), die am 26.3.1914 von dem buddh. Laien Soe-Tae-San (Sotesan, 1891–1943) gegründet worden ist. Im Zentrum der bild- u. kultlosen Vereinigung steht das Bemühen um die Verwirklichung der ↗Buddhanatur, an der alles in der Welt Anteil hat, durch die meditative Praxis des „Zeitlos-Ortlos" (↗Meditation), eine Praxis, die sich selbst dem jap. ↗Zen als nahestehend betrachtet. Als Meditationshilfe dient die Darstellung eines schwarzen Kreises (won, koreanisch „Kreis") auf weißem Feld als Symbol für die Leerheit (↗śūnyatā) bzw. des dharmakāya (↗trikāya) für die Buddhanatur. Die Bewegung des W.-B. entfaltet in eigenen Kranken- u. Waisenhäusern u. in Altenheimen eine beeindruckende sozial-karitative Tätigkeit. (no)

World Fellowship of Buddhists (WFB), 1950 in Colombo/Sri Lanka gegründete internationale u. fahrzeugsübergreifende Dachorganisation des Weltbuddh. zur Artikulation, Koordination u. Vertretung buddh. Interessen in aller Welt u. vor der Weltöffentlichkeit. 1. Präsident wurde der buddh. Gelehrte Dr. G. P. Malalasekera (1899–1973). (no)

wu (chin., jap. satori), Bezeichnung für Erleuchtung (↗bodhi) als in der Praxis der ↗Ch'an-Schule bzw. des ↗Zen meditative Erfahrung (↗Meditation) der ↗Erlösung. (no)

Wu-men Hui-k'ai (jap. Mumon Ekai), chin. Buddhist, 1183–1260; Vertreter der ↗Ch'an-Schule u. Gründer eines nach ihm benannten Zweiges neben dem von ↗Yüan-wu. Er ist der Verfasser der 1229 veröffentlichten kung-an-Sammlung (↗Kōan) „Wu-men-kuan" (jap. Mumonkan, „Paß ohne Tor"), die neben dem „Pi-yen-lu" von Yüan-wu am bekanntesten ist. Es gilt als sprachliches Meisterwerk. (so)

Wunder. Das W. ist in religiösen (mythischen) Berichten ein staunenerregendes Geschehen, das dadurch charakterisiert ist, daß es das natürliche Ursache-Wirkung-Verhältnis außer Kraft setzt u. dessen Ergebnisse unerwartete Wirkungen ohne erkennbare natürliche Ursachen darstellen. In religiösen Traditionen sind W. häufig Ausweise übermenschlicher u. übermächtiger Kraft. Der W.-Bericht stellt inhaltlich wie stilistisch eine eigene lit. Gattung dar; in der historisch-kritischen Analyse muß er sorgfältig auf die dahinterstehenden Aussageabsichten befragt werden. Selbstverständlich bedient sich auch die buddh. Überlieferung vielfach dieses lit. Genus, sowohl in der Buddha-Vita (↗Buddha), als auch in der Darstellung von Lebensgeschichten der Heiligen (↗arhat). W. gelten als Zeichen des „großen Menschen" (Skt mahāpuruṣa, P mahāpurisa). Besonders die markanten (Wende-)Punkte im Leben des Buddha sind wundersam dargestellt (Zeugung u. Geburt, Auszug in die Hauslosigkeit, Erleuchtung u. Tod). Daß der Buddha selbst mit der Möglichkeit des W. rechnete, erscheint – trotz ihm in den kanonischen Texten (↗Kanon) zugeschriebener Äußerungen – nicht zweifelsfrei nachweisbar. Dem „Demonstrations-W." als Dar- oder Zurschaustellung übernatürlicher oder zauberischer Macht (Skt ṛddhi/siddhi, P iddhi) steht der Buddha augenscheinlich skeptisch u. ablehnend gegenüber. Gleichwohl sind ihm solche Zeichen zugeschrieben worden. Mönchen ist das Demonstrieren wunderbarer Kräfte strikt untersagt. (no)

Wu-tai-shan, heiliger Berg, berühmtes Wallfahrtsziel u. Heiligtum des ↗Bodhisattva ↗Mañjuśrī (chin. Wen-shu) in China/ Provinz Shansi. Der W.-t.-s. gehört zu den 4 berühmten heiligen Bergen Chinas. Neben den Chinesen ist der Berg vor allem auch den ↗Mongolen heilig. (no)

Wu-tsu Fa-yen (jap. Goso Hoēn), chin. Buddhist, 1024?–1104; Vertreter der ↗Ch'an-Schule (↗Lin-chi/↗Yang-ch'i), Schüler von ↗Yüan-wu. Er gilt als Pionier der harten kung-an-Methode (↗Kōan). Sein „kung-an vom Nicht" verwendete Yüans Schüler ↗Tahui als Kern seiner Ch'an-Übungen; es ist als der „Hund von Chao-chou" zu Beginn des „Wu-men-kuan" berühmt. ↗Wu-men. (so)

wu-wei (jap. go-ī), im chin. Buddh. die Lehre von den „Fünf Positionen". wei bedeutet „Ort" in Korrelation zu „Zeit" im sozio-kosmischen Sinne; es besitzt die Eigenschaften „recht" (richtig, cheng) u. „schief" (falsch, p'ien). Die Theorie des w.-w.

stammt vermutlich von Yüeh-shan Wei-yen, einem Schüler von ↗Ma-tsu. Sie wurde an ↗Tung-shan überliefert. Von ↗Ts'aoshan (↗I-shing, ↗Tsung-mi) stammt ein Komm. in Diagrammform: die Kreisfiguren mit verschiedener Teilung (schwarz-weiß) entsprechen Trigrammen (Yang-Yin) des ↗Buches der Wandlungen" u. dem Verhältnis „Herrscher" (chün) – „Untertan" (ch'en); ihre Harmonie ist die Vereinigung von ↗saṃsāra u. ↗nirvāṇa, von ↗rūpra u. ↗śūnyatā, von ↗prajñā u. ↗karuṇā. So versteht sich w.-w. im chin. Buddh. als die Synthese von ↗Mādhyamika-Philosophie u. chin. Kosmologie. (so)

Y

Yab-Yum (tib. yab-yum), „Vater-Mutter“, ikonographische Darstellungsform tantrischer ↗Gottheiten im Aspekt „sexueller Vereinigung“ als Ausdruck der Vereinigung der Gegensätze von ↗upāya u. ↗prajñā. Symbolisiert wird durch diese Darstellung das Endziel des ↗Vajrayāna-Heilsweges: die Wiederherstellung des Einheitszustandes u. die Erfahrung des „Großen Glücks“ (Skt mahāsukha). Im tantrischen Buddh. wird jeder männlichen ↗Gottheit ihre weibliche Entsprechung (Skt ↗prajñā) zugeordnet, die den jeweiligen Weisheits-Aspekt der Gottheit verkörpert, wobei die männliche Gottheit den Aspekt der Methode (Skt upāya) darstellt. Y.-Y.-Darstellungen sind daher als der symbolische Ausdruck der mystischen Vereinigung der aus der Wahren Natur der Wirklichkeit geborenen prinzipiellen Gegensätze (↗prajñā) zu verstehen. (ev)

yakṣa (Skt, P yakkha), mythisches Wesen mit dämonischen Zügen in buddh. Anschauungen. Der y. spielt vor allem im Volksbuddh. eine größere Rolle. (no)

Yama ursprünglich Totengott des ↗Hinduismus, der im Buddh. Herrscher der ↗Höllen u. Richter der Toten ist. Umgeben von Schergen, die seine grausamen Urteilssprüche ausführen, u. Boten, die als Krankheit, Alter, Tod, Geburt u. Bestrafung die Lebewesen an ihr Ende gemahnen, erscheint er zumeist als stierköpfiger, auf einem Büffel reitender, schwarzer Gott, der mehr ein Amt als eine bestimmte Wesenheit verkörpert. Im ↗Lamaismus wurde er zu einem ↗dharmapāla. Besondere Bedeutung kommt Y. im ↗Bardo Thödol zu. (ev)

Yamaka (P), wörtlich: „das Buch der Gegensatzpaare“ (oder: Doppelfragen, die immer positiv u. negativ beantwortet werden); 6. der 7 Werke im ↗Abhidhamma-piṭaka des ↗Pāli-Kanon. (no)

Yamāntaka (Skt, tib. gśin rje gśed), „Hinrichter des ↗Yama“, eine schreckenerregende ↗Gottheit des ↗Vajrayāna, die in ihrer ikonographischen Erscheinung u. Bedeutung mit ↗Vajrabhairava identisch ist. (ev)

yāna (Skt/P) ↗Fahrzeug

Yang-ch'i Fang-hui (jap. Yōgi Hoe), chin. Buddhist u. Vertreter der ↗Ch'an-Schule (↗Lin-chi/Yang-ch'i), 992–1049. Er gründete einen der beiden Zweige der Lin-chi-Schule. Durch ihn erfuhr die chin. Ch'an-Schule ihre höchste Entfaltung. Sein Lehrer war Shih-shuang Ch'u-yüan; er selbst war ein Enkelschüler von ↗Wu-tsu. (so)

Yaśodharā (Skt, P Yasodharā), Gattin des ↗Siddhārtha ↗Gautama, des nachmaligen ↗Buddha (im Mv so benannt, in LalVist heißt sie Gopa). Der Tradition nach entstammt sie den Śākyas. Sie gebar den Buddha-Sohn ↗Rāhula. (no)

Yeshe Tshogyel (tib. ye śes mtsho rgyal), ihrem Wesen nach als eine tantrische ↗ḍākiṇī der Klasse transzendenter, körperloser ḍākiṇīs angesehen, die z. Z. der ↗Frühen Bekehrung Tibets eine körperliche Existenz annahm, war sie zunächst eine Nebengemahlin des tib. Königs ↗Tisong Detsen (reg. 755–797), danach die bedeutendste Begleiterin des Magiers ↗Padmasambhava. Ihr wird die Niederschrift zahlreicher seiner Lehren zugeschrieben, die dann als ↗Terma-Schriften versteckt wurden. Sie reiste in ganz ↗Tibet u. ↗Nepal umher u. soll 200 Jahre gelebt haben. An ihrem Lebensende soll sie sich in einen Regenbogen transformiert haben u. in das Paradies des Padmasambhava eingegangen sein.

L. Biogr.: K. Dowman: Sky Dancer, London … 1984; J. Wilhelms (Hg.): Mother of Knowledge, Berkeley 1983. (ev)

Yidam (Skt iṣṭadevatā, tib. yi dam), „im Herzen gebundene Gottheit“, Schutzgottheiten des ↗Vajrayāna, die im ↗Lamaismus als geheim gehaltene, persönliche Schutzgottheiten des tantrischen Adepten fungieren u. ihm bei der Beseitigung seiner persönlichen Hindernisse behilflich sind. Aufgabe eines

Praktizierenden des Vajrayāna ist die Identifizierung mit seinem Y. u. die Transformation seines Wesens in das Wesen des Y. Während Meditationen werden Y. in ↗maṇḍalas visualisiert, umgeben von zahlreichen, ihnen wesensmäßig gleichen Nebengottheiten, die als Ausdruck des unbegrenzten Variationenreichtums der ihnen eigenen Qualität betrachtet werden. Y. erscheinen als friedvolle, zornvolle oder gemischt friedvoll-zornvolle ↗Gottheiten, häufig in ↗Yab-Yum mit ihrer weiblichen Entsprechung, der ↗prajñā. Auch ↗ḍākiṇīs u. ↗dharmapālas können als Y. fungieren. (ev)

Yoga (Skt, Anspannung), in der ind. Religion allgemein Bezeichnung für Meditations- u. Askesetechniken. Hinweise auf Y. finden sich bereits in der Industal-Kultur, sodann im Veda, besonders in den mittleren ↗Upanischaden. Die Y.-Sūtras des Patañjali (2. Jh. v. Chr. oder 5. Jh. n. Chr.), der Grundtext eines der 6 ↗darśanas im ↗Hinduismus, fassen auf der philosophischen Basis des ↗Sāṃkhya ältere Y.-Praktiken zu einem systematischen Heilspfad mit 8 Gliedern zusammen: sittliches Verhalten, Observanzen, Sitzpositionen, Atemkontrolle, Zurückziehen der Sinne, Festhalten der Gedanken, Betrachtung u. Versenkung. Das Ziel ist die Überwindung leidvoller Existenz. Dem fortgeschrittenen Yogi werden paranormale Erkenntnisse u. Fähigkeiten zugesprochen. – Im älteren Buddh. wird der Y.-Begriff im profanen Sinne als Anstrengung, Arbeit verwandt, später dient er auch zur Bezeichnung verschiedener Meditationsmethoden wie Visualisierungen, ↗mantra-Rezitationen, Kontemplation der ↗maṇḍalas. Die Frage nach der Beziehung des Buddh. zum klass. Y. ist noch nicht endgültig beantwortet.

L.: S. Dasgupta: Y. Philosophy in Relation to Other Systems of Indian Thought, Calcutta 1930; D. Schlingloff: Ein buddh. Y.-Lehrbuch, 1964 (STT, VII), M. Eliade: Y., 1985. (mü)

Yogācāra (Skt), „Yoga-Praktikanten"; neben der ↗Mādhyamika-Schule stellt die Y.-Schule (wegen ihrer Lehre auch „Vijñānavādin" = „die das Erkennen lehren" genannt) die 2. bedeutende philosophische Richtung des ↗Mahāyāna dar. Als ihre Begründer gelten ↗Maitreyanātha, ↗Asaṅga (beide sind evtl.

identisch) u. ↗Vasubandhu (alle vermutlich ca. 4. Jh.). Im 5.–6. Jh. entstehen 2 Subschulen: Nirākāra-Vijñāavāda u. Sākāra-Vijñānavāda. Der ersteren werden ↗Paramārtha (Schüler des ↗Guṇamati), ↗Sthiramati (alle vermutlich 6. Jh.) u. Candragomin (7. Jh.), der letzteren ↗Dignāga (5. oder 6. Jh.) u. sein Schüler ↗Dharmapāla (6. Jh.), dessen Schüler Śīlabhādra (7. Jh.), ↗Hsüan-tsang (7. Jh.), der unter Śīlabhādra in ↗Nālandā studierte, u. Śubhagupta (7. Jh.) zugerechnet. Unklar ist die Zuordnung ↗Dharmakīrtis (7. Jh.). ↗K'uei-chi, ein Schüler Hsüan-tsangs, gründete im 7. Jh. in ↗China die Y.-Schule ↗Fa-hsiang, die die früheren chin. Zweige des Y. (↗Ti-lun u. ↗She-lun) absorbierte u. als ↗Hossō-shū im 7.–8. Jh. in ↗Japan eingeführt wurde. Die Lehrer der Y.-Schule versuchten die einseitig begriffskritische Konzentration der Mādhyamika-Philosophie zu vermeiden u. beschäftigten sich neben der Logik vor allem mit erkenntnistheoretischen Problemen. Gerade die hohe Bedeutung von ↗Meditation u. Erfahrung im buddh. Heilsweg machte in ihren Augen auch eine positive Demonstration der Erkenntnisabläufe erforderlich. Dabei gerieten sie jedoch in die Nähe eines erkenntnistheoretischen Idealismus, worin die Mādhyamikas einen Rückfall in die brahman-ātman-Lehre sahen. Wichtige Dokumente des Y. sind das Yogācārabhūmiśāstra, von dem nur ein Teil, die Bodhisattvabhūmi, in Skt erhalten ist, das Saṃdhinirmocanasūtra u. der Ratnagotravibhaga.

A.: Ratnagotravibhāga, ed. E.H. Johnston, Patna 1950: Yogācārabhūmiśāstra, ed. V. Bhattacharya, Calcutta 1957. – Ü.: C. Bendall, L. de La Vallée Poussin: Bodhisattvabhūmi. A Text Book of the Y. School, An English Summary, Muséon 6 (1905), 7 (1906); E. Lamotte: Samdhinirmocana Sutra. L'Explication des Mystères, texte tibétain, éd. et tr., Louvain 1935; J. Takasaki: A Study on the Ratnagotravibhāga (Uttaratantra), Roma 1966. – L.: U. Wogihara, Straßburg 1908; J. Masuda: Der individualistische Idealismus der Y.-Schule, 1926; P. Demiéville: Yogācārabhūmi, BEFEO 45 (1954), 339–436; A.K. Chatterjee: The Yogācāra Idealism, Varanasi 1962; A. Bareau: Der ind. Buddhismus, 1964; T. Vetter: Erkenntnisprobleme bei Dharmakīrti, 1964; J. May: La philosophie bouddhique idéaliste, Etudes asiatiques 25 (1971), 265–323; J.D. Willis: On Knowing Reality, New York 1979; T.A. Kochumutton: A Buddhist Doctrine of Experience, Delhi 1982; A. L. Herman: An Introduction to Buddhist Thought, New York 1983; L. Schmithausen: Der Nirvāṇa-Abschnitt in der Viniścayasaṃgrahanī der Yogācārabhūmiḥ, Wien 1969 (VKSKSO, 8); ders.: Ālayavijñāna, 2 Bde., Tokyo 1987; G.M. Nagao: Madhyanika and Y., Albany 1991; F.G. Sutton: Existence and Enlightenment in the Laṅkāvatārasūtra. A Study in the Ontology and Epistemology of the Y. School of Mahayana Buddhism, New York 1991; E. Frauwallner: Die Philosophie des Buddhismus, [4]1994. (sl)

Yoga-Tantra (Skt, tib. rnal 'byor rgyud), die höchste der 3 Äußeren ↗Tantra-Klassen, die den innerlich vollzogenen Yoga-Prozeß u. die ↗Meditation über die Nicht-Dualität betont u. eine Verschmelzung von Subjektivität (Individuum) u. Objektivität (Gottheit) vollzieht. (ev)

Yüang-ying, chin. buddh. Abt, 1878–1953, einer der Führer der buddh. Erneuerungsbewegung in ↗China u. in dieser Vertreter des konservativen Flügels. Y. stieß die Wiederbelebung der buddh. Studien nach den alten chin. Schulen (↗T'ien-T'ai, ↗Hua-yen u. nach dem ↗Yogācāra) an. Der Erneuerungsbewegung blieb allerdings durchgreifender Erfolg versagt. (no)

Yüan-wu K'o-ch'in (jap. Engo Kokugon), chin. Buddhist u. Vertreter des ↗Ch'an (↗Lin-chi/Yang-ch'i), 1063–1135. Sein Lehrer war ↗Wu-tsu, sein Schüler ↗Ta-hui. Y. kompilierte die neben der von ↗Wu-men wichtigste kung-an-Sammlung „Pi-yen-lu", 1128 veröffentlicht u. weit verbreitet; doch erst 1317 wiederveröffentlicht. (so)

Yün-kang, Höhlentempelanlage in China. Der Baubeginn liegt zu Beginn der Nord-Wei-Dynastie (386–535), 15 km westl. der damaligen Hauptstadt Ta-t'ung (Provinz Shansi). Die während der Buddhistenverfolgung unterbrochenen Bauarbeiten wurden erst ab 446 fortgesetzt. Vorbild für die Y.-Anlage ist die Anlage von Tun-huang. Stilistisch zeigt der Höhlentempel ind. u. zentralasiat. Einflüsse. Begonnen wurde die Anlage von ↗T'an-yao; die frühesten Höhlen sind von ihm angelegt. Sie enthalten 5 monumentale Buddha-Figuren, welche die vorangegangenen Kaiser der Dynastie darstellen (↗Huang-ti p'u-sa). Insgesamt gibt es 53 Höhlen auf ca. 1000 m Länge. Von ursprünglich ca. 100 000 Figuren sind heute noch etwa 50 000 erhalten. (so)

Yün-men Wen-yen (jap. Ummon Bun'en), chin. Buddhist u.

Vertreter des ↗Ch'an (Yünmen), 864–949. Er gilt als Gründer eines Zweigs eines der 5 Häuser. Seine Erleuchtung soll er bei ↗Mu-chou erfahren haben. Er war Schüler von ↗Hsüeh-feng, studierte aber bei verschiedenen Ch'an-Meistern in ganz China. Nach dem Untergang der T'ang-Dynastie blieb er ab 906 bis zu seinem Tode im Reich Nan-Han (Provinz Kuang-tung), dessen Herrscher ihn förderte. Dort entstanden einige wichtige Werke der Ch'an-Kunst. Y. entwickelte einen besonderen Ch'an-Stil: das Antworten aus einem einzigen Wort, bekannt als „Paß des einen Wortes" (i-tzu-kuan). In seinem Unterrichtsstil zeigte er Brüll- u. Prügelattacken. Jedoch gilt er als der wortgewandteste aller chin. Ch'an-Meister. Sein Schüler ist Tung-shan Shou-ch'u u. in seiner Nachfolge steht auch ↗Hsüeh-tou.

W.: Spruchsammlung „Yün-men-lu". (so)

Yung-ming Yen-shou (jap. Yōmyō Enju), chin. Buddhist u. Vertreter der ↗Ch'an-Schule (↗Fa-yen), 904–975. Er war Schüler von T'ien-t'ai Te-shan. Y. beabsichtigte eine Synthese der buddh. Lehre, besonders zwischen ↗Ching-t'u u. Ch'an. Er gilt als 1. Patriarch der Ching-t'u-Schule der Sung-Zeit. Er verfaßte die sehr einflußreiche Ch'an-Chronik „Tsung-ching-lu", die dem Standpunkt seines Mitschülers ↗Tao-yüan entgegengesetzt ist. (so)

Yūzū-nenbutsu-shū (jap.), buddh. „Schule der Namensanrufung des Durchdringens" in ↗Japan, gegründet von dem ↗Tendai-Mönch ↗Ryōnin (1072–1132). R. führte die Praxis des ↗nembutsu in die Tendai-Schule ein. Dabei verband er die Lehre des „Durchdringens" aus der ↗Kegon-Schule mit der Namensanrufung u. lehrte, daß dadurch alle Wesen im ↗Reinen Land wiedergeboren würden. (no)

Z

Zanskar (tib. zaṅs dkar), „Weißes Kupfer", unwegsames Gelände im SW ↗Ladakhs, etwa 7800 km², 3200 bis 7800 m. ü. d. M., etwa 10 000 Einwohner lamaistischer Glaubenszugehörigkeit. Verkehrsmäßig ist Z. noch weitgehend unerschlossen, politisch bildet es einen Verwaltungsbezirk Ladhaks. Den Hauptort bildet das etwa 100 Häuser zählende Phadum. Während der ↗Kushan-Periode, etwa im 2. Jh., sollen hier in Sani ein kleines Kloster u. ein ↗stūpa errichtet worden sein, im 8. Jh. soll der ind. Magier ↗Padmasambhava in Z. gewirkt haben. Um 1000 fällt es unter westtib. Herrschaft, vom 14.–17. Jh. wird es von einem aus der benachbarten Region Spiti eingewanderten Königshaus regiert, das seinen Sitz in Phadum wählt u. sich später in die dem ladakhischen Königshaus unterstehenden Fürstentümer von Phadum u. Z. spaltet. Im 15. Jh. kam es im Zuge der Verbreitung der ↗Gelugpa-Doktrin durch ↗Tsongkhapas Schüler Sherab Zangpo zur Gründung der Klöster Karsha, Phugtal, Rangdum, Tongde, Phadum, Phe, Lingshed u. Mone. Unter dem späteren König Bogosoto wurde die der Drugpa-Kagyüpa-Schule zuzurechnenden Klöster Sani, Phadum, Bardan, Dzongkhul, Stakrimo u. Mone errichtet. Als 1. Europäer besuchte der berühmte ungarische Tibetologe Csoma de Körös Z. 1825/6.

L.: M. Peissel: Z., Paris 1981; O. Föllmi: Deux Hivers au Z., Genf 1983; W. Friedl: Gesellschaft, Wirtschaft u. materielle Kultur in Z., 1983; J. Crook u. H. Osmaston: Himalayan Buddhist Villages, Delhi 1994; D. Schuh: Historiogr. Dokumente aus Zaṅs-dkar, in: Archiv f. zentralasiat. Geschichtsforschung, Heft 6, 1986. Weitere Lit. ↗Ladakh. (ev)

Zazen (jap., chin. Tso-ch'an), wörtlich: „in Meditation sitzen". Im weiteren Sinn bedeutet Z. im ↗Zen-Buddh. allgemein die Praxis sitzender ↗Meditation. Im engeren Sinn kann Z. auch jene, besonders im ↗Sōtō-Zen beliebte Form der Sitz-Meditation bezeichnen, bei der nicht die (besonders in der ↗Rinzaishū verbreitete) ↗Kōan-Übung, sondern objektlose Meditation praktiziert wird. (sl)

Zen-Buddhismus. Neben dem ↗Amida-Buddh. stellt der dem ↗Mahāyā-Buddh. zuzurechnende Z.-B. die bedeutendste u. einflußreichste Ausprägung des ostasiat. Buddh. dar. Entstanden in ↗China (↗Ch'an-Buddh.) hat er sich bereits früh nach ↗Vietnam u. ↗Korea, später nach ↗Japan (↗Rinzai-shū, ↗Sōtō-Zen, ↗Ōbaku-Zen) u. Taiwan u. gegenwärtig – besonders in seiner jap. Gestalt – in die gesamte westl. Welt verbreitet. Bei aller Vielgestaltigkeit des Z.-B. wirken vor allem die beiden chin. ↗Patriarchen ↗Bodhidharma u. ↗Hui-neng als gemeinsame Bezugsgrößen, insofern sich einerseits die meisten Schulen des Z.-B. durch lückenlose Traditionsreihen mit ihnen verbinden, u. sie sich andererseits dem in jenen beiden Figuren idealtypisch verkörperten Anliegen verpflichtet wissen. Dieses läßt sich generell als der Versuch einer Beschränkung des Buddh. auf sein Wesentliches charakterisieren, der so z.B. deutlich in dem Hui-neng zugeschriebenen u. innerhalb des Z.-B. höchste Achtung genießenden Hochsitz-Sūtra zutage tritt. Speziell lassen sich in diesem Anliegen 3 inhaltliche Grundzüge ausmachen: 1. Eine Konzentration auf die meditative Praxis, welcher der Z.-B. seinen Namen verdankt (jap. „zen" = Chin „ch'an" = Skt „dhyana" = „Versenkung"). Allerdings hat der Z.-B. die Vielfalt yogischer Versenkungstechniken weitgehend auf die Sitzmeditation reduziert u. nicht selten sogar die meditative Praxis nur mehr mit der Ausübung alltäglicher Verrichtungen in einer bestimmten „meditativen" Grundhaltung identifiziert. 2. Eine gewisse, gelegentlich bis zum Ikonoklasmus reichende, Distanz gegenüber Schriftgelehrsamkeit u. kultischer Praxis, die jedoch eher selten die Form völliger Abstinenz von beidem angenommen hat. Die monastische Praxis des Z.-B. kennt Rituale u. Sūtren-Rezitationen ebenso, wie unter den Zen-Meistern solche von großer Kenntnis der buddh. Schriften zu finden sind, ja der Z.-B. selbst sich als lit. durchaus produktiv erwiesen hat. 3. Die Betonung einer prononciert weltimmanenten, dem Sakralen ab- u. dem Profanen zugewandten Spiritualität, auf deren Konto schließlich auch der starke Einfluß des Z.-B. im Bereich kultureller Kunstfertigkeiten bis hin zu den Kampfkünsten (↗Zen-Kunst) gehen dürfte. Während Bodhidharma primär als der Repräsentant der rechten ↗Meditation gilt, verkörpert Hui-neng als Analphabet u. Küchengehilfe besonders den 2. u. 3. Grundzug des Z.-B. Durch den Topos einer unmittelbaren Sukzession von Patriarchen, die Hui-neng mit Bodhidharma u. diesen mit dem historischen ↗Buddha verbindet, wird der vom Z.-B. erhobene Anspruch auf Repräsentation des „wahren Geistes" des Buddh. verdeutlicht. Daher muß der Z.-B. historisch als Erscheinungsform eines traditionsimmanenten hermeneutischen Reflexionsprozesses gewertet werden. Strittig ist freilich, inwieweit der Z.-B. mit dem, was er konkret als das Wesentliche des Buddh. ansieht, die Intentionen des ursprünglichen bzw. ind. Buddh. gewahrt oder verlassen hat, oder sogar (wie D.T. ↗Suzuki meinte) von der Erfahrung einer transhistorischen Realität handelt, die ohne Identitätsverlust ihrer buddh. Gestalt entkleidet werden kann. Es gilt jedoch zu beachten, daß es sich besonders bei der Diskussion der letzten Alternative um eine Fragestellung handelt, die erst auftrat (u. ermöglicht wurde) als der Z.-B. mit der modernen westl. Kultur in Berührung kam, u. sich missionarische Absichten von Zen-Buddhisten mit einem aufbrechenden westlichen Interesse (z.B. seitens einiger kontemplativer Christen wie H. Enomiya-Lassalle u. T. Merton oder Psychologen wie E. Fromm) an der Zen-Meditation trafen. Denn in dem Versuch, Zen zu anderen Traditionen als der des Buddh. in Bezug zu setzen, steht zur Debatte, inwieweit die Identität des Zen als ursprünglicher traditionsimmanent-hermeneutischer Bewegung bleibend an den Buddh. gebunden ist, u. der universalistische Anspruch des Zen letztlich vielleicht nichts anderes ist, als der des Buddh. selbst. Dafür aber dürfte der in jüngster Zeit wiederentdeckte Umstand sprechen, daß der Lehre u. Praxis des Z.-B. maßgeblich die Auffassungen der philosophischen Richtungen des ind. Mahāyāna (↗Mādhyamika, ↗Yogācāra) zugrunde liegen.

L.: D.T. Suzuki: Z. u. die Kultur Japans, übertr. u. eingel. v. O. Fischer, 1941 (Neudr. 1996); ders.: Manual of Z. Buddhism, New York 1960; ders.: Essays in Z. Buddhism, 3 Bde., Neudr. London 1974–80; ders., E. Fromm, R. de Martino: Z.-Buddhismus u. Psychoanalyse, 1963, u.ö.; ders.: Die große Befreiung, 1980; R.H. Blyth: Z. and Z. classics, 5 Bde., Tokyo 1960–70; P. Yampolski: The Platform Sūtra of the Sixth Patriarch, New York 1966; P. Beautrix: Bibliographie du Bouddhisme Z., Bruxelles 1969; S. Suzuki: Zen Mind, Beginners, Mind, New York 1970; T. Merton: Weisheit der Stille, 1975; T.S. Nagashima: Truths and Fabrications in Religion. An Investigation from the Documents of Z. (Ch'an) Sect, London 1978; A. Bancroft: Zen, 1979, H.-L. Cheng: Zen and San-lun Mādhyamika Thought (Relig. Studies 15), 1979; T. Izutsu: Philosophie des Z.-Buddhismus, 1979; E. Herrigel: Z. in der Kunst des Bogenschießens, 1980; P. Kapleau: Die drei Pfeiler des Z., [4]1980; R. Ganslandt: Der Augenblick der Erkenntnis in Z.-Buddhismus u. Z.-Kunst, in: C.W. Thomsen, H. Holländer (Hg.): Augenblick und Zeitpunkt, 1984, 121–142; E. Wood: Zen Dictionary, Harmondsworth 1984; H. Brinker (Hg.): Zen in China, Japan and East Asian Art, Bern 1985; Y. Oshima: Z. – anders denken? Zugleich ein Versuch über Z. u. Heidegger, 1985; H.M. Enomiya-Lassalle: Z. u. christl. Mystik, 1986; M. Abe: Z. and Western Thought, Honolulu 1989; H. Dumoulin: Geschichte des Z.-Buddhismus, 2 Bde., Bern 1985–86; ders.: Z. im 20. Jh., 1990; M.S. Diener: Das Lexikon des Z., 1996. (sl)

Zentralasien als kulturell-geographischer Ordnungsbegriff umschreibt eine Region in Innerasien zwischen An Hsi u. Tunhuang in NW-China im O, Taschkent u. Samarkand im W, mit Khotan u. Dandān-ōilik im südl. Chin. Turkestan, Qizil, Kučā (Kucha) u. Bäzäklik im N u. südl. des Karakorum gegen W das heutige nördl. Pakistan u. das nordöstl. Afghanistan. In dieser Region Asiens blühte vom 1. Jh. v.Chr. bis ca. 1000 n.Chr. der Buddh. Er war über das nordwestl. ↗Indien u. der ↗Seidenstraße entlang bis ins östl. Z., nach Chin. Turkestan u. nach N-China, gelangt. In der Abfolge der Völkerschaften u. Reiche blieb der Buddh. über ein Jt. die kulturelle u. geistesgeschichtliche Konstante. In ↗Gandhāra ist der Buddh. zwischen 310 u. 150 v.Chr. archäologisch nachgewiesen. Kaiser ↗Aśoka im 3. Jh. v.Chr., zu dessen Reich Gandhāra gehörte, scheint die 1. ↗Stūpas errichtet zu haben; der Dharmarājika-Stūpa in ↗Taxila im heutigen Pakistan zumindest stammt aus der Zeit der ↗Mauryas. Aśoka-Inschriften sind auf den Felsen von Shāhbāzgaṛhī u. Mānsehrā erhalten. Die Nachfolge der zusammengebrochenen Maurya-Herrschaft traten hier indo-griech. Herrscher an: u.a. Demetrios von Baktrien (200–185 v.Chr.), Menander (150–130 v.Chr.). Um 130 v.Chr. fallen die skythischen Saker ein, 50 v.Chr.–78 n.Chr. besteht ein indo-parthisches, ab 30 n.Chr. ein sakisch-parthisches Reich. Aus dem Einfall der Tocharen 78 n.Chr. entsteht das Reich von Kuṣāṇa, ein Großreich, dessen Zentrum mit Baktrien im heutigen nordöstl. Afghanistan u. in N-Pakistan lag, das aber weit nach N-Indien, nach Chin. Turkestan, Usbekistan u. Tadschikistan ausgriff. Für

Kara Tape bei Termez (im S der ehemaligen UdSSR) ist die Anwesenheit des Buddh. in der Regierungszeit von König ↗Kaniṣka (vermutlich 78–ca. 100 n. Chr.), des bedeutendsten Kuṣāṇa-Herrschers, archäologisch durch Ruinenfunde von buddh. Klöstern gesichert. Im 2. Jh. n. Chr. war der Buddh. in Z. fest verankert. Kaniṣka bekannte sich, anders als einige Überlieferungen behaupten, zwar selbst nicht zum Buddh., förderte diesen jedoch so nachhaltig, daß ihn die Tradition geradezu einen 2. Aśoka nennt. Die Nachfolge-Reiche nach dem Zerfall der Kuṣāṇa-Herrschaft (ca. 250 n. Chr.) im 3. bis 5. Jh. blieben buddh. beeinflußt, wie aus einer großen Zahl von Klöstern, Stūpas u. Tempeln (in Taxila, Haḍḍa, die Höhlenklöster von Bāmiyān u.a.) ersichtlich wird. Dieser Höhepunkt der Blüte buddh. Kultur im westl. Z. unterbrach der Einfall der Weißen Hunnen (Hephthaliten), eines Nomadenvolks aus der ↗Mongolei, 430–560 n. Chr., die ihren Namen von ihrer auffallend hellen Hautfarbe erhielten (wie Prokop im 6. Jh. berichtet). 484 unterwerfen sie die sassanidischen Herrscher Persiens u. zwingen sie in tributpflichtiges Vasallentum (bis 560). In W-Z. zerstören sie das Nachfolge-Reich der Kuṣāṇa-Herrschaft, das Gupta-Reich. Dabei werden in Gandhāra u. Taxila alle buddh. Klöster u. Heiligtümer zerstört, Mönche getötet oder vertrieben u. in der Konsequenz die in ihren Einflüssen weit nach Indien hineinstrahlende buddh. Kultur dieser Region vernichtet. Immerhin hatte die bildliche Darstellung des ↗Buddha als Mensch u. a. von Gandhāra ihren Augang genommen. Im 7./8. Jh. erlebte der Buddh. in Gilgit (N-Pakistan) unter der Paṭola-Shāhi-Dynastie eine 2. Blüte, wie die Handschriftenfunde von Naupur bei Gilgit belegen. In den zentralasiat. Königreichen Kashgar, Khotan u. Lou-lan (Shan-shan; im späten 4. Jh. untergegangen) ist der Buddh. seit dem 3. Jh. bekannt. Ind. Schrift u. Sprache bleiben hier noch lange nach dem Untergang des Kuṣāṇa-Reichs in Gebrauch. In Kučā ist der Buddh. bereits seit dem 1. Jh. n. Chr. heimisch, u. stellt eine wichtige kulturelle Brücke nach Indien dar. Die Sprache, das indogermanische Tocharische, wurde ebenso wie das Sakische in Khotan in der ind. Brāhmanī-Schrift geschrieben. Inzwischen kamen auch Mönche aus Z. nach China. Ein Teil der Übersetzer buddh. Texte ins Chin. waren Sogdier u. Parther, wie etwa An Hsi-kao, der 148 n. Chr. nach Lo-yang gekommen war. Kurz zuvor war der Buddh. in Kashgar offizielle Religion geworden u. etwa gleichzeitig wurde er in Khotan eingeführt. Quellenmäßige Kunde vom Buddh. in dieser Region besitzen wir allerdings erst ab dem 3. Jh. Vor allem waren es zunächst Mönche der ↗Dharmagupta-Schule – sie sprachen u. schrieben Gandhārī –, die die Träger der Ausbreitung des Buddh. im östl. Z. wurden, bis der ↗Sarvāstivāda in diese Position drängte, u. das Gandhārī durch Skt unter sarvāstivādischen Einfluß abgelöst wurde. Späte Texte der Dharmaguptakas in Skt, die in Qizil gefunden wurden, belegen diesen Prozß der Sanskritisierung der buddh. Literatur in Z. In Khotan entstanden nicht nur Übers. buddh. Texte aus dem Skt ins Sakische, sondern die Anfänge einer eigenständigen sakischen Lit., wie das „Buch des Zambasta" – nach seinem im Kolophon genannten Stifter so benannt – zeigt. Aus Kučā u. Karashar stammen Funde tocharischer Texte, Übers. buddh. Schriften aus dem Skt, wogegen sogdische u. sogdisch-uigurische Schriften regelmäßig aus dem Chin. übersetzt sind. Im 7. Jh. existierten im Königreich Khotan ca. 100 Klöster mit an die 5000 Mönchen. Der Buddh. war mahāyānisch orientiert (↗Māhāyana). – Seit dem 7. Jh., seit der Niederlage des letzten persischen Sassanidenherrschers 642 gegen die muslimischen Araber, dringt der Islam kontinuierlich nach Z. ein. Im 8. Jh. treten die Herrscher von Bāmiyān zum Islam über. Während der folgenden 100 Jahre koexistieren Buddh. u. Islam, bis schließlich die buddh. Klöster verschwinden. Nach Khotan kommt der Islam über Kashgar, als um 950 die Herrscher von Kashgar Muslime wurden. Um 1000 n. Chr. verschwindet der Buddh. aus Z. Lediglich am nördl. Zweig der Seidenstraße erhielt er sich, hatte indes dort seine Blütezeit gleichfalls bereits überschritten. In Qočo fand der Buddh. erst in der 2. Hälfte des 15. Jh. sein Ende, als die lokalen Herrscher sich Sultane nannten. – Ins Interesse der Forschung gelangte Z. durch eine Reihe aufsehenerregender Handschriftenfunde seit Ende des 19. Jh., darunter zahlreiche buddh. Texte, so z. B. das ↗Dhammapada in Gandhārī (1893). 1907 entdeckte man gar eine ganze buddh. Bibliothek. Von 1902 bis 1914 sicherten 4 dt. Expeditionen in das Gebiet der Oase von Turfan von A. Le Coq u. A. Grünwedel geleitet, eine größere Anzahl von Handschriften (die sog. Turfan-Texte). Diese vervollständigten die Kenntnis von Skt-Texten, die z. T. nur fragmentarisch in Skt, zum größeren Teil nur in chin. u. tib. Übers. erhalten waren. Bedeutsam wurde auch der Handschriftenfund von Naupur bei Gilgit. Dieser wurde in den Resten zweier stūpa-ähnlicher Bauwerke geborgen u. umfaßte 60 Handschriften, meistens auf Birkenrinde geschrieben, mit ca. 50 verschiedenen Texten, darunter den ↗vinaya des ↗Mūlasarvāstivāda in Skt u. etliche mahāyānische Texte. Diese Schriftenfunde verbreiteten die Kenntnis der zentralasiat. buddh. Kultur u. ergänzten die archäologischen Zeugnisse, der Stūpas, Klöster, Höhlenheiligtümer, Wandgemälde usw. Zusammen mit den Berichten chin. buddh. Mönche auf Pilgerschaft nach Indien wie z. B. ↗Hsüantsang (629–645) entsteht das Bild einer reichen buddh. Kultur im Innern Asiens an der Schnittstelle von Einflüssen aus Indien, ↗Tibet u. China, einer Kultur, die über 1000 Jahre das Gesicht dieser Region maßgeblich geprägt hat.

L.: M. A. Stein: Serindia, 5 Bde., Oxford 1921; ders.: Innermost Asia, 4 Bde., Oxford 1926; A. v. Le Coq, E. Waldschmidt: Die buddh. Spätantike in Mittelasien, 7 Bde., 1922–33 (Nachdr. Graz 1973–75); E. Waldschmidt: Gandhāra, Kutscha, Turfan. Eine Einführung in die frühmittelalt. Kunst Z., 1925; ders.: Skt-Handschriften aus den Turfan-Funden, 1965 ff; ders. (Hg.): Faksimile-Wiedergaben von Skt-Handschriften aus den Berliner Turfan-Funden I, The Hague 1963 (Indo-Iranian Facsimilie Series, 1); ders. unter Mitarbeit v. W. Clawiter u. L. Sander-Holzmann (Hg.): Skt-Handschriften aus den Turfan-Funden, 1965 ff; Sanskrit-Wörterbuch der buddh. Texte aus den Turfan-Funden, begonnen von E. Waldschmidt, hg. v. H. Bechert, Redaktor G. v. Simson, 1973 ff; L. Sander: Paläographisches zu den Skt-Handschriften der Berliner Turfan-Sammlung, 1968 VOHD, Suppl.-Bd. 8); P. C. Bagchi: India and Central Asia, Calcutta 1955; Monumenta Serindica, Bd. 1, Kyoto 1958, 53–87 (Bibl.); B. Pauly: Fragments sanscrits de Haute Asie (Mission Pelliot), JA 1965, 83–121; B. A. Litvinsky: Outline history of Buddhism in Central Asia, 1968; K. Saha: Buddhism and Buddhist Literature in Central Asia, Calcutta 1970; S. Gaulier, R. Jera-Bezard, M. Maillard: Buddhism in Afghanistan and Central Asia, 2 Bde., Leiden 1976; „Central Asia", in: Encyclopaedia of Buddhism, ed. J. Dhirasekera, Bd. 4, Fasz. 1, Government of Sri Lanka, 1979, 21–85; A. v. Gabain: Einführung in die Z.-Kunde, 1979; K. Röhrborn, W. Veenker: Sprachen des Buddhismus in Z., 1983 (Veröff. d. Societas Uralo-Altaica, 16); R. Whitfield: The Art of Central Asia, 3 Bde., Tokyo 1984; K. Jettmar, V. Thewalt: Zwischen Gandhara und den Seidenstraßen, 1985; D. Kuhn (Hg.): Chinas Goldenes Zeitalter. Die Tang-Dynastie (618–907) u. d. kult. Erbe d. Seidenstraße, 1993. (no)

Zhijepa (tib. źi byed pa), „die [alle Verdunkelungen u. alles Leiden] in Frieden auflösen“, auf den ind., mehrfach nach ↗Tibet gereisten Heiligen ↗Phadampa Sanggye zurückgehende Schulrichtung des ↗Lamaismus, die – basierend auf ↗Prajñāpāramitā u. der Philosophie ↗Nāgārjunas – vor allem die Praxis der ↗Cö-Lehren propagierte.

L.: K. Kollmar-Paulenz: Der Schmuck der Befreiung. Die Geschichte der Zi byed und gCod-Schule ..., 1993 (AsF 125). (ev)

Zölibat, von lat. coelibatus, Ehelosigkeit, Begriff aus dem katholischen Kirchenrecht, der die Verpflichtung zur geschlechtlichen Enthaltsamkeit von Klerikern ab dem Diakonat (bis zum II. Vatikanischen Konzil, 1962–65, ab dem Subdiakonat) u. der männlichen u. weiblichen Angehörigen von religiösen Orden u. Kongregationen aufgrund des abgelegten Keuschheitsgelübdes meint. Analog dem christlichen Mönchs- u. Nonnen-Z. wird der Begriff als rel.-wiss. Kategorie auf die entsprechenden außerchristlichen Lebensordnungen, auch auf buddh. Mönche u. Nonnen, übertragen. Als Forderung der sexuellen Abstinenz, im buddh. ↗saṅgha übrigens älter als im Christentum, entspricht Z. dem Begriff ↗„brahmacariya“ (göttergleicher Wandel). Die Form eines besonderen Gelöbnisses des Z. kennt das buddh. Mönchtum nicht. Die Forderung verpflichtet gleichwohl strikt, u. das Vergehen dagegen zieht den Ausschluß aus dem saṅgha nach sich (↗pārājika). (no)

Zuflucht, dreifache (Skt triśaraṇa, P tisaraṇa), ist der förmliche Akt der Zuwendung zum Buddh. Dreifach ist diese Z.-Nahme, nämlich zu den 3 „Kostbarkeiten“ oder „Juwelen“ (Skt triratna, P tiratana): ↗Buddha, ↗dharma (↗Lehre des Buddha) u. ↗saṅgha (Gemeinde der Anhänger des Buddha.). Als solche besitzt die Z. den Charakter einer Konversions-, in der täglichen Praxis aber den einer Bekenntnisformel. (no)

Zufluchtnahme (tib. skyabs `gro), lamaistisches Ritual, das stets zu Beginn der täglichen Rezitationen u. der ↗sādhanas ausgeführt wird u. in der Stützung auf die Objekte der Zuflucht besteht. Neben den aus ↗Hīnayāna u. ↗Mahāyāna bereits bekannten ↗triratna (tib. dkon mchog gsum), das sind ↗Buddha, ↗dharma und ↗saṃgha, nimmt der lamaistische Gläubige zusätzlich die Zuflucht zu seinem Lehrer, dem ↗Lama, sowie unter Umständen auch zu ↗Yidam u. ↗ḏākinī. (ev)

Zwischenzustand ↗Bardo

Grundtexte des Pāli-Buddhismus

Haß und seine Überwindung

„Denn niemals hört im Weltenlauf
Die Feindschaft je durch Feindschaft auf.
Durch Liebe nur erlischt der Haß,
Ein ewiges Gesetz ist das."

Dhp 5 (vgl. H. von Glasenapp, Hg.: Der Pfad zur Erleuchtung, Buddh. Texte, 1956, 95)

Die Lehrrede von der Güte

„Glück soll die ganze Welt umfassen.
Ich grüße alles, was da lebt,
Ich möchte Segen regnen lassen
Und Heil, wie jedes es erstrebt.
Ob groß ein Wesen oder klein,
Ob zart, ob machtbegabt, ob schwach,
Es mag ein jedes glücklich sein:
In Luft und Land und tief im Bach.
Ob wir es seh'n, ob's uns entgeht,
In fernem Land, vor unsrem Fuß,
Ob's lebt, ob's an der Pforte steht,
Heil sendet ihm der Heiligen Gruß.
Die Mutter schützt das zarte Kind
Mit Leib und Leben opferstill,
So will ich schützen liebgesinnt,
Was immer lebt und leben will.
Es soll der Liebe goldner Strahl
Durchleuchten grenzenlos das All,
und niemals bring des Hasses Stahl
Was lebt und bebt und strebt zu Fall.
Ob wir uns legen, steh'n, ob ruhn,

Am Herde, auf der Wanderschaft –
Wir wollen unsre Arbeit tun
Mit gütigem Herzen, voller Kraft,
und unabhängig strebend nahn
Wir endlich noch Nirvans Tür
Und frei von Leid und Sonderwahn
Verlöschen und verwehen wir."

Das Metta-Sutta des Khuddakapāṭha
(Übers. von Dr. Wolfgang Bohn, in:
Buddhistische Monatshefte 1. Jg./1949, 25)

Metta-Meditation: die Erweckung der Güte
(gehört zu den vier Erhabenen Verweilungen / brahmavihāra)

„Also von Bürde und Übelwollen frei, vollbewußt und besonnen, durchdringt ein edler Jünger mit gütiger Gesinnung nach einer Himmelsrichtung, dann nach der zweiten, der dritten und der vierten, dann nach oben und unten und ringsum die ganze Welt nach allen Seiten vollständig, mit gütiger, umfassender, großer, unermeßlicher, friedfertiger, freundlicher Gesinnung. Ebenso durchdringt er mit Mitleid, Mitfreude und mit Gleichmut die ganze Welt."

Anguttara-Nikāya III, 65
(vgl. G. Mensching: Buddhistische Geisteswelt, o. J., 33)

Die „Drei Merkmale"

„… es … bleibt Tatsache und die feste und notwendige
Bedingung des Daseins, daß alle Gebilde vergänglich sind …
… daß alle Gebilde leidvoll sind.
… daß alle Realitäten nicht das Ich sind."
(Solches erkennt ein Vollendeter selber und lehrt es
die anderen.)

Anguttara-Nikāya III, 134 (Übersetzung: K. Seidenstücker,
zit. nach G. Mensching: Buddh. Geisteswelt, 59)

Bedingungszusammenhang

„Vor meiner Erleuchtung, als ich noch ein Bodhisattva war, kam mir der Gedanke: ‚Dem Elend ist die Welt preisgegeben. Man wird geboren, altert, stirbt, scheidet aus dem Dasein und wird wiedergeboren. Und ein Entrinnen aus diesem Leid ist nicht abzusehen. Sicherlich wird sich ein Ausweg aus diesem Leid, aus Altern und Sterben finden lassen.'
Da kam mir der Gedanke: ‚Was muß vorhanden sein, damit Altern und Sterben eintreten, was bedingt Altern und Sterben?'
Da gewann ich durch gründliches Nachdenken die Einsicht: ‚Wenn Geburt vorhanden ist, kommt es zu Altern und Sterben, durch Geburt bedingt sind Altern und Sterben.'
Da kam mir der Gedanke: ‚Was muß vorhanden sein, damit eine Geburt eintritt, was bedingt eine Geburt?' ..." usw.

Saṃyutta-Nikāya 12, 10 (zit. nach H. von Glasenapp, Hg.: Der Pfad zur Erleuchtung. Buddh. Texte, 1956, 80–81)

Die Wanderung durch die Existenzen – der samsara

„Nicht zu erkennen, o Mönch, ist der Samsara, nicht zu erkennen ist der Ausgangspunkt der durch Nichtwissen gehemmten, durch den Durst gefesselten Wesen, die den Lauf der Geburten eilend durchwandern.
Und während so langer Zeit, o Mönch, hat das Leiden bestanden, hat das Weh bestanden, hat das Elend bestanden, haben die Leichenstätten sich angefüllt.
Dies also, o Mönch, genügt vollauf, um aller Gebilde satt zu werden, es genügt, um die Lust daran zu verlieren, es genügt, um sich davon zu erlösen."

Dīgha-Nikāya 33, 1.10
(G. Mensching: Buddh. Geisteswelt, 55)

„Dort war ich mit dem und dem Namen, von dem und dem Geschlecht, von der und der Erscheinung, von der und der Nahrung lebend, das und das Glück und Leid erfahrend, von so und so langer Lebensdauer.
Von da schied ich und wurde dort wiedergeboren: und auch dort war ich von dem und dem Namen ...;
von da schied ich und bin hier wiedergeboren: so erinnerte ich mich an mannigfaltiges früheres Dasein mit seiner Besonderheit und mit der Bestimmtheit seines Wesens."

Vinaya-piṭaka III, 3f
(G. Mensching, a. a. O., 25)

Nirvāṇa (Skt)/Nibbāna (P)

Zentral ist die Aussage des Buddha zum nirvāṇa im Itivuttaka 43, die empathisch mit den feierlichen Worten „Atthi bhikkhave ajātaṃ" – „Es gibt, ihr Mönche, ein Ungeborenes" – eingeleitet werden:

„Es gibt, ihr Mönche, ein Ungeborenes, Ungewordenes, Nichtgemachtes, ein nicht durch schaffende Tätigkeit Hervorgebrachtes (daher Unverursachtes [no]). Wenn es dieses nicht gäbe, so wäre hier ein Entrinnen aus dem Geborenen, Gewordenen, Gemachten, durch schaffende Tätigkeit Hervorgebrachten nicht zu erkennen. Weil es nun aber ein Ungeborenes, Ungewordenes, Nichtgemachtes, ein nicht durch schaffende Tätigkeit Hervorgebrachtes gibt, deshalb ist ein Entrinnen aus dem Geborenen, Gewordenen, Gemachten, durch schaffende Tätigkeit Hervorgebrachten zu erkennen."

Ähnlich in Udāna 8, 1:

„Es gibt, Mönche, jenes Gebiet, in dem es weder Erde noch Wasser noch Feuer noch Luft gibt, noch das Gebiet des grenzenlosen Raumes, noch das Gebiet des grenzenlosen Bewußtseins, noch das Gebiet der Nirgendetwasheit, noch das Gebiet der Weder-Wahrnehmung-noch-Nichtwahrnehmung, nicht diese Welt noch eine andere Welt (das nirvāṇa ist nicht das Jenseits!!! [no]), nicht beides, Mond und Sonne. Dieses nenne ich weder Kommen noch Gehen noch Bestehen noch Verschwinden noch Entstehen, was nicht selber wieder auf einer Grundlage ruht (also verursacht ist [no]), nicht im Flusse ist, keinen Untergrund hat: eben das, eben dieses ist das Ende des Leidens."

Zwei Nirvāṇa-Bereiche

„Diese zwei Nibbana-Bereiche gibt es, ihr Jünger. Welche zwei? Den mit dem Rest von Beilegungen behafteten Nibbana-Bereich und den vom Rest Beilegungen freien Nibbana-Bereich..."

Itivuttaka 44
(Übers. K. Seidenstücker, zit. nach G. Mensching: Buddh. Geisteswelt, 208)

Der Weg zum Nirvāṇa

„Nur Ausrottung aller Arten von Drang führt zur restlosen Leidenschaftslosigkeit, zum Ende, zum Nibbāna.
Für den Bhikkhu, der so erloschen ist, der an nichts mehr haftet, gibt es keine Wiedergeburt mehr."

Udāna III, 10
(G. Mensching: Buddh. Geisteswelt, 60)

Das „Torwächter-Gleichnis"

„Die Stadt, ihr Mönche, ist eine Bezeichnung für diesen aus den vier Elementen bestehenden Körper, den von Vater und Mutter gezeugten, aufgebaut durch Reis und Milch, der Vergänglichkeit unterworfen, dem Verfall, der Abnutzung und Vernichtung ausgesetzt.
Die sechs Pforten (gemeint der Stadt bzw. des Körpers [no]) sind eine Bezeichnung für die sechs inneren Sinnengrundlagen. Der Torwächter ist eine Bezeichnung für die Achtsamkeit. Der Stadtherr ist eine Bezeichnung für das Bewußtsein. Der

Kreuzungspunkt in der Mitte (der Stadt [no]) ist eine Bezeichnung für die vier Elemente: das Erd-Element, das Wasser-Element, das Feuer-Element und das Wind-Element.
Die wahrheitsmäßige Botschaft ist eine Bezeichnung für Nibbāna.
Der begangene Weg ist eine Bezeichnung für den heiligen achtfachen Pfad."

Saṃyutta-Nikāya 35, 204
(Nyānaponika: Der einzige Weg, Buddhistische Texte zur Geistesschulung in rechter Achtsamkeit, 1956, 84)

Die Wurzeln des Unheilsamen

„Diese drei Wurzeln des Unheilsamen gibt es,
ihr Jünger. Welche drei?
Die Gier, die Wurzel des Unheilsamen …,
der Haß …, die Verblendung …"

„Gier, Haß und Verblendung, die im Ich entstanden sind, vernichten einen Menschen mit schlechtem Gemüt wie einen Bambusstamm mitsamt seiner Frucht."

Itivuttaka 50
(Übers. K. Seidenstücker, 1922, 22)

„Diese drei, ihr Jünger, sind Schmutzlachen …, Feinde …, Gegner …, Mörder …, Widersacher auf dem Wege … Die Gier …, der Haß …, die Verblendung."

Nr. 88 (a.a.O., 35)

Lehrrede an die Kalama

So habe ich berichten hören:
Einst kam der Erhabene auf seiner Wanderung im Lande der Kosala mit einer großen Bhikkhuschar nach Kesaputta, einem Marktflecken der Kālāma. Es hörten nun die Kālāma von Kesaputta, daß der Samana Gotama, der Sakya, nach Kesaputta

gekommen sei, und daß er im Rufe stehe, der Erhabene, der Heilige, der vollkommen Erleuchtete zu sein; es sei gut, solche Heilige zu sehen. So begaben sie sich zu ihm, begrüßten ihn ehrerbietig, setzten sich zu ihm und sprachen: „Herr, da kommen einige Samanen und Brahmanen nach Kesaputta, die nur ihre eigene Lehre glänzen und leuchten lassen, aber die Lehren anderer bekämpfen, verspotten und verachten. Dann kommen wieder andere, die es ebenso machen. Deshalb sind wir im Unklaren und im Zweifel, welcher von diesen verehrlichen Samanen eigentlich Wahres und welcher Falsches lehrt."

„Ganz recht, Kālāma, daß ihr zweifelt; in einem solchen Falle muß man zweifeln. Richtet euch nicht nach Hörensagen, nicht nach einer Überlieferung, nicht nach einer bloßen Behauptung, nicht nach der Mitteilung heiliger Schriften, nicht nach bloßen Vernunftgründen und logischen Deduktionen, nicht nach äußeren Erwägungen, nicht nach der Übereinstimmung mit euren Ansichten und Grübeleien, nicht nach dem Scheine der Wirklichkeit, denket nicht: „Der Samana ist unser Lehrer (darum wollen wir ihm glauben)"; sondern wenn ihr, Kālāma, selbst erkennt, daß diese oder jene Dinge schlecht und verwerflich sind, von Verständigen getadelt und, ausgeführt oder begonnen, zum Unheil und Leiden führen, so sollt ihr sie verwerfen."

Aṅguttara-Nikāya III (übers. v. K. Schmidt: Buddha, die Erlösung vom Leiden, 1921, in: G. Mensching, Hg.: Buddh. Geisteswelt, S. 36

Die Erleuchtung

Mit also gesammeltem Geist, mit geläutertem, reinheitsreichem, der von Flecken frei war, aller Schäden entledigt, geschmeidig, der Arbeit sich fügend, feststehend und unentwegt, wandte ich meinen Geist hin auf die Erinnerung und Erkenntnis meines früheren Daseins. So erinnerte ich mich an mannigfaltiges früheres Dasein: an eine Existenz, an zwei Existenzen, an drei ... vier ... fünf ... zehn ... zwanzig ... dreißig ... vierzig ... fünfzig ... hundert ... tausend ... hunderttausend Existenzen, an viele Weltalter der Zerstörung und Erneuerung: dort war ich mit dem und dem Namen, von dem und dem

Geschlecht, von der und der Erscheinung, von der und der Nahrung lebend, das und das Glück und Leid erfahrend, von so und so langer Lebensdauer. Von da schied ich und wurde dort wiedergeboren: und auch dort war ich mit dem und dem Namen …; von da schied ich und bin hier wiedergeboren: so erinnerte ich mich an mannigfaltiges früheres Dasein mit seiner Besonderheit und mit der Bestimmtheit seines Wesens.

Dies, o Brahmane, ist die erste Wissenschaft, die ich in der ersten Nachtwache erlangt habe. Das Nichtwissen ist vernichtet, Wissen entstanden. Die Finsternis ist vernichtet, Helligkeit entstanden, wie es sich gebührt für den, der unentwegt, in heißem Eifer, sein Selbst dem Streben weihend, verharrt. Dies, o Brahmane, war mein erstes Anslichtkommen, wie eines Küchleins aus der Eierschale.

Mit also gesammeltem Geist, mit geläutertem, reinheitsreichem, der von Flecken frei war, aller Schäden entledigt, geschmeidig, der Arbeit sich fügend, feststehend und unentwegt, wandte ich meinen Geist hin auf die Kenntnis vom Abscheiden und Wiederkommen der Wesen. Da sah ich mit meinem göttlichen Auge, dem reinen, über Menschliches erhabenen, die Wesen, wie sie abschieden und wiederkamen, niedere und hohe, von schöner Erscheinung und von schlechter Erscheinung, wohlwandelnde und übelwandelnde; die Wesen, wie sie nach ihren Taten ihre Stätte fanden, erkannte ich: da sind diese Wesen, behaftet mit üblen Gedanken, Worten und Werken, die die Heiligen geschmäht haben, falschem Glauben anhängend und falschen Glaubens Werke auf sich nehmend – die gehen, wenn ihr Leib zerbricht, jenseits des Todes den Unglücksweg, den bösen Gang, zur Verdammnis, zur Hölle. Jene andern Wesen aber, begabt mit guten Gedanken, Worten und Werken, die die Heiligen nicht geschmäht haben, rechtem Glauben anhängend und rechtem Glaubens Werke auf sich nehmend – die gehen, wenn ihr Leib zerbricht, jenseits des Todes den Heilsweg und kommen in den Himmel. So sah ich mit meinem göttlichen Auge, dem reinen, über Menschliches erhabenen, die Wesen, wie sie abschieden und wiederkamen, niedere und hohe, von schöner Erscheinung und von schlechter Erscheinung, wohlwandelnde und übelwandelnde; die Wesen, wie sie nach ihren Taten ihre Stätte fanden, erkannte ich.

Dies, o Brahmane, ist die zweite Wissenschaft, die ich in der mittleren Nachtwache erlangt habe. Das Nichtwissen ist vernichtet, Wissen entstanden. Die Finsternis ist vernichtet, Helligkeit entstanden, wie es sich gebührt für den, der unentwegt, in heißem Eifer, sein Selbst dem Streben weihend verharrt. Dies, o Brahmane, war mein zweites Anslichtkommen, wie eines Küchleins aus der Eierschale.

Mit also gesammeltem Geist, mit geläutertem, reinheitsreichem, der von Flecken frei war, aller Schäden entledigt, geschmeidig, der Arbeit sich fügend, feststehend und unentwegt, wandte ich meinen Geist hin auf die Kenntnis des Untergangs der Verderbnisse. „Dies ist das Leiden“: also erkannte ich in Wahrheit. „Dies ist die Entstehung des Leidens“: also erkannte ich in Wahrheit. „Dies ist die Aufhebung des Leidens“: also erkannte ich in Wahrheit. „Dies ist der Weg zur Aufhebung des Leidens“: also erkannte ich in Wahrheit. „Dies sind die Verderbnisse“ … „Dies ist die Entstehung der Verderbnisse“ …, „Dies ist die Aufhebung der Verderbnisse“ … „Dies ist der Weg zur Aufhebung der Verderbnisse“: also erkannte ich in Wahrheit. Indem ich also erkannte und also schaute, wurde meine Seele erlöst vom Verderbnis des Werdens, und meine Seele wurde erlöst vom Verderbnis des Irrglaubens, und meine Seele wurde erlöst vom Verderbnis des Nichtwissens. Im Erlösten entstand die Erkenntnis: Ich bin erlöst. Vernichtet ist die Geburt, vollendet der heilige Wandel, erfüllt die Pflicht; keine Rückkehr gibt es mehr zu dieser Welt: also erkannte ich.“

Dies, o Brahmane, ist die dritte Wissenschaft, die ich in der letzten Nachtwache erlangt habe. Das Nichtwissen ist vernichtet, Wissen entstanden. Die Finsternis ist vernichtet, Helligkeit entstanden, wie es sich gebührt für den, der unentwegt in heißem Eifer, sein Selbst dem Streben weihend verharrt. Dies, o Brahmane, war mein drittes Anslichtkommen, wie eines Küchleins aus der Eierschale.

Vinayapitaka III, 3f (Oldenberg: Reden des Buddha, 1911, zit. nach G. Mensching: Buddh. Geisteswelt, 25–27)

Das Ende des Samsāra ist das Ende der Welt

..., „Herr, ist es möglich, durch Wandern das Ende der Welt zu erkennen, zu schauen, zu erreichen, wo keine Geburt, kein Altern, kein Sterben, kein Vergehen und kein Entstehen ist?"
„Freud, ich lehre nicht, daß dieses Ende der Welt, wo keine Geburt, kein Altern, kein Sterben, kein Vergehen und kein Entstehen ist, durch Wandern zu erkennen, zu schauen und zu erreichen sei, ... und doch, Freund, lehre ich nicht, daß man ohne das Ende der Welt erreicht zu haben, dem Leiden ein Ende machen kann. Und so verkünde ich, Freund, daß in eben diesem klaftergroßen, bresthaften Leibe mit seinem Wahrnehmen und Denken die Welt liegt und die Entstehung der Welt und die Aufhebung der Welt und der Pfad, der zur Aufhebung der Welt führt.
Durch Wandern ist das Ende der Welt niemals zu erreichen. Und doch gibt es, wenn man das Ende der Welt nicht erreicht hat, keine Befreiung vom Leiden.
Deshalb, wahrlich, ersehnt der Weise, der die Welt kennt, der zum Ende der Welt geht und ein heiliges Leben führt – nachdem er das Ende der Welt, welches er erkennt, verwirklicht hat – für sich weder diese, noch eine andere Welt."

Aṅguttara-Nikāya IV, 45
(übers. von K. Seidenstücker: Pāli-Buddhismus in Übersetzungen, 1923, in: G. Mensching: Buddh. Geisteswelt, 55)

Existenz ist Leiden

So habe ich berichten hören:
Als der Erhabene die Erleuchtung erlangt hatte, saß er unter dem Bodhibaume bei Uruvelā am Ufer des Flusses Nerañjarā und genoß sieben Tage lang die Seligkeit der Erlösung. Nach Ablauf dieser sieben Tage erhob er sich aus seiner Meditation und betrachtete mit der Einsicht eines Erleuchteten die Welt. Da sah er die Wesen in mancherlei Gluten brennen und in mancherlei Qualen schmachten, die aus Begierde, Haß und Verblendung entstanden sind. Und er sprach feierlich diesen Spruch:

„Diese qualerfüllte, ganz in Berührungen aufgehende Welt nennt das, was der Krankheit ausgesetzt ist, das Ich.
Wo immer sie meint, es gebe etwas Bleibendes, da gibt es nur Veränderung.
...
Die Welt, die sich stets verändern muß, die am Dasein hängt, im Dasein ganz aufgeht, findet sogar noch Gefallen am Dasein.
Woran man aber Gefallen findet, das bringt Furcht, und wovor man sich fürchtet, das ist Leiden.
Um aber das Dasein gänzlich zu überwinden, führt man den Wandel der Heiligkeit.
Alle Samanen und Brahmanen, welche lehren, daß es eine Erlösung vom Dasein durch Lebensbejahung gebe, sind unerlöst vom Dasein, sage ich. Aber auch alle Samanen und Brahmanen, welche lehren, daß es ein Entrinnen aus dem Dasein durch Selbstabtötung gebe, sind dem Dasein nicht entronnen, sage ich.
Durch alles irdische Trachten bedingt, entsteht ja dieses Leiden; wenn aber alles Haften überwunden ist, kann kein Leiden mehr entstehen.
Betrachte nur diese Welt weit und breit und die Wesen, die im Nichtwissen ganz aufgehen und sich der (anderen) Wesen freuen: Sie sind unerlöst.
Alles, was es an Dasein irgendwo und irgendwie gibt, ist vergänglich, leidvoll, muß sich verändern.
Wer dies, wie es wirklich ist, mit vollkommener Weisheit betrachtet, der überwindet den Drang nach Lebensbejahung und findet auch kein Gefallen an dem Drange nach Selbstabtötung.
Nur Ausrottung aller Arten von Drang führt zu restloser Leidenschaftslosigkeit, zum Ende, zum Nibbāna.
Für den Bhikkhu, der so erloschen ist, der an nichts mehr haftet, gibt es keine Wiedergeburt mehr.
Überwunden ist für ihn Māra, gewonnen die Schlacht, entronnen ist ein solcher allen Daseinsformen.

Udāna III; 10 (K. Schmidt: Buddha, die Erlösung vom Leiden, 1921, in: G. Mensching: Buddh. Geisteswelt, 59–60)

Das Werden in Abhängigkeit

So hab' ich es gehört: Einst weilte der Erhabene bei Uruvelā am Ufer des Flusses Nerañjarā am Fuße des Bodhi-Baumes, unmittelbar nachdem er ein Erwachter geworden war. Damals aber saß der Erhabene sieben Tage lang mit gekreuzten Beinen, die Seligkeit der Erlösung genießend. Und nachdem der Erhabene sich nach Ablauf der sieben Tage aus dieser Konzentration erhoben hatte, betrachtete er während der letzten Wache der Nacht im Geiste aufmerksam das bedingte Entstehen in fortlaufender und rücklaufender Richtung in dieser Weise:
„Wenn dieses ist, ist jenes, infolge dieses (Prozesses) entsteht jener (Prozeß); wenn dieses nicht ist, ist jenes nicht, infolge der Aufhebung dieses (Prozesses) wird jener (Prozeß) aufgehoben: das will sagen: Wenn Nichtwissen da ist, sind – (organische) – Prozesse; wenn – (organische) – Prozesse da sind, ist Bewußtsein; wenn Bewußtsein da ist, ist der körperliche Organismus; wenn der körperliche Organismus da ist, sind die sechs Gebiete; wenn die sechs Gebiete da sind, ist Berührung; wenn Berührung da ist, ist Empfindung; wenn Empfindung da ist, ist ‚Durst'; wenn ‚Durst' da ist, ist Ergreifen; wenn Ergreifen da ist, ist Werden; wenn Werden da ist, ist Geburt; wenn Geburt da ist, stellen sich Alter und Tod, Kummer, Wehklagen, Schmerz, Gram und Verzweiflung ein. Solcherart ist die Entstehung dieser gesamten Leidensmasse.
Aber auf der restlosen, spurlosen Aufhebung des Nichtwissens beruht die Aufhebung der – (organischen) – Prozesse, auf der Aufhebung der – (organischen) – Prozesse die Aufhebung des Bewußtseins, auf der Aufhebung des Bewußtseins die Aufhebung des körperlichen Organismus, auf der Aufhebung des körperlichen Organismus die Aufhebung der sechs Gebiete, auf der Aufhebung der sechs Gebiete die Aufhebung der Berührung, auf der Aufhebung der Berührung die Aufhebung der Empfindung, auf der Aufhebung der Empfindung die Aufhebung des ‚Durstes', auf der Aufhebung des ‚Durstes' die Aufhebung des Ergreifens, auf der Aufhebung des Ergreifens die Aufhebung des Werdens, auf der Aufhebung des Werdens die Aufhebung der Geburt, infolge der Aufhebung der Geburt

werden Alter und Tod, Kummer, Wehklagen, Schmerz, Gram und Verzweiflung aufgehoben. Solcherart ist die Aufhebung dieser gesamten Leidensmasse."
Da tat der Erhabene, nachdem er erkannt, was dies zu bedeuten hatte, bei jener Gelegenheit folgenden feierlichen Ausspruch: „Wahrlich, wenn die Dinge dem eifrigen, vertieften Brahmana sich entschleiern, dann steht er da, Māras Heer verscheuchend, wie die Sonne, die den Himmelsraum durchstrahlt."

Udāna I,3 (K. Seidenstücker: Pāli-Buddhismus in Übersetzungen, 1923, in: G. Mensching: Buddh. Geisteswelt, 69–70)

Buddhas letzte Worte

Dann richtete der Erhabene an den ehrwürdigen ānanda die Worte: „ānanda, es könnte euch vielleicht der Gedanke kommen: ‚Der Lehrer, (der uns) das Wort (verkündete) ist dahingegangen, wir (können uns nun auf) keinen Lehrer mehr (berufen). Aber so dürft ihr die Sache nicht ansehen, ānanda. Die Lehre und die Regel, die ich euch gepredigt und vorgezeichnet habe, die sind euer Lehrer nach meinem Ende."
Dann sprach der Erhabene noch zu den Bhikkhus: „Wohlan, Bhikkhus, (höret) jetzt, (was) ich euch (noch) zu sagen habe: Die Seinserscheinungen sind ihrem Wesen nach vergänglich. Rüstet euch aus mit Wachsamkeit!"
Das war des Tathāgata letztes Wort.

Dīgha-Nikāya XVI, 6,1; 6,7 (Franke: Dīghanikāya in Auswahl, 1913, in: G. Mensching: Buddh. Geisteswelt, 45–46)

Die Diskussion der Lehre vom Nichtselbst (anatman) in dem (außerkanonischen) Buch „Fragen des Königs Milinda"

Nun begab sich Milinda, der König, dahin, wo der ehrwürdige Nāgasena (weilte), (und) als er sich hinbegeben hatte, wechselte er mit dem ehrwürdigen Nāgasena freundlichen, höflichen Gruß und ließ sich an einer Seite nieder. Auch der ehrwürdige Nāgasena grüßte (freundlich) zurück, woran sich des Königs

Milinda Gemüt erfreute. Und nun sprach Milinda, der König, zu dem ehrwürdigen Nāgasena dies: „Wie ist der Herr bekannt, welchen Namen hast du, o Herr?“

„Als Nāgasena bin, o Großkönig, ich bekannt. Mit Nāgasena reden mich, o Großkönig, die mit (mir zusammen) den frommen Wandel führen, an. Doch wenn auch die Eltern einen Namen geben wie Nāgasena oder Sūrasena oder Vīrasena oder Sīhasena, so ist, o Großkönig, das, was dieser Nāgasena ist, (nur) eine Benennung, eine Bezeichnung, eine Kennzeichnung, nur ein Name für den Allgemeingebrauch; eine Person wird hier nicht vorgefunden.“

Da sprach Milinda, der König, so: „Hören mögen mich die fünfhundert Ionier und die achtzigtausend Mönche! Dieser Nāgasena hat solches gesprochen: ‚Eine Person wird hier nicht vorgefunden.‘ Ist es wohl recht, dem beizupflichten?“ Und König Milinda sprach zu dem ehrwürdigen Nāgasena dies: „Wenn, Herr Nāgasena, eine Person nicht vorgefunden wird (= *nicht existiert*), wer gewährt euch denn die Versorgung mit Gewändern, Almosenspeise, Unterkunft und Arznei im Krankheitsfalle? Wer macht davon Gebrauch? Wer hütet die Tugend? Wer widmet sich geistlicher Übung? Wer verwirklicht den (heiligen) Weg, (dessen) Lohn und das Nirvāna? Wer (aber) tötet ein Lebewesen? Wer nimmt Nichtgegebenes? Wer handelt in Liebesdingen übel? Wer spricht Lügen? Wer trinkt Berauschendes? Wer begeht (also diese) fünf Handlungen, (die) unverzüglich (böse Folgen haben)? Somit gibt es nichts Heilsames, (und) es gibt nichts Unheilvolles; es gibt keinen Betätiger von heilsamen und unheilvollen Taten sowie auch keinen Veranlasser (solcher Taten); es gibt keine Frucht und kein Ergebnis guter und böser Taten. Wenn, Herr Nāgasena, derjenige, der Euch tötet, keinen Mord begeht, dann habt Ihr, Herr Nāgasena, keinen Lehrer, habt keinen Unterweiser, habt keine höhere Mönchsweihe. ‚Mit Nāgasena reden mich, o Großkönig, die mit (mir zusammen) den frommen Wandel führen, an!‘ hast du gesagt. Wer ist (denn) hier Nāgasena? Ist wohl, o Herr, das Kopfhaar Nāgasena?“

„Gewiß nicht, o Großkönig!“

„Ist das Körperhaar Nāgasena?“

„Gewiß nicht, o Großkönig!“

„Sind die Nägel … *(weiter wie eben)* … die Zähne, die Haut, das Fleisch, die Sehnen, die Knochen, das Knochenmark, die Nieren, das Herz, die Leber, das Brustfell, die Milz, die Lungen, die Eingeweide, die Därme, der Magen, der Kot, die Galle, der Schleim, der Eiter, das Blut, der Schweiß, das Fett, die Tränen, der Talg, das Serum, der Nasenschleim, das Gelenkfett, der Urin, der Kopf, das Gehirn Nāgasena?"
„Gewiß nicht, o Großkönig!"
„Ist dann wohl, o Herr, der Körper Nāgasena?"
„Gewiß nicht, o Großkönig!"
„Sind die Empfindungen Nāgasena?"
„Gewiß nicht, o Großkönig!"
„Sind die Wahrnehmungen Nāgasena?"
„Gewiß nicht, o Großkönig!"
„Sind die (charakterlichen) Gegebenheiten Nāgasena?"
„Gewiß nicht, o Großkönig!"
„Ist das Bewußtsein Nāgasena?"
„Gewiß nicht, o Großkönig!"
„Sind dann, o Herr, vielleicht Körper, Empfindungen, Wahrnehmungen, (charakterliche) Gegebenheiten und Bewußtsein (zusammen) Nāgasena?
„Gewiß nicht, o Großkönig!"
„Ist dann, o Herr, etwas anderes als Körper, Empfindungen, Wahrnehmungen, (charakterliche) Gegebenheiten und Bewußtsein Nāgasena?"
„Gewiß nicht, o Großkönig!"
„Dann, o Herr, (obwohl) ich frage und frage, sehe ich keinen Nāgasena. Nur ein Wort, o Herr, ist Nāgasena. Wer ist dann hier Nāgasena? Unwahres, o Herr, sprichst du, Lüge! Es gibt keinen Nāgasena!"
Daraufhin sprach der ehrwürdige Nāgasena zu Milinda, dem König, dies: „Du bist, o Großkönig, als Fürst gut erzogen, fein gebildet. Wenn du, o Großkönig, zur Mittagszeit auf heißer Erde, auf erhitztem Sand, auf harten Schottern, Kieseln, Sandkörnern, nachdem du sie betreten hast, zu Fuß gehen würdest, (dann) schmerzen die Füße, der Körper leidet, der Geist wird beeinträchtigt. Ein mit Schmerz einhergehendes Körpergefühl tritt ein. Bist du nun zu Fuß hergekommen oder mit einem Fahrzeug?"

„Nicht bin ich, o Herr, zu Fuß hergekommen; mit einem Wagen bin ich gekommen."
„Wenn du, o Großkönig, mit einem Wagen hergekommen bist, erkläre mir den Wagen! Ist vielleicht, o Großkönig, die Deichsel der Wagen?"
„Gewiß nicht, o Herr!"
„Ist die Achse der Wagen?"
„Gewiß nicht, o Herr!"
„Sind die Räder der Wagen?"
„Gewiß nicht, o Herr!"
„Ist der Wagenkasten der Wagen?"
„Gewiß nicht, o Herr!"
„Ist der Flaggenstock der Wagen?"
„Gewiß nicht, o Herr!"
„Ist das Joch der Wagen?"
„Gewiß nicht, o Herr!"
„Sind die Zügel der Wagen?"
„Gewiß nicht, o Herr!"
„Ist der Treibstock der Wagen?"
„Gewiß nicht, o Herr!"
„Sind vielleicht, o Großkönig, Deichsel, Achse, Rad, Wagenkasten, Flaggenstock, Joch, Zügel und Treibstock (zusammen) der Wagen?"
„Gewiß nicht, o Herr!"
„Ist dann, o Großkönig, etwas anderes als Deichsel, Achse, Rad, Wagenkasten, Flaggenstock, Joch, Zügel und Treibstock der Wagen?"
„Gewiß nicht, o Herr!"
„Dann, o Großkönig, (obwohl) ich frage und frage, sehe ich keinen Wagen. Nur ein Wort, o Großkönig, ist der Wagen. Was ist dann hier der Wagen? Unwahres, o Großkönig, sprichst du, Lüge! Es gibt keinen Wagen. Du, o Großkönig, bist in ganz Indien der Hauptkönig. Wen fürchtest du, daß du Lügen sprichst? Hören mögen mich die fünfhundert Ionier und die achtzigtausend Mönche! Dieser König Milinda hat so gesprochen: ‚Mit einem Wagen bin ich gekommen!' (Als ihm von mir) ‚Wenn du, o Großkönig, mit einem Wagen hergekommen bist, erkläre mir den Wagen!' gesagt wurde, ist er die (behauptete)

Existenz des Wagens (zu beweisen) nicht imstande. Ist es wohl recht, dem beizupflichten?“
Nachdem er so gesprochen hatte, spendeten die fünfhundert Ionier dem ehrwürdigen Nāgasena Beifall und sprachen zu Milinda, dem König, dies: „Jetzt, o Großkönig, sprich, wenn du kannst!“ Daraufhin sprach der König Milinda zu dem ehrwürdigen Nāgasena dies: „Nicht spreche ich, Herr Nāgasena, Lügen. In bezug auf die Deichsel und in bezug auf die Achse und in bezug auf die Räder und in bezug auf den Wagenkasten und in bezug auf den Flaggenstock und in bezug auf das Joch und in bezug auf die Zügel und in bezug auf den Treibstock gilt ‚Wagen‘ als eine Benennung, eine Bezeichnung, eine Kennzeichnung, als Name für den Allgemeingebrauch.“
„Gut, o Großkönig, begreifst du den Wagen. Und genauso, o Großkönig, ist auch bei mir in bezug auf das Kopfhaar und in bezug auf das Körperhaar ... *(weiter wie oben)* ... und in bezug auf das Gehirn und in bezug auf den Körper und in bezug auf die Empfindung und in bezug auf die Wahrnehmung und in bezug auf die (charakterlichen) Gegebenheiten und in bezug auf das Bewußtsein gilt ‚Nāgasena‘ als eine (bloße) Benennung, eine Bezeichnung, eine Kennzeichnung, als Name für den Allgemeingebrauch. Über diesen Sinn hinaus wird eine Person hier nicht vorgefunden. Gesagt wurde ja dies, o Großkönig, von der Nonne Vajirā in Gegenwart des Erhabenen:

‚Wie ja bei Verbindung der (betreffenden) Teile
das Wort „Wagen“ (gebraucht wird),
so ist bei Vorhandensein der (obigen fünf) Bestandteile
(auch das Vorhandensein) eines Wesens
(bloße) konventionelle Ausnahme.“

„Wundervoll, Herr Nāgasena; wunderbar, Herr Nāgasena! Glänzend sind die Antworten auf die Fragen vorgetragen worden. Wenn Buddha (hier) stehen würde, dann würde er (dir) Beifall spenden. Gut, gut, o Nāgasena! Glänzend sind die Antworten auf die Fragen vorgetragen worden.“

Milindapañhā II, 1,1 (in: Gautama Buddha. Die vier edlen Wahrheiten. Texte des ursprünglichen Buddhismus, hg. u. übertr. v. K. Mylius, 1985, 373–376)

Mudrās: Handgesten des historischen Buddha auf Bildnissen

Meditationsgestus (dhyāna oder samādhi). Gebräuchlichster Handgestus bei Buddhadarstellungen. Die Handflächen beider Hände zeigen nach oben, die Hände ruhen im Schoß.

Gestus der Zeugnisanrufung der Erde gegen Māra in der „Versuchungsgeschichte" in der Nacht der Erleuchtung. Die Hand weist abwärts zur Erde, die Handflächen sind nach innen gekehrt.

Gestus der „In-Bewegung-Setzung des Rades der Lehre" (dharmacakra). Die Finger symbolisieren die Bewegung.

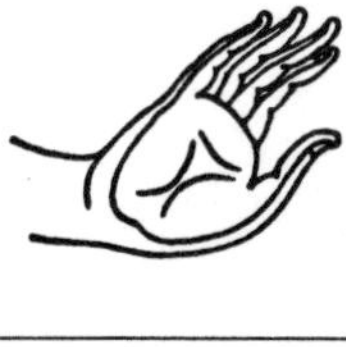

Gestus der Furchtabwehr oder der Furchtlosigkeit. Die rechte Hand ist in Schulterhöhe erhoben, die Handfläche zeigt nach außen, alle Finger sind ausgestreckt.

Gestus der argumentativen Kraft. Zeigefinger und Daumen berühren sich, die anderen Finger sind ausgestreckt, der Arm gebeugt.

Gestus des Mitleids oder der Barmherzigkeit. Die Finger sind ausgestreckt und weisen nach unten, die Handflächen nach außen gekehrt.

Gestus der Begrüßung. Beide Arme sind über dem Haupt erhoben, Handflächen nach oben, Finger ausgestreckt. Mudrā für die tantrische Form des Bodhisattva Avalokitesvara, der eine kleine Amitabha-Figur hält.

Ehrfurchteinflößender Gestus: Hände sind vor der Brust gefaltet. Mudrā des Buddha einer Form des Vajrapāni Bhutadamaravajrapāṇi. Dieses Mudrā wird auch „Trailokyavijaya Mudrā" genannt, Beherrscher der drei Welten aus der Achtergruppe der Bodhisattvas.

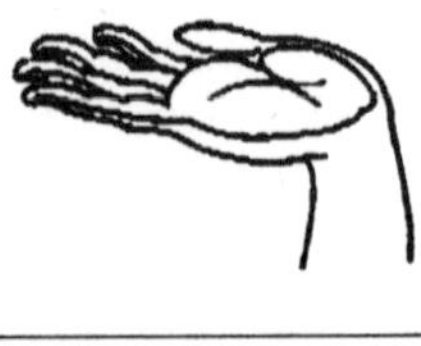

Gestus der Begrüßung: Rechte Hand in Kopfhöhe, Finger nach außen, Handfläche nach oben.
Mudrā der Vasudhara, zweier weiblicher Bodhisattvas.

Gestus der Predigt, das Rad der Lehre drehend. Die rechte Hand auf der Brust, die linke bedeckt sie, es wird mit den Fingern gezählt.
Mudrā der Buddhas Vajrocana, Gautama und Maitreya.

Gestus (des Erbarmens) der Karana: Die Hand ist ausgestreckt. Zeigefinger und kleiner Finger sind ausgestreckt.
Mudrā von Yama, dem Höllenfürsten, und Ekajata, der blauen Tara, auch Ugratara oder Lhamo genannt.

Die Geste der Ambrosia-Verteilung: Hände zusammengefaltet, Zeigefinger nach unten.
Mudrā von Namasangiti, einer Form von Avalokitesvara.

Gebet-Gestus: Gefaltete Hände.
Mudrā von Avalokiteśvara und Yama, dem Höllenfürsten.

Gestus der Drohung: Zeigefinger ist ausgestreckt in drohender Form.
Mudrā von Maricī, einem weiblichen Bodhisattva.

Verehrungsgestus: Arm in Schulterhöhe, Handfläche nach unten, Finger ausgestreckt, aber leicht gebeugt zur Schulter gedreht.
Mudrā von Namasangiti, einer Form von Avalokiteśvara.

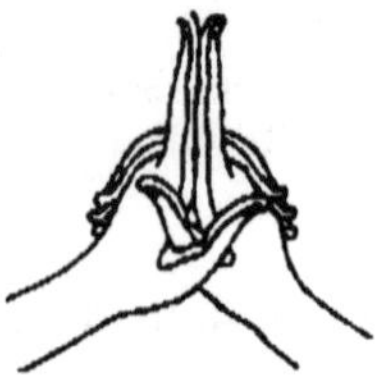

Gestus der Vollendung: Finger gefaltet, Zeigefinger ausgestreckt nach oben.
Mudrā von Gautama Buddha und Namasangiti, einer Form von Avalokiteśvara.

Gestus des obersten Buddha: Hände vor der Brust gekreuzt halten vajra und ghaṇṭā (Donnerkeil und Glocke).
Mudrā von Buddha Vajradhara, Samvara, Trailokyavijaya und die Yi-dam-Formen der Dhyāni-Buddhas mit Śaktis.

Zeichnungen aus: Buddhistische Kunst. Katalog zur Ausstellung des Staatl. Museums für Völkerkunde in München, hg. v. Dr. A. Lommel, München [2]1974.

Literaturhinweise

A. Bibliographien

Bando, S. et al.: A Bibliography on Japanese Buddhism, Tokyo 1958

Beautrix, P.: Bibliographie du Bouddhisme, 4 Tle., Bruxelles 1969–75 (Publications de l'Institut Belge des Hautes Etudes Bouddhiques, Série „Bibliographies“)

Bechert, H. (Hg.): Systematische Übersicht über die buddhistische Sanskrit-Literatur/A Systematic Survey of Buddhist Sanskrit Literature, Wiesbaden 1979ff

Bibliographie bouddhique, sous la direction de J. Przyluski, puis de M. Lalou, Paris 1930–67

Bibliography of Tibetan Studies, compiled by H.K. Kuløy and Y. Imaeda, Narita 1986

Conze, E.: The Prajñāpāramitā Literature, Tokyo ²1978 (Bibliographia Philologica Buddhica, Series Maior, 1)

ders.: Buddhist scriptures, A bibliography, ed. and rev. by L. Lancaster, New York 1982 (Garland reference library of the humanities, 113)

Cordier, H.: Bibliotheca Indosinica, Dictionnaire bibliographique des ouvrages relatifs à la Péninsule indochinoise, 4 Bde., Paris 1912–15 (mit Index, Paris 1933)

ders.: Bibliotheca Japonica, Paris 1912

ders.: Bibliotheca Sinica, 4 Bde., Paris ²1904–08

Courant, M.: Bibliographie coréenne, 3 Bde., Paris 1894–1901

Edmunds, A. J.: A Buddhist Bibliography based upon the Libraries of Philadelphia, JPTS 1902–03, 1–60

Gard, R. A.: Buddhist Political Thought. A Bibliography, Washington 1952

ders.: Bibliography for the Study of Buddhism in Burma in Western Languages, Tokyo 1957

ders.: Buddhism, in: C. J. Adams (ed.): A Reader's Guide to the Great Religions, New York – London 1965, 83–160 u. Suppl. 1974
ders. (ed.): Buddhist Text Information, New York 1974ff

Gaspardone, E.: Bibliographie annamite, Hanoi 1934 (BEFEO XXXIV, fasc. 1)

Grönbold, G.: Der buddhistische Kanon. Eine Bibliographie, Wiesbaden 1984

Hanayama, S.: Bibliography on Buddhism, ed. by the Commemoration Committee for Prof. Shinsho Hanayama's Sixty-first Birthday, Tokyo 1961

Hecker, H.: Der Pāli-Kanon, Hamburg 1965 (Bibliogr. deutscher Übersetzungen)

Held, H. L.: Deutsche Bibliographie des Buddhismus, München – Leipzig 1916 (Nachdr. Hildesheim – New York 1973)

Inada, K. K.: Guide to Buddhist Philosophy, Boston/Mass. 1985

International Bibliography of the history of religions, under the supervision of C. J. Bleeker, comp. by H. Boas, Leiden 1952 ff

de Jong, J. W.: A Brief History of Buddhist Studies in Europe and America, Delhi ²1987

Lafont, P. B.: Bibliographie du Laos, Paris 1964, 1978 (EFEO, t. I, t. II)

March, A. C.: A Buddhist Bibliography, London 1935

Nakamura, H.: Indian Buddhism, A Survey with Bibliographical Notes, Hirakata 1980 (Intercultural Research Institute Monograph, 9; Neudr. Delhi 1987)

Pfandt, P.: Mahāyāna Texts Translated into Western Languages. A Bibliographical Guide, Köln 1983

Potter, K.H. (ed.): Bibliography of Indian philosophies, 2nd rev. ed., Delhi 1983 (Supplemente in JIP 2 [1972–74], 4 [1976–77], 6 [1978])

Regamey, C.: Buddhistische Philosophie, Bern 1950 (Bibliograph. Einführungen in das Studium der Philosophie, hg. v. I.M. Bochenski, 20/21)

F. Reynolds (Hg.): Guide to Buddhist Religion, 1981

Satyaprakash: Buddhism. A select bibliography, 2nd enl. and rev. ed., Gurgaon 1986 (Subject Bibliography series, 1)

Shirieda, G.M.: Bibliografia delle fonti buddhiste, Buddhismo indiano, Istituto Giapponese di Cultura in Roma, Annuario 4 (1966–67), 137–195

Thompson, L. G. (ed.): Chinese Religion in Western Languages, Tucson 1985

Trager, F. N.: Burma. A Selected and Annotated Bibliography, New Haven 1973

Wayman, A.: Buddhism, in: Historia Religionum. Handbook for the History of Religions, II, Leiden 1971

Yamada, R.: A Bibliography of Studies on Sanskrit Buddhism, Annual Report of the Faculty of Letters, Tohoku University 8 (1957), 1–189

Yoo, Y.: Buddhism. A Subject Index to Periodical Articles in English 1728–1971, Metuchen/N.J. 1973

ders.: Books on Buddhism. An Annotated Subject Guide, Metuchen/N.J. 1976

Yuyama, A.: A Bibliography of the Sanskrit Texts of the Saddharmapuṇḍarīkasūtra, Canberra 1970 (Oriental Monograph Series, 5)

ders.: Vinaya-Texte, Wiesbaden 1979 (Systematische Übersicht über die buddhistische Sanskrit-Literatur/A Systematical Survey of Buddhist Sanskrit Literature, hg. v. H. Bechert, 1)

B. Texte des Buddhismus (Anthologien) in westlichen Sprachen

(Nachweise von Originalausgaben, vollständigen Übersetzungen usw. sind unter den jeweiligen Schlagworten im Text zu finden.)

Bareau, A. (Hg.): En suivant Bouddha, Paris 1985

Śiksha-Sammuccaya, A Compendium of Buddhist Doctrine. Compiled by Śāntideva chiefly from earlier Mahāyāna Sūtras, tr. from the Sanskrit by C. Bendall and W.H.D. Rouse, London 1922 (Nachdr. Delhi 1971)

Brück, M.v.: Weisheit der Leere. Sutra-Texte des indischen Mahāyāna-Buddhismus, 1989

Buddhist-Mahāyāna Texts, Oxford 1894 (SBE 49; Nachdr. Delhi 1965)

Buddhist Texts through the Ages, ed. E. Conze in collaboration with I. B. Horner, D.L. Snellgrove, A. Waley, Oxford 1954, New York 1964; dt. u. d. T.: Im Zeichen Buddhas. Buddhistische Texte, hg. u. eingel. v. E. Conze, Frankfurt/M. 1957 (Fischer Bücherei, 144)

ders.: Selected Sayings from the Perfection of Wisdom, London ^{2}1968 (repr. 1975; with new Preface, Boulder 1978)

ders.: Buddhist Wisdom Books, London ^{2}1975

Chavannes, E.: Cinq cent contes et apologues, 4 Bde., Paris 1910–34 (Auszüge aus dem chin. Kanon)

Dutoit, J.: Das Leben des Buddha, Eine Zusammenstellung alter Berichte aus den kanon. Schriften der südl. Buddhisten, aus dem Pāli übers. u. erläutert, Leipzig 1906 (Nachdr. Capelle a. d. Yssel/Niederlande 1995)

ders. (Übers.): Jātakam, Das Buch der Erzählungen aus den früheren Existenzen Buddhas, 7 Bde., Leipzig 1908–1921 (Bd. 7: Nidānakathā)

Excell, R., et al.: The Wisdom Gone Beyond. An Anthology of Buddhist Texts, tr. from Tibetan, Sanskrit, and Pāli by various hands, Bangkok 1966

Faust, O. (Hg.): Zen – Der lebendige Buddhismus in Japan, Gotha – Stuttgart 1925

Feer, L.: Fragments extraits du Kandjour, tr. du tibétain, Paris 1883 (Annales du Musée Guimet, 5)

Franke, R. O.: Dīghanikāya, Göttingen 1913

Frauwallner, E.: Die Philosophie des Buddhismus, Berlin [4]1994

Geiger, W.: Saṃyutta-Nikāya, 2 Bde., München 1925–30

Glasenapp, H. v.: Der Pfad zur Erleuchtung. Grundtexte der buddhistischen Heilslehre, Düsseldorf – Köln 1956 u. ö.

Goddard, D. (ed.): A Buddhist Bible. Introduction by H. Smith, Boston 1938, 1970 u. ö.

Reden des Buddha, a. d. Pāli-Kanon übers. v. I.-K. Gunsser, mit einer Einleitung v. H. v. Glasenapp, Stuttgart 1979 (RUB 6245)

Lehmann, E., Haas, H. (Hg.): Textbuch zur Religionsgeschichte, Leipzig [2]1922

Lu K'uan (Hg.): Ch'an and Zen Teaching, 3 Bde., London 1960–62

Mehlig, J. (Hg.): Weisheit des alten Indien, Bd. 2, Buddhistische Texte, a. d. Pāli übertr. u. komm., München 1987

Mensching, G.: Buddhistische Geisteswelt, Baden-Baden 1955

Muralt, R. v. (Hg.): Meditations-Sūtras des Mahāyāna-Buddhismus, 2 Bde., Bern [3]1988 (Sekundärübers. a. d. Engl.)

Mylius, K.: Gautama Buddha, Die vier edlen Wahrheiten. Texte des ursprünglichen Buddhismus, Leipzig 1983 und München [2]1991 (dtv 2166)

Neumann, K. E.: Die Reden Gotamo Buddhos, a. d. Pāli-Kanon übertr., 3 Bde., Zürich – Wien 1956–57 (Neuausg.)

Nyānaponika: Der einzige Weg. Buddh. Texte zur Geistesschulung in rechter Achtsamkeit, a. d. P. u. Skt übers. u. erl., Konstanz [2]1980

ders.: Die Wurzeln von Gut und Böse. Buddh. Texte, aus dem P übers., komm. u. eingel., Konstanz 1981

Nyānatiloka: Das Wort des Buddha. Eine systematische Übersicht der Lehre des Buddha in seinen eigenen Worten, ausgew., übers. u. erl., Konstanz [4]1978

ders.: Der Weg zur Erlösung in den Worten der buddhistischen Urschriften, ausgew., übers. u. erl., Konstanz [2]1981

ders.: Die Lehrreden des Buddha a. d. Angereihten Sammlung [Aṅguttaranikāya], hg. v. Nyānaponika, 5 Bde., Braunschweig [5]1993

Die Reden des Buddha, übers. u. eingel. v. H. Oldenberg, m. einer Einf. hg. v. H. Bechert, Freiburg – Basel – Wien 1993

Radhakrishnan, S. (ed.): A Source Book in Indian Philosophy, Princeton 1957

Reps, P. (Hg.): Ohne Worte – ohne Schweigen, München 1976 (Zen-Anthologie)

Seidenstücker, K.: Pāli-Buddhismus in Übersetzungen. Texte a. d. buddh. Pāli-Kanon u. d. Kammavācā, a. d. Pāli übers. nebst Erl. u. einer Tab., München – Neubiberg ²1923

Thomas, E.J.: The Quest of Enlightenment. A Selection of The Buddhist Scriptures, tr. from the Sanskrit, London 1950

ders.: The Perfection of Wisdom, The Career of the Predestined Buddhas. A Selection of Mahāyāna Scriptures, tr. from the Sanskrit, London 1952

Tucci, G.: Minor Buddhist Texts, 3 Tle., Rom 1956–1971 (repr. 1986; SOR IX; IX,2; XLIII)

Waldschmidt, E.: Die Legende vom Leben des Buddha, Graz ²1982

Warren, H.C.: Buddhism in translations, Passages selected from the Buddhist sacred books and translated from the original Pāli into English, 11th printing, New York 1982 (HOS, 3)

Wieger, L.: Bouddhisme chinois, 2 Bde., Paris 1910–13 (Nachdr. Paris – Leiden 1951; Auszüge aus dem chin. Kanon)

Wijayaratna, W.: Sermons du Bouddha, Traduction intégrale de 25 sermons du Canon bouddhique, Préface de M. Hulin, Paris 1988

Der Ältere Buddhismus nach Texten des Tipiṭaka, übers. v. M. Winternitz, Tübingen ²1929 (RL, hg. v. A. Bertholet, 11)

Der Mahāyāna-Buddhismus nach Sanskrit- und Prakrittexten, übers. v. M. Winternitz, Tübingen ²1930 (RL, hg. v. A. Bertholet, 15)

C. Lexika, Nachschlagewerke, Einführungen

Bechert, H., von Simson, G. (Hg.): Einführung in die Indologie, Darmstadt ²1993

Berval, R. de (éd.): Présence du Bouddhisme, Paris 1987

Bhattacharyya, N.N.: A Glossary of Indian Religious Terms and Concepts, New Delhi 1990

Chizen, A. (ed.): A Comparative Catalogue of Chinese Āgamas and Pāli Nikāyas, Nagoya 1929

Diener, M.S.: Das Lexikon des Zen, München 1996

Ehrhard, F.-K., Fischer-Schreiber, I.: Das Lexikon des Buddhismus, München – Wien 1992

Encyclopaedia of Buddhism, ed. G.P. Malalasekera, Colombo 1961 ff

The Encyclopaedia of Religion, ed. M. Eliade, 16 Bde., New York – London 1987

Encyclopaedia of Religion and Ethics, ed. J. Hastings, 12 Bde. u. Index-Bd., 1909–26 (Nachdr. Edinburgh 1961–1966)

Encyclopédie de la Pléiade. Histoire des Religions, sous la direction d'H.-C. Puech, 3 Bde., Paris 1976–83

Encyclopédie des mystiques. Conception et réalisation M. Berlewi, 4 Bde., Paris 1977–1978

Getty, A.: The gods of Northern Buddhism, Tokyo [3]1962

Grönbold, G.: Die Mythologie des indischen Buddhismus, in: Haussig, H.W. (Hg.), Wörterbuch der Mythologie, Bd. 5, Götter und Mythen des indischen Subkontinents, Stuttgart 1984, 285–508 (m. 15 Taf.)

Hôbôgirin. Dictionnaire encyclopédique du Bouddhisme d'après les sources chinoises et japonaises, ed. S. Lévi, J. Takakusu, P. Demiéville, Tokyo – Paris 1929ff; Répertoire du canon bouddhique sino-japonais, Edition de Taishō (Taishō Shinshū Daizōkyō), comp. par P. Demiéville, H. Durt, A. Seidel, Tokyo – Paris 1978 (Fasc. annexe du Hôbôgirin)

Humphreys, C.: A Popular Dictionary of Buddhism, London 1962 u. ö.

Inagaki, H.: Dictionary of Japanese Buddhism, Kyoto 1984

International Encyclopaedia of Buddhism, ed. N.K. Singh, 18 Bde., New Delhi 1996

Japanese-English Buddhist Dictionary, Tokyo 1965

de Jong, J.W.: A Brief History of Buddhist Studies in Europe and America, Delhi [2]1987

Krishna Murty, K.: A Dictionary of Buddhist Terms and Terminologies, Delhi 1991

Lexikon der östlichen Weisheitslehren, Redaktion S. Schuhmacher, G. Woerner, o. O. 1986

Ling, T.: A Dictionary of Buddhism, in: Brandanon, S.G.F. (ed.), A Dictionary of Comparative Religion, New York 1972

Malalasekera, G.: A Dictionary of Pāli Proper Names, 2 Bde., London [2]1960

Mylius, K.: Geschichte der altindischen Literatur, Bern – München – Wien 1988

Nichiren Soshū International (ed.): A Dictionary of Buddhist Terms and Concepts, Tokyo 1983

Norman, K. R.: Pāli Literature Including the Canonical Literature in Prakrit and Sanskrit of all the Hīnayāna Schools of Buddhism, Wiesbaden 1983 (HIL, ed. J. Gonda, vol. VII, fasc. 2)

Nyānatiloka: Buddhistisches Wörterbuch. Kurzgefaßtes Handbuch der buddhistischen Begriffe, hg. v. Nyānaponika, Konstanz ²1976

Prebish, Charles S.: Historical Dictionary of Buddhism, Metuchen/N. J. – London 1993

Reese, W. L.: Dictionary of philosophy and religion. Eastern and Western thought, 1980

Renou, L., Filliozat, J. (Hg.): L'Inde classique. Manuel des Etudes indiennes, Bd. 2, Paris – Hanoi 1953 (Nachdr. Paris 1985; Buddhismus: §§ 1929–2386)

Ruegg, D. Seyfort: The Literature of the Madhyamaka School of Philosophy in India, Wiesbaden 1981 (HIL, ed. J. Gonda, vol. VII, fasc. 1)

Schmidt, K.: Buddhistisches Wörterbuch, Konstanz 1949 (von neubuddh. Warte)

Schumann, H.W.: Buddhismus. Ein Leitfaden durch seine Lehren und Schulen, Darmstadt 1973

ders.: Buddhismus und Buddhismusforschung in Deutschland, Wien 1974

Snelling, J.: Buddhismus. Ein Handbuch für den westlichen Leser, a.d. Engl. übers. m. einer Einl. u. zusätzl. Anm. v. K.-H. Golzio, München 1991 (von neubuddh. Warte)

Soothill, W. E., Hodous, L.: A Dictionary of Chinese Buddhist terms with Sanskrit and English equievalents and a Sanskrit-Pāli index, London 1937 (repr. Delhi 1977)

Waldschmidt, E., Bechert, H., et al.: Sanskrit-Wörterbuch der buddhistischen Texte aus den Turfan-Funden (SWTF), Göttingen 1973ff

Winternitz, M.: Die buddhistische Litteratur, Leipzig 1913 (= Geschichte der indischen Literatur, Bd. II/1); engl. Übers.: A History of Indian Literature, tr. V.S. Sarma, vol. II, Delhi 1983

Wood, E.: Zen Dictionary, New York 1984

D. Gesamtdarstellungen

Bapat, P. V. (Hg.): 2500 Years of Buddhism, Foreword by S. Radhakrishnan, New Delhi [5]1987

Bareau, A.: Der indische Buddhismus, in: ders., Schubring, W., Fürer-Haimendorf, C. v. (Hg.): Die Religionen Indiens, III, Stuttgart 1964

Basham, A. L.: The wonder that was India. A survey of the history and culture of the Indian sub-continent before the coming of the Muslims, 3rd rev. ed., London 1985

Baumann, M.: Deutsche Buddhisten, Marburg 1993

ders.: Der Buddhismus im Abendland, in: Religio Revue pro religionistiku, III, Brno 1995, 17–41

Bechert, H.: Buddhismus, Staat und Gesellschaft in den Ländern des Theravāda-Buddhismus, 3 Bde., Bd. 1: Frankfurt/M. 1966, Göttingen [2]1988; Bd. 2–3: Wiesbaden 1967–1973 (Schriften des Instituts für Asienkunde in Hamburg, XVII/1–3)

ders.: Weltflucht oder Weltveränderung. Antworten des buddhistischen Modernismus auf Fragen unserer Zeit, Göttingen 1976

ders.: Die Ethik der Buddhisten, in: P. Antes et al. (Hg.): Ethik in nichtchristlichen Kulturen, Stuttgart 1984, 114–135

Bechert, H., Gombrich, R. (Hg.): Die Welt des Buddhismus, München 1984 (Taschenbuchausgabe u. d. T. „Der Buddhismus, Geschichte und Gegenwart“, München 1989)

Beckh, H.: Buddha und seine Lehre, Vorw. v. H. Rau, Stuttgart [5]1980

Berval, R. de (éd.): Présence du Bouddhisme, Paris 1987

Bharati, A.: Die Tantra-Tradition, Freiburg/Br. 1977

Bhattacharyya, B.: Indian Buddhist Iconography, Calcutta [3]1968

Brück, M. v.: Die Welt des tibetischen Buddhismus, 1966

Burnouf, E.: Introduction à l'histoire du bouddhisme indien, Paris 1844, [2]1876

Chang, G. C.: Die buddhistische Lehre von der Ganzheit des Seins. Das holistische Weltbild der buddh. Philosophie, Bern 1989

Ch'en, K. K. S.: Buddhism. The Light of Asia, Woodbury 1968

Conze, E.: Buddhist Thought in India, London 1962 (repr. with corr. 1983; dt. Ausg.: Buddhistisches Denken, Frankfurt/M. 1988)

ders.: Der Buddhismus, Wesen und Entwicklung, Stuttgart [6]1977

ders.: Eine kurze Geschichte des Buddhismus, Frankfurt/M. 1984

Dumoulin, H. (Hg.): Buddhismus der Gegenwart, Freiburg/Br. 1970

ders.: Geschichte des Zen-Buddhismus, 2 Bde., Bern 1985–86

ders.: Zen im 20. Jahrhundert, München 1990

ders.: Begegnung mit dem Buddhismus, Freiburg/Br. 1991

Dutt, N.: Early history of the spread of Buddhism and the Buddhist schools, New Delhi 1980

Dutt, R.C.: Civilization in the Buddhist Age, B.C. 320 to A.D. 500, o. O. 1908 (repr. 1981)

ders.: Buddhism and Buddhist civilization in India, Delhi 1983

Eliade, M.: Yoga, Unsterblichkeit und Freiheit, Frankfurt/M. 1981

Fontein, J., Hempel, R.: China – Korea – Japan, Berlin 1985 (Propyläen Kunstgeschichte, 20)

Foucher, A.: La vie du Bouddha d'après les textes et les monuments de l'Inde, Paris 1949

Franz, H.G.: Buddhistische Kunst Indiens, Leipzig 1965

Frauwallner, E.: Geschichte der indischen Philosophie, 2 Bde., Salzburg 1953–56

ders.: Die Philosophie des Buddhismus, Berlin [4]1994

Gard, R.: Der Buddhismus, Genf 1972 (Neudr. Stuttgart 1985)

Gerlitz, P.: Die Ethik des Buddha, in: C.H. Gratschow (Hg.): Ethik der Religionen. Ein Handbuch, Stuttgart 1980, 227–348

Glasenapp, H. v.: Der Buddhismus in Indien und im Fernen Osten, Berlin – Zürich 1936

ders.: Buddhismus und Gottesidee (AAWL, Jg. 1954, Nr. 8)

ders.: Die Religionen Indiens, Stuttgart [2]1955

ders.: Der Buddhismus, eine atheistische Religion. Mit einer Auswahl buddh. Texte, zsgest. v. H. Bechert, München 1966

Gombrich, R.: Theravāda Buddhism, A Social History from Ancient Benares to Modern Colombo, London – New York 1988

Gordon, A.K.: Iconography of Tibetan Lamaism, Tokyo [2]1959

Gour, Hari Singh: The Spirit of Buddhism, 2 Bde., Calcutta 1929 (Nachdr. 1986)

Greschat, H.J.: Die Religion der Buddhisten, München 1980

Guenther, H.: Das Seelenproblem im älteren Buddhismus, Konstanz 1949

ders.: Tantra als Lebensanschauung, Bern – München 1974

Gupte, R.S.: Iconography of the Hindus, Buddhists, and Jains, Bombay 1972

Härtel, H., Auboyer, J.: Indien und Südostasien, Berlin 1985 (Propyläen Kunstgeschichte, 21)

Halbfass, W.: Indien und Europa. Perspektiven ihrer geistigen Begegnung, Basel 1988 (erw. am. Ausgabe: India and Europe. An Essay in Understanding, Albany 1988)

Herman, A. L.: An Introduction to Buddhist Thought, Lanham – New York – London 1983

Höfer, A., et al.: Die Religionen Südostasiens, Stuttgart 1975

Hoffmann, H.: Die Religionen Tibets, Freiburg/Br. – München 1956

Joshi, L.M.: Studies in Buddhistic culture of India during the 7th and 8th centuries A.D., Delhi ²1977

Kalupahana, D.J.: Causality. The Central Philosophy of Buddhism, Honolulu 1975

ders.: The Principles of Buddhist psychology, Albany 1987

ders.: A History of Buddhist Philosophy, Honolulu 1992

Katz, N. (Hg.): Buddhist and Western Philosophy, New Delhi 1981

ders. (Hg.): Buddhist and Western Psychology, Boulder 1983

Keith, A.B.: Buddhist Philosophy in India and Ceylon, Varanasi ⁴1963

Kern, H.: Der Buddhismus und seine Geschichte in Indien, 2 Bde., übers. v. H. Jacobi, Leipzig 1882–84

ders.: Manual of Indian Buddhism, Strassburg 1896 (GindPh III, 8)

Kirfel, W.: Symbolik des Buddhismus, Stuttgart 1959

Klimkeit, H.-J.: Der Buddha. Leben und Lehre, Stuttgart 1990

Koeppen, K.F.: Die Religion des Buddha und ihre Entstehung, 2 Bde., Berlin 1857–1859 (Nachdr. Osnabrück 1975 in 1 Bd.)

Küng, H., van Ess, J., von Stietencron, H., Bechert, H.: Christentum und Weltreligionen, München 1984

Lamotte, E.: Histoire du bouddhisme indien, des origines à l'ère Śaka, Louvain 1958 (Nachdr. 1976; BM, 43; PJOL, 14)

La Vallée Poussin, L. de: Bouddhisme. Opinions sur l'histoire de la dogmatique, Paris 1909

ders.: Le dogme et la philosophie du bouddhisme, Paris 1930

Leider, K.: Buddha, Leben, Lehre, Jüngerschar, Hamburg 1968 (von neubuddh. Warte)

Ling, T.: The Buddha, London 1973

Mallmann, M.-Th. de: Introduction à l'iconographie du tantrisme bouddhique, Paris 1975

Migot, A.: Le Bouddha, Paris 1960

Mizuno, K.: Buddhist Sūtras, Origin, Development, Transmission, Tokyo 1982

Nakamura, H.: Ways of Thinkig of Eastern Peoples, Honolulu [2]1985

ders.: Indian Buddhism. A survey with bibliographical notes, Hirakata 1980 (Intercultural Research Institute Monograph, 9; Neudr. Delhi 1987)

ders.: Buddhism in comparative light, 2nd rev. ed., Delhi 1986

Nishitani, K.: Was ist Religion?, Frankfurt/M. 1982

Notz, K. J.: Der Buddhismus in Deutschland in seinen Selbstdarstellungen, Frankfurt/M. – Bern – New York 1984

Ohashi, R.: Die Philosophie der Kyōto-Schule, München 1990

Oldenberg, H.: Buddha, sein Leben, seine Lehre, seine Gemeinde, hg. m. Nachw. v. H. v. Glasenapp, Stuttgart [13]1959

Piatigorsky, A.: The Buddhist Philosophy of Thought, London 1984

Pischel, R.: Leben und Lehre des Buddha, durchges. v. H. Lüders, Leipzig – Bern [3]1917 (Neudr. Wiesbaden 1982)

Plaeschke, H.: Buddhistische Kunst, Leipzig 1970

Pratt, J. B.: Pilgrimage of Buddhism and a Buddhist pilgrimage, New York 1928 (repr. 1980)

Prebish, C. S. (ed.): Buddhism. A Modern Perspective, 1975

Rau, H.: Stilgeschichte der indischen Kunst, 2 Bde., Graz 1986

Reynolds, F. E., with J. Holt and J. Strong: Guide to Buddhist Religion, Boston/Mass. 1981

Rhys Davids, T. W.: Der Buddhismus, übers. v. A. Pfungst, Leipzig 1899

Rhys Davids, C. A. F.: A Manual of Buddhism for advanced students, London 1932 (Neudr. 1982)

dies.: Śakya or Buddhist origins, London 1928 (Neudr. 1978)

Ries, J.: Le Bouddhisme. Ses doctrines, son expansion, son évolution, Louvain – la-Neuve [2]1985

Robinson, R.H., Johnson, W.L.: The Buddhist Religion, Belmont/Cal. [3]1982

Ruegg, D. Seyfort: The Literature of the Madhyamaka School of Philosophy in India, Wiesbaden 1981 (HIL 7, ed. J. Gonda, Fasc. 1)

Schlingloff, D.: Die Religion des Buddhismus, 2 Bde., Berlin 1962–63

Schmidt-Leukel, P.: „Den Löwen brüllen hören". Zur Hermeneutik eines christlichen Verständnisses der buddhistischen Heilsbotschaft, Paderborn 1992

Schneider, U.: Einführung in den Buddhismus, Darmstadt 1980

Schumann, H.W.: Buddhismus. Stifter, Schulen und Systme, München [2]1994

ders.: Der historische Buddha, München [4]1994

ders.: Buddhistische Bilderwelt. Ein ikonographisches Handbuch des Mahāyāna- und Tantrayāna-Buddhismus, München [2]1993

ders.: Mahāyāna-Buddhismus, München 1990

ders.: Auf den Spuren des Buddha, Olten – Freiburg/Br. 1992

Seckel, D.: Buddhistische Kunst Ostasiens, Stuttgart 1957

ders.: Die Kunst des Buddhismus, Baden-Baden 1964

Sharma, A.: The Philosophy of Religion. A Buddhist Perspective, 1995

de Silva, P.: An Introduction to Buddhist Psychology, New York 1979

Snellgrove, D.: Indo-Tibetan Buddhism. Indian Buddhists & their Tibetan Successors, London 1987

Tachibana, S.: The Ethics of Buddhism, Oxford 1926 (Nachdr. Hongkong 1981)

Takakusu, J.: The Essentials of Buddhist Philosophy, Honolulu [3]1956

Thomas, E. J.: The Life of Buddha as Legend and History, London [3]1949

ders.: A History of Buddhist Thought, London [2]1952

Tucci, G., Heissig, W.: Die Religionen Tibets und der Mongolei, Stuttgart 1970

Vetter, T.: The Ideas and Meditative Practices of Early Buddhism, Leiden 1988

Waldschmidt, E.: Buddhistische Kunst in Indien, Berlin 1932

Warder, A. K.: Indian Buddhism, Delhi [2]1980

Williams, P.: Mahāyāna Buddhism. The Doctrinal Foundations, London – New York 1989

Winternitz, M.: Geschichte der indischen Litteratur, 3 Bde., Leipzig 1905–22 (Nachdr. Stuttgart 1968); Bd. II/1: Die Buddhistische Literatur, 1913; engl. Ausg. [mit Zusätzen]: Buddhist Literature and Jaina Literature, rev. ed., Delhi 1983, 1–407

Zotz, V.: Zur Rezeption, Interpretation und Kritik des Buddhismus im deutschen Sprachraum vom Fin-de-siècle bis 1930, Wien 1986

Zürcher, E.: Buddhism. Its Origin and Spread in Words, Maps, and Pictures, London 1962. (ec)

Register